近幽者默

林語堂傳

近幽者默
林語堂傳

施建偉　著

香港中和出版有限公司
www.hkopenpage.com

中國現代文學史上最難寫的一章

施建偉

在國際文壇上，林語堂（1895－1976）是一位知名度極高的作家，曾被美國文化界列為「20世紀智慧人物」之一。他堅持用英文寫作向外國人直接介紹中國文化，一生出版過三四十種英文著作，每一部作品通常都有七八種版本，其中《生活的藝術》從1937年發行以來，在美國已出到四十版以上，英國、法國、德國、意大利、丹麥、瑞典、西班牙、荷蘭等國的版本同樣暢銷四五十年而不衰。1986年，巴西、丹麥、意大利都重新出版過，瑞典、德國直到1987年和1988年仍在再版。

作為推動中國文化走向世界的先驅者，林語堂為中西文化的交流所進行的鍥而不捨的努力，使他的影響早已超越國界。1989年2月10日，美國總統布殊對國會兩院聯席會談到他訪問東亞的準備工作時，說他讀了林語堂的作品，內心感受良深。布殊說：「林語堂講的是數十年前中國的情形，但他的話今天對我們每一個美國人都仍受用。」布殊的話表明，林語堂至今還在影響著美國人的「中國觀」。

幽默大師「以自我矛盾為樂」

林語堂不僅是享譽國際的作家，也是首位以「幽默」名動世界的中國人。上世紀的1970年七八月間，國際筆會第三十七屆大會在韓國漢城（今首爾）召

開。會議的中心議題之一是「幽默」。美國小說家厄普戴克（John Updike）、法國批評家梅雅（Tony Maye）、南朝鮮詩人李殷相等人，先後以「幽默」為題做了發言。他們的報告都有相當高的學術水平，但聽眾們卻覺得這些發言學術性有餘，而文藝性不足，結果使討論「幽默」問題的會場裡缺少了最重要的東西：幽默。然而，一位中國作家的精彩發言，令人耳目一新，改變了會場的氣氛。這位中國作家輕鬆自如地引證了古今中西的各種幽默現象，暢談了自己幾十年來研究幽默的心得體會。他的題為《論東西文化的幽默》的發言，博得了與會者的一致好評，掌聲經久不息。五年之後，也就是 1975 年，在國際筆會第四十屆大會上，這位在第三十七屆國際筆會上出盡風頭的中國作家林語堂，當選為國際筆會總會副會長，並被提名為諾貝爾文學獎的候選人。

　　林語堂也是「中國現代文學史上最難寫的一章」。這是林語堂在《論語》時代的夥伴徐訏在《追思林語堂先生》一文中所發出的感慨。徐訏的感慨倒不是故作驚人之筆，凡是涉足過林語堂研究的人，幾乎都有此同感。林語堂的「難寫」，主要在於他本人思想、性格、氣質、興趣、愛好的多重性、複雜性和矛盾性。他集古今中外各種文化因素於一身，看似中西結合，卻又不中不西，又中又西。任何事情，哪怕是一件芝麻綠豆的生活瑣事，林語堂都會借題發揮小題大做。比如，戴甚麼帽子，穿甚麼鞋，吃甚麼菜，等等，只要他有興致，都可以變成東西文化衝突或兩種文化比較選擇的大題目。別人所極力掩蓋的，正是他著意要暴露的；別人夢寐以求的，他卻不屑一顧。他不僅不迴避自我的矛盾，而且以「一團矛盾」自詡自樂。

　　除了自我「一團矛盾」以外，林語堂也是中國現代文學史上爭議極大的人物。「五四」新文化運動以來，中國文化界經歷了一次又一次的分化。如果說，魯迅成為無產階級的文學家是代表了分化的一種結果，那麼，林語堂的複雜經歷則體現了分化後的另一種結果。在「五四」以後，左右雙方都以「輿論一律」為己任的年代裡，林語堂是為數不多的堅持發出自己的聲音、拒絕失語的獨立人士。因此，就成為左右雙方輪番交替攻擊的靶子：時而把他當作盟友，加以拉攏；時而又把他視為不馴服的挑戰者，口誅筆伐。褒之者說他是「一代哲人」

「蜚聲世界文壇的中國大文豪」；而貶之者則斥之為「反動文人」「洋奴」等。甚至連「幽默大師」的桂冠，對林語堂來說，也是似褒似貶，又褒又貶，意義含混不清。在外國，「幽默大師」是一種藝術造詣的標誌，各民族都為自己本民族的「幽默大師」而感到自豪，引以為榮。可是在中國大陸，「幽默大師」對林語堂來說，卻不完全是光榮的桂冠，因為反對他的人，在批判他的時候，也總是以「幽默大師」作為挖苦和諷刺他的話柄。

值得注意的倒是，不論是讚賞他還是批判他的人，不約而同地都公認一個事實：林語堂一生的主要活動是把中國文化介紹給世界，又把世界文化介紹到中國。正如他為自己做的一副對聯中所說：「兩腳踏東西文化，一心評宇宙文章。」

對於我，一個傳記作者來說，我的責任是說真話。在這本《林語堂傳》中，我力圖如實地描繪這「一團矛盾」中的各種矛盾，令讀者了解一個真實的林語堂。在風風雨雨的六十多年中，林語堂始終堅持獨立思考，不隨波逐流，不趨炎附勢，堅守知識分子的獨立人格，這是他留給後人、特別是中國當代知識界最珍貴的精神遺產。

「禁區裡吃螃蟹」—— 與林語堂結緣

從上世紀二三十年代開始到六七十年代的四十多年間，林語堂雖然在國際上享有很高的聲譽，但他在國內一直是個有爭議的人物。從五十年代起，中國人首先是從魯迅的作品中知道林語堂的名字，那些有關「打落水狗」或批判「幽默」的片面註解，造成了一代人對林氏的第一印象。實際上，一般人在五六十年代根本讀不到林語堂的原著原文。

要說我對林語堂的關注還得從《流派論》說起：《近二十年中國文藝思潮論》的作者李何林先生，是我現代文學入門的導師—— 二十世紀五十年代後期，我在南開大學圖書館的開架閱覽室中，找到一本封面已破爛不堪的《近二十年中國文藝思潮論》，於是「五四」時期流派蜂起的景象又展現在我的面前，我動心

了……然而，在那樣的歲月裡，不可能從事甚麼流派研究。直到二十世紀八十
年代初，我著手撰寫《中國現代文學流派論》的有關章節時，才幸運地承續了中
斷了二十多年的思路，並且陰差陽錯地「誤入」了當時還被視為學術禁區的林
語堂研究領域。

　　我驚訝地發現：原始的史料與文學史上的流行觀點之間，竟有如此的距
離。這樣，林語堂和他的「一團矛盾」，對我來說就成了一個「謎」。為了解開
這個「謎」，我閱讀了所能找到的林語堂的全部論著，查閱了數以千萬計的資
料，走訪了林疑今、周劭、章克標、徐鑄成、施蟄存、陶亢德等耄耋老翁，及
時搶救和發掘了一批珍貴的史料，並在我的著作中運用了這些資料。同時，在
前後長達十年時間裡，為了追尋林語堂的足跡，我先後尋訪了福建平和縣、廈
門鼓浪嶼、廈門大學、上海、北京、重慶北碚、台北陽明山、香港等地，對林
語堂生活過的地方進行實地調查。

　　1991 – 1993 年我曾受聘於林語堂故鄉閩南地區的華僑大學，當時，形成了
一個以華僑大學海外華人研究所為核心的林語堂研究的學術群體。雖然，由於
人員流動，這一學術群體只有短短兩年壽命，但是，他們的學術成果已得到海
內外同行專家的充分肯定。

　　1994 年 10 月，我應邀赴台北參加紀念林語堂誕辰一百週年學術研討會
時，有幸與林語堂的家屬林太乙夫婦、林相如女士等人直接交流，並與林氏在
台灣的大弟子黃肇珩、馬驥伸夫婦以及台灣的學者專家們就林語堂研究直抒胸
懷。我不僅在大會上宣讀了論文，而且還針對各種尖銳的提問，進行了熱烈的
爭辯。在陽明山上的林語堂紀念館裡，我飽覽了台灣學者的研究成果。

　　1995 年 8 月，應香港作聯曾敏之先生和中華文化促進中心之邀，我赴港做
了《林語堂的幽默情結》的學術報告。香港電台也就林語堂研究問題，對我做
了半小時的採訪報道，此時，正值林語堂誕辰 100 週年。因為按公曆計算，到
1995 年才真正是林氏誕辰百週年。

　　2007 年 12 月，在漳州召開的林語堂國際研討會上，我與萬平近先生同被
譽為「林語堂研究領域的開拓者」。作為一個中國現代文學研究者，我為林語堂

研究在這些年來取得的成果而感到出自內心的喜悅。

作為最早一批在林語堂研究的禁區裡吃螃蟹的人，近三十年來，我已發表和出版了有關林語堂的專著十冊，研究論文、人物傳記、隨筆雜感等，合計四五百萬字；在北京、上海、台灣、香港以及美國等地多次接受電視專訪。然而，每次為一篇文章或一本著作畫上最後一個句號時，我從來沒有鬆口氣的感覺。也許是徐訏的那句話 ——「林語堂是中國現代文學史上最難寫的一章」—— 給了我無形的壓力。我總覺得，我，或者說我們，與這位博學的文化名人之間，有著一條歷史的溝。要跨越這條溝，必須付出時間、精力和勇氣。

在這本《林語堂傳》脫稿之際，除了感謝前面提及的那些師友之外，我還要感謝香港地區的曾敏之先生、盧瑋鑾女士、潘耀明先生，台灣地區的嚴鼎忠先生、李寬裕先生、林添福先生，新加坡的槐華先生，美國的非馬先生，北京的李志強先生、陳漱渝先生、姚錫佩女士，天津的顧傳菁女士、紀秀榮女士和上海的姚以恩先生、水渭亭先生，特別還要感謝那些出版拙著的出版界朋友和有關的「無名英雄」。

在拙著撰寫過程中，我運用了林語堂本人的作品、自傳，林太乙的《林語堂傳》和萬平近的研究成果，以及許多有關回憶紀念文章中的原始資料，特此說明，並致以謝意！

一個人的命運，實際上是理解他的人和不理解他的人的交叉感應的反映。因此，我要感謝在我學術研究的不同階段一切理解我的人，特別是三十年來和我風雨同舟的妻子陳維莉女士，如果沒有她的理解，我就不可能像現在這樣的工作和生活，所以，最後，我謹將本書獻給她和那些曾陪伴我度過寂寞長夜的夢。

施建偉

2019 年 1 月

序：中國現代文學史上最難寫的一章　施建偉　i

第一章　　　頭角崢嶸的夢想家　1
　　　　　　山地的孩子 / 一個夢想主義的家庭 / 頭角崢嶸的夢想家

第二章　　　生活在雜色的世界裡　17
　　　　　　生活在雜色的世界裡 / 外國傳教士的影響 / 父親的「家學」/ 去廈門上
　　　　　　學 / 第一次見到外國兵艦 / 聖約翰大學的高才生 / 不能當牧師 / 教會
　　　　　　學校的雙重影響

第三章　　　曲折的浪漫史　39
　　　　　　賴柏英 / 陳錦端 / 廖翠鳳

第四章　　　清華學校裡的「清教徒」　49
　　　　　　清華學校裡的「清教徒」/ 初識「有一流才智的人」/ 辜鴻銘的啟示

第五章　　　「在叢林中覓果的猴子」　65
　　　　　　出國留學 /「在叢林中覓果的猴子」/ 告別哈佛大學 / 在法國和德國 /
　　　　　　獲得博士學位

第六章　　　《語絲》所孕育的文壇新秀　81

　　　　　　重返北京 / 初涉文壇 / 躋身於「任意而談」的語絲派 / 在《語絲》的搖
　　　　　　籃裡成長 / 反對「勿談政治」

第七章　　　與警察搏鬥的「土匪」　105

　　　　　　女師大學潮 / 用竹竿、石塊與警察搏鬥 / 以「土匪」自居 / 關於「費厄
　　　　　　潑賴」的討論 /「痛打落水狗」

第八章　　　「打狗運動」的急先鋒　123

　　　　　　「三一八」慘案 / 痛悼劉和珍、楊德群 / 怒斥「閒話家」/「打狗運動」
　　　　　　的急先鋒 / 從「任意而談」到任意而「罵」/ 被列入了「通緝名單」/ 加
　　　　　　入了南下的行列

第九章　　　廈門大學的文科主任　147

　　　　　　出任廈大文科主任 / 國學研究院的「窩裡鬥」/ 惜別魯迅 / 魯迅離開後
　　　　　　的風波

第十章　　　國民政府外交部秘書　167

　　　　　　在「寧漢對立」時來到武漢 / 目睹了風雲變幻的時局 / 在「寧漢合流」
　　　　　　後離開武漢

第十一章　　追隨蔡元培先生　173

　　　　　　從武漢到上海 / 重逢魯迅 / 受到蔡元培器重 / 深受學生愛戴的英文
　　　　　　教授

第十二章　《剪拂集》和《子見南子》　181

《剪拂集》：對《語絲》的懷念／《子見南子》掀起軒然大波

第十三章　「教科書大王」的癖嗜　193

「教科書大王」和「版稅大王」／「南雲樓」的誤會／對中文打字機的癖嗜

第十四章　創辦《論語》半月刊　211

提倡幽默／在邵洵美的客廳裡／兩位得力的助手

第十五章　中國民權保障同盟的「宣傳主任」　221

「土匪」心又復活了／抗議希特拉的暴行／面對總部和胡適的矛盾

第十六章　歡迎蕭伯納　229

上海颳起一股「蕭」旋風／與蕭伯納共進午餐

第十七章　楊銓被暗殺以後　235

血濺亞爾培路／他沒有參加入殮儀式，但參加了出殯下葬儀式／「要談女人了！」和《論政治病》

第十八章　「有不為齋」齋主　241

暢談「讀書的藝術」／憶定盤路四十三號（Ａ）的庭園／廖翠鳳是位賢內助／「有不為齋」的獨特情調

第十九章　　　活躍於文壇的「幽默大師」　261

論語派的主帥 / 退出《論語》編輯部 /《人間世》創刊 / 關於「論語八仙」種種

第二十章　　　與賽珍珠相遇　285

賽珍珠是個「中國通」/ 接住賽珍珠拋來的球 /《吾國吾民》在廬山脱稿 /《四十自敘》

第二十一章　　「據牛角尖負隅」　295

生活裡不完全是鮮花和掌聲 / 和魯迅「疏離」/「欲據牛角尖負隅以終身」

第二十二章　　向外國人介紹中國文化　309

《吾國吾民》一炮打響 / 舉家赴美

第二十三章　　人生旅途上的新航程　317

臨別贈言 / 對美國文明的感受 / 與魯迅等人在《文藝界同人為團結禦敵與言論自由宣言》上簽名 /「西安事變」在美國的反響

第二十四章　　《生活的藝術》暢銷美國　327

東西文化比較研究觀的總綱 / 推出「生活的最高典型」的模式 / 異想天開的「公式」/ 幽默大師的玩笑 /「每月讀書會」的特別推薦書

第二十五章　　盧溝橋的炮聲傳到大洋彼岸　341

林語堂深信中國必勝 / 廖女士擔任了婦救會副會長 / 勇敢者的足跡：全家爬上了冒煙的活火山 / 從佛羅倫斯到巴黎

第二十六章　《京華煙雲》問世　351

　　「我在寫一段非常傷心的故事」／「現代中國的一本偉大小說」／林語堂
　　心目中的理想女性姚木蘭／約請郁達夫譯成中文

第二十七章　懷念戰亂中的故國　361

　　巴黎上空戰雲密佈／把錢存入中國的銀行／撫養六個中國孤兒

第二十八章　從法國到美國　367

　　在國際筆會上聲討希特拉／出名後的苦悶／從一個奇特的視角闡述中
　　國古代的妓女、姬妾

第二十九章　回到抗戰中的故國　373

　　在香港痛斥日、汪／到國外去為抗戰做宣傳／向「文協」捐獻私宅／
　　以抗戰為背景的《風聲鶴唳》

第三十章　　再回抗戰中的故國　383

　　提出治世藥方的《啼笑皆非》／在大後方高談東西文化互補／《贈別左
　　派仁兄》

第三十一章　美國出版商的警告　391

　　懷著雙重的抱憾離國／何應欽給過他兩萬美金嗎？／接受三所美國大
　　學的榮譽博士稱號／林語堂的苦惱

第三十二章　發明中文打字機的苦與樂　399

　　發明中文打字機的苦與樂／面臨傾家蕩產的絕境

第三十三章　林語堂和蘇東坡　407

他最偏愛的作品：《蘇東坡傳》/ 蘇東坡是他的精神榜樣

第三十四章　在坎城　417

在海邊別墅「養心閣」/ 反映華僑愛國主義精神的《唐人街》/ 把孔子
和老子做比較 / 明快打字機最後的命運

第三十五章　塑造理想的女性　427

《杜十娘》與《朱門》/ 李香君、芸娘、李清照

第三十六章　和賽珍珠決裂　435

林語堂後悔莫及 / 林、賽的政治分歧

第三十七章　南洋大學校長　443

南洋大學建校新加坡 / 提出當校長的條件 / 校長和校董會的衝突 / 談
判 / 決裂

第三十八章　醫治受傷的心靈　457

醫治妻女們受傷的心靈 / 虛構了一個烏托邦的「奇島」/ 林氏筆下的武
則天

第三十九章　鄉情：濃得化不開　469

初訪台灣 / 反對「兩個中國」的陰謀 /《匿名》和《從異教徒到基督
教徒》

第四十章　美食之家　475

「伊壁鳩魯派的信徒」/ 和張大千的友誼 / 中西美食文化比較

第四十一章　盡力工作，盡情作樂　483

　　盡力工作，盡情作樂 / 一個旅行愛好者 / 釣魚的樂趣

第四十二章　《紅牡丹》和《賴柏英》　491

　　應邀在美國國會圖書館做報告 / 中南美洲六國之行 / 一本「香豔」小
　　說：《紅牡丹》/ 鄉情和愛情的疊合：《賴柏英》/《逃向自由城》與《無
　　所不談》

第四十三章　歸去來兮　509

　　慶祝七十大壽 / 再訪台灣 / 不能自已的鄉情

第四十四章　陽明山麓的生活　517

　　陽明山麓有一塊「生活的藝術」試驗田 / 在台北結交的朋友們 / 請黃
　　女士處理私人信件

第四十五章　他是一個「紅學家」　523

　　林語堂和《紅樓夢》/ 喜愛中國書畫

第四十六章　「金玉緣」　531

　　「金玉緣」/ 個性截然不同的一對夫婦 / 陰陽互補的美滿婚姻

第四十七章　活躍於國際文壇　541

　　在國際大學校長大會上暢談東西文化的調和 / 林語堂與國際筆會的歷
　　史淵源 / 國際筆會第三十七屆大會上的《論東西文化的幽默》

第四十八章　　五十年前的夙願　547

　　　　　　主編漢英字典 / 陽明山麓的「有不為齋」/ 煙斗是他生命的一部分 / 寫
　　　　　　作是一項艱苦的腦力勞動 / 林語堂的孔子觀

第四十九章　　悲劇發生在幽默之家　559

　　　　　　中風的「初期徵兆」/ 長女自盡 / 廖翠鳳患了恐怖症 /《念如斯》

第五十章　　　「一團矛盾」　569

　　　　　　在台港兩地歡慶八十大壽 / 總結一生的《八十自敍》

第五十一章　　在最後的日子裡　579

　　　　　　發生在聖誕節前夕的事 / 念念不忘六十年前的戀人陳錦端 / 在最後的
　　　　　　日子裡

第一章

頭角崢嶸的夢想家

山地的孩子 / 一個夢想主義的家
庭 / 頭角崢嶸的夢想家

　　林語堂，幼名和樂，又名玉堂。1895 年 10 月 10 日，也就是光緒二十一年農曆八月二十二日，誕生於閩南漳州平和縣阪仔村。

　　父親林至誠，祖籍原在漳州北鄉五里沙，1880 年前後來阪仔傳教，遷居這裡。但在林語堂的文章裡，被稱為「家鄉」和「故鄉」的，不是五里沙，而是平和縣阪仔村。

　　平和縣地處博平嶺山脈南段，境內崇山峻嶺，層巒疊嶂。一千米以上的山峰就有六十四座之多，而五百米以上的山嶺也有二百二十一座。蜿蜒綿貫的雙尖山把全縣分為西北和東南兩大塊。

　　秀水總是和雄山相伴。在縱橫交錯的山脈下是星羅棋佈的河網，全縣有大小河溪一百三十多條，呈現出放射狀的水系特徵。被林語堂稱為家鄉的阪仔，位於西溪河谷，是群山環抱中的一塊肥沃的盆地。

　　阪仔又稱「銅壺」①，在阪仔村附近有座「銅壺宮」，是當地林氏的族廟。「銅壺宮」裡供奉著封神榜裡的趙公明的神像。在村邊的大路旁，還有一座「阪庵」，庵門口掛著一位秀才題的「銅壺滴漏」的木匾。阪仔別稱「銅壺」是因「銅壺宮」而來，還是先有「銅壺」的別名，再築「銅壺宮」，這就不得而知了。

　　阪仔南面是十尖山，遠山綿互，無論晴雨，皆掩映於雲霧之間，極目遙望，山峰在雲霞中忽隱忽現。北面，石起山如同犬齒盤錯，峭壁陡立，危崖高懸，塞天蔽日。傳說，那山巔上的一道大裂痕，是神仙經過石起山時，一不小心把大趾誤插在石壁上所留下的痕跡。這大自然的幻術，曾為童年的小和樂構築了無數神奇的夢想。

　　美麗的西溪橫穿阪仔，河床寬闊，兩岸相距約一百多米，但常年有水的主航道僅二十多米寬。枯水季節，婦女們都直接到河床中間去洗衣、洗菜。那由鵝卵石和

① 林語堂在許多中文著作中都說「阪仔又名東湖」。因為「東湖」和「銅壺」閩南話語音相近，林語堂久離家鄉，只記住發音，而把「銅壺」寫成「東湖」，這也是可以理解的。

砂土構成的河床，是水牛的棲息地，也是林語堂弟兄們幼年時嬉樂的天堂。乾涸的河床，遠山近水，牧童水牛，捶衣嬉逐，構成了阪仔獨有的民情圖和風景畫。

西溪雖有急流激湍，但不深。在那沒有現代化公路的年代裡，河流是阪仔的主動脈，這裡離廈門一百二十公里，坐船要花費三四天時間。漳州西溪的「五篷船」只能到小溪，由小溪到阪仔約有十二三公里，還須換乘一種很小的輕舟。

林語堂出生於阪仔教會生活區內的一間平房裡。屋旁邊是大小禮拜堂、鐘樓、牧師樓等西洋式的建築，周圍有荷花池、龍眼樹、蘭花樹、水井、菜地，以及那為小和樂的童年生活增添了不少樂趣的「後花園」。這些都是教會的財產，林家不過借住在這裡而已。

在阪仔，小和樂常常走到溪邊，遙望遠處灰藍色的群巒，在陽光下炫耀著自己變化多端的服飾，觀賞著山頂上的白雲，一邊變幻著柔軟的身段，一邊任意地漫遊。老鷹在高空盤旋……

有時，小和樂攀上高山，俯瞰山下的村莊，見人們像螞蟻一樣小，在山腳下那方寸之地上移動著。這壯觀的山景，令他敬畏，使他感到自己的藐小。他常想：怎樣才能走出這深谷？越過山峰的世界是甚麼樣的呢？成年後，每當他看到人們在奔忙、爭奪時，兒時登高山俯瞰「螞蟻」的情景又浮現於他的眼前，他回味著兒時所感受到的大自然的壯美和神秘，以及人的藐小，他認為自己的一切靈感和美德都是阪仔山水所賦予的：這雄偉的高山雕塑著他的個性，激發了他豐富的藝術想像力，是他一生取之不盡、用之不竭的藝術源泉。在他的審美趣味和思想性格裡，隨時都可以發現阪仔山水的倩影。正像許多人都願意稱自己是自然之子那樣，林語堂一再自詡是「山地的孩子」。

大自然的博大神秘，大自然的神聖純潔，陶冶著他幼小的心靈，大自然的靈氣溶入了他的血液。這個山地的孩子，在不知不覺中以故鄉的山水作為他觀察世界、體驗生活的唯一參照系。後來，他之所以會把紐約的摩天大樓看作是細小得微不足道的玩具，就是來自童年時對高山的記憶。正如他在《回憶童年》中所說：

生長在高山，怎能看得起城市中之高樓大廈？如紐約的摩天樓，說他「摩天」，才是不知天高地厚，哪裡配得上？我的人生觀，就是基於這一幅山水。人性的束縛，人事之騷擾，都是因為沒有見過，或者忘記，這海闊天空的世界。要明察人類的藐小，須先看宇宙的壯觀。

無限深情地懷念家鄉的山水，這是林語堂創作中久盛不衰的題材。他相信，自然是他的力量之源，家鄉的山水是他的藝術生命和思想信仰的一個有機組成部分，已經「進入」了他「渾身的血液」①，成為他身體中不可分割的一部分。

一個人降世以後，他的生存環境是陶冶性格的第一張溫床。林語堂在風景秀麗的阪仔山谷度過了一個歡樂的童年，他在所有的自傳、回憶文章中，總是反覆強調他之所以成為現在這樣的一個人，全部仰賴青山，他的思想、觀念、性格，以至人生觀、美學觀、世界觀的形成，完全得之於閩南阪仔的秀美的山陵。在《四十自敘》中，林語堂又用詩的語言把這種自然的陶冶力絕對化了。他說：

我本龍溪村家子，環山接天號東湖；
十尖石起時入夢，為學養性全在茲。

在林語堂的筆下，阪仔的山水具有大自然的奇妙的魅力，披上了一張神秘的面紗。雖然這裡不無誇張的成分，但是，阪仔，確是林語堂藝術生命的一個源頭。

後來，到了古稀之年，林語堂在《回憶童年》中再談幼時所受的各種影響時，就比較全面和客觀了。他說童年時對他影響最深的是三個方面，「一是我的父親，二是我的二姐，三是漳州西溪的山水」。不再把一切都歸之於青山了。

俗話說風箏飛得高是靠了線的牽引。而「牽引」林語堂的，是一根由多股不同

---

① 　林語堂：《賴柏英》。

質地的棉紗合成的優質「線」。

　　林語堂的家庭是組成這根「牽引線」的主要「棉紗」。

　　家庭是社會的細胞。在 19 世紀末和 20 世紀初的中國，林語堂的家庭是社會母體中一個有特徵性的細胞。與一般中國家庭相比，林家所以顯得特殊，是因為父親林至誠既是一個虔誠的基督教牧師，又是一個崇拜儒家同時具有維新思想的人。凡是到過林家的人，幾乎都有一個共同感覺，在林家，兩種文明並存的例子，俯拾皆是：

　　四書五經、聖賢經典和教會的《聖經》放在一起；

　　《鹿洲全集》《聲律啟蒙》等線裝古籍和美國傳教士林樂知介紹西方文化的譯著、油印的各種報紙共同佔據著書架的空間；

　　林牧師在教堂佈道時所穿的黑色長袍和牧師太太的裹腳布同在一屋；

　　客廳裡，一面掛著一幅彩色石印的光緒皇帝像，一面掛著一幅外國人像畫，畫上一個年輕的西方姑娘笑盈盈地捧著一頂草帽，裡邊裝滿了新鮮的雞蛋；

　　林太太的那隻古色古香的針線籃裡，一個中國主婦所必備的全套縫紉工具和一本美國婦女的家庭雜誌常年放在一起。外國雜誌的光滑的畫頁被林太太利用來存放各種不同顏色的繡花線。

　　提起林家在社會母體中的特殊性，還得從林語堂的祖父母一代說起：林語堂的祖父是漳州北郊貧瘠的五里沙村的農民。1865 年，太平天國侍王李世賢的部隊撤離漳州地區時，祖父被徵為挑夫，隨軍撤退，從此，杳無音信。後來，祖母再婚，但子女卻仍然姓林。祖母是個虔誠的基督教徒，同時也是一個身強力壯、勇敢無畏的農婦。有一次，她曾經用一根扁擔打退十多個土匪的襲擊，在封建意識籠罩下的農村，也可算得上是一個有傳奇色彩的女中豪傑了。

　　父親林至誠，自幼和母親相依為命，窮苦的家境逼迫他在生活中苦鬥。他是一個善於經營的小販，平時賣甜食，每逢雨天，他根據漳州人喜歡在雨天吃油炸豆的習慣，臨時改賣炸得又鬆又脆的豆子。他還是一個有耐力的好挑夫，常不辭勞苦地把五里沙的竹筍挑到二十公里外的漳州出售。有時，也挑米去牢獄出賣。

　　林至誠肩膀上有一個醒目的肉瘤，這顆由扁擔磨壓出來的肉瘤記錄著一次辛酸的經歷：林至誠十二三歲時，他那信奉基督教的母親，決定以兒子的汗水來證明自己對教會的忠誠，要林至誠無償地為一位牧師搬運行李，全程約八九十公里。在教堂裡，以動人的詞藻描繪博愛、平等的天堂，說起來並不費事；而身體力行地在人世間構建這座天堂，卻比宣講《聖經》要複雜得多。看來，那位牧師並不想在這個小挑夫身上實踐上帝關於博愛平等的理想。所以，他和他的太太不僅把衣服、鋪蓋全交給小挑夫搬運，而且，牧師太太又把一些瓶瓶罐罐和一隻三四磅重的瓦爐也壓到林至誠的肩上。當她把每一件可放的東西都放進挑擔裡以後，這個毫無憐憫心的女人卻悠然地說：「小夥子，你很好。你挑得動。這樣才不愧是條好漢。」[1]

　　然而，廉價的讚美絲毫也沒有減輕小挑夫肩上的重量，這一副超負荷的重擔，終於使林至誠的肩膀上留下永遠抹不掉的疤痕。不但林至誠一生難忘那副擔子的折磨，就連他的子女 —— 林語堂們也都永生牢記父親肩上的疤痕。

　　這個疤痕，使林至誠獲得了為人「務須行善」的教訓。從此，他深曉肩挑重擔的滋味。「因這緣故，他對於窮人常表同情」[2]

　　直到晚年，他還敢於路見不平鼎力相助。由於他見義勇為，有一次幾乎同一個收稅的人打起來。起因是為了一個賣柴的老漢，那老漢費了三天工夫到山裡砍了一擔柴，足足跑了二十里路，到墟場才賣了二百文銅錢，而那抽稅者竟要勒索一百二十文。恰巧林至誠經過此地，目睹稅吏敲骨吸髓的劣跡，他仗義執言，上前干涉，於是雙方惡語相侵，圍觀者也越來越多。林至誠是位明曉事理的牧師，他知道，搬弄教堂所宣揚的天堂或地獄的誡諭，是無法使利慾熏心的稅吏回心轉意的，只有現實生活裡與之有切身利害關係的權威，才會使對方有所顧忌。於是，林至誠威脅說要告到縣裡，這一招果然奏效，稅吏的氣燄頓時收斂，並故作姿態地表示因尊重這位頗有聲望的老牧師的意見，減少了稅金。事後，只要提起這件事，林至誠

---

① 林語堂：《八十自敘》。

② 《林語堂自傳》。

還怒氣沖天，耿耿於懷。

二十四歲那年，林至誠進入教會神學院，這是他生活的一個轉折點。 1880 年前後，他受教會派遣來到阪仔的基督教堂，任「啟蒙伴讀兼傳福音」。

在林語堂的印象裡，父親前額稍高，下巴端正，鬍鬚下垂，並不健壯。有一次，外出傳道，出汗過多，回家時沒有及時把汗水擦乾，竟然因此而患肺炎，幾乎送命。他會一時衝動，在月色皎潔的夏夜走到農民們乘涼的橋頭上，向聚集在那裡的人傳道。和教會的同事們在一起時，常常可以聽到他那爽朗的笑聲。他幽默詼諧，在教堂裡傳教時，也會忍不住說笑話，是個富於想像的樂天派，銳敏而熱心，常為鄉民解決爭端，還喜歡為人做媒。林語堂還記得父親最喜歡講外國傳教士塔拉瑪博士在廈門傳教時的一個笑話：

　　當年的教堂裡是男女分坐，各佔一邊。在一個又潮又熱的下午，他（指塔拉瑪博士）講道時，看見男人打盹，女人信口聊天兒，沒有人聽講。他在講壇上向前彎著身子說：「諸位姐妹如果說話的聲音不這麼大，這邊的弟兄們可以睡得安穩一點兒了。」[1]

林語堂認為父親林至誠在長老會的牧師中，「以極端的前進派知名」，其實，所謂「前進」是相對而言的。從林至誠敢於接觸西方文明和維新思想這一點上，他的開放態度比那些盲目排外者的拒斥態度當然要「前進」得多。然而，林至誠把洋教士灌輸給他的基督教文化當作拯救中國人靈魂的福音，這與當年的民主主義革命家相比，那頂「極端的前進派」的桂冠顯然應該屬於後者，而不屬於林至誠。儘管如此，從熱心「西學」熱心「維新」的角度來看，林至誠的思想是開明的，他一心贊成光緒的新政，支持「百日維新」運動，一直把光緒的畫像掛在客廳牆上。另一方面，他如飢似渴的向西方追求新知識的自覺性，感動了他的好朋友、外國傳教士范禮文博

---

① 　林語堂：《八十自敘》。

士，范博士向他提供了許多介紹西方宗教文化和科學文明的書刊。在這些書刊的導遊下，林至誠進入了一個充滿遐想的新天地。從此，林至誠醉心於設計一個又一個理想的方案，決心要把全家所有的男孩子都送進教會中學、教會大學，直到出國留學。如此龐大的計劃，對於一個每月只有二十塊薪俸的鄉村牧師來說，近乎夢想。

父親的夢想，是小和樂兒時經常享用的精神美餐。林語堂和他的弟兄們是幸運的，因為他們有一位雄心勃勃的父親，他們是父親夢想的直接受益者。夜深人靜，父親坐在床上，孩子們圍在他的身邊。父親挑著床頭的油燈，口吸旱煙，像講故事似的，津津有味地敘述德國柏林大學或英國牛津大學的情況。他如數家珍地稱讚著外國大學的長處，介紹各國的風土人情、科技知識。當時，飛機剛發明，在西方也還是罕見的新玩意。可是，林至誠雖然從未見到一架真正的飛機，竟能詳細講述飛機的構造原理、結構形狀和飛行情況等等。小和樂聽得著了迷。

不了解情況的外人見林至誠如此見多識廣，甚至以為他是剛從歐美歸國的留學生呢。其實，有關外國的情況，林至誠全部取材於教會寄給他的那些書刊。一半是轉述書報上的資料，另一半則是合理想像下的發揮。每天晚上，父親都要向林語堂弟兄幾個描繪外國的那些新奇而又陌生的事物，一幅幅五彩繽紛的畫面充塞了林語堂的腦海，在林語堂幼小的心田裡，播下了一大把希望的種子，他多麼希望有朝一日能身臨其境地漫遊父親所描繪的那片樂土！

到世界上最好的大學去留學，這是父親為兒子們編織的夢，在潛移默化中，成了兒子們自己的夢。於是，全家分享著同一個夢。

「夢想」溝通了全家，小和樂就生活在這樣「一個絕對的夢想主義的家庭」[①]之中。在父親的熏陶下，全家都變成了夢想家。雖然，夢想家們並沒有意識到出國留學和一個月薪二十元的窮牧師的經濟實力之間有多少距離，但是他們的「夢」是認真編織的。父親和藹可親，不是擺出家長的威嚴向孩子們強迫灌輸自己的夢想，而是把林語堂弟兄們當作共同目標的追求者，一起籌劃和商討。父親興奮得閃閃發光的

---

① 　林語堂：《從異教徒到基督教徒》。

眼神，使林語堂對前途充滿信心。樂觀主義，像一股強大的熱流，填滿了理想和現實之間的溝壑。

　　一個不能輕易實現的希望，對於空想家來說，不過是失望的先聲而已。但對於執著的追求者，希望卻像發芽的種子，充滿春意。「望子成龍」的林至誠，不辭勞苦地在希望的土地上辛勤耕耘。功夫不負有心人，他是應該有所收穫的。

　　事實證明，林至誠不是那種躺在夢幻裡自我陶醉的人。從開始編織理想圖案的那一天起，他就頑強地奮鬥不息。第一步，他把林語堂的大哥、三哥送到鼓浪嶼的救世醫院醫科學校就讀，二哥送到上海聖約翰大學學習。為湊齊入學的最低費用，他忍痛變賣了在漳州的唯一祖產──一座小房子。簽約的時候，他忍不住流淚了，淚珠滴濕了契約紙。父親為實現「夢想」，無私地奉獻了一切。

　　不久，二哥在聖約翰大學畢業，留在聖大任教，便又資助林語堂進入了聖約翰大學。林語堂又幫助了弟弟，像傳遞接力棒似的，父子相傳，兄弟相助，再加上爭取到的獎學金，鄉村窮牧師的幾個孩子，竟然奇跡般地都獲得了進大學深造的機會。特別是林語堂，還出洋留學，得到碩士、博士的學位，載譽而歸，把父親的「夢想」變成了真實的現實。

　　林至誠是一個充滿自信的樂天派，是他，為林語堂指出了通向大海的航道。幾十年後，當林語堂馳騁文壇的時候，誰會想到，他起步於一位鄉村牧師設計的一連串「夢想」之中。

　　林語堂的母親叫楊順命，出身貧寒，雖然長得並不好看，但在小和樂的心目中，這是一位溫柔謙讓天下無雙的慈母。她從未罵過他，她給予了林語堂無限的母愛。林語堂曾用無限深情的筆調來描繪他那引以為自豪的母親：

　　說她影響我甚麼，指不出來，說她沒影響我，又瞻之在前，忽焉在後。大概就是像春風化雨。我是在這春風化雨的母愛庇護下長成的。我長成，我成人，她衰老，她見背，留下我在世。說沒有甚麼，是沒有甚麼，是沒有甚麼，但是我之所以為我，是她培養出來的。你想天下無限量的愛，是沒有的，只有母愛是無限量的。

這無限量的愛，一人只有一個，怎麼能夠遺忘？[1]

　　十歲那年，林語堂弟兄三人離開阪仔到廈門鼓浪嶼讀書。為節省往返旅費的開
支，三兄弟寒假也沒有回家，整整一年離別母親，開始不大習慣，常常想家，想母
親。但男孩就是男孩，林語堂很快就沉溺於豐富多彩的學校生活之中。到暑假臨近
時，林語堂越來越感到世上沒有任何事情能夠代替回到母親身邊的那種快樂。終於
盼到了放假回家的這一天，他們乘船沿西溪逆流而上，愈接近阪仔，河水愈淺，船
速也愈慢。三兄弟再也忍受不住這緩慢的船速，當離家還有一二里遠時，他們乾脆
跳下船去，沿河岸拚命奔跑。途中，他們反覆計劃如何去見母親，一個說，在門外
大喊一聲：「我們回來了！」另一個說，裝出一個老乞丐的聲音戲弄母親，向她要一
點水喝；第三個人說，匿入家裡，見到母親時突然大聲叫喊，嚇她一跳……然而，
一見到母親，他們的第一個反應是不顧一切地投入母親的懷抱，路上精心策劃的那
些「詭計」，早已丟到九霄雲外。

　　母親的文化程度不高，卻能看懂閩南語拼音的《聖經》。她為人老實直率，不擺
牧師太太的架子，富有同情心，見到烈日下汗流浹背的路人，她會請人家到家裡歇
涼。平時讓農民到家來喝杯茶，也是常事。

　　她是一位有八個孩子的母親，繁重的家務累得她精疲力盡，一到晚間，兩隻腳
連邁過門檻的力氣都沒有。她對子女們獻出了天高地厚般的慈愛，子女對她也感德
報恩。林語堂十來歲的時候，兩位姐姐就代替了母親的大部分家務勞動。

　　慈愛的母親和幽默成性的父親，這天賜的機遇，難得的搭配，合成了一個快
樂的家庭，使林語堂幸運地獲得了一個歡樂的童年。小和樂自幼沐浴在愛的陽光
下──父親的愛、母親的愛、兄弟姐妹們的愛──這是一個和睦友愛的家庭。這
情深似海的家庭用愛滋潤著林語堂的心田。

　　小和樂生性頑皮，又絕頂聰明，父母特別疼愛他。父親每天早上在教堂佈道

---

[1]　林語堂：《回憶童年》。

後回家，母親就把煮好的豬肝麵端到疲倦的父親面前，父親吃了幾筷便喊小和樂過來，由父子兩人分享麵條。這碗豬肝麵，「味道好極了！」在林語堂的記憶裡，兒時與父親共享的那碗豬肝麵是世上最鮮美的佳餚。

　　林家有兄弟六人，兩個女兒，林語堂在家裡排行第五。大哥林孟溫，二哥林玉霖，三哥林和清（憾廬），四哥早年夭折，弟弟林幽；大姐瑞珠，二姐美宮。與林語堂關係最密切的是比他大四歲、屬虎的二姐，林語堂在二姐「半母半姐」的疼愛下度過了愉快的童年。在家裡，二姐對他的影響僅次於父親。

　　小和樂和二姐相親相愛，二姐是他童年時最友好的遊戲夥伴，同時，她又像母親一樣關照著小和樂的溫飽飢寒。姐弟倆常是一對頑皮的小搭檔。有一次，他倆讀過林紓的翻譯小說後，就把那些異國的奇聞軼事重新排列組合，姐弟倆共同編造出一個情節曲折而又恐怖冒險的故事。這是林語堂在文藝創作上的最初嘗試。這部沒有記錄下來的「處女作」，在母親那裡獲得了良好的效果。母親饒有興味地欣賞著姐弟倆所講述的故事，真以為是一部世界名著中的片斷。母親的受騙，更激發了小作者們的創作熱情，姐弟倆愈編愈有勁，隨編隨講，每天為母親編講一段，像現在的電視連續劇似的。久而久之，終於露出破綻，母親如夢初醒，恍然大悟地喊起來：「根本沒有這種事，你們是來逗我樂的。」說完哈哈大笑起來，又急忙用手摀住嘴──因為她牙齒殘缺，所以每逢在大庭廣眾面前發笑時，總是用手摀著嘴，這是習慣。看著母親摀嘴笑的樣子，姐弟倆開心極了，因為他們「創作」的目的，就是為了使母親快活。

　　小和樂是一個頭角崢嶸而且喜歡惡作劇的孩子，調皮的和樂便常利用父母的寵愛故意撒嬌搗亂。比如，有時，兄姐們都安分守己地準備功課，他卻不守規矩，獨自跑到院子裡玩耍，母親對這個頑皮的孩子束手無策。這時，二姐便當仁不讓地出來管教他，說來也怪，小和樂居然會馴服於二姐的軟硬兼施之下，正是：一物降一物。當然，也有例外的時候。有一次，小和樂與二姐爭吵過後，被關在門外，不許他進家門，他便從窗外扔石頭進去。叫道：「你們不讓和樂進來，石頭替和樂進來。」還有一次，他和二姐爭吵，淘氣的林語堂急中生智想出一個報復二姐的「妙計」：他

鑽入後花園的一個泥洞，像豬一樣在裡面打滾，目的是要弄髒自己的衣服，爬起來後，他得意地對二姐喊道：「好啦，現在你要替我把髒衣服洗乾淨了！」——因為，按照家務分工，二姐承擔著為全家人洗衣服的任務。

二姐和小和樂所玩耍的那些別出心裁的遊戲，是林語堂童年生活裡燦爛的一頁，而二姐激勵他讀書成名的願望，更是難忘的一課。二姐聰明美麗，刻苦好強，父親在油燈下所編織的那些「夢想」深深地打動了她的心。飛出阪仔，翱翔在遼闊的天空，這是林家孩子們的共同願望，也是二姐的心願。她從鼓浪嶼毓德女校畢業後，希望能到福州的教會學校升學。但父親算了一筆賬，即使免交學費，僅是川資雜費，一年至少要六七十元，實在力不從心。因為，林至誠有八個孩子，他立志要使男孩子都受高等教育，直到出國留洋，女孩子便只好讓她們走「女大當嫁」的老路了。父母多次給二姐提親。晚上，父母到二姐房裡，只要一提起婚嫁之類的話題，二姐馬上吹滅油燈，轉身睡覺。一直拖到二十一歲，在當地人眼裡已經是「老姑娘」了，才勉強答應出嫁，而在這之前，這位未婚夫已經苦苦追求二姐多年了。二姐上大學的「夢」夭折了，父親感到內疚，林語堂則覺得自己之所以能升學，只因為是個男孩，佔了便宜，擠掉了二姐升學的機會，對此，林語堂深感慚愧。

1912 年的夏秋之交，林至誠一家同乘帆船沿西溪而下。兩岸青山綠水，風景秀麗，美不可言。在以往的每次航程中，林語堂都盡情地飽餐這山川的靈氣，欣賞月夜的景色。薄暮時分，航船停泊江中，船尾總有一小龕，插幾根香，敬媽祖娘娘和關聖帝的神位。夜色蒼茫中，遠處漁船的篝燈明滅，隔水飄來悠揚婉轉的簫笛聲，船夫抽著旱煙，喝著苦茶，向林語堂講述古老的傳說和久遠的故事，林語堂曾多次陶醉在這良辰美景之中。然而，此刻，依然是這樣的帆船，也依然是這樣的景色，但林語堂的心情卻異常沉重。因為，這同一條船上，載著去上大學的林語堂，也載著出嫁的二姐。林語堂獲得的深造機會，正是二姐失落的夢，同一個命運之神卻做了如此不公正的安排。所以，一路上，林至誠全家都在情感的漩渦裡顛簸，無心享受大自然賜予的美景。

六十多年後，林語堂對這次不尋常的航行仍記憶猶新，他以深沉的筆調追憶了

當年的情景：

　　那年，我就要到上海去讀聖約翰大學。她也要嫁到西溪去，也是往漳州去的方向。所以我們路上停下去參加她的婚禮。在婚禮前一天的早晨，她從身上掏出四毛錢對我說：「和樂，你要去上大學了。不要糟蹋了這個好機會，要做個好人，做個有用的人，做個有名氣的人。這是姐姐對你的願望。」我上大學，一部分是我父親的熱望。我又因深知二姐的願望，我深深感到她那幾句話簡單而充滿了力量。整個這件事使我心神不安，覺得我好像犯了罪。她那幾句話在我心裡有極重的壓力，好像重重的烙在我的心上，所以我有一種感覺，彷彿我是在替她上大學。第二年我回到故鄉時，二姐卻因患鼠疫亡故，已經有八個月的身孕。這件事給我的印象太深，永遠不能忘記。[①]

　　姐弟倆那次感人肺腑的告別，使林語堂銘心刻骨，永世難忘。他暗暗下定決心：不辜負二姐的期望，要「讀書成名」。以後，無論在何時何地，無論到了甚麼年齡，只要一提起那四角錢，他都忍不住要流淚。他說：「我青年時所流的眼淚，是為她流的。」

　　小和樂自幼就是個出名的野孩子，他的哥哥弟弟們也幾乎沒有一個不調皮的。林家的那一群男孩，在阪仔人眼裡，都是些長著「頭角」的小搗蛋。他們的出格行為曾在阪仔長期流傳。那是在 1907 年前後──

　　阪仔的基督教堂竣工以後，教堂前的鐘樓上掛著一個美國人捐贈的大鐘。正是這口大鐘，使林語堂弟兄們在阪仔人心中留下了不可磨滅的印象。

　　那時，每逢做禮拜，洪亮的鐘聲不斷傳遞著異域文化對中國傳統文化的衝擊波，這衝擊波驚醒了、同時也激怒了沉睡中的阪仔傳統社會。有人公開罵，有人腹

──────────

① 　林語堂：《八十自敘》。

誹。終於，一些敵視教會的村民開始行動起來了。1908 年前後，由一個落第的儒生
牽頭，用募捐集資的辦法，在教堂的同一條街上，修建了一座佛廟。原來也打算掛
一口大鐘，與教堂的鐘對峙，後來由於種種原因，改用一隻大鼓代替。

　　一個禮拜天，教堂像往常那樣鳴鐘。忽然，從廟裡傳出一陣鼓聲，打鼓的儒生
說：「耶穌叮噹佛隆隆。」決心要用鼓聲來壓倒鐘聲。林語堂弟兄幾個自然站在教會
一邊，他們跑上鐘樓，拚命地拉繩打鐘。林家的孩子們年幼力薄，而那儒生雖然是
個鴉片鬼，但畢竟是成年人，若一對一地單兵作戰，孩子們顯然不是成年人的對手。
可是，機靈的孩子們採用車輪戰的辦法：一個人累了，便下去休息，由另外一個來
接替。幾個孩子輪流不斷，只要鼓聲不停，他們便繼續拉繩打鐘，一個儒生怎麼鬥
得過這一群沉醉在競賽樂趣中的孩子呢！在儒生眼裡，這場「鐘鼓之爭」內含著深不
可測的意義，而在林家兄弟眼裡，這不過是一場有趣的遊戲。而只要是有趣的遊戲，
小和樂不是「主謀」也是積極的參加者。

　　可是，從某一個禮拜天起，那鼓聲突然消失了。原來，那個失業的窮儒生為了
吸鴉片，把大鼓賣掉了。放假時，林家的孩子們回到阪仔，本打算再在「鐘鼓之爭」
中顯一番身手，豈料大鼓已經「失蹤」，他們就以「勝利者」自居，而阪仔居民也為
再也無法觀賞那熱鬧的對台戲而掃興。

　　若干年後，阪仔的老年人還不時地追憶當年鐘鼓齊鳴的場面；又若干年過去
了，當年「鐘鼓之爭」的目擊者所剩無幾，而教堂、鐘樓以及林語堂的故居均已蕩然
無存，唯有那口外國運來的大鐘靜悄悄地躺在院落的一角……①

　　「鐘鼓之爭」使林至誠的孩子們以頑皮而聞名阪仔。幾乎誰都知道，林家孩子中
最頑皮是那個名叫和樂的小男孩，他那智力型的惡作劇，曾使銘新小學的老師毫無
辦法。

　　有一次，學校考試，在閱卷過程中，老師驚訝地發現全班學生都輕而易舉地得

---

① 1989 年初，筆者到阪仔訪問時，發現了這口鐘。據知情者介紹，1958 年大煉鋼鐵時，曾擬將它作為
　廢鐵熔化，但因無法打碎，才未被毀。

到了高分，老師為學生們的突飛猛進而欣慰時，又覺得事情有點蹊蹺，明知有「鬼」，卻不知道「鬼」在哪裡，而學生們都在暗暗好笑。原來，考試的前一天，林語堂潛入教師的住所，偷看了試題。老師也想到了泄密的可能，於是把可疑對象逐個排除，但就沒有懷疑到林語堂身上。因為，林語堂一向是成績優異的高才生，他不需要複習就可以考得高分，從不把考試當一回事。教師斷定林語堂沒有「作案動機」，所以，一開始就把他排除在懷疑對象之外。然而，正是這個穩拿高分的優生，為了表示對考試的輕視，也為了尋開心，故意去偷看試題，讓全班同學人人都得高分。

大作家並不是天生的。林語堂也是經過長期的千錘百煉才達到散文家和小說家的寫作水平。銘新小學的作文老師曾批評過林語堂作文行文的拙笨，評語是一句文言文：「如巨蟒行小徑。」林語堂覺得這句評語很有意思，便自言自語，重複地念著：「如巨蟒行小徑，如巨蟒行小徑……」突然，靈感來了。這是對對子的靈感：「似小蚓過荒原」的下聯自然而然地脫口而出。成年以後，每每回想起這一副偶成的對聯，林語堂總感到非常得意。

一個「頭角崢嶸」的孩子！似乎成了人們對小和樂眾口一詞的評價。那麼，他到底有哪些「頭角」呢？頑皮嗎？好惡作劇嗎？這些都是孩子的通病，也許有人認為這根本算不上「頭角」，因為這是孩子的天性……實際上，對小和樂來說，他不斷編織的一個又一個新奇的夢、孩子的夢，這才是真正屬於小和樂自己的「頭角」。

林語堂自詡有一個夢想家的父親和一個夢想主義的家庭，在這夢想家的搖籃裡，小和樂的頭頂上曾升起過無數個彩色的夢。童年時代的小夢想家為把夢想變成現實，曾做過許多有意義的嘗試：

他夢想當醫生，要發明包醫百病的靈丹妙方。他認真地試驗著，配製了一種治外傷的藥粉，取名為「好四散」，不顧兩位姐姐的取笑，小和樂自信「好四散」有藥到病除的奇特功效。

他夢想當發明家，常到碼頭上去觀看來往鼓浪嶼的小輪船，船上的蒸汽引擎使他很感興趣。他還想依照虹吸原理製造一架抽水機，讓井裡的水自動流進菜園裡。苦苦鑽研數月之久，最後因為有一個關鍵問題無法解決，只得暫時放棄發明抽水機

的打算。

他夢想長大後開一個「辯論」商店，因為小和樂是一個有辯論才能的孩子，哥哥們稱他為辯論大王。他想發揮自己善於言辭的優勢，像擺擂台似的，提出辯論命題，向人挑戰，或接受別人的挑戰。

他夢想成為一個全世界聞名的大作家。幼時，小和樂曾天真地對父親說：「我要寫一本書，在全世界都聞名……」1903 年，八歲的小和樂為實現當作家的願望，偷偷地學習創作。他的第一部「作品」是一本有趣的「教科書」，這自編的「教科書」倒還真有點獨特的風格，採用一頁課文接著是一頁插圖的體例。與看圖識字的幼兒教材有相似之處，又不盡相同。因為小和樂採用文言文的三字經的形式來編寫自己的「教材」，第一頁上寫著：

人自高　終必敗　持戰甲　靠弓矢
而不知　他人強　他人力　千百倍

另一頁上編寫了一隻蜜蜂因採蜜而招到焚身之禍的故事。一天，大姐發現了小和樂的這本「處女作」，所有的兄弟姐妹都爭相傳閱。大家都覺得小和樂的作品十分有趣，因此，一見林語堂就逗趣地背誦：「人自高，終必敗……」使這位胸懷大志的小夢想家害臊得抬不起頭來──七十年後，1975 年 4 月，在國際筆會第四十屆大會上，林語堂被選為國際筆會總會的副會長，他的長篇小說《京華煙雲》也在這次大會上被推舉為諾貝爾文學獎的候選作品。當年小夢想家不知天高地厚的夢想竟奇跡般地變成了現實。

飄在空中的和浮在水上的夢想，可能永遠是個夢；但如果夢想的種子落在奮鬥的土壤裡，就會唱出希望之歌。這希望的春芽，雖然藐小，卻青翠欲滴，孕育著一個偌大的綠色的世界，這就是小和樂的那些彩色的夢的結果。

生活在雜色的世界裡 / 外國傳教
士的影響 / 父親的「家學」/ 去廈
門上學 / 第一次見到外國兵艦 / 聖
約翰大學的高才生 / 不能當牧師 /
教會學校的雙重影響

生活在雜色的世界裡

　　早在一千二百年前，林語堂的家鄉閩南地區便是唐代對外貿易的重要口岸；宋元時代，對外交往尤其發達，時與近百個國家和地區通商貿易。閩南泉州港曾與亞歷山大港並稱為世界東方兩大貿易港，港灣外船舶雲集，僑居泉州一帶的外國商人、傳教士、旅遊者數以萬計。

　　在舊中國的黑暗歲月裡，天災人禍逼迫著飢民背井離鄉出海求生，最近的目的地當然是海峽對岸的台灣。所以，現在的台灣同胞多半是從福建漳州、泉州一帶遷去的。有的則遠涉重洋，漂泊到世界各地。據史籍記載，林語堂的出生地漳州平和縣，遠在明代就有人出國謀生。在輸出勞動力的同時，異域文化也因此找到了滲透到這封閉國土裡來的縫隙。平和縣的番薯，就是明萬曆年間（ 1573 – 1620 ）從「呂宋」（即菲律賓）引進的薯種。可見，林語堂的家鄉自古以來就是中外交往的走廊。而鴉片戰爭以後，這裡也和中國沿海的許多地方一樣，成為多種文化碰撞的交會地帶。

　　林語堂誕生的時候，閩南和中國其他地方一樣，被儒家思想 —— 中國傳統文化的主導意識 —— 支配了幾千年。這裡的鄉民，除孔孟之外，還常常提到朱熹，但不要誤以為漳州人對這位宋代名儒有特殊的好感，而是由於朱熹在八百年前出任漳州知府時，曾用心良苦地制定了一套實施「男女大防」的嚴密措施，以致到林語堂童年時代，還可以領略朱熹當年政績的遺風：那時，阪仔每家每戶的門口，都掛著一面竹簾子。婦女們只能躲在屋子裡隔著竹簾往外看，而在外面街上的人，都無法看到裡面的內情。以斷絕男女交往的徹底性而言，這是其他地方所無法攀比的。據說，這些都是朱熹為阪仔鄉民定下的規矩。對此，寧可信其有，因為，中國的儒家一向肯在「男女大防」上狠下功夫的，朱老夫子既是一代名儒，自然要表示出他對「男女授受不親」的聖人遺言堅信不疑，「竹簾」的創舉，不過是略施小技而已。

　　科舉盛行的時候，福建的讀書人向來是科場上最屬害的競爭者。在這片古老的土地上，以科舉取勝，讀書做官，被公認為天經地義的事，因此，在這種文化氣氛

的熏陶下，林語堂一家以「讀書成名」為座右銘，就不足為奇了。

父親林至誠，對一切西方的東西皆有興趣，並自覺地追求新的知識。但在一般中國人眼裡，牧師林至誠一家人，不過是「把靈魂抵押給了洋人」的洋教徒罷了——今天，似乎不必再簡單地把這種反感一律斥之為保守的排外思想，因為，鴉片戰爭以來，世界列強一直是以堅船利炮來顯示西方文化的特色的，對於和大炮鴉片同時登陸的洋教士和他們手中的《聖經》，大多數中國人有一種本能的反抗心理。這裡，有對外來侵略的正義反抗，自然也不可避免地摻雜著被扭曲得變形的民族意識。

看來，大紅大綠，黑白分明，這只是畫家調色板上的色彩，而歷史的色彩，從來就是雜色的，因此，就不必期望生活在雜色世界裡的人只呈現出一種色彩。

林語堂曾不止一次地衷心感謝教會對他的培養，他特別感激幾位外國的傳教士。首先是那位身高六英尺的范禮文博士。范禮文博士夫婦是林語堂幼年時第一次接觸到的外國人。這對洋教士夫婦來阪仔時，就住在林家的樓上，他們的生活起居，引起了林語堂的極大興趣。從他們吃的牛油罐頭到他們所掉下的一個發亮的領扣兒，都使林語堂感到十分新鮮。

與那難聞的牛油氣味同時進入林家的，是范禮文夫婦帶來的大批宗教書報，從此，異域文化的氣息就永遠留駐在林語堂家中。范禮文把著名的外國傳教士林樂知和他的華人助手蔡爾康等人翻譯的大批書籍帶到林家，激起了林語堂全家對西方文明的熱烈嚮往。在這些著譯的精神媒介下，林語堂一家興奮地漫遊於異域文化的殿堂，做著出國留洋的美夢。林樂知的著譯影響了林語堂一家的命運，決定了林語堂的生活道路。

林樂知（1836－1907），二十四歲那年由美國監理公會派到中國，在中國傳教四十七年之久，曾獲得清政府廣方言館的「欽賜五品銜」，後來又得「欽加四品銜」。他不僅會講中國話，看中國書，而且能用中文寫作。除創辦與主編報紙外，林樂知還在上海創建了中西書院，並協助了中西女塾和蘇州東吳大學的建校。1887年，林樂知積極參加廣學會的創立工作。他出版過各種著作四十多種，比較著名的是《中

東戰紀本末》《五洲女俗通考》等。

　　1868 年，林樂知出版了《中國教會新報》週刊，1875 年改名為《萬國公報》。該刊明言：「本刊是為推廣與泰西各國有關的地理、歷史、文明、政治、宗教、科學、藝術、工業及一般進步知識的期刊。」可見，《萬國公報》所刊內容已遠遠越過教會新聞的範疇，而是向中國輸入西方文明的一條傳送帶。《萬國公報》的經常撰稿人除林樂知外，還有韋廉臣、李提摩太、慕維廉、狄考文、艾約瑟、李佳白、潘慎文、花之安等著名的外國教士。這份報刊全盛時，曾發行過四千份，在 19 世紀末葉的中國，這是一個空前的數字。林語堂的父親便是它的最忠實的讀者，報上內容為林至誠提供了編織「夢想」的豐富材料。

　　林樂知等外國傳教士「文字佈道」的目的是：要以西方文明來改造中國的現實。維新運動時，廣學會的傳教士們自稱是維新派最好的朋友，而維新派也把傳教士們辦報紙、立學堂、譯西書等工作當作傳播「西學」「西法」的主要媒介。可是，戊戌變法以後，林樂知卻在《萬國公報》撰文聲明：自己和康有為梁啟超沒有多大關係。

　　顯然，林樂知的「文字佈道」中所傳播的「西學」「西法」，是失真變形了的西方文明。然而，當年，林語堂一家正是把這些哈哈鏡裡的圖像當成了西方文明的真身，囫圇吞棗地全盤吃進。林語堂在回憶往事時說：「有一個在我生命中影響絕大、決定命運的人物 —— 那就是外國教士 Young J. Allen（按：中國名字林樂知），他自己不知道他的著作對於我全家人有何影響。」林語堂又說，父親「藉林樂知的著作而對於西方及西洋的一切東西皆極為熱心，甚至深心欽羨英國維多利亞後期的光榮，決心要他的兒子個個讀英文和受西洋教育。」①

　　遠在閩南山村裡的林語堂一家，肯定不會知道林樂知在同文書會第六屆年會上，有過一次坦白的發言。林樂知在發言中承認，自己所做的一切，不過是為了改造中國人的頭腦。如果當初就了解到這些，難道林語堂還會去崇拜這個居心叵測的洋人嗎？林樂知在年會上說：

---

① 《林語堂自傳》。

　　……我認為現在是我們工作的緊要關頭，我和別人多年來都和這個工作發生過關係。我們已經得到了很大的進展，最主要的令人鼓舞的事是思想的同化。我們來到這裡已經有了很長的一個時期，我們中有的作為商人，有的作為傳教士。顯然，不論從商業的觀點或傳教的觀點來說，中國人接受我們的教導都是很慢的。我們注意到他們雖然是剛剛開始在同化我們的思想，他們買我們的商品或購買外國製造的東西，同時也在學著去做這些事情，只要他們開始學習和自己製造，我們就會發現有一種同化外國思想的傾向。就我們的宗教工作來說，我想他們有接受這種思想並加以採用的自發的和自然的傾向。中國人現在已開始接受我們的教導和採納我們的觀點，以此來適應他們的需要。我認為這很容易從他們的已取得的成績中得到證明，當他們的認識和信念到了一定的程度，他們就會接受甚至對一切所能運用的東西全部接受。我們就是要使本會對那樣一個目的作出很大貢獻，接觸他們的信念，把辦法擺在他們的面前，鼓勵他們採用。這對他們對我們和對全世界都有實際的好處。這個國家的健康的發展將有利於全世界，所以我們做的雖然還很少，但我們是在為造福中國和全人類的偉大事業而工作。①

　　可惜，包括林語堂父子在內的所有中國人，在當時都無法了解傳教士們的廣學會、同文書會活動的內幕。所以，林語堂對林樂知們的感激，顯然是抽掉了林樂知們的主觀動機，而是從自己受益的客觀效果上來說的。

　　這也不錯，沒有林樂知們的提倡，就不可能有為林語堂提供就讀機會的教會學校；沒有林樂知們的傳播媒介，林語堂父子們就得不到「西學」「西法」的知識——哪怕是經過哈哈鏡的變形後失真了的「西學」「西法」——林語堂所說的「決定命運」，自然是指林樂知們傳播的「西學」激發了林家父子們一個個遙遠的彩色的夢。當夢想變成現實時，夢中人便去感謝提供夢境的林樂知們，表面看來，這一切倒也順理成章。不過，這也難怪，因為光緒皇帝和康有為、梁啟超等維新派首領都視林

---

① 《同文書會年報·第六號（截止 1893 年 10 月 31 日）》，《出版史料》1989 年第 2 期，第 51 頁。

樂知們為知己，更何況是年幼無知的林語堂呢！

　　林語堂六歲啟蒙，父親把儒家的經典著作當作小和樂的啟蒙讀物。一到假期，林家就變成一座別具一格的家庭學校。

　　清晨起來，小和樂與男孩子們一起擔任打掃庭園和屋子的工作，還要從井裡汲水注滿水缸，再澆灌菜園。用水桶下井打水是要掌握一定的技巧的，不然任憑你怎樣晃動，水就是進不到桶裡去。經過多次失敗，小和樂總結了打水的經驗：等靠近水面時，再讓水桶慢慢傾斜……林語堂覺得打水很有趣，但滿滿的一桶水對一個幼童來說是個沉重的負擔，況且廚房裡的那隻大水缸要十二桶水才能裝滿。

　　早餐後，搖鈴上課。林至誠親自教子女讀四書五經、《聲律啟蒙》、《幼學瓊林》等。

　　那時，閩南一帶流行一部康熙年間的刻本《鹿洲全集》，著者藍玉霖是福建漳浦人，號鹿洲。雍正年間，先後任廣東普寧縣令、廣州知府，曾著書七種，合為全集。林至誠十分崇拜藍玉霖，所以把第二個兒子取名為玉霖，並把《鹿洲全集》作為子女讀書的教材，還規定子女們都要背誦其中的《清漳賦》。林語堂的國學修養，首先要歸之於父親的「家庭學校」。在受業國學的同時，傳統文化的各種精華和糟粕，魚龍混雜地滲入了林語堂的思想意識之中。

　　父親傾心「西學」「新學」，嚮往牛津大學、柏林大學，可是傳授給林語堂的卻是四書五經，這似有矛盾，其實卻不矛盾。因為，雖然林至誠敞開胸懷地擁抱了異域的文明，但是，他畢竟是在傳統文化的培養基裡成長起來的。像空氣、像陽光、像水分一樣，傳統文化每時每刻都在不知不覺中影響著每一個人，幾乎所有的中國人都難以抗拒這種潛移默化的巨大的滲透力。那時，人們的心路歷程的起點都被安置在同一條起跑線上，那就是從他懂事的那一天起，傳統意識已經浸透了他的靈魂，即使是熱衷「西學」的林至誠也不例外。1907 年，阪仔新教堂落成時，林語堂見父親特地趕到漳州城裡，取回一副朱熹手跡的對聯拓本，精心裝裱在教堂的新壁上。用儒家的格言來裝飾宣揚基督教的講台，這就是林至誠牧師親手締造的「中西合璧」。

　　1905 年，林語堂才十歲。他原在阪仔教會辦的銘新小學就讀。可是，望子成龍的父親不滿意銘新小學的師資和教學方法，唯恐因此而危及孩子們的遠大前程，所以在 1905 年決定讓林語堂三兄弟到廈門鼓浪嶼的教會小學住讀。

　　弟兄三人乘船沿西溪順流而下，山景、水田、村落、農家……在船邊緩緩而過。晚上，船泊在岸邊竹林之下，竹葉飄打在船篷上。林語堂躺在船上，蓋著一條毯子，仰望著頭頂上五六尺高的地方，竹葉在隨風搖曳。辛苦了一天的船夫，口唧煙管，吞吐自如。其時沉沉夜色，遠景晦冥，隱隱可辨。忽有簫聲隨著水上的微波乘風而至，如怨如訴，悲涼欲絕，林語堂神寧意恬……

　　樂何如之！美何如之！林語堂多麼希望有一架攝影快鏡把此情此景永久留在記憶之中。他自言自語地說：「我在這一幅天然圖畫之中……對著如此美景，如此良夜，將來在年長之時回憶此時豈不充滿美感麼？」①

　　在這西溪的小船上，林語堂又一次體驗到大自然的無限魅力；在這只可意會不可言傳的意境中，他把自己的整個身心都交還給了自然。

　　從阪仔到廈門旅途上的每一件事，對於長期生活於閉塞的山村裡的林語堂來說都是新鮮的。當時，他只顧激動地以自己的靈魂去擁抱自然，而肯定沒有意識到：正是在這條小船上他開始了走向世界的航程。

　　廈門是列強強迫清朝對外開放的通商口岸。那裡的教會學校的辦學條件要比銘新小學優越得多。

　　林語堂在廈門鼓浪嶼念完小學就進入廈門尋源書院，即教會辦的中學。林語堂能在這種免收學費又免收膳費的教會學校就讀，從經濟方面上說，對於一個窮牧師的兒子，這實在是難得的最佳選擇了。

　　尋源書院的美國校長畢牧師是一個貪得無厭的人。當時，鼓浪嶼正在發展，畢牧師看準了做房地產生意能賺大錢，就把主要精力放在地產交易上。這位美國人雖然覺得中國人落後，但是中國的算盤還是先進——因為那時還沒有發明電子計算

---

① 《林語堂自傳》。

機 —— 而且用中國人製造的算盤來計算賺了中國人多少錢，真是其樂無窮。所以，打算盤的聲音日夜不停地從校長室裡傳出來。畢牧師對中國學生的管理十分苛刻，不准學生們出去買消夜的點心。他把校長室設在正對樓梯口的房間，就是為了便利監視學生的行動。

這種辦法怎麼難得住調皮搗蛋的林語堂呢 —— 表面上，學生們經過校長室門口時，無人攜帶食物。但是，宿舍裡的寄宿生卻照樣經常吃夜宵。原來，在林語堂的策劃下，學生們先用竹籃子把買回的東西從窗口吊上樓去，再故意空著雙手大模大樣地從校長的房門口經過。

教會學校古板的教學方法和嚴格的管理制度，束縛了林語堂不羈的個性。他那旺盛的求知慾像一塊乾燥的海綿一樣，渴望知識的水分來滋潤他的心田。可是教會學校規定學生不准看中文報紙，不准看閒書。所謂閒書，實際上就是功課以外的書。林語堂求知的天性受到了無情的壓制。若干年後，成了名的林語堂，曾持續不斷地攻擊現行教育制度的弊病。他對教育制度的切齒之恨，首先來自教會學校裡的親身經歷。

當林語堂對知識像飢者求食一樣的渴望時，現代的學校制度卻是建立在兩種臆斷之上：一是以為學生對於各門功課都毫無興趣；二是以為學生都缺乏學習的自覺性。因此，課程的安排完全是強制性的。林語堂對這種忽視學生個性發展的教育方法，非常反感。他說：

我自知對於自然科學和地形學是興味最濃的；我可以不需教員之指導而自行細讀一本十萬字的地理書，然而在學校每星期只需讀一頁半，而費了全年工夫才讀完一本不到三萬字的地理教科書。其餘各門功課，都是如此。此外，強迫上課之暗示，或對教員負責讀書之暗示，皆極為我所厭惡的，因而凡教員所要我讀的書我俱不喜歡。……如果當時有一圖書館，充滿好書，任我獨自與天下文豪神交，我當得特殊的鼓舞。不幸在中學時，沒有圖書館設備，而廈門這一所教會學校與其他非教會學

校大異之點，就是我們教會學校學生不看中文報紙，或其他一切報紙。[1]

　　學校原是學習知識的天堂，可是尋源書院竟然用各種措施禁止學生讀課外書，這是天性自由的林語堂所最不能容忍的。尋源書院視學生看書為非法行為，從早晨8時至下午5時，把學生關閉在課堂內。凡在校時偷看雜書，或在課堂裡交換意見，皆是罪過，是犯法。只許學生靜坐室內，任憑教員擺佈。林語堂認為，這完全是在浪費時間。於是，他只好在課堂裡偷看自己喜愛的書。他說：「上課和不上課的分別是，在假期，我可以公然看書，而在上課的時候我只好偷偷地看書。」

　　作為反抗，林語堂不僅偷偷地看自己所喜歡的書，而且他還用作弊來報復這種死板的教育方法。實際上，憑林語堂的天資，應付學校的考試簡直不費吹灰之力。每次都輕而易舉地取得了好成績。他是以第二名的成績，從中學畢業的，但林語堂不承認自己是個用功的學生，而考試時名列前茅，實在是因為對他來說，只考書上的那點內容，太容易了，——當然，他的同學們是決不會同意這種「太容易」的說法的。他之所以要出各種點子，帶頭作弊，是出自反抗性和好奇心交織下的逆反心理。

　　好奇心使林語堂已不滿足於「偷考卷」之類的傳統作弊方法，他和同學們為對付「背書」，別出心裁地創造了一種智力型的作弊法。林語堂曾得意地介紹了他的「傑作」：

　　我們捉弄老師的鬼辦法之中，有一件是背書的事，很好玩兒，每個學生都很得意。我們當年都站在走廊下等候，有的人被叫進屋去背書，通常是在兩頁到三頁之內。他背完之後，就以開門為信號兒叫另一個人進去背，他做信號兒，表明要背的那段文字是在前一半兒或後一半兒，由於把門開三四次，別人就知道要背的

---

① 《林語堂自傳》。

是哪一部分了。①

這個學業優異的孩子卻常被經濟上的貧困所折磨。

家裡每星期給林語堂一枚銅元的零用錢，主要是供理髮之用。一枚銅元在當時可以買一個芝麻餅再加四粒糖。一個正在長身體的少年，通常都有驚人的食慾，林語堂也不例外。所以，那時他特別饞嘴。要是他能像富家子女那樣口袋裡有足夠的零用錢，可以隨意選購愛吃的零食的話，他哪會去對一碗素麵饞涎欲滴呢。遺憾的是，一枚銅元的經濟實力，使他唯有減少理髮次數，才有可能實現吃一個小麻餅的願望。而為了一碗廉價的素麵，他不得不萬分虔誠地祈求上帝的恩賜：他在鼓浪嶼的海邊，緊閉雙目，默禱上帝讓他交好運，賜予他拾到一隻角子的機會，默禱後睜開眼睛，不見上帝賜予的角子；再緊閉雙目，更真誠地祈禱，再睜開眼來，仍不見角子；林語堂不死心，又再三閉目禱告，仍然沒有感動上帝……他失望了。

窮困使林語堂處處受窘。鞋破了，沒有錢買新鞋，只好穿著露出腳指頭的破鞋去踢足球。後來，林語堂在追述這些窮困的往事時，則常常用幽默的形式化解了往事辛酸的內核。

來廈門上學之前，西方文明對林語堂來說是美好而又神秘的。在阪仔，林語堂一家都歎服西方先進的科學技術，但林家所能接觸西方文明的唯一渠道，是外國傳教士和他們所帶來的書報。在廈門，林語堂才真正耳聞目睹了西方文明顯示它在中國存在的最有力的一種方式：戰艦上的水兵和大炮。

1907年，日俄戰爭結束不久，旅順口還是一片斷垣殘壁，老羅斯福就派遣美國艦隊來訪問中國了。艦隊到廈門時，尋源書院的學生應邀前往參觀。林語堂穿著露出腳趾的破鞋，瞪眼看著美國海軍的操演，讚賞著那些鋼鐵怪物的雄偉形象，林語堂羨慕、讚歎，同時也畏懼。

---

① 林語堂：《八十自敘》。

　　林語堂把他在廈門所見到的外國人分成三個類型：傳教士，穿著清潔無瑕和洗熨乾淨的白衣，林語堂對他們有本能的好感；酗酒的外國水手，在鼓浪嶼街上狂歌亂叫，令林語堂恐慌；頭戴白通帽的外國商人，坐著四人抬的轎子，對中國的赤腳頑童隨意地拳打腳踢，使林語堂討厭。

　　世界是雜色的，生存於這世界上的各種文明自然也是雜色的。喝醉的外國水手嘔吐在鼓浪嶼大街上的穢物，和外國商人留在中國兒童身上的皮鞋印，與美妙動聽的西洋音樂同時存在於廈門。出身於牧師家庭的林語堂，自然要比一般人更容易接受「世界是雜色」的觀念。所以，對校長的惡感並不影響他對校長夫人的好感。那時，林語堂對西洋音樂簡直著了迷。美國校長畢牧師夫人（Mrs.Pitcher）是一位端莊淑雅的女士，林語堂不僅喜歡聽她唱的歌，而且連她說話的聲音在林語堂聽來也溫柔悅耳，抑揚頓挫，不啻音樂之美。傳教士女士們的女高音合唱，使林語堂印象深刻，終生難忘。

　　鼓浪嶼是廈門的一個小島，風景如畫，素有海上花園之稱。島上有外國人的俱樂部，每當外國軍艦到廈門，舉行歡迎式時，總要請俱樂部的銅樂隊在一個綠草如茵的運動場上演奏。

　　平時，外國人在俱樂部裡打網球、喝咖啡、吃冷飲，由中國西崽（舊時稱在洋人開辦的洋行或西餐廳等當僕役的男子。）伺候。林語堂常和街上的兒童們從圍牆的穴隙中窺視裡面的活動，這才是名副其實的看「西洋鏡」哩。

　　俱樂部開舞會時，尋源書院的學生常常立在窗外，觀看裡面的男男女女穿著晚禮服，翩翩起舞，這使初來乍到的林語堂瞠目結舌。因為在阪仔，朱熹所規定的竹簾子還在忠實地執行著「男女大防」的使命；而在鼓浪嶼的外國俱樂部裡，不僅沒有竹簾子之類的防線，而且還男擁女抱地跳舞，使少見多怪的林語堂覺得這是令人難以置信的人間奇觀。林語堂後來在《自傳》裡說：

　　這是鼓浪嶼聞所未聞的怪事，由此輾轉相傳，遠近咸知外國男女，半裸其體，互相偎抱，狎褻無恥，行若生番了。我們起初不相信，後來有幾個人從向街的大

門外親眼偷看才能證實。我就是偷看者之一，其醜態怪狀對於我的影響實是可駭
可怕之極。這不過是對外國人驚駭怪異之開端而已；其後活動電影來了，大驚小
怪陸續引起。

　　1912 年，林語堂中學畢業了，下一站將是他生命軌道上的一個重要的站頭 ——
大學。

　　離開尋源書院那一天終於到來了。上午，舉行畢業典禮，美國領事安立德
（Julean Arnold）在典禮上發表演說。畢業式後，一陣淡淡的離愁湧上林語堂的心頭。
他坐在臥室的窗台上，眺望遠處的運動場和近處的建築，翌日早晨，同學們就要各
奔前程了，這是最後的時刻。林語堂靜心冥想了足足半個小時，回顧四年的中學生
活，他希望中學生活裡一切有意義的時光永遠留駐在自己的腦海之中。

　　畢業後怎麼辦？當然上大學！上甚麼大學？當然是聖約翰！這是父親和哥哥早
就為林語堂設計好的前程。那一年，二哥林玉霖即將從聖約翰大學畢業，已經可以
資助林語堂去上大學了。但是，家裡的經濟仍很拮据，因為自從幾年前賣掉了祖母
在漳州的房子之後，家裡再沒有可變賣的祖產了。事到臨頭，父親算了又算，還缺
少一百塊大洋，林至誠有一個富有的學生，只要開口，借一百塊錢是不成問題的。
但父親總覺得老師向學生借錢，難以啟齒，直到臨行前，實在別無他法，林至誠才
抹下臉來，硬著頭皮去借來了這筆錢。看到父親為借錢而為難的樣子，林語堂的心
都快要碎了，他立志要以發奮成才來報答父兄們的養育之恩！

　　終於來到了聖約翰！聖約翰，林語堂夢寐以求的地方，從林樂知的書刊上，從
父親和哥哥的嘴裡，在他自己的夢境中 —— 林語堂早就熟悉了聖約翰。

　　這座聖公會辦的教會大學，坐落在蘇州河畔，全部校舍都是清一色的西洋建
築。每棟紅磚樓房裡面，似乎都隱藏著林語堂所渴望探求的西方文化的奧秘；每一
間教室中間，彷彿都是一個漩渦。但那不是陷阱，也不是圈套，而是許許多多交織
在一起的問號，知識的問號，人生的問號，未來的問號……

　　聖約翰，也像一艘航船，這是艘給林語堂帶來希望的航船。在中國傳統文化的

汪洋大海裡，這是一艘每顆螺絲釘都來自西方世界的航船，然而，它的乘客都是中國人。林語堂企圖藉助這艘航船登上文明的彼岸。

1912 年的聖約翰，以它高水準的英文教學而名冠全國，它培養了中國的一代外交人才，是顏惠慶、施肇基、顧維鈞等外交家的母校，所以，它在國際上享有相當的聲望。當林語堂剛入學的時候，聖約翰也許沒有意識到：這個牧師的孩子將為聖約翰的校史增添自豪的一頁。

可是，林語堂卻從來也沒有盲目地讚揚過聖約翰，他對母校的褒貶，倒是持論公正的。他說，聖約翰「的確是學習英文最好的大學，而在學生們的心中，這也就是聖約翰大學之所以存在的緣故。雖然它是聖公會的，它對大多數的學生的秘密使命卻是培植為成功的買辦來做上海大亨們的助手。事實上學生英文的平均水準，並不超過一個買辦的條件」[1]。

一個向量，是正是負，要看你追求甚麼；一個砝碼，是重是輕，要看你怎樣追求。林語堂追求的是知識，在知識面前，他永遠是一個飢餓的孩子。然而，從中學到大學，從廈門尋源書院到上海聖約翰，林語堂求知的天性不斷受到種種人為的束縛。兒時，小和樂是家庭的寵兒，他的求知慾在阪仔的小天地裡得到了充分發揮，離開阪仔以後，廈門和上海的教會學校的各種不近人情的教學管理制度使「頭角崢嶸」的林語堂感到難以忍受。雖然，從經濟的角度，林語堂始終感激教會學校為他這個窮孩子提供了有力的資助。但從文化教育的角度上看，教會欠了林語堂一筆「債」，那就是教會學校不准中國學生接觸中國文化，特別是民間文化的規定，使林語堂和中國傳統文化之間出現過一個長達十多年之久的文化「斷層」。對於自幼酷愛中國文化的林語堂，這是一個巨大的精神損失。他曾憤慨地說：「我的中等教育是完全浪費時間」[2]。

平心而論，「完全浪費」一語，有點偏激。因為，書院畢竟給予了他外語、地理、

---

[1]　林語堂：《從異教徒到基督教徒》。
[2]　林語堂：《八十自敘》。

算術、地質等科學知識。然而，權衡得失，好像得不償失。因為，學校教育一刀切地割斷了中國學生和本國文化的聯繫，甚至不准學生看中國戲劇，以致，林語堂在二十歲之前知道古猶太國約書亞將軍吹倒耶利哥城，知道耶和華命令太陽停住以使約書亞殺完迦南人等《聖經》故事，卻不知道孟姜女哭塌長城的民間傳說，不知道后羿射日、嫦娥奔月、女媧補天等中國神話故事。這一切都是這個文化「斷層」所造成的後果。

所謂「斷層」的意思也不是絕對的，並不是一刀兩斷的意思，並不是「斷」得對中國文化一無所知。因為，早年，父親的「庭訓」使他對儒家經典打下了一個扎實的根底。所以「斷層」只是指相對地削弱了林語堂和民間文學、市民文學的聯繫。林語堂萬分惋惜地談論過這個「斷層」所造成的損失。他說：「基督教教育也有其不利之處，這點我們可以很快看出的。我們不只要和中國的哲學絕緣，同時也要和中國的民間傳說絕緣。不懂中國哲學，中國人是可以忍受的，但不懂妖精鬼怪及中國的民間故事卻顯然是可笑的。剛好我童年所受的基督教教育太完美了。那是因為我的教會是加爾文派。我不准去聽那些漳州盲人遊吟歌手用吉他伴奏所唱的古代美麗的故事。……我十分憤怒。我被騙去了民族遺產。這是清教徒教育對一個中國孩子所做的好事。我決心反抗而沉入我們民族意識的巨流。」[1]

在聖約翰大學，林語堂和在尋源書院時一樣，是一個常年考第二名的高才生。只要稍微再花一點功夫他有把握去爭取第一名的，但他不願意。原因很簡單，林語堂向來對課堂學習不大認真，覺得太容易了，無需花費力氣，這是其一；其次是林語堂有一條座右銘：凡做甚麼事都不願居第一。所以，無論在哪一所學校，每逢考試來臨，別的學生正在「三更燈火五更雞」的苦讀時，他總是逍遙自在地遊蕩。

當年，上海的蘇州河還沒有受到嚴重的環境污染，雖然說不上清澈見底，卻也是個魚蝦藏身之地。聖約翰大學的學生們常來此以垂釣為樂趣，可以捕捉到鰻魚、鯽魚和其他小魚。但到考試前夕，平時熱鬧的河灣頓時顯得冷冷清清，因為學生們

---

[1] 林語堂：《從異教徒到基督教徒》。

要為高分而拚搏，哪裡顧得上釣魚。然而，就在河灣最冷清的那幾天裡，常常有一個衣著樸素的學生，逍遙自在地悠然垂竿。由於競爭者減少，釣得的機會相對增多，所以每天都能滿載而歸，這個學生就是林語堂。

有一次，臨考前一天，一位同學被林語堂在蘇州河邊的豐收所誘惑，決定跟林語堂一起去釣魚。晚上，那同學高興地檢點著自己的戰利品，而在次日的考試中，這個勝利的釣魚者在考場上卻失敗了。可是，同去釣魚的林語堂仍然考出了高分。看來，林語堂的學習方法只適合他自己，你可以羨慕，卻難以模仿，簡單的模仿，只會得到「東施效顰」的結果。

林語堂不願讓考試來束縛自己的天性。想釣魚，就去釣魚，決不為分數而放棄釣魚，他自信如果再努力一點，他可以在班上成為第一名，但他不幹，寧可輕輕鬆鬆的得一個第二名。正好在同學中間有一個和他一樣聰穎、肯為分數而死記硬背的「傻小子」，於是，第一名就讓這個「傻小子」奪走了。對此，林語堂毫不可惜，因為他深知死讀書得來的分數，就像留在鬆軟的沙灘上的腳印，隨時會被潮水抹掉。

大學二年級結束時，林語堂大出風頭。

結業典禮上，他榮獲三種獎章，同時又代表講演隊登台領取優勝的銀杯。在同一典禮上一人四次登台領獎，創造了聖約翰大學的領獎紀錄，轟動全校。

當時，聖約翰大學和聖瑪麗女子大學為鄰，林語堂創造領獎紀錄的佳話，很快傳到了女校。於是，聖約翰的寵兒又變成女校姑娘們心目中的白馬王子，他像一片雲彩，飄逸在蘇州河邊的教會文化小區的上空。

浪花總是沿著揚帆者的路開放的。林語堂輕易榮獲高分的奇跡被傳為美談的同時，他在體育競賽中取得的獎章也引人注目。這位校園明星與傳統高才生的老氣橫秋弱不禁風的面貌截然相反。他朝氣蓬勃，文武雙全。

林語堂是多項體育運動的出色選手。既是聖約翰大學划船隊的隊長，又是一英里賽跑紀錄的創造者。1915 年 5 月 15 日至 22 日，第二屆遠東運動會在上海虹口公園舉行，在由菲、日、中三國選手參加的國際運動會上，中國隊囊括足球、排球、游泳、田徑四項冠軍，榮獲總分第一。林語堂代表中國參加過遠東運動會，幾乎獲

得獎牌。

　　他打網球，踢足球，還從夏威夷留學生根耐斯那裡學會了打棒球的技術，是一名精於投上彎球和下墜球的壘手。

　　聖約翰的校園有美麗的草坪，芳草如茵；有高大的喬木，綠蔭如蓋。生性嚮往自然山水的林語堂，常在這草木蔥蘢的景色中流連忘返。然而，最吸引他的，還是那激發他競爭意識的運動場。網球場、足球場、棒球場上時常可以看到林語堂矯健的身影。聖約翰時代的業餘運動員生涯，為他造就了壯健的體魄，使他終生受益。林語堂在回憶校園生活時説：

　　我在聖約翰大學的收穫之一，是發展飽滿的胸脯；如果我進入公立的學校，就不可能了。[1]

　　青春似火。在聖約翰的那幾年，林語堂風華正茂，是校園裡的風雲人物。這位全能型的校園文化積極分子，還是一名口才出眾的演説者，經常在演講比賽中獲勝。林語堂自幼愛好辯論，兒時，有人問小和樂長大後的志向，他回答説：（一）做一個英文教員；（二）做一個物理教員；（三）開一個「辯論」商店。「辯論」商店這一條，在大人眼裡，自然是孩子的戲言，但在小和樂，這卻是認真的回答。他以有「辯才」、愛好「辯論」而聞名於同齡人之中。在家裡，他還有一個綽號：「論爭顧客」。此刻，大學校園為這位愛辯論的「論爭顧客」提供了競賽的場地。

　　可是，父親對林語堂在文體方面的成績並不感興趣。有一次，父親來上海，去運動場觀看比賽，參賽的林語堂藉機大顯身手，但父親看後不以為然，因為父親只關心智育，不關心體育，老人家認為體育競賽中的勝負與智力上的角逐不相干，他只關心兒子在智力競爭中的成果。

---

[1]　林語堂：《從異教徒到基督教徒》。

　　也許，這是近代中國特定社會環境下的一種歷史的巧合，中國新文化和新文學運動的健將們，大多數是從理工科轉到文科的。因此，「棄 × 從文」，成了魯迅、胡適、郭沫若、郁達夫等人的共同經歷。林語堂的道路，雖然不能硬套「棄 × 從文」的模式，但他和魯迅等人也有一個相似之處：他並不是因為對數理化不感興趣才去當文學家的。

　　兒時，小和樂曾經有過當物理教員的志向。那時，林語堂對創造發明機器有濃厚的興趣。在學校剛學到虹吸管的原理，立即理論聯繫實際，想發明一個汲水裝置，讓井水自動地流進家園。小和樂一見機器就會著迷。在去廈門的小輪船上，他目不轉睛地凝視著船上的機器裝置，構思著自己的「小發明」，後來在學校見到活塞引擎圖，他終於充分了解到蒸汽機的原理。

　　他在中學時，最喜歡數學和幾何，初入聖約翰，林語堂註冊入文科，是出於偶然的因素。直到大學畢業二十多年後，林語堂已成為遐邇聞名的文學家，但只要一提到當年在聖約翰入學註冊讀文科的往事，他仍為那次歷史的誤會而感到惋惜不已。甚至還說：

　　　至今我仍然相信我將來最大的貢獻還是在機械的發明一方面。……我仍然相信我將來發明最精最善的漢文打字機，其他滿腹的計劃和意見以及發明其他的東西可不用說了。如果等我到了五十歲那一年，那時我從事文學工作的六七年計劃完成之後，我忽然投入美國麻省工學院裡當學生，也不足為奇。[1]

　　林語堂的大學生活是一帆風順的，但這並不意味著航船所行駛的是一條筆直的航線。剛入學時，林語堂根據父親的意思在聖約翰的神學院註冊。可是，不久，他成了弗洛伊德學說的崇拜者，他發現：

----

[1]　《林語堂自傳》。

一切神學的不真，對我的智力都是侮辱。我無法忠實的去履行。我興趣全失，得的分數極低，這在我的求學過程中是很少見的事。監督認為我不適於做牧師，他是對的。我離開了神學院。①

播種是要選擇土壤的，即使是一顆有頑強的生命力的種子，撒在樹頂上或岩石上，也無法生根發芽。林語堂懷著一顆充滿著青春活力的心，躍躍欲試，像一隻活潑的小松鼠，尋找著一切可吃的東西，而神學院的條條框框，使他感到極不舒服。在生活的每一領域裡，他幾乎都在向一切羈絆挑戰，神學領域，自然也不例外。有一次，林語堂代替父親講道，他心血來潮地大肆發揮，父親，作為一個虔誠的牧師，對兒子的那番標新立異的演說，手足無措。這一次別開生面的講道，發生在大學二年級的時候。那年夏天，林語堂回家過暑假，父親讓他講道，林語堂當仁不讓，他選擇了一個講題：「把《聖經》當文學來讀。」他對阪仔的鄉民們暢談耶和華是一位部落之神，幫助約書亞消滅亞瑪力人和基奈人，宣傳耶和華的「進化」觀念，他還即席發揮，說《約伯記》是猶太戲劇，《列王記》是猶太歷史，《雅歌》是情歌，《創世記》和《出埃及記》是有趣的猶太神話和傳說，等等。這次離經叛道的演講，使父親清醒了：兒子的才智出眾，但不適宜當神職人員。

林語堂在英語上的造詣，追根溯源，首先得益於聖約翰大學的教育。那時，聖約翰大學在全國被公認為是學習英文的理想天地。林語堂花費了一年半的時間掌握了英文的基本功，還在大學一年級的時候，就因為優異的英語成績而被 *Echo* 編輯部看中，入選為 *Echo* 刊物的編輯者。

天賦之手若不舉起勤奮的利斧，也劈不開成功的道路。林語堂不做無用的「功」，所以，考試前夕，他悠然釣魚，但對於他認為有價值的學問，林語堂比誰都刻苦用功，這就是林語堂成功的秘訣。因此，他不僅是一個「快活的天才」，而且是一個「勤奮的天才」。

---

① 林語堂：《從異教徒到基督教徒》。

　　林語堂在實現自己預定的學習目標時，總是善於選擇適合於他本人性格素質的最佳的學習方法。勁兒使在刀刃上，做的是高效率的有用「功」。對於毅力和勇氣相當的登山者來說，誰能找到最佳的攀登路線，誰就會最先登上頂峰。在攀登知識高峰的征途中，林語堂選擇的路線倒不一定是甚麼捷徑，也不一定適宜於別的登山者，但卻肯定是最適宜於他自己攀登的途徑。他學英文的法寶就是一本袖珍牛津英文字典。他鑽研牛津字典，並不是把一個英文字的定義一連串地排列出來，而是把一個字在一個句子裡的各種用法舉出來。所以，表示意思的並不是那定義，而是那片語。在一個字與同義字的比較中，把這個字的本質和獨特的意思充分表現出來，生動而精確。林語堂決不放過任何一個英文字或片語的用法，直到弄清楚為止。林語堂說牛津字典的最大好處是裡面含有英國語文的精髓，他從這本字典裡學到了英文中精妙的片語，而且字典的體積也很小，只佔兩雙襪子的地方，不論到任何地方去，都便於隨身攜帶。這本袖珍牛津字典，使他終生受益。

　　一隻籃子，放滿了雞蛋就無法再放蘋果。林語堂一心不能兩用。既然把主要精力撲在牛津字典上了，他就無暇顧及中文學習了，甚至連中國的毛筆也竟棄而不用，代之以灌墨水的鋼筆，當時稱為自來水筆。進聖約翰大學之前，林語堂瞞著尋源書院的老師，私下閱讀中國的古籍。他讀了《綱鑑易知錄》和《史記》，並且對蘇東坡的詩文有濃厚的興趣。然而，一本小小的牛津字典，居然割斷了他和傳統文化的聯繫，他的中文荒廢了。

　　林語堂始終認為，教會學校的環境人為地製造了這個文化上的「斷層」。聖約翰大學是培養買辦的地方，這是當時的社會公論，學校當局也毫不隱諱這一點，所以學校的教學計劃以提高學生的英文水平為己任。但它畢竟設立在中國境內，即使為了裝點門面，也要讓學生讀一點中國書。所以，在這種情況下開設的中文課，不過是一種點綴而已。英文不及格對聖約翰的學生來說，是大逆不道，不准畢業，而中文課哪怕年年考試不及格，畢業文憑仍舊可以照拿不誤。在這種情況下，所聘的中文教員往往是極不稱職的。

　　中文的民法教員姓金，是個前清的老秀才，戴著一副大眼鏡。這個前朝遺老不

僅不懂民法，而且不懂教學法。教材是一本用大字編印的將近一百頁的民法書，精
力充沛的林語堂完全可以一口氣把它讀完。可是學校卻規定要講授一個學期。金
老夫子每次上課時，先花費十五分鐘時間照本宣科地讀十行，讀完之後，眼睛不望
學生，也不看書本，一言不發地在自己座位上縮成一團，就像佛家坐禪入定似的。
學生們自然不會伴隨金老夫子一起坐禪沉思，各人都在下面做自己所喜歡做的事。
對新科學知識一無所知的金老夫子，有一次大概想賣弄一下。他對學生說，坐汽車
可以一直駛到美國，連中國和美國之間橫隔著太平洋這一類最起碼的地理知識都不
曉，所以他便成了學生們的笑柄。

　　林語堂並沒有像其他學生那樣，以取笑教員的無知作為課堂消遣。他充分利用
金老夫子坐禪入定的空隙，大量閱讀自己所愛讀的書，別人感到最無聊的中文課，
成了林語堂「自學」的大好時光，他覺得此時看書，於人無損，於己有益，何樂不為。
張伯倫的《十九世紀的基礎》，給了他豐富的世界近代史知識。他還讀了赫克爾的
《宇宙之謎》、史賓塞的《倫理學》、韋司特墨的《婚姻論》和達爾文的進化論。

　　當剛入學時的那種新奇感消退以後，林語堂又開始不滿聖約翰的課堂教學了。
這位渴望潛入知識海洋去探寶的青年人，不滿足於僅僅在知識岸邊的觀望和徜徉，
他深感在課堂上收益甚微，他甚至討厭上課，因為上甚麼課都不能像自己讀書那樣可
以自由選擇書本。雖然每次考試必得高分，但他不以此為自豪，反而痛恨考試制度
和「學分制」。他覺得考試得高分，不過是成功地愚弄了教師而已，無助於增進知識。

　　年級越高，林語堂的膽子也越大。到後來，他不僅在中文課上偷偷地讀自己的
書，即使在他所喜歡的英文和法文課，以及心理學課上，他都不肯安分。歷史教授
曾對林語堂啃下了張伯倫的大部頭原版書而詫異，同時也對林語堂在歷史課上經常
向窗門外張望而感到不快。一切跡象表明，這個聖約翰的寵兒已經厭惡聖約翰的課
堂，他不再把課堂當作獲取知識的源頭了。

　　林語堂想邁出教室四壁的狹小天地，登上「書」的航船，他覺得到哪一所大學都
沒有關係，最重要的是要有一個好的圖書館。聖約翰在他面前已不再是一座神秘莫
測的知識庫，特別是圖書館的藏書情況使林語堂十分失望。出國留學以後，林語堂

進一步體會到自己在大學時代的損失，因為，與哈佛大學的豐富藏書相比，聖約翰大學圖書館的那五千冊藏書，實在是少得可憐，更何況那五千冊書中有三分之一是宗教書籍。當年，林語堂非常認真和細心地瀏覽了聖約翰大學圖書館的書庫。

　　林語堂全盤否定了填鴨式的教學方法，可是他卻肯定了一些外國教授的學識和熱情。巴頓‧麥克奈（Barton Mcnair）、瑞邁爾（Remer），還有一位有著很重的美國布魯克林口音的教授，都是林語堂所敬重的外國傳教士。使林語堂最為欽佩的外國教師則是聖約翰的校長卜舫濟博士（F. L. Hawks Pott），「一個真正偉大的人物」[①]——這是林語堂對母校校長的評價。在林語堂的心目中，作為教育家的卜舫濟，可以和英國伊頓學校校長安諾金博士和天津南開大學張伯苓校長媲美。卜舫濟是一個「中國通」，娶了一位中國淑女為妻。他按照為上海造就洋行買辦的培養目標，制定了一整套教學管理和生活管理制度。卜舫濟嚴格治校，辦事認真，每天清晨，林語堂都見他在早禱會後手拿黑色皮包，帶著學生宿舍的舍監巡視整個校園。然後，在 9 點鐘前坐進辦公室，決定當天的工作安排。林語堂讚揚卜舫濟辦事一絲不苟，生活極有條理。比如，看一部長篇小說，規定每週讀一章，決不多讀一頁，也不少讀一頁，一年讀完。外國教師的言教身傳，使林語堂形象地感受到西方文化精神的真諦。林語堂在回憶自己的前半生時，曾説：

　　我這對於西方文明之基本態度不是由書籍所教的，卻是由聖約翰的校長卜舫濟博士（F. L. Hawks Pott）和其他幾個較優的教授而得；他們都是真君子。而對於我感力尤大者則為兩位外國婦人，一為華醫生夫人，即李壽山女士（Mrs.Harmy, then Miss. Deprey），她是我第一個英文教師，一個文雅嫻淑的靈魂也。其次則為畢牧師夫人（Mrs. P.W. Pitcher），即尋源書院校長之夫人，她是溫靜如閨秀之美國舊式婦女。完全令我傾倒的不是史賓塞的哲學或亞蘭布（E. A. Poe）的小說，卻是這兩女士之慈祥的音調。在易受印象的青年時期，我之易受女性感力自是不可免的

---

① 林語堂：《從異教徒到基督教徒》。

事。這兩女士所說的英文，在我聽來，確是非常的美，勝於我一向聽得的本國言語。我愛這種西洋生活，在聖約翰有些傳教士的生活 —— 仁愛、誠懇而真實的生活。[①]

　　林語堂在教會學校中度過了自己的青少年時代。成年以後，他對教會學校說過許多感激的話，也說過許多遺憾的話。感激，是因為聖約翰為他提供了一艘漫遊西方文明的航船；遺憾，是因為在西方文化方面的「得」是以中國傳統文化方面的「失」為代價的。長期的教會學校生活造成了他在中國文化上的「斷層」，當他以西方文化本位來反思中國文化時，他覺得得到的比失去的多，而當他以中國文化本位來進行中西文化比較研究時，他卻常常惋惜失去的東西。他說：

　　得失兩項相對比，我仍覺聖約翰對於我有一特別影響，令我將來的發展有很深的感力的，即是它教我對於西洋文明和普通的西洋生活具有基本的同情。由此看來，我在成年之時，完全中止讀漢文也許有點利益。那令我樹立確信西洋生活為正當之基礎，而令我覺得故鄉所存留的種種傳說為一種神秘。因此當我由海外歸來之後，從事於重新發現我祖國之工作，我轉覺剛剛到了一個向所不知的新大陸從事探險，於其中每一事物皆似孩童在幻想國中所見的事事物物之新鮮，緊張和奇趣。同時，這基本的西方觀念令我自海外歸來後，對於我們自己的文明之欣賞和批評能有客觀的、局外觀察的態度。自我反觀，我相信我的頭腦是西洋的產品，而我的心卻是中國的。[②]

　　晚年，林語堂常以自己是「一團矛盾」自詡，對教會學校的矛盾態度，自然是這「一團」中的一個。

---

①② 《林語堂自傳》。

賴柏英／陳錦端／廖翠鳳

曲折的浪漫史

　　愛的大海寬廣而深沉，但每一艘愛情的航船僅能搭乘一對旅伴，林語堂經歷了兩次失戀的痛苦之後，直到第三次，才成功地找到了願登上他的愛情之舟的終身伴侶。

　　在阪仔，那淺藍色的起伏綿亙的山丘中，半山腰上，到處開滿了鮮花：春天是火紅般的薔薇，夏天是含笑或鷹爪花，秋天是一串一串的木蘭珠芯，冬天則有可愛的茶花或俏麗的臘梅花。在這四季都是花香飄溢的地方，隱藏著一座被林語堂戲稱為「鷺巢」的小屋。那裡住著他初戀的少女賴柏英。

　　清晨，賴柏英婉轉的聲音在荔枝林裡迴響，林語堂的心神隨著她的聲音飄逸到了夢幻般的世界，這是林語堂少年時代最歡欣的時刻。

　　賴柏英的母親是林語堂母親的教女，如果按照封建的輩分來排，林語堂還是賴柏英的長輩哩。可是，這一對同齡的夥伴，自幼青梅竹馬，兩小無猜。

　　林家在山谷底的西溪河畔，和半山上的「鷺巢」相距五六里的樣子。村裡逢集時，賴柏英下山來趕集，給林家帶來新鮮的蔬菜、竹筍或者她母親做的糕點。炎熱的夏天，山上涼快，林語堂就上山去玩。賴柏英儼然以「鷺巢」的女主人自居，拿荔枝來招待客人。她還和客人們比賽吃荔枝，她總是得勝，男孩子們才吃一粒，她已經連吐三粒核。她有一個絕招：荔枝核從她靈巧的嘴唇裡吐出來並擊中一米半以外的目標。荔枝吃多了要壞肚子的，但賴柏英自有對付的辦法：喝一勺醬油就行。

　　他們還常到小溪流中去捉魚捉蝦。在河岸上，有許多蝴蝶和蜻蜓。他們異想天開地設計了一種有趣的遊戲：賴柏英的頭髮上戴一朵花，然後悄悄地躲進樹叢裡，等著蝴蝶落到她頭髮上，她才慢慢地站起來，輕輕地從樹叢裡走出來。這遊戲的趣味就在於看她能走多遠，而不會把蝴蝶嚇跑。藍綠色的燕尾蝶很機警，賴柏英一站起來，它們馬上飛走，而那種橘黃帶有黑色的蝴蝶很容易抓到。但最容易抓的是蜻蜓……

　　情人眼裡出西施。這位頭棲蝴蝶的少女，在林語堂眼裡，渾身上下，無處不
美：她鵝蛋形的臉是美的，她那被稱作「橄欖」的偏瘦的身材也是美的，她站在半山
腰的晴空下，頭頂青天，烏絲隨風飛舞的畫面，當然美不可言……然而，最美最美
的 —— 在情人眼裡 —— 不是她的面容和身材，而是她的那一雙腳。

　　賴柏英喜歡赤足。她經常靜悄悄地走過草地，站在林語堂身後，猛然蒙住林語
堂的眼睛，天真地問道：

　　「誰？」

　　「當然是你嘛！」林語堂說著，一把抓住她的手，她敏捷地掙脫開，逃走了，他
在她後面追趕……

　　……他注視著她那雙飛馳著的腳 —— 在情人眼裡 —— 這是一雙舉世無雙的
美足！

　　「她的腳在群山間，是多麼美麗！」一句《聖經》中的話，從林語堂的知識信息
庫裡跳了出來。

　　《賴柏英》是林語堂所創作的「自傳小說」，其中雖有相當多的虛構成分，但關於
賴柏英的描寫大半是真實的，小說中的「新洛」，就是林語堂以自己為模特兒創造的
一個男主人公。林語堂借「新洛」的嘴，又一次讚賞了初戀少女的那雙腳。

　　「新洛」在談及賴柏英時，說：

　　「我崇拜她腳上的泥巴。」

　　「整個新加坡還沒有一個女孩子夠資格吻她腳上的泥土呢。」

　　「人生必有癡，必有偏好癖嗜。沒有癖嗜的人，大半靠不住，而且就變為索然無
味的不知趣的一個人了。」[1]

　　林語堂對賴柏英的腳的「崇拜」，可以算得上是林語堂的偏好癖嗜之一。

　　一首詩要有詩眼，而女人的「詩眼」就是她的魅力。魅力到底是甚麼，誰也說不
清，是蒙娜麗莎神秘的微笑，是林黛玉多情的眼淚，是蘇菲亞·羅蘭性感的嘴唇，

---

[1]　林語堂：《論趣》。

還是鄧肯優美的身段和舞姿⋯⋯不管魅力是甚麼，有一點卻可以完全肯定：在林語堂的心目中，賴柏英的魅力在腳上。

失戀後，林語堂把對賴柏英赤足的偏愛移情到他自己的腳上。在北京當大學教授時，他就喜歡不穿鞋子在系辦公室的地毯上行走，認為這是「生活中最奢侈的享受之一」。他說：「人的雙腳，即因為上帝為了叫行走而造成它們，所以是完美的。對於它們不能再有甚麼改良，而穿鞋是一種人類退化的形態。湯瑪斯・渥爾夫曾在《望鄉》一書中親切地寫天使腳趾翹起，因為他生來就是如此。」宣傳赤足的優越性、讚揚赤足之美成了林語堂終生的偏好。他還說：

> 赤足是天所賦予的，革履是人工的，人工何可與造物媲美？赤足之快活靈便，童年時快樂自由，大家忘記了吧！步伐輕快，跳動自如，怎樣好的輕軟皮鞋都辦不到，比不上。至於無聲無臭，更不必說。①

自然，最美最美的是賴柏英的那雙赤足，因為只有她才是林語堂心目中翹起腳趾的那個「小天使」。

林語堂對赤足的讚美，後來還影響到林夫人廖翠鳳女士。廖女士有一句名言：「美的基礎，就在腳上。」這是後話。

那年假期，林語堂從聖約翰大學回到阪仔，他向賴柏英透露了出國留學的抱負，同時也傾吐了久藏在心中的願望，要求賴柏英跟他一起去創造新的生活。但賴柏英卻堅持要留在山村，伺候雙目失明的老祖父。她不是一個愛情至上主義者，在忠孝和情愛之間，她選擇了前者，放棄了後者。反過來，她還企圖說服林語堂留在家鄉。

這時，雄心勃勃的林語堂，像一隻已經展翅的山鷹，不會再滿足於「鷺巢」周圍的狹小天地，想翱翔在更高更遠的天涯海角。他同樣也不是一個愛情至上主義者，

---

① 林語堂：《論赤足之美》。

所以，在理想和情愛之間，他的選擇也是前者。

於是，那延續多年的充滿幻想、充滿詩情畫意的初戀，不得不匆匆落下帷幕，他們遺憾地但又是友好地分手了，在兩顆純潔的心靈上留下了一段永遠是魂牽夢縈的初戀之情。

1963 年，被林語堂稱為「自傳小說」的《賴柏英》出版後，林語堂的這一段鮮為人知的初戀史就公佈於世了。值得一提的是：在現實生活中林、賴的戀情，發乎情，止乎禮，沒有越軌行為，而在「自傳小說」裡，不知出於甚麼動機，林語堂竟虛構了賴柏英懷孕的情節。[①]

和賴柏英分手後，一位美貌的少女闖入了林語堂的情感世界，她就是陳天恩醫師的女兒陳錦端。

陳天恩是基督教竹樹堂會長老，生有九子八女。早年追隨孫中山先生，在「二次革命」的討袁戰爭失敗後，一度逃亡菲律賓。回國後，熱心教育，並創辦了榕城福建造紙廠、廈門電力廠、淘化大同公司、福泉廈汽車公司。陳天恩的次子希佐、三子希慶是林語堂在聖約翰大學時的好友。週末，三個好朋友常在一起看電影，逛校園，或者到附近的傑克餐廳吃牛排。

那時，青年男女幾乎沒有甚麼交往的機會，即使做禮拜，聖約翰的男生和聖瑪麗的女生也是分別去教堂的。但因為有兩個哥哥在聖大讀書，所以，在聖瑪麗上學的陳錦端便有機會結識哥哥們的好友林語堂。

陳小姐不僅楚楚動人，而且天真爛漫。她活潑大方，絲毫沒有同齡女孩子的那種故作忸怩的毛病。她有藝術的天賦，畫得一手好畫。在林語堂的心目中，她就是美的化身，他喜歡她愛美的天性，喜歡她無憂無慮的自由個性，喜歡她……她那瀑布似的秀髮，用一個寬長的夾子夾在脖子後面，額前的劉海在微風中吹動，她發亮的眼睛在對他會心地微笑，他已一見鍾情地愛上了她，簡直願意把自己的心掏出來

---

① 林語堂在《八十自敘》裡肯定「賴柏英是我初戀的女友」，但林太乙的《林語堂傳》否認林、賴的戀愛關係，本書採用林語堂本人的《自敘》中的說法。

呈獻在她的面前！

愛情點燃了他的智慧的火花，他的智慧是屬於她的。

「甚麼是藝術？」錦端問。

「藝術是一種創造力，藝術家的眼睛像小孩子的眼睛一樣，看甚麼都是新鮮的。將看到的以文字以畫表現出來，那便是藝術。」他說，「我要寫作。」

「我要作畫。」她說。

由於陳錦端的存在，他覺得世界上的一切都是美好的：雨珠沿著窗子的玻璃墜落，是美的；葉子從樹枝飄落，也是美的；一隻麻雀飛到屋檐下避雨，仍然是美的。

雖然，他倆從未單獨在一起 —— 旁邊總有她的兩個哥哥「保駕」—— 但是，林語堂對陳姑娘的愛慕之心已溢於言表，而她似乎也無法抗拒這位才子的強大的吸引力。於是，丘比特的箭在兩個青年人的頭頂呼嘯。

放假回到廈門，林語堂經常藉找陳希佐為名，到陳家做客，真正的目的當然是找陳小姐。陳天恩醫師知情後，決定棒打鴛鴦，因為陳天恩早已聽說林語堂對基督教的信仰不堅定，所以認為林語堂雖然聰明，但卻靠不住，不能把自己的長女許配給他。

婚姻大事取決於「父母之命，媒妁之言」，這在「五四」以前，是中國的老規矩。因此，陳天恩醫師沒有遇到很大的困難就成功地阻撓了女兒的戀愛。①

當初，處在熱戀中的林語堂還在盲目地編織著才子佳人的美夢，他在柔情蜜意中憧憬著未來，他忘記了嚴酷的現實。甚麼傳統觀念，甚麼「門當戶對」，甚麼「父母之命」，根本無暇思索。他就像一個縱馬疾馳的騎手，只顧騎著駿馬往前奔馳，而不問前途如何：馬會不會衝進深淵？船會不會觸到暗礁？……在愛情的魔力的誘惑下，他完全忘記了自己和心上人之間橫著一條又深又寬的鴻溝……現在，林語堂的愛情幻想曲遭到了致命的打擊，他垂頭喪氣地回到阪仔，悲痛欲絕，那痛苦似乎都凝固在臉上了，既不擴散，也不消失，他一動也不動，一聲也不吭，呆呆地坐著。

---

① 關於林語堂與陳錦端的愛情悲劇的資料，來源於林太乙的《林語堂傳》。

家裡人見他愁容滿面，卻不知道究竟發生了甚麼事。

　　夜深人靜，母親手提燈籠來到屋裡，想安慰他幾句。這時，他再也克制不住了，那在胸口滾動了許久的淚泉，衝決了理智的閘門，急驟地噴湧出來。失控的感情，像脫韁的馬，像暴發的山洪傾瀉下來。他痛哭不止，一直哭到癱軟在地下，只有在二姐去世時，他曾這樣傷心地哭過。但眼淚是不可能填平那世俗的鴻溝的。

　　次日，大姐瑞珠回娘家，聽說了和樂在失戀後的失態。大姐不僅沒有安慰他，反而滔滔不絕地責備他：

　　「你怎麼這麼笨，偏偏愛上陳天恩的女兒？你打算怎麼養她？陳天恩是廈門的巨富，你難道想吃天鵝肉？」

　　陳天恩知道自己的干涉會使林語堂受到傷害，為了不使這個有才氣的青年過分悲痛，他替林語堂做了一個媒 —— 把鄰居廖悅發的二小姐廖翠鳳介紹給林語堂。

　　豫豐錢莊老闆廖悅發，也是廈門鼓浪嶼的富商。在廈門有自己的碼頭、倉庫和房產。妻子林氏生有三男三女，廖家既是虔誠的基督教徒，又有根深蒂固的男尊女卑的傳統意識。對女兒的管教十分嚴厲，女兒從小都要學會烹飪，洗衣服，縫紉。吃飯時男女分桌，在廖悅發面前誰都不敢多說話。廖悅發是個家庭暴君，外貌威嚴，脾氣暴躁，動輒罵人，尤其是罵老婆和女兒。兒子們都學他的樣子，所以，男人罵女人，成了廖家的風氣。

　　說來也巧，廖翠鳳的二哥是林語堂在聖約翰的同學，而林語堂的大姐曾在毓德女校與廖翠鳳同學。大姐很贊成這門親事，向林語堂和家人們介紹了廖二小姐的許多長處，說她是端正大方的姑娘，皮膚白皙，有一對明亮的大眼睛，高高的鼻梁，人中很長，一對大耳朵，薄薄的嘴唇，有大家閨秀的風度。在家人的推動下，失戀的林語堂接受了這門親事，而廖翠鳳則早已從二哥那裡聽說林語堂是聖大出類拔萃的特優生，曾在一次典禮上四次上台領獎，開創了學校得獎的紀錄。現在，這位帶有傳奇色彩的風雲人物揭開了神秘的面紗，活生生地出現在廖二小姐的面前 —— 林語堂應邀在廖家吃飯時，廖二小姐躲在屏風後偷偷地觀察這位聖大的高才生，見他

一表人才，又無拘無束。吃飯的時候，林語堂胃口極好，而廖二小姐卻在數他吃幾
碗飯，並把他在旅途中穿的那些髒衣服拿去洗了。……一股情感的熱流在姑娘的胸
中激蕩，因為，「白馬王子」已經闖入了姑娘情感世界裡的那一片最神聖、最純潔的
「禁區」。

訂婚前，母親提醒女兒：「語堂是個牧師的兒子，但是家裡沒有錢。」

「窮有甚麼關係？」女兒輕鬆地回答。

因為廖二小姐擇夫的標準是「才」，她愛的是林語堂人才難得，她不愛富嫌貧。
她對自己能與林才子結親而感到十分自豪。她回答母親的那一句話，真是一言九
鼎，奠定之後五十多年的金玉良緣的第一塊基石。後來，每逢回憶往事，廖翠鳳都
要為當初的果斷選擇而得意地吃吃而笑。

1915 年，林語堂和廖翠鳳訂婚後，仍回聖約翰大學讀書。1916 年畢業後，
林語堂又忙於籌備出國留學，於是婚事一拖再拖，叫廖姑娘苦等了四年之久。廖
姑娘擔心半路上殺出一個「白雪公主」來拐走她的「白馬王子」。有時，她實在忍
不住了，就對人説：「這位林語堂先生和我訂婚四年了，為甚麼還不娶我呀？」①

1915 年，也就是偉大的「五四」新文化運動爆發前四年，按照中國傳統社會的
慣例，即使是訂了婚的未婚夫婦，也仍然不能越過「男女授受不親」的防線。當然，
生活在通商口岸鼓浪嶼的廖家，要比當年一般的中國家庭開通些。然而，所謂「開
通」的內涵，充其量，不過是允許林語堂和廖翠鳳在廖家那間敞開了大門的大客廳
裡相對而坐罷了。對 20 世紀 90 年代的青年情侶來説，這簡直是難以接受的束縛，
但在當年，林語堂和廖翠鳳，對家庭的這點恩賜已經滿足了。廖女士説：「五十年
前，訂婚夫婦能相對而坐，已經是了不起的開明。」況且，他倆還可以瞞著家長偷
偷地鴻雁傳書哩。

1919 年 7 月 9 日，有情人終成眷屬，林語堂和廖翠鳳在一座英國聖公會的教堂
裡舉行西洋式的婚禮。然後，踏上開往美國的輪船，林語堂去哈佛大學的旅程，就

---

① 林如斯等：《吾家》。

是這對新婚夫婦的蜜月旅行。

婚後，林語堂對妻子說：「把婚書燒了吧，因為婚書總是離婚時才用得著！」①

在林語堂看來，婚禮婚書都只是形式而已，兩心若是久長時，又豈在形式？為了表示忠於愛情的內容和對婚姻形式的輕視，林語堂夫婦一致同意把婚書拿出來付之一炬。

林語堂和廖翠鳳都很有先見之明，因為這張「離婚時才用得著」的婚書，對於白頭偕老的「金玉良緣」來說，確實是毫無用處的。

林語堂與廖二小姐訂婚時，那位使林語堂神魂顛倒的陳小姐去美國米希根州的霍柏大學攻讀美術了，留學回來後，在上海中西女塾教美術。陳小姐三十二歲時才與留美生、廈門大學教授方錫疇結婚。林語堂在上海時，陳小姐是林家的貴客，每次都受到隆重的接待。據林太乙回憶：

父親對陳錦端的愛情始終沒有熄滅。我們在上海住的時候，有時錦端姨來我們家裡玩。她要來，好像是一件大事。我雖然只有四五歲，也有這個印象。父母親因為感情很好，而母親充滿自信，所以會不厭其煩地、得意地告訴我們，父親是愛過錦端姨的，但是嫁給他的，不是當時看不起他的陳天恩的女兒，而是說了那句歷史性的話「沒有錢不要緊」的廖翠鳳。母親說著就哈哈大笑。父親則不自在地微笑，臉色有點漲紅。我在上海長大時，這一幕演過許多次。我不免想到，在父親心靈最深之處，沒有人能碰到的地方，錦端永遠佔一個地位。②

與陳錦端的愛情悲劇造成了林語堂永遠無法彌補的心靈創傷。只有最接近他最熟悉他的人，才能從細微末節中察覺出林語堂是帶著一顆受傷的心走完自己的生活道路的。他一直在極力掩蓋自己的隱痛，可是，有時卻會情不自禁地暴露出內心的

---

① 林語堂：《八十自敘》。
② 林太乙：《林語堂傳》。

秘密。直到耄耋之年，他還念念不忘舊情。

那時，他已身體虛弱，行動不便，靠輪椅活動。一天在香港乾德道的三女兒家裡，見到陳錦端的嫂子 —— 陳希慶太太，林語堂關心地問起陳錦端的近況，聽說她還住在廈門，高興地對希慶太太說：「你告訴她，我要去看她！」

平時，在這個問題上一向通情達理的廖翠鳳，見丈夫竟然講出這樣不切實際的話，不得不出來提醒他正視自己的現狀。她說：「語堂，你不要發瘋，你不會走路，怎麼還想去廈門？」

清華學校裡的「清教徒」

清華學校裡的「清教徒」/ 初識「有
一流才智的人」/ 辜鴻銘的啟示

　　1915 年，林語堂和廖翠鳳訂婚後，林語堂又回到了上海聖約翰大學，一頭扎進了牛津字典的小天地裡。這時，中國文化界發生了一件影響深遠的大事：1915 年 9 月，陳獨秀的《青年雜誌》在上海創刊了。

　　當時，生活在聖約翰校園裡的林語堂，雖然與《青年雜誌》共處於同一個城市，但教會學校清規戒律的樊籬，隔斷了林語堂與中國文化界的一切聯繫，使他根本不知道《青年雜誌》的存在。

　　1916 年 9 月 15 日，《青年雜誌》改名為《新青年》，隨著時間的推移，《新青年》的影響越來越大，成為中國新文化運動中的一支火炬。這一年的年底，《新青年》編輯部由上海遷到北京。

　　林語堂是和《新青年》編輯部在同一年裡由上海到北京的。 1916 年的北京，正處於「文學革命」的前夜，山雨欲來風滿樓。

　　1916 年底，科舉出身、點過翰林、後來又在辛亥革命後的南京臨時政府中擔任過教育總長的蔡元培，被任命為北京大學校長。蔡元培銳意改革，接納新潮，主張學術思想自由，兼容並包，廣延各派學人來北大任教。不久，陳獨秀、李大釗、胡適、周樹人、周作人、劉半農、錢玄同等新文化精英雲集北大。於是，在北京形成了一個以《新青年》為中心，以北京大學為根據地的倡導新文化的大本營。 1917 年初，胡適的《文學改良芻議》和陳獨秀的《文學革命論》，先後在《新青年》上發表。1918 年，魯迅的《狂人日記》問世，一場聲勢浩大的思想解放運動，首先在文學這個陣地上打響了。

　　《新青年》編輯部從上海遷到北京的那一年，林語堂以第二名的成績從聖約翰大學畢業，由校方推薦到北京清華學校任英文教員。

　　清華學校（1928 年改為清華大學）是 1912 年用美國退還的部分庚子賠款建立起來的。學校坐落在北京近郊前清端親王的花園裡。學校的圖書館、大禮堂、體育館、

游泳池在當時國內堪稱一流。林語堂就職時，那座規模宏大的圖書館正在建築中。清華學校的學制分為中等科和高等科兩級，總共八年之中，前五六年基本為中學程度的科目，後二三年才安排上大學的課程。畢業後按學生的成績和志願分別插入美國的各個大學。在教師陣營相當堅實的清華學校，林語堂是一個稱職的英文教員，也是一個潔身自好的青年。星期天，有的同事去「八大胡同」嫖妓，而林語堂卻在校內主持一個聖經班的功課，他是自動兼教聖經班的。他不飲酒，也不近女色，有的同事取笑他是「處男」，他自己也承認，在婚前沒有過性經驗，所以，胡適有時就友善地稱他為「清教徒」。

　　當年，在北京的那一批新文化運動的倡導者們，幾乎都是由中國學校培養出來的，他們熟讀四書五經，身受傳統文化的毒害，又是反戈一擊的「叛徒」，他們都有深厚的國學根底。相比之下，在清華園的林語堂由於教會學校割斷了他和中國文化的聯繫，僅靠從父親的「庭訓」中所得到的那點中文知識，簡直貧乏得可憐。自慚形穢的林語堂為自己的中文知識而感到羞恥。

　　直到晚年，林語堂還清楚地記得當年在清華學校時的困境：

　　我曾經說過，因為我上教會學校，把國文忽略了。結果是中文弄得僅僅半通。聖約翰大學的畢業生大都如此。我一畢業，就到北平清華大學去。我當時就那樣投身到中國的文化中心北平，您想像我的窘態吧。不僅是我的學問差，還有我的基督教教育性質的影響呢。……我身為大學畢業生，還稱是中國的知識分子，實在慚愧。……為了洗雪恥辱，我開始認真在中文上下功夫。[①]

　　「為了洗雪恥辱」，就必須發奮「補課」，認真做學問。學問學問，顧名思義，當然要學學問問。但是，林語堂實在不好意思去「問」別人，因為他連許多最基本的中國文化知識都不知道。堂堂清華教員，而且就要出國留學，可是竟對本國文化的常

---

① 林語堂：《八十自敘》。

識一知半解，不問則已，一問不就露出馬腳來了嗎？

正是這一特定情景，使林語堂在清華學校任教的三年內，和琉璃廠的書店書商們結下了因緣。

老北京都知道，琉璃廠是書鋪會集之地，學者、行家們常能從那裡找到價廉物美的古舊書籍。林語堂在清華時，常逛琉璃廠，這條街上有好些書店、紙店、賣印章墨盒子的商店。中間東首有「信遠齋」，專賣蜜餞糖食和遠近聞名的酸梅湯，這是林語堂所喜愛的零食。每逢正月初一到十五間，琉璃廠附近的市集，遊人特別擁擠，林語堂有時也來湊熱鬧。南新華街自和平門至琉璃廠中間一段，東西路旁皆書攤，西邊土地祠中的書攤較整齊，東邊為海王村公園，雜售兒童食物玩具，最吸引人的是糖葫蘆。琉璃廠東門內有火神廟，為高級的古玩攤、書攤薈萃之地。

琉璃廠、隆福寺的書肆主人，早先大多是南方人，據說多為進京會試名落孫山的前清舉子，因報顏歸里，便流落京師，為謀生去經商，旁的生意不會做，只好賣書。念書人賣書算最接近本行，雖是半路出家的生意人，但對書籍的知識卻相當精通，拜他們為師，倒真是找對了路子。在清華學校裡，出於自尊的本能，對於諸如「杜詩評註」之類的問題，林語堂羞於向同事們求教。於是，他就來到琉璃廠和隆福寺街，那裡舊書鋪的老闆們個個精於目錄學、版本學。林語堂放鬆了在學府空氣中繃得緊緊的大腦神經，在與書鋪老闆和夥計們的隨便閒談中獲得了各種文化知識，填補了自己的空白。

「這兒又有一本王國維的著作《人間詞話》。」林語堂故意裝出十分熟悉王國維著作的樣子，其實，他是生平頭一次翻閱王國維的書，而善於經營的書商則趕緊過來向顧客介紹這本書的版本的優劣，想要賣個好價錢。

「這兒又有一套四庫集錄。」隨著林語堂的喊聲，書商急忙過來說明，同樣的版本，敝店如何不顧血本薄利多銷。老練的商人怎麼也想不到，面前的這位清華教員，從他嘴裡第一次了解到四庫集錄的版本知識。

去琉璃廠的次數和林語堂的中國文化知識的增長速度是成正比的。在持續的「不恥下問」中，林語堂變成了琉璃廠和隆福寺街書鋪裡的常客，他可以與精通古籍

版本和目錄學的老闆們自由攀談，像一個內行那樣地討價還價了。

　　當林語堂徘徊在琉璃廠的書鋪之間，正在緊張地進行傳統文化知識的「補課」時，李大釗、陳獨秀、胡適、魯迅等新文化運動的倡導者們，卻正在為傳統文化對自己的毒害過深過重而感到痛苦。因為，當年《新青年》隊伍中的反傳統的戰將們，哪一個不是傳統文化的受害者？唯其深受其害，才更痛感批判傳統的必要性。而林語堂呢，由於文化「斷層」的存在，使他面對陌生的中國文化，不能像李大釗、陳獨秀、胡適、魯迅等人那樣，有的放矢地批判舊文化，提倡新文化；他也不可能以受害者的切身體驗，去猛烈地揭露封建禮教的吃人本質，並發出「救救孩子」的怒吼。

　　可是，林語堂也沒有袖手旁觀，他從自己的語言學研究的角度，表明了對新文化運動的態度。1918 年 2 月出版的《新青年》4 卷 2 期，刊出了林語堂（署名林玉堂）的《漢字索引制說明》一文。《新青年》4 卷 4 期上又刊出了林語堂和錢玄同的一組通信，題為《論「漢字索引制」及西洋文學》。與《新青年》雜誌上所刊出的那些提倡「文學革命」的文章相比較，林語堂只在自己熟悉的語言學領域裡，發表了一些讚賞錢玄同的漢字改革的主張。這兩篇文章，既不是林語堂的力作，也沒有產生巨大的社會反響，只是表明林語堂在新文化運動的發難階段，並不是一個冷漠的觀眾。但在那些叱咤風雲的倡導者面前，他不過是一個初出茅廬的後生。

　　然而，山不在高，池也不在深。不要看輕了「初出茅廬」的林語堂。因為，從所涉及的內容來看，他的文章正好觸及「文學革命」初期被人忽略的一個死角。胡適在為《中國新文學大系‧建設理論集》所寫的「導論」中說：

　　在文學革命的初期提出的那些個別的問題之中，只有一個問題還沒有得到充分的注意，也沒有多大的進展 —— 那就是廢漢字改用音標文字的問題……如果因為白話文學的奠定和古文學的權威的崩潰，音標文字在那不很遼遠的將來，能夠替代了那方塊的漢字做中國四萬萬人的教育工具和文學工具了，那才可以說是中

國文學革命的更大的收穫了。[①]

　　如果真像胡適所説的那樣，那麼，林語堂在《新青年》上的文章，倒是難得的填空補白。

　　在狂飆突進的中國新文化運動中，林語堂有幸接觸了被他讚譽為「兩位有一流才智的人」：胡適和陳獨秀。他們給予林語堂「難以磨滅的影響」[②]

　　林語堂在清華學校的那三年（1916 – 1919），正值胡適和陳獨秀在《新青年》上揭起「文學革命」大旗的時候。1916 年 8 月 21 日，在美國哥倫比亞大學攻讀博士學位的胡適，從大洋彼岸給《新青年》主編陳獨秀寄信，提出「文學革命」八條件。同年 11 月，胡適作《文學改良芻議》，這篇首倡「文學革命」的檄文，分別在《新青年》2 卷 5 期（1917 年 1 月 1 日出版）和《留美學生季報》春季號發表。胡適的文章，雖是一個發難的信號，但語氣卻相當平和。接著，陳獨秀撰文為之聲援。1917 年 2 月 1 日出版的《新青年》第 2 卷第 6 期上，刊出了陳獨秀的《文學革命論》，主張明確，觀點鮮明，在文化界引起普遍的震動。1917 年 1 月，陳獨秀正式就任北京大學文科學長後，立即向蔡元培推薦胡適。

　　1917 年 7 月 7 日，胡適啟程回國，8 月來到北京，應蔡元培之邀任北京大學教授。胡適到達時，北京文化界滿懷著期待，熱烈歡迎這位首舉「文學革命」義旗的風雲人物。胡適果然不同凡響，他引用了荷蘭神學家 Erasmus 的話説：「現在我們已經回來。一切要大有不同了。」語出驚人，擺開了大幹一場的架勢。如果説那時的胡適是「登高一呼，應者如雲」的人物，那麼林語堂只是雲海中平平常常的一小片浮雲。這一天，林語堂只是以清華學校一個普通的英文教員的身份參加歡迎，並沒有引起胡適的特別注意。直到那兩篇填空補白的文章在《新青年》發表後，胡適才開始重視林語堂的名字。

---

① 胡適：《新文學的建設理論》。
② 林語堂：《從異教徒到基督教徒》。

　　當《新青年》的同人們與林紓（林琴南）、辜鴻銘等守舊派短兵相接的時候，正在穿越文化「斷層」的林語堂不敢貿然地在名人們的論戰中班門弄斧，但他「直覺地同情」新文化陣營這一邊。不久，他開始和胡適交往，並建立了私人的友誼。他倆的私誼，對林語堂後來的留學生活產生過重要的影響。

　　1916 – 1919 年的北京，既是新文化運動的策源地，薈萃了新文化新思想的精英，同時也麕集著舊文化舊思想的遺老遺少。

　　兼容多種文化，這是林語堂從父親那裡承繼過來的文化心理。所以在清華期間，林語堂不僅對「文學革命」倡導者們的真知灼見心嚮往之，而且對突然展現在他面前的古老文明的迴光返照，也感到非常好奇。他像一個飢餓的孩子走進了長著各種果樹的果園，這裡的每一種鮮果都使他饞涎欲滴，他想把所有的品種都摘下來，親口嘗一嘗它們的滋味。在林語堂眼裡，凡是教會學校裡沒有學過的東西，統統都是有趣的。他像一個在新大陸探險的孩子，睜眼注視著五彩繽紛的世界，開始了精神漫遊的歷程。他說：

　　中國對於我有特殊的攝力，即如一個未經開發的大陸，而我隨意之所之，自由無礙，有如一個小孩走入大叢林一般，時或停步仰望星月，俯看蟲花。我不管別人說甚麼，而在這探險程序中也沒有預定的目的地，沒有預定的遊程，不受規定的嚮導之限制。……我素來喜歡順從自己的本能，所謂任意而行；尤喜自行決定甚麼是善，甚麼是美，甚麼不是。我喜歡自己所發現的好東西，而不願意人家指出來的。我已得到極大的開心樂事，即是發現好些個被人遺忘的著者而恢復其聲譽。……每天早晨，我一覺醒來，便感覺著有無限無疆的探險富地在我前頭。大概是牛頓在身死之前曾說過，他自覺很像一個童子在海邊嬉戲，而知識世界在他前頭有如大海之渺茫無垠。[1]

————————

[1]　《林語堂自傳》。

　　北京，是林語堂所說的「沒有預定目的地」的「探險程序」中的第一站。那時，清王朝雖已被推翻多年，但是溥儀照舊在故宮裡保存著自己的小朝廷。故宮外面，還有大批皇親國戚和各式各樣的前朝遺老。不要以為遺民們都是酒囊飯袋，其實，即使是做幕僚清客，也還得學一點「幫忙」或「幫閒」的本領的。要懂得琴棋書畫，要會引經據典，要能察言觀色隨機應變……林語堂到北京時，他沒有機會目睹被推翻了的清王朝黑暗腐敗的暴政惡跡，卻發現了那些前朝遺民身上的優雅的文化修養，清代王公大人們的「風度」使林語堂驚歎不已。

　　前清時一品至九品的官吏，英文稱為 Mandarin，林語堂把它翻譯為「滿大人」。在林語堂眼裡，他們是幾世紀以來的文物禮俗所養成的「中國文明的一種結晶品」。林語堂說，也許清朝是中國歷史上最腐敗的時代，但是那些貪官污吏卻是極文雅的先生們。他們有洪亮的聲音，雍容的態度，又有一口音韻鏗鏘的官話，出口成章的談吐。他們以「風雅」掩蓋了貪污、納賄等骯髒的勾當。林語堂對「滿大人」的風雅的「官話」極感興趣。林語堂又說，能講官話是「一種藝術」，是要半世的修養才學會的。坐著聽人講「官話」，如聽一齣好戲，聲音是從喉管深處出來的，到了嘴裡，又有一段抑揚頓挫的功夫，其中又有應有的咳嗽、停頓、拈鬚等做點綴；句讀是流利鏗鏘的，措詞是溫文爾雅的，前後是有照應的；有「一則」「二則」「三則」的分段，又夾雜「國計民生」「涓滴歸公」「未可厚非」「不無小補」的文言詞句。這些有前朝「滿大人」遺風的人，在靜聽別人講話時，一口一口的「是的」來得非常安詳，猶如鐘鼓之有節奏；在其發言時，每段段末，也有「高明以為何如」重疊的波浪，聽來非常悅耳。

　　北京的前朝遺民的「遺風」，給林語堂留下了強烈的印象，後來，在上海辦《論語》半月刊的時期，林語堂將這些印象經過藝術加工，成為一篇諷刺時弊的幽默小品文：《思滿大人》。對於那些能說一口漂亮的「官話」的前朝遺民，林語堂非常欣賞他們的風度、氣質、文化修養，但這絕不等於說，林語堂容忍他們的貪污腐化。這種把形式從內容中剝離出來的方法，是林語堂的思維特點，在評價辜鴻銘的時候，表現得尤其突出。

　　獵奇的興趣，使林語堂樂於向一切人求教，不管是大人物還是小人物，是進步的還是反動的。二十年後，林語堂曾在《吾國吾民》和《生活的藝術》中，列舉了一大批他所崇拜的精神導師或朋友，可是卻偏偏「漏」掉了一個極為重要的人物——辜鴻銘。這位被林語堂譽為「絕頂聰明」的辜鴻銘，在中西文化比較研究方面給林語堂的啟示，直接或間接地決定了林語堂的學術研究方向。也許，這是幽默大師故意設置的玩笑，他想在玩笑中隱藏起「兩腳踏東西文化」的來龍去脈，把無孔不入的批評家們引入迷津。看來，這個玩笑開得是成功的。成功的證明就是：現在有不少人正沿著林語堂的邏輯指向，「漏」掉了辜鴻銘對林語堂在東西文化比較研究方面的影響。

　　辜鴻銘（1857－1928），福建同安人，生於南洋檳榔嶼，原名湯生，自號漢濱讀易者。早年留學英、德、法等國，獲得愛丁堡大學、德國工業大學等校的文憑，精通英、法、德、意和拉丁、希臘等數種語文。二十四歲回國，曾為張之洞幕僚，外務部左丞。辛亥革命後任教於北京大學，政治態度極為保守。推崇孔子學說，宣揚封建思想，反對新文化。著有《讀易堂文集》等，譯有《癡漢騎馬歌》，以向外國人介紹中國文化為己任，用英文撰寫宣傳儒家思想的著作：《春秋大義》，並把《論語》《中庸》等儒家經典翻譯成外文。

　　辜鴻銘是民國以來最著名的前朝遺老，他的古怪言行流傳甚廣，是當年北京的笑料。林語堂到清華學校任教時，曾耳聞目睹過許多有關辜氏的奇聞軼事：辜在清末的外務部供職時，曾應召陳言，直言時弊，說：「用小人辦外事，其禍更烈。」得罪了袁世凱；在當張之洞幕僚時，不滿於窮奢極侈地慶祝「萬壽節」的腐敗現象，他作了一首打油詩：「天子萬年，百姓花錢。萬壽無疆，百姓遭殃。」可是在清帝退位後，他卻仍然效忠皇帝，留著一根長辮子。北京還到處流傳著辜氏有喜愛小腳女人的腳臭的怪癖。辜氏以儒家的最後一個「衛道者」自居的頑固態度，使這個悲劇性格在歷史舞台上竟然成功地扮演了一個喜劇的角色，他的那些滑稽可笑的喜劇性動作，表現了一種比阿Q還要阿Q的精神現象。

　　歷史是笑著向過去告別的。辜鴻銘逝世後，刊出的悼念文章裡，沒有沉痛的悲

哀，只有滑稽的笑料。因為，辜鴻銘是一個通曉儒道精義的狂生，生性怪僻，落落寡合。他窮困時，愈是援助他的人愈捱他的罵，若接濟他錢財，「則尤非旦夕待其批煩不可，蓋不如此，不足見其倔強也」[①]。他任氣忤物，往往開罪於人。他為人剛愎，與眾不同，是一個天生的標新立異者：眾人所承認的，他反對；眾人所喜歡的，他則不喜歡；眾人崇拜的，他藐視。林語堂以自己的標準來看待辜鴻銘的性格，對其偏好怪癖不以為非。

　　早在聖約翰大學，林語堂已經接觸辜鴻銘的著作，他很欣賞辜氏犀利的文字和好作驚人之語的矯健筆鋒。那時，林語堂每天課餘必讀北京出版的英文日報 *Peking Cazette*。當時，辜鴻銘應該報主編陳友仁之約，每月都要寫四篇稿子。辜鴻銘和陳友仁都在海外長大，陳友仁出生於西印度，從兩人的優美的文筆中，林語堂首先發現的是兩人身上的「洋氣」。在林語堂的詞彙中有「洋氣」即有骨氣，他在紀念孫中山逝世的文章中曾讚孫中山身上的「洋氣」。辜鴻銘和陳友仁有許多相似之處，比如，兩人都極精通英文，實際上英文是他們的母語，陳友仁的中國話，就像外國人學漢語一樣彆扭。而辜鴻銘的外文著作，在歐美影響遠遠超過他的中文著作在中國的影響，兩人又都擅長議論，把思想分析發揮得淋漓盡致。他們的文章，深得林語堂的垂青。

　　林語堂欽佩辜鴻銘的學識，喜歡他的幽默性格；同時也敬重陳友仁的盎格魯撒克遜學者的風度和人格。林語堂從他們的身上找到了自己的某些影子。但是，這兩位前輩政治思想上，卻截然對立。在袁世凱稱帝的那一年，林語堂清楚地記得，陳友仁雖然身處「天威咫尺」下，仍不顧個人安危，直言無隱地力斥其非，與一般中國官僚大相徑庭。而辜鴻銘則身在民國，心向清廷，逆流而動，至死不變。辜鴻銘是舊世界的自覺的殉葬者。

　　林語堂讀大學時，「革命黨」的陳友仁和「保皇黨」的辜鴻銘在那張英文報紙上曾有過一場針鋒相對的筆戰，給林語堂留下了深刻的印象。這是一次棋逢敵手的較

---

① 　林語堂：《辜鴻銘》。

量，兩人的英文水平都很高，又都精於謾罵。陳友仁罵辜鴻銘是江湖術和抄經文士，而辜鴻銘則罵陳友仁是一個失去國籍、半英國化的印度人，是洋人的走狗。

　　1916 年，林語堂在北京見到了辜鴻銘，這個文筆尖刻、語氣兇惡的「保皇黨」，原來是一個其貌不揚的老頭兒。瘦高的身材，有一對明亮的大眼睛，眼瞼下有很重的眼袋，變了顏色的牙齒殘缺不全，雙手瘦得像乾枯的雞爪，穿著長衫，戴著小帽，還有一條灰色的細辮子拖在腦後。不知道他來歷的人，看他的這副模樣，會把他當成一個不走運的太監。那天，林語堂看見這位傳奇人物在中央公園裡，懷著一顆孤獨而驕傲的心，獨自散步。年輕的林語堂，克制著自己不去攪擾這位古怪的名人。因為林語堂覺得自己不配去接近這位精通馬太·安諾德、羅斯金、愛默生、歌德及席勒的專家。

　　仁者見仁，智者見智。林語堂透視辜鴻銘，看到的是幽默和詼諧。林語堂十分欣賞辜鴻銘為納妾制度辯護時，信手拈來的一個巧妙的比喻：辜鴻銘解妾字為立女，妾者靠手也，所以供男人倦時作靠手也。辜曾向二位美國女子作此說。女子駁曰：「豈有此理？如此說，女子倦時，又何嘗不可將男人作靠手？男人既可多妾多靠手，女子何以不可多夫乎？」言下甚為得意，以為辜辭窮理屈矣。不意辜回答曰：「否否。汝曾見一個茶壺配四隻茶杯，但世上豈有一個茶杯配四個茶壺者乎？」

　　林語堂認為辜鴻銘的幽默起源於倔強的個性和憤世嫉俗的見解。林語堂欣賞其個性，但對其憤世嫉俗的見解不以為然。可見，林語堂對幽默載體中所載的內容還是有識別能力的。因為林語堂也是一位有倔強個性的人，這個性使其還不至於陷入「國粹」家的「民族自大狂」的陷阱。所以，當辜鴻銘罵英國人是「流氓崇拜」，罵民國後的中國人是「頑石不靈神經錯亂之民國華人」時，林語堂則覺得一個人憤世嫉俗到開口罵人，實在過分。

　　辜鴻銘說：「今日中國變亂病在失調（作用上的）而已，而歐美之無政府狀態，乃在殘缺（器官上的）。」又說，「中國雖有盜賊貪官污吏，然中國的社會整個是道德的，西洋社會是不道德的。」

　　對此，林語堂不敢苟同，反駁道：「夫以德化民，以政教民，孔道理論上何嘗

不動聽？西洋法律觀念之呆板及武力主義之橫行，專恃法律軍警以言治，何嘗無缺
憾？然中國無法治，人治之弊，辜不言，中國雖言好鐵不打釘，而盜賊橫行，丘八
搶城，淫姦婦女，辜亦不言。春秋大義誠一篇大好文章，向白人宣孔教，白人或者
過五百年後亦可受益，而謂中國不需法治，不需軍警，未免掩耳盜鈴。」

　　頑固守舊的辜鴻銘認為：「中國所以不需憲法，一則因中國人民有廉恥觀念——
有極高的道德標準，二則因中國政府係創立於道德的基礎，而非創立於『商業』的
基礎。」

　　林語堂據理論爭，他以幽默的反話駁斥了辜鴻銘的見解，說：「儒家之弊，正在
蔑視法律，以君子治國，殊不知一國之中，哪裡有這許多君子可為部長為院長為所
長為縣長為校長乎？君子不夠分配，而放小人於位，以君子之道待之，國欲不亂，
其可得乎？既為君子，則不必監察也，君子橫徵暴斂，不必得百姓同意，憑其良心
可也；君子營私舞弊，不必看其賬簿，聽其逍遙可也；君子勾結外敵，不必立法院
通過，聽其自訂條約可也。向來中國政治只是一筆糊塗君子賬。君子有德政，則為
之豎牌坊；君子犯法，則不拘之下獄。是猶一商人公司，以君子之道待經理，無查
賬，無報告，捐款亦不追究。此種公司誰敢投資乎？不意辜氏正以此為中國政治哲
學之優點。」

　　辜鴻銘也曾痛罵過袁世凱，但不是罵其竊國欺世復辟稱帝，而是怒斥其背叛清
王朝。他說：

　　　袁世凱的行為，連盜跖賊徒之廉恥氣義且不如。袁世凱原奉命出山以扶清室。
　　既出，乃背忠棄義，投降革命黨，百般狡計，使其士兵失了忠君之心，然後擁兵自
　　衛，成為民國總統。袁世凱不但毀棄中國民族之忠義觀念，且並毀棄中國之政教，
　　即中國之文明。……許多外人笑我癡心忠於清室。但我之忠於清室非僅忠於吾家
　　世受皇恩之王室——乃志於中國之政教，即係忠於中國之文明。

　　辜鴻銘把封建專制王朝與偉大的中國文明畫上了一個等號，因此，對清朝皇帝

的態度變成了對中國文明的態度。這種荒唐的邏輯，林語堂怎麼能不反對。但同時，林語堂又以把內容和形式剝離開來的辦法，一方面反對辜鴻銘的政治立場，另一方面賞識辜鴻銘堅持信仰，為信仰而獻身殉葬的精神。林語堂説：

> 辜作洋文，講儒道，聳動一世，辜亦一怪傑矣。其曠達自喜，睥睨中外，誠近於狂。然能言顧其行，潦倒以終世，較之奴顏婢膝以事權貴者，不亦有人畜之別乎？[①]

　　林語堂在上海聽人説起關於辜鴻銘這個怪傑狂生的各種奇聞時，將信將疑。1916 年到北京後，他才真正相信自己在上海聽到的那些傳聞原來竟是事實。有一次，林語堂的朋友看見辜鴻銘在真光電影院看電影，辜氏的前排坐著一個禿頂的蘇格蘭人，那時，有的中國人有盲目崇洋的傾向，可是辜鴻銘卻要以羞辱白人來表示中國人的優越感。辜氏用旱煙桿輕輕地敲擊那個蘇格蘭人的禿頂，冷靜地説：「請點著它！」那蘇格蘭人嚇壞了，趕緊拿火柴替辜氏點煙。辜氏露出了勝利者的神態 —— 覺得為中國人爭回了面子。辜氏的「狂」和「怪」，實際上是一種變態和病態的心理現象。一位名叫索美塞得·毛姆（W.Somerset）的外國人曾對辜鴻銘精通外國文化及極端輕視外國文化的形象做過生動的描寫：

> 「可是你們，你們可曉得你們在做甚麼？」他（按：指辜鴻銘）喊道，「你們憑甚麼理由說你們比我們好呢？你們的藝術或文字比我們的優美嗎？我們的思想家不及你們的深奧嗎？我們的文化不及你們的精巧，不及你們的繁複，不及你們的細微嗎？哎，當你們穴居野處茹毛飲血的時候，我們已經是進化的人類了。你可曉得我們做過一個在世界的歷史上是唯我獨尊的實驗？我們企圖不以武力管理世界，而用智慧。許多世紀以來，我們都成功了。那麼為甚麼白種人會輕視黃種人呢？可要我來告訴你？因為白種人發明了機關槍。那是你們的優點。我們是赤手

---

① 林語堂：《辜鴻銘》。

空拳的群眾，你們能夠把我們完全毀滅。你們打破了我們的哲學家的夢，你們說
世界可以用法律和命令的權力來統治。現在你們在以你們的秘密教導我們的青年
了。你們用你們那可惡的發明來壓迫我們了。你們不曉得我們有機械方面的天才
嗎？你們不曉得在這國度裡有四萬萬世界上最務實際最勤懇的百姓嗎？你們以為
我們要花了很長久的時間才學得上嗎？當黃種人會造和白種人所造的一樣好的槍
支，而且也會射得一樣直的時候，你們的優點便要怎樣了呢？你們喜歡機關槍，
你們也將被用機關槍判決。」

⋯⋯⋯⋯⋯

「你看我留著髮辮，」他說，把小辮子拿在手中，「那是一個標記。我是老大中
華的末了一個代表。」

即使是非常敬仰辜鴻銘的林語堂，也無法容忍辜氏的「民族自大狂」。因此，辜
氏的「狂」言經常以反面材料出現在新文學倡導者的文章中，就不足為奇了。1918
年，魯迅在《隨感錄三十八》中批判了五種「合群的愛國的自大」的病態心理。雖然，
魯迅是對普遍存在著的各種社會病態心理的高度概括，但實際上有的句子簡直就好
像是引的辜氏的原話。

對於中國近現代史來說，辜鴻銘是一個矛盾的人物。在滾滾而來的新文化潮流
面前，他那學貫中西的全部聰明才智和表現這些才智的幽默、詼諧、機智，全部都
浪費在對舊文化進行強詞奪理的詭辯上。有意思的是，這個逆流而動的悲劇角色的
戲劇效果卻是喜劇性的，甚至是鬧劇性的，林語堂從一開始就意識到了這一點。

但林語堂欣賞的是辜鴻銘幽默詼諧的風格、雋妙機智的辯才和出類拔萃的外
文寫作水平，特別是辜氏的中西文化比較研究的方法，使林語堂在方法論上受益
不淺。林語堂揚棄地繼承了辜氏所開創的用英文向外國人介紹中國文化的事業。
從表面上看，辜鴻銘和林語堂都是直接用英文寫作向外國人介紹中國文化。但是，
從「民族自大狂」到「兩腳踏東西文化」，林語堂的工作不僅是對辜鴻銘的超越，而
且是對辜鴻銘的否定。兩者的本質區別在於：辜氏立足於中國文化本位，把民族

文化的糟粕當作精華「輸出」；而林氏在早年曾從西方文化本位來反觀中國文化。但中年以後，林氏擺脫了洋教士林樂知和教會學校的影響，立足於中西文化互補融合的立場，認為中西文化各有長短優劣，應該以己之長，補人之短，以人之長，補己之短。

　　辜鴻銘和林樂知，分別代表了兩個極端。辜鴻銘以中國傳統文化代言人自居，全面肯定中國文化，不遺餘力地證明傳統文化永久的合理性；林樂知是西方文化的代言人，力圖以西方文明來對中國文化進行徹底改造。然而，正是這兩個截然不同的人，都對林語堂的文化觀念產生過正負兩方面的雙重影響。世界就是這樣的不可思議，生活就是這樣巧妙地把兩種截然對立的觀念矛盾統一於林語堂身上。正像林語堂受益於林樂知的，是後者所指向的那座通往西方文化的橋樑，成年以後的林語堂沒有把林樂知宣傳的東西當作西方文化本身而全部生吞活剝；林語堂得益於辜鴻銘的是辜氏比較研究東西文化的思維導向，而不是辜氏復古守舊的立場。

　　林語堂曾以「一團矛盾」自詡，確實，也只有像林語堂那樣能分別從林樂知和辜鴻銘身上各取所需的人，才有資格以「一團矛盾」自詡。

　　大海之所以成為大海，是因為它從不拒絕任何一滴水，那麼，有甚麼理由去責難對一切知識都有興趣的學者呢。林語堂揚棄了辜鴻銘和林樂知的文化觀念中的謬誤的內核，借鑒了其外殼的某些有用的成分，「拿來」成為建構他的中西文化融合觀的原材料。

　　在中西文化交流史上，至少有一點，辜鴻銘是開風氣之先的 —— 在辜氏之前，世界了解中國的唯一渠道是那些西洋傳教士和外國冒險家所寫的歪曲中國的著作，或者是由他們翻譯成英文的中文論著。而中國人用外文直接向外國人介紹中國文化的新階段，是辜氏開創的，不管你如何厭惡或嘲笑辜鴻銘的「狂」或「怪」，這是無法否認的歷史事實。林語堂所以稱讚辜氏的「一流才智」，主要根據也正在於此。因為，林語堂認為，和辜鴻銘同時代的中國人裡，「沒有一個能像他這樣用英文寫作，他挑戰性的觀念，目空一切的風格，那種令人想起馬太・安諾德的泰然自若及有條有理地展示他的觀念和重複申說某些話語的風格，再加上湯瑪斯・喀萊爾的戲劇性

的大言，及海涅的雋妙。」①

　　辜鴻銘長林語堂三十八歲，從林語堂第一次接觸辜氏的論著開始，這位福建同鄉就像影子、像幽靈一樣緊緊地跟蹤著林語堂。辜鴻銘的名字經常出現在林語堂的文章裡。也許，林語堂已經意識到，但卻始終沒有明確地指出，在向西方世界傳播中國文化的過程中，辜氏不僅過大於功，而且簡直可以說是幫了倒忙。因為，辜氏以復古守舊、絕對尊儒、盲目排外的立場來介紹中國的「固有文明」。所以，在辜氏的筆下，中國文化傳統的一切，是絕對的好 —— 辮子是好的、小腳是香的、忠於封建皇帝是天經地義的。辜鴻銘良莠不分、以醜為美地「輸出」傳統文化，實際上不是弘揚中國文化，而是扭曲了中國文化在世界上的形象。又因為他「輸出」的是「贗品」，這樣的「贗品」，輸出越多，越妨害世界對中國文化的真正了解。

---

① 　林語堂：《從異教徒到基督教徒》。

第五章

「在叢林中覓果的猴子」

出國留學 /「在叢林中覓果的猴子」/
告別哈佛大學 / 在法國和德國 / 獲
得博士學位

1919年，中國在巴黎和會上的失敗，成了「五四」運動的導火線。

1919年1月，第一次世界大戰中的戰勝國在巴黎召開和平會議。中國代表在「和會」上提出廢除列強在華的勢力範圍，撤退外國軍隊和歸還租界等七項「希望條件」，以及取消「二十一條」和收回在大戰期間被日本乘機奪去的德國在山東的權益等要求。

4月30日，巴黎和會無理地拒絕了中國的要求。消息傳到中國，成為了「五四」運動的導火線。

5月4日上午，北京各大專學校學生三千餘人，聚集在天安門廣場。同學們手裡拿著各式各樣的標語牌，上面用中文、日文、英文寫著「取消二十一條」「還我青島」等口號，有的還畫著山東的地圖和各種諷刺畫。集會者不顧軍警的阻撓，舉行示威遊行，憤怒的示威者衝進親日派曹汝霖的住宅，放火燒了曹宅。次日，各校學生同時罷課，下午2時，愛國學生三千餘人在北大三院禮堂集會，各校代表都表示了鬥爭的決心。

林語堂任教的清華學校，遠離市中心。5月4日未及進城參加集會和遊行。所以，在5月5日的會上，清華學校的代表當眾宣佈：「我校僻處西郊，未及進城，從今日起與各校一致行動。」

清華學校的學生從此站到了運動的最前列。6月3日和4日，數千學生走上街頭演講，被捕者近千人，其中清華學生就佔相當比例。學生的鬥爭，引起了清華學校校長張煜的不滿。學生晚間開會，張煜就切斷電線，從中破壞。不料，張煜的做法反而激怒了學生，他們點起蠟燭繼續開會，而校方則請封建幫會「小鑼會」來壓制學生。結果，一場驅逐校長的風潮，由此而發。

「五四」運動使林語堂對蔡元培的品格有了進一步的了解。從此，蔡元培又成了他終生崇敬的對象。那是「五四」以後，北京各大學的教職員在清華開會，不少人登

台演説時慷慨激昂，而提出的對策不過是發個通電抗議抗議罷了。這時，林語堂只見蔡元培雍容靜穆地站起來，以低微而沉重的聲音説：「我們這樣抗議有甚麼用處？應該全體總辭職。」會後，不管別人是否響應，蔡元培當晚就一個人登上南下的火車離開了北京。林語堂對此佩服不已。

當時，清華的教員林語堂在想甚麼和做甚麼呢？——他「覺得自己的學問不夠，還不能對國家做出任何貢獻。他一定要扎實自己的學識基礎。這使他迫不及待地要去西方求學，同時也要多讀中國經典之作」①。

在知識面前，林語堂是一個永不知足的索取者。一到清華，出國留學的事就提到議事日程上來了。

浪花總是沿著揚帆者的路開放。從家庭的寵兒到聖約翰的「校園明星」，林語堂的生活是一帆風順的。清華又一次為這個幸運兒提供了機遇。清華的全稱是「清華留美學校」，是培養赴美留學生的基地。清華每年都把畢業生送往美國留學，除供給學費外，每月另有八十美元津貼。清華又規定，任教三年的在職教師，也可由校方資助出國留學。根據這條規定，林語堂在 1919 年順利地獲得了留美的機會，美中不足的是，他只得到了半額獎學金，每月四十美元。

儘管是半額的獎學金，但他還是決定要把新婚妻子廖翠鳳一起帶出去留學。這時，林語堂根本不算甚麼經濟賬，八十減半是四十，而四十再除二，等於二十，這簡單的算術表明了一個嚴酷的事實：林語堂的實際生活費只及其他留學生的四分之一。可是，愛情的價值是無法用簡單的加減乘除來計算的，所以，經濟上的困難並沒有動搖新婚夫婦一起赴美的決心。

愛情畢竟不能代替糧食充飢。林語堂之所以胸有成竹，是因為手裡握有兩張王牌：其一，銀行家的女兒廖二小姐出嫁時拿到一千銀元的陪嫁。1919 年一塊通稱墨西哥銀洋的銀元，價值略高於一塊美金。如果每月從中取出四十元來貼補生活開支，這筆一千銀元的陪嫁，可供林語堂夫婦用兩年零一個月。林語堂的第二張王牌

---

① 林太乙：《林語堂傳》。

與胡適博士有關：自從林語堂在《新青年》雜誌上發表了《漢字索引制說明》和《論「漢字索引制」及西洋文學》兩文後，引起了胡適的注意。胡適憑自己的眼力，認定林語堂是一個人才。正受命為北京大學「招兵買馬」的胡適，很想把林語堂「挖」過來。打聽到林語堂只得到半額獎學金後，胡適的「人才流動」計劃，就可以付諸行動了。因為，剛從美國回來的胡適，對美國的生活水準、中國留學生所需要的最低開支等情況，瞭如指掌。當林語堂「當局者迷」時，胡適卻是「旁觀者清」：八十元供一個人用綽綽有餘，而現在林語堂夫婦共享四十元，一人才二十元，肯定不夠用。了解到林語堂的家底後，胡適決定為林語堂雪中送炭，每月資助他四十美元，不過有一個附加條件：林語堂學成回國後，要脫離清華到北大來任教，因為這四十美元是以北京大學名義補貼給林語堂的。

當年北京大學是中國新文化運動的大本營，文化精英的薈萃之地。林語堂「對新文化運動是堅定支持的」[1]，對「首善之區」的最高學府北京大學早已仰慕多時。現在，既有胡適的牽線，又有「物質刺激」，當然求之不得。所以，胡適的建議正中下懷，兩人一拍即合，達成了一項口頭上的君子協議。

1919 年秋季，林語堂自以為經濟上有了保證，就在臨行前和廖翠鳳完婚。廖女士下了花轎就登上了去美國的海輪「哥倫比亞」號。林語堂出洋留學的航程，就是這對新婚夫婦的蜜月旅行。

父親林至誠從阪仔趕來為林語堂送行。山村窮牧師當年在油燈下編織的「夢想」，已經被林語堂實現了。這現實甚至會比當年的夢想更加動人 —— 新媳婦與兒子同行，父親可以放心地把兒子交給這個能幹的媳婦。

實現夢想本是歡欣鼓舞的喜事，但此刻，離別的愁緒籠罩了父子倆的心，他們都有一種不祥的預兆：這是生離死別！後來，林語堂夫婦在德國萊比錫聽到了父親去世的消息。

在「哥倫比亞」號上，同船有六十二位清華畢業生，包括桂中樞、錢端升、錢昌

---

[1]　林語堂：《八十自敘》。

祚，還有像林語堂一樣拿半公費的郝更生、吳南軒、樊逵羽等人。廖女士像照顧一個大孩子似的關照著丈夫的生活瑣事，提醒他：蓬鬆的頭髮該上點髮油；皮鞋該擦一擦；等等。

在哈佛大學，林語堂就讀於比較文學研究所，在布里斯‧皮瑞（Bliss Perry）、白璧德（Lrving Babbitt）、契特雷治（Kittrege）等教授的指導下學習。皮瑞教授在學生中最孚眾望，林語堂的論文《批評論文中語匯的變化》一文，曾得到皮瑞教授的好評。契特雷治教授在莎士比亞研究課上講授伊麗莎白時代的英文，林語堂只聽了一兩次課，因為缺乏興趣，就再也不去聽課了。但契特雷治教授的學問，使林語堂非常佩服，林語堂稱他為「活的百科全書」，他常穿著燈籠褲，身子筆直地在哈佛的校園裡漫步，很有風度。

在這些教授中名聲最大、對中國現代文學影響最深的，要數白璧德教授。在20世紀初的美國文壇上曾經有過一場劇烈的論爭，白璧德就是其中一方的代表。白璧德的新人文主義思想是以傳統的、保守的文化價值觀對近現代資本主義文明的一種反觀。白璧德企圖恢復古典文化（古希臘文化、儒家文化、基督教文化和佛教文化）的精神和傳統的秩序，以此來匡救現代文明的弊端。他強調理性和道德意志的力量，崇尚中庸平和的人生境界。白璧德認為世界應該是有秩序、有紀律、有規矩的，不能任憑個性張揚、自由膨脹。因此，白璧德在文學上倡導一種傳統的、典雅的、保守的古典主義，白璧德自稱其為人文主義。為了區別文藝復興以後的人文主義，一般人把它稱為新人文主義，這種新人文主義不僅是一種文學理論，同時也是一種人生哲學。白璧德的新人文主義在美國文學批評界引起了軒然大波。

白璧德教授學識淵博，講課又善於旁徵博引，舉一反三，一些帶著挑戰心態走進課堂的青年人，常被他雄辯的邏輯力量所懾服。他無愧於當年哈佛大學裡唯一能授予碩士生學位的文學教授。中國現代文壇上的留美派作家，不少人都是白璧德的入門弟子，後來，有的人成了白璧德主義的信徒，另一些人卻成了叛逆。前者有著名的學者梅光迪、吳宓和梁實秋，梅光迪和吳宓當年曾和林語堂坐在一條長凳子上聆聽白教授的高見，而梁實秋師從白璧德時，林語堂則早已回國當教授了。林語堂

以吾愛吾師但更愛真理為座右銘，並以張揚個性為天職，終於不肯接受新人文主義
的觀點，並自覺地站到導師的對立面，為白教授的論敵斯平加恩（Spingarn）辯護。
這位年輕的中國留學生在美國名教授面前所表現出來的獨立思考精神，體現了這個
「山地的孩子」無拘無束的一貫性格。

　　在白璧德與斯平加恩的爭論中，林語堂以巨大的熱情比較研究了雙方的論點。
十年後，林語堂在為自己輯譯的《新的文評》一書作序時，曾詳細地回顧了這次爭論
對他的審美觀的影響，在哈佛大學，林語堂毫無顧忌地站到導師的論敵斯平加恩這
一邊，而斯平加恩極端推崇克羅齊，認為克羅齊的「藝術即表現即直覺」的美學理
論，從十個方面革新了傳統的文藝理論體系，而林語堂的收穫是：發現自己與克羅
齊的看法完全吻合。反對中國的文體觀念和文章法規的林語堂，同樣反對新人文主
義的秩序、紀律和規矩，於是他從斯平加恩、克羅齊那裡找到了直覺隨感式的藝術
路向──隨意寫來，如行雲流水，「行於不得不行，止於不得不止」。

　　林語堂不是故意給白璧德難堪，因為，在林語堂的整個學生生涯中，凡是他所
讀過的學校，到處都留下了向教師挑戰的記錄，他始終是一個獨立不羈的「山地的
孩子」。

　　哈佛大學對林語堂的吸引力，與其說是它那陣容強大的教授群，還不如說是它
那收藏豐富的圖書館。

　　林語堂夫婦住在波士頓赭山街五十一號，就在衛德諾圖書館後面。房東太太告
訴林語堂，衛德諾圖書館的藏書如果排列起來有幾英里長。圖書館成了林語堂夫婦
的樂園，除了上課時間外，他們都泡在圖書館裡。因為窮，連買兩張足球賽票也捨
不得。別人在看戲看球賽，他們就從圖書館裡借本書帶回家來，用書本娛樂自己。

　　對於林語堂來說，衛德諾圖書館就是哈佛，哈佛也就是衛德諾圖書館。在圖
書館裡任意選擇自己愛讀的書，從中汲取知識，林語堂認為這是最佳的學習方法。
他說：

我一向認為大學應當像一個叢林，猴子應當在裡頭自由活動，在各種樹上隨便找各種堅果，由枝幹間自由擺動跳躍。憑他的本性，他就知道哪種堅果好吃，哪些堅果能夠吃。我當時就是享受各式各樣的果子的盛宴。①

把哈佛大學比作叢林，把自己比作在叢林中覓果的猴子，這是一個形象的比喻。叢林為猴子提供了果子的盛宴，可是「貪心」的猴子並不滿足叢林的賜予 —— 讀一所學校罵一所學校（當然也記得學校的好處），這是林語堂在國內的求學經歷，這經歷同樣也適用於他的留學生活。

童年時代，洋教士的書刊為小和樂繪製了外國大學光彩奪目的畫面。然而，一接觸實際，理想的光環頓時煙消雲散。林語堂留學期間失望地發現美國大學教育的種種弊端並不亞於國內的大學。後來，林語堂藉著評論《英美德大學》（佛烈思納著）一書，結合自己在美國大學的見聞，趁機發揮，結結實實地把美國大學諷刺了一通，點了許多學校的名 —— 當然，哈佛例外，因為，對母校總得筆下留一點情 —— 林語堂在《哥倫比亞大學及其他》一文中，以嘲笑的口吻列舉了哥倫比亞及芝加哥大學博士論文的選題：《中學便餐室的管理問題》《公立學校的安裝水管問題》《初等學校傭人服役之分析》《善購物料需要教育之證據》《學生坐位姿勢及書桌尺寸之研究》。林語堂挖苦道：「這種治學是有淵源的。」林語堂披露：著名的克孫教授（Professor Cason）在國際心理學會第九屆年會上宣讀了論文：《尋常討厭事物之原來與性質》。克孫教授花費幾年工夫，考據出二萬一千種討厭事件，但是後來除去重複及許多「偽討厭」之例以後，將該表減至五百零七種。這五百零七種排比起來，定出分數，由零到三十分。比如：

飯菜裡有毛髮二十六分；
臥床不潔二十八分；

———————————

① 林語堂：《八十自敘》。

看見禿驢的光頭二分；

看見蟑螂二十四分；

…………

既然這樣的論文可以拿到國際性的學術會議上宣讀，那麼有其師必有其徒。林語堂諷刺美國的博士論文，不僅選題簡單，而且內容也可憐得很。林語堂說，博士論文做法有一定的要訣，大致不會超越這個標準模式：

（一）問題，（二）書目，（三）×與個人關係，（四）×與社會關係，（五）×與國家關係，（六）×與世界關係，（七）結論。這「×」，也許是書桌尺寸，也許是中國皮蛋，都沒有關係，根據論文的題目而定。同時要列表格，附上四五幅以上的曲線升降圖，統計數字要有小數點，折合為百分比。最好再發社會調查單，再把回收的答案整理一下，附上說明，這便是一篇「科學化的論文」。

留美期間，林語堂對美國大學的商業性質有切身的感受。所以，後來他曾以幽默的筆調撰文告誡讀者：如果你看見哥倫比亞大學函授學校的廣告，切不可輕易寫信去詢問。一詢問，便有函電交馳而來，函是函信，電是電話，你會驚異這大學招徠生意之本領。林語堂看了廣告曾懷著好奇心情隨便寫信去詢問過，結果，很快就收到了哥倫比亞大學的回信：

親愛的學生：

我有先見之明嗎？在我每日收到很多的信中，我常選擇幾張來回答。

老實告訴你，在有幾位的函中，我觀察誠意與興味之證據，這幾位，正是我們所歡迎的學生。

我多麼願意讓你看我們收到的來信，表示滿意於我們用函授方法灌輸知識的「開放門戶」。

如果我沒相錯了你及你的好動機，一定於幾天之內，收到你填好的格式，要求在這寫字間會談。

我快樂地期望著。

透過這封熱情洋溢的信，林語堂彷彿看到了信後面隱藏著一雙充滿期待的眼睛，正虎視眈眈地盯著他的錢袋。所以，林語堂沒有回信。過了兩三天，哥倫比亞大學又來一封信：

親愛的問訊者：

我小的時候，媽媽常叫我外出買送東西，而在我的指頭上纏一根繩，叫我不要忘記。

我們，不論老少，常好忘記。這張短函是提醒你，不要忘記你想由函授學校增加知識的好動機。

我們已經快樂地許你不給費的談話服務。

現在你要把你的動機變成決斷，而讓我們早日收到你談話的邀約。

我們再附上格式一張，也許你上次的格式已經遺失。請不要遲疑。別人正在等著啊。

林語堂沒有理會，於是一星期後，哥倫比亞大學又來了一封緊急信件，

最後通訊

親愛的溜學者：

你不對我們負一點義務嗎？昨天在昨天死了，留下多少未還的債務。

耶魯大學費羅不司教授說：「最耐久的快樂是心靈的快樂，而最快樂的人就是有快樂的思想的人。」

所以我們樂於看見你對於修德進業的興趣，即寄給你說明書並靈敏地許你享受我們顧問的服務。

我們沒有收到你的回信，覺得莫知所以。你豈不對你自身及對我們負點義務

嗎？到底有何事使你錯過這種優待？

我們早一點約會吧！至少也寫幾行說你對於這樣重要的事，何以失了興味。

林語堂仍舊不回信。可是，哥倫比亞大學咬住不放，由教授親自打電話來。林語堂表示無意進函授學校學習，一口拒絕了教授約見他的要求。但教授毫不生氣，留下自己的姓名和電話號碼，並懇切地告訴林語堂，萬一回心轉意，仍歡迎……哥倫比亞大學的這種精神，給林語堂留下了深刻的印象。

第一學年結束時，林語堂以各科都是 A 的成績，通過了哈佛的考試。系主任看了看林語堂在聖約翰大學的成績單，覺得讓這樣的優秀生關在哈佛的課堂裡聽課，等於浪費時間，系主任破例准許林語堂不必再上課，即可獲得碩士學位。但是要他去德國的殷內（Jena）修一門莎士比亞戲劇，這可是林語堂不肯聽契特雷治教授的莎士比亞課所得到的報應。

系主任的特許也並沒有使林語堂高興幾天。因為，一件意外的事情完全攪亂了林語堂夫婦的興致：一天，清華學校留美學生監督施秉元在沒有說明任何理由的情況下，突然取消林語堂每月四十美元的獎學金。消息傳來，簡直是晴天霹靂。林語堂原想去責問，瞻前顧後，終於作罷。因為，清華學校遠在萬里之外，天高皇帝遠，在美國的事情，還不是監督說了算。而監督施秉元原是清華的校醫，靠了自己是駐美大使施肇基的侄子這一人事關係，才弄到這項許多人覬覦的美差。直到不久後施秉元上吊自殺了才算真相大白：原來施秉元在做股票投機生意，用克扣留學生獎學金的錢做資本，結果投機失敗，送掉了性命。

取消獎學金等於斷絕了林語堂的經濟來源。即使系主任不建議他去殷內，林語堂在美國也待不下去了。因為，禍不單行，就在取消獎學金之前，廖翠鳳兩次住院開刀，早已花完了那一千元的陪嫁。廖女士得的是闌尾炎，早在橫渡太平洋時，廖女士便發病了，那時是慢性的，不急於馬上開刀，但是痛苦不堪。廖女士天天在船艙裡忍受病魔的折磨，林語堂在一旁愛莫能助。而同船的清華留學生們卻以為這對新婚夫婦似漆如膠，白天還要躲在船艙裡說悄悄話。他們一度曾考慮在夏威夷上岸

治療，可是後來病痛逐漸減輕，他們決定冒險繼續前進。到美國六個月後，病又犯了。這回可是急性的了，來勢兇猛，不得不開刀切除闌尾。林語堂夫婦都知道是小手術，一開始並不把它當回事，廖女士進了手術間，林語堂則安心地學習英文文法，誰知用了整整三個小時，手術才告一段落，林語堂覺得有點不對勁，因為手術時間太長了。果然，此後不久，廖女士的傷口感染，不得不第二次開刀。交納了手術和住院的費用，林語堂口袋裡只剩下十三塊錢，首先要解決吃飯問題，趕緊去買了一大罐老人牌麥片，就靠這罐麥片，林語堂撐過了一個星期 —— 以後，林語堂的腸胃對麥片產生了逆反心理，永遠也不想吃它了。

廖女士急忙給她哥哥打電報，請匯款一千美元。一週後，收到匯款，林語堂才擺脫了頓頓吃麥片的境況。第二次手術後，廖女士在醫院裡住了很久，直到 2 月份才出院。出院那天，滿街是雪，林語堂設法借了一輛雪橇親自把妻子接回住所，夫婦倆高高興興地慶祝了一番。

那時，留美學生的《中國學生月刊》舉辦有獎徵文比賽，林語堂應徵投稿，每投必中，連續三次獲得一等獎，每次獎金二十五元，後來，他覺得有點不好意思，就不再投稿了。

獎學金取消後，經濟上的危機迫使林語堂離開美國到法國東部的樂魁索（Le Creusot）去半工半讀。那裡的一個由美國主辦的「中國勞工青年會」接受了林語堂的求職申請，並願意為林語堂夫婦支付從美國到法國的旅費。困境中的林語堂為得到這個好差使而欣喜若狂。1920 年，林語堂夫婦動身來到樂魁索的「中國勞工青年會」。

這個機構主要是為在法國的中國勞工服務。因為，第一次世界大戰後期，中國參加了以英法美為首的協約國，作為參戰國，中國派遣十萬名勞工到歐洲戰場，任務是運送並埋葬死屍。1919 年第一次世界大戰結束後，法國男勞動力奇缺，許多勞工仍在歐洲逗留。

林語堂為中國勞工編寫識字課本。夫婦倆住在青年會外面的一棟房子裡，睡床非常之高，床墊子又非常之厚，這是林語堂在中國和美國都未經歷過的。住得倒很

舒服，唯一的缺點是住房裡沒有廁所，上廁所要跑到後花園之外，十分不方便。

他們打算在青年會工作一段時間，積蓄一點錢，然後再到德國去完成學業。可是，林語堂既不會法文，也不會德文。所以，他一邊工作一邊刻苦自修德文，林語堂研究語言學，學習外文有竅門，所以，很快就入門了，居然能自己動筆給殷內大學寫德文信，申請入學。在林語堂學德文的時候，廖女士卻跟一位法國太太學法文，兩位女士成了好朋友，學習之餘，一起上街，成為一對購物夥伴。在法國太太的參謀下，廖女士買了一件淺褐色的大衣，相當滿意，廖女士還穿著這件法國大衣和林語堂在樂魁索城合影留念。

第一次世界大戰中，歐洲各國人員傷亡慘重，法國是主要交戰國，所以在戰後，青年男子更是奇貨可居。不少中國勞工青年會裡的中國男人，都與法國姑娘締結了良緣。而林語堂在樂魁索時卻關心著另外一件私事：咸豐十年，太平軍路過漳州時，林語堂祖父被徵為民夫，跟太平軍走了，後來始終音信杳然。不知從哪兒傳來的消息，說祖父可能漂泊到了法國，所以，林語堂在樂魁索時，抱著一線希望，查閱了華人勞工的大量資料，想從中發現線索，這種異想天開的念頭，當然是不會如願以償的。

旅法期間，林語堂一邊積蓄學費，一邊自修德語，生活十分緊張，竟連著名的世界大都會巴黎都無暇去參觀，只好在火車的車窗口，貪婪地捕捉著名的巴黎鐵塔、盧浮宮、愛麗舍宮等名勝古蹟。但他們卻到過凡爾登，德法兩國軍隊曾在這裡進行過殊死的血戰，在那被炮火所犁過的土地上，曾吞噬了幾十萬生命。林語堂見到那裡沒有一棵樹，沒有一幢房屋，遍地都佈滿了彈殼和刺刀……

廖翠鳳在那昔日的戰場上走來走去，林語堂以為她在尋找甚麼戰爭紀念品哩。一問，才知道，她想在遺棄的軍需品中找雙舊靴給林語堂穿。生活逼得這位錢莊老闆女兒已不羞於在外國拾破爛了。為了維持生活，在整個留學期間，她不得不經常變賣出嫁時母親給她的首飾。但由於洋人不識玉器等中國首飾的價值，賣不出好價錢，廖女士心疼得很！

林語堂的入學申請被殷內大學批准後，林語堂夫婦從樂魁索來到德國東部的

殷內。殷內是德國大詩人歌德的故鄉，一座美麗的大學城。殷內和海得爾堡一樣，是個頗有古風遺俗的小城。大學生是俱樂部的主角，他們和自己的女房東一起去郊遊，有時他們還用古老的決鬥方式來解決爭端或保持榮譽，好鬥者的皮膚上傷痕累累，而傷痕愈多愈能得到同齡人的羨慕和尊敬。

自由自在的德國大學生生活，正是林語堂理想中的樂園，他從中享受到了無窮的趣味。他和妻子手拉著手去聽課，又手拉著手一同去郊遊。甚麼時候把功課準備好，就隨時主動請求考試，不存在上課、點名、請假、缺課等束縛。他們自覺地刻苦讀書，完全是出於對知識的渴望和追求。他們去參觀歌德的故居，歌德探索知識的巨大熱情使林語堂深受感動。歌德的《少年維特之煩惱》和《詩與真理》，都是林語堂所喜愛的作品。但在德國文豪中，最使林語堂欽佩的卻是海涅，海涅的著作使林語堂入了迷。

與哈佛所呈現的美國新大陸的特色相比，古色古香的殷內則典型地呈現了歐洲舊大陸的五光十色。這裡有舊式的古城堡，狹窄的街道，那古老的民情民俗，使林語堂尤其迷戀。林語堂喜歡這舊大陸的豐富多彩，不像在美國，無論在紐約還是舊金山，舉目所見是千篇一律的冷飲櫃台，是同樣的牙刷，同樣的郵局，同樣的水泥街道。

就讀於殷內大學期間，林語堂夫婦住在公寓裡，生著壁爐，但沒有冷熱水管子，用水壺和盆打水洗澡，生活設施方面是無法與美國的現代化住宅相比的。可是，林語堂的第一個反應不是生活設施的優劣，他想到偉大的歌德和席勒也是用同樣的壺和盆洗澡，但是卻寫出那麼好的詩，於是就對殷內的壺和盆產生了一種特殊的好感。能在這樣的盆裡洗澡，而且每天可以享受愉快的散步，林語堂覺得這真是人間天堂的生活。

在殷內大學讀了一個學期，林語堂又轉到以印歐比較語法學馳名的萊比錫大學，攻讀語言學。

萊比錫大學中國研究室的中文書籍非常豐富，林語堂為一個外國大學能有如此汗牛充棟的中文藏書而驚訝不已。同時，他還能從柏林大學借到所需要的中文書。

林語堂充分利用了這些外國大學的中文藏書，繼續他的文化「補課」：認真地研究中國的音韻學，不久他便鑽進了《漢學師承記》《皇清經解》，尤其是那部由清末大學士阮元刻的《皇清經解續篇》等古籍書中。

也許，這正是林語堂文化經歷的奇特之處：他不是在中國文化古都北京而是在異邦萊比錫的學府裡，熟悉了中國訓詁名家王念孫父子、段玉裁和顧炎武等人的考據成就。

想不到一個中國人竟在外國大學的中文研究室為自己進行中國文化的「補課」，這實在是耐人尋味的軼事。然而，這是無可否認的事實：萊比錫大學的那段經歷在林語堂穿越文化「斷層」的艱苦歷程中是十分重要的一步 —— 聖約翰繫的「鈴」，被萊比錫「解」掉了。

也是林語堂的幸運，萊比錫大學有一位造詣極高的漢學家，叫康拉狄（Conrady），康拉狄教授精通中國的古文，讀白話文倒反而有困難。教授具有德國學者徹底認真的學風，不僅研究中文，還涉獵其他東方語言，他開了一門泰國文法課，有四五位學生跟他精研泰文文法。康拉狄知道林語堂曾在清華學校任教，就對林語堂倍加器重，他熱誠地歡迎林語堂，為林語堂選擇萊比錫大學而引以為榮，並積極地為這位中國博士生提供了許多方便。

初到萊比錫，舉目無親的林語堂每逢休息的日子就和妻子去郊遊。每星期到火車站附近的浴池裡痛痛快快地洗個澡，買些愛吃的點心，夫婦倆回家打牙祭。日子一長，林語堂也在萊比錫交上了新朋友：一是斯密特萊博士（Schindler）夫婦，這位博士後來成了 *Asia Major* 雜誌的出版人。另一位朋友是 Frau Schaedlich，她一度是林語堂的房東，有一個英俊的兒子，這位猶太婦人與廖女士很合得來，她倆常常在一起吃鰻魚。

在萊比錫，林語堂曾出乎意外地受到過「性騷擾」。那是在萊比錫博覽會期間，林語堂住在郊外，女房東是一個耐不住孤獨寂寞的寡婦，近乎色情狂。博覽會期間經常和一個男人同居，她向林語堂誇耀那男人有歌德的風度，還主動把自己和那男人尋歡作樂的細節宣揚出來。她那已成年懂事的女兒，對母親的荒唐行為十分厭

惡。這個寡婦平時以酒澆愁，喝啤酒，吃鹹肉，不停地抽煙。還把自己寫的情詩給林語堂看，存心勾引。林語堂對女房東的引誘置之不理。一天，女房東把挑逗升級了，見林語堂經過房門口，她突然假裝昏倒，要林語堂過去扶她起來。林語堂靈機一動，急忙把廖女士叫來，請廖女士去照顧女房東……總算擺脫了干擾。

　　遊學之年，是林語堂思維高度發展、學術突飛猛進的時期。在攀登知識高峰的征途中，林語堂是一個成功的登山運動員，但在社交生活裡，他卻是一個幼稚的學步者。幸虧他娶了個能幹的賢內助，兩人相親相愛、相互依賴，才熬過了四年的留學生活。

　　廖女士是一位稱職的管家，不僅能制定出保持收支平衡的經濟計劃，而且精打細算地安排著每一個銀元的用途，入不敷出時，她便變賣自己的首飾。到德國和法國之前，她已經精明地計算到德國馬克大貶值可能給他們帶來的經濟好處。當然，也有失誤的地方，比如過早地賣掉美金，以致吃了虧。對外國生活習慣與社交禮儀的適應能力，林語堂遠不如妻子。還在橫渡太平洋的海輪上，廖女士對西餐桌上的禮儀已經完全精通，而林語堂卻總是弄不清該用哪隻勺兒喝湯，用哪隻叉子吃魚，並且一直記不得擦黃油的小刀是不可以放在桌布之上，而只可擱在放麵包的小碟上的。在喝酒或飲茶時，林語堂常把自己的杯子和鄰座的弄亂，因此錯拿別人的酒杯或茶杯，這在林語堂是司空見慣的。

　　由於廖女士的隨時指點和及時糾正，已經使林語堂出洋相的次數大為減少。但要杜絕，幾乎是不可能的，因為林語堂從不把此類生活細節當成一回事，出了差錯照樣心安理得。自然，有時所謂「洋相」是他倆共同的作品。最滑稽的事，發生在哈佛大學綏爾教授家裡。有一天傍晚，林語堂夫婦應邀去綏爾教授家赴宴，響過門鈴，女僕出來開門，問這兩位中國留學生有何貴幹，林語堂夫婦手拿請帖，神氣地回答：應邀赴宴。女僕不僅沒有表示熱情歡迎，反而一臉驚訝地說，綏爾教授今天沒有邀請任何客人。這回輪到林語堂夫婦驚訝了，明明發了請帖，怎麼不請客。於是，女僕和林語堂夫婦共同來驗證這張請帖。這一回可是大家都驚訝啦！——原來是林語

堂夫婦弄錯了日期，提前了一個星期赴宴！既來之則安之，林語堂並不急於回去，綏爾教授只好出來歡迎，綏爾太太趕緊準備晚飯，而林語堂夫婦也不客氣地吃了一頓飯。

綏爾教授家的客廳裡，擺著一副巨大的北極熊的牙齒。牆上掛著美國總統威爾遜的畫像。畫上，威爾遜總統和他的三位女兒圍桌而坐，其中的一位女兒就是這間客廳的女主人綏爾夫人。教授夫人名叫翟茜·威爾遜，是被學校指定來照顧林語堂夫婦的社交生活的，由教授夫人來指導外國留學生的社交禮儀，這是哈佛的慣例。所以，說到底，林語堂夫婦弄錯赴宴的時間，綏爾夫人也有某種間接的責任。因此，提前一個星期來的客人，仍舊是受歡迎的客人，是師生又是賓主，綏爾夫婦和林語堂夫婦，大家談笑如故，歡歡喜喜地共進了一頓臨時趕出來的晚餐。

平時，廖女士洗衣服，做飯，林語堂躬任洗滌碗碟的工作。廖女士對丈夫要求嚴格，督促林語堂注意衣著的整潔，飲食方面，竭力保證林語堂的營養，對自己則絕不講究。兩人相敬如賓，許多外國人還以為他們是一對兄妹，直到廖翠鳳身懷六甲，大家才曉得他倆原來是夫婦。在外國，窮人最怕進醫院，鑑於前兩次廖女士住院開刀的經驗，林語堂夫婦不敢再在外國生孩子了，於是不得不決定回國分娩。為了在回國前拿到博士學位，林語堂在酷暑中日夜奮戰，雖然忙得汗流浹背，但是，在一向不怕考試的心理慣性的驅動下，林語堂絲毫不感到恐慌。

林語堂胸有成竹地預測自己一定能順利地獲得博士學位的桂冠，所以竟提前預訂了回國的船票。林語堂通過了博士論文答辯走出考場時，已經正午 12 點了。廖女士正懷著忐忑不安的心情倚閭而望。

「怎麼樣啊？」廖女士擔心地問道。

「合格了！」林語堂興高采烈地回答，答案早就寫在林語堂的那張歡暢的臉上了。

一個響亮的吻！廖女士顧不得自己是在大街上，就急忙用這種外國習俗來向凱旋的丈夫表示熱烈的祝賀！

接著，林語堂博士夫婦並肩到餐室午餐。當晚，他們按預定的計劃離開萊比錫，到威尼士、羅馬、拿波利斯等地遊覽兩週，然後回到久別的故國。

第六章

《語絲》所孕育的文壇新秀

重返北京 / 初涉文壇 / 躋身於「任意而談」的語絲派 / 在《語絲》的搖籃裡成長 / 反對「勿談政治」

1923 年夏，林語堂夫婦結束了四年的留學生活，回到了日夜思念的祖國。

林語堂博士帶著即將分娩的妻子衣錦還鄉，先在阪仔小住，流連忘返於家鄉的青山綠水之間，天真爛漫的童年生活又重現於記憶的銀幕。

父親的夢想已經變成現實，可是植樹人卻無法觀賞這掛滿枝頭的累累碩果了。因為，當林語堂還在萊比錫大學攻讀博士學位的時候，父親就已經去世。在父親的墓地上，林語堂遙望遠處的青山上飄浮著幻變無窮的雲彩，這是群山為自己所編織的夢，巍巍的高山把雲彩送往天涯海角，而自己卻永遠根植於腳下古老的土地——山就是父親，父親就是山，無私的父親啊！

一股激情在林語堂胸中湧動。啊！世上的一切有甚麼能比故鄉的山陵更親切更偉大！他把對父親的懷念，對所有親人的懷念，全部移情於對家鄉山水的眷戀之中。

他有意識地讓自己的記憶反覆顯現那青山的輪廓和線條，讓它永存於大腦的信息庫裡，讓山影深深地烙在他的心坎上，溶入他的血液，成為一種永恆的「內驅力」，引導著他的精神世界，使他的生命永遠散發出青山的氣息。

大女兒林如斯是在廈門降生的，因為難產，母女倆差一點送了命。

1923 年 9 月，林語堂手裡抱著愛的結晶，心裡盛滿著故鄉的祝福，告別了阪仔，踏上了北上的路。

1923 年，北京和整個中國北方一樣，都是北洋軍閥的天下。自從 1922 年第一次直奉戰爭以後，奉系軍閥退出了山海關外，直系軍閥和官僚掌握了北京的政權。1923 年 6 月，曹錕趕走了黎元洪總統，10 月，用現金支票收買「豬仔議員」，演出了賄選總統的政治鬧劇，把北京搞得烏煙瘴氣。

同年，1 月 26 日，在上海，孫中山與蘇聯代表聯合發表《孫文越飛宣言》。從此，民國的締造者孫中山走上了新的道路。2 月，剛登上政治舞台的中國共產黨領導了京漢鐵路工人大罷工。罷工遭到鎮壓，四十餘人被殺害，數百人受傷，這便是

歷史上著名的「二七」慘案。

　　林語堂就是在這樣的時候重返北京的。古都對他並不陌生，那裡有熟悉的大學文化區，有他所敬重的新文學運動的領袖們，還有那給予過他無窮樂趣的琉璃廠。

　　四年前，離開北京時，林語堂只是清華學校的一個不起眼的英文教員。四年過去了，今非昔比，現在他在人們的眼裡是鍍過金的洋博士。北京大學敞開了自己的大門，熱情地接納了學成歸來的林語堂。

　　林語堂到北京大學任職，是胡適引薦的結果。

　　胡適從 1917 年 8 月到北京大學任教後，為北大引進過不少有用之才。旁的不說，單就舉薦林語堂這件事，便可以看出胡適獨具「伯樂」的慧眼，看準了「千里馬」就敢花本錢。前面說的那項「君子協定」，便是「伯樂」膽識的證明。

　　根據這項口頭協議，作為林語堂學成回國後來北大的條件，北大每月資助林語堂四十美元，四年近兩千美元。這筆錢曾兩次解救了林語堂的燃眉之急。如果沒有這兩千美元，林語堂是不可能苦撐四年的。

　　1923 年 9 月，林語堂一到北大，就去向校長蔣夢麟道謝，衷心感謝北大對他的雪中送炭。那時，胡適正在南方養病，蔣夢麟對林語堂鄭重其事的道謝感到莫名其妙，直到林語堂說明了來龍去脈，蔣夢麟才明白了事情的原委，忍不住哈哈大笑起來。蔣夢麟這一笑，也同樣使林語堂莫名其妙。於是蔣夢麟把事情點穿，才真相大白：原來，北大校方並沒有授權胡適去資助林語堂的生活費，而求賢心切的胡適，為了抓住林語堂這個人才，竟然私下和林語堂訂了個君子協定。也許，訂約的時候胡適沒有考慮到自己所應承擔的義務。想不到，林語堂因為妻子兩次手術，昂貴的醫療費迫使糧盡彈絕的林語堂兩次打電報向胡適求援。接到十萬火急的電報，胡適義無反顧地決定遵守君子協定的諾言，不求助於北大校方，而自己承擔責任，私人掏腰包，兩次寄錢給林語堂。

　　想不到這兩千美元竟是胡適私人的錢！林語堂為胡適的友情所感動，並趕快在1923 年底把這筆錢全部歸還胡適。奇怪的是，林語堂和胡適竟長期對此嚴守秘密，

緘口不提。直到胡適逝世後，林語堂才透露了這段半世紀來鮮為人知的文壇佳話，作為對胡適的真摯的懷念。

林語堂到北京大學後，被聘為英文系語言學教授，主要講授《文學批評》和《語音學》，妻子廖翠鳳則在預科教英文。

四年前，林語堂離開北京時，新文化運動正如火如荼，而火種就是北京大學。然而，1923 年 9 月，迎接林語堂的卻是另一番景象。昔日，「五四」高潮時熱火朝天的情景已成為歷史，當年的新文化統一戰線已開始分化，先驅者們，有的高升，有的退隱，有的前進，有的落伍。北大，以致整個文化界都顯得冷落，就連後來被譽為「旗手」和「主將」的魯迅，也只能用「寂寞新文苑，平安舊戰場。兩間餘一卒，荷戟獨彷徨」[1] 來形容自己孤獨的心情。林語堂所敬仰的新文化倡導者陳獨秀，這時已辭去北大文科學長，南下廣州，專任中國共產黨的總書記之職。而林語堂所敬仰的另一位新文化倡導者胡適，已與陳獨秀為首的《新青年》團體正式分手，並於 1922 年 5 月 7 日創辦了《努力週報》。

初到北大，林語堂在教學之餘繼續從事古漢語音韻的研究。他鑽研了《廣韻》《音學辨微》等中國古代音韻學的著作，作為對教會學校所造就的「文化斷層」進行最後的穿透。

然而，興趣廣泛的林語堂，是不會把自己的學術視野僅僅停留在語言學的範疇之內的。1923 年 12 月 1 日的《晨報五週年紀念增刊》上，刊出了林語堂的《科學與經書》一文。以後，他又陸續發表了海涅詩歌的譯文，同時，開始了雜文和散文的寫作。從此，這個「山地的孩子」，踏上了「靈魂冒險」的征途。

1923 年至 1924 年之間，林語堂在文壇上所留下的最清晰的腳印，是那兩篇提倡幽默的文章，即 1924 年 5 月 23 日發表在《晨報副刊》上的《徵譯散文並提倡「幽默」》，和同年 6 月 9 日刊於《晨報副刊》的《幽默雜話》。

---

① 魯迅：《集外集·題彷徨》。

幽默作為一個審美範疇，雖然普遍地存在於古今中外的人類社會文化生活的各個領域，然而，在中國傳統的文論中沒有幽默這一術語。幽默一詞傳入中國，首先要歸功於林語堂，是他首倡把英文 humour 音譯為幽默。最初魯迅覺得不夠妥當，「但想了幾回，終於也想不出別的甚麼適當的字來，便還是用現成的完事。」①由此可見，林語堂那兩篇文章，不僅是林語堂的幽默生涯的起點，而且也是中國現代幽默文學的第一頁。②

那時，新文化陣線的分化和分裂已經完全公開化和表面化。北大文科教授明顯地形成兩派：一派以中國現代小說的奠基者魯迅和他的兄弟周作人為首；另一派則以首舉「文學革命」義旗的胡適為領袖。

林語堂和胡適是北大英文系的同事。系裡的教授陳西瀅（陳源）、徐志摩和溫源寧等人都是胡適派的中堅力量。按說林語堂與胡適有著一種天然的文化聯繫，無論從哪個方面來看，林語堂參加胡適派是合乎邏輯的。可是，出人意料之外，林語堂與胡適派趣味不合，卻喜歡周氏兄弟的「放逸」。若以個人友誼而言，關於兩千美元匯款的佳話就是兩人交情的明證。但私交友誼是一回事，個人趣味愛好又是一回事，林語堂沒有因為感恩胡適而犧牲了自己的個性。

一般人看到的，往往是胡適和林語堂趣味相投的一面，的確，這是事實，他們有許多共性特徵。比如，都是英美派留學生，而且都深受西方文化的熏陶。早年，他們都曾以西方文化本位來反觀過中國文化，胡適公開聲稱：「我是主張全盤西化的。⋯⋯全盤接受了，舊文化的『惰性』自然會使他成為一個折衷調和的中國本位新文化。」③但後來，胡適又說「全盤西化」的提法有語病，改用「充分世界化」④的提法。林語堂在「西化」問題上，一開始似乎比胡適走得更遠，他在《給玄同先生的信》中

---

① 魯迅：《譯文序跋集·〈說幽默〉譯者附記》。
② 施建偉：《幽默：林語堂和魯迅的比較》，《魯迅研究動態》1989 年 10 月號和《魯迅研究月刊》1990 年 7 月號。
③ 《獨立評論》第 142 號「編輯後記」。
④ 胡適：《充分世界化與全盤西化》。

說：「今日中國政象之混亂，全在我老大帝國國民癖氣太重所致……欲一拔此頹喪不振之氣，欲對此下一對症之針砭，則弟以為惟有爽爽快快講歐化之一法而已。」可是，後來林語堂在修正他的中西文化觀時，也比胡適修正得更多。20世紀30年代，他最喜歡用「兩腳踏東西文化，一心做宇宙文章」來形容自己的中西文化融合觀。

其實，胡適和林語堂的中西文化觀也有其不同的一面，比如，胡適傾向於「重客觀」，他師法美國的杜威，用實驗主義的科學方法剖釋中國的思想，分析中國的社會文化生活。而林語堂則傾向於「重主觀」，醉心於建構自己的中西合璧的文化體系，他不盲從古今中外的任何偉人或任何主義。

林語堂和胡適在旨趣上的不同，是他們的氣質、性格差別的必然反映。胡適自幼喪父，和寡母相依為命，母親管教嚴格，每逢小胡適淘氣闖禍時，總要被母親狠狠地教訓一番，同時母親自己也痛哭流涕。而且，由於兒時體弱，母親不准他和村裡的「野蠻」孩子一塊玩耍。所以胡適從小舉動斯文，被老人們戲稱為「糜先生」。既有了「先生」之名，便不能不裝出點「先生」的樣子，更不能跟著頑童們去「野」了。

與胡適少年老成的個性截然不同的是林語堂的頑童個性。充滿幽默情趣的家庭，賜予林語堂一個快樂的童年。在阪仔，他是一個在大自然懷抱裡自由打滾的野孩子，常常頑皮得出了格。要是林語堂和胡適生活在同一個村子裡的話，可以肯定，胡母是不准小胡適去跟林語堂這種「野蠻」孩子在一起玩的。無憂無慮的天性，使林語堂對一切都滿不在乎，他要享受不受任何人干涉的自由。「猶如一個山地人站在英國皇太子身旁而不認識他一樣。他愛說話，就快人快語，沒興致時，就閉口不言。」[①]具有這種個性的林語堂，不可能喜歡胡適周圍那群愛寫一本正經的政論文章並隨時準備做官的士大夫們。

1924年底，《語絲》和《現代評論》先後問世，新文化陣營裡的分化進一步加劇，北大教授們形成了壁壘分明的兩派，即語絲派和現代評論派，林語堂面臨著友誼和志趣之間的選擇，頑童的個性，竟使他站到了胡適派的對立面，成了周氏兄弟的忠

---

① 林語堂：《八十自敘》。

實盟友，後來回想起來，連林語堂自己也對這一選擇感到奇怪。說怪也不怪，這是因為周氏兄弟提倡隨意而談、無所顧忌的文風，與天性放逸的林語堂喜歡自由地說自己的話的願望不謀而合。所以，他成了語絲派的急先鋒。

《語絲》是一個涉及社會現實的刊物，專門發表「碰壁人物的牢騷」文章，它「不願意在有權者的刀下，頌揚他的威權，並奚落其敵人來取媚。……在不意中顯了一種特色，是：任意而談，無所顧忌，要催促新的產生，對於有害於新的舊物，則竭力加以排擊，── 但應該產生怎樣的『新』，卻並無明白的表示，而一到覺得有些危急之際，也還是故意隱約其詞。」①

《語絲》脫俗不羈的風氣與林語堂的頑童個性之間有著某種天然的精神聯繫。在無所顧忌、任意而談的《語絲》天地中，林語堂又找到了童年生活中的樂趣。當年，這個頭角崢嶸的山地孩子向家裡投擲石塊，在泥洞裡打滾，以智力型的作弊來戲弄教師──《語絲》使他的頑童性格又復活了。當然，他已經不是那個向二姐撒嬌的小和樂。這時，林博士的「頭角」是戳向混濁的社會的。《語絲》無所顧忌的這一面，被林語堂發揮到令人吃驚的地步：有人罵他們是「學匪」，林語堂們就以「土匪」自居，乾脆寫文章──《祝土匪》。林語堂的知己朋友郁達夫曾對《語絲》時期的林語堂有過一段貼切的評語，他說：

> 林語堂生性憨直，渾樸天真，假令生在美國，不但在文學上可以成功，就是從事事業，也可以睥睨一世，氣吞小羅斯福之流。《剪拂集》時代的真誠勇猛，的確是書生本色。②

當年的語絲派是一支「叛逆者」的隊伍，而血氣方剛的林語堂以生於草莽死於草莽的「土匪」自居，所以他決不會躋身於一本正經的「正人君子」們──即使那裡

──────────

① 魯迅：《三閒集‧我和〈語絲〉的始終》。
② 郁達夫：《中國新文學大系‧現代散文導論（下）》。

有為他雪中送炭的胡適——而投奔以「不倫不類」為標榜的「叛逆者」，是合乎他的性格發展的邏輯的。

　　現代評論派以《現代評論》週刊為陣地，以「精神的獨立」為標榜。在女師大事件、「五卅」慘案、「三一八」慘案中，該刊以「公正」「不偏不倚」的「正人君子」的超然態度發表意見，與語絲派的態度形成了鮮明的反差。

　　語絲社的同人們常在北京中央公園來今雨軒聚談。一杯清茶，幾碟白瓜子，也常有叫麵吃的，但意不在食而在聊天。藤椅放在古柏下，清風徐來，倒也舒適。

　　《語絲》諸子，個性各異，郁達夫瀟灑，孫伏園靜逸，錢玄同常紅臉，劉復（劉半農）矯健，周作人輕易不開口，但一張口泰然自若，說話聲調低微而有餘音，魯迅詼諧百出，但兄弟倆已鬧翻，所以相互間盡可能地迴避，不照面。郁達夫喝過兩杯茶就會嬉笑怒罵，有時竟會高興得像個孩子那樣，躺在老藤椅上，一手摸著自己的和尚頭，興奮地談論各種高見。而林語堂則喜歡海闊天空地暢談留學異邦時的所見所聞。在這樣的《語絲》茶會中，林語堂總是愉快地享受著那種無拘無束的氣氛，如魚得水。

　　語絲派自稱是「一班不倫不類的人」，借《語絲》這塊陣地「發表不倫不類的文章與思想」。[①] 他們在「隨便說話」的旗號下，指點江山，激揚文字，糞土當年萬戶侯。上至北洋軍閥總統、總理，下至充當打手的警察和三河縣的老媽子，他們統統都敢罵。年輕的教授林語堂更是一個敢說敢罵的「急先鋒」。論敵們指摘語絲派「罵人」，林語堂挺身而出，滿不在乎地為「罵人」叫好。他說：

　　凡有獨立思想，有誠意私見的人，都免不了多少涉及罵人。罵人正是保持學者自身尊嚴，不罵人時才是真正丟盡了學者的人格。所以有人說語絲社盡是土匪，

---

①　周作人：《答伏園論〈語絲的文體〉》。

猛進社盡是傻子，這也是極可相賀的事。①

　　現代評論派的「正人君子」們痛罵語絲派是「學匪」，可是，林語堂不以為恥，反以為榮，他和魯迅都乾脆以「學匪」派自居，使「正人君子」們瞠目結舌，無可奈何。

　　其實，語絲社同人也並不是天生的好鬥分子，那些刺耳的指責和尖刻的措詞，不過是逐漸升級的論戰所帶來的副產品。創刊之初，《語絲》同人與現代評論派並非水火不容，雙方曾相安無事地渡過了一段河水不犯井水的平靜日子。《語絲》第 2 期上還刊登過胡適翻譯的一首詩。第 3 期和第 5 期又先後刊登過徐志摩翻譯的波特萊爾的《死屍》和詩作《在一家飯店裡》。

　　1925 年 3 月 12 日，偉大的革命家、中國民主革命的先行者孫中山因肝病醫治無效，在北京逝世，留下了「現在革命尚未成功，凡我同志，務須……繼續努力，以求貫徹」的遺囑。

　　孫中山逝世後，一方面，廣大人民群眾把對孫中山的悼念活動變成了遍及全國的政治大示威，成了革命力量的大檢閱。林語堂與數萬北京人民一起瞻望孫中山的靈柩從協和醫院移往中央公園，他在莊嚴的軍樂聲中，看見宋慶齡身著孝服，隨在靈車後。白幡下，成千上萬的民眾臂戴黑紗，胸戴白花，跟在後面送葬。觀者莫不下淚。林語堂激動不已……另一方面，北京《晨報》和上海《時事新報》這些研究系控制的報紙上，連篇累牘地發表毀謗孫中山的文字，甚至誣衊他「恃紅黨宣傳費以生活」，「蹂躪人民自由十倍於軍閥」。一向欽佩孫中山的林語堂，被這些毀謗激怒了。在 3 月 29 日，林語堂寫了《論性急為中國人所惡》一文，紀念孫中山先生。林語堂把孫中山的「性急」和傳統文化的弱點「惰性慢性」做了對比，他為中國的未來呼喚。這篇論文還表明：林語堂對周氏兄弟已不是一般朋友間的尊敬，林語堂實際上已把他們弟兄倆當作自己精神上的導師來看待。文章開頭，他先引用魯迅的話：

---

① 　林語堂：《論罵人之難》。

　　如魯迅先生所云，今日救國在於一條迂謬渺茫的途徑，即「思想革命」。此語誠是，然愚意以為今日救國與其說在「思想革命」，何如說在「性之改造」。

　　文章結尾處又引用周作人的話：

　　豈明先生已經說過「照現在這樣做下去，不但民國不會實現，連中華也頗危險……『心所為危不敢不告』，希望大家注意」，誠然應希望大家注意。

　　林語堂在文章中激讚孫中山能夠擺脫中國人的樂天知命的中庸主義。林語堂當時是以歐化的中國人自居的，他留學歸來後，與許多同時代的留學生一樣，帶回了一些「洋氣洋癖」，其中之一便是「急躁性」，在麻木不仁的中國同事看來，是不識時務。林語堂讚賞孫中山能保持著救國救民的「急躁性」，而且至死不變。所以在林語堂的心目中，孫中山就成了「非中國人」，即十成的全歐化的中國人，其對立面是固守傳統的一切，頑固不化的十足的中國人。吳稚暉是九成半歐化之中國人，而熊希齡、黃郛則歐化到一二成。擺脫傳統，是中國「精神復興」的前提，林語堂認為孫中山的偉大之處就在於他是一位與傳統決裂的中國人。

　　《新青年》元老錢玄同，現在又是語絲派的驍將。他讀到林語堂關於孫中山的議論後，很感興趣。素以激昂慷慨聞名的錢玄同，又大發了一通慷慨激昂的議論。他寫了一篇《中山先生是「國民之敵」》，發表在《語絲》第 22 期（1925.4.13）上。文章一開頭便說，林語堂在《猛進》第 5 期上的那篇紀念孫中山的文章啟發了他的思路：孫中山先生是國民的導師，孫中山的革命反抗精神是我們民族起死回生的唯一聖藥。可是有祖傳痼疾的國民們竟然諱疾忌醫，把這位良醫當成「國民之敵」。錢玄同的文章生動地體現了「語絲文體」在藝術上的一個最重要的特色：幽默和諷刺，他用反語的形式，諷刺和批判了那些誣衊孫中山的謬論。

　　1925 年初，林語堂和錢玄同、劉半農關於改造國民性問題的討論曾引起廣大

《語絲》讀者的注意。這次討論的起因是：1925 年 1 月 28 日，劉半農從巴黎寄給周作人一封信，信中說，他在外國讀到《語絲》時，他「最愜意的一句話」乃是周作人所說的：「我們已經打破了大同的迷信，應該覺悟只有自己可靠……所可惜者中國國民內太多外國人耳。」劉半農說：

> 我在國外鬼混了五年，所得到的也只是這一句話。……
> 我們雖然不敢說：凡是「洋方子」都不是好東西，但是好東西也就太少。至少也可以說：凡是腳踏我們東方的，或者是眼睛瞧著我們東方這一片「穢土」的，其目的決不止身入地獄，超度苦鬼！

劉半農的信表明他已經打破了對西方文明的迷信，他借周作人的話批評那些想用「洋方子」來救中國的人 ——「中國國民內」的「外國人」。劉半農所引用的周作人的「覺悟只有自己可靠」一語，反映了文化界在「五四」高潮過去以後，對改造國民性、學習西方等問題上的一種傾向。

《語絲》第 20 期在刊出劉半農的《巴黎通訊》的同時，刊出了錢玄同的《寫在半農給啟明的信底後面》。錢玄同以否定傳統文化的姿態，先對劉半農、周作人的「覺悟只有自己可靠」一語中的「自己」兩個字做了重要的註釋和說明。他認為：這個「自己」應該是「指各人獨有的『我自己』而言，不是指中國人共有的『我們中國』。」這樣一註解，清楚地顯示了他對傳統的反叛立場。同時，他又強調：「中國國民內固然太多外國人，卻也太多中國人。」[①] 對於劉半農的「打破大同底迷信」，錢玄同說，他不僅只能「相對的贊成」，而且還提出了一個重要的補正：「同時還應該打破國家底迷信。」

錢玄同在揭露了帝國主義對中國的壓迫之後，同樣也引用了周作人的那段話，

---

① 錢玄同所說的「外國人」是指想以西方文化觀念來改造中國國民性的中國人；而文中的「中國人」，在這特定的語言環境裡是指保守固有文明的復古派，而不是指一般的中國人。

並說應該「要針砭民族（咱們底）卑怯的癱瘓，要消除民族淫猥的淋毒，要切開民族昏瞶的痼疾，要閹割民族自大的瘋狂」。錢玄同宣稱自己很愛國，但他所愛的中國不是那個被傳統文明所糟蹋了的中國，不是那個愛磕頭、請安、打拱、除眼鏡、拖辮子、裏小腳、拜祖宗、拜菩薩、拜孔丘、拜關羽、求仙、學佛、靜坐、扶乩、做古文的那個中國，也不是說「中國道德為世界之冠」，說「科學足以殺人」的那個中國。

錢玄同所希望的是一個接受西方文化的「歐化的中國」。

劉半農則認為，當時中國國民中「外國人」——也就是「歐化的中國」人——太多了。

而錢玄同認為，不是「歐化的中國」人太多，而是墨守傳統的中國人太多了。

錢玄同和劉半農是《新青年》時期的親密戰友，一對老搭檔。在「文學革命」發難時，為擴大新文化運動的影響，他倆設計了一個造聲勢的錦囊妙計：由錢玄同化名「王敬軒」，在《新青年》4 卷 3 號上發表了一封給《新青年》編者的信，信中把舊文人反對新文化的各種意見統統歸納在一起。而劉半農則出面寫《復王敬軒書》，對其逐一批駁。《新青年》同人們稱這齣假戲為「苦肉計」，在社會上引起了熱烈的反響，吸引了人們對新文化運動的注意。而現在在《語絲》上的討論，卻不是事先商量好的「苦肉計」了。

林語堂讀了錢玄同和劉半農在《語絲》上的文章後，在任意而談的風氣驅動下，林語堂顧不得與劉半農從未謀面，忍不住也加入了錢、劉之間的討論。寫下了《給玄同先生的信》。正文開始之前，林語堂先盡興地幽默了一番，說了不少風趣橫生的俏皮話。言歸正傳以後，林語堂直截了當地承認：錢玄同的「歐化的中國」的主張正和他「近日主張」不謀而合。他不僅把錢玄同的主張推崇為「唯一的救國辦法」，而且，比錢玄同更進一步，因為，劉半農、錢玄同都認為「中國國民內太多外國人」，意思是西方化的中國人太多。而林語堂則認為，「國內外國人太少，及歐化中國人之不可多得也」。意思是說西方化的中國人太少了。他乾脆提出：

今日談國事所最令人作嘔者，即無人肯承認今日中國人是根本敗類的民族，

無人肯承認吾民族精神有根本改造之必要。……然弟意既要針砭，消除，切開，閹割，何不爽爽快快行對症之針砭術，給以治根之消除劑，施以一刀兩斷猛痛之切開，治以永除後患劇烈的閹割。今日中國政象之混亂，全在我老大帝國國民癖氣太重所致，若惰性，若奴氣，若敷衍，若安命，若中庸，若識時務，若無理想，若無熱狂，皆是老大帝國國民癖氣，而弟之所以謂今日中國人為敗類也。欲一拔此頹喪不振之氣，欲對此下一對症之針砭，則弟以為惟有爽爽快快講歐化之一法而已。

　　錢玄同提出「歐化的中國」，現在聽來，十分觸目驚心，頗有「裡通外國」之嫌。可是，林語堂在《給玄同先生的信》中，用詞比錢玄同更偏激，簡直到咒罵祖宗的地步，他竟要中國人承認自己是「根本敗類的民族」。林語堂居然敢說，《語絲》居然敢登，讀者居然不反感，這是「五四」以後特定的歷史環境下的特殊現象。

　　因為，在「五四」以來批判中國國民性的時尚中，新文化陣營裡，從魯迅到胡適，從陳獨秀到吳稚暉，從林語堂到陳西瀅，幾乎人人都使用了極端偏激的語言來批判國民性的弱點和民族的劣根性。似乎，非如此就難以表達他們對傳統精神糟粕的深惡痛絕，非如此就不能嚇退復古派似的。在語絲社同人中間，是很有幾個語不驚人死不休的「狂人」的，老將錢玄同便是其中之一，新秀林語堂也大有後來居上的趨勢。錢玄同在提出「歐化的中國」後，大概也估計到復古派的反抗，所以，他把話先說在前頭：

　　我也很愛國，但我所愛的中國……便是「歐化的中國」……至於有些人要「歌頌」、要「詩」的那個中國，我不但不愛它，老實說，我對於它極想做一個「賣國賊」，賣給誰呢？賣給遺老（廣義的）……爽性劃出一塊齷齪土來……

　　要是斷章取義，錢玄同的這段話可以被當作一個「賣國賊」的不打自招。然而，在當時，竟無人想斷章取義地以「賣國賊」的名義置錢玄同於死地。這是因為林語

堂、錢玄同們的驚人之語，都是出現於復古派捲土重來的 1925 年，儘管林語堂們有措詞不當或偏激之處，但在反對復古逆流的鬥爭中，仍不失為有的放矢的反擊。在「復興古人之精神」的國粹派陰魂不散的時刻，新文化陣營對任何復古逆動的傾向和苗頭都十分敏感。章士釗上台後，《甲寅》復活，林語堂和其他《語絲》同人們一樣，心憂如焚！在復古派大軍壓境的情況下，大動肝火的豈止是林語堂和錢玄同，主帥魯迅早已上陣出戰了。

還在錢玄同和林語堂的文章刊出之前，魯迅在 1925 年 2 月 12 日就猛烈地批判了復古倒退的現象，他說：「我覺得革命以前，我是做奴隸，革命以後不多久，就受了奴隸的騙，變成他們的奴隸了。」[1]

魯迅乾脆提出：一切都要推倒重來，「甚麼都要從新做過」。魯迅在 4 月 14 日的文章裡，等於是直接在號召革命，他說：

世上如果還有真要活下去的人們，就先該敢說，敢笑，敢哭，敢怒，敢罵、敢打，在這可詛咒的地方擊退了可詛咒的時代。[2]

到了 4 月 29 日，魯迅幾乎是以總爆發的姿態，憤怒地控訴「中國文明」的罪惡，比林語堂、錢玄同等人更深刻、更徹底地全面否定了「中國文明」的存在價值。魯迅說：

中國人向來就沒有爭到過「人」的價格，至多不過是奴隸，到現在還如此，然而下於奴隸的時候，卻是數見不鮮的……所謂中國的文明者，其實不過是安排給闊人享用的人肉的筵宴。所謂中國者，其實不過是安排這人肉的筵宴的廚房。……這人肉的筵宴現在還排著，有許多人還想一直排下去。掃蕩這些食人者，

---

① 魯迅：《華蓋集·忽然想到（三）》。
② 魯迅：《華蓋集·忽然想到（五）》。

掀掉這筵席，毀壞這廚房，則是現在的青年的使命。①

　　與魯迅的文章相比，林語堂提出的根治民族劣根性的六點主張，簡直是十分溫和的聲音了。林語堂在《給玄同先生的信》中說：

　　弟嘗思精神復興條件適足以針砭吾民族昏聵，卑怯，頹喪，傲惰之癩疽者六，書於左方以待參考……

　　1. 非中庸（即反對「永不生氣」也）。

　　2. 非樂天知命（即反對「讓你吃主義」也，他咬我一口，我必還敬他一口）。

　　3. 不讓主義（此與上實同。中國人毛病在於甚麼都讓，只要不讓，只要能夠覺得忍不了，禁不住，不必討論方法而方法自來。法蘭西之革命未嘗有何方法，直感覺忍不住，各人拿刀棍鋤耙衝打而去而已，未嘗屯兵秣馬以為之也）。

　　4. 不悲觀。

　　5. 不怕洋習氣。求仙，學佛，靜坐，扶乩，拜菩薩，拜孔丘之國粹當然非吾所應有，然磕頭，打千，除眼鏡，送訃聞，亦當在屏棄之列。最好還是大家穿孫中山式之洋服。

　　6. 必談政治。所謂政治者，非王五趙六忽而喝白乾忽而揪辮子之政治，乃真正政治也。新月社的同人發起此社時有一條規則，謂在社裡甚麼都可來（剃頭，洗浴，喝啤酒），只不許打牌與談政治，此亦一怪現象也。

　　如果孤立地來看，林語堂的聲音也許有幾分刺耳，但若把他的聲音放回到發出這個聲音的時代裡去，和同時代的其他聲音相比較，那麼，在批判國粹主義復古派的時代大聲浪中，林語堂不僅是與《語絲》大合唱的節奏合拍的，而且是《語絲》大合唱中不可分割的一個音符。反過來看，如果不置身於這激動人心的大合唱，林語

―――――――――――――――

① 　魯迅：《墳·燈下漫筆》。

堂也是孤掌難鳴，不可能發出如此高昂的音調。

　　錢玄同讀到林語堂 4 月 7 日給他的信後，高度評價了林語堂的戰鬥精神。他認為，在中國，除魯迅、陳獨秀、吳稚暉三人外，林語堂是能徹底批判國民性弱點的第四個人。錢玄同為自己的發現激動不已。1925 年 4 月 13 日，他文思狂湧，揮筆急書，慷慨放言。他在《回語堂的信》中寫道：

　　語堂先生：

　　您說中國人是根本敗類的民族，有根本改造之必要，真是一針見血之論；我底朋友中，以前只有吳稚暉、魯迅、陳獨秀三位先生講過這樣的話。這三位先生底著作言論中，充滿了這個意思，所以常被「十足之中國人」所不高興。我覺得三十年前「中學為體，西學為用」這個老主意，現在並沒有甚麼改變，不過將「用」的材料加多一些而已。……

　　八九年來，我最佩服吳、魯、陳三位先生底話；現在您也走到這條路上來了，我更高興得了不得。……
　　…………

　　　　　　　　　　　　　　　　　　　　　　　　　　　　　弟玄同
　　　　　　　　　　　　　　　　　　　　　　　1925.4.13 日午前 3 點 4 分寫完

　　林語堂是否排得上吳、魯、陳之外的第四人，這一點並不重要，重要的是，林語堂在《語絲》的搖籃裡突飛猛進地迅速成長，他的文章已產生了不可忽視的巨大反響。

　　語絲派所以成為早期新文學運動中的一個小品散文的王國，很大程度上在於它繼承了《新青年》的那筆寶貴的精神遺產。當年吶喊於「文學革命」戰場上的《新青年》的散文高手們，現在正是《語絲》的台柱。與周氏兄弟、錢玄同、劉半農等《新青年》老將相比，林語堂只能算文壇新秀，他是《語絲》所造就的新人。林語堂拿出了當年一頭扎進牛津詞典裡的那種勁頭，勤學苦練中文寫作。功夫不負有心人，短

短一二年的時間裡，他已羽毛豐滿，無愧於語絲派急先鋒的稱號了。

　　林語堂的雜文，慷慨激昂，體現了語絲派無所顧忌的潑辣大膽的風格。他的文風頗近於錢玄同，但駕馭文字的能力比錢氏稍遜一籌。但他自有其特色，那就是洋溢在文章整體結構中的那種幽默感是別人所難以企及的。當然，幽默，在《語絲》諸子中不是林語堂獨家經營的專利，幽默風趣、詼諧滑稽之處，在《語絲》的文章中俯拾皆是，插科打諢，罵人戲謔，也在所不忌。錢玄同甚至曾公開為吳稚暉「口口聲聲自認為流氓」、魯迅「主張搖身一變，化為潑皮，相罵相打」[①] 的精神叫好。

　　林語堂一方面也具備這「流氓與潑皮」的氣魄；另一方面，他的幽默感卻是融化於整個文章的結構和行文之中的，有時不見得能具體地指出哪一處或哪幾處特別精彩，但讀過全文，便深得幽默或諷刺的韻味。這是他取法於《新青年》老將們而又青勝於藍之處。比如，他作了一首《詠名流》的歌曲，有四節歌詞，還有五線譜的樂曲，歌詞全文如下：

　　1. 他們是誰？
　　　　三個騎牆的勇士，
　　　　一個投機的好漢；
　　　　他們的主義：
　　　　吃飯！吃飯！
　　　　他們的精神：
　　　　不幹！不幹！
　　2. 他們騎的甚麼牆？
　　　　一面對青年泣告，
　　　　一面對執政聯歡；
　　　　他們的主張：

---

① 錢玄同：《回語堂的信》，刊於《語絲》第 23 期。

騎牆！騎牆！

他們的口號：

不忙！不忙！

3. 他們的態度鎮靜，

他們的主張和平，

拿他來榨油也榨不出

甚麼熱血冷汗；

他們的目標：

消閒！消閒！

他們的前提：

瞭然！瞭然！

4. 他們的鬍鬚向上，

他們的儀容樂觀，

南山的壽木也裝不下

那麼肥厚嘴臉；

他們的黨綱：

飯碗！飯碗！

他們的方略：

不管！不管！

　　《語絲》時代的林語堂，頗有犯上作亂的勇氣。他在 1925 年 4 月 7 日給錢玄同的信中，就反對「勿談政治」，提出「必談政治」。但在「五卅」慘案以前，林語堂的筆鋒主要是泛指舊文化及其衛道者們，直接抨擊論敵的時候不多。「五卅」以後，語絲派和現代評論派全面接觸，林語堂也直接向現代評論派的陣地衝鋒陷陣了。

　　「五卅」慘案發生在上海。

　　1925 年 5 月上旬，上海日商內外棉紗廠資本家取締工會，工人以罷工反抗。5

月 15 日，日本資本家槍殺內外棉七廠工人顧正紅，打傷工人十餘人。5 月 28 日，青島日本紗廠資本家勾結奉系軍閥槍殺罷工工人八人，重傷十餘人。日本資本家的暴行激起中國人民的極大憤怒。5 月 30 日，上海各界民眾一萬多人在英租界南京路上舉行反帝大示威，英國巡捕竟向徒手群眾開槍掃射，當場打死數十人，逮捕五十多人，製造了震驚中外的「五卅」慘案。

5 月 31 日，上海二十多萬有組織的工人成立了上海總工會。6 月 1 日，上海二十多萬工人舉行總同盟罷工，五萬多學生罷課，絕大部分商人罷市。6 月 11 日，上海工商學各界二十多萬人舉行群眾大會，通過了反對帝國主義的十七條交涉條件。同時，反帝的浪潮波及北京和全國各地。

林語堂從報上看到「五卅」的消息後，他和北京大學的絕大多數師生一樣，義憤填膺。特別是那份報道「五卅」慘案現場的畫報，像一粒火種，深深地落進林語堂的心裡。那畫報上印著血案現場的各種照片：馬路上、人行道上躺著、蜷伏著、趴著、赤裸著彈痕累累的屍首，其中有好幾張照片上的屍體已經腐爛，臉腫得非常大，四肢膨脹著，每個屍體上 —— 胸部、臉部，或者腰部，都顯露著被槍彈打穿的洞，湧著一團血。林語堂從來沒有看到過這樣悲慘又這樣令人憤慨的畫報。對被害同胞的同情，對殺人劊子手的痛恨，這兩種情感像兩條火蛇似的在林語堂的心裡絞纏。

北京騷動了，北京大學在怒吼。總罷業開始了，工廠裡沒有機器的響聲，每個煙囪都張著飢餓的嘴；學校的教室裡空空蕩蕩；商店緊閉著鋪門。工廠、學校、商店都懸掛著半旗，向「五卅」烈士致哀。

校園裡，十字街頭，馬路中心，胡同裡，路邊，各個學校、團體組織的宣傳隊、募捐隊，慷慨激昂地宣傳著。那聲淚俱下的演講，像扔進汽油缸的火苗，轟的一聲，點燃了聽眾的激情。一支支遊行示威的隊伍，一面散發印著《傷心歌》《上海的亂子是怎樣鬧起來》的傳單，一面揮動著、張貼著各種標語口號：

為「五卅」烈士復仇！

反對把中國當做殖民地！

一致收回租界！

驅逐駐華軍艦及陸軍！

抵制英日貨！

擁護弱國外交！

…………

整個北京失去了往日的寧靜，發出了憤怒的吼聲。北京變了，北京人變了。尤其是在熱鬧的中心街市 —— 前門、大柵欄、東單東四牌樓、西單西四牌樓、王府井大街，工人、店員、學生、市民，無數群眾匯合在一起，像有一隻無形的巨手把一個個火球裝入每個人的心頭。在這火球的刺激下，人們吐著強烈的憤怒和反抗的火焰。

林語堂的心也被這烈火點燃了。

同樣是中國人，有的人卻是另一種態度：在一次聲援「五卅」的大會上，段祺瑞的代表某將軍對群眾高呼「打倒英帝國主義！」「懲辦殺人兇手」的口號不以為然，公開站出來高聲指責群眾道：「甚麼打倒帝國！難道民國殺了人就不用抵命了嗎？漢高祖入關約法三章，第一章就是『殺人者死』。帝國與民國都不准殺人的。甚麼打倒帝國……」

這個草包將軍連甚麼是「帝國主義」也不懂，竟來充當段執政的代表，可見這個執政府都是些甚麼貨色！

星期一，林語堂跟隨著北京大學的教職員和學生列隊到東城鐵獅子胡同的執政府請願，向執政府遞交請願書後，遊行隊伍又向段祺瑞的私宅進發。到離段宅還有幾米遠的時候，一隊手持裝有刺刀的步槍的士兵，迎面攔住了去路。請願者悲憤填膺，向兵士演說，宣傳「五卅」慘案的真相，講到帝國主義殘殺中國人民的時候，忍不住失聲痛哭。示威者個個眼睛漲得紅紅的，悲憤形於色，可是兵士們仍然無動於衷，把刺刀對準了反帝示威者的胸膛，把槍口瞄準了愛國同胞的頭顱。面對這種助紂為虐的野蠻行徑，悲憤的請願者依然勇往直前，兵士們一面裝子彈，一面口喊：

「打！打！」可是請願者依然前進，當官的只得下令後退 —— 一場血案在最後一秒鐘才化險為夷。

林語堂在北大師生的遊行隊伍中目睹了這千鈞一髮的場面。

波峰過去是波谷，熱情到達沸點以後，如果不保持，就會冷卻。「五卅」的高潮過後，募捐隊首先感到收穫日益下降：街上的行人第一次遇到募捐隊捐的是銀元小洋，第二、三次可能掏銅子，如果上一次街接連遇上五六個性質相同的募捐隊，極個別人便開始皺眉頭，連續兩個星期後，連銅子都不情願再出。到相約全國總罷市半天的那日子，北京的商店竟然照常營業，有的連半旗也懶得掛，拉洋車的照舊在街上兜客……

林語堂為這種「五分鐘熱度」的國民性而悲哀。在悲哀之餘，林語堂萬分憤怒，因為他見到有些人藉此機會對民眾冷嘲熱諷，說甚麼「冷血動物」，中國人「沒出息」，等等，並為軍閥政客們的媚外政策辯護，要「代政府和外交總長叫冤枉」，因為「那樣的人民只能有那樣的政府」。[①]

滿腔熱血的《語絲》諸子們忍不住了。1925 年 6 月 18 日，魯迅撰文一面反對青年們「又是砍下指頭，又是當場暈倒」的反抗方式，一面斥責「中國有槍階級的兇殘，走狗幫兇們的卑怯」，他說：

　　我敢於說，中國人中，仇視那真誠的青年的眼光，有的比英國或日本人還兇險。為「排貨」復仇的，倒不一定是外國人！

　　要中國好起來，還得做別樣的工作。[②]

7 月 8 日，魯迅又在《補白（三）》一文中，堅決支持「五卅」運動中青年學生的愛國鬥爭。他說，有權者，袖手旁觀者，也都於事後來嘲笑，實在是無恥而且昏庸！

① 　陳源：《閒話》，《現代評論》2 卷 45 期。
② 　魯迅：《華蓋集‧忽然想到（十一）》。

同時，他也要求學生們要正視自己，不要開頭時太自以為有非常的神力，稍為成功，幻想飛得很高，結果墜落在地上時，傷勢就格外沉重。他希望青年能作持久的鬥爭，像賽馬一樣，不恥最後，一定可以達到目的。

魯迅上陣以前，林語堂早已對「正人君子」們所唱的「高調」十分反感。現在，既然，主帥已經出戰，作為先鋒的林語堂，自然不甘落後。1925 年 6 月 24 日，他寫了《丁在君的高調》一文，與現代評論派面對面地交火了。

這位丁在君是《現代評論》的一員大將，「五卅」運動蓬勃開展時，他對民眾的愛國舉動，潑了不少冷水。比如，他說：

「學生只管愛國，放下書不讀，實上了教員的當。」

「我們應該慎重，不要再鬧拳匪起來。」

「愛國講給車夫聽有甚麼用。」

「勸化了一百個拉洋車的，不如感動了一個坐洋車的。」

「抵制外貨我們自己吃虧⋯⋯若是我們立刻大家不吸『前門』『哈德門』牌，山東種煙葉子的人今年就要損失二百多萬。」

「中國弄到這般田地完全是知識階級的責任。」

林語堂針對丁在君蔑視群眾的老爺作風，直截了當地指出，「五卅」運動的中心應在國民群眾而不應在官僚與紳士。林語堂說：

這回愛國運動，大家正忙得手忙足亂，應接不暇，對外宣傳，對內講演，募款救濟工人，籌劃抵制外貨，正苦無名流來實在出力，實在做事，實在幫忙，丁先生卻在旁邊說閒話。其實此種不負責的閒話亦與不負責的高調，相差無幾。閒話，高調，空洞話，無用之話，無積極主張的話，其名不同，其實則一。①

最後，林語堂毫不客氣地正告丁在君，這類「迎合官僚與軍閥的『高調』是絕對

---

① 林語堂：《丁在君的高調》。

而絕對唱不得的」。在駁斥丁在君的「高調」時，林語堂充分發揚了「無所顧忌」的《語絲》文風。

　　1925 年 10 月 26 日，《語絲》出刊滿五十期，與《語絲》風雨同舟的同人們歡聚一堂，暢談《語絲》創刊近一年來的經驗和教訓。在這一含有慶賀「五十大壽」意味的漫談會上，林語堂興致勃勃地做了長篇大論的即席發言。他主張《語絲》要擴大內容，反對「勿談政治」，針對「正人君子」們所散佈的要青年學生「勿談政治」「閉門讀書」「讀書救國」等言論，林語堂認為，這正是「正人君子」們的「中華官國的政治學」，把政治看作是官僚們的專利，與人民大眾無涉。他主張《語絲》同人們應反其道而行之：應積極提倡凡健全的國民不可不談政治，視談政治為健全的國民的天職，而所謂「勿談政治」只是一種民族的病態心理，這種遇事畏縮、消極、苟且偷安的態度是「中國民族普通惰性的表現」。在「五卅」高潮以後，面對著「勿談政治」的消極傾向，林語堂和《語絲》諸子們挺身而出，提倡大談特談政治，充分體現了林語堂在困難時高度的社會責任感和飽滿的愛國熱情。林語堂在《語絲》漫談會上的這篇發言，得到了語絲派其他成員的熱烈響應，11 月 6 日，林語堂把它加工整理，以《謬論的謬論》為題目，發表在《語絲》第 52 期上了。林語堂所以用這樣的一個題目，是與魯迅的「門牙」有關。因為從 10 月 26 日的《語絲》漫談會到 11 月 6 日林語堂為《謬論的謬論》定稿的這一段時間內，北京人民的愛國群眾運動又有了新的發展。10 月 26 日，當林語堂在語絲社同人們面前提倡關心政治之時，北京各學校和團體五萬餘人正在天安門集會遊行，反對段祺瑞政府邀請英、美、法等十二國參加「關稅特別會議」，主張關稅自主。但巡警卻斷絕交通，並和遊行者發生衝突，造成流血事件。10 月 27 日，北京《社會日報》《世界日報》《輿論報》《益世報》《順天時報》的新聞中都有這樣一段話：「學生被打傷者，有吳興身（第一英文學校），頭部刀傷甚重……周樹人（北大教員）齒受傷，脫門牙二。」28 日，《社會日報》《輿論報》《黃報》《順天時報》再次報道了魯迅的消息：「遊行群眾方面，北大教授周樹人（即魯迅）門牙確落兩個。」

　　各報連續報道兩次，魯迅又是文化名人，因此，有關魯迅被打落門牙的消息，

不脛而走，一般人都信以為真。林語堂也為魯迅萬分擔憂——因為 26 日那天魯迅確實沒有去參加《語絲》的座談會，所以林語堂等語絲派同人們都將信將疑，或到魯迅家裡去慰問，或寫信問候，那些敬重魯迅的文學青年們，反應尤其突出。莽原社的青年小說家朋其（黃鵬基）見報後直接跑到中央醫院詢問，又來到西三條胡同二十一號，進門後直奔魯迅的書房「老虎尾巴」，見魯迅安然無恙，還不放心，非要叫魯迅張開嘴來，目睹門牙健在，才算放心。

新聞媒介在魯迅的門牙上大做文章，使林語堂十分生氣。林語堂斷定：這是別有用心者故意製造的謠言，他們在論戰中佔了下風，想用幸災樂禍的謠言來解心頭之恨。林語堂原準備借「門牙」問題發揮一通的，但知道魯迅要親自寫文章回擊，林語堂就另選了題目——把漫談會上發言的內容，擴充成一篇雜感：《謬論的謬論》。這篇雜感的矛頭是直接對準北洋軍閥政府的教育總長章士釗的，因為 11 月 2 日，在章士釗主持下，教育部部務會議決議規定：小學學生要讀經，自初小四年級起，每週一小時，至高小畢業止。這是公然實行「讀經救國」的倒行逆施。林語堂回顧了「五卅」以來，舊文化的遺老遺少們反對學生愛國鬥爭的各種奇談怪論，他看出，這回由教育部出面明令讀經，是對新文化陣營的一次反撲，所以，他就以「精神歐化」來對抗「讀經救國」，以提倡關心政治來反對「勿談政治」「閉門讀書」「讀書救國」的謬論。

「五卅」運動爆發前不久，林語堂正和錢玄同等人在熱烈地討論「歐化的中國」和根治國民劣根性等問題。「五卅」慘案的血淋淋的現實，使語絲派無法再在書齋茶座裡清談國民性的弱點了。時代的航船把林語堂送上了驚浪險灘，林語堂毫不留情地以自己的筆縱橫針砭，他那寓幽默諷刺於悍潑放恣的文風，在這一時期得到了淋漓盡致的發揮。

第七章

與警察搏鬥的「土匪」

女師大學潮 / 用竹竿、石塊與警
察搏鬥 / 以「土匪」自居 / 關於「費
厄潑賴」的討論 /「痛打落水狗」

　　女師大的學潮，把《語絲》和《現代評論》雙方的主要撰稿人魯迅、周作人、林語堂、胡適、陳源、王世傑、燕樹棠、丁在君等人都捲進了漩渦。雙方劍拔弩張，展開了一場激烈的論戰，在這場驚心動魄的論戰中，林語堂是語絲派的一員勇猛的戰將。

　　波及北京教育界和文化界內大批名人的女師大事件，是中國現代學生運動史和婦女運動史上一次著名的事件。

　　女師大創辦於清光緒三十四年（1908），當時稱京師女子師範學堂，民國元年改稱北京女子師範學校，1919 年改為國立北京女子高等師範學校，1924 年改稱國立女子師範大學。1922 年至 1923 年間，女師大的校長是魯迅的好友許壽裳。1924 年 3 月，許壽裳辭職，繼任者是楊蔭榆。她 1913 年畢業於日本東京女子高等師範學校，1923 年又獲得美國哥倫比亞大學的碩士學位，歸國後在女師大任教。但是，楊蔭榆獨斷專橫的家長作風和濃厚的封建頑固思想，很快便引起女師大師生們的不滿。

　　女師大風潮始於 1924 年 11 月。起因是國文系預科三名學生暑假回家，因遇到軍閥的戰事，未能按時返校。校長楊蔭榆竟以違反校規為由，勒令三人退學。當時，女師大哲教系預科也有兩名學生遇到同樣情況，她卻不做處理。決定公佈後，學生譁然。大家認為這三名學生缺課有客觀原因，況且也不到三個月。強令退學，與章程不符，便公舉學生自治會派代表與校長交涉，要求楊蔭榆收回成令，但遭到了楊的辱罵，於是激起學生公憤，醞釀已久的學潮，以此為導火線而爆發。

　　1925 年 1 月 18 日，女師大學生自治會召開全校學生緊急會議，出席 237 人，其中有 172 人主張驅逐楊蔭榆。1925 年 5 月 7 日，這一天是簽訂二十一條賣國條約的日子，楊蔭榆及其支持者準備在「國恥」紀念日召開演講會，想利用學生參加大會的機會，通過主持會議，來重振校長的權威，結果卻被學生轟下了台。於是，楊蔭榆惱羞成怒，大聲呼叫警察入校，後來經勸阻才未發生流血事件。

　　第二天清晨，公佈處的小黑板上貼了一張文告，宣佈開除蒲振聲、許廣平、張平江、姜伯諦、劉和珍、鄭德音等六人。

　　學生們被激怒了。學生會立即在操場上召集全體緊急大會。當場宣言：學生會早已不承認楊蔭榆是校長，所以她沒有開除學生的權力。大會決定，驅逐劣跡昭彰的楊蔭榆出校。公推學生會總幹事許廣平封校長辦公室、寢室及秘書辦公室的門，並張貼布告，堅拒楊蔭榆入校門。

　　《語絲》方面首先挺身而出的，是主帥魯迅。女師大學生代表林卓鳳專程謁見魯迅，請他主持正義。魯迅立即為學生擬寫了《呈教育部文》，將楊蔭榆溺職濫罰，貽害學生的情形詳盡陳述，這篇呈文後來發表於同年 6 月 3 日女師大出版的《驅楊運動特刊》上。發表前魯迅又做了二十餘處修改。

　　5 月 10 日，魯迅作《忽然想到（七）》，發表於 5 月 12 日出版的《晨報副刊》上。這是魯迅第一次、也是語絲派為聲援女師大學潮而做的公開亮相。他號召學生以牙還牙。他說對手如兇獸時就如兇獸，那麼，無論甚麼魔鬼就都只能回到他自己的地獄裡去！

　　1925 年 6 月 1 日出版的《語絲》第 29 期發表了魯迅的《「碰壁」之後》，這是語絲派第一次在《語絲》週刊上對學潮發表意見。

　　周氏兄弟雖已反目，但在女師大風潮中，弟兄倆的大方向是一致的。5 月 22 日，《京報副刊》發表了周作人的《女師大的學風》一文，認為女師大是教育界前途之棘，不在於反對校長的「暴動」，而在於「內部離間的暴露」，想只開除幾個學生，或用別的高壓手段消除風潮，整頓學風，只會南轅北轍，適得其反。周作人希望楊蔭榆能夠因教育前途之棘而引咎辭職。

　　5 月 27 日，魯迅、周作人、馬裕藻、沈尹默、李泰棻、錢玄同、沈兼士等七人，聯名在《京報》上發表《對於北京女子師範大學風潮宣言》，向社會各界澄清事實，說明學潮真相。這七位，或是《語絲》的主帥或骨幹，或是《語絲》的同情者。所以，這份由魯迅起草的宣言的公開發表，等於擺開了一個語絲派集體出戰的陣營，對學生鼓舞極大。

　　5 月 27 日，在魯迅等七人宣言公開發表後，現代評論派覺得「鬧得太不像樣了」，非說兩句「閒話」不可了。於是，5 月 30 日發行的《現代評論》（實際上 29 日已經出售）上，陳西瀅在他的「閒話」欄目中，發了一通並非閒話的東西。這篇題為《粉刷茅廁》的千字短文，從頭到尾，沒有一句是閒話，句句有的放矢。這個「的」就是語絲派。

　　由於陳西瀅的挑戰，語絲派與現代評論派就女師大風潮展開了論戰，《語絲》方面擺出全線出擊的勢態，林語堂更是摩拳擦掌地站在第一線，每次《語絲》茶會上，都要就論戰中出現的事態，發表自己的意見。

　　8 月 1 日晨 7 時許，楊蔭榆帶領保安警察四十餘人，以及偵緝隊稽查等十餘人蜂擁入校，強行解散學潮中態度最堅定的四個班級：大學預科甲、乙兩部，高師國文系三年級，大學教育預科一年級。學生奮起自衛。楊蔭榆一夥就關閉伙房，截斷電線，斷絕交通，並用鐵鏈鎖住校門，企圖困斃學生。學生當然不能坐以待斃，在總幹事許廣平的倡議下，眾人奮起，毀鎖開門，與前來慰問的各界人士和親屬們會師。

　　8 月 10 日，執政府教育部正式頒布了《停辦女師大令》。8 月 17 日，教育部決定在女師大原址籌辦「國立女子大學」，教育總長章士釗親自任籌備處長。

　　8 月 19－20 日，教育部專門教育司司長、女子大學籌備處主任劉百昭，偕同籌備員柯興昌等兩次前往接收校舍，都因遭到學生的反抗而未果。

　　8 月 22 日下午，劉百昭組織兩彪人馬強行接收。兩路人馬與女師大護校學生及趕來聲援學生的各界人士發生衝突。結果，外校的聲援者十四人被捕，女師大七人受傷，其中重傷二人。

　　但是，女師大師生們並沒有向暴力屈服，就在教育部頒布《停辦女師大令》的當天，8 月 10 日，魯迅等六名教員發起召開女師大全體教員大會，並在會上成立「女子師範大學校務維持會」。劉百昭率領「男女武將」強佔女師大校舍後，「驅楊」的師生們在西城宗帽胡同租賃房屋另立新址，於 9 月 21 日開學上課，與章士釗的「女子

大學」分庭抗禮。

圍繞著女師大事件，在《語絲》《京報》《莽原》《晨報》《現代評論》等報刊上，語絲派和現代評論派展開了激烈的論戰。林語堂從一開始就是站在女師大學生這一邊的，十年後，他在回憶往事時說：「當我在北平時，身為大學教授，對於時事政治，常常信口批評，因此我被人視為那『異端之家』（北大）一個激烈分子。」在《語絲》和《現代評論》「這兩個週刊關於教育部與女子師範大學問題而發生論戰時，真是令人驚心動魄。那裡真是一個知識界發表意見的中心，是知識界活動的園地，那一場大戰令我十分歡欣。」①

作為語絲派的一員，林博士雖然才智出眾，但是因為《語絲》諸子都是出類拔萃的，所以，在這一代精華薈萃之地，20 年代中期的林語堂，總是要排到周氏兄弟、劉半農、錢玄同等《新青年》老將之後的。因此，在論戰中，不可能由他挑大樑，但他卻可以稱得上是主帥麾下最得力的大將。當年有人稱他為「急先鋒」，並不是過譽之詞。他即便沒有每一次都參與「攻城劫寨」，至少也對主帥的戰略意圖早已心領神會。所以，他的每一個戰術動作幾乎都與周氏兄弟配合默契。

1925 年這一年，在林語堂的生活史上的確留下過不少「驚心動魄」的記錄。他不僅用筆，而且用竹竿和石塊等武器直接參加了 1925 年 11 月 28 – 29 日的「首都革命」。

1925 年冬，在南方革命形勢的推動下，北京的群眾運動，以磅礴之勢洶湧直前，女師大學潮實際上就是當時革命運動的一個組成部分。所以，9 月間，北京學界滬案後援會等團體發起的示威遊行中，提出恢復女師大、罷免章士釗等多項要求，絕不是偶然的。

1925 年 11 月 28 – 29 日，北京人民舉行大規模的示威遊行，群眾高呼：

打倒賣國段政府！

驅逐段祺瑞！

---

① 《林語堂自傳》。

打死朱深、章士釗！

潮水般的示威隊伍衝破軍警們戒備森嚴的防線，奮起摘掉「京師警察廳」的牌子，搗毀了章士釗、劉百昭的住宅，又蜂擁至宣武門大街，火燒研究系政客的喉舌《晨報》館。

在這次轟轟烈烈的「首都革命」中，慣於用筆戰鬥的林語堂，拿起竹竿和石塊，與學生一起走上街頭，直接和軍警肉搏，做出了其他《語絲》成員從未採取過的激烈行動，成為街頭暴力的反抗者。

文人敢於與警察搏鬥，這首先要歸功於聖約翰大學的體育鍛煉造就了他的強健體格。在北京大學的示威隊伍裡，這位三十來歲的青年教授的出色的投擲技術博得了示威者的熱烈喝彩。他撿起石塊勇敢地回擊軍警和流氓們的進攻。從他手裡扔出去的石塊命中率極高，常常把武裝軍警打得頭破血流。當年，在聖約翰大學，他曾苦練過投壘球的技巧，是一名優秀的壘球投擲手。林語堂自己也想不到這投壘球的技巧竟會在此時此刻此情此景中大顯身手。作為一個業餘的壘球手，這一天是他運動生涯中最光輝的頂點。

警察僱傭來的那幫流氓暴徒，個個都氣勢洶洶地向學生示威隊伍擲磚頭。但在示威者的自衛反擊下，不得不抱頭逃竄，在與警察、流氓的幾次搏鬥中，優秀的壘球投擲手林語堂的確立了大功。以後，只要一提起自己「加入學生的示威運動，用旗竿和磚石與警察相鬥」[①]的經歷，林語堂總是眉飛色舞，引以為榮。而廖女士聽了，氣得大發雷霆問他還要不要命了。因為，在一次搏鬥中，林語堂的眉頭被擊中，流血不止，後來留下了一個很深的傷疤……

林語堂大顯身手的示威遊行，正是被現代評論派所指責的過激行為。陳源在《「首都革命」與言論自由》一文中，又說起「閒話」來了。他說：「首都革命」實在叫人「非常的失望」。陳源冷嘲熱諷地說：

---

① 《林語堂自傳》。

　　這次「首都革命」的最大的結果，還要算是燒掉了一個《晨報》館吧。28 日群眾高呼的口號有「人民有集會結社言論出版自由」那一條，29 日就有許多人手豎旗幟，大書打倒《晨報》及輿論界之蟊賊等語，遂蜂擁至宣武門大街，將該館舉火焚毀。這樣的爭言論出版自由，也很值得紀念的。

　　……不錯，《晨報》是帶有研究系的色彩的。至少，歷史上與研究系有過關係的，無論如何，它對於國民黨是常常砭斥的。可是這不過是信仰的不同，並不成甚麼罪狀。除此以外，《晨報》始終反對軍閥，批評政府。雖然態度穩健，卻是稀有的獨立奮鬥的報紙。

　　然而，《晨報》卻讓爭言論出版自由的民眾燒毀了！

　　陳源們在對群眾運動中的過激行動仔細挑剔的時候，教育總長章士釗已逃到天津避風頭了。段祺瑞改組國務院，教育總長章士釗辭職，由易培基繼任。段祺瑞政府被迫下令恢復女師大。女師大學生乘這「首都革命」的東風，勝利返校。

　　正當林語堂沉醉於「與警察相鬥」的「歡欣」之中，魯迅等在慶賀女師大復校之際，北京突然冒出一個「教育界公理維持會」，真是一波未平，一波又起。

　　12 月 14 日晚上 6 時，在擷英番菜館裡，聚集了一批聲稱要維持公理的正人君子們。於觥籌交錯、杯盤狼藉之間，產生了一個「教育界公理維持會」，後又改名「國立女子大學後援會」。他們向北京教育界發出了「致國立各校教職員聯席會議函」。

　　出席擷英番菜館晚宴的是些甚麼樣的人呢？除萬里鳴是太平湖飯店的掌櫃，以及董子鶴這個莫名其妙的人物而外，陶昌善是農大教務長，他是章士釗的替身；石志泉是法大教務長；查良釗是師大教務長；李順卿、王桐齡是師大教授；肖友梅是前女師大而今女子大學教員；賽華芬是前女師大而今女子大學學生；馬寅初是北大講師。而王世傑、陳源、燕樹棠、白鵬飛、丁西林、周鯁生、皮宗石、高一涵、李四光

等幾位都是北大教授，又大都住在東吉祥胡同，同時也都是現代評論派的中堅人物。

席間，「正人君子」們個個義憤填膺，聲言要維持「公理」。北大教授王世傑說：
「本人決不主張北大少數人與女師大合作。……照北大校章教職員不得兼他機關主
要任務，然而現今北大教授在女師大兼充主任者已有五人，實屬違法，應加以否
認。」王世傑所說的「北大少數人」就是指語絲派裡的那幾個北大教授，自然包括北
大英文系教授林語堂在內。

另一位北大教授燕樹棠在席間攻擊支持女師大風潮的語絲派教授們「形同
土匪……」

樹倒而猢猻不散，反而打出維護「公理」的旗號，大罵論敵是「土匪」，是可忍
孰不可忍！林語堂接過燕樹棠的話頭，索性以「土匪」自居，寫了一篇反擊的文章，
題目便是《祝土匪》。林語堂諷刺一些以「學者」自居的人不敢維護自己良心上的主
張，不敢堅持真理，而像妓女一樣倚門賣笑，雙方討好，與這些出賣良心的「學者」
相比，「土匪」倒不會把真理「販賣給大人物」。他說，有史以來的大思想家都被當
代學者稱為「土匪」「傻子」過，這是現在的土匪傻子可以自慰的地方。所以林語堂
極力為「土匪」「傻子」叫好，他說：

今日的言論界還得有土匪傻子來說話。……我們生於草莽，死於草莽，遙遙
在野外莽原，為真理喝彩，祝真理萬歲，於願足矣。
只不要投降！

12 月 28 日寫完《祝土匪》，林語堂又讀到了魯迅的《「公理」的把戲》一文，魯
迅的文章是針對那個「教育界公理維持會」而發的。林語堂立即又寫了《「公理的把
戲」後記》，呼應了魯迅的文章。他並不隱瞞自己是在為魯迅搖旗吶喊。他說：

今天拜讀了魯迅先生《「公理」的把戲》引起我一些意思，似有可補充及插說之
餘地，所以也迎得我來補充插說幾句。

　　……記得北大教授有誰當過中學小學的校長、教務長等等，誰當過善後會議議員，誰是甚麼會員，誰是甚麼重要黨員了，不知凡幾，都未見有王先生加以法律上的否認，獨為幫助女師大，便有「照北大校章教職員不得兼他機關主要任務。然而現今北大教授在女師大兼充主任者已有五人，實屬違法，應加以否認」一大套的官樣文章。所以我一聽教育公理維持會發起，倒也取局外人態度平心靜氣的聽他公判一下，等到發見王先生並非講公理，只是講法律，我便大大放心了。

　　林語堂又針對燕樹棠攻擊語絲派「形同土匪」的言論，責問：「當劉百昭僱用三河縣老媽子倒拖學生到報子街的時候，為甚麼不見燕樹棠站出來維持『公理』？」

　　林語堂的這篇雜文，不僅非常典型地體現了「語絲文體」的風格，而且也充分體現了「浮躁凌厲」的個人風格。他是《語絲》所培養出來的一位雜文家，因為他的雜文創作生涯是從《語絲》起步的。在《語絲》的搖籃裡，他從周氏兄弟、錢玄同、劉半農等《新青年》作家那裡獲得了豐富的藝術營養。由於他能虛心學習，同時又刻苦鑽研，所以在短短一二年內，他竟能異軍突起，成為語絲派中一位可畏的「後生」。

　　「黨同伐異」，古已有之，中外雷同，它像怪影、像幽魂似的追蹤著文人學士們，歷來都是一個使文士們困擾的話題。按照「黨同伐異」的思維指向：批評，是加之於論敵的武器，捧場，是朋友間互贈的禮物。如果以上述邏輯來檢驗《語絲》的歷史，肯定會對語絲派內部的關係感到不可理解。

　　語絲派與現代評論派論戰時，團結一致，眾志成城。可見，在「伐異」時，他們是一個強有力的整體。但在語絲派內部卻並不你捧我、我吹你，而是互相切磋，彼此商榷，蔚然成風。甚至，指名道姓的批評也司空見慣。魯迅反對「費厄潑賴」的例子，只是語絲派成員之間，經常性的開誠佈公地交換意見的一個例證而已。這絕不是唯一的例證，更不是特例。

　　以「不管三七二十一地」「隨便說話」的語絲社，不僅對軍閥惡勢力無情抨擊，對紳士名流諷刺嘲笑，而且在《語絲》同人之間，不同的意見也是「任意而談」的，

駁詰切磋，習以為常。比如：《語絲》第 20 期上有錢玄同和劉半農關於「歐化的中國」的討論；《語絲》第 22 期上林語堂和錢玄同都敞開胸懷放言改造「民族性」的問題；第 26 和 30 期上周作人和雨村討論「性道德」問題；第 34 期上穆木天、周作人、張定璜、錢玄同之間討論「國民文學」；第 33、36、39 期上俞平伯和鄭振鐸對《雪恥》一文的討論；第 54 和 57 期上林語堂又和周作人、孫伏園就「語絲文體」展開討論。由此可見，坦率的討論，是《語絲》的一種風氣。而在這種畏友諍友式的赤誠相見中，林語堂總是一個活躍分子。

正是在這樣的氣氛下，作為《語絲》主將的魯迅，因為不同意某些《語絲》同人所持的「費厄潑賴」的觀點，而提出了「痛打落水狗」的原則。與前面所列舉的那些討論一樣，這本是語絲派內部一次正常的和普通的交換意見。後來，人們把這個例子「拔高」到階級鬥爭、思想鬥爭的高度，這大概是語絲派同人們所始料不及的。

1925 年 12 月 29 日，魯迅在《論「費厄潑賴」應該緩行》一文中，直接點名的是林語堂，但實際上，林語堂並不是「費厄潑賴」的首倡者，最早提出「費厄潑賴」的是周作人。1925 年 11 月 10 日，為討論「語絲文體」的特色，周作人寫了《答伏園論「語絲的文體」》，載於 11 月 23 日出版的《語絲》第 54 期，署名豈明。這封信回答了孫伏園 10 月 27 日在來信中所涉及的《語絲》的文體問題。周作人說，《語絲》「是我們這一班不倫不類的人藉此發表不倫不類的文章與思想的東西，不倫不類是《語絲》的總評」。

「費厄潑賴」應是《語絲》的一個特色，當然不是唯一的、甚至也不是主要的特色，這是周作人的原意。11 月 28–29 日，示威群眾搗毀章士釗、朱深、李恩浩、劉百昭等人的住宅，火燒研究系喉舌《晨報》館。章士釗逃離北京，住進天津租界。1925 年 12 月 1 日，章士釗下台。在這理應乘勝追擊的時刻，國民黨元老吳稚暉在 12 月 1 日出版的《京報副刊》發表《官歟——共產黨歟——吳稚暉歟》一文。他說，現在再批評章士釗，「似乎是打死老虎」，流露出對「死老虎」應網開一面的意思。幾乎與此同時，周作人撰寫《失題》一文，發表在《語絲》第 56 期上，把吳稚暉的不打「死老虎」的意向明確地表述為不打「落水狗」的主張。他說，本來想寫一篇批判段

祺瑞在《甲寅》週刊第 1 卷第 18 號發表的對青年學生滿含殺機的《二感篇》，後來聽說段要下野，因此就不準備寫了。他説：

> 到了現在段君既將復歸於禪，不再為我輩的法王，就沒有再加以批評之必要，況且「打落水狗」（吾鄉方言，即「打死老虎」之意）也是不大好的事，所以我只得毅然把《恭讀〈二感篇〉謹注》這一個題目勾消了。
>
> ……一日樹倒猢猻散，更從哪裡去找這班散了的，況且在平地上追趕猢猻，也有點無聊，卑劣，雖然我不是紳士，卻也有我的體統與身份。所謂革命政府不知還有幾天的運命，但我已不得不宣告自 12 月 1 日起我這賬簿上《賦得章士釗及其他》的題目也當一筆勾銷了事。

不打「落水狗」的「費厄潑賴」精神，與林語堂的自由主義根性有著內在的精神聯繫。因為，林語堂對英國紳士風度早就心嚮往之。再加上林語堂一貫尊敬周氏兄弟，以配合周氏兄弟為己任，所以，他立即提筆寫就了《插論語絲的文體 —— 穩健、罵人及費厄潑賴》一文。該文幾乎都是在為周作人的觀點做註釋，或者是發揮周作人關於「語絲文體」的見解。最後涉及周作人提出的「費厄潑賴」精神時，林語堂説：

> 再有一件就是豈明所謂「費厄潑賴」。此種「費厄潑賴」精神在中國最不易得，我們也只好努力鼓勵，中國「潑賴」的精神就很少，更談不到「費厄」，惟有時所謂不肯「下井投石」即帶有此義。罵人的人卻不可沒有這一樣的條件，能罵人，也須能挨罵。且對於失敗者不應再攻擊其個人。即使儀哥兒，我們一聞他有了癆病，倘有語絲的朋友要寫一封公開的信慰問他，我也是很贊成的。最可厭的 Kipling，昨天看見他有肺膜發炎之症，我們還是希望他能早日痊癒。大概中國人的「忠厚」就略有費厄潑賴之意，惟費厄潑賴決不能以「忠厚」二字了結他。此種健全的作戰精神，是「人」應有的與暗放冷箭的魑魅伎倆完全不同，大概是健全民族的一種天然現象，不可不積極提倡。

林語堂在對「費厄潑賴」發了一通議論之後，自以為是配合了《語絲》主將，立了一功。大概怕喧賓奪主吧，所以又趕緊申明「『費厄潑賴』原來是豈明的意思」。可是，後來該文收入《剪拂集》時，林語堂又把這段有關「費厄潑賴」「發明權」的聲明刪掉了。

牢牢記住辛亥革命以來種種血的教訓的魯迅，對於從吳稚暉、周作人到林語堂的這一系列不打「死老虎」或「落水狗」的觀點，不以為然。12 月 29 日，他撰寫了《論「費厄潑賴」應該緩行》一文，直接提出痛打「落水狗」的主張。

因為，魯迅深知「狗性」總是不大會改變的，無論它怎樣狂噪，其實不解甚麼「道義」，所以倘是「咬人之狗」，都在可打之列，無論它在岸上或在水中。魯迅說，老實人見狗落水，以為它必已懺悔，不再出而咬人，實在是大錯而特錯的事。他告誡善良的人們，辛亥革命就是由於對鬼蜮的慈悲，不打「落水狗」，反被狗咬了，中國才「一天一天沉入黑暗裡，一直到現在」，使此後的革命者要犧牲更多的生命。魯迅大聲疾呼：歷史不許重演，勝利者不能放鬆警惕，不能被「落水狗」一時裝出的可憐相所迷惑；他們一時「塌台」，何嘗真是「落水」？一旦爬上岸來，仍舊先咬老實人，投石下井，無所不為。因此，不能「將縱惡當作寬容，一味姑息下去」，而是偏要「黨同伐異」，「即以其人之道還治其人之身」，要痛打一切已落水的狗！

「費厄潑賴」的發明權屬於周作人，可是魯迅在反對「費厄潑賴」的時候，筆鋒卻對準了林語堂。對此，林語堂是完全諒解的 —— 因為，從 1923 年 7 月 18 日，周作人向魯迅送「絕交信」之後，弟兄關係完全破裂。同年 8 月 2 日，魯迅遷居磚塔胡同六十一號，從此，怡怡兄弟，成為參商 —— 魯迅提出痛打「落水狗」、反對「費厄潑賴」，是出自對《語絲》同人的愛護，但為避免節外生枝，所以在文章中故意迴避了首倡者周作人，而只提了林語堂的名字。

明確地提出痛打「落水狗」的原則，這是魯迅戰鬥精神的充分表現，這也是魯迅之所以是魯迅之處。但是，這並不能改變這次討論的性質 —— 是語絲派內部的一次交換意見。若把一次普通的交換意見「拔高」為你死我活的鬥爭，或說成是對林語堂的一次挽救 —— 否則林語堂就要墮落！這就不符合當時的實際情況了。

《插論語絲的文體——穩健、罵人及費厄潑賴》一文，在 12 月 14 日出版的《語絲》第 57 期上發刊以後，12 月 19 日，林語堂又在《國民新報副刊》上發表了《論罵人之難》一文，駁斥了陳源的「閒話」，他說：

> 凡有獨立思想，有誠意私見的人，都免不了有多少涉及罵人。罵人正是保持學者自身的尊嚴，不罵人時才是真正丟盡了學者的人格。……所以有人說語絲社盡是土匪，猛進社盡是傻子……這也是極可相賀的事體。

可見，面對「正人君子」們的進攻，林語堂沒有實行「費厄潑賴」，而是以「罵人」、以「土匪」姿態來對付論敵們的攻勢。狗在咬人，豈能不打，必須以牙還牙！

如果以為「費厄潑賴」一提出來，林語堂就吃素念佛，不再「罵人」，不再反擊論敵的攻擊，那就大錯特錯了。事實證明，林語堂一面在讚揚「費厄潑賴」，一面仍在「罵人」（或者說「打狗」）。林語堂從來也沒有用「費厄潑賴」去作繭自縛。1925 年 12 月 28 日，也就是魯迅撰寫《論「費厄潑賴」應該緩行》的前一天，林語堂應魯迅之約，為魯迅所編輯的《莽原》撰寫了《祝土匪》一文。

《莽原》半月刊創刊於 1925 年 10 月，是莽原社的刊物。莽原社是一個以魯迅為核心的文學社團，高長虹、尚鉞、向培良是社中的骨幹。在魯迅的指導下，《莽原》成了青年們對社會進行無情批判的陣地。

魯迅邀約林語堂為《莽原》撰稿，標誌著林語堂和魯迅在與「正人君子」們的論戰中已建立了親密的戰友關係。林、魯的友誼是一個漸進的過程。早在《語絲》茶會等各種場合，他們就已認識，但作為朋友的交往卻是從 1925 年 12 月開始的，也就是林語堂為《莽原》撰稿的前後，這時，林語堂的名字首次出現在魯迅的日記裡。根據日記記載，從 12 月 5 日到 29 日短短 24 天中，他們之間僅書信往來便達七次之多，可見「主將」和「急先鋒」的關係非同一般，他們的友誼正在迅速發展。

要詳盡地考察林語堂和魯迅的關係，1925 年 12 月裡所發生的幾件事情是值得注意的，特別是事情發生的時間順序，事情之間的前後因果關係，尤其耐人尋味。

現將這些事按時間順序羅列如下：

12 月 5 日，魯迅第一次和林語堂通信，並向林約稿。

12 月 6 日，魯迅第二次寄林語堂信。

12 月 8 日，魯迅收到林語堂的信。同日，林語堂撰寫《插論語絲的文體》一文，提倡「費厄潑賴」精神。

12 月 18 日，魯迅作《「公理」的把戲》，該文載於 22 日出版的《國民新報副刊》。31 日，林語堂讀到該文後，立即作《〈公理的把戲〉後記》，為魯迅搖旗吶喊。

12 月 19 日，林語堂的《論罵人之難》在《國民新報副刊》上發表，他以「土匪」自詡。那種悍潑的筆鋒，與他 12 月 8 日文章中所提出的「費厄潑賴」精神簡直是南轅北轍。

12 月 29 日，魯迅上午寄林語堂信，晚上，魯迅收到林語堂的信並《祝土匪》一稿。林語堂在《祝土匪》中，聲援了魯迅和青年學生的正義鬥爭，文章採用反語的形式揭露和抨擊了打著「學者」「紳士」「君子」「士大夫」旗號的「文妖」們，以「中和穩健」的面目出現，卻「將真理販賣給大人物」。整篇文章，絲毫沒有「費厄潑賴」精神，而是充滿了「土匪」的戰鬥精神。魯迅是讀了《祝土匪》一文後，寫就《論「費厄潑賴」應該緩行》的，所以，文中對「費厄潑賴」的那些批評，表面上對林語堂，實際上是對周作人的，或者，不是針對任何個人，而是針對一種傾向而言的，「實為公仇，決非私怨」的原則，在這裡也同樣適用。

1926 年 1 月 10 日，林語堂的《祝土匪》和魯迅的《論「費厄潑賴」應該緩行》在《莽原》半月刊同時刊出。

仁者見仁，智者見智，對於「費厄潑賴」的討論，人們盡可以有各種不同的分析和「定性」，但是，一個鐵的事實是任何人也抹殺不了的，那就是：1925 年 12 月，正當林語堂被魯迅點名批評的時候，也是林語堂和魯迅的友誼越來越密切的時候。半個多世紀以來，由於大陸上的中國人很難見到林語堂有關「打狗」的全部文章，①

---

① 1983 年以來，上海書店陸續影印出版了《剪拂集》《大荒集》《我的話》以後，這種情況已得到根本的改變。

所以，總以為林語堂一直是魯迅的鞭笞對象。其實，魯迅提出痛打「落水狗」的原則以後，林語堂立即撰文放棄自己的立場，他不僅心悅誠服地接受魯迅的意見，而且，還積極投入魯迅所發起的「打狗」運動，撰寫了一系列「打狗」文章，在數量上甚至超過魯迅，大有後來居上之勢，成為名副其實的「打狗」急先鋒。

1926 年是全國革命形勢高漲的一年。

元旦，國民黨在廣州召開第二次全國代表大會，會議接受孫中山遺囑，重申了國民黨第一次代表大會通過的政綱。

北洋軍閥政府處於風雨飄搖之中。在北京，易培基接替章士釗出任教育總長。1 月 2 日，以魯迅為首的女師大校務維持會推定易培基為女師大校長。學潮勝利結束。正義戰勝了邪惡。

被語絲派稱為閒話家的陳源，也在 1 月 2 日出版的《現代評論》3 卷 56 期上宣稱：從今年起「永遠不管人家的閒事」了，擺出一副要光榮撤退的樣子。

讀到陳源的「閒話」，魯迅毫不客氣地揭穿了陳源的秘密。1 月 3 日，魯迅在《雜論管閒事．做學問．灰色等》一文中指出：天下本無所謂閒事，有人來管，便都和自己有點關係，裝出不管閒事的「超人」「局外人」的樣子，其實都是「故意裝癡作傻」。

章士釗們這時已是「落水狗」，但從現代評論派方面的輿論導向來看，「落水狗」們不像要痛改前非，這就激怒了最先提出「費厄潑賴」精神的《語絲》另一主將周作人。1 月 20 日，周作人以豈明的署名，在《晨報副刊》上發表了《閒話的閒話之閒話》一文，批評了 1 月 13 日《晨報副刊》上發表的徐志摩的《閒話引出來的閒話》一文中恭維陳源的話。周作人指出：「這裡可惜徐先生有了一點疏忽，我想這或者是因為那時不在北京，沒有遇到那個所謂臭茅廁事件，所以不知道章士釗怎樣地誣衊女學生，劉百昭怎樣地率領老媽子拖打女學生，而陳源先生那時是取怎樣的一種態度。」

兩位主將已先後出戰，「急先鋒」哪能沉得住氣。1 月 23 日，《京報副刊》上刊出了林語堂繪製的漫畫《魯迅先生打叭兒狗圖》。漫畫上的魯迅，手持竹竿，猛擊落

水狗的頭，而那隻落水的叭兒狗正在水裡掙扎。漫畫生動形象地表現了林語堂「打狗」的決心，這一來，可就觸到了陳源的痛處。陳源坐臥不安了，認為林語堂的漫畫是針對他的。

漫畫中的「叭兒狗」是一種社會典型的圖像化，凡有「叭兒狗」特徵者，都惶惶不安，疑心是在罵自己。陳源的疑心最大，這也不是沒有道理的。因為，現代評論派方面雖有許多人都在女師大風潮中發表過支持章、楊的言論，但真正寫文章把自己的意見訴諸文字的卻並不多，所以，直接與語絲派打筆戰的「閒話家」陳源，就成了很惹眼的出頭鳥，吸引了語絲派方面的主要火力。用陳源自己的話來說，他是「半年來朝晚被攻擊」。

而當時，陳源正與女作家凌叔華戀愛。《京報》《晨報》《語絲》《莽原》上成篇累牘的「打狗」文章，自然逃不過凌家長輩的眼睛。凌叔華的父親凌福彭是北京有名的書畫家，與齊白石、陳寅恪等畫家、學者交誼甚篤。凌父見陳源竟是眾矢之的，不管是非曲直如何，未來的女婿被眾人痛斥為「叭兒狗」，如今又有「打狗圖」，看了實在是不舒服，擔心陳源將來會敗壞了他書畫世家的聲譽。父親的態度影響到女兒的感情，陳源著慌了，不得不託人說情，企圖與語絲派停戰。但同時，陳源又不肯認輸，放不下紳士的架子，依然「硬撐」，不斷地「閒話」連篇。因為「閒話家」的筆是閒不住的。

1926 年 1 月 28 日，陳源給徐志摩寫了一封三四千字的長信，這封信擺出了與《語絲》算總賬的架勢，火力密集，主要的攻擊目標是《語絲》的兩大主將和急先鋒（即周氏兄弟和林語堂三人）。陳源抓住林語堂起先贊成周作人的不打「落水狗」、而後又擁護魯迅的痛打「落水狗」的矛盾態度，毫不客氣地冷嘲熱諷。他說：

> 我也是主張「不打落水狗」的。我不像我們的一位朋友，今天某乙說「不打落水狗」他就說「不打落水狗」，第二天某甲說「要打落水狗」，他又連忙的跟著嚷「要打落水狗」。我見狗既然落了水，就不忍打它了。

那張刺目的漫畫，明眼人一看便知其中的影射對象，所以很使陳源耿耿於懷。他說：

說起畫像，忽然想起本月二十三日之《京報副刊》裡林語堂先生畫的「魯迅先生打叭兒狗圖」。要是你沒有看見過魯迅先生，我勸你弄一份看看。你看他面上八字鬍子，頭上皮帽，身上厚厚的一件大氅，很可以表出一個官僚的神情來。不過林先生的打叭兒狗的想像好像差一點。我以為最好的想像是魯迅先生張著嘴立在泥潭中，後面立著一群悻悻的狗。「一犬吠影，百犬吠聲」，不是俗語嗎？可是千萬不可忘了那叭兒狗，因為叭兒狗能今天跟了黑狗這樣叫，明天跟了白狗這樣叫，黑夜的時候還能在暗中猛不防的咬人家一口。

很顯然，陳源以「今天跟了黑狗這樣叫，明天跟了白狗這樣叫」，來影射林語堂先跟了周作人贊成不打「落水狗」，而後又跟了魯迅主張痛打「落水狗」的前後變化。言外之意，「叭兒狗」不是別人，正是林語堂。陳源自信他悠悠然說出來的那幾句「閒話」，將狠狠地刺痛林語堂。

對英國皇太子都敢於滿不在乎的林語堂，難道會在乎幾句不痛不癢的「閒話」嗎？

做自己想做的事情，說自己想說的話，這就是林語堂的原則——不怕別人說他朝三暮四！因為，無論當初贊成周作人的主張還是後來擁護魯迅的觀點，都是出於他的自覺意志，是認識的深入，思想的發展，絕不是隨心所欲的出爾反爾。再說，這又是語絲派內部的事務，豈容局外人來說三道四。因此，他根本不把陳源的「閒話」放在心裡，繼續積極參加魯迅所發起的「打狗運動」。

為紀念孫中山先生逝世一週年，1926 年 3 月 10 日，林語堂撰寫了《泛論赤化與喪家之狗》一文。直接呼應魯迅的「痛打落水狗」的主張。文章發揮了「語絲文體」的「罵人」傳統，把論敵們直斥為夾著尾巴的喪家狗。這篇雜文不僅思想傾向和魯迅的觀點一脈相通，而且在表現方法上也借鑒了魯迅的《論「費厄潑賴」應該緩行》。

林語堂採用分層論述、層層深入的寫法，全文分六段：

　一、論今日尚談不到打倒軍閥；

　二、論猛虎並非喪家之狗所能打倒的；

　三、論中國人至多不過粉紅化並無赤化之危；

　四、論家未喪其狗必先喪；

　五、論國民不應專責買辦土豪階級而獨寬容喪家狗之文妖；

　六、論國民應先打喪家狗再打軍閥。

對照魯迅的名篇《論「費厄潑賴」應該緩行》，也是分段立題的：

　一、解題；

　二、論「落水狗」有三種，大都在可打之列；

　三、論叭兒狗尤非打落水裡，又從而打之不可；

　四、論不「打落水狗」是誤人子弟的；

　五、論塌台人物不當與「落水狗」相提並論；

　六、論現在還不能一味「費厄」；

　七、論「即以其人之道還治其人之身」；

　八、結束。

比較《論「費厄潑賴」應該緩行》和《泛論赤化與喪家之狗》，可以看出，無論在內容或形式上，林語堂都是有意識地借鑒了魯迅。林語堂的痛打「喪家狗」的觀點是對魯迅的痛打「落水狗」觀點的補充和發展。這是「先鋒」自覺地領會「主將」的戰略意圖，緊密配合「主將」協同作戰的一個典型戰例。

第八章

「打狗運動」的急先鋒

「三一八」慘案 / 痛悼劉和珍、楊
德群 / 怒斥「閒話家」/「打狗運動」
的急先鋒 / 從「任意而談」到任意
而「罵」/ 被列入了「通緝名單」/
加入了南下的行列

正當林語堂緊緊追隨魯迅痛打「落水狗」「喪家狗」的時候，血淋淋的事實無情證明了魯迅的論斷：中國無「費厄潑賴」可言——「三一八」慘案發生了。

1926 年，由於實現了國民黨和共產黨的合作，國民革命運動在全國範圍內迅速發展。廣東的國民革命軍正在積極準備北伐戰爭。在北方，奉系軍閥駐紮在山東的張宗昌部隊，在日本的支持下，向馮玉祥的國民軍大舉進攻，但在天津以南被國民軍擊敗。於是，帝國主義又一次直接插手中國內戰了。

1926 年 3 月 12 日，四艘日本軍艦侵入中國領海大沽口海域，掩護奉系軍閥進攻天津，並且炮轟國民軍，打死打傷國民軍官兵十餘人，國民軍開炮還擊。

然而，惡人先告狀。3 月 16 日，日本聯合英、美、法、意、荷、比、西等八國，向中國政府提出最後通牒，藉口國民軍違反《辛丑條約》，要求中國單方面停止軍事行動，撤除國民軍在天津、大沽的防務，並向日本賠款、「謝罪」。最後通牒蠻橫地勒令中國政府在四十八小時內，即 3 月 18 日午前做出答覆。

日本等列強的強盜行徑，激起了中國人民的無比憤怒，一次聲勢浩大的群眾運動爆發了。3 月 17 日，北京學生到北洋軍閥政府的國務院請願，要求拒絕最後通牒，而段祺瑞因剛剛在 3 月 12 日命令他的內閣總理賈德耀以「防赤化」為條件，與列強達成了借款五千萬的政治交易。所以，竟然站在帝國主義的立場上，下令痛打請願學生，並陰謀策劃了進一步大規模誘殺群眾的毒計。

3 月 18 日上午，北京的工人、學生、市民數千人，計劃在天安門召開國民大會，抗議八國通牒，要求驅逐八國公使。

3 月 18 日早晨 8 時半，上課的時間到了，但女師大的教室裡空無一人。不少教師都到教務長辦公室向剛剛上任兩天的教務長林語堂打聽原委——在女師大師生的擁戴下，由語絲派的打狗急先鋒來任教務長一職，這是經過一年多學潮，來之不易的勝利成果——正在這時，電話鈴響了，林語堂拿起話筒，聽出對方是學生會主席

劉和珍的聲音。她以學生會名義為全校學生集體請假一天，希望教務長照准。劉和珍在電話裡說：因為女師大學生要參加 11 點鐘在天安門的抗議大會，會後恐怕還有遊行……

　　林語堂知道，女師大學生在愛國運動中向來都是打頭陣的。現在要去參加抗議集會，校方理應支持。所以，林語堂當即就代表校方爽快地批准全校學生集體請假一天。末了，林語堂還在電話裡關照劉和珍：「以後凡有請假停課事件，請從早接洽，以便校方及時通知教員。」

　　在林語堂的支持下，女師大的隊伍高舉大旗，打著標語，來到天安門前。正午 12 時，遊行請願開始。熱血沸騰的愛國群眾高呼口號，唱著《國際歌》，向鐵獅子胡同進發。女師大學生不妥協的反抗精神，在北京各界人民中間，早已享有盛名。這天，從天安門，經東長安街、東單、東四……到執政府國務院所在地鐵獅子胡同。一路上，站在街道兩旁聲援遊行示威的群眾，看到女師大這面戰鬥的旗幟在遊行隊伍中迎風招展，都為這些新女性的颯爽英姿拍手鼓掌。這天，劉和珍正患感冒，但她毅然帶病前往，走在女師大遊行行列的最前面。

　　在八國公使的「最後通牒」面前卑躬屈膝的執政府，對本國同胞卻如兇神惡煞，鐵獅子胡同一帶殺氣騰騰。執政府國務院的大門由衛隊和教導隊防守，一個個彪形大漢實彈荷槍，手提大刀，如臨大敵。國務院西口原陸軍部舊址和東口靠近十條胡同的地方，也軍警密佈，劍拔弩張。這是一次預謀的屠殺！因為在群眾示威之前，段祺瑞曾派人到天安門前引誘群眾到已經設下羅網的執政府門前。段祺瑞的北京警衛司令李鳴鐘還欺騙示威者並去信說：「對於這一天的運動，軍警當妥加保護。」[①] 那麼，軍警們是如何「妥加保護」的呢：

　　請願隊伍抵達執政府國務院東轅門後，推舉代表 5 人，要求會見國務總理賈德耀，被無理拒絕。當遊行隊伍正準備離開這裡，改為去吉兆胡同找段祺瑞時，突然，事先埋伏在北邊大紅門裡的數百名大刀隊，傾巢而出，衝向遊行隊伍，肆意揮刀亂

---

① 　陳源：《閒話》，《現代評論》3 卷 68 期。

砍。接著，只聽見一陣警笛聲響，執政府門前的衛隊隨即向群眾開槍。當群眾從東西轅門方向退避時，由於門太窄，道路堵塞，士兵們又乘機揮動鐵棒擊殺群眾。

屠夫們策劃得十分周密。在執政府門前立了五排執槍和背大刀的衛隊，現場指揮者用警笛發令，警笛一鳴，便是一排槍，警笛一聲接著一聲，槍聲就跟著密集起來。那淒厲的警笛吹得頗有節奏，可見殺人者是在從從容容地殺人。指揮者還用指揮刀指示衛隊的射擊方向，總是把衛隊的槍口引向人多的地方。一陣陣的槍聲下，群眾一批批地倒下。

執政府門前，血肉橫飛，慘不忍睹，而執政府樓上還有人手舞足蹈地拍手叫好。當場打死 47 人，負傷 132 人，失蹤 48 人。

這是民國以來最黑暗的一天，如此殘暴狠毒地屠殺徒手的請願者，在人類歷史上，只有 1905 年 1 月 22 日沙皇尼古拉二世及其走狗加邦牧師設陷製造的「流血的星期天」可以與之相比。

慘案發生後，北京警衛司令李鳴鐘和執政府衛隊上校參謀長楚溪春乘汽車到吉兆胡同的段宅去看段祺瑞。當時，段祺瑞正在同吳清源下圍棋，見李鳴鐘、楚溪春進屋，馬上聲色俱厲，大聲對李鳴鐘說：

「李鳴鐘，你能維持北京的治安不能？你如不能，我能撤你，我能槍斃你！」

李鳴鐘在門口立正鞠躬向後退，連聲說：「執政，不要生氣，不要生氣，我能維持治安，我能維持治安！」

段祺瑞接著對楚溪春說：「楚參謀長，你去告訴衛隊官兵，我不但不懲罰他們，我還要賞他們呢！這一群土匪學生……」①

血案發生時，劉和珍正帶著女師大隊伍在執政府門前。她臨危不懼，處變不驚，鎮靜地指揮同學們撤退。

「啪！」一顆罪惡的子彈射向劉和珍，斜穿心肺，這是步槍近距離直射所造成的致命傷。立刻，她倒在血泊中。

---

① 楚溪春：《三‧一八慘案親歷記》，《文史資料選輯》第 3 輯。

「劉和珍中彈啦！」女師大的同學們驚叫起來。

女師大的張靜淑和楊德群同學原已避到較安全的地方，看見患難與共的戰友被擊中，心痛欲裂，不顧子彈在頭上呼嘯，大刀、鐵棍在身邊飛舞，她們奮不顧身地奔過來救護。

「啪！啪！啪！啪！」張靜淑剛伸出手臂想扶起劉和珍，自己身上就連中四顆子彈。其中有一顆是手槍子彈。

前仆後繼，楊德群同學又冒死衝到劉和珍旁邊。

「啪！」

子彈從左肩射入，穿過胸，從偏右邊出來。「沉勇而友愛」的楊德群犧牲了。

劉和珍掙扎著坐起來。這時，一個兵士拿著棍子跑過來，在她的頭部和胸部猛擊兩棍。「全校同學欽愛的學生領袖」劉和珍犧牲了。

聽到屠殺的噩耗，林語堂與許壽裳同車趕往血案現場。

這時，柵門已閉，尚留一條縫隙容許進出。林語堂和許壽裳以女師大校方負責人的身份進到裡面，只見屍體縱橫枕藉，鮮血滿地，宛如一座陰慘的人間地獄。進門一看，頭一個就是劉和珍的遺體……她的亂蓬蓬黑髮下，半開怒視的一雙眼睛，像發射出「死不瞑目」的餘恨，額際留有微溫，許壽裳瞥見門外人群中有熟悉的醫師，急忙請他進來診視，哪知道心臟早停止了跳動，沒有希望了。

林語堂悲痛欲絕，現在離劉和珍早上打電話請假，不過三四個小時，想不到那次電話竟成了訣別。劉和珍熱心國事的神情浮現在林語堂的眼前，悲哀壓倒了一切。

林語堂和許壽裳是最早來到血案現場的女師大教師，他們還牽掛著其他同學的安危，提心吊膽地把所有的女屍全部辨認一遍，除了劉和珍之外，還有幾具女屍。林語堂聽說還有許多受傷者在醫院裡，他們就趕緊去探視。一踏進醫院的候診室，只見室內滿是屍體，慘不忍睹，這些死者是在抬到醫院或送醫院的途中才氣絕的。

林語堂他們突然發現：女師大學生楊德群的屍骸被放在一張板桌上，由於桌子太短，下半身懸空掛著……林語堂不忍再看了。

林語堂他們回到女師大就著手安排死者的後事。楊德群的遺體很快從醫院搬回

學校。而劉和珍的遺體因為在執政府，當局不允許搬動。林語堂和女師大的教職員
費了九牛二虎之力，到 19 日晚才算把遺體運回校裡，安放在大禮堂。

　　慘案發生的當天下午，段祺瑞執政府就密謀栽贓誣陷，誣衊請願群眾是「暴
徒」，用「闖襲國務院，潑灌火油，拋擲炸彈，手槍木棍，叢擊軍警」等顛倒是非的
言辭推卸屠殺群眾的罪責。執政府衛隊還找到幾支舊手槍，說是學生們的兇器，
又找了幾把笤帚和幾個煤油桶，裝了一些煤油，說學生拿這些東西準備放火燒執政
府。於是，一場蓄意的大虐殺轉眼間變成了衛隊們的正當防禦了。

　　這「正當防禦」的範圍還在無限擴大。3 月 19 日，段祺瑞又下令通緝五名「暴
徒首領」：中俄大學校長徐謙，北大教授李大釗、顧兆熊，中法大學代理校長李煜
瀛，女師大校長易培基。

　　3 月 26 日，《京報》披露了一張第二批通緝的名單，這名單包括上述明令通緝
的五人在內，共四十八人，其中有林語堂。

　　鐵獅子胡同裡的槍聲剛剛消失，東西牌樓沿途的血跡未乾，通緝令卻已張開了
吃人的血盆大口，迫害的魔影猙獰地降臨到北京。血的事實，血的教訓，使朦朧者
清醒了，而原來就清醒的人，則變得更加清醒。

　　連「向來是不憚以最壞的惡意來推測中國人的」魯迅，也沒有料到軍閥「竟會下
劣兇殘到這地步」。那麼，自由主義的林語堂，自然要被這暴行氣得「每日總是昏頭
昏腦」了。

　　「三一八」慘案後的那幾天，林語堂真不知道自己是怎麼熬過來的。只要稍有靜
默之暇，他就覺得自己是在忍受著「有生以來最哀慟的一種經驗」。他激憤難言，痛
苦得近乎變了態，直到慘案過去三天之後，痛定思痛，他才開始思索，為甚麼激憤？
為甚麼痛苦？

　　—— 因為，林語堂「覺得劉、楊二女士之死，是在我們最痛恨之敵手下，是代
表我們死的」。

　　—— 因為，劉、楊兩位女士「為亡國遭難，自秋瑾以來，這回算是第一次」！

　　林語堂到女師大任職後，劉和珍是他「最熟識而最佩服嘉許的學生之一」[1]，劉和珍的形象早已在林語堂的記憶信息庫裡佔據了一個重要的位置。林語堂記得：兩個月前，一個冰冷的夜晚，10 點鐘，劉和珍一個人提了一隻非常大的皮箱來到東城船板胡同林語堂家裡。這是因為前一天，女師大演劇時，學生們向一些教師借了點衣服作為演出的服裝，演劇後的第二天，劉和珍就親自到各家去分別歸還。到船板胡同林宅時，雖然已經很晚了，但劉和珍仍興致勃勃地與林語堂笑談前一夜演出的情況。當時，見到她對個人的疲勞全不放在心上的那種神態，林語堂心裡豁然一亮，他明白了女師大學潮之所以能堅持到最後勝利，就「是因為有這種人才」。

　　現在，林語堂面前的書桌上放著一本學生的作業，這是 3 月 16 日，也就是「三一八」慘案前兩天，劉和珍交上來的英文作文簿。劉和珍遇難後，在沉重的悲憤壓迫下，林語堂一直不忍去觸動這件遺物。眼下，既已衝出悲哀的重圍，林語堂毅然翻開了作文簿，最後一篇文章的題目：*Social Life in the College*，醒目地展示在眼前。文章敘述了劉和珍對知識的追求，以及對社會迫害的苦惱。

　　林語堂認真地讀過作文後，驚歎：「她對於政治的識見，遠在一班喪家狗之文妖與名流之上。」

　　他隨手譯出了劉和珍的英文作文中的一段：

　　人常說，學生時期為最快樂之日，但是我不敢贊同。我相信世上永無快樂之日，而學生時期，亦多紛擾。

　　譬如吾校，北京女子師範大學，自從我進校以來即永未見寧日。我不敢回憶我在校過去的生活。

　　現吾校已比較安靜，我正預備靜心求學。但是又風聞新教育總長馬君武氏又正在陰圖擾亂教育界。若今日之安寧，我們又不能享受了。啊，這是何等可怕！

---

[1]　林語堂：《悼劉和珍楊德群女士》。

面對死者的遺物、遺言，林語堂心潮澎湃，他攤開稿紙，悲憤地寫下了：《悼劉和珍楊德群女士》。他寫道：

劉女士是全校同學欽愛的領袖，因為她的為人之和順，及對於校事之熱心，是全校同學異口同聲所稱讚的。功課上面，是很用功，是很想自求進益的一個人，看見她的筆記的人大都可以贊同，而且關於公益事宜尤其是克己耐苦，能幹有為，足稱為中國新女子而無愧。我本知她是很有希望的一個人才，但是還不十分知道底細，到許季茀先生對我詳述，才知道她是十分精幹辦事靈敏的女子。上回女師大被章、劉摧殘，所以能堅持抵抗，百折不餒而有今日者，實一大部分是劉女士之功，可稱為全學革命之領袖。處我們現今昏天黑地，國亡無日，政治社會思想都須根本改造的時期，這種熱心有為、能為女權運動領袖的才幹，是何等的稀少，何等的寶貴！

於是，3月18日早晨的電話；死不瞑目的遺容；提著大皮箱歸還衣服時的夜話；特別是眼前的這本觸景生情的作文簿……劉和珍的聲音笑貌一起湧上筆端。

「落水狗」爬上岸來，仍要咬人！劉和珍、楊德群和執政府門前的五十多位死難者就是被「落水狗」咬死的！林語堂心膽俱裂！他奮筆疾書寫完了最後一段：

劉、楊二女士之死，同她們一生一樣，是死於與亡國官僚瘟國大夫奮鬥之下，為全國女革命之先烈。所以她們的死，於我們雖然不甘心，總是死的光榮，因此覺得她們雖然死的可惜，卻也死的可愛。我們於傷心淚下之餘，應以此自慰，並繼續她們的工作。總不應在這亡國時期過一種糊塗生活。

一九二六・三・廿一日
（二女士被難後之第三日）

在屠殺的恐怖下，林語堂置個人生死於度外，毅然大張「女革命之先烈」的戰鬥

精神，充分展示了「土匪」氣魄之雄風。

　　有不怕死的「土匪」敢寫，同樣也有不怕死的刊物敢登。1926 年 3 月 29 日出版的《語絲》第 72 期上，刊出了林語堂的這篇《悼劉和珍楊德群女士》。文章被編排在該期《語絲》的卷首。這期《語絲》的稿件，全部與「三一八」慘案有關。目錄如下：

《悼劉和珍楊德群女士》	林語堂
《無花的薔薇之二》	魯迅
《關於三月十八日的死者》	豈明（周作人）
《執政府大屠殺記》	自清（朱自清）
《我們的閒話》	效廉

　　這可以說是語絲派紀念「三一八」慘案的專刊，而打頭陣的是「急先鋒」林語堂。值得一提的是，雖然，寫悼念劉、楊文章的不只林語堂一人，但是，林語堂的《悼劉和珍楊德群女士》寫於 3 月 21 日；周作人的《關於三月十八日的死者》作於 3 月 22 日；魯迅的《紀念劉和珍君》作於 4 月 1 日，刊於《語絲》第 74 期 —— 所以，從脫稿的時間來看，林語堂是語絲派中最早撰文悼念劉、楊二女士的。

　　3 月 25 日，女師大師生和北京各界人民在女師大禮堂隆重舉行追悼劉和珍楊德群烈士大會，由許壽裳主祭，靈堂裡掛滿輓聯、花圈，悽慘哀號，不忍久聞。有挽歌曰：

悲遺像在筵，

血衣在篋，

撫棺一慟君知未？

只記取平生約誓，

待他日元兇授首報君知。

　　林語堂懷著沉重的心情參加了追悼會，再一次悼念他「最熟識而最佩服嘉許的」女師大革命烈士。

　　正當林語堂在沉痛哀悼死難烈士之時，陳源卻又在一邊說起「閒話」來了。

　　陳源雖然也在文章中聲色俱厲地怒斥了殺人兇手的暴行，但同時，他又要「群眾領袖」對流血事件負道義上的責任。這種各打五十大板的聲調，在「三一八」以後全民聲討殺人劊子手的怒潮中，顯然是一種別具一格的調子。陳源的《閒話》[①]一開頭是為群眾說話的。接著他又指責衛隊蓄謀屠殺群眾。陳源也清楚，沒有上級的命令，衛隊士兵是沒有膽量進行如此大規模屠殺的，所以，應該追究真正的元兇，「這主謀的是誰，下令的是誰，行兇的是誰？他們都負有殺人的罪，一個都不能輕輕放過」。應該徹底地調查案情，使罪犯們得到應有的懲罰。然而，接下來，他把筆鋒一轉，似乎死者也有責任——誰叫你參加示威；而死者的父兄師長更有責任——因為，誰讓你們不僅不勸阻還要帶領無知的少年去冒槍林彈雨的險，受踐踏死傷的苦。「三一八」以後，社會曾有種種「流言」，陳源把「流言」收集起來，做了邏輯歸納。他說：

　　我遇見好些人，也有率領小學生的中學教員，他們都說，那天在天安門開會後，他們本不打算再到執政府。因為他們聽見主席宣佈執政府的衛隊已經解除了武裝，又宣讀了李鳴鐘的來信，說對於這一天的運動，軍警當妥加保護，所以又到執政府門前去瞧熱鬧。

　　陳源認為一部分群眾是被騙去「瞧熱鬧」的。那個騙人者就是北京警衛司令李鳴鐘，陳源在後面稱之為「李氏」，兩者是同一個人。後來，有的論者誤以為陳源所說的「李氏」是指李大釗，這是張冠李戴。因為，3 月 18 日那天，李大釗是天安門

---

① 《現代評論》3 卷 68 期（1926.3.27）。

抗議大會的執行主席之一，但陳源《閒話》中的「李氏」則肯定不是李大釗而是李鳴鐘。由於大會主席所宣讀的李鳴鐘的那封信涉嫌一個陰惡的陷阱，也是這次慘案的一個疑點，所以，為了弄清史實，不妨再抄錄幾段原文：

我們不能不相信，至少有一部分人的死，是由主席的那幾句話。要是主席明明知道衛隊沒有解除武裝，他故意那樣說，他的罪孽當然不下於開槍殺人者。

要是他誤聽謊言，不思索調查，便信以為真，公然宣佈，也未免太不負民眾領袖的責任。

要是李鳴鐘真有信去，答應保護，事實上卻並沒有派軍隊去保護，那麼李氏百口也不能辯他無罪。

要是李氏並沒有去信，那麼宣讀的信，出於捏造，那捏造的人，又犯了故意引人去死地的嫌疑。

自從陳源自告奮勇地出來「粉刷茅廁」以來，他早已陷進了女師大的漩渦。後來一度聲明不管「閒事」，但這次見到女師大學生在慘案中死二傷七，他又忍不住了。他說，血染國務院的死者已經有五十人左右了，有的是孕婦，有的是數家兼祀的獨苗，有的家裡有老母妻子，每人都有一部令人辛酸的歷史，但是要算楊德群「最可憐」了。「楊女士湖南人，家中不甚好，她在師範學校畢業後，教了六七年書，節衣減食，省下了一千多塊錢，去年才到北京來升學。平常很勤奮。開會運動種種，總不大參與。」如果介紹情況到此為止，倒也無妨。可是，這位沒有直接目擊楊女士3月18日全部活動的陳源，竟完全以目擊者的口氣描述了楊女士遇難前後的情況，並用弦外之音暗示，是女師大的教員不負責任地把她推入絕境的：

3月18日她的學校出了一張佈告，停課一日，叫學生都去與會。楊女士還是不大願意去，半路又回轉。一個教職員勉強她去，她不得已去了。衛隊一放槍，楊女士也跟了大眾就跑，忽見友人某女士受傷，不能行動，她回身去救護她，也中

彈死。

陳源先斥政府「憑空捏造」「誣賴卸責」；再斥衛隊蓄謀「幹一幹」；三斥慘案的「主謀」；在對政府方面打了五十大板之後，陳源又把板子舉向群眾這一方，他先責備婦女小孩本不該去示威；又責備父兄師長未盡勸阻的責任；三責大會主席的「那幾句話」。接下來，四個「要是……」的排比句，追究李鳴鐘的責任，追究散佈「謊言」和聽信「謊言」者的責任，還有「捏造」信件者的責任。這支閒話家的筆橫掃了整個北京城，似乎北京城裡的每一個人都要對慘案的發生負有這樣或那樣的責任，唯有在一旁冷眼觀望，然後口吐「閒話」的陳源，渾身上下，清清白白。

在這彌天碧血濺京華的非常時期，既然有那份閒心來說「閒話」，至少也是不合時宜，更何況那所謂「閒話」，句句都裏藏著對論敵的殺機。

青年的血，使林語堂目不忍視，而血案後的流言，更使他耳不忍聞。他覺得自己已經從悲憤的情緒中升騰到了一個新的境界，這個新境界是甚麼，他認不清也說不準。「哀慟」過後，他要反抗，但他是「文字國」的國民，因此，無論是哀慟還是反抗，手中都只有一支筆。

林語堂一讀到陳源的《閒話》，就想破口大「罵」，忍了兩天。3 月 30 日，《京報副刊》第 454 號上，同時刊出了周作人、孟菊安、董秋芳等三人就楊德群死難經過分別撰寫的文章，他們的文章都憤怒地駁斥了陳源的《閒話》。林語堂的想法和他們不謀而合。

孟菊安女士是楊德群的朋友。3 月 18 日，她倆一起參加天安門前的抗議大會，又共赴執政府請願。作為最直接的見證人，她親眼目擊楊女士 3 月 18 日從示威請願到喋血鐵獅子胡同的全過程，她以事實駁斥了陳源所說的，「半路又回轉，一個教職員勉強她去，她不得已去了」的流言。

而董秋芳則已不能克制自己的感情，對流言的製造者大罵起來：「這種畜生的畜生，生殖在人類裡面，早就可怕，而且早就可殺了。」

林語堂讚賞董秋芳罵得痛快。對那些以「狗屁」「獻給它們的大人……以求取得

主人之歡心」的「走狗」，就是要罵它個狗血淋頭，這便是林語堂一貫所主張的《語絲》的「罵人」精神。3月30日，林語堂作了《閒話與謠言》一文，他終於大罵特罵了。他說：

「畜生」生在人類裡面，本來已經夠奇了，但是畜生而發見於今日的大學教授中，這真使我料想不到。我要暢快的聲明，這並非指豬，狗，貓，鼠，乃指大學教授中「親親熱熱口口聲聲提到孤桐先生的一位」，亦即「白話老虎報社三大笑柄」之一。

林語堂所說的「大學教授」就是陳源。林語堂罵過「畜生」之後，仍不過癮，於是又捧出了一頂「妖孽」的帽子，他說：「國之將亡，必有妖孽；今日之妖孽，單以北京首惡之區而論，已經指不勝屈了。」罵了「畜生」，又罵了「妖孽」，正在興頭上的林語堂似乎還未盡興。於是又把筆鋒指向「三一八」以後不贊成譴責段祺瑞政府的大學代表們。那是3月19日，北京九所高校教職員聯席代表會上，在對要段政府負慘案責任的提案付諸表決時，竟有四所大學的代表不贊成譴責政府的提案。北大代表、現代評論派骨幹燕樹棠和師大代表馬名海反對尤烈。林語堂越說越氣，不禁又罵了起來。他說：

這回「三一八」的屠殺，雖然是出於政府之喪心病狂，但是事後發見政府以外喪心病狂的同胞就不少，正在那邊敷衍政府。你們不知道屠殺後第二天九校教職員聯席代表開會的醜話嗎？為要通過聲明此次段執政應負責任的一案，還大鬧意見……教職員連一個屁都不放。可見得喪心病狂之同胞實在多。

「三一八」慘案後，衛隊栽贓於示威者的那幾支手槍、木棍，原是無中生有之技，卻被不少人利用來大做文章。林語堂毫不留情地揭露了借手槍木棍做文章者的真實用心。他說：

《晨報》社論家曰：「這回民眾請願是和平的，被衛隊搶奪的也不過幾支手槍木棍」。這是何等公正的態度，但是暗中已給人陰險的暗示，當日實在有幾把手槍給衛隊搶奪去，這手槍自然是共產黨帶去的，於是大家可以，並且應該，攻擊共產黨了。

警衛司令李鳴鐘的那封信，實際上是一個圈套。然而，閒話家在《閒話》裡以接連四個「要是……」開頭的排比句式，使原來不太複雜的奸計，變得迷離撲朔起來。於是，林語堂站出來正告陳源，不要借李鳴鐘的信來把水攪渾。林語堂簡直是指著陳源的鼻子說：

……看這是多麼公平中正的面孔，的確是研究系的老把戲，他用的方法是陰險的暗示的方法，因為他不肯明說李鳴鐘的信是捏造，你要駁他，他卻說我並沒有說一定是捏造的，但是他卻要給一班讀者暗示李鳴鐘的信有捏造的可能性，所以結論是徐謙等「又犯了故意引人去死地的嫌疑」，及「至少有一部分的死，是由主席的那幾句話」……徐謙等會不會捏造李鳴鐘來信宣讀於眾，自從慘案發生以來，沒有人想得到，就是閒話家替他想到，並且用不負責的不明不暗的句法散佈出來。在這個國民一致憤慨的時候，這個東西還有功夫來幹這種陰險玩意，是否全無心肝，大眾可以明白。

李鳴鐘的信到底是怎麼回事？北京社會各界都清楚：李氏確實寫過信，因為如果這信是群眾領袖捏造的，警衛司令早就出來辟謠了。而李司令始終未出來辟謠，可見是確實有信。證據俱在，無法否認。這種並不複雜的邏輯關係，陳源自然清楚。再說，抗議大會執行主席徐謙在宣讀李司令保證「對於這一天的運動，軍警當妥加保護」的信件時，肯定沒有估計到這信是屠夫們預謀的陷阱。所以，徐謙等群眾領袖不但動員群眾去執政府請願，而且徐謙女兒也參加了請願，在鐵獅子胡同險遭毒手，林語堂針對陳源的「要是李氏並沒有去信，那麼宣讀的信，出於捏造，那捏造的

人，又犯了故意引人去死地的嫌疑」的閒話，據理駁斥：

> 況且徐謙女公子自己加入赴院請願，從槍林彈雨中幸逃出來，徐先生若是事前知道，難道要他女兒去送死嗎？

林語堂的《閒話與謠言》，雖然一開頭就破口罵「狗」，而且一罵到底，但並不是橫蠻無理的潑婦罵街，而是罵得有理。寓理於罵，這是林語堂的所有的罵「狗」文章的共同特點，也是《閒話與謠言》的罵人特色。

「三一八」慘案後，整個北京城沉浸在濃重的悲涼中。同時，北京也成了一個「流言」「謠言」和「閒話」的大漩渦。

人和人的魂靈是不相通的！同樣目睹執政府前的血跡，人們卻說著不同的話語。在舉國憤慨的時刻，居然還有人製造流言，對這些「全無心肝」的「東西」，難道不該罵嗎？「三一八」以後，林語堂的火氣很大，經常在文章中「罵人」，他的「罵人」生動地體現了語絲派無所顧忌地反抗一切專斷與卑劣的思想特色。

4月1日，被「三一八」慘案中斷了的教學秩序開始恢復正常，女師大復課了，教務主任林語堂主持了復課典禮，並在會上慷慨陳言。

在復課典禮上發言的還有馬幼漁、周作人和許壽裳。會後，林語堂和周作人，這兩位一度曾主張不打「落水狗」的戰友，又在一起痛斥知識階級中的敗類──「叭兒狗」。

林語堂和周作人在交談中都覺得：北京的知識階級──名人、學者和新聞記者都變壞了，所以政府方面才敢於在北京的執政府前肆意殺人。「五四」時，學生們轟轟烈烈鬧得比現在還厲害，但那時為甚麼不開槍，是因為輿論不允許。所以當局在輿論的壓力下有所顧忌。現在卻有一幫名人學者替段政府出力，順了通緝令的意旨，製造各種「流言」「謠言」或「閒話」，轉移人們的視線，為政府開脫，把責任歸罪於群眾領袖。這種醜態在「五四」時是沒有的。對於知識界內部的敗類的所作所為，林

語堂和周作人都非常氣憤。

4月2日，林語堂在《京報副刊》上讀到了周作人的文章《恕府衛》，其內容就是他倆昨天在女師大復課典禮後所討論的那些問題。林語堂放下報紙，回憶起「五四」時期新文化陣營意氣風發的情態，感慨萬千。林語堂覺得現在的許多事情都壞在知識界內部的奸細——「叭兒狗」身上，這些「叭兒狗」一方面做老虎的間諜，一方面擾亂知識界自身的團結，使新文化陣營失去了「五四」時代的那種戰鬥力。林語堂想起了魯迅在三個月之前的話，愈發欽佩魯迅的痛打「落水狗」的高見。現在周作人的《恕府衛》一文，充分說明周作人已經放棄了「費厄潑賴」的主張，也和魯迅一樣舉起了打狗棒。

林語堂作為周氏兄弟的親密戰友，在「打狗」問題上，表現得特別積極，他想乾脆來一個「打狗運動」，把北京城裡的「一切的狗」，全數殲滅。他當即寫下了《討狗檄文》，他呼籲：

我們只有一條路可走，就是先把知識界內部肅清一下，就是先除文妖再打軍閥……

他無所畏懼地公開號召：

我們打狗運動應自今日起，使北京的叭兒狗，老黃狗，螺獅狗，笨狗，及一切的狗，及一切大人物所豢養的家禽家畜都能全數殲滅。此後再來講打倒軍閥。

最後，林語堂畫龍點睛地指出：

這篇寫到此地有點像《討狗檄文》，惟文字上太草率些，不大像檄文。其實就當做一篇討狗檄文，也不要緊，討狗的檄文，本來不應過於鄭重。打狗還要用金棍嗎？

《討狗檄文》刊出後，立即引起了社會反響。4月13日，有人署名「侯兆麟」，給林語堂寫了一封一兩千字的長信，與林語堂討論《討狗檄文》裡的一些問題。信的開頭這樣寫道：

> 語堂先生：
>
> 看了某日《京報副刊》上你的「打倒文妖」的話，你說是一種討狗檄文，你的這種不怕環境的精神，我委實疑心你「不是中國人」。—— 委實之委實就不知道你的「籍」，我只知道你是個教授，又在報上見到你當選為女師大的教務長了。我痛痛快快底把你的文章讀完，然這股兒痛痛快快的心理總想和你談一談才好：看見你說是討狗的檄文不用好文章的，那不是討論狗的問題亦不用好文章嗎？我豈不是活該給你寫一封信嗎？
> …………

4月17日，林語堂公開答覆了「侯兆麟」的信。

> 兆麟先生：
>
> 狗之該打，世人類皆同意。弟前說勿打落水狗的話，後來又畫魯迅先生打落水狗圖，致使我一位朋友很不願意。現在隔彼時已是兩三個月了，而事實之經過使我益發信仰魯迅先生「凡是狗必先打落水裡而又從而打之」之話。
> …………
>
> 總之，生活就是奮鬥，靜默決不是好現象，和平更應受我們的咒詛。倘是大家不能肉搏擊鬥，至少亦能毀咒惡罵，不能毀咒惡罵，至少亦須能痛心疾首的憎惡仇恨，若並一點恨心都沒有，也可以不做人了。這種東西，吾無以名之，惟稱他為帝國主義者心目中的「頂呱呱的殖民地的好百姓」。
>
> 前清故舊大臣曾稱我們為「猛獸」。我們配嗎？
>
> 剛才因為我家裡小姐聽見鄰家耍猴兒，叫我也叫他來院子裡耍一耍。不打算

一跨進門不見猴先見叭兒狗，委實覺得好笑。想打他又像無冤無仇的。後來看他走圈兒，往東往西，都聽主人號令，十分聰明，倒也覺得有幾分可愛。狗之危險，就在這一點，而且委實有點像貓，難怪魯迅要惡他甚於蛇蠍。這總算是我對叭兒狗見識的長進吧。並此奉聞。

開口「打狗」，閉口「討狗」，這時，林語堂是語絲派中「打狗」文章寫得最多、喊得最響的一個人。所以，同時代人稱他為「打狗運動的急先鋒」，這頂桂冠，他是當之無愧的。

從提倡「費厄潑賴」，不打「落水狗」，轉變為「打狗急先鋒」，前後相距不到三個月。林語堂的轉變，增強了語絲派「打狗」的戰鬥力，《語絲》同人們都為林語堂的變化而高興，但社會上卻傳來了不少流言蜚語，攻擊林語堂出爾反爾。林語堂以為，堅持真理修正錯誤是光明磊落的行為，所以，不怕別人説三道四。

濃重的黑暗籠罩在頭頂，北京城裡殺氣騰騰。

在通緝名單之內的林語堂，雖説並沒有被通緝所嚇倒，仍在戰鬥，但也不能不做一些防備，避免無謂的犧牲。他事先察看了自己在東城船板胡同住宅附近的地形，選擇好應急撤退的路線——跳牆逃走。他還做好繩梯，準備情況緊急時，攀繩梯越牆而走。

就在這樣的環境下，林語堂仍然沒有放下手中的筆。4月23日，為配合魯迅的戰鬥，林語堂寫了《「發微」與「告密」》一文。因為，魯迅在4月13日寫就了《大衍發微》，文中匯集了各種調查材料，將「三一八」慘案後，軍閥政府開列兩批通緝名單的隱秘公佈於世，文章發表在4月16日出版的《京報副刊》上。魯迅的文章啟發了林語堂的文思，又一次激起了「急先鋒」的「打狗」興致。林語堂在《「發微」與「告密」》中寫道：

所謂從官僚手段看去不大高明者，即其露出馬腳，露的太顯，當街出醜，於是

使我們一些人有蛛絲馬跡可尋，於是可使魯迅先生有《大衍發微》的文章可做。倘是我們照此發微的路上走去，意義正是重大深長得很。段章馬陳擊殺國民，通緝異己，並不是一天一日偶然的事，其醞釀已久，由來漸矣，魯迅先生以其神異之照妖鏡一照，照得各種的醜態都顯出來。結果呢，鏡裡所照，不僅有章馬，還有文妖，不僅有野雞在大馬路拉人，還有暗娼在後頭兜生意。……野雞與暗娼原來何別？一種是官僚，一種是正人君子罷了。我讀魯迅先生的「發微」乃不禁喟然歎曰，北京的叭兒狗，何其若是之忠，吾固謂其好玩，足供閨淑拉出來路上走走漂亮漂亮而已，未知其用處若是之大也（按叭兒狗英文作 Pekingese，為世界狗類有名者之一，以好玩稱，吠而不咬，可欺而不慍，故世人多愛之。但查《大英百科全書》則未提到其忠心一層，忠心似以笨狗、警犬等為最。若然則《百科全書》第十二版須於「皮經尼斯」條下，加以補正）。

林語堂的《「發微」與「告密」》一文寫於 4 月 23 日，在此前後，北京的政治形勢愈加動盪不安了。就在這篇充滿火藥味的雜文寫就後的第三天，4 月 26 日《京報》總編輯邵飄萍被殺害。《「發微」與「告密」》就成了林語堂在北京時期的最後一篇任意而「罵」的雜文。

從「任意而談」到任意而「罵」，這是「語絲文體」在「五卅」前後的一次轉變，也是林語堂雜文風格在「五卅」前後的一次轉變。1924 年 11 月 17 日，《語絲》創刊號的發刊詞裡，已經明示：《語絲》同人不是安分守己的順民，也不是循規蹈矩的學者、名流。但那時，《語絲》同人們的口氣還是比較平和的。他們僅僅聲稱：

我們所想做的只是想衝破一點中國的生活和思想界的昏濁停滯的空氣。我們個人的思想盡自不同，但對於一切專斷與卑劣之反抗則沒有差異。我們這個週刊的主張是提倡自由思想，獨立判斷，和美的生活。我們的力量弱小，或者不能有甚麼著實的表現，但我們總是向著這一方面努力。

所以，林語堂在《語絲》第 23 期上與錢玄同等人討論「歐化」和國民性弱點的時候，儘管對國粹主義的復古逆向深惡痛絕，但是，他在針砭民族劣根性並提出復興民族精神的六個條件時，基本上是以理服人地列出：非中庸；非樂天知命；不讓主義；不悲觀；不怕洋習氣；必談政治等六個條件。在這一階段，林語堂的浮躁凌厲之氣，已初顯端倪──開始「罵人」了。譬如：

4 月 7 日，林語堂給錢玄同的信中已經用「敗類」等詞怒斥民族的劣根性。林語堂的態度和整個「語絲文體」的風格是一致的。那時，語絲派與現代評論派之間，雖然已明顯地表現出兩派的意見分歧和志趣不同，但是，這種差異僅僅停留在雙方各抒己見和各執己見的階段。文風上，也只停留在「不管三七二十一地亂說」的水平線上，還沒有出現短兵相接的肉搏戰。

雙方指名道姓的對罵，是由女師大風潮和「五卅」慘案所引起的。隨著論戰規格的升級，罵人的分量也越來越重，用詞也越來越尖刻粗放。最後發展到不再使用任何藝術的修飾，而把凡是說得出口的罵人話，最大限度地潑到對方的頭上，直露無華，痛快淋漓。在中國文壇的論戰史上，這是一次罕見的對罵。

正是在這樣的文風下，任意而「罵」成了林語堂 1926 年至 1927 年間雜文創作的一個重要特色。

1926 年 4 月，段祺瑞執政府被國民軍驅逐倒台，段祺瑞、章士釗等都逃往天津租界。但是，接著，在帝國主義支持下的直奉聯軍進入北京，控制了北京政權。國民軍退出北京。這時，京師西郊人民因不能忍受奉軍姦淫搶劫之苦而遷入城中的難民達數萬人，因無屋住，盡皆露宿。直系和奉系軍閥，雙方因分配權力、地盤的爭鬥愈演愈烈。此委一警備司令，彼也委一警備司令；此委一局長，彼亦委一局長，把北京搞得烏煙瘴氣。

但在鎮壓群眾運動方面，軍閥們是一致的。4 月 24 日，直、奉軍閥以「宣傳赤化」的罪名，封閉《京報》館，逮捕總編輯邵飄萍（振青）。26 日，邵飄萍被奉軍殺害。不久，北京衛戍司令頒佈了所謂「維持市面」的條例，聲稱「宣傳赤化主張共產

者，不分首從一律處死刑」。北京人民失去了言論行動的自由，失去了人權的保障。

在殘暴的軍事專制統治下，北京成了一個恐怖和混亂的世界。社會上傳說被列入通緝名單的人都要遭到捕殺，所以，那些被通緝者紛紛離家避難。在北京的外國醫院成了這些人的臨時「避難所」。

林語堂先到東交民巷西口的法國醫院，但見醫院裡已擠滿了避難者，並不安全。於是就在林可勝大夫家裡藏了三個星期。那時，林語堂的大女兒林如斯只有三歲，而二女兒林無雙（即林太乙）則剛剛出世三個月。妻女們的安危，使林語堂牽腸掛肚。

殘殺和迫害的消息接踵而至：邵飄萍被殺，《京報》被封；《大陸晚報》記者張鵬被監視；《中美晚報》宋發祥、《世界晚報》成舍吾，均被迫逃走。反抗軍閥的輿論窗口被封閉了，只有叭兒狗可以任意狂吠。林語堂的「打狗」文章則難以發表了。

殺一儆百，這是屠夫們慣用的手段。邵飄萍被害事件，無疑是對文人們的警告。「五四」以來，一向以民主、自由風氣見長的北京輿論界，突然陷入漆黑的深淵之中。自從馮玉祥的國民軍 4 月份退出北京以來，直奉軍閥撕下了最後的一點偽裝，公開的、赤裸裸的迫害、槍殺事件層出不窮，文化精英們先是避難於外國醫院，但邵飄萍遇害的事件表明，躲入外國醫院只是暫時的應急措施，絕非長遠之計，永久的辦法是離開這個黑暗的地方。

於是，一場自北向南的「大遷徙」和「大逃亡」開始了。胡適、孫伏園、沈從文、許壽裳、沈兼士、顧頡剛、徐志摩、丁西林、葉公超、聞一多、饒子離等人，都是在「三一八」以後，1926 年到 1927 年期間離開北京的。林語堂和魯迅，這時也先後加入了南下的行列。

「大逃亡」的直接原因自然是軍閥的殘暴迫害，使文人們的人身安全得不到最低限度的保障。但除了政治原因之外，經濟原因也是使北京文人大批南下的一個重要因素。這些文人大都是教授，主要經濟來源是薪金。可是，由於北洋軍閥政府的極端腐敗，再加上內戰的軍費開支非常龐大，政府早就靠借外債度日，自 1917 年之後，南北對峙，北京政府失去了富庶的西南五省，稅收日蹙。1926 年前後，長江以

南各省都處於相對獨立的狀態，北京的軍閥政府政令不出直、魯、豫三省，而這三省又由於連年的戰亂，殘破不堪。到 1926 年前後，強弩之末的北洋軍閥，財政狀況處於崩潰邊緣，政府公職人員（包括北京八所國立大學的教職員）的工資經常停欠，所以當時北京國立八校的教職員鬧索薪的風潮連綿不斷。語絲派和現代評論派的主要骨幹，在索薪風潮裡常常都是本校的索薪代表 —— 這一點上，也只有在這一點上，兩派的目標是一致的 —— 教員的薪俸積欠經年，經過請願、坐索、呼籲，每個月也只能拿到 20%~30%，教授們經濟拮据，非常狼狽，情勢逼得名人、學者、教授們紛紛南下。所以，這次「大遷徙」，既是政治上的逃亡，也是經濟上的「逃荒」。

「逃荒」也好，「逃亡」也罷，首先要考慮往哪兒「逃」。胡適、徐志摩、梁實秋、余上沅、劉英士、丁西林、葉公超、聞一多、章衣萍、饒子離，甚至連陳源，都先後於 1926 年下半年到 1927 年上半年到了上海、南京。而林語堂、魯迅、沈兼士、孫伏園、顧頡剛、朱山根等則到了廈門。

在大遷徙的浪潮裡，所以會有一批文人分流到廈門，完全是由於林語堂的關係。

林語堂在林可勝大夫家裡避難時，從福建同鄉那裡了解到廈門大學在陳嘉庚的支持下實力雄厚，很有發展前途。這一信息，給避難中的林語堂帶來了又一個彩色的夢。林語堂本著為鄉梓服務的熱誠，與廈大簽訂了聘約，接受了文科主任的職務。他抱著振興廈大的希望，還推薦和聘請了魯迅、沈兼士、孫伏園、陳萬生、顧頡剛、張星烺、潘家洵、章川島等人。一時間，教授專家聯袂而至，名人學者雲集鷺江。

林語堂是這支南下大軍的牽線人。所以，他自然是第一個離開北京。

離開這險惡的環境，何嘗不是一件好事。但是，並肩戰鬥的《語絲》同人，北大、清華的校園和圖書館，琉璃廠的書肆……使他無限留戀；那曾經飄揚著示威者的五光十色旗幟的天安門，那曾經揭竿拋瓦地巷戰過的西長安街，曾經赤足冒雨遊行過的哈德門大街，曾經血跡斑斑的東四牌樓，曾經屍身枕藉的鐵獅子胡同，曾經倒下過劉和珍、楊德群的「死地」……都是林語堂永遠也抹不掉的記憶。他在那裡，留下了自己的激昂、悲痛和憤懣。

林語堂惜別北京，北京也同樣在向林語堂惜別。特別是那些曾經並肩戰鬥過的

戰友，更是依依不捨。朋友們以對他的一次又一次的歡送、宴別來傳達自己的心意。

　　5 月 10 日晚，林語堂在北京大陸春飯店設宴向魯迅、馬幼漁、許壽裳等朋友告別。

　　5 月 13 日晚，魯迅、馬幼漁、許壽裳在宣南春餞別林語堂。

　　5 月 19 日，女師大開茶話會，歡送林語堂。

　　5 月 24 日，林語堂向魯迅辭行，並攝影留念。

　　…………

　　1926 年 5 月下旬，林語堂攜妻子和兩個幼女，滿載了朋友們的深情厚誼，離開了恐怖的北京。而在那次巷戰中，被軍警的石塊砸傷後所留下的那個傷疤，卻成了北京所給予他的一個抹不掉的紀念，永遠留在他的臉上了。

出任廈大文科主任 / 國學研究院
的「窩裡鬥」/ 惜別魯迅 / 魯迅離
開後的風波

第九章

廈門大學的文科主任

廈門大學創辦於 1921 年，林語堂到這裡時，廈大已初具規模。全校分設大學部、高等學術研究院和國學研究院。大學部又分本科和預科，本科又分文科、工科、醫科、商科、法科、教育科、理科，共包括二十四個系。文科下設國文系、外國語言文學系、哲學系、歷史社會學系。林語堂來廈大後，任語言學教授、文科主任兼研究院總秘書。

陳嘉庚先生是很有一番雄心壯志的，對廈大寄予厚望，他請林文慶博士任校長，不惜以重金聘請國內名人專家。像魯迅月薪每月是四百元，而且按月發放，從不拖欠，與北洋政府扣壓教育經費、常年欠薪停薪的情況形成鮮明對比。但閱讀過《兩地書》的人，都知道魯迅對廈門大學校長林文慶是不滿的。因此，按照流行的觀點，林文慶自然被推到了反面角色的位置。但在當地，人們認為林文慶半生坎坷，功績卓著，是中國現代史上一位應該表彰的人物：

林文慶（1869-1957）生於新加坡，青年時獲英國愛丁堡大學博士學位，又獲劍橋大學哲學博士學位。二十五歲返回新加坡，二十七歲被新加坡政府委任為海峽殖民地立法議員，並接受維多利亞加封的「A・E 勳爵」銜。

二十八歲開始研究如何將英國的橡膠樹種移植於熱帶土壤。他跟友人陳濟軒等合作，在新加坡、馬六甲、檳榔嶼和怡保等四個地方開設了四個大規模的橡膠園。由於林文慶的倡導，馬來亞的橡膠工業十年間躍居世界第二位，給華僑帶來驚人的財富，林文慶本人也被譽為「橡膠種植之父」。

對於孫中山的革命活動，林文慶給予了大力支持。1900 年，他參加同盟會，使孫中山在新加坡獲得從事革命活動的立足點。辛亥革命成功，林文慶一度擔任孫中山的機要秘書，軍醫官，並被任命為臨時政府的衛生部長。由於袁世凱弄權，林文慶憤而辭去各種職務，於 1912 年冬重返新加坡。

　　林文慶是廈門大學的第二任校長（首任校長鄧萃英就任數月即離職），主持校務十六年又七個月，在荒涼的古戰場上建立了一個規模宏偉的高等學府。他主持興建的大建築十七座，小建築數十座，其中「生物學院」規模設施為遠東之冠。由於世界經濟蕭條影響，陳嘉庚每年支付的辦學經費三十萬元捉襟見肘，自 1928 年至 1937 年，林文慶艱苦撐持，頻往南洋募捐，直至日軍攻陷廈門，他才攜夫人重返新加坡。

　　日寇佔領新加坡後，強迫林文慶出任華僑協會會長，他緘口不言，借酒澆愁，不肯為敵作倀，終於保持了晚節。日本投降後，他決心退隱林下，優遊歲月。1957 年元旦在新加坡遜山律寓所無病而終，享年八十八歲。

　　林文慶學貫中西，著作等身。早年與宋旺相合編《海峽華人異同》，喚醒海外僑胞團結奮勵。他還將我國古代史籍、論文譯成英文，不斷介紹給西方人士，最有名的是譯述《孔子學說原論》。他的著作《東方民族的悲觀生活》及《由儒家觀點論世界大戰》亦曾轟動歐美出版界，他還曾將《左傳》《離騷》譯成英文。[1]

　　林文慶到廈門大學之初，曾向陳嘉庚討教辦學的宗旨。林文慶問：「究竟注重國學，抑或專重西文？」

　　陳嘉庚回答：「兩者不可偏廢，而尤以整頓國學為最重要。」[2]

　　林文慶就根據這個辦學方針，組織國學研究院，羅致國內名人學者，從事國學研究和調查民間風俗言語習慣，等等。

　　成立國學研究院需要人，發展文科也需要人，所以，當務之急是引進人才。林文慶和林語堂在這一點上完全一致。然而，引進人才的目的，兩者卻不一樣。林文慶的目的是根據陳嘉庚的旨意不遺餘力地「整頓國學」，可是，林語堂卻借引進人才

---

[1]　有關林文慶的資料，引自於《魯迅研究月刊》1992 年第 2 期，筆者過去的著作，如《林語堂在大陸》等書中，曾完全按照《兩地書》中魯迅對林文慶的評論，把林文慶視為反面角色。現根據新發現資料，筆者認為有必要把兩方面的材料同時列出，請高明的讀者自己做出判斷。

[2]　《林文慶在國學研究院成立大會上的演說》，《廈大週刊》159 期（1926.10.16）。

的機會，把遭到危險的新文化戰友們舉薦到廈大來。國學研究院原是校長計劃中的
提倡國學的基地，可是林語堂引薦了沈兼士為主任，張星烺為代理主任，魯迅為教
授，儼然成了新文化陣營的人才庫。而且，這些曾在「五四」時期呼風喚雨的新文
化運動的倡導者，現在也確有傳播新文化運動火種的打算。於是，「五四」的火炬傳
遞到了廈大。林語堂把一大批朋友集合在自己的周圍，國學研究院成了林語堂的根
據地。

1926年9月18日下午4時，國學研究院召開談話會，討論研究院季刊的編輯
事務。到會者有林語堂、沈兼士、魯迅、顧頡剛、孫伏園、潘家洵、陳萬里、黃堅、
丁山等九人。而林語堂引進的教員即佔七八個，絕對的多數。

9月20日，廈大文科舉行開學典禮。行過簡單的儀式之後，林語堂向師生們
報告創辦國學研究院的計劃。他表示要掃除陳舊，改進文科，決心把文科辦好。要
求全體師生團結一致，共同努力。他還說，廈大很重視文科，所以本學期特意從北
京聘來幾位極有名望的教授來從事文科教學，首先要介紹的是大家仰慕已久的魯
迅 —— 這時魯迅應聲站起來點頭和同學們見面。同學們報以熱烈的掌聲，表示歡
迎。接著，林語堂又依次介紹了沈兼士、顧頡剛等北方來客。

10月18日下午2時，國學研究院研究部召開第一次會議，由研究部主任沈兼
士主持。出席者有張星烺、顧頡剛、陳萬里、魯迅、容肇祖等。會議議決了研究
部教員自行研究的十個選題，這十個選題幾乎都由林語堂引薦的教員們所承擔。可
見，林語堂給廈大引進的不是酒囊飯袋，而確是當時中國的文化精英。

在國學院計劃出版的十種學術專著中，這批精英就佔了九種，而林語堂本人就
是兩種專著的撰稿者。書目如下：

七種疑年錄統編	林語堂、顧頡剛
馬哥孛羅遊記	張星烺
古小說鉤沉	魯迅
漢代方音考	林語堂

說文闕字考　　　　　　　　　　　　　丁　　山

古代中西交通徵信錄　　　　　　　　　張星烺

中外交通史料叢書　　　　　　　　　　張星烺

六朝唐代造象彙編　　　　　　　　　　周樹人

雲岡石窟寫頁集　　　　　　　　　　　魯迅

中國古代風俗考　　　　　　　　　　　江紹原

　　在即將付印的國學研究院季刊的創刊號上，大部分文章也是出自這些「避難者」之手，其中林語堂一人就佔了兩篇。篇目如下：

發刊詞

今後研究文字學之新趨勢　　　　　　　　沈兼士

中國史書上關於馬黎諾里使節之記載　　　張星烺

西漢方音區域考　　　　　　　　　　　　林語堂

孔子何以成為聖人和何不成為神人　　　　顧頡剛

嵇康集考　　　　　　　　　　　　　　　魯　　迅

雲岡石窟小記　　　　　　　　　　　　　陳萬里

釋單　　　　　　　　　　　　　　　　　丁　　山

述何晏王弼的思想　　　　　　　　　　　容肇祖

中國人種概論　　　　　　　　　　　　　史祿國

泉州訪古記　　　　　　　　　　　　　　張星烺

西漢貨幣問題之研究　　　　　　　　　　王肇鼎

形聲字之研究（珂羅掘倫著）　　　　　　潘家洵譯

論古韻（珂羅掘倫著）　　　　　　　　　林語堂譯

本院成立會紀事　　　　　　　　　　　　林景良

書評　　　　　　　　　　　　　　　　　史祿國

　　林語堂是懷著為鄉梓服務的赤誠來廈大施展自己的抱負的。那時，林語堂的二哥林玉霖在廈門大學任哲學系副教授，弟弟林幽是外語系的講師，而鼓浪嶼又是廖翠鳳的娘家。正巧，北方文化人紛紛南下，得此千載良機，不羅致人才，更待何年？

　　這時，林語堂全家都住在廈大的家屬宿舍裡。廈大坐落在風景優美的海邊，實際上整個廈門就是一個風景秀麗的海島，兼備山、海、岩、洞、寺、園、花、木諸種神秀，兼備民族風格、閩南特色和異國情調，有不少故壘古蹟、歷史文物可供觀賞。廈大位於海島的東南端，面對美麗的藍色的大海，西邊和閩南名剎南普陀為鄰，北面是西姑嶺和王老嶺，東邊是胡裡山炮台，天高氣爽風和日麗時，從廈大的海邊，向南遠眺，大擔、小擔和南太武山諸島隱約可見。整個廈大校園，背峰面海，山光水色，春秋早晚，變幻無窮。

　　林語堂陶醉在這良辰美景中了。他以為在廈大天時、地利、人和，樣樣俱全，可以大幹一番了。

　　新官上任三把火。眼看第一流的文化精英雲集鷺江，研究經費也有了著落，似乎就只等研究成果鉛印出來，便可以一鳴驚人了。林語堂高興，文科的學生更是歡呼：「廈大忽然光輝起來了！林語堂來擔任文科學長了！」可是，熱情的青年和率直的文人都高興得太早，因為一片危機的陰雲正籠罩在林語堂的頭頂。

　　林語堂的頂頭上司是校長，校長林文慶博士是英國籍的華人，林文慶創建了國學研究院並自己兼任院長，林語堂和魯迅等人都認為他一次次地為研究院的發展設置樊籬。有時顯得很慷慨，當年，北京大學和廣州中山大學給教授的月薪是二百八十元到三百元左右，而林校長肯出四百元的月薪。可是，在小處又吝嗇得很，規定一間房一盞電燈，魯迅房間裡有兩盞，電工就非得摘走一隻燈泡不可。林文慶急於事功，魯迅等人則認為校長把下屬當作奶牛，餵你精飼料，便要多擠你的牛奶。因此，林語堂等文化名人一到廈大，就趕緊問履歷，問著作，問計劃，問年底有甚麼成果發表。當教授們真的把稿子拿出來請他印刷，他又嫌印刷費用太高了。研究院剛成立沒有幾天，林文慶就忙著佈置開展覽會，但學校現有的展品少得可憐，只有一些從古墓中發掘出來的泥俑。於是硬逼著研究院的教授們拿出展品來。他的邏

輯是：用重金聘來的教授就該有萬能的本領，可以像變魔術似的，赤手空拳地變出各種東西來。實際情況當然不能使他如願。

　　林文慶開始清醒過來了，依靠林語堂和北京的「逃亡者」來「整頓國學」是失策的。弄不好，國學尚未整頓，廈大倒變成了第二個北大、第二個女師大。一次次歡迎北京名人來廈大的歡迎會上，一陣陣的掌聲後面，隱伏著一場不可避免的衝突。

　　11 月 20 日，廈大校長忽然要削減國學研究院的預算。公開的理由是因為陳嘉庚先生營業不佳，百事節縮，遂致百事停頓。可是事後，林語堂了解到校長具條向陳嘉庚公司每月照領國學研究院經費五千元，只是領來以後，不花在國學院的建設上，而要教授們體諒陳嘉庚的困難，不要出版著作，不要出版刊物，把國學院的辦公費削減到每月只有四百元，另外的錢，全被校長挪作他用了。

　　林語堂知情後非常氣憤。因為國學院的預算原來就不多。現在院內的研究成果一種也沒有印刷，刊物也沒有出版，而國內外各處又有不少研究論著送來，理應增加經費才對。現在不僅不增加，反而要減少，真是豈有此理。力爭後無結果，林語堂當即以辭去國學院秘書一職表示抗議。他只辭國學院的職務而不辭文科主任之職，表明林語堂只是抗議一下而已，並不想和校長鬧僵。

　　11 月 25 日，校長在國學院召開談話會時，魯迅挺身而出，對削減經費一事，向校長提出強硬抗議。魯迅不僅聲援林語堂的抗議，而且還以自己的去留為孤注，當面將了林文慶一軍。除林語堂外，國學院的台柱是魯迅和沈兼士。當時，沈兼士因為不習慣廈門的「交通之不便，生活之無聊」[①]，已於 10 月 27 日離開。如果魯迅再辭職，國學院頓時傾斜，校長只得收回成令，取消了削減經費的前議。於是，林語堂也收回辭呈。但是，林文慶與林語堂之間已經產生了芥蒂。

　　林語堂是為振興廈大，而校長則是想借力於南下的文化名人的社會聲望。所以，初時，林語堂熱心牽線引薦，林文慶也樂意接受。然而，蜜月很快過去了。當

---

① 　魯迅：《兩地書（53）》。

各路名人真的來廈大就職後，上起校長，下至兄弟科系，對人才濟濟的文科和國學院，卻又側目而視了。校長自己兼任國學院院長，林語堂以總秘書的頭銜主持工作，但事事都受掣肘，不能指揮如意。綜合性大學裡通常都有一點文理科之間的矛盾，這在廈大也不例外，文科指責理科主任劉楚青（劉樹杞）博士，利用兼任大學秘書掌管財物大權之便，極力刁難林語堂的文科。因為國學院的房屋尚未建造，暫借理科所屬的生物系三樓辦公。於是，國學院的一舉一動都在理科的視線之內，添置了幾種木器，有幾個人請假，都成為理科攻擊林語堂的話題，甚至連國學院的考古學會中陳設了北邙明器，理科的人見了罵道：「這也配算作國學。」

一開始，林語堂對此置之不理，可是理科方面得寸進尺，劉樹杞竟越俎代庖拆閱了有關國學研究院的文件——這原該由林語堂拆閱的——並代校長批閱。因此林語堂實際上被架空了，除了日常事務之外，其他事情，一概不得過問。國學院的預算，劉樹杞可以隨意削減，國學院申請購置設施，劉樹杞可以批駁，林語堂要辦的任何事情，都因經費問題而難以進行。而劉樹杞自己的理科方面的學術研究院，在籌備期間，就可以支付教授的薪金。凡是客觀地看問題的人，都為理科排擠文科而憤憤不平，也為林文慶校長在劉樹杞的挑唆下排擠林語堂而感到惋惜，這就逼得性格爽直的林語堂，只有用辭職來抗議了。

廣州中山大學早在 10 月 16 日就由朱家驊出面發電報到廈門，請魯迅、林語堂等去廣州「指示一切」。但魯迅怕自己走後，林語堂的處境更加困難，所以不忍離去。按當時的情況，國學院內部如能齊心協力支持林語堂，那麼，情況的發展也許會是另外一種結果，可惜，國學院的窩裡鬥也愈演愈烈。

乍一看，國學院的人不是林語堂舉薦來的，就是林語堂舉薦的人再舉薦的。因為，林語堂不是一個心地狹窄的人，所以，一方面舉薦了魯迅、沈兼士、孫伏園、章川島等語絲派或接近語絲派的人，另一方面也容納一些接近現代評論派的人，如顧頡剛。當沈兼士舉薦只佩服胡適、陳源的朱山根時，林語堂表示贊同；朱山根再引薦田難幹、辛家本、田千頃三人時，林語堂也同意了；田千頃又引薦盧梅、黃梅兩人時，林語堂又同意了。這就使《現代評論》的色彩瀰漫文科，魯迅感到很不舒

服。但在林語堂看來，這是十分自然的。因為，他與現代評論派的論戰，並非是個
人之間的恩恩怨怨，他對這派文人們的反感，也僅限於氣質、作風、趣味上的差異。
若論私誼，現代評論派的精神領袖胡適與林語堂過從甚密，而且林語堂也曾在《現
代評論》上發表過文章。所以，在政治避難和經濟「逃荒」的大浪潮中，林語堂不偏
不倚地照顧語絲派和現代評論派雙方。對此，魯迅感到不解，且有反感，認為這是
林語堂的糊塗。其實，林語堂並不糊塗，因為主張「近情」精神的林語堂，不可能像
魯迅那樣以疾惡如仇的態度來對待現代評論派。

　　具有敏銳的社會洞察力和深諳世態人情的魯迅，9月4日到達廈門後，才過半
個月，就看出問題來了。他在9月20日給許廣平的信中說：

　　……在國學院裡的，朱山根是胡適之的信徒，另外還有兩三個，好像都是朱薦
的，和他大同小異，而更淺薄。一到這裡，孫伏園便要算可以談談的了。我真想
不到天下何其淺薄者之多。他們面目倒漂亮的，而語言無味，夜間還要玩留聲機，
甚麼梅蘭芳之類。我現在唯一的方法是少說話；他們的家眷到來之後，大約要搬
往別處去了罷。從前在女師大做辦事員的白果是一個職員兼玉堂①的秘書，一樣浮
而不實，將來也許會興風作浪，我現在也竭力地少和他往來。……

　　五天之後，魯迅的預言應驗了，白果果然興風作浪了。魯迅9月25日給許廣平
的信中說：

　　……白果尤善興風作浪，他曾在女師大做過職員，你該知道的罷，現在是玉堂
的襄理，還兼別的事，對於較小的職員，氣燄不可當，嘴裡都是油滑話。我因為親
聞他密語玉堂，「誰怎樣不好」等等，就看不起他了。前天就很給他碰了一個釘子，
他昨天借題報復，我便又給他碰了一個大釘子，而自己則辭去國學院兼職。我是

---

① 玉堂即林語堂。

不與此輩共事的，否則，何必到廈門。

　　魯迅對這個白果反感至極，罵他像明朝的太監，可以倚靠權勢胡作非為，「玉堂信用此人，可謂胡塗」。

　　照魯迅看來，引進白果，是林語堂用人不當之舉。如果只有白果一人，小泥鰍終難掀大浪，遺憾的是，北京來的教員，雖然同是避難者，卻不肯「同病相憐」，反而還把北京的對峙氣氛也搬到廈門來了。對於這一點，魯迅十分敏感。9月30日，魯迅給許廣平的信中説：

　　……此地所請的教授，我和兼士之外，還有朱山根。這人是陳源之流，我是早知道的，現在一調查，則他所安排的羽翼，竟有七人之多，先前所謂不問外事、專一看書的輿論，乃是全部為其所騙。他已在開始排斥我，説我是「名士派」，可笑。好在我並不想在此掙帝王萬世之業，不去管他了。

　　《語絲》方面的人開始紛紛離走，孫伏園準備去廣州，沈兼士則於10月27日離開廈門，而魯迅所討厭的人卻正在絡繹不絕地進來。魯迅在給許廣平的另一封信中説：

　　……朱山根之流已在國學院大佔勢力，□□（□□）又要到這裡來做法律系主任了，從此《現代評論》色彩，將瀰漫廈大。在北京是國文系對抗著的，而這裡的國學院卻弄了一大批胡適之陳源之流，我覺得毫無希望。……這樣，我們個體，自然被排斥。所以我現在很想至多在本學期之末離開廈大。他們實在有永久在此之意，情形比北大還壞。

魯迅所討厭的胡適，正是林語堂感恩戴德的知遇。因為，魯迅和胡適都是林語堂的朋友，所以，按照林語堂的邏輯，魯迅的朋友是他的朋友，胡適的朋友同樣是他的

朋友，林語堂當然要一視同仁。可是，這位心地純正的「山地的孩子」，沒有估計到這些朋友的朋友，把北大兩派教授的對立局面移植到廈大來了，而且從力量的對比來說，語絲派方面處於劣勢，這就是魯迅所說的「情形比北大還壞」。

這一年秋天，高僧太虛來南普陀講經，太虛是佛門名人，應邀作陪的也都是文化名人。

10月21日下午，林語堂、魯迅等廈大名教授都接到廈大隔壁的南普陀寺和閩南佛學院的請柬，說要公宴高僧太虛，請教授們做陪客。席間，太虛倒並不專講佛事，常論世俗事情。倒是那些作陪的廈大教授們偏好問他佛法，甚麼「唯識」呀，「涅槃」哪。吃的當然是素齋，按廈門的飲食習慣是先上甜食，中間鹹食，末後又上一碗甜食。散席後，有一位教員想與林語堂說話，但吞吞吐吐，似有顧慮。林語堂以為對方要談甚麼學校的公事，既然此處不便說話，那麼以後再說，就匆匆地告辭了大家，先走了。

於是，這位教員又拉住魯迅，說：有些從北京「同來的人物」，正在醞釀「窩裡鬥」的情況。那教員對廈大理科排擠文科、林文慶劉樹杞排擠林語堂的內幕瞭如指掌，對國學院「窩裡鬥」的內情知道得不少，他很為林語堂內外交困的處境而擔憂。據他分析：目前，林文慶劉樹杞他們所以還沒有對林語堂發動總攻，是顧忌國學院的人都由林語堂直接或間接薦來，外界以為國學院內部是眾志成城的，一旦國學院內部相互傾軋的家醜外揚，林語堂的日子就難過了。那教員歎息地對魯迅說：

> 玉堂敵人頗多，但對於國學院不敢下手者，只因為兼士和你兩人在此也。兼士去而你在，尚可支持，倘你亦走，敵人即無所顧忌，玉堂的國學院就要開始動搖了。玉堂一失敗，他們也站不住了。而他們一面排斥你，一面又個個接家眷，準備作長久之計，真是胡塗。[1]

---

[1]　魯迅：《兩地書（60）》。

　　這個教員所說的「他們」就是指那些正醞釀排斥魯迅的人。「窩裡鬥」使魯迅對廈大「毫無留戀」，決意離開。所以，他對理科向國學院討還房子的爭鬥，採取了「含笑而旁觀之」的超然態度。

　　魯迅含笑旁觀的事情，對於苦撐文科局面的林語堂來說，是絕對笑不出來的傷心事。

　　林語堂是對得起廈大的，他為廈大引薦了中國第一流的文科人才，僅此一項，「伯樂」功不可沒；林語堂也是對得起朋友的，無論是胡適的朋友，還是魯迅的朋友，他都熱心為之奔走；林語堂是對得起魯迅的，雖然，外界對林、魯在廈大的這段關係有各種誤傳或猜測，但在魯迅自己的文字裡，卻如實地記錄了林、魯在廈大的友誼，為了證實誤傳之誤，不妨摘錄一些魯迅書信和日記中的文字：

　　9 月 4 日，魯迅到廈門，暫住客寓，「打電話給林語堂，他便來接，當晚即移入學校居住了」[1]

　　9 月 5 日，魯迅「同伏園往語堂寓午餐」[2]

　　9 月 21 日，「……中秋，有月，玉堂送來一筐月餅，大家分吃了」[3]

　　9 月 25 日，魯迅搬到圖書館，「……所搬的房，卻比先前的靜多了，房子頗大，是在樓上。……但是我也許還要搬。因為現在是圖書館主任正請假著，由玉堂代理，所以他有權。」[4]

　　魯迅曾想辭掉國學院的研究教授的兼職，而專任中文系的教授。可是，在林語堂的竭力勸說下，終於打消了辭職的念頭。9 月 27 日晚，「又將聘書送來了，據說林玉堂因此一晚睡不著。使玉堂睡不著，我想，這是對他不起的，所以只得收下，將辭意取消。玉堂對於國學院，不可謂不熱心，但由我看來，希望不多……」[5]

---

①　　魯迅：《兩地書（36）》。
②　　《魯迅日記》（1926 年 9 月 5 日）。
③　　魯迅：《兩地書（44）》。
④　　魯迅：《兩地書（46）》。
⑤　　魯迅：《兩地書（48）》。

　　10 月 10 日，魯迅給許廣平的信中說：「此地的生活也實在無聊」的同時，談及「玉堂的兄弟及太太，都很為我們的生活操心」①

　　10 月 29 日，孫伏園已往廣州為魯迅聯繫去中山大學後的安排，但一認真考慮去留問題，「玉堂的苦處」就成「牽制」魯迅的一個非常重要的因素。魯迅對許廣平說，他之所以還在廈門熬著不走，「為己，只有一個經濟問題，為人，就只怕我一走，玉堂立刻要被攻擊，因此有些彷徨。」②

　　11 月 8 日，魯迅已經決計要走了，並下了斬釘截鐵的決心，「即使無啖飯處，廈門也決不住下去的了」。然而，他所牽掛的還是林語堂，他說：「我還要忠告玉堂一回，勸他離開這裡……」③

　　11 月 20 日，「下午赴玉堂邀約之茶話會」④

　　11 月 30 日，魯迅收到「商務印書館所寄英譯《阿 Q 正傳》三本，分贈玉堂、伏園各一本」⑤

　　12 月 12 日，晚上，魯迅和孫伏園「訪語堂，在其寓夜餐」⑥

　　12 月 14 日，林語堂邀請魯迅和孫伏園吃晚飯。

　　1927 年 1 月 1 日，林語堂參加了廈大學生的文學社團泱泱社為魯迅的餞行。

　　1 月 2 日，林語堂伴同魯迅參加泱泱社的送別活動，他們來到南普陀的小山崗上，那兒叢生著閩南特有的亞熱帶植物龍舌蘭，周圍點綴著好像饅頭似的洋灰墳墓，林語堂、魯迅和泱泱社的崔真吾、朱斐等人就以龍舌蘭和墳為背景，合影留念。

　　1 月 7 日，林語堂邀魯迅在家裡吃飯。

　　1 月 8 日，林語堂等和魯迅一起吃晚飯。

　　國學院在「窩裡鬥」，這是事實，但林語堂與魯迅不僅沒有「鬥」，而且是風雨同

①　魯迅：《兩地書（53）》。
②　魯迅：《兩地書（64）》。
③　魯迅：《兩地書（75）》。
④　《魯迅日記》（1926 年 11 月 20 日）。
⑤　《魯迅日記》（1926 年 11 月 30 日）。
⑥　《魯迅日記》（1926 年 12 月 12 日）。

舟，魯迅書信和日記中的材料證實了這一點。實際上，林語堂是魯迅在廈大時最親近的朋友，是魯迅去留的唯一牽掛。

林語堂是本著為桑梓服務的熱誠來到廈大的，可是廈大沒有為林語堂提供施展宏圖的條件。照魯迅的說法，這裡的中樞是「錢」。繞著「錢」，是爭奪，騙取，獻媚，叩頭。因為，學校當局不知愛惜人才，同時，「人才」本身也不知自愛。林語堂在費盡心機為南下教員們爭取聘書的時候，這些南下的「外江佬」，自己的腳跟還沒有站穩，就忙於排斥異己，製造流言，擺出一副非獨霸天下不可的架勢，正直的學者怎能與之共事？

10月中旬，林語堂病了，在病中，他前思後想，終於萌發了離開廈大的意向。正巧，中山大學來電報，請林語堂、魯迅等去廣州「指示一切」。林語堂和魯迅商定，因為他身體不好不能坐船，所以先由魯迅和孫伏園去中山大學看一看情況。如非去不可，便再打電報來叫林語堂。

可是，到了10月19日，林語堂變卦了，他覺得還沒有到非離開廈大的地步。所以就勸阻魯迅也不要去，於是只得孫伏園一個人20日動身赴穗了。

11月8日，林語堂和魯迅做了一次深談，林語堂十分關心魯迅的生活，見到魯迅一個人獨自吸煙，喝紹興酒，一天三餐的吃飯常常變成令人頭痛的難題，有時不得不白水煮火腿當飯吃，有時買點麵包和牛肉罐頭充飢。林語堂一再請魯迅原諒，認為這是自己「失了地主之誼」，而魯迅自然知道，這不能怪林語堂。相反，魯迅覺得林語堂及其全家人都十分關心他的生活，其關心程度已足以使魯迅感到過意不去。林、魯聯袂來廈門原來是有一番抱負的，現在不但「壯志未酬」，反而要應付小人們的各種刁難，實在是始料不及的。魯迅勸林語堂急流勇退……

林語堂也不是非要吊死在廈大這棵樹上。武漢方面，林語堂的朋友陳友仁擔任了外交部長，多次催請林語堂去外交部任職；而廣州方面，魯迅和孫伏園也為他聯繫好了。兩處都虛位以待，等著林語堂上任。但是，林語堂總是下不了決心，因為這裡是他的故鄉，還沒有為故鄉父老做過甚麼有益的事情，怎能遠走高飛呢！

11月20日，因為校方無理減縮國學院的預算，林語堂以辭職為抗議。魯迅聞

訊，立即託孫伏園轉達自己的意見，勸林語堂「不必爛在這裡」①。這是魯迅在一個半月內，第四次勸林語堂離開廈大。對魯迅的忠告，林語堂「極以為然」②

可是，五天之後，當校長恢復了國學院的預算，林語堂即被「軟化」，不僅自己不準備走，還反過來挽留魯迅，希望魯迅至少再待一年。③

11 月 27 日，林語堂陪魯迅去集美學校演説，歸途中，魯迅又一次誠懇地規勸林語堂和他一起去中山大學，這是繼 10 月 16 日、10 月 19 日、11 月 8 日、11 月 20 日先後四次勸説林語堂離開廈大無結果之後，魯迅第五次勸説林語堂。

林語堂被魯迅的誠意所感動，決定離開廈大，不過是否也去中山大學，卻還拿不定主意。但魯迅預言，林語堂若「再碰幾個釘子，則明年夏天可以離開」④。

12 月 12 日，為林語堂的去留，魯迅又與之做了第六次深談，魯迅使林語堂拋掉了最後的幻想，現在，離開廈大，已成了不可改變的決定，剩下的問題只是甚麼時候走了。魯迅放下了擱在心口的一塊石頭，對林語堂盡到了一個諍友的責任。那晚，魯迅在給許廣平的信中説：「玉堂現在亦深知其不可為，有相當機會，什九是可以走的。」⑤

廈大的現狀使林語堂心寒，回想魯迅勸他離開廈大時所説的話，林語堂心潮起伏，激憤難平。

當時，林語堂寓所在鎮北關附近，那裡雖已劃歸廈大校園，周圍卻是一片墳塚。林語堂從小就不喜歡談鬼，一走過墳坑便要毛骨悚然。現在，門前舉目都是成行成列整千整百的墳坑、土堆及碑石，有時他坐在墳中的碑石上，面對滿目荒塚，倒反覺得鬼之虛無渺茫，竟泰然處之，晚上連一個鬼夢也沒做。周圍的現實生活，何嘗

---

① 　魯迅：《兩地書（79）》。
② 　魯迅：《兩地書（81）》。
③ 　魯迅：《兩地書（81）》。
④ 　魯迅：《兩地書（83）》。
⑤ 　魯迅：《兩地書（93）》。

不也是一個鬼域的世界，北京，廈門……到處都是荒塚般的黑暗生活。林語堂自信
還不至於去為鬼域塚國的現實歌頌太平。因為現實沒有為他提供可以歌頌的素材，
現實只為他展現過劉和珍的血、楊德群的屍體、京報上的通緝名單和廈大那班爭權
奪利的小人……但也不必為此而痛哭流涕，因為，這兩年來的生活，使林語堂像一
個看慣了哭墳的人一樣，已經無淚可落。

　　這一陣子，林語堂常常失眠。在那失眠的夜裡，大海的呻吟和海風的呼嘯與他
做伴。這鬼域荒塚的國土正在慢慢地吞噬他的靈魂，他掙扎著，寫下了自己的心聲：

　　　……有人以為洋海山川蟲虺魚鰲都會唱 Te Deum 歌頌上帝的功德，有人卻要
　　於夜靜星稀的時候，在鬼域國裡，荒塚場中，在海洋的浩歎及草蟲的悲鳴中，聽出
　　宇宙的一大篇酸辣文章。喜歡瞌睡的人儘管瞌睡下去；不喜歡瞌睡而願意多延長
　　一點半生不死的苦痛的人，也就在塚國裡談談笑笑。

　　　　　　　　　　　　　　　　　　　　一九二六，十二，十九夜作於廈門鎮北關

　　當林語堂把這篇《塚國絮語解題》給魯迅看時，魯迅十分讚賞林語堂以「塚國」
來比喻現實生活的黑暗環境。幾天以後，廈大學生為歡送魯迅而合影時，林語堂和
魯迅特地選擇了文章中所描繪的「塚國」為背景，在一望無邊的墳塚叢中，林語堂緊
挨著魯迅，而一群學生則在他們的兩側，留下了寓意深遠的留影。

　　根據預定的計劃，12 月 31 日，也就是 1926 年的最後一天，魯迅正式辭去廈大
的一切職務。第二天，也就是 1927 年的元旦，廣州《中山大學校報》刊載魯迅應聘
該校的消息 —— 幾個月來，積攢在林語堂心頭的憤懣，總爆發了。

　　林語堂是非常崇敬魯迅的，尤其是廈大時期的魯迅，在林語堂的心目中是現代
中國的「超人」，是一個穿著尼采式長袍的「先驅者」。元旦之夜，林語堂從為魯迅
餞行的宴會歸來，外面狂風大作，濤聲澎湃，遙望海天相接之處，天容慘淡。他感
到那洶湧的海浪，彷彿鋪天蓋地似的向他撲來，大海憤怒的濤聲，引爆了林語堂胸
懷裡的那座火山，他激動地攤開稿紙，把那燃燒著的岩漿全部傾瀉在上面。他寫下

了《譯尼采論〈走過去〉── 送魯迅先生離廈門大學》這幾個力透紙背的字，林語堂藉「呆漢」的嘴無情地詛咒現實：

> 這邊是遁世思想的地獄：這邊偉大的思想要活活的熬死，烹小。
>
> 這邊偉大的感情都要枯萎：這邊只有僵瘦骸髏似的感觸鑢鑢的磷響！
>
> 你豈不已經聞到魂靈的屠場及肉鋪的羶味？這城裡豈不是充塞著屠宰的魂靈的腥氣？
>
> 這邊的魂靈不是已經頹喪如沒漿骯髒的破布？── 他們倒用這些破布來做新聞紙！
>
> 你豈沒聽說這旁的靈魂已經變成一種累贅的語戲？這城吐出的泔水的確可厭 ── 而且這些泔水也被他們拿來做新聞紙。
>
> 他們互相追逐，而不知所止。他們互相激怒，而不知所為。他們只聞見貨幣的玲瓏，及金銀的丁當。
>
> …………
>
> 薩拉土斯脫拉！以你一切的光輝，魁偉，良善為誓，啐這市儈的城而回去！這邊血管裡的血都已穢臭，微溫，起沫，啐這個大城，這個天地間渣滓泡沫漂泊沸騰之處！
>
> 啐這個充滿著壓小的靈魂，褊狹的胸膛，尖斜的眼睛，沾黏的指頭的城 ──
>
> 啐這個充滿著自炫者，厚顏者，刀筆吏，雄辯家，好大喜功者的城 ──
>
> 這繁盛著一切廢疾，不名譽，淫欲，無信，熟爛，萎黃，不安的地方 ──
>
> 啐這個大城而回去！
>
> …………

《走過去》係尼采名著《薩拉土斯脫拉如是說》（現在通譯為《查拉圖斯特拉如是說》）第三卷中的一節。林語堂借「譯」《走過去》，以薩拉土斯脫拉（即查拉圖斯特拉）的「走過去」來影射魯迅離開廈大：

薩拉土斯脫拉如是說。說完之後，他環看這大城而吁氣，沉默了好久。最後他說：

我討厭這大城，不但是討厭這呆漢。你看城裡各處 —— 也無可改良，也無可改壞。

這大城有禍！ —— 而且我願意馬上看見燒滅他的火柱！

因為日中以前，必先有這種的火柱出現。但是這些都有他預定的命運及時期。——

雖然如此，呆漢，我臨行時贈你一句格言：誰不能往下愛一個地方，只好 —— 走過去！——

薩拉土斯脫拉如是說，就走過那呆漢及城。

一九二七‧一‧一

　　林語堂徹夜不眠，奮筆疾書，幾個月來壓抑在胸口的悶氣終於有了一吐而快的機會。早在 1925 年 11 月 30 日，《語絲》週刊第 55 期上，林語堂就發表過《Zarathustra[①] 語錄》。這篇借題發揮的「譯文」，實際上是一揮而就的激憤之作。後來，林語堂又在《語絲》第 4 卷 12 期、15 期，《春潮》第 4 卷第 1 期等雜誌上，先後發表了《東方文明》《新時代女性》《丘八》《薩天師與東方朔》等雜文，形成了一個「薩天師」系列，而作於廈門的這一篇理應是這個「薩天師家族」中的一員。它和林語堂的其他「薩天師」雜文一樣：根據他所積累的全部思想資料和社會知識來解釋中國民族性的弱點，他從民族劣根性的方位切入，以魯迅為甚麼離開廈大為邏輯起點，抨擊整個民族精神中的糟粕部分。矛頭所指，不局限於廈大，對林文慶、劉楚青輩，甚至不屑一顧，連點名的興趣也沒有，這是一種宏觀式的社會批評和文化批判。

　　林語堂文章中所預言的「火柱」，果然出現了。

---

①　後來林語堂把他譯為「薩天師」。

　　魯迅要離開廈大的消息傳出後，竟惹出了不小的風波。原先，廈大以重金招聘名人，是出於多方面的考慮，其中自然也不排斥借名人的牌子做廣告來吸引學生的因素，這一招的效果很有成效，內地的一些學生聽說廈大名人雲集，就不遠千里，慕名求師而來。所以，學校方面怕魯迅這一走，失去了這一張宣傳廣告，因而執意挽留。而學生方面獲悉魯迅是被逼走的，十分憤慨，他們深知：如果學校不改革腐敗的風氣，所有南下的名教授都會被逼走。沈兼士走了，孫伏園走了，現在魯迅也要走，下一個又該是誰走呢？

　　於是，以魯迅的走為導火線，爆發了要求「改革」的學潮。1月7日，校園裡到處張貼著要求「改革」的標語，「重建新廈大」的呼聲，振聾發聵。

　　廈大的學潮，像狂風怒浪，掃蕩著腐敗的枯枝殘葉。魯迅去廣州的同時，理科主任劉樹杞懾於學潮的威力，也離開了廈大。於是，學潮的矛盾就直指校長林文慶。學生會把他告到省政府，教職員又要求廈大和廣州中心大學一樣，取消校長制，改革成委員制。林文慶坐不住了，急忙跑到南洋，向校董陳嘉庚告急。廈大群龍無首，人人自危，有人放空氣說，陳嘉庚性格剛愎，說不定一怒之下叫廈大停辦關門；又有人揣摩，林文慶從南洋回校後，一定要把林語堂攆走，因為，這次風潮的導火線雖然是魯迅的離開，但總根子還在林語堂身上，所以，陳嘉庚和林文慶絕不會放過林語堂的。

　　林文慶遠走南洋告急，林語堂也深知事態嚴重。學校當局不肯承認自身的腐敗，而把學潮的起因歸之於理科與文科的傾軋，這是意料之中的。現在，理科主任已經走了，林文慶在向陳嘉庚匯報事情的經過時，總得再找隻替罪羊出來，才好把自己的責任推卸得一乾二淨。因此，校內流傳著的種種「流言」，似乎也都「事出有因」，至少反映了學校當局的思維導向和輿論導向。

　　在這「流言」四起的時候，大家顯得人心惶惶，特別是由林語堂所引薦來的那批被當地人稱作「外江佬」的南下教員。顧頡剛表示要與林語堂同進退，如果林語堂走，他也絕不留下。而另一些人則積極做各種「應變」準備，心急的人甚至已經把林語堂走後的新班子組成名單擬定好了。他們等不及「牆倒」，就躍躍欲試地想

去「推」了。

　　目睹這鬼域塚國裡的各種醜惡表演，林語堂倒是處之泰然。因為，這時的廈大，已成為林語堂心目中的「討厭」的「大城」，他詛咒「這大城有禍！——而且我願意馬上看見燒滅他的火柱」。他已經準備好了退路。

第十章

在「寧漢對立」時來到武漢／目睹
了風雲變幻的時局／在「寧漢合
流」後離開武漢

國民政府外交部秘書

1927 年 3 月，林語堂離開廈門，乘海輪到上海，然後又在上海金利源碼頭轉乘江輪，沿長江溯流而上，到達武漢。

他是應武漢國民政府外交部長陳友仁的再三邀請而去那裡任職的。途經上海時，他去拜訪了蔡元培。當時，正處於「四一二」政變前夜，國內局勢錯綜複雜，瞬息萬變，寧漢對立的局面已十分明朗。蔡元培站在南京方面，所以勸林語堂留下，但林語堂卻仍舊照原計劃啟程了。

林語堂在武漢任外交部秘書的六個月，是他一生少有的「衙門」經歷。林語堂曾一再表示厭惡官場。有人說，正因為他生來不願做官，所以，一生只做了這六個月的「官」；也有人說，原先，林語堂也並不視仕途為畏途，而由於在武漢親身經歷了官場上的弱肉強食、明爭暗鬥以後，才使他極端厭惡官僚政客的嘴臉，下決心永遠脫離政治的漩渦。也許，這兩種說法的互相補充，才是比較完整的答案。且不說林語堂以後對做「官」有沒有興趣，這一次到武漢，卻是在中國政局大動盪大分化大組合的 1927 年 3 – 9 月之間，在國民政府最危急最困難的情況下，當了半年的「官」，或者按照習慣的提法，他「投入了革命的懷抱」。當時，革命的風暴席捲了整個中國大地。

1926 年 7 月 1 日，廣東國民政府發佈北伐宣言。7 月 9 日，國民革命軍正式出師北伐。那時，北方中國是在軍閥割據之下，奉系軍閥張作霖，擁兵二十五萬，控制東三省、津浦路北段，以及京、津地區；直系軍閥吳佩孚擁兵二十萬，經營湖北、湖南、河南、陝西東部和河北中部、南部；另一直系軍閥孫傳芳擁兵二十萬，盤踞在江蘇、安徽、浙江、福建、江蘇五省和上海市。1926 年 7 月 14 日，國民黨公佈《北伐出師宣言》，指出帝國主義和封建軍閥是中國和平統一的障礙，是中國人民一切苦難的總根源。

北伐軍勢如破竹，但在戰場上的捷報後面，在勝利的凱歌聲中，互爭革命領導

權的鬥爭，已經到了緊要的關頭。北伐軍攻克武漢後，廣州的國民黨中央決定遷都武漢，鮑羅廷、宋慶齡、陳友仁、孫科、宋子文、徐謙等到武漢考察，為遷都做準備。1927 年 1 月 1 日，國民政府正式在武漢辦公，但就在這時，曾經力主遷都武漢的國民革命軍總司令蔣介石反對遷都武漢，提出遷都南昌，並截留了由廣州往武漢途中的國民政府代主席譚延闓和國民黨中央常委會代主席張靜江。在蔣介石策劃下召開中央政治會議臨時會議，會上決定國民政府和中央黨部改遷在他的總司令部行轄所在地南昌。經過尖銳複雜的政治較量，3 月上旬，國民政府代主席譚延闓和一部分中央委員由南昌到達武漢。

　　林語堂就是在這動盪的 3 月到達武漢的。他抱著為國民革命服務的滿腔熱忱投向革命。一下江輪，只見滿街都是擁護三大政策的標語，武漢政府管轄的湘鄂贛三省的工農運動，還在繼續高漲。經過外交部長陳友仁的多次交涉，國民政府收回了漢口、九江的英租界。後來，許多人都忽略了一個歷史事實：當年，林語堂在外交部的地位僅次於陳友仁（因為第一次國共合作期間，部長下面就是秘書。所以，秘書的職權相當於後來的次長或副部長）。

　　污穢的風吹破了林語堂那充滿幻想的肥皂泡：昨天是盟友、兄弟，親如一家，把最肉麻的話廉價地贈與對方；今日反目成仇斧鉞相加，慘無人道的殺戮成為赫赫的戰功。林語堂作為武漢國民政府的高級官員，在這瞬息萬變的時代狂瀾中，心靈受到了強大的衝擊。他弄不清楚，也不想弄清楚其中的是非曲直。但是他沒有喪失對美醜的鑒別力，依然保持著自己的愛恨觀。他憎恨醜惡的現實，讚揚宋慶齡在時代漩渦中所表現出來的大無畏精神。在寧漢合流的大潮面前，敢於做中流砥柱的，不是趄趄武夫，而是這位偉大的女性。7 月 14 日，也就是武漢國民政府決定「分共」的時刻，有影響的名人中，唯有宋慶齡敢於挺身而出，力排眾議，發表了《為抗議違反孫中山的革命原則和政策的聲明》。宋慶齡的反潮流精神，給林語堂留下了不可磨滅的印象，成為他終生敬仰的偉大女性。他説：「她（指宋慶齡）是我所奉為中國女界第一人，無論從她是革命者，抑或是受現代教育的婦女，抑或是自然而生的女

性，也不論從中國的或外國的標準來看。」^①所以，五年後，宋慶齡在上海組織「中國民權保障同盟」時，已經不願介入政治的林語堂，竟也毅然投到宋慶齡的麾下，成為「同盟」的發起人之一。

　　但宋慶齡的抗議未能阻擋寧漢的合流。武漢的形勢日益嚴峻。7 月 29 日，漢口全市戒嚴，湖北省總工會被解散，《工人日報》被勒令停刊。7 月 30 日，何鍵在漢口逮捕共產黨人，僅市黨部被捕者即達百餘人，重要人員都被槍殺。8 月 3 日，武漢國民黨中央下令各軍制裁共產黨。8 月 7 日，汪精衛在國民黨湖北特委會臨時宣傳大會發表演說，號召要和共產黨決一死戰。8 月 8 日，武漢國民黨中央執行委員會決定清查共產黨，規定：著名的共產黨人應由軍警嚴格監視，如有「反革命」行為，應即拿辦；有共產黨嫌疑者，三日內登報聲明反共；既不退出，又不聲明脫離共產黨者，以「反革命」論。一時間，有的聲明退黨，有的自首變節，有的搖身一變成為屠夫。

　　1927 年 9 月，南京、上海和武漢三方面的國民黨代表，在南京召開國民黨中央執監委員臨時聯席會議，成立國民黨中央特別委員會，以蔣介石下野為條件，促成了國民黨寧、滬、漢大聯合，宣告國民黨的統一完成，武漢的國民政府機構遷往南京（然而，經過幾個月的明爭暗鬥，擁蔣復職聲浪又起，1928 年 1 月，蔣介石又重掌大權）。

　　寧漢合流的同時，林語堂結束了他的六個月的「官場」生涯。武漢所發生的各種事件，像刻在石頭上的圖案那樣，在他的思想信息庫中留下了永恆的記憶。大起大伏的時代激流使整個社會遭到空前的震蕩和急遽的分化。魯迅曾坦率地承認這時代激流的強勁的衝擊波「轟毀」了他的「思路」，其實，「思路」被「轟毀」的又何止魯迅一人，林語堂的「思路」也是在那時被「轟毀」的。然而林語堂卻從此走上了與魯迅不同的方向。

---

① 《林語堂自傳》。

　　林語堂剛去武漢時，兩湖工農運動還處在高潮期間。他看見街上掛著紅帶子的工人糾察隊，工會、農會都可以罰款、捕人、打人、判決，捉人戴高帽子遊街和槍斃「土豪劣紳」的事件也屢見不鮮。這使滿腦「法治」的林語堂大惑不解，因為，林語堂是帶著「滿以為中國的新日子已經曙現」[1]的幻想投身革命的。轉眼間，「分共」「清黨」開始，成千上萬的工農被捕殺，血流成河，屍骨成山，林語堂更是目瞪口呆。這風雲劇變的現實，使他暈頭轉向，翻雲覆雨的政治動盪，使他看透了也看穿了，終於由失望到絕望，「對革命深感厭倦」[2]。

　　「決不做政治家」[3]！這是林語堂躋身官場六個月的體驗和教訓，形成了一種思維定式，貫穿了他的一生。由於他既不肯用共產黨的階級鬥爭觀點，也不願用國民黨的「清黨」立場來解釋眼前事變，所以，他的結論只能是從此視政治為吃人的遊戲，沒有吃人的勇氣和吃人的本領，就不要去做官。他認為當官「屬於肉食者」的職業，而他天性「屬於吃植物的」，[4] 所以不適宜從政。他發誓不再當官，無論是好官、壞官、清官、貪官。從此，林語堂不分青紅皂白地把一切政治都視為吃人的怪獸，像「斯芬克司」一樣，他不再想嘗試這種危險的遊戲。

　　1927 年 9 月，他辭去了外交部秘書和由他兼任的《中央日報》英文副刊主編的職務。林語堂之所以辭職，一方面是由於「對革命深感厭倦」，不想再從政了；另一方面，客觀上是想幹也幹不成了，因為，1927 年 8 月，武漢國民政府遷移到南京，一下子就敲碎了許多政府官員的飯碗。

　　告別不堪回首的武漢，林語堂如釋重負，然而，到哪裡去呢？廈大是回不去了。北大也回不去了，因為 1927 年 8 月 6 日奉系軍閥張作霖頒佈《大元帥令》，下令取消北京大學，把北大和北京其他高等學校合併成「京師大學校」，由教育部長劉哲兼校長，北京學界正在白色恐怖之中……林語堂到哪裡去呢？

---

[1][2]　林語堂：《八十自敘》。
[3]　林如斯等：《吾家》。
[4]　《林語堂自傳》。

第十一章

追隨蔡元培先生

從武漢到上海 / 重逢魯迅 / 受到蔡
元培器重 / 深受學生愛戴的英文
教授

生來酷愛個性自由的林語堂，選定了上海作為他新的探險歷程的出發點。在近代中國，上海一向是社會大動盪的避難所。因為那時的租界有治外法權、領事裁判權等列強所強加於中國的不平等條約，使租界成了不受中國法律制約的國中之國。而中國的政治流亡者，戰禍的逃難者，失意的政客，敗軍之將，乃至被通緝的罪犯、盜賊，統統利用了租界的這種殖民地性質，把它當作自己的避難所。近百年來，每逢發生內戰或動亂，江南富家士紳，內地財主，都紛紛到上海租界避難。

1927 年國共分裂以後，屠殺的血浪染紅了中國大地。北伐戰爭時期，各地所湧現出來的一大批工農運動的積極分子，現在成了南京政府捕殺的對象。1926 年前後參加北伐戰爭的「左傾」作家，如創造社的郭沫若、成仿吾、郁達夫、馮乃超、李初梨、彭康、鄭伯奇、王獨清等和共產黨員作家瞿秋白、周揚、潘漢年、蔣光慈、錢杏邨、楊邨人、樓建南等人，都先後亡命他鄉。那些投筆從戎的教授、作家，也已從昨日的風雲人物變成了今日的通緝犯。其中相當一部分人都在 1927 年下半年來到上海。由於「他們從血的地獄裡闖出來，火氣太旺，不但毒咒屠殺他們的敵人，並且惡罵一切旁觀的人，甚至同情他們、只因見解稍有歧異的人。」[①] 所以，他們的棄政從文，棄軍從文，給上海文壇以至整個中國文壇注入了濃烈的火藥味，影響是深刻而複雜的。除了這批在血與火的戰場上退下來的文人之外，北京的文人，或為逃避張作霖的迫害，或為生計，也都紛紛聚集上海。

這時的上海，已成為中國知識界的又一次大遷徙中的「中轉站」或落腳點。新文學陣營方面有影響的《小説月報》《語絲》《新月》《文學週刊》《洪水》等也都在上海編輯發刊，新文學運動的重心已從北京轉移到了這裡，中國新文學運動的「第二個十年」開始了。

---

① 司馬長風：《中國新文學史》。

　　1927 年 9 月，驚魂甫定的林語堂，帶著一顆到「異地探險」的童心，來到了上海。在對事業的追求上，他永遠是一個童心不滅的探索者。但他並沒有腰纏萬貫的本錢，可以到上海來當寓公。這個對世界充滿好奇心的精神探險者的全部家當，就是他手中的那一支筆。當過教授、學者、文科主任、英文副刊編輯，又做過政府高官的林語堂，這一次竟在三百六十行中選擇了最自由的一個行業 —— 自由職業者 —— 他準備當專業作家，以寫作為生。10 月 3 日晚上，儀容端正，頭髮整齊的林語堂，戴著一副金絲邊眼鏡，西裝革履，興衝衝地來到愛多亞路長耕里（今延安東路 158 弄）的共和旅館裡。問過茶房，林語堂就被引到二樓的一間木結構房間裡，林語堂一進門，魯迅就趕緊站起來迎接……

　　原來，魯迅和許廣平也到上海來了。他們是 9 月 27 日由廣州鴻安旅店出發，登上太古輪船公司的「山東號」，經過香港、汕頭，在海上航行了五天，於 10 月 3 日午後，在上海太古碼頭下船，就近住在這家設備較好的旅館裡。魯迅不願驚動別人，除三弟周建人之外，就只通知林語堂和孫伏園兄弟等最親近的朋友。林語堂聞訊後立即前去拜訪，成為魯迅到上海後所接待的第一批朋友。

　　這兩位《語絲》戰友，自從廈門一別，已經有九個月沒有見面了。當晚，暢談到深夜。第二天上午林語堂又來拜訪，中午，由孫伏園兄弟做東，請大家到「言茂源」吃午飯。飯後，魯迅、許廣平和林語堂等人又一起去合影留念，這是魯迅到上海後的第一張照片。

　　這張六人合影，就是社會上盛傳的魯、許的「結婚照」，參加者都是魯迅最親近的人。除許廣平外，周建人是親兄弟，孫伏園是魯迅任山會初級師範學堂監督時的學生，孫福熙是孫伏園的弟弟，上海北新書局編輯，為魯迅設計過《野草》和《小約翰》的封面，而林語堂作為合影者之一，足以表明林語堂和魯迅非同尋常的關係。照片上前排自右至左，坐著魯迅、許廣平、周建人；後排站著孫伏園、林語堂、孫福熙。但是，在 1977 年 3 月出版的《魯迅》畫冊中，站在許廣平身後的林語堂和孫福熙兩人被塗去了。

　　林語堂和魯迅，都是在思路被「轟毀」的情況下來到上海的，而且都決定以寫作

前排右起：魯迅、許廣平、周建人；後排右起：孫伏園、林語堂、孫福熙

為生，做自由職業者。這一選擇，曲折地反映了相似的遭遇為他們造就了一種共同
的心態。但在具體到寫甚麼和怎麼寫的選擇上，林語堂與魯迅既有相同的一面，也
有相悖的一面。相同的是，《語絲》精神仍在他們的藝術血液裡流動著；不同的是，
林語堂把《語絲》提倡的「自由思想，獨立判斷」強化為在政治上不左不右的中間路
線。到了上海以後的林語堂已不再像《語絲》時代那樣「無所顧忌」地反抗「一切專
斷與卑劣」了，而是強調藉助「幽默」的外殼來曲折地表現自己的不滿和反抗。而魯
迅到上海後，則把《語絲》時期一般性地「對於一切專斷與卑劣之反抗」，提高到階
級鬥爭和政治鬥爭的高度，在馬克思主義世界觀的指導下，把自己的筆作為革命鬥
爭中的「匕首」和「投槍」。因此，文學對於魯迅來說，這時已經變成階級的「齒輪」

和「螺絲釘」，而對林語堂來說，文學只是個人的事業。這一深刻的分歧，注定了他們的友誼──不管曾是多麼親密無間──必定難以善始善終。所以，在林、魯的分手問題上尋找個人的責任（許多人已為此耗費了大量的精力），顯然是沒有多大意義的，因為，偶然性的事件是改變不了必然性的進程的。

　　寧漢合流以後，國民黨在南京建立了中央政府。南京政府效仿當時法國的教育制度，成立大學院代替教育部的部分職能。1927 年 11 月，蔡元培被任命為大學院第一任院長，同時成立中央研究院，亦由蔡元培兼任院長。

　　林語堂深受蔡元培的器重，被聘請為研究院的英文編輯，兼任該院的國際出版品交換處處長。實際上是蔡元培的英文秘書，月俸三百元，相當於一個有名望的大學教授的工資。這是一個十分清閒的工作。

　　蔡元培給林語堂的這份差使使林語堂的生活有了保障，但他也並不是唯一的受惠者，因為蔡元培同時還聘請魯迅、江紹原等為大學院的特約撰述員，月俸也是三百元。林語堂非常佩服蔡元培。前清進士出身的蔡元培，當過翰林院的翰林，與孫中山先生關係密切。蔡元培曾留學法國、德國，在國民黨元老中，是一個「西方通」。「五四」前夜，他擔任北京大學校長，把北大變成了民主精神的搖籃。他言行一致地提倡學術自由，邀請新舊各派著名學者到北大任教：一方面為陳獨秀、胡適、李大釗、魯迅等新青年派敞開了大門，另一方面也聘用舊派名儒劉師培、黃侃等人，連始終留著辮子忠於清室的辜鴻銘，也沒有拒之門外。蔡元培平易近人，說話總是聲音柔和，待人謙和溫恭，在林語堂眼裡他是一位溫文爾雅的長輩。他家在上海愚園路，離林語堂家很近，所以每天早晨兩人同乘一輛小汽車上班。林語堂性格開朗，一路上總是談笑風生，每逢林語堂侃侃而談地發表自己的各種見解時，蔡元培都是很客氣地說：「是是，你的說法不錯。」

　　「中央研究院」所屬的國際出版品交換處在上海亞爾培路三百三十一號（現為陝西南路一百四十七號）辦公。這是一幢坐北朝南的磚木結構的二層樓的花園洋房。樓前有草坪，四周有圍牆。鐵欄桿的大門上方是一個橋形的門框邊，上面掛著「國

立中央研究院」七個大字。實際上，這裡只是「中央研究院」在上海的一個機構，但因為蔡元培的院長辦公室設在這裡，所以就堂而皇之地亮了「中央研究院」的牌子。大門的一邊是汽車庫，進入樓房，迎面便是一個小廳，東側有一大間放有沙發、收音機的休息室，也做會議室。後來，中國民權保障同盟成立後，不少重要會議都在此舉行。從樓梯上去，二樓東側的一大間就是院長辦公室，蔡元培、楊杏佛等都在這裡辦公。林語堂的辦公室也在二樓，是一間極小的房間，裡面放滿了他收藏的元明善本書。

林語堂每天上午去亞爾培路辦公，下午就閉門讀書。林語堂的生活極有規律，井井有條，他拘謹嚴肅又才氣橫溢，卻又不是放浪不拘，更沒有世紀末的頹廢情調。人們讀過他的閒適小品文後，往往有一種誤解，認為他就是生活在小品文所描寫的那種閒適的境界之中。比如，他宣傳「點卯下班之餘，飯後無聊之際，揖讓既畢，長夜漫漫，何以遣此。忽逢舊友不約而來，排闥而入，不衫不履，亦不揖讓，亦不寒暄，由是飲茶敘舊，隨興所之，所謂或晤言一室之內，或因寄所托，放浪形骸之外，雖言無法度，談無題目，所言必自己的話，所發必自己衷情。夜半各回家去，明晨齒頰猶香」。在上海時的林語堂是無緣享受如此閒情逸致的。因為他平常不喜歡同朋友隨便來往，也不歡迎不速之客去串門聊天。他把空餘時間幾乎全部花在閱讀古今中外的各種著作上。他實踐了「書山有路勤為徑，學海無涯苦作舟」這句中國的格言。

1928 年 9 月，林語堂應上海東吳大學法律學院院長吳經熊之邀請，兼任英文教授一學年。他教英文有一套與眾不同的教學方法，凡是上過他的英文課，對他的特別教授法，都印象深刻，終生難忘。

那時的大學生常有逃課現象，學校當局則以點名來維持校紀。可是，林語堂上課從不點名，悉聽學生自便。因為他認為高明的教員自然會吸引學生，他自信自己的學識和教學方法，能夠比點名更有效。事實果真如此，林語堂的課，雖不點名，但同學沒有缺課的。而且，外班的學生還常常來旁聽。所以，只要林語堂上課，教室總是擠得滿滿的，座無虛席。

考試是評定學生成績的一種手段，這是誰也無法否認的。但林語堂的英文課，卻不舉行任何形式的考試（包括學期內或學期終的考試）。可是，到期末，每個學生照樣有分數，而且他的計分標準，十分科學，同學們個個口服心服。他雖不舉行死板的命題考試，但每次上課，實際上都在進行非正式的考試。每堂課上，他都隨時指名提問，或讓學生互相對話，這就是他對同學的測驗、訓練，也是考試。他更鼓勵同學自由發問。這樣，學期結束以前，他對每個學生的程度和學力，都已有了準確的估計。林語堂的記憶力很好，全班一百二十餘人，上了三五堂課以後，幾乎能認識一半，見面時能直呼其名。有時，對個別學生的功課情況沒有十分把握，也決不隨意打分數，而是請他們到講台前，略為談上幾句，然後定分。這種定分方法，可謂奇特，但學生個個服氣。據當年的學生回憶：「其公正的程度，還超過在一般用筆試命題來計分的方法之上。」[①] 實際上，這樣的打分方法，不是一般教員都可能使用的，因為除了學識上的條件外，教員必須為人正直，絕不徇私，否則，根據教員個人好惡任意評分，也就亂了套。

　　林語堂曾多次以受害者的身份，控訴現代教育制度和方法的各種流弊，呼籲改革。東吳大學的英文課堂就成了他改革教授方法的實驗室。他教英文，從不採用呆板的填鴨式或注入式，上課時，他總是笑顏常在，從不擺出教育家的派頭。他在課堂上自由自在，笑話連篇，使同學們情緒輕鬆。他自己則「有時坐在講桌上，有時坐在椅子上，雙腳放在桌上」，邊講邊談。為增進同學的理解和會話能力，他總以英文講解。採用的教本是從報刊上摘錄下來的文章編成的《新聞文選》，這些文章都生動有趣，實用。講解時，他從不一句一段地灌輸，往往選擇幾個意義似同而實際不相同的英文字詞做詳細比較演繹。比如：中文的「笑」字，在英文中有許多詞，例如，大笑、微笑、假笑、癡笑、苦笑等。「哭」字也有種種不同的詞，有大哭、假哭、飲泣、哀泣等，諸如此類，他會一一指出異同，並由同學當場造句，或課外做習題。像這樣的啟發式的教法，充分引導學生的思路，擴大信息量，使學生能觸類旁通，

---

① 本書有關林語堂在東吳大學的資料，全部來源於薛光前《我的英文老師》。

舉一反三，受益無窮。

　　雖然，林語堂是一位深受學生愛戴的教授，但他在東吳大學也只教了一學年，
這是他在上海十年中的唯一的執教經歷。

第十二章

《剪拂集》：對《語絲》的懷念/《子
見南子》掀起軒然大波

《剪拂集》和《子見南子》

在北京的《語絲》週刊，由於不願意在有權者的刀下頌揚權威，並奚落其敵人來取媚，所以，它逃過了段祺瑞們的撕裂，但最終卻被奉系軍閥頭子張作霖禁止、停刊。發刊《語絲》的北新書局也遭到封閉。1927 年 10 月 22 日出版的《語絲》第 154 期，就成為該刊在北京出版的最後一期。

然而，《語絲》同人們並沒有因此而放下手中筆，1927 年冬，《語絲》編輯部遷到上海，由魯迅親自主編。1927 年 12 月 17 日，上海北新書局出版了《語絲》4 卷 1 期，這是該刊首次在上海印行。這一期的篇幅增加到 96 頁。1928 年 12 月，魯迅推薦柔石接替自己編輯《語絲》。1929 年 9 月，又改由李小峰編輯，到 1930 年停刊。

北京《語絲》的「急先鋒」林語堂，仍是上海《語絲》的中堅力量。誠然，這時的現實環境已不允許他像從前那樣「任意而談」（或者說，任意而「罵」）了，他的文風正從「語絲文體」向著「論語格調」過渡。1928 年 12 月，《剪拂集》的出版，對林語堂來說是一次反思。幾十萬人頭落地的殘酷事實，使他增長了「見識」。回顧「三一八」慘案時，自己曾拍案而起怒斥劊子手的往事時，他故意用「反話」來責怪自己當年的「幼稚」。林語堂不再想做無謂的犧牲，他也沒有忘記，把自己的「經驗」告訴那些後來的青年：

……時代既無所用於激烈思想，激烈思想亦將隨而消滅。這也是太平人所以感覺沉寂的原因。

有人以為這種沉寂的態度是青年的拓落，這話我不承認。我以為這只是青年人增進一點自衛的聰明。[1]

---

① 林語堂：《剪拂集·序》。

上述這段文字表明，1927 年的嚴酷事實，迫使林語堂由任意而「罵」轉變為「寄悲憤於幽默」了。與《語絲》時代相比，林語堂在「清黨」事件以後所寫的文章中，更多地使用反語、雋語、曲筆、影射等，如果不注意他在文風上的這一顯著的轉變，就很可能會完全誤解他的原意。比如，他說：

頭顱一人只有一個，犯上作亂心志薄弱目無法紀等等罪名雖然無大關係，死無葬身之地的禍是大可以不必招的。至少我想如果必須一死，來為國犧牲，至少也想得一班親友替我揮幾點眼淚，但是這一點就不容易辦到，在這個年頭。所以從前那種勇氣，反對名流的「讀書救國」論，「莫談國事」論，現在實在良心上不敢再有同樣的主張。如果學生寄宿舍沒有電燈，派代表去請校長裝設，這些代表們必要遭校長的指為共產黨徒，甚至開除，致於無書可讀，則寄宿舍代表愚見亦大可以不必做，還是做年輕的順民為是。校事尚如此，國事更可知了。這一點的見解是於「莘莘學子」實在有益的。[1]

有人說，上述文字是林語堂貪生怕死的自白。—— 其實，這是林語堂用反語抨擊了無情的屠殺和鎮壓，同時也告誡人們不要做無謂的犧牲，要死得有價值。有人說，上述文字是林語堂當眾宣告自己要做「順民」。—— 其實，這是他用反語諷刺了那種草木皆兵的政治恐怖氣氛。這哪裡像一個「順民」的口氣，只有不願做順民的人，只有不怕頭顱落地的人，才會在這種隨時可能招來殺身之禍的時刻，還敢於出來用反語說幾句不滿和反抗的話。敢於把矛頭直接對準社會現實 —— 而不是對準文人內部 —— 除了魯迅之外，寥若晨星。林語堂能夠不避風頭、不沉默，實在是難能可貴的了。

林語堂的上述文字是為《剪拂集》所寫的序言。集子收集了他 1924–1927 年間發表於《語絲》《莽原》等刊物上的 27 篇文章。由於時過境遷，林語堂覺得這明日黃

---

[1]　林語堂：《剪拂集‧序》。

花更有保存的必要，就像生活在齷齪的城市中的居民，嚮往野外明媚的春光；就像太平時代寂寞的百姓，追思往昔戰亂時的槍聲一樣。林語堂說：

> ……勇氣是沒有了，但是留戀還有半分。遠客異地的人反要做起剪紙招魂無謂的舉動；南下兩年來，反使我感覺北京一切事物及或生或死的舊友的可愛。魂固然未必招得來，但在自己可得到相當的慰安，往日的悲哀與血淚，在今日看來都帶一點渺遠可愛的意味。所以我只把這些零亂粗糙的文字，當做往日涉足北京文壇撮來的軟片。……雖然還是粗拙得很，卻也索性粗拙為妙。這就是我所以收集保存它的理由。或者因為所照的學者名流，當日雖是布衣，現在都居榮官顯職，將來一定還要飛黃騰越，因而間接增加這些他們布衣時代的遺影的價值，也是意中事吧？

如果林語堂真的沒有「勇氣」了，那他就應輟筆停耕，或者改作一些趨炎附勢的文字。可是，他一面聲言「勇氣是沒有了」，一面又立即掉轉筆鋒，狠狠地刺了「現在都居榮官顯職」的那些當日的「正人君子」們。這哪裡像是沒有勇氣？出版反抗專斷與卑劣的《剪拂集》，本身就是有勇氣的表現。而該書的編選眼光，更是有勇氣的證明。全書收有 27 篇文章，另有一張林語堂所繪製的漫畫《魯迅先生打叭兒狗圖》和侯兆麟的一封信，入選文章都是充滿火藥味的浮躁凌厲之詞。不僅入選標準如此，而且在編排上也體現了林語堂的思想：他打亂了時間的順序，不按照寫作時間先後來排列，作於 1925 年 12 月 28 日的《祝土匪》列為卷首，而作於 1924 年 6 月13 日的《論泰戈爾的政治思想》排在最後第 27 篇。可見林語堂是根據內容的需要，把《祝土匪》作為開卷文章，這不僅是對《語絲》戰績的追思，也是對「土匪」的戰鬥精神的讚美，等於是驕傲地向世人宣告，林語堂仍是一個「土匪」！把《剪拂集》這樣的「叛徒」的宣戰書當作是「順民」的自白，顯然是對林語堂的誤解，或者說是歷史本身的誤會。

1928 年 6 月，魯迅與郁達夫合編的《奔流》月刊在上海創刊。同年，林語堂的

「獨幕悲喜劇」《子見南子》在《奔流》1卷6期上發刊後，曾在社會上引起了一場軒然大波。

《子見南子》作於1928年10月30日，是林語堂一生唯一的戲劇創作。劇本根據《論語》和《史記》中的歷史資料改編而成，是一齣新編歷史劇。

《子見南子》誕生於社會上尊孔復古的潮流又開始回潮之際。站在新文化陣營一邊的林語堂痛恨復古思潮，尤其痛恨借孔子的旗號來復古，因為，根據林語堂的孔子觀：孔子是一個近乎人情的幽默家，而不是一個乏味的一本正經的老夫子。

孔子的學說作為儒家的經典，在中國流傳了幾千年。孔子作為儒學的祖師爺，在中國思想史上曾享有至高無上的地位——天地君親師——孔子成了偶像。所以，歷代文人都是從仰視的角度來觀察自己的祖師爺的。經過歷代文人的加工化裝，孔子已經變成了一個半神半人的先知先覺。

而林語堂卻強調從「人」的角度切入孔學研究，他一生寫過許多有關孔子的專題文章，並且第一個把《史記》中的《孔子世家》翻譯成英文。林語堂的《子見南子》是他的「孔子觀」的形象說明和藝術外化。發表以後引起了尊孔派的強烈反響。這一社會效果所造成的思維導向使人們總是認為這齣新編歷史劇是反孔的，是借古諷今。實際上，林語堂並不反孔，他所嘲諷和揶揄的不是幾千年前的孔子，而是20世紀20年代中國社會的封建遺老，藉以譏刺當時的尊孔讀經的復古思潮。對於孔子本人，林語堂從來也沒有採取過一棍子打死的態度，他只是否定了孔子「儒冠儒服，遊說乞貸，開天下後世文人依附軍閥的惡例」[1]這一面。總的來說，林語堂對孔子頗有好感，因為他從孔子身上發現了幽默在中國古代文化中的「根」。

自從1924年五六月間，林語堂在《晨報副刊》上首先把humour翻譯成幽默之後，他一直在尋找幽默在中國的「根」，他從老子、莊子、孔子、孟子等人身上發現了中國幽默的源頭，認為《論語》《韓非子》和《詩經》裡頭，有「天字第一號的幽默」。他以一個學者的勇氣，大膽地從幽默的角度切入了對孔子個性的研究，後來，經過

---

[1]　林語堂：《關於〈子見南子〉的話——答趙譽船先生》。

幾十年的勞動，林語堂終於成為一個有獨特見解的孔學家，而《子見南子》正是這位孔學家的起點。

《子見南子》通過藝術形象告訴讀者：林語堂的孔子觀的核心是反對被宋儒歪曲得面目全非的孔子，恢復孔子的本來面目。也許，20世紀20年代末復古和反復古之間的激烈的思想交鋒，逼得當時的讀者只能首先從思想鬥爭的角度去評價《子見南子》的價值，而無暇細細咀嚼作品中包含著的林語堂的獨特的孔子觀。長期以來，人們幾乎眾口一詞地認為，《子見南子》的價值，在於它是新文化陣營方面的一聲吶喊，是反復古的戰績，而忽略了劇本在孔學研究上的意義，它標誌著一種標新立異的孔子觀的誕生，這是孔子研究中的一條新路。

《子見南子》的發表意味著一種嶄新的孔子觀的發軔，在劇本發表以後的近半個世紀中，林語堂又陸續發表過數十篇有關孔子的文章。力圖恢復孔子的血肉之軀，展現孔子豐富多彩的情感世界，還孔子的本來面目——這是林語堂的孔子觀的思維中心，也是《子見南子》和其他孔學文章的文眼。而對於《子見南子》來說，最值得稱道之處是把孔子從九天之上接回人間，讓人們看到了一個有七情六慾的孔子，一個作為「人」的孔子。

林語堂將衛靈公夫人南子召見孔丘的史實，衍化成一齣新編歷史劇。劇中的孔子是準備到衛國來實現自己的政治理想的。但是，衛國能否接納孔子及其理想，關鍵不在衛靈公而是南子，這就構成了孔子和南子無法迴避的正面接觸。孔子見南子是為興樂復禮，所以言必稱古昔帝堯文武周公。可是，年輕美貌、放任瀟灑的南子，對孔子的復古理想不感興趣。她平時的舉止言行與孔子所推崇的周公之禮不合者頗多。現在，她的「熱點」是要創辦一個「文藝研究社」，實踐「男女交際之禮」。南子的唯情主義觀點，自然是孔子所無法接受的，但孔子在她的宏論面前，實在難以堅持己見。請看兩人的一段對話：

南子：……甚麼男女有別的話，在事實上，是否偽托古制，我實有點懷疑，在理論上，我也絕難承認。你說這個意思對不對？

孔丘：（被這一場大議論岔住，如雷貫耳，正在驚服）aw……aw……aw！

南子：先生你想如何，對不對？

孔丘：（不得已的）男女有別，這是三代相傳，周公制定的。

南子：這個男女合組「六藝研究社」的辦法，先生以為穩妥嗎？

孔丘：（笑著）茶點一定好的！（又沉默著）

南子：衣冠呢？

孔丘：也當然齊整一點。

南子：（沉吟的）啊！我有時候想，飲食衣冠，就是人生的真義。比方雍渠她一生給我端茶，你試想她的人生的真義是端茶呢，還是她自己飲食衣冠呢？所以我想如果飲食衣冠能有相當的滿足，人生的真義也就充實一點。

孔丘：（讚歎的）子南夫人，我想不到女子也有這樣精到的議論與高超的見解。不過「飲食衣冠」四字，應該改為「飲食男女」。

南子：那末六藝社先生可贊成了吧？

孔丘：（感覺新的興味）有夫人主其事，我自當遵命。但是恐怕士女之間時或有越禮之事，要請夫人防範才是。

南子：你又來了。我想飲食男女，就是人生的真義，就是生命之河的活源。得著這河源滾滾不絕的灌溉，然後人生能暢茂向榮。男女關係是人生之至情，至情動，然後發為詩歌，有詩歌然後有文學。先生聽見過我們衛國的詩歌嗎？

　　劇中的南子以「唯情」的武器，解除了孔丘的思想武裝，孔子的甲冑——周公之禮，擋不住南子的「唯情」的利劍。孔子只得如實告訴子路：「不濟事了，聽天由命吧！」準備來衛國宣傳自己主張的孔丘，這時已被南子逼進死角，不得不「暫時敷衍一下」。一方面是被迫「敷衍」節節敗退，另一方面卻乘勝追擊，特別是當南子親自與歌女們彈唱起舞時，孔子和子路都進入了情不自禁的境界。最後，南子與歌女合舞，將孔子師徒等人包圍……舞畢，孔子似乎不是原來的孔子了，而子路也不像原來的子路了。結尾時的那一段對話是十分有趣的：

子路：夫子的意思如何，可以留在衛國吧？

孔丘：（所答非所問的）如果我不是相信周公，我就要相信南子的。

子路：那末，夫子可以留吧？

孔丘：（堅決的）不！

子路：因為南子不知禮嗎？

孔丘：南子有南子的禮，不是你們所能懂的！

子路：那末為甚麼不就在這裡？

孔丘：我不知道，我還得想一想……（沉思著）……如果我聽南子的話，受南子的感化，她的禮，她的樂……男女無別，一切解放，自然……（瞬間現狂喜之色）……啊！（如發現新世界）……不（面色黯淡而莊嚴），不！我走了！

子路：哪裡去？

孔丘：不知道。離開衛，非離開不可！

子路：夫子不行道救天下百姓了嗎？

孔丘：我不知道。我先要救我自己。

　　南子的禮征服了孔子所信仰的周公的禮！劇本生動地描寫了孔子在情與理的衝突中不知所措，在南子的「禮」和周公的「禮」之間動搖了。孔子既無法抵禦南子的「禮」，又不願背叛周公的「禮」，為迴避矛盾，他不得不離開南子，離開衛國。結尾不僅引人深思，而且回味無窮——如果孔子不離開衛國，將會發生甚麼？

　　客觀地說，《子見南子》沒有「侮辱」孔子的意思。林語堂不過是企圖用藝術形象來展現孔子性格的豐富性而已。劇本的「亮色」在於：藝術地表現了林語堂心目中的那個孔子——至於《子見南子》中的孔子是否真實地再現了作為歷史人物的孔子，那是另外一回事了。劇中的南子，是林語堂所創造的戲劇形象，南子雖然穿著古裝衣衫，卻體現了現代摩登婦女的性靈，尤其是約見孔子時的那種撒嬌的神態，是完全現代化的，與歷史上的那個南子已不可同日而語。

　　劇本刊出後，各地學校爭相排演，當那個經過林語堂改造的孔子走上舞台時，

觀眾耳目一新。而尊孔的復古派氣得直跳腳。因為，復古派認為劇情不倫不類，特別是突出孔子的幽默性格這一層，簡直是對祖師爺的大不敬。在上海初演時，尊孔派就議論紛紛。1929年6月8日，劇本在山東省立第二師範學生會的遊藝會上演出後，終於引爆了地雷。一場席捲教育界、文化界、新聞界等社會各界的大風波爆發了。不僅波及南京政府，而且還使一位校長敲掉了飯碗。

　　這位因此而倒霉的校長就是山東省立第二師範的校長宋還吾。第二師範在孔子的老家曲阜，校址在孔廟與衍聖公府的包圍之中。宋還吾受業於新文化運動的發祥地北大，平時，他便支持新文化，反對舊文化。

　　「孔丘為中國第一罪人」；

　　「打倒孔老二」；

　　「打倒舊道德」；

　　「打破舊禮教」；

　　「打破民可使由之不可使知之的愚民政策」；

　　「打倒衍聖公府輸資設立的明德學校」。

　　上述內容的口號不僅呼喚於遊行隊伍之中，還經常出現在學校和孔廟的牆上。早在《子見南子》演出之前，新舊文化雙方早已劍拔弩張。

　　《子見南子》演出後，孔傳堉等曲阜孔氏六十戶族人聯名控告山東省立第二師範學校校長宋還吾，呈請教育部查辦。呈文說：

　　詎於本年6月8日該校演劇，大肆散票，招人參觀，竟有《子見南子》一齣，學生抹作孔子，丑末角色，女教員裝成南子，冶豔出神，其扮子路者，具有綠林氣概。而南子所唱歌詞，則《詩經·鄘風·桑中》篇也，醜態百出，褻瀆備至，雖舊劇中之《大鋸缸》《小寡婦上墳》，亦不是過。凡有血氣，孰無祖先？敝族南北宗六十戶，居曲阜者人尚繁夥，目見耳聞，難再忍受。加以日賓犬養毅等昨日來曲，路祭林廟，侮辱條語，竟被瞥見。幸同時伴來之張繼先生立催曲阜縣政府飭差揭擦，並到該校講演，指出謬誤。乃該校訓育主任李燦垿大肆惱怒，即日招集學生

訓話，謂犬養毅為帝國主義之代表，張繼先生為西山會議派腐化分子，孔子為古今中外之罪人。似此荒謬絕倫，任意漫罵，士可殺不可辱，孔子在今日，應如何處治，係屬全國重大問題，鈞部自有權衡，傳埰等不敢過問。但對於此非法侮辱，願以全體六十戶生命負罪瀆懇，迅將該校長宋還吾查明嚴辦，昭示大眾，感盛德者，當不止歃族已也。激憤陳詞，無任惶悚待命之至。除另呈蔣主席暨內務部外，謹呈國民政府教育部長蔣……

　　具呈孔氏六十戶族人……

　　六十戶孔氏族人直接向蔣介石、蔣夢麟告狀，氣勢洶洶，驚動了南京國民政府裡的許多要人。工商部長孔祥熙主張嚴辦，教育部長派參事朱葆勤去山東濟南，會同省教育廳所派督學張郁光，赴曲阜調查，結果發現呈文所控各條，毫無實據。於是省教育廳會同朱葆勤會呈教育部核辦。8 月 11 日，孔祥熙隨蔣介石過濟南時，對此事仍主張嚴辦。教育部長蔣夢麟，監察院長蔡元培經過濟南去青島時，卻有非正式表示，認為二師排演的新劇，並無侮辱孔子的情節，孔氏族人，不應小題大做。同時，廣大新聞媒介都站在新文化運動這一邊，介紹了宋還吾的答辯書和二師學生會的通電，揭發了內幕：原來，所謂六十戶族人，具名的二十一人，並非戶首，不過是青皮訟棍之流，而幕後的操縱者是曲阜著名大青皮孔祥藻和人品惡劣的孔教會長孔繁樸兩人。二師學生在 6 月 8 日演出《子見南子》後，社會輿論原無異常反應。可是，十天以後，6 月 18 日張繼伴同日本的犬養毅來曲阜參觀，聖公府大擺盛宴，這群中外名人離開曲阜後四天，六十戶族人的呈文就出來了，此中草蛇灰線，有跡可尋。

　　雖然，宋還吾曾以長篇的答辯書據理抗辯，中央和山東省兩級教育部門的聯合調查也否定了呈文所控告的內容，但是，《子見南子》的演出風波，最後仍以宋還吾校長「調廳另有任用」告終。魯迅把這次風波的有關材料彙編為《關於〈子見南子〉》，刊於《語絲》第 5 卷第 24 期。以示當年的《語絲》主將對當年的「急先鋒」的支持。林語堂也寫了《關於〈子見南子〉的話 —— 答趙譽船先生》一文，對劇本引起的一系

列反應感到「滑稽」，他説：

> ……這齣戲劇，居然能在曲阜扮演，扮演孔二者又是他老先生的聖裔。這種時勢，似乎可給二年前在對洋大人聲明，孔教不合於今日，惟有耶教最「亨」，而今年卻在大聲疾呼提倡禮教的貴人，及一班扶翼世教之徒，一個深思猛省的機會吧！

　　林語堂的劇本是在魯迅的《奔流》上刊出的，當劇本演出後受到復古派攻擊時，又得到《語絲》的輿論支持。因此，《子見南子》的風波，雖然比當年的「打狗運動」大為遜色，但也仍不失為是語絲派為堅持新文化方向，而在中國文壇上的背水一戰。

　　可以這樣説，林語堂和魯迅，都是《語絲》在北京被查禁後，仍留在語絲派陣地上堅持戰鬥的僅剩者。林語堂和魯迅，直到語絲派完全解體之前，他們都是最忠實的留守者，他們是最後撤離《語絲》陣地的殿後部隊。

第十三章

「教科書大王」的癖嗜

「教科書大王」和「版稅大王」/「南雲樓」的誤會 / 對中文打字機的癖嗜

　　林語堂在上海的十年，正是廣大中國作家在飢餓線上掙扎的時候，而自由職業者的林語堂，卻藉助於多渠道的財源，過著優裕的生活。在二三十年代的中國文壇，林語堂的高收入是十分引人注目的。除了和魯迅、江紹原等同時受惠於中央研究院三百元月俸之外，其餘的收入則來源於他爬格子的辛苦錢。

　　當時，上海的稿酬在每千字三元左右浮動，特約稿例外。林語堂不僅寫中文文章，而且發揮他能用英文寫作的優勢，經常向英文報刊投稿。同一內容，以中英兩種文字撰寫（如《怎樣寫再啟》《說避暑之益》《為洋涇浜英語辨》等文），分別向中英兩種刊物投稿的情況也屢見不鮮，這種「一稿兩投」，深受外文報刊的歡迎。因為，能夠用中英兩種文字同樣出色地寫作的中國作家，當時是屈指可數的，有的人英文寫作水平雖高（如張海韻等）但懶得動筆。所以勤於筆耕的林語堂就成了英文報刊的經常撰稿人。他在英文《中國評論週報》（ *The China Critic Weekly* ）的「小評論」（ *The Little Critic* ）專欄中發表過幾百篇受人歡迎的小品文，後來，這些文章結集為《小評論選集》，分上下兩冊，由上海商務印書館出版。孫科支持的英文月刊《天下》，美國的《亞洲》《哈普》等雜誌，也是他經常投稿的地方。

　　但這些中外報刊上的稿酬收入與他編寫英文教科書的大宗版稅相比，可謂小巫見大巫了。在 20 世紀 30 年代的文壇，林語堂曾是赫赫有名的「教科書大王」和「版稅大王」。

　　當時，出版教科書是一項盈利而又風險較小的經營項目。一本教科書，只要被學校接受為教材，為保持教材的穩定性和延續性，學校是不會隨便更換的。而且，教材需要量大，每年都要再版，收入穩定。比如，上海商務印書館出版了周越然編的《模範英文讀本》後，賺了不少錢。在商品經濟社會裡，文化產品市場也與其他市場一樣，充滿著自由競爭。甲書店可以出教科書，乙書店也可以出，關鍵是要有銷路。人家憑甚麼選用甲書店的，而不選用乙書店的，按理說，首要的是質量標準。

而實際上，書店的經營方式、服務態度、廣告宣傳等其他因素也在起作用。一本新版的教科書，要在二三十年代的中國社會上樹立信譽，得到學校的青睞，書店方面是要花費大量的心血的。總之，當年的上海教科書市場，在優勝劣敗的競爭規律支配下，十分熱鬧。

1929 年前後，林語堂因編寫英文教科書而成為「版稅大王」的同時，卻也捲入了一場有關版權問題的訴訟案。這場官司的勝負，不僅關係到書店的利益，也直接影響到林語堂的名和利。

事情的起因是：上海開明書店老闆章錫琛從商務印書館《模範英文讀本》賺錢的事實中受到啟發，也準備在英文教科書市場上插一腳。他以出版商精明的眼力看準了《模範英文讀本》的致命傷——編者周越然從未越過國門一步，所以他編的教科書實際上是閉門造車的產物，經不起比較和競爭。在洋人或出洋留學歸來的洋博士眼裡，周越然編的書要稱「模範」讀本是名不副實的。所以，章錫琛決定乘虛而入，由開明書店請專家來編寫一套名副其實的「模範」讀本。章老闆一開始是委託方光燾編寫的，可是方光燾忙於學校的教課，編書的事情一拖再拖，擱淺在那裡了。章老闆著急，而方光燾則進退維谷，正在書店和作者雙方都為難的時候，半路殺出一個林語堂。

那時，林語堂初來上海，深知上海居而不易，給報刊寫稿，收入有限，而研究院的月俸則是蔡元培的人情，但南京政府人事更迭頻繁，要是研究院長易人，這人情月俸就難以為繼了。所以，林語堂也想以編寫英文教科書來保障其經濟來源。一次，他向老朋友孫伏園透露了這個意向，孫伏園立即答應為之牽線。孫伏園早在創立《語絲》之前就是北京《晨報副刊》的編輯，後來又到《京報》，還在武漢《中央日報》編過副刊，長期躋身於新聞出版界，人頭熟，信息靈，隨即找到開明書店章老闆。章錫琛久聞林語堂的大名，知道他曾留學於以語言學馳名的萊比錫大學，並獲得博士學位，請這位吃過洋麵包的博士來編寫一套初中英文讀本，在質量上肯定會超過從未出過洋的周越然的讀本。所以，章老闆聽了孫伏園的建議，喜出望外——因為有了林語堂，不僅可以解決方光燾「難產」所造成的難題，而且還能使開明書店

拿出優質的產品。有了優質產品，奪取英文教科書市場就指日可待了。

　　林語堂的朋友都説他是一個幸運兒。其實，他的幸運，倒不在於他的機遇比別人多，而在於他總是能不失時機地抓住眼前那些稍縱即逝的良機。這次，林語堂又機靈地把握了開明書店這個機遇。當孫伏園把開明書店的信息反饋給林語堂以後，林語堂就與書店方面商量編寫的事宜了。

　　與其説是商量，還不如説是談判。對於編寫教科書，雖然林語堂和開明書店雙方都有興趣，大家極願辦成，但在細節上又談得很認真仔細，雙方來往頻繁，似乎又談得很艱難。主要的焦點在經濟財務方面，不明真情者對此也有些議論，認為林氏「門檻精」。實際上，為財務而談判又何嘗不可，即使談得斤斤計較，也是可以理解的。因為，除了繁榮文化的共同目標之外，書店出書是要賺錢的，要有利可圖，而專業作家則要以稿酬為生，在一心想賺錢的出版商面前，作者如只顧瀟灑，結果將後患無窮。所以，二三十年代的上海文壇上，名人與書商發生經濟糾紛甚至訴諸公堂的，不乏其例，連魯迅也曾不得不請律師來解決他與北新書店李小峰的糾紛。因此。如果站在書店這一邊來看，可能會覺得文人們計較錢財，有失風雅，而如果站在作者的立場上，豈能為貪圖風雅之虛名，而蒙受經濟上的實際損失。要説「門檻精」，也是事出無奈，不得不精。所以，客觀地看，談判不論如何認真都是情理之中的。

　　當時開明書店尚屬草創時期，資金有限，既不敢請專家來書店成立專門的編寫班子，也無力以現金買下書稿的全部版權。所以，開明書店對林語堂編寫的教科書就採用流行的計酬辦法：付版税。雙方談判的要點是版税的百分比和預支稿酬的數目。當年，一般的出版物是照書價的 15% 付給作者稿酬，即「銷售數 × 每冊的定價 ×15%= 作者所得稿酬」。也有按 10% 計酬，特別優惠的則按 20% 計酬，比如北新書店付給魯迅的版税。這種計酬法，書的銷售額就顯得相當重要，銷售數越多，書店和作家的收益越大。而教科書向來都是銷售額高的。於是，「門檻精」的書商們就壓低教科書的版税。書商的理由也很充分：因為教科書的廣告宣傳費用大，還要分送樣書、宣傳品等，再加上交際費開支、付給經銷戶的「傭金」等。所以，教科書的

版稅一般就被壓到 10% 左右。林語堂和開明書店談判的結果是參照了商務印書館付給周越然的標準，按 10% 支付。林語堂與開明書店還雙方約定，以後如覺不妥，可以提出再議；從編寫到出書，需要一個過程，在這期間，林語堂可以按月預支稿酬三百元，這預支款，將來在版稅中扣除。

這個協議，使初到上海的林語堂有了可靠的經濟來源。後來，當林氏的《開明英文讀本》獨佔鰲頭時，印數和銷售數直線上升，版稅成了他的主要財源之一，這就是「版稅大王」或「教科書大王」的由來。

林語堂和開明書店達成協議後，他開始認認真真地編寫教科書了——就像當初認認真真地談判協議細節一樣——他力求精益求精，以他的英文水平和語言學的知識，所編的教科書果然不同凡響。這套書由讀本、文法和英文文學作品選集三部分組成，送教育部審定後，於 1929 年出版，林語堂以質量取勝，立即打開銷路，開明書店也因此而異軍突起於上海出版界。

其他書商從開明書店的崛起中得到了啟示，看到了教科書市場的潛力，躍躍欲試者大有人在，首先動作的是世界書局。當年的世界書局僅次於商務、中華，在上海書肆中名列第三位，經理沈知方自以為憑世界書局雄厚的經濟實力和靈活多樣的經營方式，要擠垮開明書店還是有力量的。所以，沈知方就請大學剛畢業的林漢達也編了一套《標準英語讀本》，與《開明英文讀本》爭奪教科書市場。於是，兩位姓林的編書人，在各自的書店老闆的支持下，展開了智能的角力賽。

在競爭對手面前，林博士和章老闆都不敢掉以輕心，自從得到《標準英語讀本》問世的信息，他們便一直密切地關注對手的動向。林語堂把章老闆送來的那套世界書局的讀本細細審核了一番，發現林漢達的讀本與自己的那一本有不少相類似、相雷同的地方——突破口找到了！經過一番策劃，開明書店方面寫信給世界書局，抗議《標準英語讀本》侵犯了《開明英文讀本》的著作權，托世界書局編輯徐蔚南把抗議信轉交世界書局經理沈知方，要求談判解決，而沈知方置之不理。

一不做，二不休，開明書店方面就正式委託律師袁希濂向世界書局提出嚴重警告，要求世界書局停止侵權行為，停止發行《標準英語讀本》，並賠償損失。沈知方

以為世界書局有後台，而且財大氣粗，沒有把開明書店的警告放在心上，只是把那封抗議書交給編寫者林漢達，認為著作權的問題是作者之間的糾紛，與書局無關，由作者林漢達自己負責解決就行了。沈知方還給林漢達寫了介紹信，讓他去找章錫琛。

沈知方此舉，不僅表示對開明書店的蔑視，而且把出版商應負的責任推給了編寫者，耍了一個金蟬脫殼之計。於是，涉世未深的林漢達被推到了第一線，他先去會見章錫琛，而章老闆則請他直接與林語堂聯繫。林漢達兩次登門拜訪撲空後，就留了個便條，內中有表示歉意及竭誠求教之類的客套。

林語堂把林漢達的便條交給章老闆後，開明書店就抓住了其中表示歉意之類的詞句，把社交場上的虛禮客套話渲染成林漢達向林語堂道歉認錯的證據，把林漢達的留言及他與章老闆的談話內容等件製版，編寫了一則大幅廣告，標題是《世界書局標準英語讀本冒效開明英文讀本之鐵證》，在上海各大報刊上刊登出來，已經捲入爭端的林語堂則進一步被開明書店方面推上了第一線。

世界書局方面惱羞成怒，決定破釜沉舟，沈知方以重金聘請名譟一時的女博士鄭毓秀為律師，控告開明書店的誹謗罪，證據就是開明自己登的那幅廣告。真是風雲突變，轉眼間，開明書店成了被告，世界書局反而變成原告，這原告可不簡單，有李石曾為後台，又有鄭毓秀為律師，而鄭律師的後台更硬，她一向包打必勝的官司，並以此絕招而聞名上海灘的。

開明方面情況不妙。第一審開庭時，承辦法官明顯地偏袒原告，被告方面的律師袁希濂幾乎沒有申辯的機會。一審下來，袁希濂對開明方面說，這案辦不了，沒法子，只好「敬謝不敏」。騎虎難下的章錫琛深知問題的嚴重性，如果敗訴，就要判誹謗罪，若依法賠償，非把開明賠得破產不可。但也不能束手待擒，開明方面一面繼續做廣告宣傳戰，另一方面設計了智取一策：越過上海當局，上書南京教育部，因為教科書是歸教育部審定的。

智取的方案是要林語堂挑大樑的，林語堂既然已經上了開明的船，自然要與之風雨同舟。前途是明擺著的，不是同舟共濟渡過難關，就得同歸於盡。所以，林博

士也就拿出了他在美國和德國所學到的全部本領，把自己的讀本與林漢達的讀本對照比較，逐條列舉林漢達抄襲、剽竊的鐵證，指控世界書局的侵權之處，要求南京政府教育部保障他的著作權。

當過六個月的外交部秘書，現在又是中央研究院院長蔡元培親信的林語堂，豈是等閒之輩，他深知這場官司的分量。如何寫呈文，如何落筆去擊中對手的要害，他都心中有數，他也知道該向哪些關鍵人物去鳴冤喊屈。而且，還看準了時機，當南京政府教育部編審處正在審查林漢達的讀本的節骨眼上，他及時上書教育部，請求保障他的著作權。如果沒有林語堂的上書，教育部的編審先生未必會反覆認真地審閱世界書局的教科書。但現在既有指控，而且是有理有據的指控，先生們當然要再三斟酌，以顯示他們的編審能力和水平。為審查世界書局送來的教科書，編審處會議頻繁，會上眾說紛紜，經過幾次辯論，多數人認為林漢達確有抄襲冒妄的行為。當然，也有人為世界書局說話：都是引自外國著作，你林語堂可以引用，他林漢達為甚麼就不能引用呢！要說抄襲，大家都在抄外國人的著作。兩種意見，各執一詞，無法統一，最後只得付諸表決。根據表決，教育部做出決定，禁止世界書局的《標準英語讀本》發行。世界書局在南京全軍覆沒。

在南京的敗績，不等於在上海的敗訴，因為世界書局控告開明書店的誹謗罪，英文教科書被禁止發行，不等於開明書店沒有犯誹謗罪。所以，開明方面仍不敢懈怠，獲悉南京教育部的態度以後，立即把部批文件連夜製版，做了大幅廣告，迅速送交各報刊出。次日，法院開庭判決，法官們原先早已決定判決開明書店敗訴，現在開庭之前看到登有《標準英語讀本》禁止發行的部批文件的廣告，十分尷尬。但又因為種種原因無法改變初衷，只能硬著頭皮判決開明書店的廣告有侮辱世界書局和林漢達的地方，誹謗罪成立，但又從輕處罰罰金三十元結案。

上海法院的判決與南京教育部的部批文件互相矛盾，輿論譁然，認為判決不公。開明方面更是不服，申明要提出上訴，並以部批文件為尚方寶劍，刊登了《〈開明英文讀本〉何故被人抄襲冒妄》為題目的大幅廣告。

世界書局雖然在上海法庭勝訴，但勝訴是虛的，讀本被禁止發行卻是實實在在

的打擊，部批文件堵死了世界書局想靠編寫英文教科書發財的生財之道。「抄襲」「冒妄」等，原是文壇上最忌諱的詞彙，現在開明方面利用新聞傳播媒介使這些富有刺激性的字眼鋪天蓋地向世界書局襲來，世界書局在道義上失敗了，在輿論上也失敗了，節節敗退。沈知方不得不央請徐蔚南設法調停，並從南京請來教育部次長劉大白出面疏通，與開明方面訂立了城下之盟，不僅同意賠償開明的損失，還把《標準英語讀本》的紙型送交開明銷毀。這場轟動上海出版界的版權訴訟案，以林語堂和開明方面的全面勝利而終告。

開明書店以弱勝強的戰績，使林語堂及其英文教科書的聲譽激增，訴訟案中，你來我往的宣傳戰，等於是在為林語堂做義務廣告。有人甚至說，《開明英文讀本》是靠這場官司的義務宣傳打開銷路的，這就言過其實了。因為，如果讀本的質量低劣，學校方面也是不會採用的。徐訏在談到林語堂的英文教科書時，曾有公正的評價，他說他在讀了《開明英文文法》之後，「始悟過去自己所受的英語教育之錯誤，深以未能有像語堂先生這樣的老師教我英文為可惜」[1]

林氏英文教科書不僅以質量取勝，而且開明書店還請著名畫家豐子愷為讀本配插圖，可謂圖文並茂。所以，轉眼間，林語堂的教科書的銷售數扶搖直上，把商務、中華的生意都搶過來了。幾年之內，林語堂為開明書店編寫出了一個英文教科書的系列，除那三本一套的《開明英文讀本》外，還有《開明英文文法》、《英文文學讀本》（上下冊）、《開明英文講義》（三冊，林語堂與他的弟弟林幽合編），另外，開明書店的英語唱片正音片全套四張，共八課，也由林語堂編寫其課本。

毋庸置疑，林語堂編寫的英文教科書，是當時國內最佳的教材。他用文學故事做課本，語文與文法又結合得較密切，頗有特色，令人耳目一新，因而採用的中學很多，發行量相當大。開明書店因此發了財，林語堂也從源源不斷的版稅收入中獲得了經濟上的實惠，成為 20 世紀 30 年代中國文壇上的經濟大戶，也有人取笑他是以教科書起家的暴發戶。

---

[1]　徐訏：《追思林語堂先生》，《傳記文學》23 卷第 1 期。

　　説他「暴發」也是實情，不妨算一算細賬：開明書店的每月版税七百元左右；中央研究院月俸三百元；後來編輯《論語》《人間世》《宇宙風》等雜誌時的編輯費（《人間世》的編輯費每月五百元，《宇宙風》每月收入不下一千元）；《天下》創刊後的編輯費；等等，再加上在中外報刊上零星投稿所得的稿酬，估計每月收入近兩千大洋（按目前中國銀行的比價是一銀元兑換人民幣二十元），折合現在人民幣，當年的林語堂，每月收入四萬元。年收入近五十萬元。這就難怪有人要説他是靠教科書發了「橫財」。

　　如果説，北京 —— 廈門，是林語堂和魯迅友誼的「蜜月」時期，那麼，上海則是兩人友誼的「離異」時期。

　　按照流行的觀點，林語堂和魯迅的關係可以概括為「結交 —— 斷交 —— 復交 —— 絕交」這樣一個全過程。而林語堂則説：「魯迅這個人，我始終沒有跟他鬧翻。」他以「相得者二次，疏離者二次」來概括自己和魯迅的關係。

　　如果從 1925 年底林語堂的名字第一次出現於魯迅日記時算起，到 1936 年 10 月 19 日魯迅逝世為止，林、魯長達十一年時間的交往，可以概括為以下四個時期：

　　（一）第一次「相得」時期（1925 年 12 月 5 日 —— 1929 年 8 月 28 日），在這將近四年的時間裡，僅在魯迅日記裡有案可查的林、魯交往，就有八十八次。

　　（二）第一次「疏離」時期（1929 年 8 月 28 日 —— 1933 年 1 月 11 日），在這三年零四個月的時間裡，魯迅日記裡沒有任何有關兩人交往的記載。

　　（三）第二次「相得」時期（1933 年 1 月 11 日 —— 1934 年 8 月 29 日），在這一年零七個月的時間裡，林、魯交往三十九次。

　　（四）第二次「疏離」時期（1934 年 8 月 29 日 —— 1936 年 10 月 19 日），林語堂的名字從魯迅的日記裡完全消失。

　　從「相得」到「疏離」，這是一種質變，當然是冰凍三尺非一日之寒。然而，從時間上看，1929 年 8 月 28 日，是林、魯交往中的一個重要的轉折點。因為，這天晚上，在上海四川北路上的一家叫南雲樓的小店樓上，林、魯之間有過一次南雲樓

風波，兩人的矛盾公開曝光於上海文化界。

　　這就是所謂林、魯間的第一次「正面衝突」。《魯迅日記》記載着有關這次「衝突」的最早的文字記錄：

　　「28日　雲。……晚霽。小峰來，並送來紙版，由達夫、予塵作證，計算收回費用五百四十八元五角。同赴南雲樓晚餐，席上又有楊騷、語堂及其夫人、衣萍、曙天。席將終，林語堂語含譏刺，直斥之，彼亦爭持，鄙相悉現。」

　　關於這衝突的起因，流行的觀點認為：這是兩人思想分歧所引起的公開衝突。然而，如果仔細查閱原始資料，便會發現一個有趣的現象：所有的當事人和在場的目擊者，沒有一個人說這次衝突是由思想分歧所造成的；而所有認為由思想分歧而引發這次衝突的論者，竟沒有一個人是當事人或目擊者。

　　按照《日記》的思路：是因為林語堂「語含譏刺」，所以，魯迅「直斥之」，因此，關鍵是要弄清楚林語堂「譏刺」魯迅的具體內容。這一點，當事人魯迅始終沒有提及，另一個當事人林語堂，直到四十年後才舊事重提：

　　有一回，我幾乎跟他鬧翻了。事情是小之又小，是魯迅神經過敏所致。那時有一位青年作家，名張友松。張請吃飯，在北四川路那一家小店樓上。在座記得有郁達夫、王映霞、許女士及內人。張友松要出來自己辦書店或雜誌，所以拉我們一些人。他是大不滿於北新書店的老闆李小峰，說他對作者欠賬不還等等，他自己要好好地做。我也說了附和的話，不想魯迅疑心我在說他。真是奇事！大概他多喝一杯酒，忽然咆哮起來，我內子也在場。怎麼一回事？原來李小峰也欠了魯迅不少的賬，也與李小峰辦過甚麼交涉，我實不知情，而且我所說的並非回護李小峰的話。……這樣，他是多心，我是無猜，兩人對視像一對雄雞一樣，對了足足一兩分鐘。幸虧郁達夫做和事佬，幾位在座女人都覺得「無趣」。這樣一場小風波，也就安然渡過了。[1]

---

① 林語堂：《憶魯迅》。

由於時間相距太久，林語堂的回憶有張冠李戴之處，明明是李小峰請客，他誤記成張友松做東。但是，對於自己當年心態的追憶，基本上是可信的。他以明確的措詞否定了自己有甚麼「譏刺」魯迅的動機，被外人渲染得充滿火藥味的「衝突」，在林語堂看來不過是「一場小風波」而已。按林語堂的思路，「風波」是因魯迅的「多心」和「神經過敏所致」，而他自己則是「無猜」。那天，魯迅心情不好，是由李小峰欠賬所引起，要說有矛盾，也是魯迅和李小峰的矛盾，因為魯迅「疑心」林語堂「回護」李小峰，於是釀成「風波」。

看來，林語堂和魯迅對「風波」的起因，有不同的見解。

作為南雲樓「風波」的見證人和「和事佬」郁達夫，對這場「風波」的起因，自有他的客觀見解。郁達夫在談到魯迅和北新書店的版稅糾紛事件時，曾詳細地敘述了林、魯南雲樓風波的來龍去脈和前因後果[1]——

原來，自從李小峰在北京創辦北新書局以後，魯迅的著作都是交給北新書局出版的。李小峰本是魯迅在北大教過的學生，當孫伏園脫離《晨報》副刊後，在魯迅、周作人、林語堂的支持下經營《語絲》週刊時，當時還沒有畢業的李小峰就做了《語絲》的發行兼管印刷的出版業者。北新書局在業務上的興旺發達，主要是依靠出版魯迅的著作。所以，當時有人說北新書店是靠魯迅著作起家的。

20 世紀 20 年代末，北新書局在上海站穩了腳跟，卻與魯迅發生了版稅上的交涉，也就是經濟上的矛盾。據郁達夫回憶：「北新對著作者，平時總只含混地說，每月致送幾百元版稅，到了三節，便開一清單來報賬的。但一則他的每月致送的款項，老要拖欠，再則所報之賬，往往不十分清爽。」因此，當時有不少作者對北新書局有意見，起初，礙著情面，大家都忍著，後來，越來越不像話了，月款不按時送，賬也不算。靠版稅維持生活的魯迅，在忍無可忍的情況下，只得撕破情面，請律師向北新書局提出清算版稅的訴訟。

---

[1] 詳見郁達夫的《回憶魯迅》一文，該文刊於宇宙風社 1940 年 7 月出版的《回憶魯迅及其他》一書。1949 年後，難以尋覓。所以，論者們少有引用。

魯迅要訴訟，李小峰就慌了手腳，因為欠債還錢這是古今中外的常理，魯迅勝券在握。不過要魯迅不上訴也容易，還債就行了。可是，北新書局已成年累月地欠魯迅版稅二三萬元，要一次償還，也力不從心，急得李小峰像熱鍋上的螞蟻一樣，四處託人向魯迅講情，請魯迅不要提出訴訟，一切都可以談判解決。李小峰心裡明白，如果公堂對簿，因為魯迅是原告，新聞媒介肯定要大做文章，經濟損失倒還在於次，北新書局的信用、聲譽將一落千丈，以後誰還會把書交給北新出版呢！

好在李小峰也是魯迅的熟人，對魯迅的性格脾氣、社會關係早就摸得一清二楚，所以急忙用電報把郁達夫從杭州請到上海，要他做中間調解人，還有一位調解人是章川島。經過幾次交涉、調解，魯迅看在朋友的面子上，答應暫不提起訴訟，而北新書店則保證把歷年積欠的兩萬元分十個月還清，新近所欠的每月還四百元，絕不食言。

1929 年 8 月 28 日，魯迅和北新書局達成了協議，當晚北新書局請魯迅、郁達夫、林語堂等在南雲樓吃飯，就是雙方和解的意思。當時，文化界和新聞界的好事之徒都瞪著眼睛準備看魯迅和北新的版稅「官司」，這對北新來說，壓力不小，現在有了解決的方案，李小峰自然高興，而魯迅雖然赴宴，但這並不意味著魯迅已經徹底改變了對李小峰的看法，因為魯迅曾吃過北新書局的虧。現在，紙上的或嘴上的東西，能不能付之實際行動，還得看一看再說，魯迅的態度是合乎邏輯的。

而林語堂作為這場糾紛的局外人，他沒有吃過北新書局的虧，對北新的種種做法缺乏切身體驗。他以為，既然已得到調解，現在大家又在一張桌子上吃飯，事情不就解決了嗎？這種想法，對於一個局外人來說，也是符合邏輯的。後來，宴席上，風雲突變，完全出乎林語堂的意料，同樣也出乎所有在場者的意料。

郁達夫既是魯迅和北新糾紛的調解人，又是林、魯「對視」時的和事佬，他的雙重身份使他能對事情做出比較公正和客觀的評判。郁達夫認為，這場風波的性質是：「因誤解而起正面的衝突。」[1]

———————————

[1]　郁達夫：《回憶魯迅》。

　　衝突的原因，是一個不在場的第三者，此人也是魯迅的學生，就是前幾天曾請魯迅和林語堂吃飯的張友松。看來，張友松和李小峰的矛盾不小。那天，張友松因要辦書店而請客時，攻擊了李小峰，並聲稱他的書店要以北新為戒，而現在李小峰請客則攻擊張友松，認為魯迅所以會提起訴訟，完全是受了張友松的挑撥。按說這些矛盾和林語堂無涉，他完全可以不介入——也許正因為和自己不搭界，所以，林語堂便毫無顧忌地隨便插嘴，並且在席間偶爾提起了張友松的名字，在郁達夫看來，這就是林語堂的「忠厚誠實」之處。

　　誰知這一下可撞到槍口上了。這時，魯迅「臉色發青，從座位裡站了起來，大聲地說：『我要聲明！我要聲明！』」

　　魯迅聲明他和北新的訴訟和張友松無關。魯迅還拍著桌子對林語堂「直斥之」。

　　那時，魯迅已有了酒意，「一半也疑心語堂在責備這第三者的話，是對魯迅的譏刺」①。而林語堂當然也要聲辯他所講的話並非是對魯迅的譏刺，兩人針鋒相對，空氣十分緊張。

　　打破僵局的是郁達夫，在這種場合，也只有郁達夫才能出來做和事佬。郁達夫一面按住魯迅，勸他坐下，一面就拉起林語堂和廖翠鳳，走下了樓。

　　「衝突」在高潮處結束。郁達夫目睹「衝突」的全過程，又了解產生「衝突」的特定環境，他的結論是：「這事當然是兩方面的誤解，後來魯迅原也明白了；他和語堂之間，是有過一次和解的。」②

　　郁達夫的說法，實際上全盤否定了由「思想分歧」導致南雲樓「風波」的流行觀點。因為，對於徹底的不妥協的魯迅來說，只有是「誤解」，才會有「和解」的可能，如果是「思想分歧」就沒有「和解」的可能。眾所周知，在「五四」以後的新文化陣營的幾次「分化」中，由於政治思想立場的分歧，魯迅曾多次與往昔的戰友分手，以致決裂。在是非面前，魯迅從來都涇渭分明疾惡如仇。為了堅持自己的立場，他不惜與過去的密友分道揚鑣，就連自己的同胞手足也在所不惜。在思想分歧的面前，魯

---

① ②　郁達夫：《回憶魯迅》。

迅的字典裡，從來也沒有出現過「和解」的詞條。也正因為具備這種徹底的不妥協的戰鬥精神，才使魯迅獲得了新文化運動旗手的稱號。這樣的旗手難道會和異己的思想「和解」嗎？

魯迅是決不會放棄原則立場而隨便「和解」的，而魯迅又確實與林語堂「有過一次和解」，如何解釋這兩者之間的矛盾呢？答案只有一個，那就是：南雲樓上「風波」不是由「思想分歧」所引起的，這是一次「誤解」。

必須指出：否定南雲樓「風波」是由「思想分歧」所造成，並不等於否認林語堂和魯迅之間的思想分歧。恰恰相反，他們之間確實存在著不可調和的思想矛盾，而且，越到後來，矛盾也越尖銳越深刻。但「誤解」歸「誤解」，矛盾歸矛盾，這是兩本賬，不可混為一談。事實已經證明，他們的「誤解」可以「和解」，矛盾卻無法妥協。所以，林語堂和魯迅最終的「疏離」是必然的、不可避免的，而「誤解」則是偶然的。

1931年，林語堂代表中央研究院到瑞士出席國際聯盟文化合作委員會的年會，順便到英國住了幾個月。

在林語堂離滬期間，上海發生「一‧二八」事變，日軍狂轟濫炸，整個上海在炮火下呻吟。在戰亂中，廖翠鳳一個人要照顧三個孩子，其中第三個女孩相如頭年剛出生。廖女士整天提心吊膽，晚上睡覺時，全家都不脫衣服，和衣睡在樓下，以便一有情況隨時可以逃難。後來，幸虧有位親戚幫她們母女四人買了船票，廖女士就帶著孩子們回到了廈門鼓浪嶼的娘家。

1932年，林語堂從英國歸國時，先到廈門去接廖翠鳳母女。孩子們聽說父親要回來了，都高興得不得了，大女兒如斯和二女兒太乙都塗脂擦粉地打扮得漂漂亮亮，坐著小船跟隨大人到輪船上去接林語堂，因為她們將近一年沒有見到爸爸了。

林語堂為孩子們帶來了外國的禮物，一人一隻瑞士錶，廖女士原以為林語堂會買回大批洋貨，誰知林語堂到廈門時，口袋裡只剩下三毛錢，錢到哪裡去了？

原來，林語堂帶回了一件極貴重的東西 —— 這東西並不對所有人都是「貴重」的 —— 一架中文打字機的不完整的模型。

　　林語堂一生與中文打字機有不解之緣，說來話長 —— 林語堂愛好機械發明，成年後的主要興趣是研製中文打字機。當時，商務印書館已推出根據《康熙字典》部首把字分類排行的中文打字機。機下裝有二千五百印刷鉛字的字盤，打字時即須在盤中找所要打的字。此外，在另一盤上，有三千多個鉛字。若要用這盤上的字，必須用手拿起這個鉛字，放在第一盤的空位上然後打。林語堂認為商務的中文打字機太笨拙了，人成了打字機的「奴隸」。他計劃發明一架類似英文打字機打法的中文打字機，首要的工作是改良檢字法。1924 年，他發明了《漢字號碼索引法》，主張首末筆留在字之外圍，不可跟母筆順序入於中部，「凡一字必有四個號碼以定其字典上之位置」。他「分漢字筆畫為十類，而以自一至十之號碼名之，則凡一切之字無不有一定之數目」。同年，他又發表《國音新韻檢字》，刊於圖書館協會專刊。這時，林語堂已擔任了圖書館協會索引委員會會長。1925 年，他又作《末筆檢字法》，由商務印書館刊印發行。到 1931 年，他對於漢字的首筆、末筆、新韻、號碼四法皆已作詳盡透徹的研究，並「實行將漢字重新排列，至是認為中文打字機的複雜問題已循序解決」[1]。1931 年，他在瑞士開完會，到英國的主要目的是與英國工程師研究製造打字機的模型，花費了所有的錢，用了幾個月的時間，帶回了這架不完整的模型。

　　人生必有癡，必有偏好癖嗜。沒有癖嗜的人，大半靠不住。而且就變為索然無味的不知趣的一個人了。[2]

　　林語堂對研製中文打字機的偏好癖嗜，真可以算得上是一個打字機「癡」了。正由於對打字機的癖嗜，使林語堂上了一個小傭人的當。那是剛到上海的時候，林語堂一度住在善鍾路的公寓裡，家裡有個十六七歲的男傭，名叫阿芳，原來在兌換鋪當差，林語堂看他聰明，便把他請來了。他會修理電鈴、接保險絲、懸掛鏡框、修

---

[1]　上述有關中文打字機的資料來自林太乙《林語堂傳》。
[2]　林語堂：《論趣》。

理抽水馬桶機件等，心靈手巧，凡是機械方面的事情他都一學就會，甚至無師自通。最使林語堂佩服的是這個阿芳還會修理打字機，林語堂喜歡這個有「癖嗜」的人，認阿芳為知音。那時，林語堂常在家裡擺弄打字機，研究它的構造原理，拆拆弄弄的不知買了多少架外文或中文的打字機，他深知打字機這玩意不好對付。但想不到，沒有文化知識的阿芳居然在打字機上大顯身手。

阿芳到林家不久，就對林語堂的那台英文打字機發生興趣，每天早晨，主人還在床上，阿芳便來打掃臥室了。而且，在臥室裡一待就是兩個小時，大部分時間都在玩弄那架打字機，幾乎著了迷，還經常背著主人擺弄打字機。有一天，打字機壞了，林語堂自以為熟諳打字機原理，自己動手修理，白白浪費了兩個小時的時間，毫無效果，知道肯定是被阿芳弄壞的，所以就斥責阿芳。但小男傭默不作聲，既不辯解，也不認錯。下午，林語堂出去散步，當他回家時，阿芳平靜地說：「先生，機器修理好了。」一試，果然修好了。驚訝之餘，林語堂對這位小男傭就另眼看待了，不再把他當作一般傭人使喚了。

林語堂十分欣賞阿芳在接電話時所表現的才能，他不僅用英語、國語、上海話、安徽話接電話，廈門話的難學是眾所周知的，外省人除非有語言學的天才，否則對廈門話退避三舍，但阿芳不僅能用廈門話對話，而且還能用廈門土話罵人。林語堂覺得阿芳人才難得，想培養他，要為他出一多半學費，勸他晚上去念英文夜校。但他討厭學習，生性就恨學堂，不肯去。

在林語堂的寵愛下，這位會修打字機的阿芳開始無法無天了。凡是他所不感興趣的事情，就馬馬虎虎。他一個星期內打碎的碗、茶杯、酒杯是其他僕人一年中打碎的總和。叫他去買一盒火柴，他一去就是兩個小時，回來帶了一隻新布鞋及一隻送給小孩的蚱蜢，就是沒有買火柴。他根本不懂得工作和遊戲的分別，一收拾臥室就是三個小時，其中至少有一個小時在餵籠裡的小鳥，或者與女僕打諢說笑，把穢箕放在飯台上，掃帚留在衣櫃中，而本人卻到花園裡替小孩捉蚱蜢……這些都是常事。林語堂都容忍了。

後來，林家僱來了一個洗衣的婢女，從此，廚房裡又翻出了新花樣，新來的洗

衣僕二十一歲，女廚子二十六歲，而阿芳十八歲，廚房重地成了他們嬉笑戲謔的舞台，調笑聲日益增高。阿芳更加無心工作，不僅打掃房間的時間要拖到三個小時以上，而且連每天擦皮鞋的例行差使也竟忘記不做。林語堂教訓了他一次兩次三次，都沒有結果。無法，林語堂便下了最後通牒：如果明天早上 6 時半不把皮鞋擦亮，放好在臥室前，便要解僱他。林語堂決心整飭紀綱，整天板起面孔，不同阿芳說話。晚上臨睡前，又把三個傭人召集起來，重申關於解僱的警告，大家都面有懼色，尤其是那兩個女僕。林語堂以為這一下家中的紀綱總可以恢復了，於是安然就寢。

第二天早晨，林語堂 6 點醒來，靜聽房外的動靜，6 點 20 分，那二十一歲的女僕把擦亮的皮鞋送來了。林語堂說：

「我是要阿芳自己送來，你為甚麼替他帶來？」

「我正要上樓，順便替他拿來。」她恭而有禮地回答。

「他自己不會帶來嗎？是他叫你的，還是你自己做主？」

「他沒叫我，我自己做主。」

林語堂明知女僕在撒謊，但他不好意思揭穿她。想到自從阿芳來家後，承擔了不少原先由林語堂承擔的雜務，使自己可以抽出時間安心地讀書寫作，林語堂又一次原諒了阿芳，從此，一切聽其自然。

在林語堂的庇護下，阿芳日益無法無天。一天，阿芳和女僕間的隱情終於東窗事發了：林語堂從外面回來，發現女僕正在換床單，林語堂覺得床單才換過一兩天，不需要換，仔細一檢查，才發現了秘密。原來，阿芳趁家裡無人時，與那洗衣女僕在林語堂房間裡幽會。「乾柴烈火便在床上點著了。但匆匆忙忙，心慌意亂，床單上留下了痕跡」。林語堂把阿芳喚來盤問，他只得如實坦白，林語堂覺得又氣又好笑，「狠狠地教育了他一頓」[1]。林語堂還費了一番功夫說服廖翠鳳從輕發落，最後糊塗過去算了。

實際上，阿芳和女僕照樣私通，只是做得更隱蔽一些，不再留痕跡了。這一對

[1] 章克標：《林語堂與我》，刊於《明報月刊》1988 年 3 月號。

鴛鴦又串通一氣不僅合伙偷竊家中貴重的銀器，而且還在外面行竊，最後被捕入獄。這時，林語堂也幫不了阿芳的忙了。兩年後，阿芳出獄，無顏再去見林語堂，而林語堂卻一直非常想念這個聰明反被聰明誤的阿芳。

第十四章

創辦《論語》半月刊

提倡幽默 / 在邵洵美的客廳裡 / 兩
位得力的助手

林語堂一向為自己的童心不滅而自豪，他把自己比作一個在新大陸上「探險的孩子」。直到四十歲前後，他還朝氣勃勃地宣稱：每天早晨，「我一覺醒來便感覺著有無限無疆的探險富地在我前頭」。他還説：

> 我仍是一個孩子，睜圓眼睛，注視這極奇異的世界……有如一個小孩走入大叢林一般，時或停步仰望星月，俯看蟲花。我不管別人說甚麼，而在這探險程序中也沒有預定的目的地；沒有預定的遊程，不受規定的嚮導之限制。……因為我素來喜歡順從自己的本能，所謂任意而行。[1]

1932 年，他攀上了「探險」征途中的一個新的制高點——幽默。「轟的一聲，天下無不幽默」[2]，林語堂從此就獲得「幽默大師」的桂冠。於是繼教科書訴訟案之後，林語堂又一次成為上海文化界的新聞人物。

30 年代幽默文學的興起，自然是有其不可替代的時代原因，但也不能否認林語堂在提倡幽默過程中的特殊作用。幽默現象雖然古已有之，但在中國傳統的文論中沒有幽默這一術語，「幽默」一詞傳入中國，首先要歸功於林語堂。早在 1924 年 5 月和 6 月，林語堂（署名玉堂）在《晨報副刊》上先後發表《徵譯散文並提倡「幽默」》《幽默雜話》兩文，主張把英語的 humour 音譯為幽默。然而，林語堂所放出的這隻醜小鴨，並未引起文壇的垂青。直到 1932 年，林語堂在上海創辦《論語》並再次提倡幽默時，這隻被冷落多年的醜小鴨才變成了美麗的天鵝，騰飛於中國的文壇。

1932 年 9 月 16 日，《論語》創刊，一鳴驚人，創刊號就重印了多次。一時間，

---

[1] 《林語堂自傳》。

[2] 魯迅：《花邊文學·一思而行》。

幽默成風，幽默文章流行於文壇，大小幽默刊物，一哄而起，以致 1933 年被稱為「幽默年」。為甚麼「轟的一聲」幽默居然席捲文壇？半個世紀以來，文學史家著實費了一番腦筋，作了無數縱橫交叉的分析和探討。

而當年發起創辦《論語》半月刊的那些「同人」們，幾乎沒有人預先把社會背景、時代原因、文學規律等內外原因放在心中，甚至根本沒有估計到《論語》創刊後會在社會上引起如此巨大的反應。

《論語》是在詩人邵洵美家的客廳裡醞釀出來的。説《論語》社是「十人合股的有限公司」①這本是曹聚仁的一句戲言，想不到有人信以為真，考據起這家「公司」和「股東」們的歷史。實際上，根本不存在甚麼「公司」「股東」，《論語》的「緣起」完全出於自發。這「自發」的意思並不是要抹殺產生《論語》的時代原因，而是指《論語》的誕生沒有黨派的政治背景，而是文壇上的一群以不左不右為標榜的自由主義文士們的雅興所致。

那是 1932 年的盛夏，位於上海大華電影院附近（現南京西路新華電影院隔壁的一條弄堂裡）邵洵美家的客廳裡，煙霧繚繞，談笑不絕，原不是為籌備《論語》而召開的甚麼會議，自然也談不上有甚麼召集人。因為，幾個志趣相投的文人，在某個朋友家裡無拘無束地談天説地，插科打諢，這原是自由派文人們的一種風氣。好客的邵洵美家的寬敞的客廳，是朋友們經常閒談的場所。那一次，「大家講起要出一本刊物來消消閒，發發牢騷，解解悶氣，好在邵洵美開著時代書店可以發行出來，推銷沒有困難。關於刊物內容，談得不多；刊物的名字叫甚麼，談得最久。都想要有一個雅俗共賞，有吸引力、號召力，要喊得響、站得起，而且驚人又迷人，又是大家都熟悉的，用來一炮打響，出奇制勝。」②開始參加討論的有林語堂、邵洵美、李青崖、全增嘏、沈有乾、林徽音、章克標和張光宇等，後來又邀請了潘光旦、葉公超等十多人。接連好幾個晚上，大家談到深夜。末了，其他事情都商談得差不多了，

① 曹聚仁：《我和我的世界》。
② 章克標：《閒話〈論語〉半月刊》。

就是刊名還定不下來。林語堂特別挑剔，凡是別人提的，他幾乎都不贊成，而自己提不出一個能讓大家都滿意的好刊名。

時代書店經理章克標在一旁既著急又惱火。著急的是刊名定不下來，下面的程序難以進行；惱火的是覺得林語堂的主意太大。他尋思：「你林語堂也太猖狂了，可是你自己也提不出好刊名來。看來這個刊物只有叫《林語堂》，你才滿意吧。」

忽然，章克標從林語堂的「林語」兩字的諧音想到了孔子的《論語》兩字，他靈機一動，脫口而出：「就用《論語》作刊名！」

章克標的提議博得了滿堂的喝彩，林語堂也不再反對，難產的《論語》終於呱呱落地了。大家接著又公推林語堂主編《論語》，因為在座的都是有職業的忙人，有的是書店老闆、經理、編輯，有的是大學教授，有的是畫家，都是業餘作家。只有林語堂是專業作家，可以集中部分精力來照顧《論語》。

林語堂欣然受命，接受了同人們的委託，擔當了《論語》的組稿、編輯、審稿等工作。同時責無旁貸地擔任了表明《論語》立場的「緣起」的起草任務。

《論語》名義上是《論語》社同人的刊物，實際上是先有刊物，後來，發起人都以《論語》社同人自居，就像《語絲》創刊時一樣，先有《語絲》週刊的刊名，然後，發起人再以《語絲》社同人自居。而事實上是先有刊名再有「社」名。

同人們又議定：《論語》的出版發行工作由邵洵美的時代書店承擔。起先，時代書店對《論語》的銷路沒有把握，因為，「一·二八」戰爭後，全國最大的商務印書館毀於戰火，書刊市場匱乏，而紙張價格低廉（每令僅售二元），所以，上海灘上各種刊物如同雨後春筍。然而，大多數雜誌「紅顏薄命」，生命短暫。面對書刊市場的激烈競爭，同人和書店都對《論語》的前途沒有把握。好在《論語》同人們都是以撰文為風雅的文士墨客，不靠賣文為生，誰也不計較稿酬。因此，創刊之初，時代書店僅每月支付給林語堂編輯費一百元 ①，而撰稿人都是盡義務的。這是林語堂等《論

---

① 據筆者訪問文壇前輩趙家璧先生得知，當時，良友給趙家璧的月俸是一百元。而以當年林語堂的社會聲望，時代付給林語堂的報酬是不高的。

語》同人重事業而輕報酬的一個例子。

　　發起創辦《論語》是《論語》同人們（也就是以後的論語派）的共同願望，因此，不能歸功於林語堂一個人。要追溯《論語》的「緣起」似乎也不太複雜，因為創刊號上的開卷第一頁就刊出《緣起》一文，以《論語》社同人的口氣詳述了出版《論語》的緣起。然而，不讀不知道，讀了更糊塗，如果誰按照研究史料的辦法去讀這篇《緣起》，只會得出這樣的結果。因為它是一篇幽默文章，而絕不是創辦《論語》經過情況的歷史記錄，裡面的人和事，或完全虛構，或假借古人古事，誰當史料去讀，肯定會上當。倘若不信，請讀一讀其全文（這樣可以避免斷章取義），因篇幅關係，在此恕不引用這篇近兩千字的妙文了。

　　《緣起》在史料上的主要價值，是曲折地反映了《論語》發起者們之所以創辦《論語》的心理動機。這是林語堂親自製作的第一個「幽默」樣品，這個樣品本身就向讀者明示《論語》需要甚麼樣的稿件，這是論語派在思想藝術傾向上為自己「定調子」的開卷文章，是論語派為自己的那本幽默文學史所寫下的第一頁。遺憾的是，在所有的林語堂文選中（包括他自己編定的和別人編的）[1] 都沒有選這篇堪稱幽默文學的開卷之作。

　　《論語》創刊號的《編輯後記》，也是一篇幽默的樣品。《後記》除了繼續重複「因為同人中有位死了丈母，所以大家決心辦報」的玩笑話之外，著重解釋了命名《論語》的由來。林語堂寫道：

　　諸位都知道《論語》是孔子門人所作的一部大書，我們當然是冒牌的。但是，我們並不是這個意思，我們並不存心冒孔家店的招牌。我們同人，時常聚首談論，論到國家大事，男女私情，又好品論人物，又好評論新著，這是我們論字的來源。至於語字，就是說話的意思，便是指我們的談天，因除了可以歸入論字的話題以

---

① 　由於種種原因，拙編《中國現當代著名作家文庫・林語堂代表作》（黃河文藝出版社 1990 年 1 月版）也沒有選錄這篇《緣起》。

外，我們還有不少的談話，這些全都歸入這語字去的，這是語字的來源。這樣的兩個字拼湊起來，便成了論語，格式內容裡也和孔夫子的《論語》差不多，因為也是甲一句，乙一句，東一句，西一句，拉拉雜雜一大堆大道理。所以如果有人責備我們假冒了孔家店的招牌，我們也不敢極口呼冤，而且是可以發出一種會心的微笑的。不過要請他們注意的是，孔家店裡的貨品，《論語》並不佔重要地位，在這以上還有《春秋》，那是孔老夫子用了他特有筆法作成，使亂臣賊子發生恐怖的大著。在目下這一種時代，似乎《春秋》比《論語》更需要，它或許可以匡正世道人心，挽既倒之狂瀾，躋國家於太平。不過我們這班人自知沒有這一種的大力量，只好出出《論語》，絕不敢存非分之想，也不敢有非分的舉動的。—— 這一點我們特別聲明。

　　林語堂所制定的《論語社同人戒條》（以下簡稱《戒條》）是研究中國現代文學流派史的重要資料。這《戒條》，既說明了《論語》與《語絲》的承續關係，也表白了《論語》與《語絲》的不同路向。《戒條》內容如下：

　　一、不反革命。

　　二、不評論我們看不起的人……但我們所愛護的，要盡量批評（如我們的祖國，現代武人，有希望的作家，及非絕對無望的革命家）。

　　三、不破口罵人（要謔而不虐，尊國賊為父固不可，名之為王八蛋也不必）。

　　四、不拿別人的錢，不說他人的話（不為任何方作有津貼的宣傳，但可做義務的宣傳，甚至反宣傳）。

　　五、不附庸風雅，更不附庸權貴（決不捧舊戲明星，電影明星，交際明星，文藝明星，政治明星，及其他任何明星）。

　　六、不互相標榜，反對肉麻主義（避免一切如「學者」、「詩人」、「我的朋友胡適之」等口調）。

　　七、不做痰迷調，不登香艷詞。

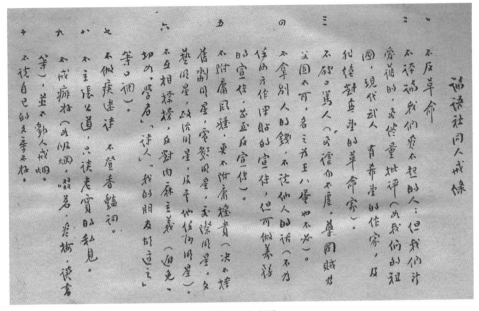

《論語社同人戒條》

八、不主張公道，只談老實的私見。

九、不戒癖好（如吸煙、啜茗、看梅、讀書等），並不勸人戒煙。

十、不說自己的文章不好。

　　有的文學史家說，林語堂所辦的那些小品文雜誌基本上是《語絲》的延續和發展。《論語》與《語絲》相比，不過是多了一塊「幽默」的招牌。[1] 說「延續」和「發展」自有幾分道理，但說區別僅在於多了一塊幽默的招牌，未免失之偏頗。[2]

　　刊登於《論語》封裡的《戒條》，實際上是林語堂及其同人們為《論語》規定的辦刊方針，把《戒條》與《語絲》發刊詞作一比較，兩者的差異，不言而喻：當初《語

① 曹聚仁：《我和我的世界》。

② 有關《語絲》與《論語》的關係。請參考拙著《中國現代文學流派論》（陝西人民出版社 1986 年 12 月
　　第 1 版）中的章節。

絲》是關心政治的，特別是林語堂還撰文反對「勿談政治」；可是現在卻把「不反革命」列為《戒條》之首，說明《論語》是以不談政治為標榜的。當年，反抗「一切專斷與卑劣」的《語絲》精神，在《戒條》中不便公開提倡了。那時，林語堂是一個很會「罵人」的文人，曾痛斥論敵為「叭兒狗」「畜生中的畜生」等，而且還把罵人列入「穩健、罵人及費厄潑賴」的語絲文體三大特色之一。此刻，《論語》主編林語堂則在《戒條》的第三條標明「不破口罵人」，從以「罵人」自詡到禁止罵人，標誌著林語堂已由浮躁凌厲轉變為「謔而不虐」。

雖然，《語絲》發刊詞中的明快語言在《戒條》中變成了轉彎抹角的隱晦文字，但是，《語絲》遺風依然有跡可尋。比如，「戒條」第四、五、六等三條中的「不拿別人的錢，不說他人的話」「不附庸權貴」「反對肉麻主義」等，都是用幽默的反語，流露了當年《語絲》精神中的「自由思想，獨立判斷」的宗旨。

從《戒條》的整個內容來看，林語堂承續了《語絲》的趣味主義和自由主義的一面，而故意迴避了《語絲》當年「無所顧忌，任意而談」的「土匪」性格。如果借用「集『叛徒』與『隱士』於一身」來概括林語堂的思想矛盾的話，那麼，《論語》裡的《戒條》，即使不是林語堂對「叛徒」的告別，至少也表明了他對「隱士」的嚮往。

《論語》第 2 期（1932 年 10 月 1 日出版）的封裡上，刊出了一份長期撰稿員名單：

章克標	劉英士	全增嘏	沈有乾	潘光旦	李青崖
孫斯鳴	邵洵美	郁達夫	章衣萍	林　幽	邵慶元
孫福熙	孫伏園	俞平伯	劉半農	章川島	謝冰瑩
豈　凡	陸晶清	趙元任	韓慕孫	季　露	宰　予

從這張名單可以看出，創刊之初，《語絲》的舊人是《論語》的台柱，孫福熙、孫伏園、俞平伯、劉半農、章川島、章衣萍等人都是當年語絲派的骨幹。同時，從這張名單還可以看出，創刊之初，《論語》尚嫌人員不足，所以章克標除以真名列名

之外，還讓他的「豈凡」也佔了一席之地，有點虛張聲勢的味道。名單最後的「宰予」即是林語堂的筆名。

　　1932 年 9 月 16 日《論語》創刊號出版前後，很有點手忙腳亂，臨到發稿付印時，忽然發現封面刊頭題字還沒有準備就緒。封面等於人的面孔，刊頭題字等於是這面孔上的一對眼睛，所以有影響的刊物，往往請名人題字。此刻馬上要送印刷廠，哪裡還來得及請人題字。在一旁幫忙的章克標見林語堂急得團團轉，靈機一動，臨時找來了老宋體的「論語」兩個字，暫行充數，才算應付了燃眉之急。這時，林語堂本身的毛筆字經過勤學苦練已經能寫一手很有功力的顏體。他特別喜歡書法家鄭孝胥的字，後來就模仿鄭體寫了「論語」兩字，作為刊頭題字。因為這兩個字的神形都極似鄭體，所以不少人以為《論語》刊頭是書法家鄭孝胥的題字。

　　創刊之初，《論語》的稿源只限於同人的小圈子，後來，隨著刊物影響的擴大，撰稿者日益增多，來稿數量激增，而林語堂自參加中國民權保障同盟後，社會活動越來越多，《論語》編務就應付不過來了。於是，請來陶亢德做自己的助手。陶亢德（1908－1983），筆名徒然、陶庵等，浙江紹興人。陶亢德早年識字不多，但頗有天資，據說在東吳大學當清潔工時，每當打掃完畢，他就倚帚在課堂外聽教師講課。這位勤奮自學的「旁聽生」，居然就旁聽完了大學文科的一些課程。後來成為翻譯家的朱雯，當年是東吳大學學生，兩人交往頻繁，過從甚密，經常徜徉於書坊，交談於酒肆。當然，陶亢德拉朱雯喝老酒，醉翁之意不在酒，而在於向朱雯請教學問。朱雯一面輸入老酒，一面向陶亢德輸出學問，兩人談得非常投機。1929 年初秋，兩人在松鶴樓飲酒時，商議要出版文藝雜誌，宣傳自己的文學主張，決定先在東吳大學成立一個「白華文藝社」，然後由這一文藝社團出面主辦《白華》旬刊；朱雯負責《白華》的設計安排和組稿工作，陶亢德則承擔了相當一部分經費，還為印刷、銷售四處奔波。雖然《白華》只出了八期便停刊了，但這次辦刊的嘗試，使陶亢德對編輯工作產生了濃厚的興趣，決定了他以後的編輯生涯。陶亢德原先根本不懂英文，但在當編輯時，花了三個多月時間邊學邊問邊譯地翻譯起文學作品來，而且硬是攻克

了翻譯關。《白華》停刊後，他一度在鄒韜奮辦的《生活》週刊當編輯，已經是一位有經驗的編輯人員了。

林語堂把陶亢德請到《論語》以後，陶亢德就成為林語堂的得力助手，充分施展了他的編輯才幹。

林語堂很會發現人才，繼陶亢德之後，他又提攜了徐訏。説來也巧，徐訏和陶亢德一樣，也是個有點傳奇色彩的人物。偏偏這兩個「奇人」都讓林語堂遇上了，而且林語堂又不失時機地使之為我所用。

徐訏，字伯訏，浙江慈溪人，生於 1906 年，父親是前清的舉人，北伐後曾任「中央銀行」秘書，是孔祥熙的智囊人物。徐訏幼承庭訓，學有根底，不幸幼年喪母，在繼母和姨太太手裡討生活，養成了他孤僻冷峭的癖性。雖然家境並不貧困，但在求學期間得到家裡的資助卻有限，是一個經濟拮据的窮學生。據説，他在北京大學學習期間，在沙灘的飯鋪裡吃了四年飯，從未付過現金，一直靠賒賬度日的。那時北大在城內沙灘，附近街頭小飯鋪林立，也許是近朱者赤，那些飯鋪主人也都沾染了北大風氣，不乏風雅之士。窮學生到飯鋪吃飯，可不必付現款，只在水牌上記賬，等到有了錢一起付清，沒有錢便算拉倒，很少有向學生索取欠賬煞風景的事。「有幾位常欠飯錢的窮學生，竟有當上部長的高官後才來歸清欠賬的，徐訏便是這樣的人。不過，他不曾做過高官，只是畢業以後到上海有了職業才還清飯錢的。」[1] 窮則思變，賺點稿費來補貼生活，這也是促使徐訏寫作的一種動因。徐訏給《論語》的稿件，深得林語堂的青睞，幾乎每一期《論語》上都有徐訏的文章。後來，徐訏畢業後，就來到上海幫林語堂編幽默刊物，與陶亢德一起，成了林語堂的左右手。林語堂在上海辦的刊物本本暢銷（《論語》達三四萬份，《宇宙風》達四萬五千份），[2] 原因自然是多方面的，但是，有陶、徐這樣的得力助手也是相當重要的因素。

---

① 周劭：《文壇鬼才徐訏》，刊於 1989 年 11 月號《上海灘》。有關徐訏資料多數來自周劭先生與筆者口述時的錄音記錄稿。

② 據周劭先生説，當年老牌的雜誌《生活》銷售數是十二萬份，商務的《東方》八萬份，下來就是林語堂辦的那些刊物最暢銷。

第十五章

中國民權保障同盟的「宣傳主任」

「土匪」心又復活了 / 抗議希特拉的暴行 / 面對總部和胡適的矛盾

　　正當《論語》辦得熱火朝天的時候，林語堂的社會活動也驟然增多，這是因為他
參加了中國民權保障同盟並擔任了「宣傳主任」的職務。

　　中國民權保障同盟（以下簡稱「同盟」）的誕生是 30 年代社會矛盾空前尖銳的
必然產物。

　　1931 年 9 月 18 日事變以後，日本帝國主義迅速佔領了遼寧、吉林、黑龍江等
省。1932 年 1 月 28 日，日軍又在上海發動進攻。蔣介石政府奉行「攘外必先安內」
的政策，一方面，1932 年 10 月對紅軍的中央根據地發動了第五次軍事圍剿；另
一方面，1932 年 12 月，國民黨三中全會通過了關於起草憲法的議案，並於 1933
年 1 月 21 日正式成立憲法起草委員會，發起制憲運動，聲稱「還政於民」。 1932
年 12 月 17 日由宋慶齡、蔡元培、楊銓（杏佛）、黎照寰（曜生）、林語堂等在上海
發表了中國民權保障同盟發起宣言。「同盟」在成立宣言中，明確宣佈了自己的三
項任務：

　　一、爭取釋放國內政治犯，反對目前到處盛行的監禁、酷刑和處決的制度。
本同盟首要的工作對象是大量的無名囚犯。

　　二、予政治犯以法律的辯護及其他援助，調查監獄的狀況和公佈國內剝奪民
權的事實，以喚起輿論的注意。

　　三、協助關於爭取公民權利，如出版、言論、集會和結社自由的鬥爭。

　　1932 年 12 月 29 日下午 4 時，假上海南京路華安大廈招待中外記者，蔡元培、
林語堂等發起人出席了記者招待會，由於宋慶齡（時任國民黨中央執委）因病未能參
加，臨時改由蔡元培（時任國民黨中央監委、中央研究院院長）主持，並代為宣讀宋
慶齡的書面談話，指出：

我們的組織的宗旨在於支援為爭取結社、言論、出版、集會自由等民主權利而進行的鬥爭……本同盟首先關切的是援助那些擁塞在監獄中的大量無名無告的政治犯。你們新聞界當然知道有無數同胞被非法逮捕與監禁，知道那中世紀的殘餘——秘密軍事法庭的存在。

接著，由楊銓（時任中央研究院總幹事）報告會務，宣佈了「同盟」全國執行委員會分工名單為：主席宋慶齡，副主席蔡元培，總幹事楊銓，宣傳主任林語堂。

五年前，大革命的腥風血雨曾冷卻了林語堂那顆一度曾沸騰過的心，他「增進一點自衛的聰明」，不願再因涉足政治而去招來「死無葬身之地的禍」。所以，他雖然內心充滿憤懣不平，但終於「沉寂」下來了。這時，「沉寂」了將近五年的林語堂忽然變成了「同盟」的積極分子。林語堂的變化，也是合乎邏輯的。首先，因為南京方面三中全會前後放出了「還政於民」的「制憲」氣球，使政壇上飄起了一朵「民主」的雲彩，酷愛自由的林語堂仰望著這朵美麗的雲彩，那「沉寂」已久的心又活動起來……其次，那時林語堂任蔡元培的英文秘書，而蔡元培正是「同盟」的副主席。「同盟」主席又是林語堂「奉為中國女界第一人」的國母宋慶齡，能與宋慶齡、蔡元培這樣的前輩一起去爭取「民權」，林語堂引以為榮。再加上五年來，在教科書和創刊《論語》等事業上一連串的成功，使林語堂正處於躊躇滿志之中，於是，那顆「土匪」的心又悄悄地復活了。

林語堂年富力強，精力充沛，在「同盟」中是宋、蔡最得力的助手之一。在全國執委會委員裡，他是一個辦實事的人，史沫特萊女士2月2日給胡適的信證實了這一點。史女士在信中說：「我應孫逸仙夫人和林語堂博士之請，現將附寄一份文件送給民權保障同盟北平分會，請您及時進行處理。」史沫特萊所說的文件，實際上是一封給「同盟」北平分會的信件。信的開頭是這樣的：

朋友們：

我們的中國成員之一，林語堂博士，由於工作繁忙，不能寫信給你們，因此我應他之請，向你們轉達幾件事……

從史沫特萊執筆的信中可以看出，林語堂在「同盟」的地位和作用。他和楊銓一樣，是宋、蔡的左右臂。所以，《申報》2 月 2 日在刊載「同盟」執委會議消息，報道出席者名單時，把林語堂排在僅次於宋、蔡的第三位，絕不是偶然的，而是反映了林語堂在「同盟」內和社會上的聲望。

1933 年 5 月 11 日下午，中央研究院底層的大休息室裡，「同盟」正在開會，會議的氣氛凝重，每一位與會者都在傾吐積鬱在心頭的怒火，無數團怒火正在凝聚著，似乎在等待爆發的時機。原來，「同盟」在討論如何抗議德國法西斯的暴行：自從 1931 年 1 月希特拉上台後，對外擴張侵略，對內獨裁統治，殘酷迫害異己者。疾惡如仇的林語堂和所有與會者一樣，慷慨陳詞，怒斥法西斯。林語堂一向痛恨獨裁者，在他的筆下，希特拉始終是一個被諷刺嘲笑的對象。現在，他又少不了對希特拉嬉笑怒罵一番。會議最後決定，起草一份《為德國法西斯壓迫民權摧殘文化的抗議書》，遞交德國駐上海的領事館。

5 月 13 日上午，林語堂與蔡元培同車來到中央研究院，宋慶齡、魯迅等也先後到場，大家聯合簽署了《抗議書》，稍作安排，宋慶齡、蔡元培、楊銓、魯迅、林語堂等親自來到坐落在外灘黃浦路四十號的德國領事館，遞交《抗議書》。長期以來，國內的一些論著在談及「同盟」向德國領事館遞交《抗議書》時，往往僅提宋、蔡、楊、魯的名字，不提林語堂，這是一個不小的疏漏。

「同盟」成立之初，林語堂與宋慶齡、蔡元培、楊銓、伊羅生、鄒韜奮、胡愈之等七人既是中央執委，同時又兼任上海執委。1933 年 3 月 18 日，在上海分會的會員大會上，根據「同盟」會章上中央執委不得同時兼任分會委員的規定，林語堂等七人辭去了上海分會執委的職務，並在會上補選了郁達夫、洪深、吳邁、沈鈞儒、王造時、錢華、寧明予等七人為上海分會執委，加上原來在 1 月 17 日的上海分會成立大會上投票選出的魯迅和陳彬和兩人，上海分會的執委共有九人。

「同盟」北平分會是 1933 年 1 月 30 日正式成立的。會上選出胡適、蔣夢麟等九

人為分會執行委員，2月1日再投票選出胡適為分會主席，李濟之為副主席 ── 歷史是那樣的巧合，繼20年代在北大共事後，1932 – 1933年間，林語堂、胡適、魯迅又在「同盟」的舞台上相遇了 ── 北平分會成立不久，因發表報道北平陸軍反省院的情況一事，胡適與「同盟」中央執委會發生摩擦，林語堂在事件中的先後態度的變化，展現了林語堂某些與眾不同的性格特徵。

　　胡適曾在1月31日與楊銓、成平一起視察北平陸軍反省院及另外兩所監獄，了解在押政治犯的情況。然而，還不到兩天，風雲突變，起因是史沫特萊女士曾收到一份《北平軍委會反省院政治犯 Appeal（控訴書）》，這份材料詳細揭露反省院裡種種酷刑和非人道的情況。「同盟」中央執委會開會時，史沫特萊把《控訴書》提交執委會傳閱，會上決定將《控訴書》分送中西各報刊登，並寫有英文和中文的緣起。2月1日，宋慶齡在上海舉行的一大型記者招待會上，以「同盟」總會主席名義簽發了北平寄來的《控訴書》，2月2日和5日，英文《大陸報》、中英合刊的《燕京報》先後刊登，由於新聞檢查之故，中文報章直到11日才由《中國論壇》2卷1期刊出全文。而史沫特萊在2月1日記者招待會後，即應宋慶齡和林語堂之請，匆匆致函胡適，並附寄文件一份給「同盟」北平分會，請胡適及時採取措施，「防止使這個敢於送給我們這份呼籲書的罪犯受到迫害」。2月4日，胡適收到史沫特萊航空郵寄的英文本，讀後即斷定《控訴書》是捏造的，並給蔡元培、林語堂寫信，表明自己的立場。信還未寄出，5日清晨，胡適從英文的《燕京新聞》上看到了正式發表的《控訴書》，更不以為然，便再給蔡、林兩人寫信，情辭相當激烈了。

　　林語堂和蔡元培、楊銓讀到胡適2月4日和5日兩封信之後，感到如果《控訴書》確係捏造，問題不小。2月9日，林語堂在覆胡適的信中，明確表示了自己的態度，全文如下：

　　適之兄：

　　得來札，知道北平監獄調查報告出於捏造，此報告係由史沫特萊交來，確曾由臨時執行委員開會傳觀，同人相信女士之人格，絕不疑其有意捏造，故使發表。

不幸事實如先生來函所云。接信後蔡、楊及弟皆認為事情極其嚴重，須徹查來源，弟個人且主張負責糾正。大約明日開緊急會議，恐會議上即將發生重要波折。但以弟觀察，現此臨時組織極不妥當，非根本解決不可。此事尤非破除情面為同盟本身之利益謀一適當辦法不可。

所幸此報告中文原文因某種關係尚未發表，否則更難補救（你來函態度之堅決，使我們更容易說話）。

本會現此情形，諒你由份子之結合可推想得到。

知道你關懷，所以先寫幾字，作為私人的答覆。開會後當有正式的信報告一切。

弟　語堂 2 月 9 日

可是，胡適未等林語堂的覆信，就向社會公開了自己與「同盟」總會的分歧。2 月 5 日，胡適致函《燕京新聞》編輯，亮出了他和總會的不同觀點，他說：「……我認為，送交孫夫人的那封呼籲書十分可能是一封偽造的匿名信，而她又沒有採取實地調查的步驟來加以核實。」最後，他又以「再者」的形式，強調自己的態度：

我寫這封信，並沒有意思認為此地監獄的情況是滿意的。民權保障同盟北平分會將盡一切努力來改善那些情況，然而我不願依據假話來進行改善。我憎殘暴，但我也憎恨虛妄。

2 月 13 日，蔡元培、林語堂致胡適一信，雖然名義上是兩人聯合簽署的，但因為林實際上是蔡的私人秘書，所以可以肯定信是由林執筆的，這封信與前信相比，語氣大變。看來，2 月 9 日，林是在相信《控訴書》係「捏造」的前提下寫第一封覆信的，從「本會現此情形，諒你由份子之結合可推想得到」等語，可以看到林對總會工作也有不少意見。「你來函態度之堅決，使我們更容易說話」一句表明，是胡適說出了林語堂想說的話，可謂不謀而合。然而，到了 2 月 13 日，林語堂的

態度就不一樣了。

　　林語堂在 2 月 13 日信中，是在肯定《控訴書》是真實的前提下，代表總會的立場與胡適對話。林語堂不僅肯定「此等酷刑，在中國各監獄或軍法處用之者，本時有所聞，故亦不甚置疑」。而且林還退一步講，即使「此文若不宜由本會發表」，總會執委會的全體成員準備共同承擔責任。

　　林語堂既是執委會的「宣傳主任」，他自然也準備承擔胡適所指摘的那種責任。對於胡適指責「一二私人可以擅用本會最高機關的名義，發表不負責任的匿名稿件」一節，他針鋒相對地回答：「決非一二人之過，亦決非一二人擅用本會名義之結果也。」

　　這樣，在「同盟」總會與胡適的摩擦中，林語堂明確地站到了總會這一邊，與他自己 2 月 9 日對胡適的「私人的答覆」裡的表態，判若兩人。應該說，2 月 9 日的林語堂是完全站在胡適一邊，準備第二天在執委會上「破除情面」，興師問罪，甚至提出「此臨時組織極不妥當，非根本解決不可」等。可是，四天之後，他的態度來了一個一百八十度的大轉變，他完全站在總會的立場上，把「同盟」的利益置於自己與胡適的私誼之上。他的胸襟是磊落的。

　　而胡適則在 2 月 19 日出版的《獨立評論》第 38 號上發表了《民權的保障》一文，公開反對「同盟」會章中的「釋放政治犯」的條款。2 月 21 日，英文《字林西報》又刊出胡適以「同盟」北平分會主席身份向該報記者發表談話，把自己與總會的分歧向新聞媒介完全曝光，並明確表示「民權保障同盟不應當提出不加區別地釋放一切政治犯，免予法律制裁的要求」。

　　3 月 3 日，「同盟」全國執委會通過開除胡適會籍的提案。3 月 17 日，蔡元培、林語堂兩人具名通告全體會員，於 18 日下午 4 時假上海八仙橋青年會九樓召開臨時會員大會，討論會務，其中一項為追認執委會開除胡適會籍的決議。18 日，會議如期舉行，「大會無異議通過追認執委會決議，以胡適嚴重違反會章，予以開除會籍處分」①。

―――――――――――

①　關國煊：《胡適與中國民權保障同盟》，刊於《傳記文學》第 52 卷第 6 期。

開除胡適時，林語堂在「同盟」是僅次於宋慶齡、蔡元培、楊銓的第四號「當權派」，如果林語堂堅持反對意見，那麼開除胡適的提案是不會「無異議」通過的。現在的事實是，執委會的決議在臨時會員大會被「無異議」地追認。可見林語堂也是贊成開除胡適的。

宋慶齡是林語堂最崇敬的中國女性，蔡元培是他極敬重的前輩，而胡適則是為他雪中送炭的朋友。林語堂的心理天平傾向於宋、蔡這一邊，這是合乎他的為人準則的。林語堂在「同盟」的表現，突現了他富有正義感的性格亮點。在 30 年代與林語堂有過交往的唐弢曾說：「他有正義感，比一切文人更強烈的正義感……」[1] 這一評價並不過分。

林語堂有著一顆「孩子的心」，有時，他會像孩子般地率真地坦露自己的靈魂，當他發現真善美的時候，他常常會不顧一切地追求。由於坦白，所以世人看得見他勇猛的進擊，同樣也看得見他悲觀失望、驚慌失措的表現。其實，他的消極面並不比有些人更嚴重，正像他的積極面也並不比另一些人更輝煌那樣。然而，問題是，他不故意炫耀自己的亮色，更不刻意虛飾自己的弱點，因此，與善於作假的人相比，他那些不加掩飾的弱點似乎路人皆知。

當人們理解中國國情、理解中國文人的各種痼疾之後，也許會恍然大悟地發現：原來林語堂主動坦露的弱點正是另一些人以整個生命的主要精力來加以偽飾的東西，而林語堂卻沒有為偽飾而浪費生命……如果把林語堂和他的同時代人，全都剝得一絲不掛地放在歷史的天平上展示真身時，不少人將為失落的假象而痛苦，又為暴露真相而羞愧，而林語堂大概不會再有更多的痛苦或羞愧了，因為，從一開始，他就習慣於向世界展示自己的真身。

在 30 年代中國社會的大舞台上，林語堂充分突現了自己性格的矛盾性和多面性，他那「叛徒」與「隱士」的矛盾個性在同一時期裡得到充分的表現。他在中國民權保障同盟的活動是他「叛徒」精神的最好說明。

---

[1]　唐弢：《林語堂論》。

第十六章

歡迎蕭伯納

上海颳起一股「蕭」旋風／與蕭伯
納共進午餐

　　1933 年 2 月 17 日，諾貝爾文學獎獲得者、著名的愛爾蘭幽默作家、世界反帝大同盟名譽主席蕭伯納，環遊世界途中在上海停留了一天。於是，黃浦江畔升起了一股「蕭」旋風，十里洋場，滿城爭觀蕭伯納，其熱鬧程度遠勝於當年泰戈爾訪華時的場面。

　　1933 年本來就是上海文壇上有名的「幽默年」，碰巧蕭伯納是一位著名的幽默大師。歡喜看熱鬧的上海人就把蕭伯納當成「西洋唐伯虎」，不僅在新聞傳佈媒介上到處充塞著他以往的那些幽默軼事和諷刺名言，而且，把他在上海的短短數小時裡所說的每一句話，全都拉扯到幽默上去了。

　　林語堂也是「蕭」旋風的捲入者之一。16 日這一晚，林語堂和所有準備歡迎蕭伯納的人一樣，一夜沒有睡好，因為，蕭伯納夫婦乘坐的昌興公司豪華客輪英國皇后號的噸位大，無法深入黃浦江，只能停泊在吳淞口，所以，歡迎者們，特別是新聞界為搶新聞，都準備跟隨昌興公司去接蕭伯納的小火輪一起去吳淞口。可是，蕭伯納，尤其是他的夫人一貫不願接觸新聞記者，他們拒絕做小市民的觀賞物，也不願意接受有組織的隆重歡迎。所以，他們在乘坐英國皇后號時，就事先與輪船公司立下約，要公司保證他不受一切看熱鬧者的干擾。因此，上海昌興公司不僅拒絕了二百多位記者要求搭乘小火輪去吳淞口接客的要求，甚至連小火輪起航的時間也故作玄虛地秘而不宣……因此，蕭伯納還未踏進上海的土地，迎蕭一事就充滿了神秘感，有人從 16 日下午起便打聽小火輪去吳淞口的時間，但每次答覆都不一樣，使人墜入了五里霧之中。

　　宋慶齡與蕭伯納一樣都是世界反帝大同盟的名譽主席，所以，迎蕭工作由宋慶齡和世界筆會中國分會共同組織。林語堂倒是事先知道宋慶齡的迎蕭計劃的，但為了尊重蕭伯納，使之不受湊熱鬧者的攪擾，他對迎蕭的安排守口如瓶。

　　17 日，天還沒有亮，林語堂便急忙趕到新關碼頭。凌晨 5 時，宋慶齡偕同楊

銓等數人，在幾名水警的隨同下，由新關碼頭乘小火輪駛往吳淞口。林語堂、邵洵美、洪深、應雲衛等人，上海各學生劇社援助義勇軍遊藝大會代表團，及崇拜蕭伯納的青年男女四百餘人，則留在原地等候。10 時 30 分，宋慶齡陪同蕭伯納登陸後，先到亞爾培路中央研究院拜訪蔡元培，然後，與蔡元培一起赴莫利哀路二十九號孫宅。這邊在碼頭上等候的林語堂，接到水警電話後，趕緊直奔孫宅。

　　中午 12 時，宋慶齡用中式餚饌招待蕭伯納。林語堂與蔡元培、魯迅、楊銓、伊羅生等作陪。能夠與蕭伯納共進午餐，林語堂十分高興。林語堂對蕭伯納的演講、著作都有相當的研究，蕭伯納馳騁縱橫的機智和辛辣的諷刺，是林語堂「拿來」取法的幽默營養。蕭伯納是以其車載斗量的幽默精品而獲取幽默家的頭銜的，相比之下，林語堂的這項「幽默大師」的桂冠，倒真有點得來全不費工夫了。他心裡十分清楚，人們謔稱其為「幽默大師」，並不是因為他已經有了可以與蕭伯納並駕齊驅的成就，而是因為在傳統文論中沒有「幽默」這一術語的中國，他最早提出「幽默」的主張。所以在迎蕭過程中，他沒有因為別人謔稱他為「幽默大師」而忘乎所以地去爭奪迎蕭的優先權，他很有自知之明地讓比自己更有社會聲譽的前輩名人們出頭露面，滿足於以一個陪客的身份出現在宋慶齡家裡的餐桌上。

　　現在，林語堂借著與蕭伯納共進午餐的機會，同蕭伯納做了親切的交談。可能誰也沒有意識到，在孫夫人的家裡，記錄著世界幽默文學史上的一件軼事：愛爾蘭的幽默大師和中國的「幽默大師」在這裡進行了一次充滿著幽默韻味的談話。

　　那是在宋慶齡的客廳裡，蕭翁正坐在靠爐大椅上，眼光時看爐上的火，態度極舒閒，精神矍鑠，一對淺藍色的眼睛裡像是隱藏著各種怪誕神奇的思想。因為還有幾位客人未到，所以林語堂便和蕭翁隨便閒談起來，他們談到赫理斯和亨德生分別為蕭伯納寫的傳記。林語堂說，赫氏的傳記比亨氏的文章好。

　　「文章好，是的。」蕭氏回答，「但是赫理斯這個人真沒辦法。他窮極了，所以要寫一本耶穌的傳。書店老闆不要，教他寫一本蕭伯納的傳。這是他作傳的原因。但是他不知我的生平，他把事實都記錯了。剛要脫稿時，他不幸逝世，將手稿託我

宋慶齡在上海寓所宴請訪華的蕭伯納。左起：史沫特萊、蕭伯納、宋慶齡、伊羅生、林語堂、魯迅。前立者為：蔡元培。

出版。我足足費了三個月光陰編改糾正及增補書中所述事實，但是赫氏的意見，我
只好讓他存在。」

　　「赫理斯說他原要寫耶穌的傳，但是據說下筆時情感太衝動了，所以寫不下
去。」林語堂盡量利用自己所掌握的有關資料，勉強湊上去說。

　　「是的。赫理斯遇見狂浪的人在座，他便大談起耶穌人格之崇高，但是與安立甘
教牧師同席時，他又大放厥詞 —— 如同巴黎最淫蕩的神女交談一般……他死時，只
是留給他的妻兩袖清風。」

　　林語堂想不出甚麼妙論可發揮，只得問：「我想他的妻子現在可以拿到這本書的
版稅了吧？」

　　「自然的。可笑的是，有些我的朋友寫信給我，對書中許多奚落我的話提出
抗議，說赫理斯不應該說這些話，而我卻很希望他發表。其實這幾段話是我自己

寫的。」

　　林語堂仔細地觀察蕭氏講話時的神態，見他淺藍的眼睛不時地閃爍發光，使人覺得他是神經銳敏的人，有時又似有怕羞的神情。最特別的是他如有所思時，額頭一皺，雙眉倒豎起來，有一種特別超逸的神氣，這就是蕭伯納的諷刺畫中常看見的有名的眉梢。

　　林語堂看著這位身材纖瘦的愛爾蘭文豪，想到他縱橫古今語出驚人的議論，使讀其書的人，必生畏心，以為此老不可輕犯。然而一見其為人，又是樸質無華的文人本色，也是很近人情守禮法的先生。此刻，林語堂想起了蕭翁素來以真話為笑話的名言。常人每以蕭氏的幽默出於怪誕炫奇，卻不知這滑稽只是不肯放誕，不肯盲從，撇開俗套，說老實話而已，這是蕭翁被人認為怪誕的緣由。

　　在席上，蕭氏談到素食、中國家庭制度、大戰、英國大學的教授戲劇、中國茶等問題。他只是在他學用筷子夾物之時，隨便扯談，相當自在。然而在林語堂聽來，真如看天女散花，目不暇接。

　　餐後大家到花園中。那時清淡的陽光照射著蕭翁的白髮蒼髯，蕭氏人又高偉，有一種莊嚴的美。

　　「蕭先生，你福氣真大，可以在上海看見太陽。」有人說。

　　「不，這是太陽的福氣，可以在上海看見蕭伯納。」這位機智的愛爾蘭人回答。

　　林語堂立即聯想起穆罕默德的名言：「穆罕默德不去就山，讓山來就穆罕默德。」[1]

　　據宋慶齡回憶，她原來想讓蕭伯納和魯迅對話的，可是由於林語堂的英文會話水平較高，同時又主動地向蕭氏討教，所以，在客廳和餐廳裡，滔滔不絕的林語堂成了蕭伯納的主要對話者，而魯迅反而沒有機會同蕭氏談話。[2]

　　幽默家蕭伯納在幽默雜誌大走鴻運的 1933 年來到上海，並且與「幽默大師」林

---

[1]　林語堂與蕭伯納會面的情況，詳見林語堂《水乎水乎洋洋盈耳》。

[2]　宋慶齡：《追憶魯迅》，刊於《文藝論叢》1977 年第 1 輯。

語堂共進午餐，隨之《論語》第 12 期（1933 年 3 月 1 日出版）又出了迎蕭的專號。刊出了蔡元培、魯迅、朱春舫、邵洵美等人的迎蕭文章，而林語堂自己就一口氣撰寫了《蕭伯納與上海扶輪會》《蕭伯納與美國》《水乎水乎洋洋盈耳》《歡迎蕭伯納文考證》《再談蕭伯納》等五篇文章，在迎蕭專號上同時刊出。

　　迎蕭的人，幾乎都想請蕭氏說幾句於自己有益而刺著別人的話，大家都想把蕭當作凹凸鏡，在他之中看一看自己的「偉大」和「粗壯」。而事實上各人自己做了凹凸鏡，把蕭的影子，按照各人自己的模型，照得像一副臉譜似的，村的俏的樣樣具備。雖然，所有的歡迎者都想借蕭來照出自身的「粗壯」①，但是，在「蕭」旋風的風勢逐漸平息下去的時候，冷靜地回顧一下，蕭伯納到上海一天，得分最多的卻是「幽默」。「蕭」旋風對於《論語》創刊以後就開始升溫的「幽默熱」倒是起了「火上加油」的作用。蕭伯納來滬前後，上海的新聞媒介、街頭巷尾，無不以談幽默為時髦。正是成了「轟的一聲，天下無不幽默……」②林語堂在公眾裡的知名度也隨之而直線上升。

---

① 　詳見瞿秋白編校的《蕭伯納在上海》第 101 頁，四川人民出版社 1983 年 3 月版。
② 　魯迅：《花邊文學‧一思而行》。

第十七章

楊銓被暗殺以後

血濺亞爾培路 / 他沒有參加入殮
儀式，但參加了出殯下葬儀式 /
「要談女人了！」和《論政治病》

　　1933 年 6 月，中國民權保障同盟已運行半年了。半年來，「同盟」在國內外產生了相當大的社會影響。

　　「同盟」的重要會議都有外國記者參加。屆時，林語堂用英語，魯迅用德語，對外國記者發表談話，宋慶齡、蔡元培或揮筆疾書或宣讀宣言、抗議。史沫特萊、伊羅生及其他外國記者用電報把這些宣言發到國外，西歐和美國的知名人士如蕭伯納、愛因斯坦、羅曼‧羅蘭等，曾根據這些資料簽名抗議中國當局，或發宣言打電報給南京政府。短短半年的時間，世界輿論界已經熟悉中國民權保障同盟的名字了。南京當局對此頗為惱火，認為「同盟」損害了自己的國際形象。

　　於是，「中央黨部想暗地下手整垮這個組織，據說曾考慮要幹掉誰，然而幹掉誰呢……」[1]宋慶齡、蔡元培在國內外都有極高的聲望，碰不得，所以就向他們的左右手開刀，是楊銓，還是林語堂？1933 年 6 月 18 日見分曉了。

　　6 月的早晨，原該是陽光燦爛的時刻，而現在卻愁雲密佈，陰霾漫天。已經是 8 點多了，可是這陰沉的天色叫人分辨不清是早上還是黃昏。

　　上海法租界亞爾培路上，行人稀少，一輛小汽車剛駛出三百三十一號中央研究院的大門，正要向北奔馳時，突然，「啪」的一聲，車裡的一位少年以為是車胎爆裂，想探頭向外張望……

　　「啪！啪！啪！……」

　　原來不是汽車爆胎，而是槍聲。車內的一位中年人急忙把那少年推倒在車廂底板上，並立即撲到他身上，用自己的身體保護著少年的生命……兇手們擊槍以後就逃散了，並未搶掠車中人的錢財，所以不像是強盜攔路行劫。要說暗殺，這在法租界可還是破天荒第一次哩！

---

① ［日］內山完造：《上海霖語》。

　　次日（6 月 19 日），《申報》的新聞報道揭開了人們心中的疑團。《申報》以醒目標題寫道：

楊杏佛昨晨被暗殺

汽車甫出研究院門　　身中三槍當場身死

其子小佛腿受槍傷　　暴徒高德臣亦自戕

中央研究院院長蔡元培電請緝兇

　　國立中央研究院副院長楊銓即楊杏佛，昨晨 8 時 15 分，由法租界亞爾培路三百三十一號中央研究院率其長公子小佛，乘車出遊，車頭甫開出大門，道旁突有短衣暴漢四名衝上，持盒子炮圍集車身射擊，彈如雨發，車夫強祥生胸部首中二槍，受重傷，生命危殆，楊氏蹲伏車中，被擊三槍，命中要害，旋即殞命，公子小佛右腿亦中一彈，傷勢頗重，兇手一人，當場自戕。中央研究院院長蔡元培，昨電中央請緝兇維法紀，楊氏屍體昨尚停放廣慈醫院，定今晨 9 時檢驗後，即移往萬國殯儀館收殮。

　　暗殺楊銓，是對「同盟」的警告。當年，法國租界當局是不容許在其租界內搞政治暗殺的，現在居然敢開殺戒，毫無顧忌地殺到租界，表明了南京政府方面要鎮壓「同盟」的決心。同時，特務又放出空氣進行恐嚇，說「藍衣社」有一張五十六人暗殺名單，同盟領導成員皆在其中，而首當其衝的是宋慶齡和蔡元培。①

　　一時間，謠言四起，傳說紛紛。法租界當局也因此向南京政府提出抗議，並派巡捕保護宋慶齡在法租界上的住宅。林語堂一家也陷入恐懼之中，接連有兩星期，在憶定盤路（今江蘇路）四十三號（A）的林宅門口，總有兩三個身份不明的人在遊蕩，廖翠鳳為丈夫的安全提心吊膽。林語堂也因此而有將近兩個星期沒有出門，因

---

① 《鈎命單》，《中國論壇》第 2 卷第 8 期。

為林語堂深知「頭顱一人只有一個」,「死無葬身之地的禍是大可以不必招的」①,所以,他不會在這種時候去把自己的腦袋撞到守候在門口的那些人的槍口上的。

按照流行的說法,楊銓被暗殺後,林語堂貪生怕死,不敢參加悼念活動。但如果仔細核對一下史料,有些情況還是應該辨正的。

最早批評林語堂不敢參加弔唁活動的是魯迅。那天,魯迅在許壽裳陪同下前去送殮,而林語堂沒有去,魯迅對許壽裳表示了他對林語堂的不滿。認為:「語堂太小心了。」②20 日當晚,魯迅遇見馮雪峰,又提起了這件事:

> ……送殮回來,當晚我(按:馮雪峰)就見到他(按:魯迅),他談了送殮時的一些情形,對於孫夫人和蔡元培先生表示了感佩的意思,說:「今天蔡先生是去的,他很悲哀。……打死楊杏佛,原是對於孫夫人和蔡先生的警告,但他們兩人是堅決的。」接著又帶著讚許的口氣提到他的老友許壽裳(季茀)先生,說:「季茀也去的。」於是說到了林語堂:「這種時候就看出人來了,林語堂就沒有去;其實,他去送殮又有甚麼危險!」③

魯迅認為「又有甚麼危險」的事,林語堂的家屬卻覺得是非常危險的。據林太乙回憶:

> 我記得楊杏佛被殺之後,父親有兩個星期沒有出門,而在我們的門口總有兩三個人站著,不知道他們是誰,我很害怕。後來他們不再站在門口了,父親才敢出去。

---

① 林語堂:《剪拂集·序》。
② 許壽裳:《亡友魯迅印象記》。
③ 馮雪峰:《回憶魯迅》,人民文學出版社 1957 年 8 月版。

　　其實，楊杏佛被刺後的弔唁儀式共舉行兩次，第一次是 6 月 20 日的入殮儀式（這時，可能因為林家門口總有兩三人站著，所以林語堂沒有去參加入殮儀式），第二次是 7 月 2 日的出殯下葬儀式。據 1933 年 7 月 3 日《申報》報道，林語堂參加了 7 月 2 日的出殯下葬儀式，而魯迅參加的是 6 月 20 日的入殮儀式。

　　從《申報》所載的消息來看，參加入殮儀式的，均是社會各界的知名人士，不僅有宋慶齡、蔡元培、魯迅、洪深、沈鈞儒、劉海粟等人，而且還有孔祥熙、傅斯年等。因為楊銓在國民黨內的地位和社會聲望，使他的被刺震驚朝野，南京政府中的當權派為楊案奔走者不乏其人。比如行政院長汪精衛在 6 月 20 日電致蔡元培表示哀悼，並謂已令市政府嚴緝兇手。《申報》報道，最早去弔唁楊銓的知名人士是于右任、朱家驊，楊銓遺體從廣慈醫院移往萬國殯儀館的當天（19 日），他們即前往弔唁，比宋慶齡、蔡元培、魯迅弔唁的時間還要早一天。號稱「四大家族」之一的孔祥熙參加了 6 月 20 日和 7 月 2 日兩次儀式。當然，不同的人是抱著不同的目的去參加楊銓的弔唁儀式的，但對於「同盟」的骨幹來說，以當時的情勢而言，無論是參加第一次還是第二次，都是冒著生命危險的。

　　楊銓被暗殺後，「同盟即停止活動」[①]。後來，曾有一種流行的說法，說是林語堂要求「同盟」停止工作，說否則「同盟」的會員都會遭暗殺 —— 要林語堂去承擔「同盟」自動消亡的歷史責任，這倒是有點抬高林語堂在「同盟」中的實際地位和作用。因為林語堂作為「同盟」的「宣傳主任」，他只是「同盟」正副主席的意志的忠實執行者，他絕不會越過他所崇敬的宋慶齡、蔡元培，而去直接操縱「同盟」的生死存亡。

　　6 月 18 日事件以後，林語堂每次到中央研究院上班時，面對著楊銓遇難的地方，他總是心潮澎湃。最能表明林語堂心靈深處波瀾起伏的，莫過於他自己留下的一些自相矛盾的文字。

　　1933 年 7 月 16 日出版的《論語》半月刊上，發表了林語堂的《談女人》。文中寫道：

---

① 　宋慶齡：《追憶魯迅先生》，收入《魯迅回憶錄》一集。

近來更覺得已鑽入牛角尖之政治，不如談社會與人生。學漢朝太學生的清議，
不如學魏晉人的清談，只不要有人又來將亡國責任掛在清談者之身上。由是決心
從此脫離清議派，走入清談派，並書：「只求許我掃門雪，不管他媽瓦上霜」之句，
於案上玻璃片以下以自戒。書完奮身而起曰：「好！我們要談女人了！」

楊銓遇難後的第二十八天，林語堂聲稱「不管他媽瓦上霜」「要談女人了！」表
面看來，這又像是林語堂因貪生怕死而不問政治的公開聲明，暴露了林語堂逃避現
實鬥爭的消極態度，顯示了資產階級自由主義的軟弱性和動搖性。但如果深入剖
析，就不難發現，所謂「談女人」等，都是曲筆，是諷刺沒有言論自由的反語。實際
上，林語堂根本沒有把「只求許我掃門雪，不管他媽瓦上霜」的聲明壓在玻璃片下以
自戒。「談女人」，不過是個煙幕彈而已。那把所謂只掃「門雪」的掃帚，無時無刻
不在伺機往「他媽瓦上霜」掃他一下——同年 10 月 16 日，也就是他聲稱要「談女
人」而不談政治之後的三個月，《論語》刊出了他的《論政治病》一文。他在文中寫道：

　　……我知道，做了官就不吃早飯，卻有兩頓中飯，及三四頓夜飯的飯局。平均
起來，大約每星期有十四頓中飯，及二十四頓夜飯的酒席。知道此，就明白官場
中肝病胃病腎病何以會這樣風行一時。所以，政客食量減少消化欠佳絕不稀奇。
我相信凡官僚都貪食無厭；他們應該用來處理國事的精血，都挪起消化燕窩魚翅
肥鴨燜雞了。據我看，除非有人肯步黃伯樵、馮玉祥的後塵，減少碗菜，中國政
客永不會有精神對付國事的。我總不相信，一位飲食積滯消化欠良的官僚會怎樣
熱心辦公救國救民的。……

《論政治病》以「政治」為題目，直截了當地談政治，矛頭直指南京政府上層的
當權派，尖銳地諷刺了荒淫無恥的官僚生活，表現了林語堂對腐敗政治的憎惡。

第十八章

「有不為齋」齋主

暢談「讀書的藝術」/ 憶定盤路四十三號（Ａ）的庭園 / 廖翠鳳是位賢內助 /「有不為齋」的獨特情調

林語堂曾謙虛地說：「我讀書極少。」

實際上，林語堂的閱讀視野非常開闊，他廣泛涉獵古今中外各方面的著作。雖然他對經院式的哲學著作和煩瑣的概念分析沒有興趣，但他卻掌握了希臘思想家的各種學說的來龍去脈，而且他能專心致志地吸收知識海洋中的豐富營養，把各種有用的知識信息大量地儲存於自己的信息庫。他選擇讀書的習慣也與眾不同，他喜歡讀最上乘和最一般的書，而不喜歡第二流的作家。他從最上乘的作品，比如孔子、老子、莊子、柏拉圖那裡尋找人類思想的源頭，又從最通俗最一般的民間歌謠、蘇州船戶的小曲中獲取生動而新鮮的藝術原料，所以，他說：「老子的《道德經》和蘇州船戶的歌曲，對我均為同等。」

林語堂自誇他「讀一本書得益比別人讀十本的為多」。熟悉他的朋友覺得，他的自誇是有事實根據的，他並沒有誇大事實。林語堂自幼刻苦讀書，能得心應手地掌握「讀書的藝術」，發揮自己博聞強記的天賦，把學到的零星知識融會貫通。各種書本知識經過消化吸收，匯成了智慧之海，讀書就成了這智慧之海的永不枯竭的活的源頭。

林語堂覺得，在古今中外汗牛充棟的書海文山中，要得到自己所需要的有用的文化知識信息，不僅要有閱讀的戰略，還要有精當的讀書藝術。中國古代不乏博覽群書的鴻儒，宋代有朱熹的「循序而漸進，熟讀而精思」的讀書法，元朝有程端禮的《讀書分年日程》，明末有陸世儀的《論讀書》，等等，林語堂似乎都不欣賞，他最欣賞的是他自己的讀書法，他認為自己就是靠這讀書法而成才的。

他認為，讀書主要靠自修，有一本字典在手，問題迎刃而解，他的英文就是得益於那本無所不包的牛津字典，無論到哪兒去旅行，那本體積只佔兩雙襪子的字典，總是他永恆的旅伴。

他說，讀書是「至樂之事」①，他主張自由看書，無論甚麼書有興趣就看，人人必須自尋其相近的靈魂。所以他只想讀令他心悅誠服的東西，對於學校規定學生必學的某些課程──由於不喜歡──他總是十分反感。他覺得為升留級、為分數而讀書，等於是一種「苦役」。

林語堂很推崇杜威的一句名言：讀書是一種探險，如探新大陸，如征新土壤。他也贊成佛蘭西的另一句名言：讀書是「魂靈的壯遊」，隨時可以發現名山巨川，古蹟名勝，深林幽谷，奇花異卉。

剛從聖約翰大學畢業時，林語堂曾為自己貧乏的中文知識而萬分自卑。這自卑感成了他發奮讀書的動力，十幾年中，他讀了不少線裝書，又喝過洋墨水，已經摸索出一套讀書的方法和經驗，又由於這些行之有效的讀書法，使他的學術事業蒸蒸日上，他開始自信自己讀書法的科學性。當初在《語絲》諸子面前自慚形穢的樣子，已蕩然無存。現在「幽默」文學席捲上海文壇的現狀，使林語堂躊躇滿志。於是當年的自卑變成了現在的自負，在號稱「幽默年」的 1933 年，他以一個成功的讀書人的姿態，曾多次應邀向聖約翰大學、光華大學、復旦大學、大夏大學的學生介紹他的「讀書的藝術」。

1933 年 10 月 26 日，林語堂應邀到母校聖約翰大學演講，「幽默大師」舊地重遊，感慨萬千，心情格外激動。當年學生時代的苦樂酸甜，都一一湧上心頭。在台下師弟們的熱烈的掌聲中，他以學長和一個成功的讀書人的雙重身份走上講台，發表了題為《讀書的藝術》的演說。

林語堂不顧在場的校方人員的頻頻蹙眉，大力推崇離經叛道的讀書方法。他提倡學生用看《紅樓夢》《水滸》的方法去看哲學、史學、科學的書。他告誡學生，不要按校方「註冊部」規定的方法讀書，因為那樣方法只能使學生讀成「洋紳士」「洋八股」，而得不到真正的學問。

由於林語堂在聖約翰大學的演講深受聽眾歡迎，所以，11 月 4 日，光華大學又

---

① 林語堂：《讀書的藝術》。

邀請他去講《讀書的藝術》。12 月 8 日，復旦大學也慕名前來相邀，林語堂就換了題目，改講《論讀書》，其實內容還是差不多。他那幽默風趣的語言，又受到復旦聽眾的熱烈歡迎。接著，12 月 13 日，他把在復旦講過的在大夏大學又講一遍。他那與眾不同的讀書觀和讀書法，使青年大學生們耳目一新。

　　林語堂對復旦大學和大夏大學的學生們說，人的本性都是好學好問的，長大以後，由於被種種俗見俗聞所蔽，毛孔骨節上如蒙上一層包膜，失卻了聰明，逐漸頑腐。而讀書的目的和功用，實際上就是將這層蔽塞聰明的包膜剝下來，使人復歸自然的本性。他先強調「讀書的主旨在於排脫俗氣」，他引用了黃山谷的人不讀書便語言無味，面目可憎的典故。然後點明：讀書藝術的要害全在一個「味」字上。他說：

　　讀書須先知味。這味字，是讀書的關鍵。所謂味，是不可捉摸的，一人有一人胃口，各不相同，所好的味亦異。所以必先知其所好，始能讀出味來。有人自幼嚼書本，老大不能通一經，便是食古不化勉強讀書所致。袁中郎（按：袁宏道，明朝文學家）所謂讀所好之書，所不好之書可讓他人讀之，這是知味的讀法。若必強讀，消化不來，必生疥積胃滯諸病。

　　正是這個「味」字使林語堂的讀書觀蒙上了濃鬱的「性靈」色彩。他所總結歸納的那套讀書經驗，確有不少智慧的結晶，但也不無誇張之處，剔除那些故作驚人之語，倒也不乏真知灼見。但他的讀書法是他的個性特徵的產物，是適合於林語堂這樣的智力和氣質的才子派的讀書法。他揶揄古人的「追月法」「刺股法」「丫頭監讀法」等苦讀型的方法，宣揚輕鬆和瀟灑的才子型讀書法，他認為凡讀書成名的人，只有樂沒有苦，興味一來，不論任何環境都手不釋卷，這才是讀書人。所以他盛讚顧千里不避暑氣炎熱，裸體讀經，欣賞歐陽修不論在馬上或廁所裡，文思一來，非作文章不可的癖嗜。在課堂、馬路、洋車、廁所、圖書館、理髮室等任何地方都可以讀書的人，才是林語堂心目中真正的讀書人。

　　林語堂所介紹的讀書法，獲得了大學生們不絕的掌聲，成為校園裡的熱門話題。

對於他以幽默的語言所宣揚的那些讀書的方法，你可以聽，也可以報之以熱烈的掌聲。但是，如果你不具備與「幽默大師」相似的素質，可千萬不要輕易去嘗試，否則，東施效顰，適得其反。林語堂的讀書法只是林語堂的成功之途，而不是放之四海而皆準的模式。

講究「讀書的藝術」的林語堂，同樣也講究收藏書籍的藝術 —— 把書房變為一處未經探索過的新大陸 —— 這是他佈置書房的原則。他反對把公共圖書館裡的分類法，搬到個人的書房裡來。他在北京清華學校任教時，參觀過一位同事的個人書房，這書房裡的書全是正式貼了標籤和分類的，從一到一千，照美國圖書館的分類法。林語堂向其借一本經濟學史時，他很快地找對了，編號是〔580．73A〕。那同事是一個標準的美國留學生，對「美國式的效率」非常得意和自傲。可是林語堂卻不以為然，他認為把書分類是一種科學，但不把它們分類則是一種藝術。

作為藝術的藏書，林語堂主張讓各種不同類型的書自由搭配，把書架變成一個豐富多彩的小天地，文學小說、科學刊物、偵探小說不妨來一個大雜燴。他的理想是要把自己的書房佈置得具有一種令人陶醉的神秘感。他說：

> 這樣，一層神秘與可愛的輕紗將永遠籠罩著你的書室，你始終不會知道你會找到甚麼。總之，你的書室便將有一種女人的乖巧與大城市的秘密了。[1]

如果按照上述的清華學校的那位同事的藏書方法，效率自然是高的，但那種探索新大陸時的神秘感失落了，飄逸的神韻失落了，效率扼殺了雅興，在林語堂看來，這是得不償失。所以，他十分欣賞「論語八仙」之一姚穎的圖書收藏法 ——「自然的方法」。

隨著經濟地位和社會地位的變化，林語堂的人生理想也日見「高」與「雅」。想當年，十來歲的小和樂在鼓浪嶼的海邊默禱上帝，祈求賜給他「在路上拾得一隻角

---

① 林語堂：《愛與諷刺·我的書室》。

子」。而此刻「幽默大師」的人生理想已與當年的「一隻角子」不可同日而語。

　　他在《言志篇》中説，他要一間自己的書房，可以安心工作，並不要怎樣清潔齊整。不需要《三彌克里的故事》中的阿葛薩，拿著揩布到處亂揩亂擦。他理想中的書房應有幾分凌亂，七分莊嚴中帶三分隨便，要親切舒服，切忌像一間和尚的齋堂。他甚至異想天開地希望天花板下最好掛一盞廟裡的長明燈，稍有點油煙氣，書房裡要有煙味、書味及各種不甚了了的房味，在沙發上置一小書架，橫陳各種書籍，可以隨意翻讀。種類不要多，不可太雜，只放喜歡讀的、經常要讀的書 —— 即使是天下人皆罵為無聊的書也無妨。沒有甚麼一定的標準，只以合個人口味為準，古今中外都兼收並蓄，但不要太牽強板滯乏味的理論書。林語堂以袁中郎的話為座右銘：讀不下去之書，讓別人去讀。

　　剛到上海時，林語堂住在善鍾路（今常熟路）的一套西式公寓房子裡，有書齋、客廳、臥室、廚房間及衛生間，但沒有停車間，也沒有傭人住的下房。經濟大改觀後，林語堂搬進了憶定盤路四十三號（A）的花園洋房。

　　憶定盤路一帶屬於租界越界築路。所謂越界築路是半殖民地的上海社會的一個怪胎，簡單地説，就是列強的租界當局，越過租界界限所築的路，這是列強擴展自己的勢力範圍的一種手段。凡是越界築路的地方，馬路上和小巷裡的門牌號碼都是統一的。所以，林語堂的住宅雖然是在憶定盤路上的一條狹窄的巷子深處，但門牌號碼仍是按憶定盤路上的順序排列下來的。

　　這是一所精緻的現代住宅。林語堂所以選中它，主要是因為它有一個絢麗多彩的花園。出生於閩南山村的林語堂，成年以後，身居城市，心向自然，找一個帶花園的住宅，也算是對他那嚮往自然的一種心理補償。林語堂是按照住宅與庭園是一個有機整體的中國傳統文化觀念來安排自己的庭園的。所以，憶定盤路四十三號（A）的「庭園」的「園」字，不是西方文化觀念中的花園裡的一塊草地或一些幾何形的花床，而是指一塊能供種菜、種果樹，能坐在樹蔭下乘涼的地方。

　　林宅的庭園中，除白楊外，還有桃樹等果樹，同時有菜園。又根據「兩腳踏東

西文化」的原則，庭園裡還有專為三個孩子所設置的鞦韆、滑梯等兒童體育設備，有一塊屬於孩子們的兒童樂園。

在寸金之地的上海，這可是一個不小的庭園啦，園裡的白楊樹就有四十多棵。春天來了，白楊樹枝便長出小小的嫩芽，接著樹葉也逐漸長大，直到茂密的樹葉把園外的野景完全遮住。春天，庭園裡的萬物都欣欣向榮，鴿子在屋檐的巢裡生蛋。園內的三棵桃樹開著美麗而又鮮豔的花朵，但所結的桃子，卻全是又小又酸的果實。各種小花也都從牆隙中掙扎出來，首先報春的是紫色的常春藤，它在林語堂的「有不為齋」書房外面默默無聞地開放。當牆上的樹葉越來越稠密的時候，就是玫瑰要開花的預告。林宅庭園裡的玫瑰花品種繁多，色彩鮮豔。

廖女士是家政的總理，也是一切家庭計劃的制訂者和現場總指揮，庭園是她大顯身手的場所，她制訂了管理和發展庭園的各種方案 —— 甚麼地方、甚麼時候種甚麼花，等等，全由她一手安排。玫瑰花盛開的那些日子裡，她一早到園裡為玫瑰花除蟲。人人愛花，愛花的人常常會情不自禁地去採花，於是她又對採花規定了細則：剛開放的花不許採 —— 應該讓它們自然地生長在花枝上展現它們的自然美，要等到牆上的蔓藤異常繁密時，才允許孩子們採些花來放在客廳的花瓶裡，或是各人的屋子裡；但有時親友們來了，廖女士就親自用剪刀剪幾枝給他們；當群芳爭豔的高潮過去以後，也允許家裡女傭人採花插在自己的髮髻上。

林語堂十分醉心於春天的庭園。清晨，他到庭園去散步，一手牽著小女兒，邊走邊欣賞各種飛鳥的歌唱，大女兒和二女兒則活蹦亂跳地遊戲著……

庭園裡動人的春色曾孕育了林語堂的文學靈感。那年從安徽旅行回來，他看見春的腳步已悄悄地踏進家園的草地，春的手指正在撫摸著牆上的蔓藤，春的氣息吹拂著柳枝與桃樹的嫩芽，玫瑰枝條上長出了蓓蕾；蚯蚓又在園中的花台上鑽起一小堆泥土，甚至連堆放在園地上的白楊枝也奇跡般地萌出了青蔥的新葉，萬物都散發出生命的光輝。園內那些沒有思想的動物，從鴿子到狗也都因為春天而演出了原始的悲劇或喜劇。有大腦思維的人，從廚子、阿金，到書店裡常來送稿子或校樣的小夥計，則更是陶醉在春色之中了。春天奇妙的威力，家園裡那些變化，使林語堂文

思如湧，寫下了那篇優美的散文：《家園之春》。

夏天，蟬棲息在白楊樹上，整天不知疲倦地唱著單調的歌。林語堂從上海老城隍廟裡買來兩個荷花缸，那個二尺半高的荷花缸，直徑有二尺光景，粉紅色的荷花美麗悦目。清早，林語堂帶孩子們散步時，總可以看到面盆般大小的荷葉上，散佈著許多小水珠。孩子們跑過去搖動荷葉，水珠便向葉中央匯集，先是滾成幾顆大水珠，接著幾顆大的又滾在一起，有時大水珠會變成許多小水珠，在金色的朝陽下閃閃發光。清新芬芳的荷花香味迎面撲來，令人賞心悦目。

一次陣雨之後，屋後的溪水上漲了，林語堂發現那裡有許多三寸光景的小魚，這些魚的嘴上生著五根細毛，孩子們隨便叫它們「五鬚魚」。林語堂和孩子們用網撈鈎釣，捕捉了四五條，放進荷花缸。缸裡有三分之一的清水和三分之二的泥，所以「五鬚魚」一放進缸裡立即就鑽入污泥不見影蹤。幾天以後，經過生存競爭，小魚吃掉了荷花缸的老居民──小蝌蚪。於是，整個夏天，荷花缸都成為「五鬚魚」的天地。林語堂和孩子們經常來園裡觀看小魚在缸裡自由地游泳。當荷花結出蓮蓬以後，林語堂一家人高興地剝著蓮子吃，而小魚則和荷花一起消逝了。

園裡的白楊樹每年都要修剪，這項工作由廖翠鳳女士親自規劃和實施，林語堂不大參加，只偶然從「有不為齋」跑出來，對關鍵的事情向夫人面授機宜。修剪四十多棵白楊樹，可不是一件輕而易舉的事，全家出動總要忙三四天時間，主要的體力勞動落到阿金和阿根等傭人的肩上，廖女士來來去去地指點著哪棵樹的哪一枝條要砍，哪一枝條要留。孩子們則把砍下的枝條圍成籬笆，並用石頭和繩子來加固籬笆，不久，便在庭園裡出現了一個屬於孩子的小花園。

在生活中讓孩子們發揮自己的天性，這是林語堂教育孩子的基本方針。他看了孩子們粗糙而幼稚的建築，很高興。雖然他預料到這籬笆的壽命不會太長，任何一次暴風雨都可以把它們摧毀，可是他並不越俎代庖，而是讓孩子們按自己的設想做下去。於是，在林語堂的聽其自然的方針下，一些小花木被移植到小花園裡來了；一些石塊被搬進來當凳子了。三個女兒還鄭重其事地把這小花園命名為「三珠園」，她們用一塊紙牌寫上「三珠園」三個字，表示正式落成，邀請爸爸媽媽

去參觀她們的工程。

　　不過不出林語堂所料，「三珠園」很快就毀於夏天的陣雨。但是，林語堂和孩子們都沒有責怪那無情的陣雨，因為，那天天氣異常悶熱，一屋子人都嚷著熱得難熬，一陣傾盆大雨，帶來了千金難買的清涼，大家拍手稱快，也就不惋惜「三珠園」的覆滅了。

　　澆花，是夏天的日常工作。每天下午四五點鐘樣子，傭人阿金用接在自來水龍頭上的水管向花上噴水。這時，林語堂和孩子們常常跑來幫忙，林語堂欣賞著枯萎的花朵在水的滋潤下甦醒過來以後又生氣盎然的神態。

　　菜園是這庭園的一部分，這是林語堂為了讓孩子們從植物生長過程中體驗「造物主的神秘」而特設的。根據季節的變化，菜園裡輪流種著番茄、豆子、芹菜、南瓜，皆由孩子們施肥照料。有一次，林語堂心血來潮地要孩子們嘗一嘗親自栽培的糧食是甚麼滋味，便在 4 月種下了稻子。開始，在林語堂和孩子們的精心培育下，稻子長勢很好，夏天，林語堂帶全家上廬山去避暑，回來的時候，稻草長得比孩子還高，可是卻沒有吃上稻子……

　　一個美滿的家庭在動盪的社會生活中是人生最可靠的避風港，林語堂幸運地遇到了廖翠鳳這樣的賢內助，使家庭成為他發展事業的後方基地。

　　林、廖的婚姻是奇妙的結合，這是兩個個性完全相反的人。林語堂出身一個充滿歡樂的牧師家庭，而廖翠鳳則在一個重男輕女的錢莊老闆的家裡長大。廖女士對社會上的事情不大知道，不僅對國家大事不太關心，甚至對林語堂為甚麼要在《語絲》上寫文章罵人，後來為甚麼又要提倡幽默，為甚麼想發明中文打字機，編纂字典等工作，她都不大清楚。

　　在《語絲》時期，林語堂寫文章，任意而「罵」，廖翠鳳擔心他的安全，勸他不要再寫「批評政府的文章」。可是，林語堂不聽，廖翠鳳生氣了。

　　「你為甚麼不能好好地教書？不要管閒事了！」她厲聲說。

「罵人是保持學者自身尊嚴，不罵人時才是真正丟盡了學者的人格，」他答道，
「凡是有獨立思想，有誠意私見的人，都免不了要涉及罵人。」

「你在『邋遢講』！」她罵道。這句廈門話，意思是胡言亂語。①

即使到了上海，林語堂的「幽默」文章已風靡文壇，廖女士對丈夫經常開夜車寫
文章，仍認為是在胡說八道「邋遢講」。但這時，她已不再「厲聲」呵罵了，夫婦間
的對白像說相聲一樣有趣：

「堂呀，你還在邋遢講，來睡覺吧。」

「我邋遢講可以賺錢呀。」

「你這本書可以賺多少錢？」

「不知道。你要多少？」

「多少都要。」……使她驚異的是，他胡說八道，居然有這麼多人欣賞，居然
可以賺錢。有一次，算命的說她是吉人天相，逢凶化吉。她聽了非常高興。這多
年來語堂沒有出事，也許是因為她的關係。

如果說，在家庭生活中，林語堂像一塊岩石，那麼廖翠鳳像海葵，牢牢吸住林
語堂這塊岩石。廖翠鳳少女時受過嚴格的舊式教育，不僅被灌輸了三從四德的封建
道德，而且被灌輸了基督教的嚴厲戒律和清教徒般的信念。林語堂與廖翠鳳結婚以
後，就向她宣揚李白的那套「浮生若夢，為歡幾何？」的人生哲學，教她享受人生，
把她被約束的天性解放出來。林語堂把生活視為永無止境的追求和探險，他隨時都
會有新的體驗和發現，而對於廖翠鳳來說，時間和空間是凝固的，只有面前世界才
是真實的。她只談現實，也只面對現實。有一次在歐洲旅遊，林語堂帶她遊覽希臘
古蹟：一座建築在山丘上的衛城。她爬得精疲力盡，上山後的第一個反應是：「啊

---

① 　林太乙：《林語堂傳》。

唷！我才不要住在這種地方！買一塊肥皂都要下山，多不方便！」這是一個操勞家務的主婦的真實的感受，林語堂非常欣賞她的直率。

林語堂一生的成就，與妻子的全力支持是分不開的。林語堂專心致志地筆耕，廖女士則盡心管理家務，安排他的飲食起居，照料他的日常生活，還要提醒他注意社交上的儀表，使他不失面子。

林語堂在妻子面前，常常像一個頑皮的大孩子，一些生活瑣事非經再三催促，才肯去做，尤其是不喜歡理髮。女兒們曾生動地描寫了廖翠鳳如何像哄騙小孩似的要丈夫去理髮的過程：

廖：語堂，你的頭髮該剪了。

林：不！還好哩。我從未見過有人像我這樣的整潔。

廖：但是太長了。你去照照鏡子看。

林：現在你看？並不長。我是整潔得不像作家了。

…………

廖：請你聽我的話。你明晚要去演講。我見你有這樣長的頭髮站在講台上，真要覺得慚愧的。

林：假使讓聽眾見到林語堂的頭髮這樣的整潔，我也要覺得慚愧的。

廖：穿上大衣吧。……街上有一所理髮店，很近的。

林：我知道。但我不要給他們做生意。

這一天，林語堂勝利了，他沒有去理髮。但廖翠鳳盯住丈夫不放，次日，妻子又來哄丈夫去理髮：

廖：你到理髮店去嗎？

林：不，我要預備演講。

廖：不，請你吃過中飯再去吧。

林：啊，中飯後我要睡覺。

廖：那麼在下午散步的時候再去吧。

林：請你不要煩，我不是你的兒子。

廖：但你也許是的。

林：我不是。

廖：現在，語堂，不要生氣，去吧。

林：為了避免淘氣，我就去吧。

廖：啊，是的，你應當去。不要忘記叫他們洗洗頭，太髒了。還告訴他們剪去半寸長。

林：對的，香！

廖：謝謝你。①

　　林語堂在這裡又恢復了阪仔小和樂的頑童性格，而廖翠鳳則代替了當年的母親和二姐的位置，她好不容易地管住了這個頑童。

　　陰陽互補，林、廖是很相稱的一對。林語堂常對朋友說：「我像個氣球，要不是鳳拉住，我不知道要飄到哪裡去！」

　　廖翠鳳聽了直點頭，她驕傲地附和道：「要不是我拉住他，他不知道要飄到哪裡去！」

　　林語堂成名後，廖翠鳳怕他喜新嫌舊，林語堂叫她放心。他說，我不要甚麼才女，我要的是賢妻良母，你就是。廖翠鳳聽了放心了。林語堂生性不喜歡弱不禁風的少奶奶，討厭裝腔作勢的交際花，所以，他不嫌打扮樸實的妻子。

　　廖翠鳳不趕時髦，頭上梳的是一個簡單的髻，穿的是樣式普通的旗袍，戴著一副無框夾鼻眼鏡。唯有高鼻梁的人才適合於戴這種眼鏡，廖女士非常偏愛它，她用自己的高鼻梁夾住了這副德國眼鏡，一邊有個細小的鏈子勾在耳朵後面。

---

① 林如斯等：《吾家》。

　　她出身於舊式家庭，以家為中心的觀念根深蒂固。同時，年輕時又曾就讀於瑪麗女校，學過西方的家政管理，又會一手秀麗的書法，在當年上海文人太太們的社交圈裡，她是遐邇聞名的治家能手。她在牢牢地拉住林語堂這隻氣球的同時，家裡的上上下下，她都掌管得有條有理。在她的規劃下，家中的五六名男女傭人各盡其責，賞罰分明。她注重家庭衛生，首重飲食，常幫助僕人燒飯，藉此監督廚房衛生。笨重的大衣和名貴衣料做成的西裝，她寧肯自己洗刷，也不送到洗衣店。

　　上海有一位從事婦女書刊編輯工作的人，曾專訪林語堂夫婦，問廖女士對林語堂的態度。她說：「雙方取互助合作的態度，家常事務，全由我負責，比較重要的，共同商量，決定辦法。」

　　那編輯又向廖女士請教「治家」經驗，廖女士介紹了四點「經驗」，除經濟公開、收支平衡、廚房自主之外，她尤其強調對兒女的教育。她說：「對兒女從小養成自動的習慣，不假手於婢僕，發展其個性，不用威力強制；如小孩犯過，用面部表情，使其覺悟；不能時常責罵，多罵必失其效力；有時可借他人的、間接的訓導……」[1]

　　林語堂夫婦非常重視兒女的教養，注意培養孩子們的各種動手的能力，因為林語堂夫婦絕對不希望孩子們成為衣來伸手、飯來張口的寄生蟲。但是對孩子們的飲食起居，廖翠鳳事必躬親。當女兒們還小的時候，她寧可留在家裡，與女僕一起照顧孩子，而不出去參加社交活動。有時，迫不得已，必須與林語堂一起外出，她的心也總是在惦念家裡的孩子，因此，人在外面，心在家，一切都沒有興致。有一次，林語堂帶妻女去無錫作週末旅行。是時，小女兒林相如只有四歲，所以不曾同去。廖女士到了無錫就心不在焉，惦記著四歲的幼女，突然，決定立即夜車趕回上海，把林語堂和兩個女兒留在無錫過夜。

　　隨著林語堂社會聲譽的增長，各種社會交際和應酬也日益增多。讀林語堂的文章，往往誤會他是一個瀟灑放浪隨隨便便的任性者，其實他的生活是非常有規律、

---

[1] 黃寄萍：《新女性講話・林語堂夫婦訪問記》，1937 年 3 月 8 日聯華出版社印刷兼發行，收入《快樂家庭》叢書中。

拘謹嚴肅、井井有條的。「他不喜愛賓客」，「平常他絕不喜同朋友隨便來往聊天」[①]。辦《論語》等雜誌時，總是盡量利用電話聯繫各種編務工作，必要時碰個頭，談完正經事就散。但「在宴會的時間，他很高興接待朋友，大家聚在一起閒談一陣」[②]。同時，他也樂意帶著廖女士去參加朋友的宴會。相比之下，廖翠鳳愛熱鬧，喜歡應酬。出門時，她總戴著耳環、戒指、胸針、手錶，再加上那副國內罕見的德國夾鼻眼鏡，風度十足，是個端莊太太的典型。她會講英文，是基督教女青年會的一位活躍的會員，在女青年會的合唱團裡，她是唱女高音的。有一次她居然參加了青年會組織的踢踏舞班，但主要不是為跳舞，而是為了減肥。因為，自從成年以後，胖，一直使她煩惱。雖然他倆的性格不同，但由於能配合默契，夫唱婦隨，所以，在社交場上，林語堂夫婦是令人羨慕的一對。

林語堂「不喜愛賓客」，並不是因為不愛社交，不交朋友。恰恰相反，只要不是浪費時間的閒談，林語堂還是不拒絕正常的社交活動的。林語堂的擇友原則，符合他的自由開放的個性。他說他要好友數人，不必拘守成法，完全可以熟不拘禮，相互能盡情吐露自己的苦衷，能坦誠相告，無拘無礙，對柏拉圖與《品花寶鑒》念得一樣爛熟，還能說笑話。在精神方面必須富有，朋友們必須各有癖好，對事物必須各有其定見。這些人要各有自己的信念，同時也尊重別人的信念。當時，林語堂是論語派的主帥，但根據他的擇友標準，「論語八仙」未必都是他心目中理想的知心朋友。

「不喜愛賓客」的林語堂，偏偏有一個覆蓋面很寬闊的社交圈，而且居然能應付下來，不得罪人。這多半要歸功於廖女士，她從不欠人一頓飯。不論有朋友來家裡或一起上飯館，她都能成功地扮演好自己的角色。作為女主人，她總是親切地招待來客，時常注意他們的盤子是不是空了。她寧可自己少吃一點，只要客人們快樂，她便非常得意。大女兒林如斯回憶說：「客人一到我們家，母親總要看著他們吃飯，母親常預備著精美的菜餚，有時候把所有的東西，都吃得空空如也；但她一點兒也

---

①② 徐訏：《追思林語堂先生》。

不吝嗇，她的臉上流露著誠懇的笑容。」[1]

林語堂的小書房在樓下，取名為「有不為齋」，這既是他的書齋也是客廳，佈置得十分幽雅。齋裡鋪著寸把厚的地毯，傢具富麗堂皇，書架上則是洋裝書和線裝書並存，牆壁上掛著梁啟超親筆書贈的一副對聯：

兩腳踏東西文化
一心評宇宙文章

梁氏書法筆墨肥濃，挺拔崢嶸，令人觀玩難釋，使「有不為齋」風雅倍增。

林語堂是一位勤於筆耕的作家，絕不在閒談中虛度時光，但《論語》《人間世》等幽默小品雜誌創刊後，為了組稿、編務等事情，他也不得不常在家裡請客吃飯，或在「有不為齋」裡接待客人。所以「有不為齋」一度也曾出現過「談笑有鴻儒，往來無白丁」的盛況。

幽默風趣的齋主林語堂，以他那淵博的知識和見多識廣的經歷，使他總能成為社交場合的中心人物。他的談鋒甚健，古今中外，天南海北，奇聞軼事，無所不談。而且妙語連珠，常使人忍俊不禁，客人們都在輕鬆的氣氛中，度過美好的時光。

林語堂提倡吸煙，所以，賓朋滿座時，「有不為齋」必然是煙霧瀰漫的。平時，林語堂最喜歡用煙斗吸煙，這煙斗在他的手裡已不是單純的吸煙的用具，而是一件多功能的道具。比如，圓的那一端因燃點煙絲而發熱，他喜歡用微溫的煙斗在鼻子上輕輕地摩擦，所以，他的鼻子和煙斗常是油光可鑒的。說話時，煙斗就像教師手中的教鞭、交通警察手中的警棍一樣，成為他加強語氣的一種道具。林語堂說，沒有了煙斗，他甚麼事也做不了，有時他找不到煙斗，便滿屋子亂翻亂找一氣，嘴裡還會嘀咕著：「我的煙斗！我的煙斗在哪兒？煙斗，煙斗。」找到後便滿意地哈哈大

---

① 林如斯等：《吾家》。

笑。所以，他的女兒說：「父親常為他心愛的煙斗而發狂。」

但是，他不吸香煙。為招待客人，「有不為齋」備有國產的香煙，不備洋煙。賓客中有位久居海外的謝保康，嗜好洋煙，抽不慣國產煙，一次竟自備美煙「開麥爾」，林語堂也不介意。偶爾，有好友來訪，他以荷蘭產的「阿爾培多」牌雪茄待客。這時，他也會陪著客人吸雪茄，賓主同享這種一元大洋五支的好煙。①

「有不為齋」是文友們以文會友的地方，也是煙友們暢談吞雲吐霧之美的場所。《論語》常有談論吸煙的小品文，不了解內情的人，還以為《論語》是拿了煙草公司的廣告費哩！據說「飯後一支煙，賽過活神仙」這句話，最初就是出自林語堂之口。②後來竟成為煙草公司的最佳廣告用語而廣為流傳，這是林語堂所始料不及的。

福建人愛喝茶，尤嗜功夫茶。功夫茶雖然可口，卻頗費功夫，忙於筆耕的林語堂，惜時如金，「功夫」比茶更可貴。所以，「有不為齋」雖備有好茶葉，但主客都不願在喝茶上下「功夫」，何況他們也常常喝咖啡。

林家有自備的廚師，拿手菜是「八寶鴨」。家中待客時林語堂常叫廚師做閩菜獻技，其中「水雞（青蛙）湯」一味，令人回味無窮。其實，廖翠鳳的烹飪技術在廚師之上，能做得幾手頗為出色的廈門特色菜。最受歡迎的是清蒸白菜肥鴨，鴨子蒸爛了，吃起來又嫩又滑，白菜在鴨油裡蒸爛，入口即化。她做的廈門菜飯也很好吃，將豬肉絲、蝦米、香菇、白菜、菜花、蘿蔔炒過後，再加進飯裡燜熟，吃的時候撒胡椒，加黑醋。她的燜雞尤其拿手，用姜、蒜頭、蔥把雞塊爆香，再加香菇、金針、木耳、醬油、酒、糖，用文火燜爛。她的廈門鹵麵更是別有風味，麵裡放豬肉、蝦仁、香菇、金針、菠菜等作料，用雞湯熬成。這些佳餚使「有不為齋」的來客們難以忘懷。

林語堂的生活有嚴格的規律：平時，每天上午到中央研究院辦公，下午和晚上都是讀書和寫作的時間。星期四下午，是他所兼職的《中國評論》週報的例會，雷打

---

① 林語堂以雪茄招待客人一事，見周劭先生與筆者談話的錄音稿。

② 章克標先生與筆者談話的錄音稿。

不動。每週六或週日的下午則一定帶妻女們去看電影。了解他生活習慣的人,都不在上述時間內拜訪他。實際上,剩下來可以會客的時間是很有限的。林語堂見縫插針,充分利用有限的空閒進行社交活動。所以每星期天總有客人來吃午飯或茶點。幾年之內,「有不為齋」接待了上海的大部分文化名人,如魯迅、郁達夫、邵洵美、錢杏邨、桂中樞、朱少庸、全增嘏、徐懋庸、唐弢、賽珍珠、施蟄存、趙家璧,以及章克標、簡又文、陶亢德、徐訏、周黎庵、劉大傑等論語派同人。

　　「有不為齋」特有的情調和殷勤好客的主婦,促進了林語堂社交活動的良性循環,而對於那些「徘徊在中西文化之間,想找一條和諧的出路」的「騷人墨客」們,「有不為齋」具有一種不可抗拒的吸引力。因為「兩腳踏東西文化」的林語堂,實際上是這批徘徊者的精神領袖。這批徘徊者是 20 世紀以來中西文化大碰撞的產物,他們自幼受傳統文化的深刻影響,後來又都出洋留學,於是,多種文化並存於一身,就成了他們的共同特點。他們聚在一起時,以講英語自豪。其中,溫源寧是英國劍橋大學的留學生,回國後裝出的模樣,比英國人還像英國人。他穿英國紳士的西裝,手持手杖,吃英國式的下午茶,講英語時學劍橋式的結結巴巴的腔調,好像非要找到恰當的字眼才能發言。談論起他所崇拜的艾略特和侯司門來,滔滔不絕。另一個叫吳經熊,是美國哈佛大學的留學生,曾師承美國最高法院法官霍姆斯,回國後還與霍姆斯保持多年的通信聯繫。他經常不厭其煩地向別人誇耀這段經歷,引以為榮。吳經熊是個白面書生,風度翩翩,文質彬彬,但他不肯穿西裝,講英語時故意帶點寧波口音,在這批講英語的文人圈子裡,是個古怪的人物。後來他成為虔誠的天主教徒,常為自己的種種矛盾心理呻吟。[1] 新月派詩人邵洵美也是「有不為齋」的常客,邵洵美面白鼻高,堪稱希臘型的美男子,曾在英國劍橋大學攻讀英國文學,在留學期間,與徐志摩、劉海粟、徐悲鴻、張道藩、謝壽康等人為友。他雖有百萬家產,卻熱衷於文學和文化出版事業,可惜又不善經營,經常做賠本的買賣。每天開著轎車到英租界來找朋友,逛書店。他生活浪漫,公開與美國女作家韓美麗

[1]　以上資料來自林太乙的《林語堂傳》。

（Emily Hahn）同居。據説，一生有兩件事情使他耿耿於懷，其中之一便是：1933年蕭伯納來上海訪問時，他作為國際筆會秘書負責接待工作，因為蕭伯納不吃葷，所以，以筆會名義叫了一桌「功德林」的素菜，耗資四十六塊銀元，是他掏的腰包。參加宴會的有宋慶齡、蔡元培、魯迅、楊銓、林語堂和邵洵美，但是當時新聞媒介刊出這一條消息時，都沒有提到邵洵美的名字。[①]邵洵美還宣稱厭惡一切舊思想、舊風俗，按説應是十分新派的人物，但是家裡卻不僅有妻，還有妾，平時也不肯穿西裝。

　　這一群徘徊於兩種文化之間的騷人墨客，後來都是英文《天下月刊》的編輯或撰稿人。《天下月刊》由溫源寧主編，林語堂、吳經熊、全增嘏、姚克等任編輯，由中山文化教育館印行。這是辛亥革命以後，水平最高的英文學術刊物。林語堂與其他《天下月刊》同人們的主要區別在於：林語堂沒有僅僅停留在「徘徊」上，而是很快地超越了「徘徊」階段，決定把「兩腳踏東西文化，一心評宇宙文章」作為兩種文化融合互補的基本框架。

　　剛開始時，事無巨細，到了林語堂這裡就變成了兩種文化之間的選擇：是要西方的，還是要東方的；是要新的，還是要舊的。他常常為這種選擇而絞盡腦汁。林語堂在衣著打扮方面的反覆變化，具體而生動地反映了他在東西文化接合部上徘徊彷徨的足跡。

　　剛從外國回來時，他西裝革履，後來改穿中式布袍，有時加馬褂。足穿青布鞋子，有時也穿皮鞋。他戴過西式的帽子，後來又認為中式的小帽舒服。從頭到腳，如何穿戴，如何選擇，他都有講究。他常借題發揮，以服裝來比較中西文化的長短優劣，成為他幽默文章的題目。他從西裝意在表現人身形體，中裝意在遮蓋身體的中西服裝哲學之不同上説開去，洋洋兩三千字，褒揚中式服裝合乎人體的自然形狀，宣傳中式長衫的優越性，貶抑西裝領帶之束縛人性，痛斥「狗領帶」。而在現實生活中，林語堂為社會應酬的需要，也同樣經常穿他所不願穿的西裝，並戴上被他斥為「狗領帶」的玩意兒。

---

① 　據 1990 年春節賈植芳先生與筆者的談話記錄。

平常居家，他以身體的舒暢為最高原則，穿著隨便，自由，閒散，不時髦的長衫和稱腳的舊布鞋，是必備之物。夏天穿背心，半裸身體，喜歡淋浴。

但在社交場合，他必然儀表端肅，一副金絲架眼鏡，中式長褂、布鞋，口啣西式的煙斗或雪茄，一副中西合璧的派頭。然後在中西合璧的書齋裡，接待徘徊在兩種文化之間的文人墨客，這一切構成了「有不為齋」的獨特情調。

除了上述所說的文化界的各種各樣的朋友、熟人，林、廖兩家的親戚同鄉，也在憶定盤路四十三號（Ａ）的林宅中常來常往。接待，成了家庭生活中的一項不可缺少的內容。

三哥林憾廬來得最勤，他那張笑嘻嘻的臉，很討人喜歡。那時，他從家鄉逃難出來，生活有困難，林語堂就幫他在《論語》安排一份差使。這件事使時代書局經理章克標十分不滿，認為林語堂慷書店之慨接濟親屬，過於重利輕義，有些看不慣。無奈邵老闆洵美同意聘用林憾廬為編輯，章經理無法阻攔。其實，當時《論語》確實需要人，不能因為林憾廬是林語堂的哥哥，就偏偏不用。再說，林憾廬也是一位很忠厚和藹的人，後來與巴金非常接近。林家的兄弟姐妹們直到成年以後仍然保持著童年時的那種親近。記得那一年，全家支持二哥玉霖去聖約翰大學讀書。玉霖畢業後，留聖約翰任教，補貼林語堂在上海讀書的費用……一人有難，眾人相幫，這是林家的家風，現在三哥有難，林語堂豈能袖手旁觀。

二哥林玉霖，六弟林幽，這時都住在上海。玉霖有七男一女，林幽有兩個女兒，大家經常見面，相當熱鬧。林幽總是笑嘻嘻的，講起笑話來自己先笑個不停，要等他笑完才講得出來。為了提攜弟弟，林語堂與他合編過《開明英文講義》。玉霖的大兒子林疑今曾留學美國哥倫比亞大學，也是個文人。早年參加過「左聯」的活動，但因為聯絡員是姚蓬子，所以不大願意提起這段歷史。[1] 林語堂與這位侄子的藝術趣味不大一樣，所以，兩個人談不到一起。林疑今也是個聰明人，看問題有自己的主見，不盲從，比方說，談到胡適，他會說「算不了甚麼」，談到徐志摩，他也會說「沒有

---

① 根據黃典誠教授 1989 年 1 月 27 日在廈大招待所與筆者談話的記錄。

甚麼」，林語堂不喜歡他的這種態度。① 林疑今的弟弟林國榮，在銀行裡工作，林語堂夫婦都喜歡他，後來幫助他留美。

廖家是廈門有錢有地位的富商。那時，廖翠鳳大哥的女兒桐琴、舜琴兩姐妹，在上海中西女塾讀書，與憶定盤路上的林宅只有一牆之隔，週末也常來林家住，廖翠鳳就帶她們一起去逛商店，買衣料皮包，等等。這兩姐妹打扮得很好看，後來，廖翠鳳為那美貌的舜琴做媒，嫁給了在紐約做副領事的宗惟賢。

天有不測風雲，廖翠鳳父親廖悅發的豫豐錢莊倒閉了！那年，豫豐錢莊由於海外和內地來往的公司欠巨款不還，所以垮了，債主們封了廖悅發的產業。兒子們不但不能為他分憂，倒過來還要破了產的父親來養活他們，這都是廖悅發以往縱容兒子的結果。廖翠鳳有兄弟姐妹六人，三男三女，除二哥在聖約翰大學畢業後去美國學醫之外，廖翠鳳的大哥三哥都沒有好好念書，平時過著嬌生慣養的日子，只會花錢吸煙喝酒玩女人，甚麼正經事情都幹不了。廖悅發外貌威嚴，平時脾氣暴躁，是家庭的暴君，動不動便罵人，老婆和女兒都是他的出氣筒。錢莊倒閉後脾氣愈發暴戾，有時在三更半夜發脾氣，鬧得全家雞犬不寧。廖翠鳳知情後就經常寄錢回去。廖悅發當初重男輕女，想不到，到頭來還是女兒貼心。

廖家的親戚也常來憶定盤路，從廈門帶來廖家自製的蘿蔔糕，煎好後蘸黑醋，撒胡椒吃，非常可口。親戚還帶來金瓜果、龍眼乾、凸柑，還有一種用糖水香料醃的楊梅，叫鹹酸甜，當然還有廖家自焙的肉鬆。林語堂夫婦最喜歡親戚們帶來的漳州烏龍茶 —— 鐵觀音，這是「有不為齋」待客的佳品。還有那水仙花球莖，也是漳州的特產。親戚們把這些東西裝在網籃裡，一籃一籃地帶到上海；親戚們回去時，廖翠鳳也要買許多禮物，請他們帶回去分贈。因為那時從廈門到上海可是一件大事啊！

---

① 　徐訏：《追思林語堂先生》。

第十九章

活躍於文壇的「幽默大師」

論語派的主帥 / 退出《論語》編輯部 /《人間世》創刊 / 關於「論語八仙」種種

在 20 世紀 30 年代的文壇上，以林語堂為中心，以《論語》《人間世》《宇宙風》等刊物為陣地，有一批積極提倡幽默、性靈、閒適的作家，組成了一個文學流派，人們稱之為論語派。

論語派是以不左不右的姿態踏上文壇的。當然，從左翼文藝運動方面來看，論語派和新月派、「民族主義文學」、「自由人」、「第三種人」一樣，都是無產階級文學的對立面。而實際上，論語派問世的文學背景與新月派等涉足文壇時的歷史背景不盡相同，至少有一點可以斷定，林語堂及其論語派在主觀上不是以左翼文藝的對立物而出現的。《論語》半月刊創刊伊始，林語堂就再三表明《論語》不左不右的中間立場，並且在每一期的《論語》的封裡還刊出十條《論語社同人戒條》，提醒所有的撰稿者要以「戒條」為準則，與編者一起保持刊物的中立態度。這種小心翼翼的做法，表明林語堂及其朋友們主觀上不想得罪左右雙方。在藝術上，林語堂也獨樹一幟，公開倡言：

> 以提倡幽默為目標，而雜以諧謔，但吾輩非長此道，資格相差尚遠。除介紹中外幽默文字以外，只求能以「謔而不虐」四字自相規勸罷了。①

兼收並蓄，這是林語堂的辦刊方針。《論語》創刊之初，宋慶齡、魯迅、茅盾等著名的左翼人士都曾為之撰稿，特別是魯迅，僅 1933 年 2 月至 9 月短短七個月的時間內就為《論語》撰寫了《學生和玉佛》《誰的矛盾》《由中國女人的腳，推定中國人之非中庸，又由此推定孔夫子有胃病》《王化》《兩封通信（覆魏猛克）》《「論語一年」》等六篇雜文。同時，《論語》第 8 期的「月旦精華」欄裡，刊登了柯桑記錄的魯迅在

---

① 《論語》創刊號，第 45 頁。

北大的演講稿:《幫忙文學與幫閒文學》,還先後轉載過魯迅的《航空救國三願》《從諷刺到幽默》《從幽默到正經》《踢》《現代史》等雜文。1934 年 6 月 16 日出版的《論語》第 43 期的「古香齋」欄裡,又刊登了魯迅為《玄武湖怪人》所寫的按語。也就是說《論語》曾刊發過魯迅的十二篇文章,可見魯迅與林語堂及其論語派的交往之一斑。

　　1934 年 4 月 5 日,林語堂創辦的《人間世》發刊時,也是對各派作家採取了兼收並蓄的態度。創刊號上公佈的特約撰稿人就有四十九人之多,當年的知名作家大多羅列在內。僅在創刊號上發表詩文的就有蔡元培、周作人、劉半農、徐懋庸、朱光潛、黃廬隱、郁達夫、廢名、傅東華、豐子愷、阿英、徐訏、李青崖、簡又文、陳子展、劉大傑、全增嘏等各種不同政治傾向的作家或學者。1935 年 9 月,林語堂創辦《宇宙風》時,列入「撰稿作家題名」的竟達七十二人之多,有蔡元培、胡適、郭沫若、老舍、吳宓、蔣廷黻、郁達夫、葉聖陶、朱自清、謝冰心等,簡直是中國文壇精英大薈萃。除了「民族主義文學」派之外,幾乎包容了各種不同政治傾向的著名作家。當時,人們曾戲稱論語派的經常撰稿人是「三堂」和「三老」。「三堂」即知堂(周作人)、鼎堂(郭沫若)和語堂;「三老」是老舍、老向和老談(何容)。

　　自然,絕不是說,在論語派刊物上發表文章的人都是林語堂的同道者,也不是說凡在論語派刊物上撰文的人都贊同林語堂的藝術趣味。但是,從論語派這方面來說,林語堂能一視同仁地為各種不同傾向的作家提供發表文章的園地,這種開放的態度是難能可貴的。當時,左翼書刊屢遭查禁,許多刊物都不願登左翼作家的作品,而林語堂甘冒風險刊出左翼作家的文章,至少說明了林語堂們對左翼作家的友好態度。

　　雖然,林語堂及其論語派以不涉及黨派政治為標榜,實際上,要保持絕對的中間立場是不可能的。論語派的刊物,一方面確實刊發了大量的幽默作品和為玩笑而玩笑的作品,引起左翼作家的反感;另一方面,也刊出過許多尖銳地諷刺現實社會的文章,使右翼方面頭痛。比如,《論語》的「半月要聞」、「雨花」、「群言堂」、「補白」和各地通訊等專欄中的大部分文字,都是批判現實生活中的種種不合理現象的:

有的批評南京政府外交上的崇洋媚外；有的嘲笑封建主義的頑固、愚昧；有的暴露官場的腐敗、統治者的無知無能；等等。如《論語》第 38 期的「半月要聞」欄裡，報道復旦大學學生張文烈因手上凍瘡顯露出紅色，竟被公安局的密探當作共產黨抓進巡捕房；山東軍閥韓復榘派軍用裝甲車到北平運尚小雲的戲裝去濟南；太原第一模範監獄全體「罪犯」因要求改善待遇不遂而絕食。第 39 期的「半月要聞」裡，批評國民黨當局對偽滿傀儡國的曖昧態度；嘲笑北平市參議會改選正副議長時的醜態；等等。《論語》每一期上的「雨花」專欄，也以社會上的種種怪現象為題材，寫幾十至一二百個字，以笑聲去否定形形色色的病態現象。《論語》的「古香齋」專欄專門將當時的報刊文章、政府佈告、要人講話等摘抄公佈於眾。林語堂覺得現實中的許多事情都被顛倒了，而那被顛倒了的東西卻又被當成指導生活的正常原則，所以，那些自以為是一本正經地寫出來的正面文章，實際上極其荒謬可笑，林語堂藉助於這種反面文章正面做的藝術表現手段，勾畫出醜極力自炫為美的種種滑稽相。

「盟友 —— 論敵 —— 盟友」，這是林語堂及其論語派與左翼作家關係發展的三個階段。

1932 年 9 月 16 日，《論語》誕生，由於林語堂採取「完全公開」地盤的辦刊方針，所以大批左翼作家為之撰稿，林語堂們與左翼作家保持良好關係。1933 年之所以被稱為「幽默年」，實際上是當年文壇精英們共同造就的，僅僅依靠林語堂及幾個論語派同人，是無論如何也掀不起「轟的一聲，天下無不幽默」的聲勢。健康的幽默文學應該是中國現代文學的寶貴遺產，過去的文學史家們把創造幽默文學的歷史功績，全部記在論語派獨家的功勞簿上，實在是太大方了。實際上，作為中國現代文學的一項有特色的成果 —— 幽默文學 —— 是林語堂及其論語派、左翼作家和其他一大批作者集體鑄煉的精神財富，對它的任何褒貶都應該共同分享，無論是胡蘿蔔還是大棒。

然而，好景不長，到 1934 年，左翼方面逐漸增強了批判林語堂及其論語派的火力，主要的靶子是林語堂們的趣味主義和自由主義的傾向。要說趣味主義和自由主義，這是林語堂從語絲派那裡所承續的一份精神遺產。其實，左翼方面早就察覺到

了林語堂們的這種藝術傾向，可是為甚麼遲至 1934 年下半年才把林語堂影響下的那一批幽默刊物升級為「麻醉文學」呢？原因是複雜的。

因為，《論語》誕生之時，正值左翼作家與「自由人」「第三種人」的論戰的白熱化時期，無暇分兵出擊。同時，林語堂們也沒有全面展開論語派的藝術主張，沒有形成「天下無不幽默和小品」的局面。1933 年以後，情況就不一樣了。一方面是幽默文學風靡一時，大有席捲文壇之勢；另一方面，周揚在 1933 年 11 月發表了《社會主義的現實主義與革命的浪漫主義》一文，第一次向國內介紹了「社會主義現實主義」的理論模式，從而使左翼方面獲得了評價幽默文學最新的理論武器。於是，一場論爭勢在必行了。

走在最前面的是魯迅。即使在人人爭當幽默家的時候，魯迅對幽默的態度始終是極冷靜的。從幽默文學興起的那一天起，魯迅就持保留意見，因為，他覺得，在「炸彈滿空，河水漫野」的中國大地，沒有幽默可言。他說「中國沒有幽默」的真正含意是：現在不宜在中國提倡幽默。[①] 於是就出現一個奇怪的現象，不贊成提倡幽默的魯迅，為林語堂的幽默刊物寫文章。因此，在幽默問題上，魯迅和林語堂的聯繫是十分脆弱的。1933 年 6 月 20 日，魯迅在楊銓的入殮儀式上沒有遇見林語堂，出於對林語堂的反感，魯迅當晚在答覆林語堂的約稿信中，直截了當地拒絕為《論語》撰稿寫打油詩。信的全文如下：

語堂先生：

頃奉來札並稿。前函令打油，至今未有，蓋打油亦須能有打油之心情，而今何如者。重重迫壓，令人已不能喘氣，除呻吟叫號而外，能有他乎？

不准人開一開口，則《論語》雖專談蟲二，恐亦難，蓋蟲二亦有談得討厭與否之別也。天王已無一枝筆，僅有手槍，則凡執筆人，自屬全是眼中之釘，難乎免於今之世矣。專覆，並請

———————————————

① 　詳見拙著《魯迅美學風格片談》，黃河文藝出版社 1987 年 8 月版。

道安。

迅　頓首　六月廿夜

尊夫人前並此請安。

信中所說的「蟲二」，是「風月」兩字的代號，魯迅並不隱諱自己對《論語》的內容是有看法的。魯迅又在同年 9 月 16 日出版的《論語》上，公開表示自己在幽默問題上與林語堂的分歧。他說，林語堂提倡的東西，「我是常常反對的。先前，是對於『費厄潑賴』，現在呢，就是『幽默』。我不愛『幽默』……『幽默』在中國是不會有的」[①]

但總的來說，在《太白》創刊前，林語堂及其論語派與魯迅及左翼作家之間，還沒有形成一種論敵的關係，有時在一些宴會上相遇，大家談笑風生，看不出有多少感情上的隔膜。徐懋庸和唐弢都曾提到 1934 年 1 月 6 日的聚會，在聚會上林語堂與魯迅等人曾有過幽默詼諧的談話，林語堂與魯迅的不同的個性，以及林語堂當年活躍於文化界的神態，都躍然紙上。

那天中午，在漢口路的「古益軒」，《申報·自由談》編輯黎烈文做東，為郁達夫王映霞夫婦餞行，因為當天下午郁達夫夫婦要回杭州的「風雨茅廬」去了。參加者有林語堂、魯迅、曹聚仁、陳子展、唐弢、徐懋庸、周木齋等十二人，這十二人都是經常為《自由談》撰稿的作者。同時，除林語堂之外，其餘的人都是接近魯迅或在魯迅影響下的作家。

這一天，林語堂廖翠鳳夫婦到得最晚，他倆進來時，大家已經入席。林語堂剛坐下，就與魯迅交談起來。

林語堂問：「周先生又用了新的筆名了吧？」

那時，由於環境所迫，魯迅經常變換筆名，他先後用過一百五十個左右的筆名，已經很少再用魯迅的署名發表文章了。所以，對林語堂的問題，沒有人感到奇怪。在《語絲》時期，林語堂和魯迅曾是並肩戰鬥的戰友，所以，林語堂自以為熟悉魯迅

① 魯迅：《南腔北調集·「論語一年」》。

的文風，每當《自由談》上刊出類似魯迅筆法，又署名陌生筆名的雜文，就疑心是魯迅的化名。有時，也被他猜對過幾次。這一回，他又滿有把握地猜起來了。但魯迅沒有正面答覆，而是反問道：

「何以見得？」

林語堂說：「我看新近有個『徐懋庸』，也是你。」

魯迅聽了，哈哈大笑起來。因為徐懋庸不是魯迅的筆名，而是一位浙江上虞籍的青年作家，文風與魯迅相似，正巧，這天也在場。魯迅便指著這位二十四歲的初露頭角的青年，對林語堂說：「這回你可沒有猜對，徐懋庸的正身就在這裡。」

林語堂和在座的人都笑了起來。

當時，美國女作家賽珍珠剛把《水滸》譯成英文，林語堂對這本譯成英文的洋《水滸》讚不絕口。林語堂說，《水滸》裡有不少宋代的俗語、土話、行話以及江湖黑話，不是一般外國人所能翻譯的，但賽珍珠譯得不錯，林語堂已校讀過她譯本的第一回，只發現一處錯誤，那就是將「朝廷」的「朝」譯成「朝見」的「朝」（Presence）。而過去有的譯者將《水滸》譯英時，竟把武松打虎時稱老虎為「大蟲」，硬譯成「Great Worm」，弄得狗屁不通。聽了林語堂的語，大家又笑了起來。

郁達夫笑著接嘴道：「這樣說來，李逵嘴裡的『鳥官』，就該譯作 Bird Officer 了。」

席上又爆發了一陣哄堂大笑。

林語堂接著談到賽珍珠的譯本，使《水滸》揚名全球，獲得了世界文壇的好評，有的外國評論家甚至把《水滸》作者施耐庵比作希臘史詩《伊利亞特》和《奧德薩》的作者荷馬。讚揚《水滸》是中國的《伊利亞特》《奧德薩》。林語堂又說：「不過賽珍珠本人很擔心——現在正當『小豬八戒』『閒話揚州』訴訟案連續發生的時候，而《水滸》裡寫了開黑店，吃人肉等等，也許有人會說她有意暴露中國人的野蠻。」

所謂「小豬八戒」和「閒話揚州」案，是當年轟動出版界的訴訟案。前者指北新書局出版的童話《小豬八戒》，裡面觸犯了回族的禁忌，引起抗議，北新書局因此一度停業，改名青光書局；後者指易君左所著的《閒話揚州》一書，因描寫揚州風俗，

為揚州人所反對，經調解，由出版該書的中華書局登報道歉。賽珍珠怕《水滸》裡有關江湖黑店賣人肉饅頭的描寫，也會引起類似的不愉快事件。

郁達夫認為賽珍珠過慮了，他滿不在乎地說：「那算甚麼！外國人一樣吃人肉！」

林語堂又談到賽珍珠為《水滸》取了一個英文的書名：*All Men Are Brothers*，中文的意思是「四海之內皆兄弟」，林語堂激讚這個英文的書名，構思得妙極了，體現了《水滸》的主題思想。

魯迅不以為然。他說：「便是梁山泊的山寨裡，也有主僕，有上司下屬，哪裡都能稱得上兄弟！」顯然，魯迅是以「階級觀點」來看待《水滸》中的人物關係。所以他看到的是階級對立，而林語堂則是人道主義、人性論的眼光。正是仁者見仁，智者見智。

這天，東道主黎烈文邀請的客人都是活躍於《自由談》上的雜文作者。幽默諷刺家歡聚一堂，當然是詼諧百出，妙語連珠。他們的談鋒就和他們的筆鋒一樣出色，所以，談話的內容異常精彩。席間，最活躍的是林語堂，魯迅則總是言簡意賅地說出自己的精闢見解，常常一語驚人。

觥籌交錯、杯盤叮噹。席間，大家抽起煙來，林語堂對吸煙頗有研究，他在《我的戒煙》一文中說：「凡吸煙的人，大都曾一時糊塗，發過宏願，立志戒煙，在相當期內與煙魔決一雌雄，到了十天半個月之後，才自醒悟過來。我有一次也走入歧途，忽然高興戒煙起來，經過三星期之久，才受良心責備，悔悟前非。我賭咒著，再不頹唐，再不失檢，要老老實實做吸煙的信徒，一直到老耄為止。」

在林語堂主編的《論語》半月刊上，曾長期刊出《論語社同人戒條》，其中第九條，公開宣稱論語社同人「不戒癖好（如吸煙、啜茗、看梅、讀書等），並不勸人戒煙。」

此刻，在煙霧瀰漫中，林語堂見到魯迅別具一格的吸煙姿態，突發奇想，準備「幽」他一「默」。林語堂興致勃勃地問魯迅：

「你一天吸幾支煙？」

「大概很多吧，我沒有統計過。」魯迅回答。

《論語》剛創刊時，魯迅是《論語》的重要撰稿人，魯迅十分清楚《論語社同人戒條》的內容，而且他肯定讀過林語堂發表在《論語》第 6 期上的《我的戒煙》一文。但是，魯迅認為，在 20 世紀 30 年代的中國，提倡西洋式的幽默是不合時宜的，在吸煙、戒煙之類的生活細節上大做幽默文章，簡直是無聊之極。剛才，林語堂問他一天吸幾支煙，魯迅則從林語堂的眼神中看出對方又準備借抽煙來做幽默文章了。所以，魯迅冷冷地反問：

「你是不是替《論語》找材料？」

林語堂坦白地回答：「我準備廣播一下。」

「這其實很無聊，」魯迅直率地說。左翼文學的旗手怎能充當林語堂的幽默素材？魯迅決定掃一下林語堂的興，朝「幽默熱」潑一點冷水。所以，魯迅不客氣地說：「每月要擠出兩本幽默來，本身便是件很不幽默的事，刊物又哪裡辦得好！」

已經進入幽默境界的林語堂，被這一盆冷水掃了幽默的雅興。他不反駁，也不作聲。須臾間，熱騰騰的空氣驟然降溫，氣氛突然緊張起來。東道主黎烈文看到這光景，便趕緊把話扯開去，把大家的注意力引向郁達夫夫婦。黎烈文以歡送郁達夫回杭州為名，殷勤地替郁達夫斟酒，氣氛逐漸緩和了。可是，郁夫人王映霞見黎烈文向郁達夫頻頻勸酒，不得不出來加以干涉。王映霞說：

「達夫近來身體不好，遵從醫生囑咐，不能喝酒。」

陳子展打趣地問：「這禁酒令到底是太太的命令，還是醫生的命令呢？」

郁達夫朝夫人笑了笑，這就暴露了王映霞假借醫囑來限制郁達夫酗酒的秘密。

接著，廖翠鳳與王映霞相互交流管理家政的經驗，倒也各具特色：廖翠鳳按照歐美式的「科學」方法治家。在夫人的「管教」下，林語堂的生活作息安排得有條有理，吃飯、散步、寫稿，都有一定的時間，像英國紳士那樣，一切都循規蹈矩。而王映霞則是採取放任自流的態度，因為王映霞女士是「管」不住不拘小節、放浪任性的郁達夫的，所以，郁達夫過的是東方名士的生活，瀟灑自如。

廖翠鳳誇耀自己的家政時，大家不約而同地朝林語堂望去，希望能從林語堂那

裡證實廖女士的「政績」。可是，林語堂卻王顧左右而言他，海闊天空地扯開去。他談女人，介紹歐洲中世紀的貴族、騎士們在出征前用鐵製的「貞操帶」來鎖住妻子下部的史實，那野蠻的、原始的、侮辱女性人格的暴行，在幽默家的口裡，成了輕鬆的奇聞逸事。林語堂還談談雍正皇帝，談旗人的婚禮，滔滔不絕，口若懸河，剛才在魯迅那裡碰了釘子以後的尷尬，已經一掃而光。

有林語堂這樣健談的客人在場，宴會是不會冷場的。但是，黎烈文掏腰包請客，可不是為了傾聽林語堂介紹外國貴婦人的「貞操帶」如何精緻，而是為了請作家們在新的一年裡繼續為《申報·自由談》撰稿。所以，席終前，黎烈文説了約稿的意思，魯迅立即打趣地接話：

「你要是能登罵人的稿子，我可以天天寫。」

「罵誰呀？」陳子展問。

「該罵的多著呢。」

「怎麼罵？」

「罵法也多著。」

不知誰接上去説：「魯迅罵的，終不壞。」

於是，談鋒又轉到罵人和批評上了。魯迅所以要「將」黎烈文的「軍」，問他敢不敢登「罵人」的稿子，這是因為魯迅的那些匕首投槍式的雜文常常會遇到新聞檢查上的麻煩。比如，1933 年 5 月 7 日，魯迅作《王化》一文，抨擊了國民黨當局的「王化」政策，稿子寄到《自由談》，但被新聞檢查處抽掉了，沒有登出。這時，魯迅想到了林語堂，立即把《王化》轉給《論語》半月刊。林語堂的膽子也真不小，居然接過稿子馬上發刊在《論語》第 18 期上。所以，魯迅「將」黎烈文的「軍」，不是無的放矢。林語堂和黎烈文都清楚其中的原委。但不知情的人卻在「罵人」上説開去了。王映霞説：

「儘管周先生會罵人，卻罵不過他兒子！」

因為，當時周海嬰還不滿五足歲，所以王映霞故意把幼童天真的言行引為談笑。

　　林語堂也把魯迅方才給他的難看置於腦後，接住王映霞的話題打趣道：「魯迅的公子終不會忠厚的！」

　　因為是玩笑，所以魯迅聽了也不生氣，一面笑著，一面贊同林語堂的意見。他說：「是的，我的孩子也罵我。有一次，他（指周海嬰）嚴厲地責問道：『爸爸！你為甚麼晚上不睡，白天睡覺！』又有一次，他跑來問我：『爸爸，你幾時死？』意思是我死了之後，所有的書都可以歸他；到了最不滿意的時候，他就批評我：『這種爸爸，甚麼爸爸！』我倒真的沒有方法對付他。」

　　大家聽了都笑個不停。①

　　林語堂的刊物上允許魯迅批評林語堂的「幽默」主張，兩人面對面時，魯迅給他潑冷水、讓他碰釘子，他並不介意，照樣與魯迅說說笑笑，這是符合林語堂的個性的。而魯迅呢，私誼歸私誼，原則歸原則，在宴會上與林語堂碰杯的那隻手，在宴會散了以後，照樣握筆寫批判林語堂的文章。在《人間世》創刊以前，魯迅已撰寫了《從諷刺到幽默》（1933.3.7）、《從幽默到正經》（1933.3.8）、《二丑藝術》（1933.6.18）、《幫閒法發隱》（1933.9.5）、《「論語一年」》（1933.9.16）、《小品文的危機》（1933.10.1）等文章，暢談了他對幽默諷刺的看法，批評了林語堂所提倡的幽默。

　　早在《人間世》創刊前四五個月，林語堂已經脫離《論語》編輯部了。

　　1933 年 11 月 1 日出版的《論語》第 28 期上刊出了林語堂的《與陶亢德書》，以「今將有遠行」等詞，含蓄地表明自己已與《論語》編輯部脫離關係。所以，從第 28 期起，《論語》實際上已由陶亢德接編，但林語堂仍是《論語》主要撰稿人，在「我的話」等專欄上刊出他的幽默文章。

　　當時《論語》每期印數已達數萬冊，是文壇上最暢銷的雜誌之一，在大學生中特別受歡迎。中央大學校長羅家倫曾對林語堂說：「我若有要在公告欄內公佈的事，只需要登在你的《論語》裡就可以了。」這雖是戲言，卻也反映了《論語》暢銷的盛況。

---

① 　關於這次宴會的情況，取材於唐弢的《回憶·書簡·散記》和徐懋庸的《回憶集》。

正當《論語》興旺發達的時候，為《論語》立下汗馬功勞的林語堂卻突然辭去《論語》的編輯工作，去為良友圖書公司辦《人間世》了。對此，外界有各種說法，議論紛紛。廣為流傳的說法是因為林語堂與邵洵美發生了矛盾。

當時，邵洵美是時代書店老闆，《論語》的出版發行和一切雜務瑣事都由時代書店負責包攬，雜誌的盈虧全部由書店承擔。在雜誌還沒有誕生時，銷路、盈虧等，都是未知數，同人們首先考慮的是雜誌的生存問題。「開頭並沒有提到編輯費和稿酬，誰也沒有想到錢」[①]。

創刊號印出，銷路意外的好。可是，起先同人們也沒有計較過稿酬，無論是撰稿人還是編輯林語堂，都為《論語》——實際上是為時代書店——無償地勞動了四五個月，直到 1933 年 2 月 1 日，《論語》第 10 期出版之後，時代書店才決定給林語堂每月一百大洋的編輯費。並從此給作者發稿酬，每千字二至三元，後來增加到五至十元，由編輯部門開單知照書店會計處付出，由書店直接寄交作者。以《論語》為時代書店所作的「創收」貢獻而論，這樣的報酬標準，規定得並不高。

在時代書店方面看來，沒有時代書店，就沒有《論語》，《論語》只是時代書店的一個刊物；至於編輯人員，可以找你林語堂，也可以找其他的張語堂或劉語堂來編；既然是「同人刊物」，就不必計較錢財。而在林語堂這方面則認為，沒有我林語堂就沒有現在這樣的《論語》，《論語》之所以一炮打響，應歸功於「幽默」的招牌。因此，自己是有功之臣，對《論語》的事務，應該有發言權。於是，林語堂先是請陶亢德來幫忙，後來又把他的兄長林憾廬也安排到《論語》編輯都。這樣，書店方面就不得不另付陶亢德和林憾廬兩人的薪水。同時，林語堂又提出把他自己的編輯費從每月一百元增加到二百元。在林語堂看來，《論語》使時代書店發了點財，水漲船高，書店為編輯多開支一些，也是順理成章。

時代書店老闆邵洵美，也是 30 年代的文化名人，邵家頗有根底，先祖是雍正時的大官，曾祖父邵燦是清朝的漕河總督，相當於現在的糧食部長和水利部長，祖

---

① 章克標：《閒話〈論語〉半月刊》。

父邵友濂，字小村，做過湖南巡撫，在甲午戰爭時被任命為全權大臣赴日求和。他的外公就是盛宣懷。那時，外人以為邵洵美是靠闊太太用陪嫁錢作文學資本的登龍者。其實，邵、盛聯姻是門當戶對。邵家雖有百萬家產，邵洵美卻熱衷於文化出版事業，可惜又不善經營，經常做賠本的買賣。邵洵美在文人朋友面前頗有闊少氣派，恥於在錢財上斤斤計較。所以，對於林語堂的經濟要求，幾乎有求必應，逐一地滿足了林語堂的願望。

於是，邵洵美送了人情，林語堂得了實惠，卻使一位夾在邵、林之間的當事人，大為惱火。此人就是時代書店的總經理章克標（1900 – 2007）。這位章經理早年留學日本，1925 年考入京都帝國大學數學系研究生，後來因故棄理從文。1932 年，章克標出任時代圖書出版印刷發行公司總經理後，改革書店的經營管理方法，試圖發展時代書店的業務。按說，林語堂要求增加編輯部開支等，屬於經理的職權範圍。可是，林語堂在與章克標相處一段時間後，知道自己的要求在章克標那裡肯定會碰壁，所以，他就乾脆越過章克標，直接和邵洵美打交道，終於達到了目的。

邵洵美答應過的事情，章克標當然不好公開反對，只能違心地為林語堂增加編輯部的開支，但日子一久，林語堂和章克標的矛盾就暴露出來了。

林語堂認為自己是邵洵美的朋友，邵洵美答應過的事，你章克標毋庸贅言。再說，就算沒有這一層關係，以論功行賞的角度來看，時代書店為暢銷的《論語》增加一點編輯部開支，也是無可非議的。

而章克標則認為林語堂「過於重利輕義了，於是有點隔閡。……有點看不慣，有點惱火」[1]。這是因為章克標站在書店總經理的立場上，要維護書店的利益，如果書店損虧，邵洵美絕不會去找林語堂算賬，而是要唯章克標是問。所以，章克標覺得林語堂「門檻精」，收入已經不少了，不應該唯利是圖。

於是，林語堂和章克標有了疙瘩，但表面上仍舊一團和氣，只是面和心不和罷了。正巧，良友圖書公司準備辦刊物，林語堂便以承包的方式到良友來辦《人間

---

[1]　章克標：《林語堂與我》。

世》。當時，良友付給《人間世》每期五百元，編輯薪金、作者稿酬都包括在內，另外由良友提供辦公室一間，並負擔辦公室的用品。

　　林語堂脫離《論語》編輯部，另起爐灶，不知內情的局外人以為這是林語堂和邵洵美的矛盾，知情人則深知林語堂離開《論語》半月刊，主要是與章克標的矛盾。雙方似乎是公說公有理，婆說婆有理，不過當時的社會輿論是傾向於林語堂的。魯迅在這一時期給林語堂等人的信中，雖然沒有直接對此事表態，但就魯迅在信中多次非議邵、章的言詞來看，魯迅在林語堂與時代書店的矛盾中，至少是間接地站在林語堂這一邊的。

　　《人間世》和《論語》一樣，也是林語堂主編的刊物，但這兩個姐妹刊物在問世以後的遭遇卻大不相同。如果說《論語》創刊，「轟的一聲，天下無不幽默和小品」，似是旗開得勝，那麼，《人間世》則剛一誕生就成了眾矢之的，出師頗為不利。

　　1934 年 4 月 5 日出版的《人間世》創刊號上，刊出了林語堂撰寫的《發刊詞》。在《發刊詞》上，林語堂提倡「以自我為中心，以閒適為格調」的小品文，並且界定了小品文的內容「包括一切，宇宙之大，蒼蠅之微，皆可取材，故名之為人間世，除遊記詩歌題跋贈序尺牘日記之外，尤注重清俊議論文及讀書隨筆，以期開卷有益，掩卷有味，不僅吟風弄月，而流為玩物喪志之文學……」這一段發刊詞後來曾成為反對者攻擊的靶子，文中的「宇宙之大，蒼蠅之微」一句更是不知被嘲笑了多少遍。比《發刊詞》更惹是生非的，則是周作人的那兩首五十自壽詩。

　　總之，《人間世》發刊伊始就掀起了一場不大不小的文壇風波。而在這風波中，因為與時代書店的舊賬，曾使林語堂一度產生錯覺，並因此而發生誤會，竟把左翼作家對他的批評，誤認為是章克標的「系統的化名」攻擊。……

　　先從周作人的五十自壽詩說起：按中國傳統的計歲法，癸酉十二月初一（1934年 1 月 15 日）是周作人的五十大壽。為慶賀自己年過半百，1 月 13 日，周作人寫了一首「牛山體」的七律詩，15 日，他步原韻又寫了一首。兩首詩的全文分別如下：

前世出家今在家，不將袍子換袈裟。
街頭終日聽談鬼，窗下通年學畫蛇。
老去無端玩骨董，閒來隨分種胡麻。
旁人若問其中意，且到寒齋吃苦茶。

半是儒家半釋家，光頭更不著袈裟。
中年意趣窗前草，外道生涯洞裡蛇。
徒羨低頭咬大蒜，未妨拍桌拾芝麻。
談狐說鬼尋常事，只欠工夫吃講茶。

對這兩首自壽詩，周作人非常欣賞，手書多份贈送親友。林語堂接到贈詩時，正在籌備《人間世》。幽默大師靈機一動，立即構思了一個為《人間世》造聲勢的計劃：把周作人的自壽詩再抄送當時文化界有影響的名流，向他們索取唱和詩。 1934年4月5日《人間世》上櫃，這創刊號的版面安排確實不同凡響，周作人的兩首自壽詩，林語堂、劉半農、沈尹默的唱和詩，都以手跡刊出。在《人間世》第2期上，又印出了蔡元培、沈兼士、錢玄同的唱和詩手跡。這標新立異的創舉，達到了為《人間世》擴大影響的目的。

林語堂的唱和詩的題目是《和京兆布衣八道灣居士豈明老五秩詩原韻》，全文如下：

京兆紹興同是家，布衣袖闊代袈裟。
只戀什剎海中蟹，胡說八道灣裡蛇。
織就語絲文似錦，吟成苦雨意如麻。
別來但喜君無恙，徒恨未能與話茶。

《人間世》刊出周作人自壽詩的同時，大型刊物《現代》雜誌和一些小報小刊也

一哄而上，相繼轉載自壽詩，唱和者接踵而至。由周作人自壽詩又引出了許多唱和詩，就像滾雪球似的，越滾越大，弄得滿城風雨。林語堂為自己的這一絕招十分得意。

本來，周作人的詩含有諷世之意，內隱著不平，但由於曲筆隱晦，所以此種微辭已為一般讀者所不明了。再加上名流唱和，倒反而變成近於肉麻的相互吹捧和自我吹噓。林語堂原以為這是一樁頗有幽默感的雅事，想不到招來了一陣對《人間世》和自壽詩的激烈批判，這是幽默大師所始料不及的。

首先發難的是野容。這位野容就是三十二年以後在「史無前例的文化大革命」中被打成「三家村」黑幫分子的廖沫沙。當年的野容，是一位意氣風發的小青年。4月14日，《申報‧自由談》上刊出他的《人間何世》一文，一看題目，便知道文章的矛頭是指向《人間世》和林語堂的。文章第一段，就開門見山地直刺林語堂：

> 主編《論語》而有「幽默大師」之稱的林語堂先生，近來好像還想謀一個兼差，先前是幽默，而現在繼之以小品文，因而出版了以提倡小品文相標榜的《人間世》。有了專載小品文的刊物，自然不能不有小品文「大師」，這是很邏輯的登龍之道吧。

緊接著，文章又掉轉矛頭，刺向周作人，他說當他揭開《人間世》封面，見到一幅周作人的十六吋放大肖像，還以為是錯買了一本摩登訃聞呢！野容在引用了周作人1月13日寫的第一首自壽詩以後，又用諷刺模擬的手法寫了一首打油詩：

> 先生何事愛僧家？把筆題詩韻裟裟。
> 不趕熱場孤似鶴，自甘涼血懶如蛇。
> 選將笑話供人笑，怕惹麻煩愛肉麻。
> 誤盡蒼生欲誰責？清談娓娓一杯茶。

這篇一千五百多字的雜文，集中火力批判了《人間世》發刊詞裡關於「宇宙之

大，蒼蠅之微，皆可取材」的小品文內容，辛辣地説，在《人間世》上始終只見「蒼蠅」，不見「宇宙」，並預言：剛剛創刊不到十天的《人間世》，肯定「和近來的《論語》相似，俏皮埋煞了正經，肉麻當作有趣」。在野容的眼裡，林語堂的小品文和幽默一樣，是將屠戶的兇殘化為一笑的麻醉品，是精神上的嗎啡紅丸。

《人間何世》一文，筆鋒犀利，語言潑辣，而且對幽默、小品文毫不留情地全盤否定，這是林語堂自《論語》問世以來從未碰到過的。儘管，在《人間世》創刊前，魯迅在有關幽默問題的雜文中，也有過「我不愛幽默」「中國沒有幽默」之類的詞句，但魯迅對幽默是採取一分為二的態度，在批判的同時，還肯定了幽默的社會效果，對林語堂個人的態度，也是友好的。像《人間何世》這樣不客氣地指著林語堂鼻子痛罵一頓的文章，是林語堂踏上上海灘以來，頭一遭碰到。這篇雜文，對於準備在《人間世》上大幹一番的林語堂，無疑是當頭一棒。

如果僅僅是這一棒，也許，林語堂還能沉得住氣。豈知，文壇的風向變幻無窮，神秘莫測，不久前，各報刊還是一陣風似的競相刊出唱和詩，轉眼間，輿論導向突然劇變，各報刊又爭著批判自壽詩和《人間世》，同時又引出了批判林語堂的幽默小品的浪頭。其來勢之猛，出乎幽默大師的意料。

林語堂的第一個反應是：這是一場有組織有計劃的圍攻，是「系統的化名」，虛張聲勢的搞鬼。因為，林語堂不知道野容是廖沫沙，所以他就按照偵探小説常用的推理方法來尋找這場圍攻的策劃者。他分析，這場圍攻的目的是要搞垮《人間世》，那麼《人間世》妨害了誰呢？對了，可能是時代書店方面搞的鬼。因為《人間世》和《論語》藝術趣味相同，所以兩者面向著同一層次的讀者群，一位過去的《論語》的讀者，現在見書攤上放著新近創刊的《人間世》，他可以把《論語》和《人間世》都買回去，但也可能只買其中的一本。《論語》之所以出名，與「幽默大師」的招牌有關，可是眼下林語堂已改弦易轍為《人間世》效勞了，「幽默大師」的招牌掛到《人間世》了。因此，原先《論語》的讀者，此刻完全可能不買《論語》而買《人間世》。這不等於是《人間世》搶走了《論語》的部分讀者，損害了時代書店的利益嗎？再説，林語堂與時代書店方面的經濟矛盾，雖未演成表面衝突，但這是公開的秘密，各人心裡

都有數。所以，根據上述的思維導向，林語堂懷疑這一切都是時代圖書出版印刷發行公司總經理章克標掀起的浪頭。

事情也湊巧，當時章克標的《文壇登龍術》一書剛出版不久，這是一本用諷刺筆法寫成的散文隨筆，從文人應具備何種資格、氣質、修養到如何生活社交、著作出版，如何宣傳等，以辛辣的筆鋒揭露和諷刺了文壇上種種惡劣的手段和行徑，為讀者展示了 20 世紀 30 年代文壇內幕的一角，書中有不少切中時弊的章節，所以《文壇登龍術》引起文壇上各路文士們的注意。有人說，這是一本奇書，它奇就奇在書中所揭示的時弊具有相當的典型意義，常以現實生活中人們所熟悉的事例為藍本，因此，那些以歪門邪道登入文壇者，總覺得書裡有他們自己的影子，認為章克標是在罵他們，惶惶不安。也有的人，以《文壇登龍術》借題發揮，比如魯迅的《登龍術拾遺》、林翼之的《文壇登龍術要》等文，就是由章克標的這本書而引出的雜感。《文壇登龍術》出版時，在《論語》半月刊上登過廣告，林語堂也是讀過這本書的。而野容在《人間何世》一文中，諷刺林語堂辦《人間世》是想當小品文「大師」，是「登龍之道」，符合《文壇登龍術》的思維定式，有點像章克標的文風。所以，林語堂就懷疑野容等署名文章，都是章克標攻擊《人間世》的「系統的化名」，以此來報《人間世》搶走《論語》讀者的一箭之仇。

懷疑畢竟是懷疑，如果缺乏證據，那將永遠是懷疑。所以，林語堂開始查訪落實。

就在林語堂查訪野容等筆名的正身時，魯迅出來講話了。魯迅在 4 月 30 日給曹聚仁的信和 5 月 6 日給楊霽雲的信中，都肯定了周作人自壽詩的「諷世之意」，認為周詩「還是藏些對現狀的不平的」，而報刊上的攻擊者不僅把周詩全部否定，而且還把「黨國將亡」的責任推卸給「清流或輿論」，魯迅不以為然。4 月 30 日，魯迅在《申報‧自由談》上發表了《小品文的生機》一文，魯迅既反對 1933 年幽默大走鴻運時，「開口幽默，閉口幽默，這人是幽默家，那人也是幽默家」的一窩蜂的做法；同時也反對有人趁機把「一切罪惡，全歸幽默，甚至於比之文場的丑角」的偏激觀點。魯迅認為，現在大罵幽默的人，有的當初曾與林語堂志同道合地提倡幽默，只是看

到幽默已從當年「大走鴻運」的高峰，落入了 1934 年「大塌台」的低谷，在幽默行情看跌的情況下，趕緊見風使舵，也出來罵幾聲幽默。於是「罵幽默竟好像是洗澡，只要來一下，自己就會乾淨似的了」。魯迅十分厭惡這種趁機起鬨的人，把他們比喻為改唱丑角戲的黑頭。魯迅覺得，林語堂和《人間世》被這種人攻擊，不是壞事，而是好事，「這或者倒是《人間世》的一線生機罷」。

周作人的自壽詩和文壇精英們的唱和，不但沒有使新開張的《人間世》大發利市，反而招來一片噓聲，林語堂感到意外，此刻聽到魯迅的公正的聲音，心裡非常寬慰。林語堂雖然斷定是「系統的化名的把戲」，但究竟是誰的化名，他缺乏真憑實據。4 月 30 日，林語堂讀到魯迅的《小品文的生機》一文，他覺得魯迅文章中所諷刺的「黑頭」，似是影射邵洵美、章克標等人。所以，原來就把章克標列入重點懷疑對象的林語堂，這時，立即寫信給魯迅，在感謝魯迅的支持的同時，也說出了自己的懷疑。

5 月 4 日，魯迅收到林語堂的來信後，當夜作覆，向林語堂分析了反對《人間世》的三種情況。魯迅說：「竊謂反對之輩，其別有三。一者別有用意，如登龍君，在此可弗道；二者頗具熱心，如……雖時有冷語，而殊無惡意；三則先生之所謂『杭育杭育派』，亦非必意在稿費，因環境之異，而思想感覺，遂彼此不同、微詞訾論，已不能解，即如不佞，每遭壓迫時，輒更粗獷易怒，顧非身歷其境，不易推想，故必參商到底，無可如何。但《動向》中有數篇稿，卻似為登龍者所利用，近蓋已悟，不復有矣。」魯迅落款之後，言猶未盡，覺得應該讓林語堂明白無誤地意識到自己不贊成《人間世》的藝術趣味，所以，他又用「又及」的形式，批評了《人間世》的「空虛」，並直言不諱地指出內容空虛，也是一部分人不滿《人間世》的一個原因。

魯迅分析了反對《人間世》的三種情況，並明確表示第二第三種情況的反對者，都沒有惡意，矛頭所指是第一種情況，即別有用心的人。魯迅認為這別有用意者不是別人，就是「登龍者」。和魯迅同時代的人都清楚：在魯迅的文章裡，「登龍者」是一個有特定指向的專用名詞，自從章克標的《文壇登龍術》一書問世以後，「登龍者」就成了邵洵美、章克標等人的代名詞。當然，魯迅也沒有確鑿的憑據來印證林

語堂對章克標的懷疑。在《自由談》發表野容、胡風等批評《人間世》的文章之後，一天魯迅問唐弢：「那些文章的作者究竟是誰？是不是如林語堂所懷疑的是章克標（豈凡）？因為批評周作人波及了《人間世》，林語堂説這是章克標幹的。」① 可見，魯迅雖然不能肯定或否定林語堂的懷疑，但是，在林語堂與時代書店的矛盾中，魯迅則明確地站在林語堂一邊。但這並不等於魯迅贊成《人間世》的傾向，這一點，魯迅在 1934 年 5 月 4 日夜給林語堂信尾的「又及」中，表明了自己對《人間世》藝術傾向方面的批評態度。

林語堂並沒有忽視魯迅的原則立場，但在《人間世》四面楚歌的情況下，魯迅的聲音無論如何都是至關重要的。至少，在與時代書店邵洵美、章克標的對抗中，魯迅是和林語堂站在一起的。

林語堂收到魯迅 5 月 4 日晚的來信後，隨即決定 5 月 10 日在憶定盤路的寓中宴請魯迅、唐弢、徐懋庸等十人，名義上是為《人間世》組稿而請客，實際上從參加者大多是平時接近魯迅的作家這點來看，林語堂是想通過社交場合與魯迅及其影響下的作家聯絡感情。

魯迅應邀赴宴，並贈送林語堂磁製日本「舞子」一枚。席間，林語堂約請魯迅等人為《人間世》撰稿 —— 也許，林語堂有意要與魯迅重溫《語絲》的舊夢，然而，今非昔比，魯迅已不是當年的魯迅，林語堂也不是當年的林語堂了。魯迅並沒有積極響應林語堂的約稿，只是把唐弢、徐詩荃等人的文章推薦給《人間世》。對此，林語堂感激不盡，凡是魯迅介紹來的稿件，他們大多照登不誤。

人怕出名，豬怕壯。林語堂在 1933 年出盡風頭之後，已成為上海文壇上一棵招風的大樹。到 1934 年，不順心的事情接踵而至。年初，十九路軍在福建獨立，成立「中華共和國人民革命政府」時，有人在報上造謠説，林語堂曾秘密回福建接洽。轉眼間，林語堂成了新聞記者筆下的危險分子……《人間世》創刊後，又陷入了「左」

---

① 唐弢：《回憶魯迅及三十年代文藝界兩條路線鬥爭》，《魯迅研究資料》第 1 輯。

「右」夾擊的火力網，如果説，「野容」們是來自「左」的方面，那麼「微風文藝社」則代表了「右」的方面。這個站在南京政府立場上的「微風文藝社」，竟把論語派和左翼作家等量齊觀，把魯迅和林語堂並列在一起，同時進行「聲討」。1934年7月26日的《申報》上刊出了「聲討」的情況：

　　……大會提交聲討魯迅林語堂應如何辦理案，決議（甲）發表通電，由梅子、高完白、童赤民起草。（乙）函請國內出版界在魯迅林語堂作風未改變前拒絕其作品之出版。（丙）函請全國報界在魯迅林語堂作風未改變前一概拒絕其作品之發表及廣告。（丁）呈請黨政機關嚴厲制裁魯迅及林語堂兩文妖。（戊）警告魯迅及林語堂迅即改變其作風，否則誓與周旋。……

　　「微風文藝社」對林語堂的「聲討」，正好證明了林語堂及其論語派的那些幽默諷刺文章觸到了當局的痛處。

　　林語堂曾以有「自省」精神而自詡。可是，在文藝觀念上他卻是一個固執的人，他喜歡標新立異，不願盲從。所以，無論是「野容」們，還是「微風文藝社」，都不能動搖他提倡幽默、性靈的信念。

　　30年代，他不僅勾畫了中西文化融合的遠景藍圖，而且還確立了「幽默——性靈——閒適」文藝觀的理論框架。這時，林語堂已從周氏兄弟麾下的一員《語絲》戰將，變成了掌著帥印的《論語》主帥。每當他的文藝主張受到大規模的攻擊時，他都要挺身而出，保衛自己的文藝觀念。所以，《人間世》誕生後所引出的一片反對聲，並沒有促使他去反思《人間世》的傾向與時代氣氛之間的落差。他以固守牛角尖的那股牛勁，堅持走自己的路。作為應戰，他寫了《方巾氣研究》一文，發表在《自由談》上。

　　當魯迅斥責「趁機起鬨之士」是改唱丑角的黑頭時，林語堂也寫了《母豬渡河》，刊登在《人間世》第5期（1934年6月5日出版）上，他以詼諧風趣的文筆，把那些兩年前熱衷於幽默，兩年後又大罵幽默的人，巧妙地罵為「蠢豬」！

「黑頭」改唱「丑角」的，畢竟是少數中的少數。幽默派中的絕大多數人，也與林語堂一樣，依然幽默如故。儘管已失去了「天下無不幽默和小品」的勢頭，但畢竟還沒有到「大塌台」的地步。這是因為論語派雖然沒有組織類似文學研究會這樣的社團，但是，以林語堂為首的一批幽默小品家，始終堅守《論語》《人間世》等陣地，不管風吹雨打，仍舊大做幽默小品，他們的中堅力量就是世人所謔稱的「論語八仙」。

「八仙」原是我國古代神話傳說中的八位神仙：鐵拐李、漢鍾離、張果老、何仙姑、藍采和、呂洞賓、韓湘子、曹國舅。自唐宋以來，八仙的傳說已廣為流傳，《八仙過海》《八仙慶壽》的故事，幾乎家喻戶曉。特別是「八仙過海，各顯神通」已成為常見的成語，用來比喻在一個集合體裡，每個人都為共同的目標貢獻出自己的辦法，發揮自己的本領。當年論語派的台柱人物在共創幽默文學的過程中，倒也真像「八仙過海」一樣，各顯神通。

至於「論語八仙」實指哪八位幽默家，那就眾說紛紜了。因為首先論語派本身雖說是文學史上所公認的「流派」，但是，幾乎所有健在的論語派成員都異口同聲地說，我們當初沒有成立過甚麼「派」[①]！這也難怪，正像郁達夫所說：

原來文學上的派別，是事過之後，旁人（文學批評家們）替加上去的名目，並不先有了派，以後大家去參加，當派員，領薪水，做文章，像當職員那樣的。[②]

事實正是這樣，因為流派是屬於藝術範疇內的一種文學現象，不是一個政治範疇，也不是一種社團的組織形式，而是在一定社會歷史時期內，藝術風格相似的作家們，在特定條件下自覺或不自覺的結合。換句話說，流派的組成是以不同作家在創作實踐中顯示出來的藝術傾向和藝術風格的相似性為前提的。所以，後人把在《論

---

① 關於「論語派」的流派發展史，詳見拙著《流派論》。筆者在訪問大陸幸存的「論語派」成員時，他們都一致否認當年曾成立過甚麼「流派」。
② 郁達夫：《現代散文導論（下）》。

語》等刊物上經常寫幽默、小品的人稱為論語派，完全是順理成章的。世人戲稱論語派的代表人物為「論語八仙」，由來已久，但論語派的活躍分子遠遠超過八位，而「八仙」的限額是「八」，又無法突破，所以，誰能坐上「八仙」交椅，不同的論者各抒己見，始終沒有統一的意見。

比較常見的有三種說法。一說，「八仙」為林語堂、周作人、老舍、老向、老談（何容）、姚穎、大華烈士、黃嘉音；另一說，沒有何容和黃嘉音，而加上海戈和陶亢德；還有一說，則是林語堂、周作人、老舍、姚穎、大華烈士、俞平伯、豐子愷、郁達夫。以上三說共提到十三位經常為論語派雜誌撰稿而文風又相似的作家。毫無疑問，他們都是論語派的骨幹。但這三張名單中都忽略了幾位極重要的論語派，比如，邵洵美、章克標、全增嘏等人都是《論語》的創始人，又是積極的撰稿人，如果沒有邵老闆和章經理的時代書店對《論語》在經濟和人力上的支持，《論語》是難以開張的。另外，徐訏不僅是一位經常出現的作者，而且在編務上也出力不小。徐訏和邵洵美、章克標、全增嘏等，無論以藝術風格而論，還是以對《論語》的參與而論，三張名單上都未提到他們的名字，實在是不小的疏漏。可見，流行的三種關於「論語八仙」的提法，都有不夠完美之處。

林語堂對「論語八仙」的戲稱，非常讚賞，在《宇宙風》創刊號上，他為姚穎的文章寫跋時寫道：「本日發稿，如眾仙齊集將渡海，獨何仙姑未到，不禁悵然。適郵來，稿翩然至。」但林語堂也沒有說明除姚穎外，其餘的七位是誰。不過，林語堂倒沒忘記《論語》「開國元勳」們的功勞。他在脫離《論語》編輯部時，曾在《論語》第28期上發表了《與陶亢德書》，明確表示：「《論語》地盤向來完全公開。所謂『社』者，全、潘、李、邵、章諸先生共同發起贊助之謂也。」點明論語「社」的台柱，實際上是全增嘏、潘光旦、李青崖、邵洵美、章克標等人。

不管哪一種說法，林語堂、周作人、老舍、姚穎、大華烈士等五人都被選入「八仙」之列。而姚穎和大華烈士都是《論語》培養出來的作家。姚穎女士因為後來不知所終，所以在「八仙」中有關她的傳說很多，她的名字被蒙上了一層神秘的色彩。據可靠資料表明，姚女士的丈夫是國民黨中委、南京市政府秘書長王漱芳，姚女士從

丈夫那裡獲悉許多官場內幕，寫成幽默文章，實屬獨家新聞。林語堂為她在《論語》特闢「京話」專欄，頗受讀者歡迎。抗戰時期，姚穎隨王漱芳到大後方，王漱芳在陝西做官，不幸墜馬身亡，姚穎竟不知下落。因此有人推測姚穎此人實際上子虛烏有，是王漱芳的化名，王因為身居高官，用真名寫文章去曝光官場內幕，有所不便，所以就製造了一個「姚穎」……實際上，當年曾刊出過姚女士的大幅照片，是位年輕美貌的少婦，讀者記憶猶新。況且南京上海相距不遠，如果姚女士真是子虛烏有的人物，在當時是不難被識破的。「大華烈士」四個字就是俄語「同志」的譯音，原名簡又文，在國民黨當局擔任過高級職務，有中將的頭銜，《論語》也為他特闢「西北風」專欄。林語堂與姚穎、簡又文原先都素昧平生，林語堂從來稿中發現了他們。林語堂與老向、何容、海戈、黃嘉音、徐訏等人認識的經過也大致相似，在耕耘幽默文學的過程中，他們以文會友，走到一起來了。林語堂無意在文壇上拉起山頭，可是他在幽默園地裡的成就，使他無形中成為論語派的精神領袖。相比之下，論語派的幫派意識比較淡薄，所以，當左翼作家發動聲勢浩大的批判攻勢時，論語派方面，包括所謂「論語八仙」在內，都只顧埋頭於幽默文學的筆耕，唯有林語堂一個人出來招架。

　　論語派的範圍理應根據前述的流派標準來加以科學的界定，可是有人卻根據幽默刊物上刊出的「長期撰稿員」名單來划定論語派的成員，這顯然是不妥當的。因為，《論語》創刊時列入「長期撰稿員」名單的有二十四人，《人間世》公佈的特約撰稿人有四十九人，《宇宙風》創刊時的「撰稿作家題名」有七十二人，三份名單加起來是一支百多人的龐大隊伍，除個別的「民族主義文學」家之外，幾乎把 20 世紀 30 年代的文壇精英大半網羅其中。這裡有不少人（如郭沫若、錢杏邨、蔡元培等）的藝術趣味與林語堂是不相投的，甚至是相悖的。這些人當然不是論語派的成員。又由於，林語堂辦的刊物「地盤向來完全公開」，「向來所刊外稿多而社稿少」。① 所以，也有的人經常為幽默刊物撰稿，但他們不僅不是論語派，而且還積極反對論語派的藝術趣味，如魯迅、徐懋庸、唐弢、徐詩荃等，就是屬於這種情況。

① 　林語堂：《與陶亢德書》。

第二十章

與賽珍珠相遇

賽珍珠是個「中國通」/ 接住賽珍
珠拋來的球 /《吾國吾民》在廬山
脫稿 /《四十自敘》

　　機遇只垂青那些懂得追求它的人。林語堂就是一個懂得追求機遇的人。20世紀30年代中期，林語堂及時地抓住了賽珍珠所給予的機遇，使他的生活道路發生了重大的轉折。

　　賽珍珠（1892–1973）是一位著名的「中國通」。剛出生四個月時，便隨著她那當傳教士的父母來到中國。1917年，二十五歲的賽珍珠與美國教會派到中國來的農學家洛辛‧巴克結婚，在婚後隨丈夫前往安徽宿縣生活的五年中，她感受到中國農民的單純、善良和聰明，因此萌發了要寫下「為敬愛的中國農民和老百姓所感到的義憤」。她的第一本書是《東風‧西風》，但奠定她在文壇上地位的，是1931年3月出版於紐約的《大地》。小說出版後，即被美國出版界所組織的「每月新書」推選為傑作，連續再版，很快被譯成三十國文字。同年獲得美國的普立茲文學獎金。1938年，《大地》榮獲諾貝爾文學獎，賽珍珠成為美國第一個獲得諾貝爾文學獎的女作家。

　　賽珍珠經常自謂視中國如祖國，然而，看她的作品，畢竟是一位生長在中國的外國人。她所體驗的，往往不過是一些浮面表層的現象。也許，賽珍珠自己也意識到了這一點，所以，在1933年，她決定尋找一位中國作家用英文來寫一本介紹中國的書。但這樣的作家實在很難找，因為能用英文來寫作的中國現代作家本來就有限，再加上賽珍珠的要求又相當高：她要求作者「在這混亂的時代並沒有迷失方向。他們的幽默使他們能夠正確地認識生活，這是多少代人用世故和學問培養出來的幽默。他們機智到足以理解自己、足以理解別人的文明。他們能夠明智地選擇自己民族所特有的東西」。她要求作者既能真實地袒露中國文化的優根和劣根，揭示中國文化精神的內核，又要在技巧上具有適合西方讀者口味的那種幽默風格和輕鬆筆調。而在她看來，現代中國作家的作品，不是完全抄襲西方的，也是受西方的影響太深。因此，可供她選擇的對象，屈指可數。起先，她曾想到請張海歆撰稿，因為張氏有精湛的英語寫作能力。可是不久，當她全面地估價了張氏的文化素質之後，

又認為他難以承擔此項重任。

當賽珍珠快要失望的時候，正是林語堂在文壇上最出風頭的時候。1933 年是「幽默年」，「幽默大師」理所當然地成了「幽默年」的新聞人物。早在這之前，賽珍珠已經讀過林語堂在英文雜誌《中國評論週報》的「小評論」專欄中的文章。1928年，林語堂為該報撰寫的《魯迅》一文，是最早向外國讀者介紹魯迅的英文資料之一。幾年來，林語堂的那些題材新穎的英文小品和他「幽默與俏皮」的文風，曾給賽珍珠留下深刻的印象。賽珍珠特別欣賞林語堂的小評論在抨擊時弊時的「無畏精神」── 在俏皮裡包含著火辣的諷刺，言人所不敢言，在不寬容時，又絕不寬容……

賽珍珠雖然已經四十出頭，但歲月好像並沒有消損她美麗的容貌，她的衣著和膚色都是西方的。可是她的幽靜的態度和從容的談吐中，顯示出東方女性所具有的某些性格和心理。這時，她的《大地》已暢銷世界，四十萬美元的版稅，使她成為一個富有的女人。她花了五年時間將《水滸》譯成英文，這時已經在美國出版，林語堂十分欣賞賽珍珠中譯英的《水滸》。一個是「中國通」，一個是「兩腳踏東西文化」，他們有不少共同的語言，他們用英文交談，談得十分投機。

話題涉及某些在中國住過幾年的西方人，回國以後就以「中國通」自居，著書立說。但是，這些著作充其量不過是海外獵奇，或者是對小腳、辮子之類的醜惡大展覽。比如，1894 年，美國傳教士 A.H. 史密斯，在《中國人的特性》一書中竭力醜化中國人，認為容貌醜陋、長辮小腳、不守時刻、不懂禮貌、愛好嫖賭、不講公德、溺嬰殺生、見死不救、虐待動物等是中國人的天性。美國老牌「中國通」甘露德，在 1923 年寫的《中國的毛病何在》一書中，斷言中國是一個劣等民族……對此，賓主都不以為然。

賽珍珠表示，她希望有一本闡述中國的著作，要避免上述的毛病。這本書應該滲透著中國人的基本精神，由中國人來寫，要坦誠相見，不要為了取悅外國人而自慚形穢，因為中國向來就是一個驕傲的民族，具有坦率與驕傲的資本。

林語堂出其不意地說：「我倒很想寫一本書，說一說我對於中國的實感。」

「那麼你為甚麼不寫呢？你是可以寫的。」賽珍珠十分熱忱地鼓勵他寫，「我盼

望已久，希望有個中國人寫一本關於中國的書。」

正是：踏破鐵鞋無覓處，得來全不費工夫。兩人一拍即合，林語堂就成了賽珍珠的特約撰稿人。

林語堂受約之後，不敢懈怠，立即構思。

林語堂寫作時，常常在床上先打好腹稿。在幽靜的深夜，他熄了燈，卻並不睡覺，有時還從床上起來，走到窗口，眺望窗外的風景。黑暗中他的煙斗發出來的火星，像螢火般地閃爍。有時他靜靜地坐在窗口，陷入沉思。但他主要的工作場所還是在世人皆知的「有不為齋」書室。

這部後來被題名為《吾國吾民》的書，前後共花費了林語堂十個月的時間。為了使自己能進入創作境界。他把寫作提綱抄寫在紙上，又把紙貼在「有不為齋」的牆上。[1] 林語堂進入高度緊張的工作態度時，「有不為齋」就成了他生命的一部分，全家沒有一個人敢在他工作的時候去驚擾他，除了街上小販的叫賣聲之外，整幢樓房像深夜一樣的寂靜，只有遇到非常重要的事情，廖翠鳳不得不與之商量時，才敢走進去。彷彿怕泄漏甚麼秘密似的。廖女士一進去就迅速把房門關好，而那些天真的孩子則擠在鑰匙孔上窺視那充滿神秘感的書房，和那突然變得不可理解的父親。

四面都是書架的「有不為齋」，是一間舒適的屋子，安置在房間一角的那張寫字檯，平時總是十分整潔的。可是此刻寫字檯中間堆著一堆稿子，還有幾本常用的書、毛筆、鉛筆和放大鏡，煙缸裡擠滿了煙頭和煙灰。寫字檯的周圍，滿地都是煙灰和火柴桿，整個房間煙霧騰騰，煙斗的氣味刺鼻。

有時候，林語堂一邊寫作，一邊微笑。這就暗示著他寫得非常順手。林語堂曾說，一個人心情憂鬱的時候，無論怎樣也寫不出好文章來，因為作者自己就憎惡作品，又如何能引起讀者的興趣呢 —— 林語堂的說法，來自幽默文章的寫作經驗。

《吾國吾民》最後是在避暑勝地廬山脫稿的。1934 年 7 月上旬，林語堂夫婦攜

---

[1]　據周劭先生與筆者談話的錄音記錄稿。

帶三個女兒登上去廬山的江輪。7月7日半夜，舟抵九江。船靠岸後，艙內燠熱不堪，林語堂全家都睡到甲板上。林語堂和兩個女兒先是朝天仰臥，數天上的星星，又講故事。天剛破曉，全家登岸，預備上山。到中國旅行社取得行李，再以每人八角的價格僱得數名挑夫和轎夫，行李由挑夫挑，人由轎子抬。廬山轎夫，一向以老實著名，但這一次卻與林語堂發生了一點小爭執。起因是林語堂把三瓶涼水帶在轎上，以便途中解渴，而轎夫認為三瓶水增加了他的負重，所以沿途念念有詞，表示不滿，直到林語堂不得不將其中一瓶水倒於澗中，事情才算了結。

牯嶺是廬山著名的避暑區，海拔一兩千公尺，越往上走，山風越涼。全家五口，僱了三頂轎子，最怕別人說她胖的廖女士獨坐一頂，大女兒坐一頂，二女兒和三女兒，一個八歲，一個四歲，兩人合坐一頂，林語堂自己則徒步登山，走累了就和大女兒對換，上轎子坐一段。在險峻的地方，步行似乎比坐轎子安全，所以，大家都下轎步行攀山，讓轎子空著。這是一個峻峭的山峰，一邊是狹路，下面是百丈深谷，泉水在淵下滾滾而流，令人膽戰心驚。

從山腳到山頂，約有兩個半小時的旅程。途中，林語堂一家在路邊的茶館裡稍事休息，吃些橘子，喝杯茶。到目的地後，中國旅行社把林語堂介紹到建築得十分精巧的仙谷旅館。客人們都住在平屋裡，林語堂租了一套兩間半的客房。

在屋中小憩一會，林語堂和大女兒二女兒來到「仙谷客舍」前潺潺的流泉邊，脫去了鞋襪，步入水中玩耍。清涼涼的泉水使林語堂的神經異常興奮，他彷彿又回到了西溪河畔。

次日，天剛亮，林語堂就醒來了，真是名不虛傳的避暑勝地，和炎熱的九江宛如隔了一個季節。早晨，涼氣襲人，穿了一件夾襖仍嫌不夠，林語堂只得再加一件夾袍子。三個女兒都穿起了羊毛衫。

「仙谷客舍」價格昂貴，伙食也不如意，據早來幾天的遊客介紹，山上另有空屋可租。於是，林語堂急忙搬出客舍，租到了一所避暑的別墅。這是一幢用山石建築的房子，一邊對著山岩，另外三面都是樹林，像雲霧中的仙境。在這裡，林語堂飽覽了廬山美麗的風景。早上可以看見密集的白雲在山谷上遊動，陽光從白雲後面直

照遠山近谷。有時烏雲從敞開的窗戶裡飄進來，房間裡變得模糊不清，身上也覺得有點兒寒氣，於是只好把門窗暫時關閉片刻。通向山峰的小徑鋪著碎石，平滑而清潔，兩旁都是松樹，陣風吹來，樹枝晃動，猶如大海怒濤的吼聲。

　　如此賞心悅目的良辰美景，本是奮筆疾書的大好時光，可是林語堂竟三四天沒有動筆——原來，在這別墅的屋後，林語堂發現了一個有泉眼的小水潭，他靈機一動想把它改造成一個可以洗腳的小水池。動手以前，他自負曾是聖約翰大學的運動明星，以為做這點小事不費吹灰之力。半天下來，才知道不那麼簡單，由於長期忽略體育鍛煉，肌肉已經開始退化，今非昔比。然而，既已動工，林語堂的個性又不允許半途而廢，只好硬著頭皮幹下去。孩子們覺得好玩，也參加幫忙，父女們半是遊戲，半是勞作，僅在小潭的四壁砌起小石塊，就花費了父女四人兩天半的時間，終於築成了一尺深、一尺多長、一尺多闊的水潭。小水潭裡充滿了一定水位的泉水，從不外溢。看著這麼好的水質，林語堂捨不得用這來之不易的水洗腳，而把它當作「土冰箱」，每天早晨把橘子、蘋果、果子露或西瓜放進水潭，到中午取出來吃，清涼清涼的別有風味。可是，這「土冰箱」的建築師林語堂，卻由於這兩天半的勞動臂酸手痛，一握筆手就顫動，拇指發硬，伸屈不便，竟然三天不能寫字，這對林語堂來說是個不小的損失。廖女士見到此情此景，不禁憐惜地笑著說：「可憐的孩子，一點氣力都沒有。」但林語堂並不認輸，他照樣向女兒們誇耀自己當年在大學運動場上雄姿英發的光榮歷史。

　　雖然不能寫作，林語堂也絕不會浪費時間，他趁機讀完了《野叟曝言》，頗有心得。幾天後，林語堂開始在英文打字機上創作《吾國吾民》。他工作的時候，孩子們也在練習毛筆字、讀書、畫圖，各不相擾。

　　盡力工作，盡情作樂，這是林語堂的信條。他工作時，高效率高節奏；休息時，充分愉快地遊樂。在寫作間歇時，有幾次，林語堂帶全家去尋訪廬山的名勝古蹟，從上海家裡趕到廬山的那位廚子也常與他們同行。他們提著盛裝水果、毛巾和泉水的籃子，攀緣在高山峻嶺之中。每到一處，就聽和尚們講述神話傳說和古蹟的來歷，沿途的山路旁常有野百合花及其他美麗的花朵。林語堂和女兒們一樣，興奮地奔跑

著去採集野花。正午，烈日當空，林語堂和女兒們一起脫掉鞋襪，在路邊的小溪中洗腳，雙腳浸入冰涼的泉水中，真痛快極了。

旅途中，林語堂和家人們常在寺院裡午餐，由僧人供給他們素齋，還品嘗了用廬山山泉沖泡的廬山雲霧茶，最難忘的是那次用「天下第七泉」的水所泡的雲霧茶。大家都知道：名泉泡名茶，機會難得，所以每個人都喝得肚子發脹方才罷休。臨走時還用瓶子裝了一瓶泉水帶回別墅。

江西是中國名瓷的故鄉，廬山附近就有瓷器的貿易集市，景德鎮的美麗工藝品，使林語堂夫婦為之流連忘返。林語堂買了一套用茶點的瓷器和幾隻裝飾用的花瓶，其中一隻天藍色的花瓶，瓶口上裝飾著一條天藍色的小龍，十分惹人喜歡。允許買賣雙方隨意討價還價，這是中國民間集市的習慣。出身於錢莊老闆之家的廖女士，以家庭主婦的精明，成功地應付了商販的狡猾。面對著商販們的漫天要價，林語堂常不知所措。這時，幽默感是屬於「幽默大師」的夫人的，廖女士沉著地還價道：

「打對折，否則我們不要。」

「不行，不賣。」老練的商販一口回絕。

林語堂很喜歡這些瓷器，他擔心妻子殺價太狠，會使他失去心愛的瓷器，他用福建方言暗暗提醒妻子：打對折的要求是否有點過分。可是妻子沒有理會丈夫的眼色，繼續與商販還價。看來她胸有成竹，經過兩分鐘的討價還價，商販知道遇到了對手。於是，現實主義的態度佔了上風，雙方都做出讓步。結果，常常是以開價時的六七折成交。

有一次，廖女士欲擒故縱，裝出不想買的樣子，拉著林語堂走出集市。最後，商販不得不追出來，叫住他們，喊道：「賣給你們吧！」當然，廖女士也不是常勝將軍，在另一次買賣中，他們往返兩次，最後終於屈服於商販的價格──因為林語堂實在喜歡這些瓷器，妻子不願讓丈夫掃興。而在女兒們看來，這有趣的交易，簡直是一種藝術。

1934 年的牯嶺鎮，規模很小，沒有電影院，卻有一家大書店，這是林語堂經常光顧的地方。牯嶺的店鋪大致分成兩部分，一部分專做外國遊客的生意，而另一部

分做中國人的生意。後者大部分是小店鋪。太陽西斜時，林語堂在一天緊張的寫作
之後，也需要放鬆一下，這時，他就常帶著孩子們到鎮上的小茶室裡去吃冰淇淋。

經過一個多月的埋頭苦幹，《吾國吾民》的書稿終於殺青，林語堂的避暑生活也
就告一段落。

8月下旬的某日，林語堂全家依依不捨地離別了廬山，來到九江，等候回上海
的輪船。林語堂在九江鄱陽湖畔的「花園旅館」租了一間臨湖的房間。這家中式旅
社有一個美麗的花園，從這裡可以遠眺在白雲中忽隱忽現的牯嶺山峰。然而，此地
熱浪逼人，與牯嶺上的清涼世界有天淵之別。

晚餐，林語堂帶全家到有名的老菜館裡享受了一頓豐盛的九江菜。餐廳裡有人
拉大扇，當拉扇人拉動繩子時，用餐者就得到陣陣涼風。電氣化時代到來之前，這
也算是先進的降溫通氣設備了。

晚上，林語堂熱得睡不著，就租了一條小船，夜遊鄱陽湖。船家是一男一女，
他們讓船慢慢地在湖心搖蕩。月光在水上閃動，婦女們則乘夜晚的涼風在湖邊捶
洗，有節奏的捶衣聲和輕快的談笑聲不時地傳到船上，孩子們偎依在母親的懷裡，
靜聽船夫演繹那古代的傳說和故事。林語堂吸著煙，他的心又回到了少年時代西溪
的五篷船上，他靜靜地回憶著自己的一生。

次日，林語堂全家登上了回上海的江輪。輪船順水而下，只見江水滔滔，漫無
邊際，兩岸青山滴翠，江上舟船往來。林語堂極目騁懷，神遊於天地之間，不覺精
神一爽。他的心潮，也像江水一樣的洶湧奔騰 —— 按照中國的傳統的年齡計算法，
生於1895年的林語堂，在這一年已經是四十歲了。孔子說「四十而不惑」。「不惑」
之年的林語堂已經以「幽默大師」而蜚聲文壇，所以他躊躇滿志地回顧了自己所走過
的生活道路，寫下了一首題為《四十自敘》的七言長詩：

我生今年已四十　半似狂生半腐儒
一生矛盾說不盡　心靈解剖跡糊塗

讀書最喜在河畔　行文專賴淡巴菰
卸下洋裝留革履　洋宅窗前梅二株
生來原喜老百姓　偏憎人家說普羅
人亦要做錢亦愛　躑躅街頭說隱居
立志出身揚耶道　識得中奧廢半途
尼溪尚難樊籠我　何況西洋馬克思
出入耶孔道緣淺　惟學孟丹我先師
總因勘破因明法　學張學李我皆辭
喜則狂跳怒則嗔　不懂吠犬與鳴驢
掔繰嚙籠悲同類　還我林中樂自如
論語辦來已兩載　笑話一堆當揶揄
膽小只評前年事　才疏偏學說胡盧
近來識得袁宏道　喜從中來亂狂呼
宛似山中遇高士　把其袂兮攜其裾
又似吉茨讀荷馬　五老峰上見鄱湖
從此境界又一新　行文把筆更自如
時人笑我真瞶瞶　我心愛焉復奚辭

我本龍溪村家子　環山接天號東湖
十尖石起時入夢　為學養性全在茲
六歲讀書好寫作　為文意多筆不符
師批大蛇過田陌　我對蚯蚓渡沙漠
八歲偷作新課本　一頁文字一頁圖
收藏生怕他人見　姐姐告人搶來撕
十歲離鄉入新學　別母時哭返狂呼
西溪夜月五篷裡　年年此路最堪娛

十八來滬入約翰　心好英文棄經書
線裝從此不入目　毛筆提來指腕愚
出洋哈佛攻文學　為說圖書三里餘
抿嘴坐看白璧德　開棺怒打老盧蘇
經濟中絕走德國　來比錫城識清儒
始知江戴與段孔　等韻發音界盡除
復知四庫有提要　經解借自柏林都
回國中文半瓶醋　亂寫了嗎與之乎
幽默拉來人始識　音韻踢開學漸疏
而今行年雖四十　尚喜未淪士大夫
一點童心猶未滅　半絲白鬢尚且無

語堂
二十三年八月下旬自序於長江舟上

第二十一章

「據牛角尖負隅」

生活裡不完全是鮮花和掌聲／和
魯迅「疏離」／「欲據牛角尖負隅以
終身」

　　然而，生活之舟，卻不像那順流而下的江輪那樣一帆風順。當林語堂還在廬山一面暢遊牯嶺、一面寫作的時候，7 月 26 日，上海《申報》刊出了「微風文藝社」對他的「聲討」。而當他帶著躊躇滿志之作《四十自敘》踏上黃浦江岸時，迎接他的不是掌聲和鮮花，而是一批有分量的批判文章。

　　林語堂及其論語派是從美學的、藝術的和趣味主義的角度切入文學的，所以，林語堂及其夥伴們看到的是幽默、閒適、性靈，是「表現即藝術」和「藝術即表現」。而魯迅等左翼作家是從時代性和階級性的角度切入文學的，所以，他們認為，在熱河失守、榆關吃緊的國情下，在炸彈滿空、水災遍地的土地上，無法幽默也無法閒適，更談不上抒發性靈。面對林語堂們颳起的「幽默風」，左翼作家忍無可忍，決定不再讓其放任自流地佔領文壇。所以，《人間世》創刊後圍繞周作人五十自壽詩的風波，實際上是批判趣味主義和自由主義傾向的前哨戰。

　　經過一段時間的醞釀，1934 年 9 月 20 日，《太白》在魯迅等左翼作家的支持下創刊。圍繞著《太白》等刊物，以魯迅、茅盾、陳望道、胡風、聶紺弩、徐懋庸、唐弢、陳子展、夏徵農、曹聚仁等人為骨幹，形成了一個「太白派」。他們以抵制論語派的幽默小品為己任，提倡「新的小品文」。可以這樣說，1932 年 9 月 16 日創刊的《論語》，不是作為左翼文藝的對立物而出現的，但是 1934 年 9 月 20 日創刊的《太白》卻是以批判論語派為目標。

　　長期以來，很少有人從中國現代散文發展史的方位上去看待太白派與論語派之爭。實際上，兩派的分歧，不僅代表著兩種藝術傾向的對立，而且也是語絲派分化和解體之後的一種正常的流變現象。如果把魯迅視為太白派的精神導師，而把林語堂、周作人當作論語派的精神首領，那麼就會發現一個有趣的文學現象 —— 現在劍拔弩張的論戰雙方，當年曾是同一戰壕裡的親密戰友。魯迅、林語堂、周作人、劉半農、俞平伯、章衣萍等，作為語絲派的中堅人物，都為創立「語絲文體」而貢獻過

各自的一份力量。「語絲文體」的基本特色：「無所畏懼地反抗舊世界的束縛和桎梏，勇敢地抨擊一切不合理的社會病態現象；文章尖銳潑辣、風趣生動，並且善於將諷刺、幽默、滑稽等喜劇性因素熔鑄於簡短的雜感之中。」① 這本是語絲派共同創造和共同佔有的精神財富，語絲派解體以後，他們又從不同方面繼承了語絲派的某些流派特徵。隨著思想文化戰線的新的分化和組合，魯迅和林語堂在繼承《語絲》的幽默諷刺傳統的同時，又從各自不同的角度為現代散文小品注入了新的內容和形式。

　　魯迅在接受馬克思主義的世界觀之後，他的幽默才能幫助他以特定的藝術形式來表現他的政治立場。雜文這種文體，也因為魯迅而變成文藝性的論文，戰鬥的「阜利通」（feuilleton），用魯迅自己的話來說：「生存的小品文，必須是匕首，是投槍，能和讀者一同殺出一條生存的血路的東西……」② 這是魯迅從現實性戰鬥性的方位上對現代散文小品的導向。因此，魯迅也就越過了《語絲》的境界，而成為太白派所代表的「新的小品文」派的締造者。而林語堂周作人們則從幽默、閒適、性靈、趣味的世界裡去締造自己的散文小品王國。林語堂主張小品文的題材內容應包括宇宙之大、蒼蠅之微，無所不包。他說：

　　信手拈來，政治病亦談，西裝亦談，再啟亦談，甚至牙刷亦談，頗有走入牛角尖之勢，真是微乎其微，去經世文章甚遠矣。所自奇者，心頭因此輕鬆許多，想至少這牛角尖是我自己的世界，未必有人要來統制，遂亦安之。孔子曰：汝安則為之。我既安之，故欲據牛角尖負隅以終身。③

　　對於小品文的筆調，林語堂主張多樣化。他說：

---

① 見拙著《中國現代文學流派論・從「語絲文體」到「論語格調」》，第 176 頁。
② 魯迅：《小品文的危機》。
③ 林語堂：《我的話・序》。

至於筆調，或平淡，或奇峭，或清新，或放傲，各依性靈天賦，不必勉強。惟看各篇能談出味道來，便是佳作。味愈醇，文愈熟，愈可貴。但倘有酸辣辣如里老罵座者，亦在不棄之列。①

林語堂們在邵洵美的客廳裡七嘴八舌地籌建《論語》之時，並沒有想要在文壇上造成甚麼聲勢，更沒有統一文壇的雄心壯志。大家只是好玩而已，刊物能生存就不錯了。②林語堂說：「《論語》提倡幽默，也不過提倡幽默而已，於眾文學要素之中，注重此一要素，不造謠，不脫期，為願已足，最多希望於一大國中各種說官話之報之外有一說實話之報而已，與救國何關？《人間世》提倡小品文，也不過提倡小品文，於眾筆調之中，著重一種筆調而已，何關救國？」③

但是，把文學當作無產階級革命事業一部分的左翼作家怎麼會按照林語堂的邏輯來看待幽默小品的異軍突起。為了抵消論語派的影響，他們在《太白》《新語林》等刊物上以「新的小品文」來矯正閒適、幽默小品的弊端。他們號召左翼作家「寫出包括宇宙之大的小品文來跟論語派比賽，讓讀者決定兩者的命運」④。可見，太白派方面是擺開了決一雌雄的架勢。

早在《太白》等刊物問世之前，魯迅就發表過不少有關幽默、小品文問題的文章。他強調社會現實和幽默的關係，他認為，林語堂及其論語派在失掉笑的時代，偏要提倡「為笑笑而笑笑」的藝術，豈不是故意點綴太平盛世嗎？他毫不留情地指出，有些所謂幽默文章，其實並不幽默，不過是以造作的笑聲來掩蓋血腥的現實，把社會痛苦趣味化。魯迅的尖銳態度代表了當年左翼文藝方面的原則立場：以革命的邏輯來對待幽默小品問題。

魯迅對幽默小品的態度反映了他和林語堂之間不可調和的思想分歧，這一原則

---

① 　林語堂：《論小品文筆調》。
② 　參加《論語》籌建過程的章克標先生對筆者的談話記錄。
③ 　林語堂：《今文八弊（中）》。
④ 　茅盾：《關於小品文》，《文學》1934 年 3 卷 1 期。

分歧，必然影響到林語堂與魯迅之間的私人友誼。

　　如果按兩次「相得」和兩次「疏離」來說明林、魯交往的階段性的話，那麼，從 1934 年 8 月 29 日以後，兩人的關係進入了「疏離」階段。因為從那一天，林語堂的名字從魯迅的日記中消失了。

　　林語堂說，他始終沒有跟魯迅「鬧翻」過，如果說林語堂心目中的「鬧翻」的含義是指拍桌子罵娘，那麼他確實沒有和魯迅「鬧翻」過。但要是「鬧翻」是思想上的決裂，那麼，1934 年 8 月前後，他們的的確確已經完全「鬧翻」了。林、魯決裂的根本原因是政治、思想立場和文藝觀點、美學趣味上的不可調和的分歧。當然也不排斥有偶然性的因素摻雜其中。決裂 —— 或者就按林語堂的說法「疏離」—— 的導火線是關於翻譯問題的通信。1934 年 8 月 13 日魯迅在給曹聚仁的信中透露出了一些蛛絲馬跡。魯迅說他曾對林語堂說，勸他不要再提倡幽默、性靈、小品文之類的玩意兒，建議林語堂去翻譯一些英國文學的名著。但林語堂回信說：這些事等他老了再說。魯迅很惱火，因為魯迅一向重視翻譯，並用詩的語言讚美翻譯工作是：為起義的奴隸運送軍火！當時魯迅自己也正在積極從事這項「運送軍火」的活動，而且魯迅又年長林語堂十四歲。因此魯迅認為，等「老了再說」一語，是林語堂諷刺他「老了」。根據這個思維定式，魯迅憤憤地說：「這時我才悟到我的意見，在語堂看來是暮氣，但我至今還自信是良言，要他於中國有益，要他在中國存留，並非要他消滅。他能更急進，那當然很好，但我看是決不會的，我決不出難題給別人做，不過另外也無話可說了。」

　　林語堂和魯迅之間的隔閡，傳到了陶亢德的耳裡，陶問林語堂到底是怎麼回事。林語堂笑道：「跡近挑撥呢。我的原意是說，我的翻譯工作要在老年才做，因為我在中年時有意思把中文作品譯成英文。孔子說，四十不惑，五十而知天命，現在我說四十譯中文，五十譯英文，這是我工作時期的安排，哪有甚麼你老了，只能翻

譯的嘲笑意思呢？」①

　　林語堂沒有接受魯迅的「良言」，這是因為，當時林語堂的思維中心已轉移到向西方人介紹中國文化，正在醞釀《吾國吾民》的書稿，而魯迅的思維中心是希望林語堂向中國人介紹外國文化，兩者相距甚遠。魯迅認為，他的「良言」出自對朋友的關心，用魯迅的話來說：「語堂是我的老朋友，我應以朋友待之。」按魯迅的邏輯：林語堂不接受，就是辜負了朋友的好意，既然如此，魯迅就認為自己也不必再「以朋友待」林語堂了。

　　由於反感，就話不投機半句多了。比如，有一次，《濤聲》主編曹聚仁請客，林語堂、魯迅等人都在座。席間，林語堂談起他在香港的一件逸事：當時有幾個廣東人在講廣東話，滔滔不絕，說得非常起勁。林語堂說：「我就插進去，同他們講英語，這可就把他們嚇住了……」

　　魯迅聽到這裡，放下筷子，站起來責問林語堂：「你是甚麼東西！你想借外國話來壓我們自己的同胞嗎？……」

　　林語堂大吃一驚，不知說甚麼好。② 林語堂挨了魯迅的罵不回口。有人說，這是林語堂的「氣量、風度」，也有人說這是林語堂的「聰明」，因為他自知不是對手，只好退避三舍。

　　曹聚仁請客的時候，林、魯還沒有真正決裂，因為魯迅是極有個性的人，如果事先知道同席中有他所厭惡的人，是絕不會赴宴的。當年，周氏兄弟反目，而兩人又都是《語絲》台柱，語絲社每月一次在北京中山公園「來今雨軒」聚會或吃飯，魯迅常常不出席，主要是為了避免與周作人照面的緣故。在 1934 年 8 月 29 日以後，凡有林語堂參加的宴會，魯迅就設法避開。大約是 1934 年，徐訏回寧波結婚，上海的熟友們都送了賀禮。徐訏回滬之後，在福州路大觀樓補辦喜酒宴請朋友。大觀樓是一家很負盛名的舊式京幫菜館，一進大門便是寬闊的扶梯，直登樓上雅座，宴

---

① 　根據陶亢德先生和筆者的談話記錄，並參考林太乙《林語堂傳》。

② 　據陳望道《關於魯迅先生的片斷回憶》。

席只設一桌，都是熟人。林語堂夫婦當然是被邀請的貴客之一。那天，林語堂夫婦是來得最早的客人，他倆面對樓梯落座。其餘客人陸續來臨，可是徐訏一直不讓開宴，大家都知道他肯定還在等候一位貴客，但卻不曉得這位姍姍來遲的貴客是誰。忽然，只見扶梯響處，上來一位破帽遮顏的貴客，踏上扶梯還只露出半個身子，一眼瞧見林語堂夫婦，略作躊躇，便掉身出門，徐訏也看到此一光景，連忙下樓去尋，但那位來客早已消失在鬧市的人群裡。這位貴客就是魯迅。[1] 原來，徐訏雖被人目為論語派的健將，但他孤芳自賞，不屑依傍他人門戶，而且，徐訏非常崇拜魯迅，魯迅對他也倍加青睞。在林、魯第二次「疏離」後，徐訏就不得不周旋於林、魯之間，也實在難為了他。這次因補請喜酒而冒失地同時請了兩人，不料魯迅堅持不與所惡者共席，見林氏夫婦在座，他就毫不猶豫地扭頭便走，於是就發生大觀樓菜館裡的那一幕。

1934 年 11 月 18 日，魯迅作《罵殺與捧殺》一文。那時，在林語堂的影響下，劉大傑標點了《袁中郎全集》，集子由林語堂校閱後出版。劉氏的標點本比較粗糙，錯誤不少，魯迅在《罵殺與捧殺》中對林語堂、劉大傑以學者的招牌來介紹袁中郎的做法，很不以為然。

《罵殺與捧殺》在 11 月 23 日的《中華日報·動向》上刊出後，魯迅一發不可收。11 月 25 日，他又寫了《讀書忌》，針對林語堂、劉大傑等論語派們推崇袁中郎和明人小品，魯迅提倡讀野史、筆記。幾天之後，1934 年 12 月 11 日，魯迅作《病後雜談》，以野史所記的明、清帝王權臣的滅族、凌遲、剝皮等虐政，影射當時的現實鬥爭，並批判林語堂們用「君子遠庖廚」的方法，充耳不聞，以保全「性靈」，或則雖到了庖廚裡，看見了殘殺，卻「依然會從血泊裡尋出閒適來」的幫閒手法，並指出林語堂們對世事的態度是「浮光掠影」，「蔽聰塞明」，「彼此說謊，自欺欺人」。

寫就《病後雜談》半個月後，12 月 26 日，魯迅又作《論俗人應避雅人》，矛頭

---

[1] 據周劭先生與筆者談話錄音記錄稿。周先生點明這位遲到的「貴客」就是魯迅。而在周的《文壇鬼才徐訏》一文中，沒有點出魯迅的名字。「大觀樓」的插曲，資料來自周先生的文章與口述。

直指林語堂等「雅人」，此文後來刊於《太白》2卷1期（1935年3月20日）。

針對林語堂「讚頌悠閒，鼓吹煙茗」，1935年1月25日，魯迅作《隱士》一文，辛辣地諷刺了隱士的秘密：所謂「歸隱」與「登仕」一樣，也是啖飯之道，是假「清高」。他說：

　　泰山崩，黃河溢，隱士們目無見，耳無聞，但苟有議及自己們或他的一夥的，則雖千里之外，半句之微，他便耳聰目明，奮袂而起，好像事件之大，遠勝於宇宙之滅亡者，也就為了這緣故。其實連和蒼蠅也何嘗有甚麼相關。

林語堂看了這段話，心裡自然明白：在《人間世》創刊後所引起的風波中，林語堂曾向魯迅打聽過「系統的化名」的來歷等。魯迅在1934年5月4日夜給林語堂的信中還幫林語堂分析了「反對之輩，其別有三」，等等。七個多月後，魯迅重提舊事，「半句之微」等語便是挖苦林語堂當時打聽消息的情況。

1935年1月26日，魯迅又作《「招貼即扯」》，諷刺林語堂抬出「中郎爺」「當做招牌」，把袁中郎「變成一個小品文的老師，『方巾氣』的死敵」。其實「中郎正是一個關心世道，佩服『方巾氣』人物的人，讚《金瓶梅》，作小品文，並不是他的全部」，「中郎之不能被罵倒，正如他之不能被畫歪，但因此也就不能作他的蛆蟲們的永久的巢穴了。」林語堂讀罷，心裡有數，「蛆蟲」就是罵他和其他的袁中郎的崇拜者的。

1935年3月7日，魯迅作《「尋開心」》一文。文中說林語堂提倡的「玩玩笑笑，尋開心」，「就是開開中國許多古怪現象的鎖的鑰匙」。4月20日出版的《太白》第2卷第3期的「掂斤簸兩」欄目中，刊出了魯迅的《天生蠻性》，全文只有三句語：

辜鴻銘先生讚小腳；

鄭孝胥先生講王道；

林語堂先生談性靈。

把林語堂與復古派的辜鴻銘、偽滿洲國總理大臣鄭孝胥相提並論，足見魯迅對林的厭惡，已經遠遠超出朋友間的齟齬。

從 1935 年開始，幾乎每一期《太白》上都有魯迅以其他的筆名所寫的批林文章。林語堂雖然深諳魯迅的筆法，但由於他採用了每寫一篇文章就換一個筆名的辦法，所以連林語堂也猜不出哪些是魯迅的化名了。這回，林語堂才算是真正領教了「系統的化名」的厲害。《太白》第 2 卷的頭三期上，每一期都刊出了魯迅化名的批林文章。第四期稍停，第五期上魯迅以「直入」的署名，發表了《有不為齋》一文。全文如下：

孔子曰：「不得中行而與之，必也狂狷乎，狂者進取，狷者有所不為也。」於是很有一些人便爭以「有不為」名齋，以孔子之徒自居，以「狷者」自命。

但敢問──

「有所不為」的，是卑鄙齷齪的事乎，抑非卑鄙齷齪的事乎？

「狂者」的界說沒有「狷者」的含糊，所以以「進取」名齋者，至今還沒有。

林語堂心愛的書室「有不為齋」，在魯迅的眼裡不屑一顧。在《太白》2 卷 7 期上，魯迅又以「直入」的化名寫了《兩種「黃帝子孫」》一文，指名批評林語堂。

為紀念創刊半年，《太白》推出了一本名為《小品文和漫畫》的紀念特刊，由魯迅、茅盾等五十八位太白派作家撰稿。其中，周木齋的《小品文雜說》、聶紺弩的《我對於小品文的意見》、洪為法的《我對於小品文的偏見》等一批為數不少的文章，都是批判論語派的文藝觀的。比如周木齋的文章幾乎是對《人間世》發刊詞裡的「以自我為中心，以閒適為格調」的主張逐條批駁。可以這樣說，《太白》社的這本紀念特刊，把批林浪潮推到了高峰。

聲勢浩大的批判聲浪，並沒有使林語堂改弦易轍。相反，林語堂在弄清了火力點的方位主要在左翼之後，他已無法掩蓋自己的真實想法了。

　　從盧山下來，他在長江的江輪中，手撫《吾國吾民》的英文手稿，疾筆寫就的《四十自敘》中，向世人表明他堅持「自我」的決心。

　　林語堂要為捍衛自己的文藝觀點而戰。聲稱：「欲據牛角尖負隅以終身。」[1]他寫了《作人與作文》《我不敢再遊杭》《今文八弊》等文章，回答反對者的攻擊。其中《今文八弊》一文，分上、中、下三篇，先後發刊於《人間世》第27、28、29期。他把文學上的流弊歸納為八種表現形式：

　　一　方巾作祟，豬肉熏人；

　　二　隨得隨失，狗逐尾巴；

　　三　賣洋鐵罐，西崽口吻；

　　四　文化膏藥，袍笏文章；

　　五　寬己責人，言過其行；

　　六　濫調連篇，辭浮於理；

　　七　桃李門牆，丫頭醋勁；

　　八　破落富戶，數偽家珍。

他把近幾年來論敵們的觀點幾乎包羅在這「八弊」之內。他從「文學革命」的觀念破題，洋洋數千言，算是對論敵們的一次總的回擊，他想以這顆重型炮彈一炮轟毀對方的火力點。然而，談何容易。儘管他聲明只想辦一個幽默刊物而已，並無統治文壇的野心，但這又有甚麼用呢？再說，《今文八弊》中的林語堂，也是手持大刀長矛的兇神惡煞，擺出一副背水一戰的架勢。

　　可是，林語堂自以為是重型炮彈的《今文八弊》，論敵們毫不介意。首先對「反擊」反擊的，當然是魯迅。就在《今文八弊》(下)，剛在《人間世》發表後四天，6月9日，魯迅寫了《「題未定」草(一至三)》，針對《今文八弊》中第三弊「賣洋鐵罐，

---

[1]　林語堂：《我的話·序》。

西崽口吻」這一條，全力反擊。魯迅説，林語堂的觀點如同西崽在下班之後喜愛穿
緞鞋綢衫，拉皮胡，唱《四郎探母》一樣，好像是國粹家，其實正是西崽相，用這種
眼光來觀察文學，正是「倚徙華洋之間，往來主奴之界，這就是現在洋場上的『西
崽相』」。

　　這是因為林語堂在《今文八弊》中攻擊魯迅等人譯介西班牙詩歌巴爾干小説和
吸收外國語法的做法是「洋場孽少的怪相，談文學雖不足，當西崽頗有才。此種流
風，其弊在奴……」。很明顯，林語堂所説的，「西崽」是那些攻擊論語派的論敵們，
而魯迅把林語堂扔過來的這頂「西崽」帽子又物歸原主，扔還給林語堂，採用了「以
其人之道還治其人之身」的戰法。

　　1935 年 8 月 23 日，魯迅作《逃名》一文，刊於《太白》2 卷 12 期。魯迅説：「搗
一場小亂子，就是偉人，編一本教科書，就是學者，造幾條文壇消息，就是作家」；
「……或拖明朝死屍搭台，或請現存古人喝道，或自收自己的大名入辭典中，定為
『中國作家』，或自編自己的作品入畫集裡，名曰『現代傑作』」。他列舉文壇上種種
欺世盜名的行徑時，把林語堂的編英文教科書和推崇明朝袁中郎，都列入了文壇醜
惡現象加以鞭撻。

　　林語堂則在論語派的刊物上連續撰文，對因提倡幽默、性靈而招致的一片噓
聲，感到不解。他説：

　　辦幽默刊物是怎麼一回事？不過辦幽默刊物而已，何必大驚小怪？原來在國
外各種正經大刊物之內，仍容得下幾種幽默刊物……充其量，也不過在國中已有
各種嚴肅大雜誌之外，加一種不甚嚴肅之小刊物，調劑調劑空氣而已。原未嘗存
心打倒嚴肅雜誌，亦未嘗強普天下人皆寫幽默文。現在批評起來，又是甚麼我在
救中國或亡中國了。

　　……現在明明是提倡小品文，又無端被人加以奪取「文學正宗」罪名。夫文學
之中，品類多矣，吾提倡小品，他人盡可提倡大品……

　　……《人間世》出版，動起杭育杭育派的方巾氣，七手八腳，亂吹亂擂，卻絲毫沒有打動了《人間世》。連一篇像樣的對《人間世》的內容及編法的批評，足供我虛心採擇的也沒有。例如我自己認為第一期談花樹春光遊記文字太多不滿之處，就沒有人指出。總而言之，沒有一篇我認為夠得上批評《人間世》的文字。只有胡魯一篇攻擊周作人詩，是批評內容，但也就淺薄得可笑，只攻擊私人而已。《人間世》之錯何在，吾知之矣。用仿宋字太古雅，這在方巾氣的批評家，是一種不可原諒的罪案。①

　　即使在左翼方面連續不斷地批判幽默小品、性靈的時候，林語堂仍然堅持「不左不右」的中間立場和自由主義的辦刊方針，在論語派的刊物上，對左翼作家的來稿照登不誤。同時，林語堂還寫了《國事嗚矣》（1935.12.16）、《外交糾紛》（1936.1.16）等文，諷刺當局的「無脊樑外交」。

　　遠在莫斯科的「第三國際」也注意到了林語堂的文學活動在中國文壇上的影響，通過蕭三多次寫信指示上海的左翼作家們，要設法把林語堂這樣有知名度的作家團結到「中國共產黨領導下的抗日民族統一戰線」的旗幟下。1935 年 8 月 11 日，蕭三《給左聯的信》表明，即使在尖銳地批林之際，左翼作家的領導決策層也仍然看到了林語堂的積極方面。蕭三在信中說：

　　統治者的虐政，尤其是賣國政策大遭一般知識者的非難，林語堂的「自古未聞糞有稅，而今只有屁無捐」，可謂謔而之至。……當民族危機日益加緊，民眾失業，饑荒，痛苦日益加深，所謂士大夫、文人在民眾革命潮流推蕩之中有不少「左傾」者，他們鑒於統治者之對內反動，復古，對外失地，降敵，賣 ×（國），亦深致不滿；中國文壇在此時本有組織廣大反帝聯合戰線的可能……

────────────

① 林語堂：《方巾氣之研究》。

蕭三把林語堂列入「不滿」現實的並應作為團結爭取對象而參加聯合戰線的「有影響的作家」之一。這實際上反映了當時的左翼文藝對林語堂及其論語派的基本態度 —— 針對其兩面性（或者說中立性），採取有團結有批評、既爭取又鬥爭的方針。

蕭三在肯定林語堂的可爭取性的同時，批評了左翼作家的戰鬥堡壘「中國左翼作家聯盟」（簡稱「左聯」）工作中的錯誤，他在信中說：

> ……當民族危機日益加緊……中國文壇在此時本有組織廣大反帝聯合戰線的可能，但是由於左聯向來所有的關門主義 —— 宗派主義，未能廣大地應用反帝反封建的聯合戰線，把這種不滿組織起來，以致在各種論戰當中，及以後的有利的情勢之下，未能計劃地把進步的中間作家組織到我們的陣營裡面來……

蕭三的信指明了「左聯」對林語堂的策略導向。

林語堂及其論語派本來就無意與左翼文藝對抗，林語堂早就聲明決無以幽默統一文壇的野心。所以，「左聯」方面伸出的團結之手，立即得到了林語堂方面的呼應。1935 年，左翼方面的「文學社」「太白社」等與「論語社」共同簽署了《我們對於文化運動的意見》，反對讀經救國的復古運動。

蕭三寫信給「左聯」的時候（1935 年 8 月），也正是中共中央發表《為抗日救國告同胞書》（即《八一宣言》）的時候。同年 12 月，中共中央在瓦窯堡召開政治局會議，通過《關於目前政治形勢與黨的任務決議》，提出了建立抗日民族統一戰線的策略。在這種形勢下，太白派對林語堂的批判自然就停止了。1935 年 12 月 2 日，魯迅的《雜談小品文》大概可以算是左翼文藝對林語堂的最後一擊。

向外國人介紹中國文化

《吾國吾民》一炮打響 / 舉家赴美

　　種瓜得瓜，種豆得豆，林語堂在廬山牯嶺苦幹一個夏天，所播下的種子終於收穫了。1935 年 9 月，《吾國吾民》在美國出版，一炮打響……

　　林語堂果然不負賽珍珠的厚望。當賽女士讀罷那厚厚的一疊原稿，忍不住拍案驚呼：這是「偉大著作」！並親自為該書撰寫序言，譽之為：「這一本書是歷來有關中國的著作中最忠實、最巨大、最完備、最重要底成績。尤可寶貴者，它的著作者，是一位中國人，一位現代作家，他的根蒂鞏固地深植於往者，而豐富的鮮花開於今天。」

　　《吾國吾民》分兩部分，第一部分談中國人的生活背景，種族上、性格上、心理上、思想上的特質；第二部分介紹中國人生活的各方面：婦女、社會、政治、文學、藝術。林語堂用英文寫作的《吾國吾民》，越過了語言的隔膜，使外國人對中國文化有了比較全面的了解。因為，那時的美國讀者對中國人的認識極其膚淺，他們在美國所見到的中國人，大多數是在中國餐館和洗衣店裡的華人，他們只知道在遙遠的東方，有許多黃臉的東亞病夫，對於中國文化，他們只知道孔夫子、龍、玉、絲、茶、筷子、鴉片煙、男人頭上的辮子、女人的小腳、狡猾的軍閥、野蠻的土匪、保守的農民以及瘟疫、貧窮和各種痼疾等等。總之，中國和中國人對他們來說是神秘的，他們懷著好奇的心理急切地想揭開這神秘的面紗。

　　「讀林先生的書使人得到很大啟發。我非常感激他，因為他的書使我大開眼界。只有一個中國人才能這樣坦誠、信實而又毫不偏頗地論述他的同胞。」這是克尼迪（R. E. Kennedy）發表在《紐約時報》星期日書評副刊第一版上的書評中的話。

　　「林先生在歐洲、美國都住過，能以慧眼評論西方的習俗。他對西方文學有豐富的認識，不僅認識而且了解西方文明。他的筆鋒溫和幽默。他這本書是用英文寫作以中國為題材的最佳之作，對中國有真實、靈敏的理解。凡是對中國有興趣的人，我向他們推薦這本書。」著名書評家伯發（Nathaniel Peffer）一向以持重而聞名於評論界，可是他在《星期六文學評論週刊》上竟以「最佳」等形容詞來評價《吾國吾民》。

　　《吾國吾民》問世後的社會效果，使林語堂和賽珍珠同樣感到激動。僅在 9 月至 12 月間的四個月中，就印了七版，在當年美國暢銷書目上名列榜首。一本中國人的著作，能列入 Best-seller 十大名著之一，暢銷美國，這在西方世界是破天荒的。林語堂在美國一舉成名。林語堂在美國讀者中獲得聲望，也為賽珍珠和她的第二任丈夫華爾希的出版公司帶來了實利。作為出版家的賽珍珠夫婦，從接受美學的角度，認準了林語堂的這支筆與西方的讀者心理是對路的，所以他們建議林語堂到美國從事寫作。但林語堂正忙於寫《中國新聞輿論史》，同時又與陶亢德、黃嘉德和黃嘉音兩兄弟籌備《西風》（這個以「譯述西洋雜誌精華，介紹歐美人生社會」為發刊宗旨的新刊物，在 1936 年創刊）。雖然對賽珍珠夫婦的建議動心了，但沒有立即做出決斷。

　　《吾國吾民》在國外的聲譽傳到國內文壇，引起正反兩種反響。有的人認為中國作家能在國際文壇出名，這是中國人的光榮，許多團體請他寫文章、演講，林語堂又一次成為新聞人物。也有的人說，林語堂發財了，《吾國吾民》得到了三萬美元的版稅（實際上，林語堂拿到六千美元版稅）。更有甚者，將 *My Country and My people* 的書名譯成為「賣 Country and 賣 People」，意思說是「賣國賣民」。最滑稽的是有的人在沒有看到《吾國吾民》的中文本時竟然把上述的俏皮話作為根據，說《吾國吾民》是一本賣國的書，是一本出賣民族利益的書，而且幾十年來，以此為據，轉輾引用，作為批判《吾國吾民》的定性材料。

　　1936 年初，夏威夷大學請林語堂去執教，賽珍珠夫婦又不斷催他去美國寫作。林語堂終於下了決心 —— 走！這是林語堂生活史上的一次重大決策，影響到他整個後半生的命運。

　　林語堂為甚麼決定去美國？

　　有人認為，當年林語堂在上海文壇還沒有落到「山窮水盡」的地步，他之所以赴美另有隱情：林語堂是《天下》作家群的主要成員，英文刊物《天下》是用孫科的中山文化教育基金創辦的，所有的兼職編輯都是當時的社會名流，如法學家吳經熊，

《中國論壇報》主編桂中樞，北大英文系主任溫源寧、全增嘏等，編輯部在中山公園附近。這批人幾乎都被聘為立法委員 —— 每月六百四十元大洋，僅每週去開一次會，沒有實際工作，是個肥缺 —— 唯有林語堂和另一年輕的編輯姚克沒有被聘為立法委員，使林語堂的自尊心受到極大的損害，所以他決定去美國。①

又有人説，是邵友濂的一個遺訓萌發了林語堂想去美國避難的念頭。邵友濂字小村，是邵洵美的祖父，前清時官至湖南巡撫，甲午戰爭時，被任命為全權大臣同張蔭桓赴日本求和，伊藤博文認為他們資望不孚，拒絕談判，一定要李鴻章去。邵友濂受侮回來罷了官，後來病死。他生前給後輩留下一條遺訓，大意説，幾十年之內，必然要發生世界性大戰，在戰亂中，我國將成為各國列強軍隊混戰的戰場，沒有一片淨土可以逃難，只有去美國避難才安全。在初創《論語》時，邵洵美在一次閒談中談及祖父的這條遺訓，林語堂及《論語》的同人們聽後相互戲言，説一起逃到美國去，在美國出本《論語》雜誌，也許還可以過下去。因此，有人就以此為據，認為林語堂所以在 1936 年出國，是因為看到中日必戰，「想起了邵小村的這個遺訓，想到現在正是要逃難避地的時候，只有去美國才對」②

其實，沒有當上立法委員，或者邵小村的遺訓，都不可能是林語堂去美國的主要原因，而是各種內部和外部原因的合力，才促成了林語堂的這一重大的決策。

林語堂的一位朋友講，他最大的長處是對外國人講中國文化，而對中國人講外國文化。林語堂覺得這個評價是一語中的的，他還為自己做了一副對聯：「兩腳踏東西文化，一心評宇宙文章」。梁啟超以其優美的書法錄寫的這副對聯，成為「有不為齋」的重要裝飾。如果説，在做這副對聯時，林語堂「兩腳」所使用的力量大致上是均衡的，那麼，1935 年《吾國吾民》出版後的意外成功，促使林語堂重新設計了自己的創作道路：不再平均地使用「兩腳」的力量，而把重心傾斜到向外國人介紹中國文化的那隻「腳」上。

---

① 筆者訪問周劭先生錄音記錄。
② 章克標：《林語堂在上海》。

　　要全家五口旅居美國，必須得有充裕的財源為後盾。好在這時的林語堂和1919年去美國留學時的情況已大不一樣，因為僅《開明英文讀本》等教科書的版稅，每年便可得六千元。他還有開明書店的股份八千元，人壽保險七千元，中國銀行存款兩千元，《宇宙風》股份四百元，再加上為中外刊物撰稿所得的稿費，經濟實力是雄厚的。當然遷居也需要一筆額外的支出，僅船票費用就要一千二百美元，再加上各種雜用支出，大約共需兩千美元。但林語堂算過細賬後覺得到美國後，靠演講、寫文章的收入就可以維持全家生活，不必動用在中國的收入和《吾國吾民》的稿酬。

　　然而，舉家赴美，非同小可，光是各種煩瑣雜事，就很不容易處理。但林語堂不必為此操心，因為廖女士是出名的賢內助，有關家政方面的事可以放心地交她全權安排，房子退租，傢具處理，衣服細軟該帶的帶，該賣的賣，該添的還得添。一部分傢具送給三哥林憾廬，一部分寄存二哥玉霖和六弟林幽家，其餘的寄存朋友家。廖女士還把一些東西標價賤賣，不少朋友買了林家的便宜貨，比如陶亢德買了一把沙發。廖女士裡裡外外地忙了一個多月，總算把大小事情處理得有條有理，唯一不用廖女士操心的東西是書，這必須由林語堂自己來選擇，雖然，他把十箱書寄存商務印書館，但要帶到美國的書籍仍舊非常多，僅僅是有關蘇東坡的各種參考書籍就達十三類一百多種，其他各種珍本古籍也應有盡有。這是因為林語堂到美國是以寫作為生，書籍資料是他寫作時不可缺少的材料，所以，他不顧古籍線裝書體積大、分量重，決定把大批必讀書籍，甚至連孩子們的教科書也都裝箱運走，因為他要讓孩子們在國外繼續學習中文，並由他親自執教。從書籍在他赴美時的行李中所佔的比重，也可以看出他的生活態度，如無此深謀遠慮，日後他怎能在美國連續不斷地寫作和出版那些有關孔子、老子、蘇東坡、武則天等人的著作呢！

　　臨行前，林語堂還專程去北平一次，向文化古都告別。北平有他熟悉的琉璃廠書肆，有《語絲》時代的故人和現在的論語派同人……他在中山公園「來今雨軒」，抽著煙斗，在裊裊的煙霧中，他重溫了《語絲》時的「土匪」生涯……這裡埋葬著他青年時代的夢。此刻，一個新的夢，隔著他自己所吐出的煙霧，在太平洋彼岸晃動……

當年，坐落在跑馬廳附近的國際飯店，是上海，也是遠東最高的建築物。1936年8月9日，星期天，《中國評論週報》的桂中樞、朱少屏假國際飯店十四層樓的宴會廳歡送林語堂夫婦赴美。

參加歡送會的有《申報》馬崇淦，《新聞報》汪仙奇，《時事新報》董顯元，《大公報》王文彬，《字林報》胡德海，《大陸報》費休、吳嘉崇、宋德和、唐羅歡，《紐約論壇報》金維都，美國合眾通訊社馬立司，《密勒氏評論報》鮑威爾等中外新聞界人士，還有美國商務參贊安立德，工部局總辦鍾思，工部局情報處主任錢伯涵。「論語八仙」中的簡又文，論語派骨幹全增嘏，林語堂的六弟林幽，溫源寧教授偕夫人，錢新之，李之信偕夫人，陳湘濤偕夫人，茀立子偕夫人，酈耀坤偕夫人，伍連德，殷企勤，朱青，林引鳳，全增秀，李愛蓮，姚辛農等四十餘人。

這一個多月來，上海文化人已多次為林語堂餞別，他也多次謝別，但這卻是臨行前的最後一次大型歡送會，因為第二天林語堂一家就要啟程了。東道主桂中樞、朱少屏殷勤招待，中外新聞界人士和來賓們也向林語堂夫婦頻頻祝酒，賓主們談笑風生，最後又合影留念。來賓中的伍連德博士還準備了一艘「伍員」號小火輪，停靠在外灘仁記路碼頭，準備次日下午把林語堂一家送上「胡佛總統號」海輪。

1936年8月10日，對於林語堂一家是個異乎尋常的日子。從上午10點鐘開始，送別的人絡繹不絕，善於應酬的廖翠鳳女士，一向深得她所熟悉的那個社交圈的好評，可現在，大概是過於激動了吧，面對著一批批帶著禮物來告別的至愛親朋，她突然變得語彙貧乏起來，只能緊握每一位惜別的來客，連聲說：「謝謝！謝謝！」在這一迭聲的道謝中，摻進了一種複雜的離愁別緒。

遠涉重洋，告別那曾給他帶來「幽默大師」稱號又給他帶來各種甜酸苦辣的上海，林語堂的心極不平靜，但他極力掩飾自己心裡的波瀾，故意顯出十分輕鬆的樣子，吃完午飯，還像往常一樣午睡……

下午，林語堂全家登上了朋友的汽車，車裡放著朋友們送的兩隻大花籃。在水上飯店左邊的碼頭上，一大群送別的朋友都站在岸邊。林語堂一家下車後就被歡送者簇擁著踏上了「伍員」號，小輪載著林氏一家向停泊在江心的「胡佛總統號」駛去。

下午 6 時左右，林語堂踏上了「胡佛總統號」的甲板。

　　晚上 11 時，海輪在陣陣汽笛聲中起航，向遼闊而神秘的大海駛去，把「探險的孩子」送上了新的征途。

人生旅途上的新航程

臨別贈言 / 對美國文明的感受 / 與魯迅等人在《文藝界同人為團結禦敵與言論自由宣言》上簽名 /「西安事變」在美國的反響

1936 年 8 月 10 日深夜，美國客輪「胡佛總統號」駛出了長江口，劈開萬頃波浪，闖入夜幕籠罩下的太平洋。甲板上，林語堂憑欄凝視著越來越遠的故土，直到身後傳來妻女們的叫喚聲，他才依依不捨地進入船艙的客房。

林語堂心潮難平，他明白，這是人生旅途上的一次新的航程。前途，像眼前的大海一樣，廣闊無邊，充滿希望；同時，在海水下也潛伏著看不見的暗礁⋯⋯命運像一個瞎眼的、喜怒無常的養娘，它對它所撫養的孩子常常是毫無選擇地隨意慷慨施恩，問題是你能不能抓住那施恩的機遇⋯⋯林語堂祈求在今後的生活航道上一帆風順。但他也明白，好運不會在人們等候的那個地方自然而來，而是經過彎彎曲曲與困難得難以想像的道路降臨的，要得到它，就必須準備先付出。

回想送別的場面，親朋好友雲集碼頭，揮手揚巾，五彩繽紛，真可謂盛況感人，與 1919 年赴美留學時的場面已不可同日而語。單是朋友們送給孩子們路上吃的糖果就有十八匣，而大大小小的花籃竟達三十隻之多。在船艙的客房裡，最引人注目的東西就是花，桌上、地板上⋯⋯整個房間放滿了表達歡送者心意的花籃，連開房門都感到不便，林語堂不得不把其中的一部分放在餐廳裡。

橫渡太平洋的旅程是漫長的，再加上中途的停泊，「胡佛總統號」要在茫茫的大海裡航行十多天才能到達美國。當然，林語堂豈會白白浪費時間，於是，船艙成了他在旅程中的「有不為齋」。送別時，友人要他寫離國雜感寄回《宇宙風》發表。林語堂覺得，告別故土，千緒萬端，確實有感可言，但也不必把所有的感想全部傾瀉出來，不如藉此機會重申自己的文藝觀點，表明他不是為了躲開批判的鋒芒才離開上海到美國去避風頭的。於是，他寫了一篇《臨別贈言》，先談文學觀點，再談思想觀點。

林語堂認為，提倡幽默，本不必大驚小怪。然而，偏有人驚之怪之，倒反而證明確有一部分人不懂得甚麼是幽默，這就更表明有提倡的必要。他說，幽默與悲壯、

激昂等一樣是文學的一種要素，所以反對幽默是「道統遺毒」。在誠懇、親切、自然、近情的文風中，幽默必不期然而至。中國文章向來是訓語式的，非談心式的，現在提倡幽默，倒不是叫文人個個學寫幾篇幽默文，而是叫文人在普通行文中化板重為輕鬆，變鋪張為親切，使中國散文從此較近情，較誠實而已。

　　林語堂根據同樣的思維定式，又談到了性靈問題。他說，提倡性靈，純粹是文學創作心理上及技巧上的問題，本來也不該引起甚麼爭論，性靈和幽默都是叫人在舉筆行文之際較近情而已。這些在西洋文學都已經是常識，而在中國要提倡卻如此之難。林語堂預言：

　　今日提倡之難，三十年後人見之，當引為奇談。但是我仍相信此為中國散文演化必經之路。

　　在思想觀點上，林語堂左右開弓，對左右兩派各打五十大板。他諷刺號稱為「革命」「前進」者，惴惴炭炭，怕人家說他落伍，一味抹殺中國舊文學，否認中國祖宗。同時，林語堂又批判軍閥貪官，開口仁義，閉口道德，一味復古，也只是黠者之醜態。他說，「無理的急進」與「無理的復古」是兩個極端，都因為缺乏中國文化精神中的理明心通，寬大自由的態度。他讚賞「五四」前後的北京大學，可以兼容復古派林琴南、辜鴻銘和激進派陳獨秀、胡適在同校講學的寬容態度。

　　在這篇臨別贈言中，林語堂還把他從「不談政治而終於談政治」的思想演變經過和心得體會公佈於世，等於公開聲明，他又要毫無顧忌地發表政見了。

　　8 月 14 日，船到日本橫濱，林語堂的《臨別贈言》殺青，寄往上海。幾天後，陶亢德收到稿子，立即發排於《宇宙風》第 25 期（1936 年 9 月 16 日），這是林語堂離國後，在國內發表的第一篇文章。

　　途中，輪船在夏威夷停靠，想不到這裡也有歡迎的人群。二十多人聚集在碼頭上，攝影師忙著拍照，閃光燈發出刺眼的光，按照當地的風俗，歡迎者向來賓敬獻

了鮮花編成的大花環。林語堂和夫人的脖子上大約各被套上了八個花環，甚至連三個女兒也接受了十四個花環。說來也巧，上海的歡送者送給他三十個花環，而夏威夷的歡迎者所贈的花環也是三十個，這倒是一個生動的注腳，說明了他當年在中外讀者中的聲望。

夏威夷島土地肥沃，花果茂盛。當地人熱情好客，樂觀、活潑，一年四季有二十個歡樂的節日。林語堂一家下船後，遊覽了檀香山，只見到處是花，美不勝收。海灘上白浪翻花，岸上旅館林立，水族館和植物園都吸引了大批遊客。

林語堂一家在一艘玻璃底的船中，觀賞水中奇景：透過玻璃，滿眼都是大大小小、各種奇形怪狀的魚在海水中游動，五彩繽紛，光怪陸離。各種美麗的珊瑚，是林語堂從未見過的奇觀，真是大開眼界，驚歎不已。

到美國已經是 9 月份了。林語堂最初落腳在位於賓夕法尼亞州鄉間的賽珍珠家。那時，賽珍珠與她的第二任丈夫華爾希結婚不久。賽珍珠眉目清秀，面色紅潤，華爾希風度翩翩。他們擁有大片土地，還有專門招待客人的一幢空房屋，屋外是一片蘋果園，為省下採集蘋果的開支，賽珍珠竟讓成熟的果子落了一地，任其腐爛。廖女士見這種浪費感到可惜，說：「真作孽！真作孽！」她撿了不少蘋果，但也吃不完……這是美國生活方式給林語堂一家的第一堂課！

林語堂在賽女士的別墅裡，飽享異國鄉居的風味，飢來園中摘蘋果，興發澗上捉魚蝦，不常去紐約參加各種社交活動。原想久宿鄉間，享受大自然的山林美景，可是，不到一個月，問題就來了。一是附近沒有中國飯店，雖然愛吃牛肉的林語堂可以對付，但是三個女兒一時還無法立即適應當地的飲食；二是要看戲，要聽音樂，還得常常跑到紐約，往返半天，浪費時間。最後，林語堂決定定居紐約，在中央公園西邊的一幢老式樓房的七樓上租了套公寓。

紐約是富有者的天堂，也是罪惡的淵藪：有名冠全球的億萬富翁，也有乞丐；有資本主義者，共產主義者，社會主義者，自由主義者，無政府主義者；有來自各國的名流、美女，也有被逐的帝王、亡命的公侯和避難的革命家。紐約也是冒險家、騙子、強盜、毒梟、殺手出沒藏身之所，它是一個五光十色的不夜城，車水馬龍，

畫夜不息，充滿了生氣和活力。然而，它也有許多叫林語堂不舒服的地方 —— 那千篇一律的高樓大廈，就像一隊隊穿著同樣制服的兵士，遠不如歐洲城市的多姿多彩。紐約是繁榮的，同時也喧嘩得叫人心煩，缺乏寧靜和美感。地下鐵道的月台和階梯都很齷齪，擁擠的車廂裡，空氣混濁得令人窒息。卓別林主演的《摩登時代》裡的那種崇拜機器的現象更是俯拾皆是。

林語堂一家旅美之初，雖然享用了各種現代化的生活設施，卻處處感到不舒服。這當然是和他們原先在上海的生活相比較而言的。

在上海，林家獨住一座花園洋房，園中四季草木長青，僅白楊樹就有四十棵之多。園裡還有一小塊菜地，輪流種著番茄、芹菜、南瓜等各種蔬菜；而在紐約，舉目都是摩天大樓、柏油路、車輛和人群。林家在上海至少有四五個僕人，一度還有過在室內聽差的書童。而在紐約，勞動力就不像中國那樣廉價了。每週來幫忙的零工按鐘點付工資，只有闊人才專門僱人。因為寫作需要，林語堂已經僱傭了一位秘書，專職的僕人就僱不起了，僅有一位黑人每週來兩次打掃房屋及洗衣服。於是家務勞動的重擔就壓到廖女士的肩上。過去，她只是家務勞動的組織者，現在變成了家裡的主要勞動力，這個變化確實不小。不過，廖女士毫無怨言。因為，早在二十年前訂婚時，錢莊老闆的女兒廖二小姐就決心與窮牧師的兒子同甘共苦一輩子的。好在林語堂和女兒都不是養尊處優的老爺小姐，於是，全家都爭著幫廖女士分擔各種雜事。

自己動手，成了家裡的風氣。林如斯學會了炒雞蛋，還管做咖啡、麵包、吐司；林太乙拿牛奶，拿報紙，拾掇房間，擦拭椅桌；林相如做一些倒煙灰缸之類的輕巧事。最難整理的是林語堂的房間，桌子下積滿了火柴梗和煙灰等雜物。午飯後，林語堂常幫忙洗碟子，速度相當快，可以在五分鐘內洗好並擦乾全家五口用的碟子，但是損耗卻令人痛心，經常打碎餐具，所以，只要聽到乒乒乓乓的聲音就知道準是林語堂在廚房裡洗餐具。

林語堂覺得在美國管家，要比上海容易，購物可用電話預訂，到時送來，寄信不必上郵局，投入樓裡的郵筒便了。即使打電報也可以用電話告訴電報局，月底和

電話費一起結賬。有關中國的信息，每天的報上都刊有 AP 及 UP 通訊社及各報社駐華通訊員的來電。因此，他雖與故國遠隔重洋，卻能及時了解國內的重大事件。

　　林語堂不得不改變自己的生活方式。一般人看來，這不過是一個「適應」與否的問題，不值得多費心思。可是「兩腳踏東西文化」的林語堂，卻在入鄉隨俗的過程中，悟出了東西互補的大道理，把一切思考都納入了他的東西融合的思維邏輯之中。所以他在享受西方物質文明的同時，沒有拜倒在這物質文明的腳下，他在受益於西方機械文明的同時，也深察了這文明的缺陷。

　　以紐約的生活起居為例，林語堂覺得方便，但舒服倒不見得，電梯、汽車、地鐵、抽水馬桶，皆方便之類，卻不見得如何舒服。有人以為自己駕小汽車，十分逍遙，可林語堂認為在高速公路上長途驅車，擠得水泄不通，成長蛇陣，把你的汽車擠在中間，此時欲速不能，欲慢不得，根本不逍遙也不自在，一不小心，發生車禍，性命攸關，心驚肉跳。

　　那麼，坐地鐵如何？林語堂打趣地說，轟而開，轟而止。車一停，大家蜂擁而入，蜂擁而出。你靠著我，我靠著你，前為儈夫之背，後為小姐之胸，小姐香水，隱隱可聞，大漢臭汗，撲鼻欲嘔。然而，四十二街至八十街，二英里半的路程，五分鐘即達，方便得很，可是舒服卻未必。

　　可是，生活上一點暫時的不習慣，與他到美國後所得到的東西相比，畢竟是微不足道的。美國為他提供了一個介紹中國文化的廣闊天地。林語堂早就嚮往這樣的自由境界：像在大荒漠中的孤遊者，「其佳趣在於走自己的路，一日或二三百里或百里，無人干涉，不用計較，莫須商量。」

　　到紐約後，林語堂與美國文藝界有了廣泛的接觸。在宴會上，他認識了戲劇家奧尼爾（Eugene O'Neill），詩人佛洛斯特（Robert Frost），德國小說家、1929 年諾貝爾文學獎得主托馬斯·曼（Thomas Mann），舞蹈家鄧肯（Isadora Duncan），女詩人朱萊（Edna St. Vineent Millay），女明星姬希（Lilian Gish），戲劇評論家那森（George Jean Nathan），作家及書評家卡羅·范多倫（Carl Van Doren），詩人馬克·范多倫（Mark Van Doren），攝影家范凡克頓（Carl Van Vechten），華裔女明星黃柳霜（Anna

May Wong），等等。這些都是當年美國文藝界的精英人物，林語堂在與他們的交往中，對西方文化的現實水平有了進一步的直感體驗。

1936 年 10 月 5 日，《紐約時報》和全國書籍出版者協會共同主辦了第一屆全美書展。書展在剛落成不久的洛克菲勒中心舉行，展出各家出版社的新書和各種新式的印刷技術，同時還邀請受公眾歡迎的名作家講演。林語堂是應邀演講的主講作家之一。那天，他身穿中國長袍，風度瀟灑，充分表現一種自由自在和無拘無束的個性，他以幽默風趣的口吻暢談自己的寫作經驗和人生觀。演講的結束語和結束的方式更是別開生面，他說，中國哲人的作風是：「有話就講，講完就走。」說完後，他不等聽眾們舉手發問，揮了揮他的長袖子，飄然而去。

林語堂到美國後，上海新聞媒介刊出了《文藝界同人為團結禦侮與言論自由宣言》，代表不同政治傾向的二十一位知名作家在《宣言》上簽名。他們是：巴金、王統照、包天笑、沈起予、林語堂、洪深、周瘦鵑、茅盾、陳望道、郭沫若、夏丏尊、張天翼、傅東華、葉紹鈞、鄭振鐸、鄭伯奇、趙家璧、黎烈文、魯迅、謝冰心、豐子愷等。

《宣言》主張「全國文學界同人應不分新舊派別，為抗日救國而聯合」，「不必強求抗日立場之劃一，但主張抗日的力量即刻統一起來！」《宣言》同時主張「言論自由」。

1936 年下半年，日本侵略氣燄日甚一日，亡國之禍，迫在眉睫。東北早已陷入敵寇鐵蹄，華北五省與福建又危在旦夕，在這中華民族的生死存亡關頭，拋開政治和文藝上的歧見，把國家民族利益放在第一位，這是深得人心的。同時，《宣言》中對創作自由和言論自由的呼籲，與林語堂的自由主義立場不謀而合。所以，他在上海時，就在《宣言》上簽了名。當《宣言》在 1936 年 10 月 1 日出版的《文學》第 7 卷第 9 號上刊出時，林語堂已經離開上海一個多月了。

1936 年 12 月 12 日，清晨 5 時，張學良和楊虎城在西安華清池扣留了蔣介石和

一批高級將領，提出改組政府，停止內戰，抵抗日本等八項主張。

當天上午，電訊傳到太平洋彼岸，成千上萬旅美的中國人都被這個消息震動了。西安事變成了美國民眾最關心的熱門新聞。西安，這座對大多數美國人還顯得陌生的城市，一天之間變成了街頭巷尾人們所矚目的中心。《紐約時報》大廈的屋頂上，有霓虹燈打出的大字，報道新聞，大多講的是西安的事情。時報廣場上的廣播裡也不斷在播放有關西安的消息，各種來源的消息，傳遞著各種不同的說法，那裡的事情變得叫人難以捉摸。

林語堂的心已經飛越了大洋，回到了他熟悉的故國。他深深感到自己的命運是與故國的億萬同胞聯繫在一起的。他嫌報紙的新聞太晚，常常到時報廣場去打聽來自中國的最新消息。

一天，時報大廈頂上的霓虹燈映出大字：

「中國政府向蘇俄抗議。」

「陳立夫約見第三國際代表潘漢年，請潘漢年致電第三國際援救蔣介石。」

「蔣夫人委託顧問端納前往西安探視蔣介石。」

「斯大林電宋慶齡，說西安事變是日本陰謀所造成，蔣介石如改變政策實為領導抗日之唯一人物，中共應爭取西安事變之和平解決。」[①]

接下來，廣播報道莫斯科《新聞報》和《真理報》社論，斥責「張學良之反動行為，足以破壞抗日勢力之團結」。[②]

廣播又報道：「陳立夫會晤潘漢年，希望由周恩來進行調解。」[③]

林語堂知道，把西安事變說成是「日本陰謀」，真是牛頭不對馬嘴。美國新聞傳播媒介中的報道，對他只是「參考消息」，他自信：他，一個剛離開祖國一兩個月的中國人，對本國的國情要比紐約的新聞界有更深的了解。

[①] [②] [③] 　有關美國新聞媒介對「西安事變」報道的混亂情況，詳見張漱菡的《赤心巨筆一書生》，《中華雜誌》1986年第283期。當時，美國新聞媒介有關「西安事變」一些報道，顯然是失實的，本書引用這些原始資料的目的，是為讀者提供歷史背景材料。

　　1936 年 12 月 19 日，美國的幾個團體在哥倫比亞大學舉行一個有關西安事變的公開討論會。登台演講的有三個美國人，三個中國人。中國人裡第一個發言的是林語堂，其餘的兩位發言者一位是著名的教育家陶行知，另一位是來美作短期逗留的胡秋原。

　　當時，歐美的新聞媒介，稱西安事變為 Kidnap，如果譯成中文是「綁架」。新聞標題大多是「蔣被張所綁」或「張綁架了蔣」。而英文的張（Chang）與蔣（Chiang）僅一字母（i）之差。閱讀時稍不注意便會把兩者混淆。而且讀音也沒有多大區別。林語堂在與美國朋友交談中發現了這一點。所以，在討論會上發言時，林語堂首先向美國聽眾指出 Chang 與 Chiang 的區別。

　　林語堂是語言學家，他的語言學知識發揮了作用，他先用國際音標來區別這兩個字的讀音，再介紹張學良和蔣介石的不同身份，以及兩者在西安事變中的不同的地位和作用。他對美國聽眾説：張學良將軍軟禁蔣介石的目的，是為了抗日救國，否定了美國公眾中流傳著西安事變是「日本陰謀」的説法。

　　林語堂肯定了張學良將軍的行動，並且很有把握地預測，根據中國的民族性和中國人的智慧，西安事變的結局肯定是喜劇而不是悲劇。最有意思的是，他竟大膽地推斷，張學良不僅會釋放蔣介石，還會友好地陪同蔣介石一起回到南京。

　　林語堂採用談心式的口氣來發表自己對時政的見解，親切動人，像朋友間談心一樣。這一席漂亮的英語演説博得了聽眾們的陣陣掌聲。

　　不久，西安事變順利解決，果然不出林語堂所料，張學良陪蔣介石同機飛回南京。但是，林語堂恐怕沒有預料到蔣介石一下飛機就把張學良將軍軟禁起來，使這位少帥在長達半個世紀的漫長歲月裡失去了人身自由。

《生活的藝術》暢銷美國

東西文化比較研究觀的總綱／推出「生活的最高典型」的模式／異想天開的「公式」／幽默大師的玩笑／「每月讀書會」的特別推薦書

一腳踏上「胡佛總統號」輪船的甲板，「兩腳踏東西文化」的林語堂就清楚地知道，出國後，他應該把勁兒使在哪一隻腳上。

萬里之行，始於足下，一切宏偉的行動都擁有一個微不足道的開始。起初，林語堂想翻譯一些可以代表中國生活藝術及文化精神的名著。比如，劉鶚的《老殘遊記二集》，冒辟疆的《影梅庵憶語》，蔣坦的《秋燈瑣憶》，張潮的《幽夢影》格言，曾國藩和鄭板橋的《家書》，李清照的《金石錄後序》，等等。但賽珍珠的丈夫出版商華爾希認為：從《吾國吾民》的轟動效應來看，西方讀者對《吾國吾民》的最後一章《生活的藝術》最感興趣。生活在高度工業化的西方社會中的現代人，被飛速的生活節奏壓得透不過氣來。因此，林語堂在書中所宣揚的那種中國詩人曠懷達觀、高逸退隱、陶情遣興、滌煩消愁的人生哲學，對於醫治西方人的「現代文明病」，正好對症下藥。所以，《吾國吾民》出版後，很多美國女人都把書中的最後一章奉為生活的法則。華爾希針對美國讀者的心理，要求林語堂寫一本介紹中國人生活的藝術的書，比如，如何品茗、如何行酒令、如何觀山玩水、如何養花畜鳥、如何吟風弄月等等。這位西方的出版商把士大夫階級的趣味，當作整個中國人的生活情趣，把士大夫精神當作中國文化精神的真諦，這顯然是對中國人和中國文化的片面理解。

充塞著商品經濟的價值觀的美國出版商，是不會以準確地介紹中國文化為己任的。所以，華爾希對《生活的藝術》的要求，首先是暢銷，其次是暢銷，最後仍是暢銷。而林語堂，也許是為了迎合出版家的口味，也許果真是他的文化觀與華爾希的出版觀不謀而合，不管是甚麼原因，從後來出版的《生活的藝術》中可以明顯地看出，林語堂是按照這位不懂中國文化卻深諳經商之道的美國書商的思路構思並撰寫了《生活的藝術》。

在書中，林語堂對美國讀者說他根據自己的生活體驗，覺得應在美國人的頭腦裡注入「閒適」的情調，以放鬆一下在高頻率運轉下所造成的心理桎梏。崇拜成功

女神，重物質而輕精神，這是西方文化價值取向的有機組成部分，但在林語堂看來，美國人過分講求效率、講求準時及希望事業成功的願望，剝奪了「享受悠閒生活的天賦權利」，使他們錯過了「許多閒逸而美麗的可愛的下午茶」。他要從人性論的觀點出發，向美國讀者介紹東方的生活趣味和生活方式。

　　1937 年 3 月初，《生活的藝術》開筆，兩個月就寫下二百六十頁，進展迅速。5 月初的一天晚上，林語堂醞釀寫序，回過頭來檢查書稿，覺得自己從批評西方現代物質文化弊端破題的寫法，事倍功半，很不理想……他狠了狠心，將原稿全部毀掉，決定推倒重來。5 月 3 日重寫第二稿，到 7 月底，全書七百頁打字稿完成。在這三個月裡，林語堂自喻「如文王囚在羑里一般」[①]，一步也走不開。如受軍事訓練一樣，一切紀律化、整齊化、嚴肅化，但他並不叫苦。只要睡眠充足，只要煙好茶好心情好，也沒有甚麼腹稿，「一面抽煙，一面飲茶，清風徐來，鼻子裡嗅兩下，胸部掀動，精神煥發，文章由口中一句一句一段一段念出，叫書記打出初稿，倒也是一種快樂。」

　　《生活的藝術》涉及面極為廣泛，對品茗、賞花、賞雪、聽雨、吟風、弄月等細節的敘述非常詳盡，這完全歸功於他的先見之明 —— 不顧行囊的沉重把大批線裝古籍帶到了美國 —— 陳眉公《寶顏堂秘笈》，王均卿《說庫》，開明聖經紙五冊《廿五史》，《文致》，《蘇長公小品》，《蘇長公外紀》，《和陶合箋》，《群芳清玩》，《小窗幽記》，《幽夢影》，等等，當初笨重的行李，使他今日得益匪淺。

　　林語堂在《生活的藝術》中向美國人推出的生活的藝術，表明了林語堂個人的藝術選擇和人生選擇。他所推出的帶著全民標記的東方式的生活趣味和生活方式，實際上僅僅是少數不愁溫飽的中國士大夫和文士們的生活趣味。在西方讀者中間，那些等待領取失業救濟金的美國人，顯然無法嘗試這種東方情趣，而那些有可靠的經濟來源的中產階級，則把林語堂所宣揚的東方情調，當作醫治西方社會的病態心理的靈丹妙藥。

---

① 　林語堂：《關於〈吾國吾民〉》。

　　《生活的藝術》認為，無論古今中外，人類的天性生來就是一半屬於儒家的積極人生觀，一半屬於道家的消極人生觀。中國人「最崇高的理想」就是不必逃避人類社會，而本性仍能保持原有快樂的人。如果一個人離開城市，到山中去過著幽寂的生活，那麼他也不過是第二流隱士，因為他仍是環境的奴隸。林語堂說，「城中隱士實是最偉大的隱士」，因為他對自己具有充分的節制力，不受環境的支配──林語堂關於「城中隱士實是最偉大的隱士」的藥方，對於那些不可能脫離自己的工廠、企業、商店而到山裡隱居的美國中產階層，真是如獲至寶！當然，對於 20 世紀 30 年代的中國來說，廣大人民群眾正處於民族危機和階級矛盾的雙重煎熬之下拼死搏鬥，時代呼喚力挽狂瀾的戰士，而絕不是甚麼城中的隱士。

　　林語堂之所以把花費了兩個月時間寫成的二百六十頁初稿全部作廢，是他覺得《生活的藝術》的思維導向不應該是批判一種文化的弱點，或弘揚另一種文化的優點，而是應該著力於發掘人類天性中的共同點。看來，不承認階級鬥爭的林語堂是不可能以階級鬥爭的學說來指導《生活的藝術》的寫作的。

　　林語堂在《生活的藝術》中出示的他的東西文化比較研究觀的總綱，是把交融的過程視為人類共同天性被重新發現的過程。所以，《生活的藝術》的邏輯終點是向西方讀者展示東西文化大融合的前景。

　　他用「牝」來代表東方文化，而以「牡」來代表西方文化。他說在老子的哲學裡，喜歡用子宮或山谷來比喻，如老子說：「……為天下谷；為天下谷，常德乃足。」羅馬帝國的凱撒大帝要做鄉村中第一個人，而老子反之，老子的忠告是：「不敢為天下先。」認為出名是一樁危險的事。林語堂還把莊子諷刺孔子誇耀智論的那篇文章，全文引入《生活的藝術》。

　　《生活的藝術》向美國人推出了一個所謂「生活的最高典型」的模式──「中庸生活」。林語堂對美國讀者說，這是一種介於兩個極端之間的一種有條不紊的生活。這種中庸精神在動作和靜止之間找到了一種完全的均衡。理想人物，應屬一半有名，一半無名；懶惰中帶用功，在用功中偷懶；窮不至於窮到付不出房租，富也不

至富到可以完全不做工；鋼琴也會彈彈，可是不十分高明，只可彈給知己的朋友聽聽，而最大的用處還是給自己消遣；古玩也收藏一點，可是只夠擺滿屋裡的壁爐架；書也讀讀，可是不很用功；學識頗廣博，可是不成為任何專家；文章也寫寫，可是寄給報紙的稿件一半被錄用另一半被退稿⋯⋯林語堂說：「我相信這種中等階級生活，是中國所發現最健全的理想生活。」他用李密庵的《半半歌》來形象地說明中庸生活的具體內容：

> 看破浮生過半，半之受用無邊。
>
> 半中歲月盡幽閒，半裡乾坤寬展。
>
> 半郭半鄉村舍，半山半水田園。
>
> 半耕半讀半經廛，半士半民姻眷。
>
> 半雅半粗器具，半華半實庭軒。
>
> 衾裳半素半輕鮮，餚饌半豐半儉。
>
> 童僕半能半拙，妻兒半樸半賢。
>
> 心情半佛半神仙，姓字半藏半顯。
>
> 一半還之天地，讓將一半人間。
>
> 半思後代與滄田，半想閻羅怎見。
>
> 酒飲半酣正好，花開半時偏妍。
>
> 帆張半扇免翻顛，馬放半韁穩便。
>
> 半少卻饒滋味，半多反厭糾纏。
>
> 百年苦樂半相參，會佔便宜只半。

　　林語堂還向美國人介紹了一種「最優越的哲學」模式 —— 把道家的現世主義和儒家的積極觀念融合為一的中庸哲學。他說，因為人類是生活於真實世界與虛幻的天堂之間的。中庸哲學之所以最近人情，最健全，最理想，是因為它介於塵世的徒然匆忙和完全逃避現實的人生之間。

　　林語堂在美國讀者面前扮演了人生導師的角色，他把陶淵明譽為中國文化上「最高人格的象徵」。把陶淵明作為「人」的標本，介紹給西方讀者。陶淵明所以能榮獲林語堂所授予的這頂桂冠，並不是因為陶氏有甚麼蓋世之功，也不是因為他留下了甚麼不朽的文學巨著，而是因為林語堂認為陶氏是中國文化上最和諧最完美的產物 —— 他的生活方式和風格是簡樸的，他熱愛人生，他心中雖有反抗塵世的慾望，但又並不逃避人世。在林語堂看來，陶淵明代表了一種「中國文化的奇怪特質」，即一種不流於制欲的精神生活和耽於肉慾的物質生活的奇怪混合。在這種奇怪混合中，靈與肉始終是和諧的。林語堂讚賞陶氏的和諧的生活已經達到爐火純青的境界，所以，「看不見他內心有一絲一毫的衝突，因之，他的生活也像他的詩一般，那麼自然而沖和」。

　　林語堂把中國古代的各種哲學、宗教思想以簡單的「雜燴」的辦法融合在一起，然後當作中華民族文化的精粹而推出，這顯然是不妥當的。特別使國內知識界反感的是，他廉價地濫用最高級的形容詞，甚麼「最優越的哲學」「最高人格的象徵」「生活的最高典型」「最崇高的理想」等，比比皆是。嚴肅的文化評價，有時竟變成了商品推銷員的廣告式的宣傳，實在是很煞風景！如果以是否準確地介紹了中國文化作為評價《生活的藝術》的依據，那麼，這部向外國人介紹中國文化的著作，是非常值得商榷的。中國的批評家們正是從這一思維導向切入了《生活的藝術》，因此，非議者，大有人在。而外國的批評家們則從書裡豐富的文化信息中受益匪淺，拍案稱奇。把它譽為「奇書」的，在西方，也大有人在。然而，一本滿足了西方人對中國文化的獵奇心理的暢銷書，未必是介紹中國文化的好書。如果，作者以迎合西方人的獵奇心理為出發點，那麼他只能寫出僅有娛樂性的商品化的書，而難以推出學術性的有文化價值的書。

　　「發前人未發之論，方是奇書。」如果這就是奇書的標準，那麼，《生活的藝術》，雖有平庸之筆，甚至敗筆，但仍不失為「奇書」，因為《生活的藝術》確實有不少「發前人未發之論」。比如，林語堂在卷首第一章裡就別出心裁地把人類分成兩大類：一類是理想主義者；另一類是現實主義者。他認為，理想主義和現實主義這兩種動

力，在一切人類活動裡──個人的，社會的，或民族的──都互相牽制著，而真正的進步都是來自這兩者的合力。立足於現實，用適當的幽默感把夢想或理想主義調配起來，就能產生智慧或高智能的思想。

《生活的藝術》奇就奇在，他異想天開地要用公式來表示人類的進步和歷史的變遷。公式如下：

「現實」減「夢想」等於「禽獸」

「現實」加「夢想」等於「心痛」（普通叫作「理想主義」）

「現實」加「幽默」等於「現實主義」（普通叫作「保守主義」）

「夢想」減「幽默」等於「熱狂」

「夢想」加「幽默」等於「幻想」

「現實」加「夢想」加「幽默」等於「智慧」

為了研究分析世界各民族的特點，林語堂發明了一個擬科學的公式。他說：

我用「擬科學」這種字眼，因為我不相信一切表現人類活動或人類性格的死板的機械公式。把人類的活動歸納於一個呆板的公式裡，其本身就缺乏幽默感，因此也就缺乏智慧。……下面是我替某些民族的特性所定的公式：這些公式完全是我個人所定，絕對無法可以證實的。隨便甚麼人都可以反對它們，改變它們，或加上他自己所定的公式，只要他不宣稱他能用一堆統計的事實和數字去證明他私人的意見。以「現」字代表現實感（或現實主義），「夢」字代表夢想（或理想主義），「幽」字代表幽默感──再加上一個重要的成分──「敏」字代表敏感性（Sensibility）。再以「四」代表「非常高」，「三」代表「高」，「二」代表「普通」，「一」代表「低」。這樣我們就有下列的擬化學公式可以代表下列的民族性了。……

現三　夢二　幽二　敏一　等於英國人

現二　夢三　幽三　敏三　等於法國人

現三　夢三　幽二　敏二　等於美國人

現三　夢四　幽一　敏二　等於德國人

現二　夢四　幽一　敏一　等於俄國人

現二　夢三　幽一　敏一　等於日本人

現四　夢一　幽三　敏三　等於中國人

　　列出上述公式後，林語堂又趕緊聲明，上列公式本身就很靠不住，每一公式都
足以引起嚴厲的批評。這是唯有林語堂才會冒出這種幽默的奇想。林語堂在書中還
用這公式分析了一些中外著名文人的性格，標列數值：

莎士比亞　　　　現四　　　夢四　　　幽三　　　敏四

海　涅　　　　　現三　　　夢三　　　幽四　　　敏三

雪　萊　　　　　現一　　　夢四　　　幽一　　　敏四

愛倫坡（Poe）　　現三　　　夢四　　　幽一　　　敏四

李　白　　　　　現一　　　夢三　　　幽二　　　敏四

杜　甫　　　　　現三　　　夢三　　　幽二　　　敏四

蘇東坡　　　　　現三　　　夢二　　　幽四　　　敏三

　　果然，不出所料，林語堂這個「公式」，引起了強烈的反響，國內的批評者認為
這個公式歪曲了中國人的民族性格，外國的評論家卻認為很新奇。而朋友則對「公
式」的疏漏之處提出了建設性的意見。比如，論語派的大將徐訏曾對林語堂説，似
乎還應加一種「神秘感」。林語堂聽了，頓悟似的大為稱讚。
　　民族性和名人的性格，本是一種極為複雜的精神現象和社會文化現象，林語
堂顯然無法對其進行全方位的關照，他選擇了一個自以為最佳的攝景角，從「幽
默──性靈──閒適」的文化視角出發來分析世界各國的民族性。視野是有限的，

你可以批評其不盡如人意之處，但卻不能不承認這是一獨特的視角。

林語堂進而認為，許多受人尊敬的知名人物，都是由三種特質所構成的：一、嬉戲的好奇心，二、夢想的能力，三、糾正這些夢想的幽默感……在分別論述這三種特質時，關於幽默感的那一節發揮得最精彩，他以幽默的筆法對外國讀者宣揚了他自己的幽默觀。他為了突出幽默的重要性，以誇張的口氣宣揚幽默在人類社會生活各個領域中的無限作用。他用半真半假的態度強調幽默改變人類文化生活的可能性。他嘲笑德皇威廉由於缺乏笑的能力，因此喪失了一個帝國，並使德國人民損失了幾十億元。他說：

威廉二世在私生活中也許會笑，可是在公共場所中，他鬍鬚總是高翹著，給人以可怕的印象，好像他是永遠在跟誰生氣似的。並且他那笑的性質和他所笑的東西 —— 因勝利而笑，因成功而笑，高踞人上而笑 —— 也是決定他一生命運的重要因素。德國戰敗是因為威廉二世不知道甚麼時候應該笑，或對甚麼東西應該笑。他的夢想是脫離笑的管束的。

《生活的藝術》寫作於戰雲密佈的時代。他故意誇大其詞，要用幽默來防止世界大戰，締造和平。他說：「派遣五六個世界上最優秀的幽默家，去參加一個國際會，給予他們全權代表的權力，那麼世界便有救了。」他還天真地設計了一個十分滑稽的幽默避戰法。他說：

假如世界真要避免戰爭的話，最好各國政府行一種制度，每隔十年募集二十歲至四十五歲的人，送他們到歐洲大陸去做一次旅行，去參觀博覽會一類的盛會。現在英國政府正在動用五十萬萬金鎊去重整軍備，我想這筆款子盡夠送每個英國人到利維埃拉（Riviera —— 法國東南地中海邊名勝區）去旅行一次了。他們以為戰爭的費用是必須的，而旅行是奢侈。我覺得不很同意！旅行是必須的，而戰爭才是奢侈哩。

這些，自然是屬於幽默大師的「玩笑」，但從這些幽默的玩笑中，也可以窺見林語堂對幽默的社會功能寄予不切實際的期望。

幽默、性靈、閒適，都是林語堂所設計的「生活的藝術」（或者說「抒情哲學」）系統中的三個藝術支撐點。幽默也是林語堂的「理想人性」三要素中的一個基本要素。因此，幽默既是幽默大師的幽默生涯的起點，也是他的藝術邏輯的起點，幽默觀在林氏的藝術體系中佔有舉足輕重的位置。

林語堂在《生活的藝術》中盡情地發揮了他的幽默觀，更確切地說，他是以幽默的態度、幽默的筆調來撰寫這本書的。在《論語》時代，他的長篇論文《論幽默》刊出後，魯迅曾多次撰文對林氏的幽默觀進行批判。魯迅不贊成無限地誇大幽默的社會功能，魯迅說：「只要並不是靠這來解決國政，佈置戰爭，在朋友之間，說幾句幽默，彼此莞爾而笑，我看是無關大體的。」[①] 可是，林語堂不以為然，他在《生活的藝術》中不僅堅持幽默萬能的觀點，而且故意提出要用幽默來「解決國政」、防止戰爭之類的重大事件，很明顯，這是對上海的批評者的回答。細心的讀者肯定會發現：《生活的藝術》處處顯露出上海那場論爭所留下的痕跡。對於那些不了解中國文壇的西方讀者來說，未必能看透《生活的藝術》的深意和作者的用心。

《生活的藝術》出版後，在歐美等西方國家的讀者中，形成了一股「林語堂熱」，出現了一批「林語堂迷」，他們把林氏著作當成生活指南和「枕上書」。一位澳大利亞讀者的經歷尤其使人感動。1942 年 2 月 15 日，日軍攻陷新加坡，十九歲的炮兵士官西登‧皮爾頓被俘後，關押在樟宜戰俘營裡。在去戰俘營前，西登‧皮爾頓把一本林氏的《生活的藝術》塞進了自己的背囊，初到樟宜的頭幾天，他每天把這本書從背囊裡取出來三四次，但只是細看封面、裝幀以及封面的插圖，而不急於看書的內容。因為，西登‧皮爾頓已拿定主意，要像守財奴一樣珍惜書中的每一個字，慢慢品讀每一句話，就像窮人在花他的最後一塊錢。在一個日落後的黃昏，他在牢房的院子裡，坐在木頭堆上，憑藉燈光，把《生活的藝術》慢慢地翻開，欣賞那上面的

---

① 魯迅：《花邊文學‧一思而行》。

書，那長達三頁半的目錄中的章節標題，花費了整整兩個晚上。他沉迷於《生活的藝術》到了如醉如癡的地步。朋友們以為他精神錯亂了。實際上他這「特慢閱讀」是為了使《生活的藝術》能長久與他相伴。兩個星期過去，他才讀到正文的第十頁。一段片語，一個句子，常常使他仔細分析，再三品味，像一個鋼琴家研讀樂譜，一小節，一小節，細心演奏，想發現作曲家要傳達的精神意境，並把它一模一樣地重新創造出來。西登‧皮爾頓在讀到《生活的藝術》中描寫如何準確烹茶待客時，彷彿看到一爐炭火，聽到精巧的茶杯相碰發出的清脆聲音，也幾乎可以聞到芳菲的茶香。黑壓壓的文字，變成了活生生的體驗。兩個月後，他讀完了《生活的藝術》。那時，林語堂的烹茶哲學已經變成了他的讀書哲學：速讀固無不可，緩讀其實更佳。《生活的藝術》使這位年輕的戰俘在絕望的痛苦中獲得了生活的勇氣。

　　《生活的藝術》給予人們的是如何肯定生命原生態的一種藝術。林語堂企圖用宗教的、哲學的、道德的理由來解釋、批判或虛飾人性的弱點，把人欲的卑劣和偉大暴露給在遮遮掩掩的困窘中尋求精神寄託的中國人和外國人 —— 主要還是外國的讀者。

　　在對人生的宗教理解、哲學理解和道德理解中咀嚼著人生，享受著人生，這就是他的《生活的藝術》的主要脈絡。他把本來可以去探索世界、去進行全人類的靈魂探索的巨大熱忱和精力，推推擠擠地滑向一己的天地。

　　《生活的藝術》展示了林語堂個性特徵的一個方面：坦率真誠，憎惡虛偽，願意暴露出自我的矛盾、弱點。

　　林語堂邊寫邊將稿子送交華爾希和賽珍珠夫婦審閱。與那種不准編輯改動一個字的文人惡習相反，林語堂高興地接受編輯對書稿提出的寶貴意見，隨時修改。《生活的藝術》出版後，被美國「每月讀書會」選為 1937 年 12 月特別推薦書。書評家 Peter Prescott 在《紐約時報》上撰文說：「讀完這本書之後，令我想跑到唐人街，遇見一個中國人便向他深鞠躬。」

　　《生活的藝術》成為 1938 年全美最暢銷的書，在美國高居暢銷書排行榜第一名，

而且持續五十二個星期之久。它的暢銷也是由於適逢其時，因為當時的西方讀者對
中國歷史文化的了解是十分片面的。林語堂的二女兒在美國學校裡的遭遇就是一個
典型的例子。那些美國同學以好奇的心理向林太乙提出了一連串荒唐的問題：

「你為甚麼不裹小腳？」

「你的身後沒有辮子嗎？」

「你吸鴉片煙嗎？」

「你是用鼓棒吃飯嗎？」

「你吃鴿子臼窠嗎？」

「在中國有車嗎？」

「你不戴碗形的帽子嗎？」

「你也穿睡衣上街嗎？」

…………

上述問題的提出，足以證明當年的美國青少年對中國的情況是多麼隔膜。他們
頭腦裡有關中國的知識，大部分是被歪曲和變形的東西。所以，《生活的藝術》寫得
正是時候。它不僅在認識功能上填補了西方讀者對於中國情況的知識空白，而且擺
出了一副為西方文化人生價值取向的弊端尋找療救藥方的架勢，以東方文明的悠閒
哲學來批評美國高度工業機械化所造成的人的異化。但林語堂也沒有簡單地以中國
文化的人生價值取向來替代西方的東西，而是著眼於重新喚醒美國人頭腦裡也曾經
有過但此刻卻已失落掉的自然主義哲學的精神。因為是有的放矢，所以《生活的藝
術》按準了美國讀者的脈搏，風靡一時。

《生活的藝術》所以能膾炙人口，除了內容上對症下藥，符合西方讀者的口味之
外，也藉助於那種把讀者當作知心朋友吐露肺腑之言的筆調，使讀者親切地感到：
「林語堂在對我講他的真心話。」這種形式很適應西方讀者的閱讀心理。

《生活的藝術》發行以來，在美國重印到四十版以上，並被譯成十幾種不同的文
字，英國、法國、德國、意大利、丹麥、瑞典、西班牙、葡萄牙、荷蘭等國的版本，
也同樣暢銷。三四十年而不衰，確定了林語堂在國際文壇的地位。

　　美國《紐約時報》一年一度要舉行「全國圖書展覽會」，在 1938 年的展覽會上，主持者搞了一個節目叫「林語堂比賽」。比賽的內容是根據《生活的藝術》第一章裡的那個「擬科學公式」制定的。比賽的規則是：提出十位當代世界名人，請參加比賽者按照林氏公式，估定這十位名人的性格。節目主持人先請林語堂將他自己的答案寫出來，作為標準答案，密封保存，然後將參賽者的答案與標準答案比較，最近似者得頭獎。林語堂的標準答案如下：

名人姓名	現實	夢想	幽默	敏感
美國總統羅斯福	3	3	2	2
德國元首希特拉	3	4	1	1
意大利元首墨索里尼	3	2	1	1
蘇聯史大林	3	3	1	1
德國科學家愛因斯坦	2	4	2	4
英國音樂家史多可斯基	2	3	1	4
美國勞工領袖路易士	3	2	1	1
英國遜位國王溫特莎公爵	1	3	2	3
瑞典女明星葛勒泰嘉寶	2	2	1	3

　　結果是紐約的金士伯先生獲得頭獎。也真是虧他們想得出來，把《生活的藝術》中的公式作為抽獎遊戲的題目。但是，絕不能以此作為評價《生活的藝術》的唯一標準，因為這種所謂「林語堂比賽」，不過是出版商們別出心裁的廣告術，藉此來擴大自己的產品的社會影響而已。

第二十五章

盧溝橋的炮聲傳到大洋彼岸

林語堂深信中國必勝／廖女士擔任了婦救會副會長／勇敢者的足跡：全家爬上了冒煙的活火山／從佛羅倫斯到巴黎

1937 年 7 月 7 日，日本挑起盧溝橋事變，全面抗戰爆發。林語堂在美國和旅美華僑一起，敵愾同仇，以各種方式支援戰亂中的故國。

美國一向有孤立主義，即所謂「門羅主義」的傾向。意大利侵略阿比西尼亞時，美國國會竟通過了中立法案，對侵略國與被侵略國一律禁運武器。表面上好像一視同仁，實際上則不然。因為，意、日、德等侵略國都有強大的軍火工業，他們不怕禁運。所以，禁運實際上限制了對被侵略國的援助。後來，西班牙內戰爆發，美國又修正中立法案，命令美國船隻不得接近危險地區。1937 年 5 月，又規定物資出口，必先付現款，並以外國船隻運輸。這樣一來，海運力量極其薄弱的中國，就難以得到美國出口的物資。所以，中立法是有利於海上強國日本的。

「七七」事變後，美國國務卿赫爾宣佈：美國對日本保持「友好的、不偏不倚的立場」。一部分堅持孤立主義立場的美國人，主張美國應避免介入中日衝突的漩渦；另一部分同情中國的美國人則痛斥這些貌似不偏不倚的「和平家」及「中立家」。

林語堂應美國《新共和週刊》主筆之約，撰文痛斥了這些美國的「中立家」。《紐約時報》也請林語堂撰文闡釋中日戰爭的背景。

中國駐美大使王正廷請林語堂去華盛頓，向美國人闡述中國的立場。

8 月 29 日，《時代週刊》發表了林語堂的《日本征服不了中國》一文。

這時，《吾國吾民》第十三版即將開印。林語堂奮筆疾書，補寫了八十頁，變成第十章，加在書中，題目是《中日戰爭之我見》，表明了他的中國必勝、日本必敗的堅定信念。林語堂對祖國的前途充滿了信心。他說：

這樣一個四萬萬人團結一致的國家，具有如此高昂的士氣⋯⋯絕不會被一個外來勢力所征服。我相信，經過西安事變，中國獲得真正團結之後，她就度過了現代歷史上最危急的時刻。這樣一個發展過程，我在新增加的一章中作了闡述，

它的標題是《中日戰爭之我見》。其中，我記述了中國是如何一步一步地獲得新生，成為一個現代國家的；1932 年至 1937 年奠定的抗日基礎；那些年代中無法忍受的局面，以及我自己的看法 —— 武裝衝突已不可避免，中國通過戰爭而獲得新生也同樣不可避免，不言自明；最後是我對最終勝利的預見 —— 中國最終會成為一個獨立和進步的民主國家。[1]

全面抗戰為中華民族帶來了再生的希望。因此，林語堂從一開始就沒有把戰亂給個人造成的損失放在心上。上海「八一三」戰事爆發後，炮火焚毀了林語堂多年的心血 —— 已經編好的五十二冊中文詞典底稿，只剩下了他帶到美國的那十三冊底稿。

1936 年 8 月 10 日離國時，林語堂一家買的是來回船票，期限一年，不能延長。原先，林語堂打算回國後到北平定居。而「七七」事變後，北平淪陷，接著，上海戰事爆發，打亂了林語堂在一年前設計的全盤計劃，林語堂決定推遲回國。

當時，支持中國抗戰的美國公眾發起了抵制日貨運動。因為日本生絲出口的 85% 都是銷往美國的，所以絲貨成了抵制運動的主要對象。在日本的絲貨中婦女穿的絲襪是主要的品種。因此，在抵制運動的高潮中，由 Smith 女子大學發起，美國各大學女生都不穿絲襪，改穿細棉織品。在新聞紀錄片中，拍攝了 Rocheste 書院的數百名女生，由禮堂排隊而出，手中各執一絲襪，扔入垃圾桶裡，而男生則宣佈：不與穿絲襪的女生跳舞。

林語堂在美國積極宣傳鼓吹抵制日貨，並向國內軍民報道了美國人民抵制日貨、支持中國抗戰的感人事例，鼓舞中國軍民的抗戰士氣。

那時，旅美華僑有七八十萬人，大多從事洗衣業、製衣業等體力勞動，集中居住在紐約、華盛頓、舊金山、檀香山、洛杉磯、波士頓、芝加哥等大城市的唐人街裡。

林語堂在美國耳聞目睹了華僑的愛國熱情，深受感動。他參加了華僑的各種抗日救亡集會，同時，他還支持妻子參加救亡工作。

---

[1]　林語堂：《吾國吾民‧1939 年版序》。

　　紐約的華僑婦女組織了中國婦女救濟會，精明而消瘦的王正緒夫人任會長，廖翠鳳任副會長。在林語堂的鼓勵下，廖女士每天上午 11 點鐘到第五十七街的救濟會去辦公，中午也不回家，而在救濟會吃午飯，到下午 5、6 點下班。雖然是沒有報酬的義務勞動，但救濟會的十多位工作人員，都認真負責地向美國公眾宣傳中國抗日軍民的正義鬥爭，最忙的時候，她們晝夜辦公。第一批募集到三萬美元後，立即直接匯到中國。在募捐大會上，有的華僑唱京劇，有的拍賣古董，還向紐約的貴婦們分送宣傳品、信件，還召集有關救濟中國難民、孤兒的各種會議。

　　廖翠鳳女士在救濟會裡提出的許多建議和計劃，常令人拍案叫絕。日子一長，廖女士透露了其中的奧妙。原來，林語堂不僅支持廖翠鳳丟開家務雜事，外出參加社會活動，而且還經常為廖女士的救濟會工作出謀獻策，所以，廖女士的那些高見，往往是來自幽默大師的錦囊妙計。

　　林語堂還經常向國內讀者報道旅美華僑懷著赤子之心支援故國抗戰的動人事跡，以鼓勵抗日軍民的鬥志。他在一篇《海外通信》中寫道：「三月來美國華僑所捐已達三百萬元，洗衣鋪、飯館多按月認捐多少，有洗衣工人將所儲小幣全數交給中國銀行，精神真可佩服。所望為何？豈非中國國土得以保存？國若不存，何以為家？此華僑所痛切認識者。」

　　林語堂宣傳抗日救國的文章，在美國公眾裡產生了很大的反響。因為，抗戰爆發之時，正是林氏著作風靡美國之時。美國讀者見到自己所喜愛的暢銷書作者林語堂站出來批評「中立主義」，呼籲支援中國抗戰。這些讀者帶著信任或崇敬林語堂的心情，接受了林語堂的觀點。

　　林語堂在《論語》時代的夥伴徐訏在回憶當年的情況時，認為，林語堂對美國公眾的影響，使日本輿論界感到自愧，日本文化界的一些人認為，中日正式宣戰後，美國輿論傾向於中國，是因為中國有林語堂等為美國讀者所熟悉的著名作家在美國大造輿論的結果。「當時日本輿論界覺得他們沒有一個林語堂這樣的作家可以在世

界上爭取同情為憾事。」① 其實，美國公眾同情中國抗戰的輿論，來自整體的宣傳效應，不能把影響美國輿論的功勞，全記在林語堂一個人的賬上。然而，我們也不能否認，當時，《生活的藝術》一書正暢銷美國，可以想見一位美國讀者所熟悉的知名作家的聲音，在宣傳上的效果。

1938 年 2 月初，林語堂偕全家離美旅歐。遊覽了歐洲的名勝古蹟，領略了各國大自然的美麗景色和民情風俗。一年之內，英國、意大利、法國、瑞士、比利時等地都留下了他們的足跡。

但林語堂去歐洲，主要不是為了遊覽，而是為了節省開支。因為歐洲的生活水準要比美國低。現在，林語堂是一位靠版稅過日子的專業作家。1937 年，他的總收入是一萬三千美元，包括《吾國吾民》的版稅、演講費、稿費，以及國內開明書店的版稅，而在美國的支出是一萬元。到 1937 年底，林語堂一算賬，結餘三千元，他把 1938 年的生活費寄託在新書出版後的版稅上，但在沒有得到足以維持一年生計的版稅之前，林語堂決定減縮開支，到歐洲找一個生活費用低的小鎮，從事寫作。

在意大利，富有探險精神的林語堂帶領全家爬上了正冒著煙的活火山 —— 維蘇威火山 —— 的火山口。

那天中午，林語堂全家在維蘇威山腳下吃過便餐，便搭車上山。起初，汽車沿著鄉間道路行進，從車窗向外看，可以望見一座為白雪所覆蓋的高山。在山坡上的一間小屋裡有幾位專為冒險者導遊的嚮導，在嚮導的帶領下，林語堂一家向著濃煙重霧的山頂前進。最後那一段路途，必須徒步，妻子和女兒們開始猶疑起來，她們怕維蘇威突然怒吼，她們就會葬身於烈火熊熊的岩漿裡。但是，以冒險為樂的林語堂堅持上山，他拉著小女兒，大女兒和二女兒手拉著手，而廖女士則由意大利嚮導重點保護。大家緊張地、小心翼翼地接近那火山口。

嚮導和廖女士在最前頭開路，廖女士還不時回過頭來喊：「呀 —— 啊！」作為前

---

① 徐訏：《追思林語堂先生》。

後聯絡的代號。

林語堂神情坦然，幽默如故，他突然提出一個問題：「假使岩漿噴射出來，我們怎麼辦？」

母女四人一致回答：趕緊滾下山去，不要坐以待斃。

一開始，嚮導曾說只要走二十分鐘就可以到山頂了。但大家都覺得，這「二十分鐘」實在太長了。不知走了多少時候，他們忽然聽到海嘯般的一陣咆哮聲，歷時三分鐘光景。這是從火山口傳來的岩漿流動的聲音。

終於到了火山口。林語堂踏著已經硬化的熔岩，雖然山上冷風嗖嗖，但這股二十天前從火山口流出來的溶液，依然還保持著微溫。這些已經凝固的岩漿，曲折蜿蜒，像一條巨蟒，也像一條下垂的繩索，直通那黑森森的火山心臟。這是一座隨時隨地都可能會突然噴射岩漿的活火山，只有在熟悉火山活動規律的嚮導陪同下，才能趁兩次噴發的間歇，見縫插針地去做冒險的「死亡遊戲」。

就在林語堂一家離開火山口後十五分鐘，維蘇威又噴火了 —— 如果林語堂晚走十五分鐘，人們就永遠也見不到《京華煙雲》了 —— 林語堂清楚地看見相距不遠的火山口裡，那火紅的巨蟒隨著一聲震耳欲聾的嘯聲，騰空飛躍。有一滴溶液竟飛濺到林語堂的身邊，嚇得廖女士驚叫起來，可是林語堂卻面無懼色。

山上到處都是罅隙，從罅隙中還可以見到紅色的熔岩。有的裂縫裡在冒煙，透出難聞的氣味。他們像一群誤入恐怖世界的探險者，到處是死神的陰影。周圍沒有樹木，沒有生物，每一裂縫下面都隱藏著不可預測的災難。他們已經找不到上山時的原路了，因為地殼在運動，地形隨時都在改變。上山的路，這時也許已經被剛噴出的熔岩所覆蓋，死神在與這些中國的冒險家做伴。

在嚮導的帶領下，林語堂一家好不容易才走出了火山口周圍的死亡地帶。興奮代替了恐怖，雖然四周仍是煙霧瀰漫，但他們已經走到有雪堆的山腰間。幽默大師開玩笑地告訴妻女們，現在，即使火山大爆發，也不必害怕了，因為他們可以從這裡的積雪上安全地滑下山去。

回到旅館，想起剛才在火山口附近的險情，連林語堂也覺得有點後怕。此刻，

平安歸來，共進晚餐，全家人都感受到一種劫後餘生的大團圓氣氛。

　　一般人是不會帶著妻女們去做如此危險的旅行的，而林語堂卻覺得應該讓女兒們見見世面。林語堂的目的達到了，這次難忘的歷險記，在女兒們的腦海中成了生活史上的一段驚心動魄的經歷。直到很久很久以後，女兒們還經常繪聲繪色地追憶這次恐怖的歷險，她們為自己有這樣一位敢於讓女兒們去冒險的父親而驕傲。

　　意大利的城市中，林語堂最喜歡佛羅倫斯。

　　佛羅倫斯是西方文藝復興運動的發祥地，熱衷於中西文化融合的林語堂，從佛羅倫斯整個城市的設計中感受到了人類的尊嚴和生命的價值。

　　林語堂一家下榻於亞諾河邊的一所旅館裡。他散步到米開朗基羅廣場，眺望那碧水如鏡的亞諾河上橫貫著的幾座虹橋。這裡，是意大利文藝精英的搖籃。當年，但丁、米開朗基羅、達文西等文藝大師都曾居住此地，真是人傑地靈。

　　米開朗基羅廣場中央矗立著大衛的雕像，這不朽的藝術品是米開朗基青年時代的傑作，現在被視為佛羅倫斯的靈魂。林語堂在大衛像下沉思：大衛美俊昂然的神態，那充滿智慧和毅力的眼神，那自然健美的身軀，表現了人類的自信心和自豪感。林語堂在這裡看到了西方文化觀念中的理想人格的樣品，這是他建構中西大融合的文化觀時，一項重要的原材料。

　　為旅遊業服務的商店和旅館大都分佈在河岸上。林語堂為廖女士在商店裡選購了一串美麗的珊瑚，每人都買了一隻皮夾。可是，林語堂在品嘗美味的意大利炸麵捲時，竟把那隻精美的皮夾丟失在賣炸麵捲的店裡了。

　　去參觀佛羅倫斯大教堂時，林語堂僱了一輛出租汽車，那司機居然會說幾句生硬的中國話，林語堂高興地與其攀談起來。富麗堂皇的佛羅倫斯主教堂是世上最雄偉、最華麗，也是最有藝術價值的大教堂。從 1296 年破土到 1471 年圓頂，全部工程歷時一百七十五年光景。

　　佛羅倫斯的名勝古蹟展示了西方的文化價值取向。對於執著追求東西文化互補融合的林語堂，在這文藝復興的發源地，生動地感受了西方文化價值取向與東方文

化價值取向之間的異同。為探尋兩種文化的互補交融，積累了豐富的感性資料，進一步啟發了他在比較研究方面的理性思考。

初到意大利，林語堂住在邊境小鎮蒙頓。這時，他受藍登書屋（Random House）之約，為其「現代叢書」編寫《孔子的智慧》一書。這套「現代叢書」規格很高，只出版名家名作。所以，他對自己能被藍登書屋約稿，介紹中國文化名人孔子，感到很光榮。因此，當藍登老闆與林語堂洽談出版條件時，他認為撰寫《孔子的智慧》，是在實現自己的理想：把中國文化介紹給外國人，為理想而寫作，報酬在其次。書商則吃準了他的這種心理狀態，乘機以六百美元的低價，買斷這本書的版權，使林語堂蒙受了經濟上的損失。

對林語堂來說，在蒙頓這個幽靜的小鎮裡，他可以專心寫作，不受社交活動的干擾。但廖女士覺得小鎮生活太冷清，她沒有朋友，又不會講法語，同時，三個孩子也應該入學讀書。所以，在蒙頓住了一個月，他們便搬到巴黎。

十八年前，林語堂夫婦就到過法國。但當年，經濟拮据的林語堂為了積累繼續留學的費用，不得不全力以赴地工作，空餘時間自修德語。所以，他在法國東部樂魁索城的中國勞工青年會工作時，竟連巴黎都無暇去遊覽。事隔十八年，現在林語堂作為名作家，攜帶全家漫遊巴黎，今非昔比，興奮異常。

兩腳踏東西文化的林語堂，來到號稱藝術之都的巴黎，與其說是遊覽，還不如說是在兩種文化的比較研究中對西方文化的特徵做了一次實地的觀察。林語堂像一塊乾燥的海綿，竭力從巴黎汲取他所感興趣的藝術水分。

聞名全球的盧浮宮是西方文化藝術的精品，位於康果特廣場東面，塞納河畔。盧浮宮的建築過程本身就是一部法國「文藝復興」的建築史。14世紀時，法王菲力普六世（1328－1350）為加強國防工程，就沿巴黎塞納河建了一座堡壘，後經歷代王室的擴建，到1852年才在拿破崙三世的手中完成了具有現在這樣規模的盧浮宮。盧浮宮是世界最大的藝術畫廊，也是法國的國寶庫。法國大革命後，王宮雕刻、名畫和宮廷寶物，大多集中保存此；拿破崙從外國得來的名畫珍物，也陳列在這裡。單是分類陳列名畫的長廊就有三公里，琳琅滿目，林語堂看了讚歎不已。其中三件

無價之寶，使林語堂尤其驚訝不已。第一件是 1820 年在米羅出土的維納斯雕像，據考古學家考證，雕像作於公元前 100 年左右，有一個半人之高，缺了兩隻臂膀，上裸半身，婀娜而立，體態高貴，線條柔美，是世上最古老和最精美的雕塑作品。第二件寶物是達文西的名畫蒙娜麗莎永遠微笑的肖像。第三件是勝利女神像。

　　愛麗舍大街和凱旋門，也使林語堂流連忘返。巴黎人常常自誇說，愛麗舍大街是世界上最美麗的街道。愛麗舍大街的魅力還應該包括大街一端的星形廣場上的凱旋門。

　　林語堂在愛麗舍大街的咖啡館裡找到了他在《生活的藝術》中所宣揚的那種抒情哲學的情調。1938 年的愛麗舍大街上，有著巴黎最豪華的咖啡館，有樂隊和女歌星伴唱，一座咖啡館就像一個音樂廳。在天氣晴朗的假日裡，咖啡館裡擠滿了人，人們常常要一杯咖啡就在那裡消磨整個下午，你可以讀報，讀小說，或是與知己朋友談心。大街上，紅、黃、白、黑等各種膚色的行人，穿著不同的民族服裝，梳著不同的髮型，像是一個時裝展覽的天然舞台。因為，巴黎人喜歡穿著自己心愛的時裝來這裡散步。還有不少來自世界各地的旅遊者，他們穿著漂亮而奇特的民族服裝，把愛麗舍大街變成了世界性的民族服裝大匯展。

　　林語堂住在巴黎時，常帶全家去愛麗舍大街光顧一家匈牙利咖啡館。那裡有一群女樂師，約摸十五六人，身著色彩鮮豔的服裝，演奏著匈牙利舞曲。巴黎的顧客們，在興頭上常會在樂曲伴奏下唱唱跳跳。林語堂沒有這種習慣，只在一旁觀賞。

　　雄偉的凱旋門為愛麗舍大街增色不少。凱旋門矗立於星形廣場的中央，是專為紀念拿破崙戰功而建築的。1806 年奠基，1836 年完工。右墩巨柱上雕刻著 1792 年到 1815 年的法國戰史，呈現著忠烈雄健的民族精神。左墩巨柱是象徵博愛和平的女神浮雕。門上端有無數爭先恐後、衝鋒克敵的士兵浮雕，以及代表勝利的三十四個盾牌。拱門下有一座「無名英雄墓」，地面嵌有文字，中央燃著「長明之火」。門內有「陣亡將士紀念碑」，刻記著五百五十八位將軍的英名。凱旋門可通過電梯及石階到達頂點，石階有兩百多級，舉目眺望，十二條林蔭大道，自廣場輻射展開，氣象非常壯觀。每年 7 月 14 日，國慶閱兵式，各軍種的盛大列隊從凱旋門下通過。凡對

國家有貢獻的政要名流，身後之靈柩，也要經過凱旋門，借申榮寵。

　　巴黎的繁華、舒適，巴黎闊人們窮奢極侈的生活，都無法掩蓋世上所存在著的苦難——在遠東，中國人民在日本侵略者的鐵蹄下呻吟；歐洲，希特拉正在磨刀霍霍。

　　1938 年的巴黎，給予林語堂的最珍貴的東西是《京華煙雲》。因為，這部日後被提名為諾貝爾文學獎候選作品的長篇小說，就是誕生在世界藝術之都——巴黎。

第
二
十
六
章

《京華煙雲》問世

「我在寫一段非常傷心的故事」/
「現代中國的一本偉大小說」/ 林
語堂心目中的理想女性姚木蘭 /
約請郁達夫譯成中文

1938 年春天，《孔子的智慧》脫稿後，林語堂曾想把曹雪芹的《紅樓夢》翻譯成英文。後經再三考慮，覺得《紅樓夢》距離現實生活太遠，所以改變初衷，決定借鑒《紅樓夢》的藝術形式，寫一本反映中國現代生活的小說。

1938 年 3 月，林語堂開始構思《京華煙雲》的人物和情節結構。經過五個月的醞釀，8 月 8 日開筆，第二年 8 月 8 日脫稿，歷時一年。這部嘔心瀝血的力作是林語堂小說藝術百花園裡最美麗最鮮豔的花朵，這朵燦爛的鮮花根植於民族精神和愛國主義的土壤。

七十萬言的《京華煙雲》，是林語堂的第一部長篇小說。它的成功，奠定了林語堂作為小說家在文學史上的地位。

以前從未涉筆小說創作領域的林語堂，能夠寫好計劃中的鴻篇巨著嗎？當他在醞釀寫作計劃時，家屬們都對小說創作的成功率，表示疑問。可是，他卻信心十足 —— 一個人在哪兒都能找到自己的天地，只要他肯付出代價。

有一次林語堂向女兒們透露了他之所以能胸有成竹的原因。他說：「以前，在哈佛大學上『小說演化』課時，白教授（Prof. Bliss Perry）的一句話給我的印象特別深，就是西方有幾位作家，四十歲以後才開始寫小說。我認為長篇小說之寫作，非世事人情經閱頗深，不可輕易嘗試。因此素來雖未著筆於小說一門，卻久蓄志願，在四十歲以上之時，來試一部長篇小說。而且不寫則已，要寫必寫一部人物繁雜、場面寬廣、篇幅浩大的長篇。所以這回著手撰《京華煙雲》，也非意出偶然。」

1938 年，林語堂已經四十三歲，他的幽默小品在中國文壇自成一家，而他的英文著作《吾國吾民》和《生活的藝術》更是蜚聲歐美文化界。他以為自己已經具備白教授所說的寫小說的各種條件，於是他決定把「久蓄」的宏願寄託在《京華煙雲》這部長篇小說上。

「七七」事變後，抗日民族解放鬥爭的烽火點燃了林語堂的愛國主義的烈燄。他

在給郁達夫的信中坦露了《京華煙雲》的創作動機：是為「紀念全國在前線為國犧牲的勇男兒，非無所為而作也」。

　　「不到山河重光，誓不回家鄉。」這是《京華煙雲》結尾時，抗日軍民所唱的歌詞，也是林語堂在寫作時的心聲。林語堂覺得，作為一個中國知識分子，在國難當頭的時候，應該把自己的命運和祖國人民的命運聯繫在一起，參加到抗日救亡的時代洪流中去。但作為一個作家，最有效的武器是作品。演說、宣傳和政治論著，當然需要，但小說卻更具有深入人心的藝術感染力。所以，他認為要使讀者如歷其境，如見其人，超事理，發情感，非借小說不可。當時，有的人未解林語堂的深意，誤認為《京華煙雲》寫的是「才子佳人」的故事。林語堂在給老朋友郁達夫的信中，揭開了內中的秘密。他說：

　　　弟客居海外，豈真有閒情談說才子佳人故事，以消磨歲月耶？但欲使讀者因愛佳人之才，必窺其究竟，始於大戰收場不忍卒讀耳。

　　這一段話，亮出了林語堂寓抗日救亡宣傳於「才子佳人」故事的良苦用心。

　　當決心做一件事情時，林語堂常常具有不達到目的誓不罷休的精神。他把所有的力氣，所有的手段，所有的條件，所有的一切都花上去，盯住不放。《京華煙雲》開筆前，僅打腹稿，就花費了林語堂幾個月的時間。他把人物的年齡、性格、經歷和人物關係等都用圖表畫出來。1938 年 8 月在巴黎開筆後，每天早晨伏案寫作，一天寫兩頁、八頁、十五頁……都有，書中穿插了許多佳話或奇遇，都是涉筆生趣。

　　《京華煙雲》使林家全家牽腸掛肚，大家都關心它的問世。特別是愛好文學的大女兒和二女兒，簡直著了迷。二女兒林太乙每天放學回來，連大衣都來不及脫，就跑到書房爭著閱讀林語堂當天寫出來的稿子。有一天，林太乙沒有敲門就衝進父親的工作室，發覺父親眼淚盈眶。太乙問：「爸，你怎麼啦？」

　　正在聚精會神寫作的林語堂，已經完全沉浸於自己所創造的那個藝術世界裡，並成為其中的一個角色了。女兒的發問，使他從創作境界回到了現實世界，他驚愕

地抬起頭來，説道：「我在寫一段非常傷心的故事。」

原來，他正好寫到紅玉跳水自殺那一段，他動了真情。他為紅玉之死而悲傷。林語堂先取出手帕擦了擦眼睛，然後笑著説：「『古今至文皆血淚寫成』，今流淚，必至文也。」

林語堂與作品中人物同呼吸共命運的真情實感，深深地打動了女兒們的心。在父親的感染下，女兒們早已對文學發生興趣，見到父親對作品中人物的深厚感情，女兒們不禁又想起在上海時，父親的一段教誨：「要做作家，最要緊的，是要對人對四周的事物有興趣，要比別人有更深的感覺和了悟。要不然，誰要聽你説話？」

父親的話，使女兒們悟出一個道理，作家必須要熱愛生活，對世界抱冷漠態度的人，是寫不好作品的。父親以自己的言傳身教在女兒們幼小的心靈裡描繪著「作家」的形象。不知是出自對父親的愛，還是出於對「作家」的崇敬，女兒們在此刻的感受是：「天下沒有甚麼比做作家更高尚的了。」

林語堂全身心地投入到緊張的腦力勞動之中，當他凝神貫注地寫作時，有時廖翠鳳跟他講話，他會聽不見。即使不動筆時，他也常聚精會神地構思作品。為了保證不受任何干擾，他曾住到城外松樹林中的夏令營簡單的木屋裡。把一張橋牌桌子搬到樹林裡，一個人專心致志地寫作，甚至連頭髮長了也顧不得理髮，他説不寫完《京華煙雲》就不去理髮！

1939 年 8 月 8 日早上，林語堂鄭重地向家人宣佈，下午 6 點半完稿。全家人都激動不已。這一天，他奮筆疾書，寫了十九頁。在愛國主義精神的感召下，撰寫到結尾的壯麗場面時，他眼眶裡充滿了淚水……

當寫到最後一頁時，他心情萬分激動，把妻子和三個女兒都叫來，大家圍著他的桌子，等他寫完最後一句，畫上最後一個句號，放下筆來，全家都拍手歡呼，女兒們還唱歌，以示慶賀。

晚上，林語堂駕車帶全家去一家中國飯館，吃了一頓龍蝦飯。第二天，他去理髮了。

林語堂立即把書稿殺青的消息電告賽珍珠夫婦。對方興奮地覆電説：「你沒有意

識到你的創作是多麼偉大。」

　　1939 年，《京華煙雲》由紐約約翰‧黛公司出版後，便被美國的「每月讀書會」選中，成為 12 月特別推銷的書。《時代週刊》發表書評説：「《京華煙雲》很可能是現代中國小説經典之作。」

　　對於《京華煙雲》，林語堂的自我感覺也是很好的。他説：「我寫過幾本好書，尤其以寫《京華煙雲》自豪。」

　　《京華煙雲》最早的讀者、最熱烈的崇拜者是林語堂自己的女兒。小説還沒有出版時，她們就每天閱讀手稿。小説問世後，大女兒林如斯説，《京華煙雲》是「現代中國的一本偉大小説」。二女兒林太乙説：「在現代中國小説中，《京華煙雲》是首屈一指的傑作。」女兒們的話，顯然不是對這本書的科學的評價，而只是表露了父女間的一種深沉的感情──對名人的崇拜和親情間的至愛的結晶。

　　如果説，《吾國吾民》《生活的藝術》是以散文論著的形式向外國人介紹中國文化，那麼《京華煙雲》則是以藝術形象來向外國人全面地描述中國的歷史文化，林語堂按照賽珍珠丈夫華爾希的要求，採用了中國傳統小説的藝術表現方法──這對中國人來説是陳舊的，但對外國人來説卻是新鮮的。

　　在向外國人介紹中國文化的系統工程中，《吾國吾民》、《生活的藝術》與《京華煙雲》是互相呼應、互相補足、相輔相成的兩個子系統。有的批評家不理解這個系統工程的總的思維定式是向外國人介紹中國文化，所以，見《京華煙雲》不厭其煩地介紹一些中國人所熟悉的風俗人情、歷史知識、社會情況，感到多此一舉。豈不知──這些對中國人來説是路人皆知的常識，對外國人卻是新奇的見聞。林氏的初衷是把《京華煙雲》當作全面介紹中國社會的一扇大門，不熟悉中國國情的異域讀者從這扇大門裡伸頭探入中國社會，然後登堂入室。小説像是一位無聲的導遊，引導外國讀者隨意觀賞各種景致，同中國人一起生活、一起喜怒哀樂。

　　《京華煙雲》以書中人物的悲歡離合為經，以時代變遷為緯，通過姚、曾、牛三大家族的興衰浮沉，以傳神的水墨畫式的素描筆法，描寫了從庚子年間義和團事件起至「七七」抗戰為止的四十年間中國社會生活的畫面。其中有佳話，有哲學，有深談，

有閒話；有歷史演義，有風俗變遷；有宋慶齡、傅增湘、林琴南、辜鴻銘、齊白石、王克敏及文學革命領袖穿插其間；有袁世凱的陰謀、張勳的復辟、安福系的造孽、張宗昌的粗獷；有偉大的「五四」，有流血的「五卅」，有「三一八」的屠殺，有語絲派和現代評論派的論戰，有革命軍的北伐，有青年的「左傾」和日偽的販毒走私……社會風尚的變易和時代潮流的起伏均收其中。除了一般小說所應具有的文學性、思想性之外，林語堂根據中西文化融合的系統工程的需要，加強了知識性和可讀性。

姚木蘭和姚莫愁兩姐妹、立夫、姚思安等四人為小說的主人公。全書重要人物約八九十個，丫頭就十來個。林語堂在給郁達夫的信裡曾說，全書人物，「大約以紅樓人物擬之，木蘭似湘雲……莫愁似寶釵，紅玉似黛玉，桂姐似鳳姐而無鳳姐之貪辣，迪人似薛蟠，珊瑚似李紈，寶芬似寶琴，雪蕊似鴛鴦，紫薇似紫鵑，暗香似香菱，喜兒似傻大姐，李姨媽似趙姨娘，阿非則遠勝寶玉。孫曼娘為特出人物，不可比擬。至曾文伯（儒），姚思安（道），錢太太（耶），及新派人物孔立夫（科學家），陳三（革命），黛雲（女革命），索蘭（「白面女王」），鶯鶯（天津紅妓女），巴固（留英新詩人），則遠出紅樓人物範圍，無從譬方。以私意觀之，木蘭、莫愁、曼娘、立夫、姚思安（木蘭父，百萬富翁，藥店茶號主人）、陳媽、華大嫂為第一流人物。孫亞、紅玉、阿非、暗香、寶芬、桂姐、珊瑚、曾夫人、錦羅、雪蕊、紫薇、銀屏次之。他若素雲之勢利，環玉之貪污，雅琴之懦弱，鶯鶯之無恥，馬祖婆（牛太太）之專橫，姚太太（木蘭母）之頑固，不足論矣。以全書結構而言，木蘭、莫愁、立夫、姚思安，為主中之主。孫亞、襟亞、曼娘、暗香、紅玉、阿非、迪人、銀屏為主中之賓。牛黛雲、牛素雲、曾夫人、錢桂姐、童寶芬，為賓中之主。珊瑚、鶯鶯、錦羅、雪蕊、紫薇、環兒、陳三、陳媽、華大嫂又為賓中之賓。……」

《京華煙雲》的地理背景以京津為主，蘇杭為賓。故事情節以八國聯軍侵華時的「逃難」開頭，又以抗日戰爭中的「逃難」為結尾。全書三卷，每卷首都引用莊子的話開頭。卷上《道家的女兒》，卷首引《莊子‧大宗師》：「夫道……在太極之先而不為高，在六極之下而不為深。先天地生而不為久，長於上古而不為老。」卷中《庭園悲劇》，開頭引《莊子‧齊物論》：「夢飲酒者，旦而哭泣；夢哭泣者，旦而田獵。……

是其言也，其名為弔詭；萬世之後，而一遇大聖知其解者，是旦暮遇之也。」卷下《秋之歌》，開頭又引《莊子‧知北遊》：「故萬物一也，是其所美者為神奇，其所惡者為臭腐，臭腐復化為神奇，神奇復化為臭腐。」這種結構安排表明，在《京華煙雲》的哲學思考階段中，林語堂主觀上要以莊周哲學來攏住全書。

　　林語堂的大女兒林如斯認為，《京華煙雲》的主要貢獻不在於創造了哪些藝術形象，而在於傳遞了一種哲學思想——「浮生若夢」！這是林語堂賦予小說的主旨，他希望讀者在細嚼餘味時，忽然恍然大悟：何為人生，何為夢也。林如斯還認為，倘若小說能給讀者人生如夢的印象，「即成為偉大的小説」。

　　知父莫如女。林如斯一語道破了父親的秘密：《京華煙雲》是道家思想的傳聲筒。事實也正是如此。比如，卷下《秋之歌》就是以莊子哲學的生死循環之道為宗旨：秋天樹葉衰落之時，春天已經開始，循環起伏，是宇宙的法則。以此來借譬抗戰中的中國，在舊中國的衰亡中孕育著新中國的萌芽——這就是書中所説的「晚秋落葉聲中，可聽出新春的調子，及將來夏季的強壯曲拍」等。書中還有一段關於人的永生與寶石的永生的論述，林語堂根據莊子的哲學精神強調了人的永生是種族的延綿、新陳代謝。

　　在《京華煙雲》的人物中，林語堂傾注了自己的理想和情感。

　　曼娘是林語堂以自己所熟悉的一位處女寡婦為原型的，她是林語堂的教母，她與鼓浪嶼一位富有的醫生（呂家）的兒子訂婚後，還未過門，未婚夫就死了。在封建禮教的束縛下，她以處女之身守「望門寡」，成為傳統道德規範的犧牲品。林語堂是她的教子，在廈門鼓浪嶼讀書時，林語堂經常得到她的照料。她為林語堂梳頭髮，她的精美的化妝品所發出的高雅的香味，給林語堂留下了深刻的印象。這位教母後來就成了《京華煙雲》中的曼娘的模特兒。《京華煙雲》出版後，林語堂曾説：「在《京華煙雲》這本小説裡，曼娘我最熟悉。」

　　但是，林語堂心目中的理想人物不是曼娘而是木蘭。他說：「若為女兒身，必做木蘭也！」

木蘭是他理想的化身，以古代代父從軍的女英雄花木蘭的名字來命名小說的人物，意味是深長的。姚木蘭出生富商之家，但她不迷戀於紙醉金迷的物質生活享受，卻嚮往幽雅山居的村婦生活，把自己看成是刻苦忍耐的民眾海洋中的一滴水。林語堂把經過自己的文化道德規範所篩選出來的東方和西方的女性美，全部糅合於姚木蘭一身。因此，姚木蘭實質上是東西聯姻所生出來的一個文化混血兒，林語堂就是這次跨國聯姻中的媒婆。

形體美和心靈美的高度統一並昇華到理想美的境界，這是林語堂為姚木蘭所規定的美學框架。林語堂筆下的姚木蘭，綜合了曹雪芹筆下的林黛玉的才智，薛寶釵的美貌和史湘雲的風姿。小說中的姚木蘭像「飽滿的月亮一般的美麗」，「除了她兩眼具有迷人的魅力和婉轉嬌弱的聲調之外，她真有一種神仙般的姿態。」

木蘭的父親姚思安是老莊的信徒，所以，木蘭是「道家的女兒」。嫁到曾家後，又成為儒家的媳婦。林語堂實際上是以儒、道互補的思維定式來塑造姚木蘭的，在姚木蘭身上——其實整部小說也是這樣——到處是儒道並存，「出世」和「入世」的交替。

小說中的姚木蘭，不僅是中國文化思想的理想組合，而且也是中西文化思想的辯證統一。林語堂所賦予姚木蘭的社會價值取向，既不是純粹的傳統型的，也不是全盤西化的，它體現了林氏女性觀中的中西融合的結構框架。作家讓木蘭在婚戀生活中扮演了一個難演的「雙重角色」——又中又西，不中不西——一方面她順從地接受了「父母之命」，並力圖進入「賢妻良母」的角色；另一方面她又在自己純潔的情愛聖殿裡，為情人孔立夫保留了一個座位，任何時候都甘願做一個殉情者，為之赴湯蹈火。

在卷下《秋之歌》裡，林語堂把姚木蘭推進了矛盾的漩渦：當孔立夫因經常撰文針砭時弊而被軍閥逮捕，危在旦夕時，林語堂讓木蘭冒著被污辱的危險，向軍閥下跪求情，才換得了釋放孔立夫的「手令」。

林語堂不僅竭力想把西方文化的愛情至上與傳統文化的家庭至上這兩種情愛觀在木蘭身上統一起來，還把他自己的特殊的女性觀加之於木蘭。比如，林語堂不反對納妾，所以木蘭也被塑造為納妾的支持者，甚至主動勸丈夫納妾。在林語堂的下

意識裡，他偏愛浪漫的有風趣的俏皮女性，他喜歡《浮生六記》裡的芸娘，像芸娘喬裝男子去看戲，為丈夫物色姨太太等舉動，林語堂讚歎有加，視為女性的美德。姚木蘭身上就有芸娘的影子，主動為丈夫物色小妾，在林語堂看來，正是理想女性所具有的開放意識。

姚木蘭性格發展的歷史，也就是她的理想美境界昇華的過程。開始，木蘭的政治意識非常淡薄，即使在「三一八」慘案中，她也只是從母愛的角度傾瀉了失女之痛。愛和恨，都停留在人道主義的層次上，而到小說結尾時，木蘭的愛和恨已經包容了民族主義和愛國主義的激情。

林語堂沒有僅僅在「朱門閨秀」或「山居賢婦」的狹小的生活圈子裡來刻畫姚木蘭，而是把他心目中的理想女性置於天翻地覆的時代大動盪的歷史背景中，從義和團事件到「七七」事變前後四十年間的悲歡離合裡，寫出木蘭個人遭際與時代潮流休戚相關的聯繫。

木蘭生活於新舊交替的社會大變革中，革命的風雲造就了一批呼風喚雨的戰鬥女性，她們在腥風血雨或刀光劍影中為祖國人民的事業獻出了一切，她們是站在歷史潮流最前列、引導潮流的新女性。而木蘭顯然不是衝鋒陷陣的英雄。但是，不必苛求每一個中國女性都必須以同樣的方式去追隨歷史潮流。無論如何，姚木蘭是面向未來的。在命運為她所安排的生活環境裡，她力所能及地改變著舊的傳統，力所能及地追隨著時代的新潮 —— 儘管有勸丈夫「納妾」等敗筆，但在上層社會的女性中，她仍不失為一個「新人」的形象。

《京華煙雲》既是為「紀念全國在前線為國犧牲之勇男兒」而作，所以，小說脫稿後，林語堂就急於讓抗戰中的故國同胞能讀到它的中譯本。1939 年 9 月 4 日，他親自寫信請好友郁達夫把此書譯成中文。為甚麼自己不譯而請郁達夫翻譯呢？一則因為他忙於英文創作，無暇於此，同時，他也頗有自知之明，知道自己的「京話」功底不深，能否譯好小說中的北京話，心裡沒有把握；二則，郁達夫精通英語，又精通現代小說創作，而且兩者都是高水平的，能夠勝任此事；三則，林語堂痛恨白話文中「假摩登之歐化句子」，而郁達夫的行文中沒有這一弊病。所以，林語堂把英文

版的小説裡所引用的出典、人名、地名以及成語等簽注了三千餘條詳細的註解，前後注成兩冊寄到新加坡。為了使郁達夫能靜下心來工作，不為生活所擾，林語堂還給郁達夫附了一張五千美元的支票。

郁達夫接受譯書邀請時，正值郁、王婚變前後，心情極端惡劣。所以譯事只開了個頭，在英國情報部主辦的《華僑週報》上連載過，但沒有譯多少便停止了。1940年 5 月 21 日，林語堂給郁達夫寫信，提起譯稿，並約郁達夫到重慶見面。林語堂經過香港時，與郁通了電話。郁達夫回答説不可能回重慶，而譯稿則可以從 7 月份開始在《宇宙風》上連載刊出，但這一許諾沒有兌現。

郁達夫未能踐約，卻花掉了那五千美元，覺得自己很對不起朋友。在當時，大家只知道林語堂請郁達夫翻譯《京華煙雲》，而林語堂卻從未向外人提起過曾預支郁達夫五千美元的事。此事在文壇上被傳為美談。徐訏在重提舊事時説：「語堂對誰都談到過該書交郁達夫翻譯的事，但從未提到他先有一筆錢支付給郁達夫。這種地方足見語堂為人的敦厚。」[①]

郁達夫為甚麼半途而廢？眾説不一。一般人分析是由於婚變後心情不好，無法安心譯書；另一説是郁在生活上一向「放浪形骸」，沒有計劃，也不想計劃，所以事情被糊塗過去了；還有一説，當時有人知道郁接受譯事後，就説：「你怎麼為林語堂做翻譯？」言外之意——以郁的文學地位去翻譯林氏的作品，是有失身份的⋯⋯總之，不管出於甚麼原因，《京華煙雲》未能由郁達夫翻譯，是非常可惜的。

在《京華煙雲》的中文全譯本難產之際，日本在 1940 年卻已出版了三種日譯本：即明窗社出版的藤原邦文的節譯本《北京曆日》；今日問題社出版的鶴田知也的譯本《北京之日》；四季書房出版的小田岳夫、中村雅男、松本正雄合譯的《北京好日》。由於小説中有明顯的抗日救亡的意識，所以這些日譯本不僅都經過刪削，甚至還歪曲了作者的原意。這是問題的一面，問題的另一面，日譯本竟比中譯本早出版，這是值得中國出版界深思的。

---

① 　徐訏：《追思林語堂先生》，《傳記文學》第 31 卷第 6 期。

第二十七章

懷念戰亂中的故國

巴黎上空戰雲密佈 / 把錢存入中國的銀行 / 撫養六個中國孤兒

　　林語堂周遊歐洲的時候，正是第二次世界大戰前夕。德國法西斯瘋狂地向外擴張，吞併周圍的弱小鄰國，進而爭奪歐洲中心的戰略要地，而英法美等國卻採取所謂不干涉政策，對侵略者縱容姑息。

　　曾獲得德國萊比錫大學語言學博士學位的林語堂，1938 年帶領全家踏遍歐洲，卻唯獨沒有去德國。這是因為當時的德國法西斯已經成為世界和平的嚴重威脅。林語堂一向憎恨希特拉，這個獨裁者的形象是他的作品中諷刺鞭撻的對象。慕尼黑事件爆發時，林氏一家正在巴黎。法西斯的侵略行徑直接影響到他們的正常生活，曾迫使《京華煙雲》的寫作暫停了五天之久。

　　1938 年初，林語堂全家抵達歐洲時，希特拉已加快了鯨吞鄰國的步伐。 1938 年 2 月 12 日，希特拉在別墅召見奧地利總理舒土尼格，甚至未讓他坐下，就粗暴地要求吞併奧地利……在英法「綏靖」政策的縱容下，3 月 11 日傍晚，德國二十多萬正規軍在飛機大炮掩護下侵入奧地利，開進維也納。三天後，德國政府宣佈，奧地利併入「德意志第三帝國」版圖，稱為「東方省」。

　　1938 年 7 月 14 日，林語堂帶領家人去參觀法國國慶日閱兵式。作為德國的鄰國，每一個法國人都已感受到德國的戰爭威脅。不祥的陰雲籠罩著整個閱兵式。那天清早，林語堂一家花了四十法郎佔了四把椅子。林語堂和孩子們站在椅子上爭觀閱兵式的盛況，只見一隊隊騎兵、步兵，以軍樂隊為前導，列隊而過；塗著青灰色保護色的坦克車旁邊，是頭戴鋼盔身穿藍制服的兵士；飛機呼嘯而過，聲如雷鳴，嚇得鴿子到處亂飛……林語堂想起了戰亂中的故國。

　　8 月 8 日，《京華煙雲》開筆時，捷德邊境的形勢已異常緊張，一觸即發。9 月 15 日，英國首相，六十九歲的張伯倫匆忙飛到德國貝特斯加登，與希特拉會談，建議由英法從中調停。希特拉要求立即得到蘇台德區。經與法國總理達拉第協商，英法兩國決定犧牲捷克。22 日，張伯倫又飛往德國，在哥德斯堡第二次會見希特拉。

而法西斯的開價更高了，希特拉提出了對捷克領土的更多要求。希特拉的狂妄野心震動了整個歐洲，英法兩國陷入了戰爭恐怖之中。

巴黎上空，戰雲密佈，法國政府宣佈巴黎實行燈火管制。徵集適齡壯丁入伍，召集後備兵入伍的名單就貼在林語堂住所旁邊的電線桿上。同時，巴黎街頭也出現許多失敗主義的傳單，宣揚除了對德讓步外，別無選擇。

在緊張而恐怖的臨戰氣氛下，戰備工作正在加緊進行，市政府派人挨戶向居民分配黃沙，準備撲滅燃燒彈，家家戶戶都在儲備食品、蠟燭，以防開戰時突然斷糧停電。在第一次世界大戰和上世紀的普法戰爭中，德軍都曾包圍巴黎。因此，巴黎人在備戰方面還是有一定經驗的。林語堂一家當然隨大流，去買了一百斤大米，幾瓶油，幾袋鹽和一些蠟燭，以防不測。

9 月 27 日，巴黎整天下著雨。林語堂也和巴黎人一樣，到處閱報或買報，急切地想知道最新的消息，焦急地分析新聞媒介所傳遞過來的各種信息。同時，也害怕真的聽到甚麼壞消息。林語堂看到許多巴黎人臉上都流露出一種恐懼感，他們搖著頭，聳著肩，失去了平常的那種滿不在乎的神態。旅遊者也收起了好奇的笑容，滿臉懊惱地埋怨自己來得不是時候，匆匆忙忙地去搶購離開法國的船票。五光十色的霓虹燈再也撩動不了人心。那耀眼的色彩似乎是它毀滅前的最後的閃光，悲愁籠罩了巴黎。

林語堂主張立即回美國去。但廖女士卻不相信馬上會大難臨頭，想留在巴黎靜觀其變。丈夫以安全第一為理由，據理力爭，終於說服了妻子。盡早離開巴黎！這是最後的一致意見。於是林語堂馬上去搶購最早離法的船票，廖女士則到銀行去取款，女兒們在家翻箱倒櫃整理行李。

兩天後，船票已有消息：10 月 5 日有一艘亞斯加尼船駛出，假使不被當局徵發去運軍隊，那麼林語堂一家可以在船上得到兩間空房。這樣就得 10 月 1 日到勒哈佛去候船。剩下的時間不多了，必須抓緊時間收拾東西，最重要的當然是林語堂的手稿和書籍、資料，廖女士整理衣服雜物，還有一件事也非辦不可，那就是到美國領事館去簽證護照。平時，這是不甚費事的例行公事，現在美國卻成了人們嚮往的避

難地方。大家爭先恐後地擁到美國領事館，簽證處就排起了長隊。已經排隊輪到林語堂了，臨時才知道要交照片。前功皆棄，只得趕快回家通知全家立刻到附近的照相館去拍快照。

第二天早上，林語堂再去排隊，而廖女士先到中國領事館去蓋印，大女兒林如斯去取照片。等林如斯把照片送到美國領事館時，林語堂前面只剩下兩個人了。兩分鐘後，廖女士也來了，剛巧正好，全家配合默契，一點也不誤事，林語堂高高興興地進去辦完了去美國的簽證手續。

簽好護照，訂好船艙，萬事俱備，只等 10 月 5 日一到，就可以遠離戰霧瀰漫的巴黎……

在風雲激變的那幾天裡，林語堂每天都要收聽柏林的廣播。這天晚上，客廳裡的收音機播出了希特拉的廣播演說。在追隨者的狂熱的歡呼聲中，獨裁者喊出野心勃勃的戰爭狂言，法西斯的魔影在歐洲上空遊動。10 點半，廣播結束時，林語堂再也克制不住自己的感情，他憤怒地喊道：「世界是沒有上帝的！假使是有，應當使希特拉在演說中間停止其心臟的跳動，以挽救世界和平。」

突然，傳來了慕尼黑會議的消息，巴黎人都感到和平還有一線希望。那是 9 月 29 日，在德國慕尼黑召開了德意英法四國首腦會議，參加者為希特拉、墨索里尼、張伯倫和達拉第。當天深夜，他們簽訂了所謂《慕尼黑協定》。捷克的蘇台德區被「轉讓」給德國了。捷克的代表被排斥在慕尼黑會議之外。當四大國首腦簽字後，他們才被召見聽取這個協定。

9 月 30 日，報紙登出了慕尼黑簽約的消息。希特拉、墨索里尼、張伯倫、達拉第四巨頭簽約的大幅照片刊登在歐洲各報的頭版頭條，出賣捷克的張伯倫和達拉第成了締造和平的「英雄」。

一場虛驚過去了，林語堂在重新執筆撰寫《京華煙雲》之前，計算了一下，整整浪費了五天的時間，這五天原來可以寫不少文章的。「和平」使林語堂的幽默感又悄悄地跳了出來。他開玩笑地說，損失五天的工作時間，按每天一百元計算，共計五百元，要希特拉賠償這筆經濟損失。

　　慕尼黑事件前後的戰爭恐怖氣氛，使林語堂體驗到日寇侵略者鐵蹄下的祖國人民的苦難。林語堂在《生活的藝術》裡曾開過以幽默來防止戰爭、維護和平的藥方，可是，現實生活中，侵略者（德國、日本、意大利）的戰爭機器無情地碾碎了幽默大師的幽默夢。

　　國內文壇上，對於林語堂的英文著作在國外暢銷後的經濟收益，曾有過不少傳聞和猜測。一位婦女讀物的作者在訪問林語堂夫婦時，直截了當地問道：

　　「聽說林先生新近在美國出版的《吾國吾民》一書，獲得三萬美金的稿費，可有這回事？」

　　「全是人家造謠，哪有這回事！書是去年秋天出版的，銷數確是可觀，而且列入Best-Seller 十大名著之一；照例每年抽版稅兩次，至今尚未結算過。」廖女士插言道：「外間常說林先生發了財，真笑話，不過中國人的著作，能列入十大名著，在美國暢銷，可以說是破天荒，這是事實。」

　　是否「發財」，這是相對而言的。與美國華爾街的百萬富翁相比，林語堂的這點稿費當然算不上甚麼「財」，但與國內爬格子的窮作家相比，林語堂的收入是可觀的。所以，廖女士也不必謙虛。

　　1938 年，《生活的藝術》出版後，林語堂的收入倍增，全年收入三萬六千美元，開支一萬二千元，包括捐款救濟國內難民及給親戚的補貼（廖家破產後，一家二十口全靠廖悅發的一點儲蓄維持生活，坐吃山空。廖翠鳳的大哥因吸毒而死。林語堂的大姐夫也去世了，留下大姐瑞珠和八個孩子。林語堂的大哥去世後，也留下一群子女。二哥玉霖失業，有七個孩子。三哥憾廬所編的《宇宙風》，因戰爭而影響了出版發行，三嫂及多病的孩子們滯留漳州）。1938 年結餘的美元，按說完全可以存入美國銀行。可是，林語堂對中國貨幣有信心，用一萬六千美元買了十萬銀元，存入中國銀行，兩年可得年息七又四分之一釐。稍後又以二萬三千美元兌換十三萬銀元，分存七年、十年、十四年的長期存款。因為，這時他大女兒十五歲，二女兒十二歲，三女兒八歲，這三筆定期儲蓄都算準年限，在她們二十二歲那年到期，每

人可得本息十萬銀元。①

　　有人説，林語堂會算賬，當年因編寫英文教科書而與開明書店談判版稅時，有人就「以為此人門檻精，太斤斤計較」②。又有人説他在離滬赴美時，把傢具拍賣給親友，也要親兄弟明算賬。③上述追憶，即使是事實，也僅是林語堂金錢觀的一方面。

　　然而，林語堂不是守財奴，該花的錢，他並不吝惜，對親屬也很厚道，林、廖兩家的親戚大多曾受惠於他的接濟。抗戰爆發後，他不僅為國內難民捐款，而且還在國外捐贈四千三百二十法郎，承擔了撫養六個中國孤兒的義務。那是在 1938 年旅法期間，林語堂為救濟在戰爭中失去親人的中國孤兒，來到了一個法國的事務所。那裡有五十張中國孤兒的照片，等待林語堂夫婦挑選。一年花七百二十法郎就可以撫養一個中國孤兒。

　　廖女士沒有生過男孩，所以她主張選五個男的；而林語堂則認為男女都一樣，只要臉相端正。

　　「啊，一個好臉相！」林語堂不時地讚賞著手裡的照片。廖女士接過來一瞧，凡是林語堂讚賞的好臉相，全部都是女孩，廖女士立即否決。

　　根據照片，初選出八個孤兒，全部是男的。林語堂説，全選男孩，不公平。最後選定四男二女。林語堂夫婦十分滿意，決定捐款撫養。

　　捐款以後，他對家裡人說：「金錢藏在我們自己的口袋裡，而不去幫助別人，那錢又有甚麼用處呢？金錢必須要用得有價值，又能幫助人。」

　　這豪言壯語式的「家訓」，顯示了林語堂金錢觀的另一面。

---

① 關於經濟細賬，來源於林太乙的《林語堂傳》。
② 章克標：《林語堂與我》，《明報月刊》1988 年 3 月。
③ 徐訏：《追思林語堂先生》。

第二十八章

從法國到美國

在國際筆會上聲討希特拉／出名
後的苦悶／從一個奇特的視角闡
述中國古代的妓女、姬妾

　　1939 年，歐洲像一隻即將爆炸的火藥桶。各國人民都在談論戰爭，結論是一致
的：開戰只是時間問題。林語堂不願在火藥桶裡提心吊膽地過日子。在希特拉入侵
波蘭之前，他就帶全家回到紐約，住在曼哈頓東邊八十六街的一所公寓裡。

　　1939 年林語堂榮幸地應邀參加了國際筆會第十七屆大會。

　　1939 年 5 月 9 日，第十七屆國際筆會大會在紐約舉行。美國歷史學家盧龍擔任
大會主席，在會上發表演講的作家有諾貝爾文學獎獲得者德國的托馬斯‧曼，法國
著名作家莫洛亞和中國的林語堂。

　　林語堂演講的題目是《希特拉與魏忠賢》。太監魏忠賢，在中國歷史上是邪惡與
奸佞的化身，這個遺臭萬年的惡棍是林語堂最痛恨的人。現在，林語堂把法西斯狂
人希特拉比作無恥的魏忠賢。他在演說中說：「當今有德國人以希特拉喻耶穌，就像
中國有一位儒者倡議擅政獨裁的魏忠賢與孔子應當有同樣的地位。唯有這麼歌功頌
德，才能保住差使，而反對他的官吏給殘殺了。但是魏忠賢雖是聲勢顯赫，卻免不
了人民的暗誹，其情形與今日之德國如出一轍。魏忠賢後來迫得只好自殺。」林語
堂激動地強調，「自殺乃是獨裁暴君的唯一出路。」五年後，林語堂的預言應驗了，
窮途末路的希特拉不得不以自殺結束其罪惡的一生。

　　林語堂向參加國際筆會的各國作家驚呼：人類文化即將毀滅。他號召各國作家
應當擔負起對世界的也即是對自己的職責，面對思想、藝術、文學遭受摧殘之際，
作家的重要使命是保衛自己的思想信仰的自由，也就是保持個性，以維護人類的
自由。

　　他在演說中聲援了以托馬斯‧曼為代表的富有正義感的德國作家，同時譴責了
極少數為獨裁者希特拉張目的敗類。他著重指出：法西斯政府蔑視人類自由、剝奪
人民權利的惡行是不可能長久的。因為人類「只是猴子的後裔」，「並非牛的後裔」，
「牛與獨裁者可以相處無事，人類卻不會長此隱忍獨裁政治的胡作非為」。

　　這篇題為《希特拉與魏忠賢》的演說詞的中文稿，半年後發表在上海出版的《宇宙風乙刊》第 17 期（1939 年 11 月 16 日）。整篇發言，義正詞嚴，同時又幽默機智，體現了林語堂一貫的文風，生動地反映了林語堂的反法西斯立場。

　　《生活的藝術》《京華煙雲》等英文著作的轟動效應，提高了林語堂在歐美文壇上的知名度。當時著名的書評家費迪曼（Clifton Fadiman）編輯了《我的信仰》一書，書中收集了在歐美讀者中眾望所歸的十九位世界當代文化名人的文章。其中有偉大的物理學家愛因斯坦，美國名作家韋爾斯，西班牙哲學家及詩人桑塔雅那，英國哲學家羅素，1938 年的諾貝爾文學獎獲得者賽珍珠，德國作家托馬斯‧曼，美國哲學家杜威，美國經濟學家魏白等，在十九位世界當代文化名人裡中國佔了兩位：林語堂和胡適。應該指出，費迪曼是以資產階級的文化觀點來選擇「世界當代文化名人」的，因此，列入《我的信仰》一書，並不等於林語堂和胡適真是當時中國的最有名望的學者。

　　林語堂對自己躋身於「名人」之列，喜憂參半。喜的是，他向外國人介紹中國文化的宏大設想，已初見成效；憂的是，隨著知名度的提高，意外的「干擾」也接踵而至，兩者是成正比的。也許，這就是生活的辯證法：沒有任何滿足不帶有缺陷，正如沒有任何歡樂不伴隨著憂慮，沒有任何和平不連著糾紛，沒有任何愛情不埋下猜疑，沒有任何安寧不隱伏恐懼……

　　擺脫一切雜務，專心寫作。這是性喜在大荒中孤遊、在寂寞中思考的林語堂決定離滬旅美的原因之一。剛到美國的頭一兩年，林語堂的確是比較清靜的，可是這樣的日子並沒有持續多久。《京華煙雲》問世後，林語堂由名人成了忙人，各種演講、邀請，紛至沓來，使他應接不暇。每天都會收到一大堆崇拜者的來信，有的表示敬意，有的請教問題，還有多情女子傾訴衷情的，光是閱讀這些信件就得花費幾個小時，如果再一一作覆，那麼就會佔去許多的時間。沒有辦法——林語堂只好委託女兒拆閱信件，讓女兒把關：在大量來信中挑選出一些特別有意思的、或非由他親自答覆不可的信，交給他閱讀和處理。回信也由他口授，女兒打字……女兒成了

他忠實的小秘書，減輕了他的不少負擔。

信件可以由女兒拆閱，來訪者卻無法拒之門外了。許多慕名「幽默大師」的朋友、中國留學生，常常會闖到家裡，一進門便對林語堂高聲叫道：「林博士，林博士，我有個笑話説給你聽聽！」

然而，一旦説出內容，有的也並不幽默，有的簡直令人啼笑皆非。這些絡繹不絕的來訪者常常攪擾得林語堂無法安心寫作。

有一次，林語堂在北大英文系的老同事張歆海來訪。這位張教授一度曾被賽珍珠看中，想請他寫一本關於中國的書，後來因各種原因計劃作罷……這時，張歆海也在美國，眼看昔日的同事，現在卻名震歐美文壇，真是士別三日，刮目相待，心裡有説不出的滋味。交談中，稍不留神，流露出自己的情緒，他對林語堂説：「語堂，我是來看看，你變了沒有？」林語堂覺得自己在海外出名後，沒有忘乎所以，想不到老朋友竟如此看待，心裡極不痛快，接連好幾天都沒有恢復情緒。

然而，真正使他為難的，還是來自女性的攪擾。

一天，林語堂帶家人去划船。一件意想不到的事發生了：有個三十多歲的「林語堂迷」，曾多次向林語堂投書求愛，因為得不到答覆，單相思得感情失控了。那天，這個女人見自己心中的偶像林語堂在小河裡划船，她就站在岸上，故意當眾把全部衣服脱得精光。然後，一絲不掛地跳入水裡，游向林語堂的小船。林語堂趕緊把船划開，而那女子緊跟著小船游泳。想不到女「林迷」竟選擇這樣奇特的方式來表達她對林語堂的崇拜，使林語堂和家人們目瞪口呆，不知如何是好。

又有一天，一位在國內時就熟悉的交際花來訪。不知是美國的「林語堂熱」影響了她，還是她早有此意只是在上海時沒有找到示愛的機會。所以，這次她瞅準了廖女士外出買菜的機會，來到林家，直奔書房，居然一躍而坐在寫字檯上，向林語堂賣弄風情。幽默大師先是一怔，接著是萬分尷尬。最後，他靈機一動，以幽默的方式使交際花碰了一鼻子灰，頹然而去。可見，林語堂在對付性干擾方面，還是有辦法的。

林語堂傾向於把性看作正常的人類感情，一種正常的生理機制，把性和家庭、

繁衍後代以及道德觀念聯繫在一起。

　　他說，《野叟曝言》是他一生見過的在性問題上具有最明智的觀點的著作。其實，這是一部徹頭徹尾的宣傳儒家觀點的長篇小說。書中揭露並嘲笑了和尚們的放蕩生活。小說的主人公是一位儒教的「超人」，竭力勸說那些光棍強盜與強盜姑娘結婚生育，光宗耀祖。從林語堂對《野叟曝言》的欣賞中，可以看出他對婚姻和家庭的重視，以及對母性的張揚。

　　在對妻子的忠誠和尊重、對家庭的責任感方面，林語堂的一生是無可指責的。但這不等於說他內心沒有矛盾，更不等於他是目不斜視的理學家。恰恰相反，他非常輕視那種迂腐的舊道德。他對妻子的忠誠，不是出自封建的家庭觀念，而是因為他和廖翠鳳的關係建立在相互愛慕、相互信賴的基礎之上，是高尚的情愛生活。

　　一次，徐訏對林語堂說：「我非常敬佩你與胡適之那樣對太太的忠誠。」

　　此語出自徐訏之口是由衷之言。因為徐訏覺得當代文人學士，婚變者，比比皆是，徐訏自己就曾多次結婚離婚。徐訏與林語堂的婚戀觀截然不同。徐訏深受尼采、叔本華的影響，認為妻子好像沙漠旅行者肩上的一個包袱。晚上露宿時沒有它簡直不行，但白天走路要帶著它上路，卻是非常累贅而又討厭。林語堂深知徐訏的婚戀觀，所以，他聽了徐訏對他和胡適的評價，不大高興。他認為徐訏誤解了他的家庭生活。

　　林語堂忠於愛情和家庭，但在異性面前也不是一個自我封閉的男子，在社交生活上，他是開放型的。林語堂的開放型與現代的所謂性解放的含義是不同的，他始終堅守「發乎情止乎禮義」的原則。在上海，他也跟著時代書局的朋友去舞廳，並且很喜歡一個舞女。別人曾湊熱鬧起鬨，慫恿他與那舞女撮合，但他卻不願越過雷池一步。

　　從一個特殊的文化角度 —— 不是從玩弄女性的角度 —— 去接觸「歡場」婦女，這是他的中西融合的文化觀的一個組成部分。當林語堂把蘇東坡等古人作為東方文明的體現者而介紹給西方讀者時，他曾從一個奇特的視角闡述了中國古代文人與妓女、姬妾的關係。他說：

「最有名最受人尊敬的一些文人學者如蘇東坡、秦少游、杜牧、白居易都曾光顧妓院，或者納妓為妾……」

「妓女在中國的愛情、文學、音樂、政治等方面的重要性是怎麼強調都不會過分的。男人們認為讓體面人家的女子去擺弄樂器是不合適的，於她們的品德培養有害；讓她們讀太多的書也不合適，於她們的道德同樣有害。繪畫與詩歌也很少受到鼓勵。但是男人們並不因此而放棄對文學與藝術上有造詣的女性伴侶的追求。……在這種氣氛中，學者們在尋找那些在詩歌、音樂、繪畫以巧妙應答方面出類拔萃的藝妓。……」①

「許多男青年在結婚前失去了求愛與浪漫的機會。這種需要就由妓女去滿足了……」林語堂不歧視妓女，他對女兒說：「那些女人是因為窮，所以不得已要過這種生活，我們不要看不起她們。」而廖女士則截然相反，她對女兒說：「她們是壞女人，是過皮肉生涯的，隨便讓男人碰她們的身體。」②在上海時，林語堂曾多次帶孩子去體驗「歡場」氣氛，了解婦女生活。林語堂認為孩子們除了學校之外，應到社會大學堂裡去見識見識。據林太乙回憶：「有時我們和他的朋友去吃館子，他們會在館子裡叫局。」「有時，我們一家人去吃飯，也叫條子，那些女人來了，爸爸就跟她們講話，問東問西，於是我們看出她們和平常人沒有甚麼不同。」③

林語堂迴避了妓女問題中不道德的、違反人性、摧殘女性的一面，而從藝術的角度，從愛情補償的角度去看待封建社會中的妓女問題，這是林氏女性觀中標新立異之處。但是，儘管有著「愛情補償」之類的美麗動聽的詞藻，也仍然掩蓋不了妓女問題的醜惡實質，無論在甚麼時代，也不論是甚麼樣層次的妓女，妓女總是社會的醜惡現象的犧牲品。如果一定要在這裡發現甚麼「藝術」的東西，這種所謂的「藝術」也只是一種畸形文化或畸形文化的遺跡。

---

①　林語堂：《中國人》，郝志東、沈益洪譯，浙江人民出版社 1988 年 1 月版。
②③　林太乙：《林家次女》，西苑出版社 1997 年 11 月版。

第二十九章

回到抗戰中的故國

在香港痛斥日、汪 / 到國外去為
抗戰做宣傳 / 向「文協」捐獻私宅 /
以抗戰為背景的《風聲鶴唳》

1939 年 9 月 1 日，歐洲戰爭爆發時，林語堂已經回到紐約。11 月 12 日，他的
《真正的威脅不是炸彈，是概念》(*The Real Threat：Not Bombs But Ideas*) 在《紐約時
報》週刊發表，後來又為《讀者文摘》轉載。林語堂在文章中表露了他對人類的前途
充滿信心，儘管法西斯猖獗歐洲，侵略者威脅世界，但他堅信文明一定會戰勝愚昧，
他說：

> 戰鬥跟求生一樣，是人生本能，但二者相比較，我相信求生的本能比戰鬥的本
> 能為強，所以求生的本能絕不會喪失；求生的本能既不會喪失，那麼文化，或者
> 說生活的藝術，當然不會毀滅了。

1940 年 5 月上旬，林語堂一家要從美國回國，路經菲律賓馬尼拉。當年「有不
為齋」的貴客朱少屏最近新任馬尼拉副領事，聽說林語堂要借道馬尼拉，立即組織
僑胞隆重接待林語堂。舉行了多次演講會，出售演講券作為慈善基金。林語堂雖然
身體不適，但盛情難卻，只得坐手搖車登台演講。

5 月 10 日林氏一家抵港。林語堂接受了在馬尼拉的教訓，閉門謝客。除數度拜
訪孫夫人宋慶齡及舊友吳經熊、溫源寧等人外，一切酬酢，多被婉卻。但據說，他
還是赴了論語派同仁簡又文的宴會。後來，記者們還是通過林語堂的哥哥林憾廬的
關係見到了林語堂。

5 月 14 日下午，毛子明、唐碧川、楊紀、王啟煦、吳東、林玲和袁某等七位記
者，在德輔道威士文餐廳，共同招待了林語堂。林語堂準時赴約。他身穿平時所愛
穿的中式長衫，一襲淡灰色加細花點的中國綢衣。斜分的頭髮，白片金腳的眼鏡，
口啣煙斗，一面悠閒地吐出淡淡的煙霧，一面以舒緩有序的節奏回答記者們的問題。

記者無所不問，林語堂無所不答。

外間有傳聞，説林語堂回國是為「做官」。

林語堂胸有成竹地聲明：「我是書生，做人民的父母之官，非我書生本色，所以，我到內地之後，仍不放棄文人生活。」對於傳聞的「做官」，他直截了當地回答：沒有「官癮」。林語堂又説，做官有做官的良心，做人有做人的良心，做官不同做人，做官的要有做官的手腕，做官的方法，他自己就缺乏這種手腕和方法。

林語堂根據自己的人生哲理就文人與政治的關係方面，發表了見解。他説，白居易、蘇東坡、袁子才（即袁枚，清代文學家）等人，雖都入過仕途，但終於掛冠而去，看來，許多文人都是不適合做官的。當然也有會做官的文人，比如曾國藩，也長於政治……

談到美國對中日戰爭的看法時，林語堂很興奮地説：「在廣州、武漢相繼失守之初，一部分美國人以為中國不行了，快要崩潰了。比如，美國最有影響的政論家華特列門，也對中國抗戰的前途很悲觀。其實，這是由於這些美國人對中國了解不夠而產生的錯覺。到了去年，許多事實逐漸證明中國愈戰愈強，有三件事情改變了美國人的觀感。（一）去年，日本議員齋藤隆夫在議會中公開質問：中國事件何時了結？他的質問充分透露出日本人民的厭戰情緒。（二）根據駐東京的美聯社和合眾社不斷發出的電訊，報導了日本目前嚴重的米荒、煤荒、電力荒、人源荒，暴露出日本的資源不足。（三）日軍自南寧戰役後，精疲力盡，再進攻賓陽，即被擊退，説明已無力侵入中國腹地。這三個事實，改變了一些美國人的看法。」

接著，林語堂樂觀地説：「中國方面正在一天天的好起來，各種報導都説中國民氣士氣非常旺盛。近二三個月，許多人都看到中國愈戰愈強，日本已陷入山窮水盡。」

有記者提起漢奸政府汪精衛時，林語堂憤怒地説：「汪精衛是個甚麼東西？有學問見識的美國人都曉得他不過是日本槍尖上一個傀儡，最近本人曾和《紐約時報》的一位評論家聚餐，原來打算揭露一些汪精衛偽政府的情況，使國際輿論了解真相，誰知道，坐下來一聊，發現我的計劃完全多餘，因為這位評論家對汪精衛的了解，比我更加清楚。」林語堂又用幽默的語言介紹了美國報紙上對汪精衛及其偽組織的

諷刺性報道，引得記者們都哈哈大笑起來。①

　　1940 年 5 月 22 日，林語堂一家從香港飛回抗戰中的故國。在重慶，林語堂又成了記者們追蹤的新聞人物。但新聞媒介的熱點倒不是他譽滿歐美文壇的那些英文著作的出版情況，新聞界急於從林語堂那裡收集美國朝野對中國抗戰的態度。另外，林語堂本人在政治態度上的重大變化，也使記者們覺得大有文章可做。因為，出國前的林語堂一向以「不左不右」的中間派自居。可是，四五年不見，此刻出現在記者們面前的林語堂，已不是當年只談幽默不問政治的幽默大師了。一到重慶，他的明顯的「親蔣」立場，非常引人注意。

　　到重慶的次日，林語堂便「晉見」了蔣介石夫婦。他在《新中國的誕生》一文裡說，「蔣介石……的智慧及道德觀念，足以應付日本的侵略以及國共的糾紛」。把抗戰勝利的希望和中國的命運寄託在蔣介石身上，這是林語堂的由衷之言，不然，他是不會把美元換成中國貨幣，存到中國銀行的。然而，這個虔誠的信念，卻因為法幣的貶值而使林語堂日後蒙受了巨大的經濟損失，這是後話，暫且不提。

　　林語堂一家是在日機狂轟濫炸的高潮中來到重慶的。他在北碚飽嘗了空襲、跑警報、躲防空洞的滋味，不久便搬到縉雲山的一座廟宇裡。幸虧及時遷移，因為他們在北碚的住房後來就在空襲中被日機扔下的炸彈炸了。

　　與國外優裕的寫作環境相比較，籠罩在空襲的恐怖氣氛中的重慶，顯然不是林語堂理想中的工作環境，朝不保夕，又如何能寫作？他畢竟不是中流砥柱式的戰士，他熬不住抗戰的艱苦生活，萌發了重返美國的念頭。在旁人看來，他是逃兵，可是林語堂卻心安理得，因為他有自己的邏輯：在國外為中國抗戰做宣傳，要比在國內跑警報更有貢獻。所以，他在給宋美齡女士的信中表達了上述的意思，並徵求她的意見。

---

① 有關林語堂與記者們談話的資料，來源於 1940 年 5 月 15 日香港《立報》；1940 年 5 月 23 日香港《大公報》；1940 年 5 月 15 日香港《星島日報》；1940 年 5 月 15 日香港《國民日報》。上述資料，全部由香港中文大學盧瑋鑾教授提供，特此致謝。

林語堂全家福。1939 年攝於四川北碚，前排左起：林語堂，三女林相如，廖翠鳳；後排左起：長女林如斯，次女林太乙

在宋美齡女士的支持下，林語堂準備離開重慶，返回美國。臨行前，蔣介石夫婦在官邸招待林語堂一家。林語堂接受了蔣介石侍從室「顧問」的頭銜 —— 1940 年之前，他的「遊客簽證」使他們全家不得不每六個月離開美國一次，然後再重新申請入境；有了「顧問」的頭銜，他就可以享受「官員簽證」的待遇，不必每隔六個月就重辦一次手續了。

1940 年 8 月，離開重慶之前，為表示對抗戰的支持，林語堂慨然將他的私宅 —— 重慶北碚蔡鍔路二十四號「天生新村」，那套四室一廳的住房連同傢具，捐贈給中華全國文藝界抗敵協會使用。捐贈時，他給「文協」寫了一封信，全文如下：

敬啟者，鄙人此次回國，不料又因公匆匆去國，未得與諸君細談衷曲為憾。惟貴協會自抗戰以來，破除畛域，團結抗敵，盡我文藝界責任，至為欽佩。鄙人雖未得追隨諸君之後，共抒國難，而文字宣傳不分中外，殊途而同歸。茲願以北碚蔡鍔路二十四號本宅捐出，在抗戰期間，作為貴會會址，並請王向辰先生夫婦常久居住，代為看管。除王先生夫婦應住二間及需要傢具外，餘盡公開為會中器物，由理事會點查處置。聊表愚忱，尚希哂納。並祝努力。

弟與諸君相見之日，即驅敵入海之時也。

此致

中華全國文藝界抗敵協會

林語堂敬上（1940 年）8 月 17 日

「文協」總務部主任老舍收到這封信和房子後，在北碚的「文協」會員大會上公開宣讀了信的內容，並推選以群和光未然兩人來管理蔡鍔路二十四號林宅的內部事務。

剛到重慶沒幾天，又要全家赴美，消息傳來，輿論界議論紛紛：

「林語堂鍍金回來啦！」

「林語堂拗不住跑警報，又回美國去啦！」

　　就連大女兒林如斯對父親離國的決定也非常想不通。她寧願像千千萬萬的中國普通青年那樣，穿草鞋，吃糙米飯，在國內抗戰到底，而不能因為是林語堂的女兒而受到特殊照顧，離開艱苦的環境到美國去過安逸的生活。在香港等候去美國的輪船時，林如斯哭得很傷心，她不願意離開苦難的祖國……為了紀念這段不平常的日子，林如斯把她在重慶的見聞寫成《重慶風光》一書，在 1940 年出版。

　　在一片指摘聲中，郁達夫挺身而出，力排眾議，為林語堂說話。郁達夫說：

　　林語堂氏究竟發了幾十萬洋財，我也不知道。至於說他鍍金云云，我真不曉得，這兩個字究竟是甚麼意思。林氏是靠上外國去一趟，回中國來騙飯吃的麼？抑或是林氏在想謀得中國的甚麼差使？文人相輕，或者就是文人自負的一個反面真理，但相輕也要輕得有理才對。至少至少，也要拿一點真憑實據出來。如林氏在國外宣傳的成功，我們則不能說已經收到了多少的實效；但至少他總也算是為我國盡了一分抗戰的力，這若說是鍍金的話，那我也沒有話說。總而言之，著作家是要靠著作來證明身份的，同資本家要以財產來定地位一樣。跖犬吠堯，窮人忌富，這於堯的本身當然是不會有甚麼損失，但可惜的卻是這些精力的白費。

　　郁達夫在為林語堂的辯護中，同時也包含著對林語堂的期望。

　　林語堂不負朋友和同胞的厚望，回到美國就積極為國宣傳。《紐約時報》以《林語堂認為日本處於絕境》的標題，刊出了記者寫的採訪報告。林語堂還親自投書《紐約時報》，指責美國政府的兩面手法：對中國冷淡，卻把汽油、武器和大量軍用物資賣給日本，發戰爭財。這些揭露美國「中立主義」支持侵略者屠殺中國人民的信件，其中有五封被刊登在《紐約時報》的讀者來信專欄中。

　　他利用自己在美國讀者中的聲望，頻頻地向《新民國》（ The New Republic ）、《大西洋》（ The Atlantic ）、《美國人》（ The American ）、《國家》（ The Nation ）、《亞洲》（ Asia ）及《紐約時報週刊》等刊物投稿，談論中西關係、中日關係、西方對亞洲的策略等問題。

　　1941 年，約翰‧黛公司出版了林語堂用英文寫作的第二部長篇小說《風聲鶴

唳》。小説以抗日戰爭為時代背景，描寫了男女主人公在民族解放的洪流中獲得新生的故事。

《風聲鶴唳》的主人公姚博雅就是《京華煙雲》裡的姚思安的孫子。1937年，「七七」事變後，日軍侵佔北平，博雅留居在祖父的遺產「靜宜園」中。博雅即將離開北平去上海前，美麗的崔梅玲闖入了他的生活，兩人一見鍾情，在熱戀中相約同去上海。然而，博雅卻沒有想到，年僅二十五歲的梅玲是一個經歷非常奇特、曲折和複雜的女人，她父親是個作惡多端的大軍閥，拋棄了她的母親，所以梅玲是在貧困中度過她的童年的。十七歲時，母親去世，父親遭人暗殺。梅玲與「中國商人航海公司」買辦的兒子相愛、同居。可是，無巧不成書，那買辦曾受過她父親的迫害，所以就設法報復她。幸虧買辦的妻子是個好心的老太太，及時通風報信，讓她逃跑。梅玲為了生活，在上海、天津當舞女，或做闊人的外室。「七七」事變時，她正與天津一家工廠的梁老闆同居。梁老闆參與了以齊燮元為首的漢奸集團，梅玲的住所成了這個漢奸集團的聯絡點，他們借用梅玲的名字來收接各地漢奸的信件電報。

一天，梅玲拆開了幾封信，其中有王克敏從香港寄來的信。她明白了梁老闆的漢奸行徑，就決心離開這個賣國賊。8月14日，上海戰事的第二天，良知使她再也無法忍受下去了。她收拾了衣物和珠寶，準備到上海去，同時她又向抗日愛國志士舉報：把自己和梁老闆同居的公寓的地址告訴他們，説裡面有漢奸的罪證。當天晚上愛國志士突襲了那家公寓，拿到了漢奸集團的重要文件，由於各地漢奸寄來的信件上，收信人的名字都寫著崔梅玲，所以，愛國志士方面誤認為梅玲是參與賣國陰謀的漢奸集團成員，她成了國民黨追捕的對象。

而漢奸方面以為崔梅玲是中國政府打入漢奸內部的坐探，現在偷走了文件，交給中國政府了。所以，敵偽的報紙上登出了某某的姨太太崔梅玲席捲珠寶錢財潛逃、警察正在搜捕的消息。

崔梅玲在兩方面的追捕下，歷盡險阻，從天津逃到北平，又從北平到天津，再逃到上海，又從上海到香港，然後又到漢口。在大後方，她參加了難民救濟工作。在老彭的人道主義精神熏陶下，她在精神上獲得了新生，從利己的人生觀轉變為利

人的人生觀，由追求個人的愛轉變為把愛佈施給受難者。她以巨大的熱情協助老彭安置難民，老彭離去之後，她獨自主持難民屋工作，被難民們稱為「觀音姐姐」。林語堂通過小說的藝術形象，表現了資產階級人道主義精神如何使一位中國少女在抗日工作中走上新生之路的故事。

在全民抗戰的時代大潮中，崔梅玲從一個喪失了自我的寄生者脫胎換骨成為一個有獨立人格的新女性。原先，崔梅玲在婚戀生活中扮演了一個賣弄風情、追隨闊少、依附男人、玩弄男性的角色。小說讓時代洪流激發起梅玲的女性意識，推動她去追求靈肉合一的理想愛情，她擺脫了玩物的命運，不再是戴著原罪的桎梏匍匐在男性腳下喘息和乞憐的可憐蟲，她昇華為愛情海洋中的一個自由的嬉水者。

最初，梅玲熱戀博雅，主要是羨慕姚家富有安逸的生活。她把博雅當成人生旅途中的一個安全的避風港，以往的生活經歷的慣性，使她甘心臣服在博雅腳下呈獻自己的尊嚴和肉體，她以能成為博雅的情婦或姘婦為榮。起先，她追求的是物質的享受和感官的刺激，而逃亡過程中的曲折經歷，使她感受到民族解放事業的神聖和崇高，民族意識喚起了梅玲的女性意識的覺醒。

《風聲鶴唳》的男主人公姚博雅既有紈絝子弟尋花問柳、遊戲人生、玩世不恭的一面，又有仗義疏財、見義勇為的一面。他思路開暢，像軍事學院的理論教員那樣，研究戰爭，分析歷史上的戰例，在「七七」事變以後，沒有一次戰役或軍事行動曾逃出他的關心。他的作為，與其說是關心祖國人民的命運，還不如說是在對自己做一次智力測試。在風流場裡，他又是一個頗能吸引異性或被異性所吸引的人。

博雅與梅玲的相遇，開始時，不過是兩個情場老手的又一次新的逢場作戲而已。然而，在相互的了解中，他們的感情逐漸純化，而戰亂的環境又把他們拋入了時代的洪流，他們的思想感情都有了不同程度的昇華。

博雅原先相信「自私是人類一切行為真正的動力」，是個人主義者。在時代的熔爐中，他變成了捨己為人的英雄──那是在他從西南來到漢口，又追隨梅玲的足跡到徐州時，他突然發現梅玲已經愛上了老彭。他就故意毫無掩護地單身持槍去阻擊十二個敵人的騎兵。這是一場必死的戰鬥，為成全梅玲和老彭的幸福，他慷慨赴

死──當他打死三名敵軍後，壯烈犧牲。紈綺子弟博雅在抗日的洪流中飛躍為獻
身於友情、獻身於抗日戰爭的雙重英雄。梅玲選擇了一句宗教的名言作為他的墓誌
銘：「為友捨命，人間大愛莫過於斯。」說明他生命的終點正是他生命的頂點。

　　《風聲鶴唳》中的另一個有傳奇色彩的人物是老彭。他出身於小康之家，從事過
農、商活動，但都一事無成，靠著銀行利息過著一種閒適的生活，精神上傾向於佛
教禪宗。十年前，妻子去世後，獨居北平，他交遊廣闊，三教九流皆有來往。日軍
佔領北平後，他憎恨日本侵略者屠殺無辜。他用純粹的人道主義的觀點來看戰爭，
把億萬同胞的苦難當作自己的苦難。以巨大的熱情投入佛教紅十字會的救濟難民工
作，但從來不向別人募捐，也不呼籲幫助，只是默默地用自己的錢來收容難民。凡
是住過老彭的難民所的人，不分男女老幼，都把老彭看作救苦救難的大善人。

　　林語堂把老彭作為人道主義的理想人物，以老彭的高尚品德和無私奉獻的精
神，來對比殘暴兇惡、慘無人道的日本侵略者。老彭對異性的態度也是與眾不同的，
當崔梅玲被日、偽追捕時，老彭掩護她逃到上海。一路上，他們以叔侄相稱，他像
對自己的親女兒那樣對待梅玲，途中同睡一個大炕也絲毫不生異念。當梅玲（後改
名丹妮）與博雅失去聯繫，而梅玲與博雅同居時所懷的身孕又日益明顯時，老彭為
保全梅玲的名譽，而主動提出讓生下的孩子姓彭。不久，博雅與梅玲取得聯繫，消
除誤會並準備結婚時，梅玲卻已經移情於老彭，在鄭州直接向老彭表露心跡，但老
彭為成全博雅的婚姻，婉言拒絕了梅玲的愛。

　　梅玲、博雅、老彭之間的關係，如果一定要說是三角戀愛關係的話，那麼這個
等邊三角形的三條中線的焦點不是庸俗的情場角逐，而是由抗日戰爭所激發出來的
民族意識和人道主義精神。小說通過三個男女主人公對人的價值的重新認識，順利
地解決了由三角關係造成的矛盾。小說裡展開情節和發展性格的動力不是三角戀愛
的糾葛，而是時代洪流對個人命運的衝擊。這強大的衝擊力就是促進主人公精神世
界飛躍的引爆力和觸發力。

　　林語堂力圖通過主人公們在抗日戰爭期間的巨大變化，向外國讀者宣傳中國人
民在抗日戰爭時期的新風貌，這也是林語堂在海外「為國家做宣傳」的一部分內容。

第三十章

再回抗戰中的故國

提出治世藥方的《啼笑皆非》/在大後方高談東西文化互補/《贈別左派仁兄》

　　20 世紀 40 年代初，世界形勢和中國的時局都處於光明和黑暗大決戰的前夜。
林語堂在他的政論著作《啼笑皆非》中把國內外時局概括為四個字：「啼笑皆非」。
客觀地説，把整個國際形勢説成「啼笑皆非」，顯然不妥，但如果用來形容蔣介石政
權和美、英盟國領導人之間的複雜而微妙的關係，倒也有幾分神似。

　　幽默大師眼中「叫人哭不得笑不得的一種局面」[①]，正是歷史大轉折時期的一個側
影或折光。那時，德、日、意法西斯軸心國與世界反法西斯力量在全球範圍內展開
了生死搏鬥。1941 年 10 月，日本近衛內閣下台，由陸相東條英機上台執政，日本
加緊準備發動太平洋戰爭。

　　1941 年 12 月 7 日，日本海空軍偷襲美國在太平洋上的海軍基地珍珠港，擊沉
美國軍艦八艘，炸傷十二艘，擊毀美機二百五十多架，使美國太平洋艦隊受到重創。
12 月 8 日，美英對日宣戰，接著澳大利亞等二十多個國家也對日宣戰。12 月 11 日，
德意日三國締結新的軍事協定，規定三國對英美聯合作戰到底，保證不單獨締結停
戰協定或和約，第二次世界大戰進一步擴大起來了。接著日本對西太平洋和東南亞
各國發動全面的侵略攻勢。美英方面由於長期以來執行縱容日本侵略的「東方慕尼
黑」政策，所以沒有積極備戰，在日軍進攻面前，節節敗退。12 月 8 日，日軍侵入
菲律賓和泰國，9 日侵入馬來亞，18 日進攻關島，19 日進攻香港，23 日進攻威克
島。1942 年 1－5 月，日軍先後侵佔了新加坡、印尼、緬甸、新幾內亞和所羅門群
島等地，取得了暫時的軍事優勢。

　　當時，美英援華物資大部分是通過滇緬公路運入中國腹地的，日軍佔領緬甸等
地後，切斷了這條戰略公路，向正在與日軍浴血奮戰的中國軍民的後背捅了一刀。
在日軍侵佔緬甸前，美英盟國漠視這條戰略公路的重大作用，一直以傲慢的態度來

①　林語堂：《論東西文化與心理建設》。

對待戰火中的中國。有強烈的民族感情的林語堂，目睹美英等盟國對中國的不友好和不平等態度，萬分惱怒。作為幽默家，林語堂選擇了寄憤怒於幽默的曲筆，來表達自己的強烈感情。

與其說是「啼笑皆非」，還不如說是受損害的民族自尊心在痛苦地呻吟。他的心在哭泣，所謂「笑」，只是無可奈何的苦笑和輕蔑憤怒的冷笑。林語堂生活在強權政治的世界裡，一方面，他是深受國際公眾崇敬的文化名人，另一方面他又是備受強權政治欺凌的弱國國民。他在飲譽世界文壇之際，沒有忘記中國在世界上的屈辱地位。祖國的屈辱，就是他的屈辱。所以，在《啼笑皆非》一書的卷首，他毫不隱諱地表白了作為弱國國民對強權政治的抗議，對世界局勢的回顧和展望，深沉的民族感情湧動在字裡行間。

他說，國際形勢的發展，使他迷離恍惚，如在夢寐間。「回想起來，一片漆黑，只記得半夜躺在床上憋悶，輾轉思維，怎樣攻破這鐵一般的華府對援華的封鎖線。還半夜不寐，揣摩羅斯福總統給我們的悶啞謎。羅斯福說：『就以目前而論，我們空運輸入中國的物量和滇緬公路所運相等。』這句話委實俏皮，可是令我不快，我不願聽人家對於我國戰時急需品之接濟說俏皮話。到底航運多少噸量，我有確數，這確數中外官方始終不敢公佈出來。這真是最後一根草，把這沉著負重的中國駱駝壓壞了。恍惚有人打我一記耳光，耳鳴眼昏，不省人事。」

林語堂又說：「在我國與日本作殊死戰時，誰打中國的耳光，就同有人伸手打我一樣。」他接著說，近來他已多次被人打耳光 —— 也就是中國多次被人「批頰」——第一次是「七七」事變後，美國堅持「中立主義」，卻供給日本汽油廢鐵。第二次被「批頰」是英國政府既無意用自己的軍隊去堅守緬甸，卻又不肯早讓中國軍隊入境抗日，以致使日軍輕易地佔領緬甸，切斷了援華物資的必經之路：滇緬公路。第三次，「批頰」是根據租貸案運到緬甸的援華物資被扣留。第四次「批頰」是滇緬公路被封鎖後，美國官員「從中作梗，抵賴搪塞，不肯稍盡微力，以適宜航空運輸補救維持」。第五次「批頰」是中國軍事代表團去華盛頓，「協助友邦擬訂共同攻日戰略，卻遭人冷落不理」。第六次的重巴掌，是侮辱中國的謠言傳遍華盛頓，說中國政府是「法西

斯蒂」，是「帝國主義」，是「將資濟物品『囤積』起來」。這些謠言用意，是「表示中國不值抬舉，所以不給援助，甚為合理，並且活該。」接著，美英蘇三巨頭在卡薩布蘭卡開會，卻把盟國中國排斥在外，會議結束後，英美方面又巧詞遁飾，林語堂憤怒地指責：「簡直撒謊！」

這些接連不斷的「批頰」，打在中國身上，也同樣是打在林語堂臉上的一記又一記耳光，使林語堂一個月來，「昏迷若在夢中」！

夢醒了，林語堂決定調整自己的視角，用西方人的眼光來看時局：穿越時間的局限，放眼未來，研究中國在世界政治中的地位和作用。

夢醒了，嚴酷的現實使林語堂不得不正視「強權政治之存在」，然後由強權政治的存在，推及物質主義病源，再由此追溯西方近百年來學術思想上的弊端。林語堂開出了醫治這一弊端的藥方：「改造哲學基礎，復建精神與物質之平衡配合，使人道主義得超越自然主義之上。由人道與自然之新配合，宇宙觀人生觀必隨之而變，即見老莊與恩斯坦相去不遠，東西哲理，可以互通，而人道得以重立於人間。」

構思東西互補的世界文化新結構，這是林語堂一貫追求的目標。原先，他只是在許多論著中提出了零星的設想，把東西文化的優劣作比較研究，直到《啼笑皆非》問世，林語堂的新結構的框架才開始初具規模，林語堂在《啼笑皆非》中文譯本序言裡說：

一、本書原著，係為西方人士而作，所謂對症下藥也。不知其病，便不解醫士何以開此藥方。若物質文明，提高生活程度，非不美也。矯而正之，因其過猶不及也。提高生活程度，不應反對；惟以提高生活程度為人生文明之全部，混文明文化為一談，便須反對。……

二、物質文明好，物質主義不好，言其過也。是猶充實國防好，窮兵黷武不好，亦言其過也。……惟日本學西洋物質文明，並學其物質主義，及其所生之商業主義，侵略主義，帝國主義，是則不可不於理論思想上，先為之防。

三、東方西方，皆有精神文明，皆有物質文明。……故言東西文明之異同，

乃言各有畸輕畸重而已。西方學術以物為對象，中國學術以人為對象。格物致知，我不如人，正心誠意之理，或者人不如我。玄通知遠，精深廣大之處，我不讓人；精詳嚴密，窮理至盡，人定勝我。是故上識之士，以現代文化為世界共享共有之文化，本國文化，亦不熔鑄為世界文化之一部，故能以己之長，補人之短（如欲發展中醫，必先能將中醫打進「西醫」──即世界唯一共同之醫學──圈子裡去，混為一部，然後可以貢獻於世界醫學）。嘗謂近代真能學貫中外者惟總理一人，因其能兼容並蓄，融會貫通，故並能救西方資本主義之弊。……

　　第二次世界大戰加劇了各種社會力量重新分化組合，使國際政局呈現出光怪陸離的變化。當時，西方的一些社會科學家，熱衷於以預言家的姿態來分析形勢、指示未來，為當權者出謀獻策，或者是抨擊現有政策的失誤，出現了一股「政論熱」。

　　在「政論熱」的情勢下，林語堂推出了他的《啼笑皆非》。林語堂從批評美英大國的遠東政策破題，以中西互補的文化觀作為建立世界新秩序的靈丹妙方，提出以「老子不爭哲理以破強權思想」，「相信孔夫子，相信禮樂治國」。「孟子，倒給我們恢復了人的精神觀，給我們定了人類平等的原則，世界合作的基礎，以及自由的可能性」。林語堂以西方的人道主義調和儒、道、釋等中國傳統的哲學思想，這就是林語堂的東西互補的哲學道德框架。

　　《啼笑皆非》出版於國際反法西斯力量與法西斯殊死決戰的 1943 年前後。當時，世界各國人民所關注的是戰火紛飛的世界大舞台。在這人類命運的十字路口，即使林語堂有閒情逸致去探索東西文化的融合之途，廣大讀者也失去了欣賞這種高論的雅興。本來，在此時此地推出《啼笑皆非》，已經是一種背時之舉，再向國內讀者大肆宣傳這本書的觀點，更說明林語堂對中國的國情和民情隔膜到甚麼程度！

　　1943 年 7 月，《啼笑皆非》由紐約約翰‧黛公司出版。從《吾國吾民》開始，林從不親自動手把自己的英文著作翻譯成中文，唯有《啼笑皆非》是一個破例，他把該書的前半部分十一篇親自譯成中文（後十二篇由徐誠翻譯）。

　　1943 年秋天，林語堂帶著譯成中文的《啼笑皆非》，隨著訪美歸國的宋子文一起

乘飛機，從美國邁亞米市飛到開羅，再飛到加爾各答，越過喜馬拉雅山抵達昆明，再到重慶。

林語堂回國後，顯得十分活躍，或乘車或乘機，飛馳於重慶、寶雞、西安、成都、桂林、衡陽、長沙、韶關等地。在參觀訪問的同時，多次發表演說。重慶的當權者向林語堂熱情地伸出了歡迎的手臂。在半年多的時間裡，蔣介石夫婦接見林語堂達六次之多。在重慶時，他先住在熊式輝將軍家裡，後來住在孫科家裡。當局為他安排了訪問國家要人，以及到前線和後方參觀等各種活動。

1927 年以後，在相當長的一段時間內，林語堂與蔣介石政府曾保持一定距離。可是，現在，他的政治傾向非常明朗，許多人對林語堂的親蔣態度、特別是他接受蔣介石侍從室「顧問」的頭銜，頗有微詞，可是林語堂卻理直氣壯地回答：「我敢說，我在蔣委員長侍從室那些年，只是掛了個名兒，我並沒有向『中央』政府拿過一文錢；只是為拿護照方便一點兒而已。」①

抗戰中的中國和大戰中的世界一樣，使許多人產生一個直覺：在現實生活裡，飛機大炮最有發言權。來自太平洋彼岸的林語堂，沒有把握住大後方人民的心理，下「機」伊始，對久違的同胞高談東西文化互補，推出了以文化建設和心理建設來治世的藥方。

10 月 16 日，林語堂應重慶中央大學之請，發表了題為《論東西文化與心理建設》的演說。11 月 13 日，他又在西安青年堂作了《中西哲學之不同》的演說。林語堂在重慶中央大學對聽眾說：

今日講的是東西文化與心理建設。何以挑這題目？因為我覺得國人還是缺乏自信心；自信心不立，就是沒有心理建設，物質的建設便感困難。孔子曰：「立國之道有三：足食、足兵、足信。」「自古皆有死，民無信不立。」所以可以去食、去兵，而不可去信。信就是心理建設，而兵、食，就是物質建設。……

---

① 林語堂：《八十自敘》。

　　每思今人，思想龐雜，流於片斷零碎，對於我國文化，信心未固，見諸行事，便失大國風度。據我觀察，不平等條約雖然取消，不平等心理未改。因其未改，侍奉洋人越殷勤，越引起洋大人的輕蔑。西洋人最要人自尊，看得起自己，你越自菲薄，越招外侮。這於近年來中外接觸的事件上，處處可見。吾嘗謂東方之道，讓然後得；西方之道，攘然後得。鞠躬雅事也，但對西方人萬萬行不得；你鞠躬時，他從你背後一抽，你怎麼辦呢？桀驁不馴與叩頭謝恩，兩事都行不得，都不是大國之風！妄自尊大與妄自菲薄，都不是大國之風度。最要於與外人接觸時，有自尊心，不必悖慢無禮，也不必卑躬逢迎，不卑不亢，是為大國的風度。事有必爭便須爭，若 19 世紀半殖民地心理未解除，怕得罪洋大人，便一切外交無可辦。

　　在上述兩次演說裡，林語堂都宣揚和平哲學，即耶穌、釋迦、孔子所倡導的精神及老莊的柔勝剛的道理。

　　1943 年 11 月 28 日，林語堂乘郵車到成都，接見記者，談論「民主政治」的必要。12 月初，由成都飛桂林，又到衡陽、長沙。1944 年 1 月 14 日，吃過長沙李合盛的牛肉，遊覽了八角亭之後，在中山堂發表了《論月亮與臭蟲》的演說，宣傳他的東西互補的文化觀。

　　「東西哲理，可以互通」的立意，本來是無可非議的。從哲學文化思想角度探究現代世界的病灶，其用心也是好的。可是，在「武器的批判」主宰人類命運的戰亂時期，林語堂把「批判的武器」作為救世、治世的藥方，就有悖於社會的心理，其後果當然是事與願違。因為，在重慶防空洞裡躲警報的百姓，在長沙大火中逃生的難民，所關心的是如何戰勝日本侵略者，他們無暇去比較東西方的精神文明與物質文明之異同，也無暇去討論如何使兩者取長補短。

　　堅信批判的武器不能代替武器的批判的左派作家們，對林語堂的言行更是極為反感。郭沫若在重慶《新華日報》上首先發難，他把林語堂的新著《啼笑皆非》改了一個字，變成了自己的文章題目：《啼笑皆是》。郭沫若在文章中對「突然以說教者

的姿態出現於陪都」的「幽默大師」極盡挖苦諷刺之能事。接著，田漢寫了《伊卡拉斯的顛落——讀林語堂先生〈論東西文化與心理建設〉》，秦牧寫了《恭賀林語堂博士》等文。一時間，重慶《新華日報》、《大公報》、延安《解放日報》都發表了批林的文章。有一天，在桂林，一位記者請林語堂對「論戰」發表意見。林語堂很不服氣地說：

　　郭沫若的文章，根本是歪曲的，謾罵的。他們那般人，天天勸青年不要讀古書，說古書有毒，《三國》、《水滸傳》裡忠孝節義的話有毒，其實他們還不是天天看線裝書麼！我說要讀古書，就是希望我們知道自己固有的文化。我的英語好不好，只有讓英國人、美國人，總之是懂得英語的人去批評，郭沫若是沒有資格批評我的英語的。至於讀《易經》，郭沫若也是讀的，我林語堂也是讀的，我林語堂讀了不敢說懂，郭沫若讀了卻偏說懂，我與他的分別是這一點。

　　林語堂在西安遇見沈兼士，談起周作人的情況，沈兼士告訴他，北大沙灘大樓裡囚禁著許多中國青年，夜半人靜，裡面常傳出受刑者的捶打號哭之聲，慘不忍聞，而周作人竟裝癡作聾，熟視無睹。林語堂說：「周氏弟兄，趨兩極端，魯迅極熱，作人極冷。……作人太冷，所以甘作漢奸。……冷尤可怕，這又是放逸文士之所不為。可怕，可怕。」[①]

　　除在桂林向記者談話時罵了郭沫若一通之外，林語堂對其他的批評文章，沒有一一答辯。只在離國赴美之前，寫了所謂《贈別左派仁兄》的打油詩三首，把他與左派作家的矛盾看成是「文人相輕」和個人意氣。

----

① 　林太乙：《林語堂傳》。

第三十一章

美國出版商的警告

懷著雙重的抱憾離國／何應欽給
過他兩萬美金嗎？／接受三所美國
大學的榮譽博士稱號／林語堂的
苦惱

　　1944 年，林語堂離開重慶，又回到美國，先在紐約市哥倫比亞大學附近的公寓住下。

　　這次歸國觀光，在重慶當局的影響下，使林語堂對美國的對華政策，特別是對史迪威將軍的反感更加強烈了。早在「七七」事變之後，林語堂就對美國當權者的「中立主義」的煙幕和東方慕尼黑的陰謀，義憤填膺，曾多次撰文抨擊。《啼笑皆非》一書更是尖銳地批評了美英盟國的遠東政策。

　　只要一提起史迪威等美國對華政策的執行者，林語堂都要咬牙切齒地予以痛斥。他說：

　　……那時史迪威來到中國，猶如到印度去對一個印度酋長作戰一樣。……史迪威就像個獨裁暴君一樣，他不是來幫助中國，他是來破壞中美的團結……無論如何，美國派到中國來的應當是個外交家，不要派個粗野的莊稼漢，要派一個中國人認為具有紳士風度的人來。……①

　　在重慶，林語堂問何應欽：「在過去幾年史迪威給了中國甚麼？」

　　這位蔣介石政府的軍政部長回答：「只有夠裝備一個師的槍彈而已。」

　　1944 年，林語堂在大後方看見疲憊不堪的毛驢，經過萬里行程的長途跋涉，把大西北玉門油田的石油馱到大西南的昆明，此情此景，使林語堂痛苦得「真要為中國哭起來」！他把這一切歸罪於美國援華政策的失誤。

　　回國前，林語堂抱憾中國未被盟國理解；回國後，林語堂發現自己未被國人理解。因此，他是懷著雙重的抱憾離開中國的。

―――――――――――

① 　林語堂：《八十自敘》。

　　到了美國，林語堂以重慶當局的忠實支持者的形象出現在美國公眾面前。他在廣播電台上説：「現在在重慶的那批人，正是以前在南京的那批人，他們正撸胳膊，挽袖子，為現代的中國而奮鬥。」

　　林語堂的聲音與美國新聞媒介有關中國情況的報道大相徑庭。然而，林語堂的聲譽，並沒有改變一般美國人在中國問題上的既定的心理定式，美國聽眾譁然。就在電台上播出林語堂的講話的第二天，林語堂接到一個嚴厲的警告，告訴他：「不可以，也不應當再説那樣的話。」[①]

　　這個警告不是來自國內左派人士，而是林語堂著作的出版商華爾西（Richavd J. Waish），一個普通的美國公眾。

　　林語堂的聲譽在下落，不是因為文章的失誤，而是由於他的政治選擇。

　　但林語堂仍然在抗爭。回憶往事，林語堂坦率地説：「那時……我是唯一為蔣中正先生效力的。當時，我把喉嚨都喊啞了。」

　　林語堂意識到自己是在進行一場毫無勝利希望的戰鬥，他成了失利一方的一名傷兵。

　　儘管因為親蔣的立場，使林語堂在美國公眾中間的聲譽受到了損害。但他仍像20世紀30年代中期那樣，「欲據牛角尖負隅」對抗。他把自己回國後的見聞，用英文寫成了一本抗戰遊記《枕戈待旦》，1944年由紐約約翰·黛公司出版。

　　《枕戈待旦》問世後的遭遇，使林語堂感觸很深。因為，在此之前，林氏的英文著作在美國本本暢銷，而《枕戈待旦》出版後，由於書中的親蔣態度，使美國的「自由主義者」對他「突然冷落」。

　　種種流言廣為傳播。林語堂最惱火的是不少人都在傳言，説林氏已被重慶用重金收買，接受了何應欽給的兩萬美金。這是賽珍珠，JJ. Singh 和史沫特萊等三人分別當面對林語堂説的。背後的議論者自然更多。

　　林氏自信是清白的，因為他沒有拿過重慶政府的一分錢，面對無中生有的流

———————————

① 　林語堂：《八十自敍》。

言，他非常憤慨。他覺得他的收入是正大光明的，全部來自版稅。

從總體來看，隨著時間的推移，林語堂國際聲譽也在不斷地提高。1940 年，紐約艾邁拉大學（Elmira College）授予他榮譽文學博士學位。該校校長表揚他說：

林語堂 —— 哲學家，作家、才子 —— 是愛國者，也是世界公民；您以深具藝術技巧的筆鋒向英語世界闡釋偉大中華民族的精神，獲得前人未能取得的效果。您的英文極其美妙，使以英文為母語的人既羨慕欽佩又深自慚愧。

我們盼禱您不斷以中英文表達人類高尚的精神、標準，那是人類共同的願望。

鑒於您的卓越成就，艾邁拉大學得頒贈予您榮譽文學博士學位，倍感榮幸。

1942 年，美國新澤西州若特格斯大學（Rutgers University）授予林語堂榮譽文學博士學位。

1946 年，美國威斯康辛貝路艾特大學 (Beloit College) 授予林語堂榮譽人文學博士學位。該校校長是這樣評價林語堂的，他說：

林博士，東方學者，世界文士，您具有國際思想，為中華民族揚眉吐氣，您的卓越不凡的寫作已使您在世界上成為非官方的中國大使。

基於貝路艾特大學教職員和校董會所授權力，我現在以榮譽人文學博士學位頒贈給您，司儀現在將垂布加在您的學位服上，我謹以文憑呈獻給您並歡迎您成為貝路艾特大學的一員。

就在林語堂「成為非官方的中國大使」之際，另一位為美國人所熟悉的中國文化名人正在華盛頓擔任駐美的正式大使，他就是林語堂的老朋友胡適博士。「七七」事變不久，胡適被任命為中國政府駐美特命全權大使。胡適上任後，就積極爭取美國朝野支持中國抗戰，他發揮了擅長演說和善於社交的優勢，到各地巡迴演說，僅

在 1942 年的頭四個月裡，胡適就行程一萬六千英里，發表演講百餘次，差不多平均每天有一次。1942 年 9 月 8 日，胡適離職後，仍留在美國，而且還和林語堂住在同一個城市紐約。林語堂比胡適小四歲，林氏留學期間，經濟拮据，靠一罐麥片苦撐一個星期時，胡適曾雪中送炭，兩次給林氏匯款，每次一千大洋，解救了林語堂的燃眉之急。1923 年，林氏學成歸來，在胡適的引薦下，在北大英文系任教，胡適是系主任。胡適的學術地位和社會地位也都在林語堂之上，所以按理說，現在兩人同在紐約，自然應該是林語堂主動去拜訪胡適。可是，實際情況恰恰相反，由於林語堂生性不喜賓客，對胡適也不例外。所以，明知胡適在紐約，「他則從不探訪」，「也沒有兩人無事相約在外面吃一個便飯之事」。①

德國著名詩人歌德最討厭事先未曾約定而來訪的朋友，他認為這是對他的工作的干擾。他總是以嚴峻的面孔來對待這樣的來客，往往不同其談話，即使對有地位的客人，他也只是敷衍幾句馬上結束談話。就這一點而言，林語堂是繼承了歌德的待客之道，與胡適的待客之道截然不同。那時，即使卸任大使以後，胡適仍有頻繁的社交活動，他的客廳裡，常常賓朋滿座。胡適十分好客，特別歡迎從國內來的人去拜訪他，聽客人報道國內的最新信息，並同客人討論各種有關中國的問題。而林語堂則除約定的宴敘以外，極少訪友，不歡迎不速之客，也不大同來客談論中國的現實。林氏是以自己的創作和文壇聲譽來施加影響的。他交往的美國人大多在文化出版界，不像胡適那樣，廣泛接觸美國政界和社會各界人士。但從客觀效果來看，兩者殊途同歸。

抗戰勝利後，逃離各地的文人們，帶著辛酸的經歷，又回到了這座遠東大都會 —— 上海。

邵洵美的時代圖書出版公司再次打出《論語》旗號，由林達祖主持復刊後的《論語》的編務工作，一度曾達到五萬份的銷售數。《西風》等 30 年代論語派的雜誌也

---

① 徐訏：《追思林語堂先生》。

陸續復刊。不少當年《論語》《人間世》的老讀者都在懷念林語堂。人們估計，已蜚聲西方文壇的林語堂大概要來重整旗鼓。誰知，出人意料的是，昔日論語派的主帥沒有捲土重來。

這一段日子林語堂過得並不稱心如意。本來嘛，要使整個人生都過得舒適、愉快，這是不可能的，因此人類必須具備一種能應付逆境的本領。所以，實際上，人生有價值的事，並不是人生的美麗，卻是人生的酸苦。

第一個打擊是經濟上的。抗戰勝利後，物價飛漲，法幣貶值，使林語堂在中國銀行的存款變得分文不值。1939 年時，林語堂曾以兩萬三千美元兌換十三萬銀元，分存七年、十年、十四年的定期儲蓄，他計劃讓每個女兒在二十二歲的時候，都可以得十萬銀元。可是，抗戰勝利後，通貨膨脹到了令人吃驚的地步：與抗戰前相比，上漲了六萬倍！因此，林語堂的存款，連本帶息從銀行取出來，等於是一堆廢紙。

養女玉華被迫回國，對林語堂也是一個不小的打擊。玉華姓金，原由西安的一家孤兒院撫養。1943 年，林語堂回國時，在孤兒院觀賞了她的歌舞表演和鋼琴演奏。十二歲的玉華，以她可愛的容貌、優美的舞姿和多才多藝的文化修養吸引了林語堂。他覺得自己的三個女兒已逐漸長大，他希望經常有天真爛漫的兒童與他做伴，所以就決定把玉華收為養女，帶她去美國。玉華和她的母親在驚喜中答應了林語堂的提議。但孤兒院的規矩，林語堂可以認她為女兒，並且為她提供教育費，但不能離開孤兒院。抗日戰爭結束後，林語堂想盡辦法，總算把玉華帶到了美國。十四歲的玉華，長得眉清目秀，又彈得一手好鋼琴，博得了林語堂的歡心。但是廖女士卻不怎麼歡迎，因為領養玉華的事，林語堂事先沒有與夫人商量，就先斬後奏。廖女士覺得家裡已經有三個女兒，再要一個做甚麼？不是她生的，她不要。而金玉華的哥哥這時也反對妹妹去做林家的養女，認為這是使金家丟臉的事。而玉華本身患有風濕性心臟病，難以醫治，恐怕壽命不長。於是玉華只好又回到母親和哥哥身邊，成年結婚，四十歲去世。

金玉華被迫離開林語堂，對林語堂是一個大打擊。「他的傷心，沒有辦法對人

講。在他心靈深處，藏著幾個傷痕，他畢生不能忘懷。但是他憨直渾樸的個性並沒有因此改變。」①

　　在這段時間裡，大女兒林如斯的婚姻問題也把林語堂攪得心煩意亂。林如斯作為長女，深得父母歡心。1943 年，二十歲的林如斯回到中國，投身於抗日救亡的時代洪流，先在昆明軍醫署林可勝醫師手下服務。這位林可勝大夫是林語堂的好朋友。1926 年，林語堂在北京被列入通緝名單時，曾藏在林可勝家裡避難三個星期，林可勝的父親就是廈門大學校長林文慶博士。1926 年林語堂出任廈大文科主任也是由林可勝引薦的。所以，當林如斯堅決回國參加抗戰工作時，林語堂就放心地把女兒託付給了林可勝醫師。

　　1945 年，林如斯在昆明認識了汪凱熙醫師，打算與他到美國結婚。林語堂夫婦都很贊成大女兒的這門親事。當這對戀人來到美國後，林語堂夫婦就忙於張羅女兒的訂婚儀式，向親朋好友們發出訂婚宴會的請帖後，林語堂以為這一下可以坐下來鬆一口氣了。誰知就在親友們都準備前來參加訂婚宴會的前一天，林如斯突然和一個美國青年私奔了。這意外的消息，猶如晴天霹靂，林語堂夫婦不知如何是好。

　　這個美國青年是林如斯去昆明前認識的一般朋友，名叫狄克，父親是紐約一家廣告公司的老闆，很有錢。狄克是個浪子，中學時被學校開除，不務正業，靠父親養活，儀容平常，卻頗有口才。林如斯為甚麼會迷戀狄克，林語堂不明白，可是事已至此，只得承認現狀。

　　從此，林如斯跟著狄克過著不安定的生活，他們常常遷居。每次回到父母家裡，廖翠鳳都要燒出六七樣菜來款待，把女兒女婿當作貴賓招待，生怕女兒不肯回家。

　　女兒喜歡狄克，父母不喜歡也得裝出喜歡的樣子，廖翠鳳總是熱情地招呼女兒女婿「吃，吃呀！」

　　林語堂面對現實，無可奈何，憑他的閱歷，總覺得狄克靠不住，把愛女的終身

---

① 　有關養女玉華的資料來自林太乙的《林語堂傳》。

大事交託給這樣一個靠不住的美國浪子，林語堂不放心，同時也很傷心。

　　「憨囡囝，」林語堂對家裡人說，「怎麼做出這樣的事來？我現在比以前更加疼她。我捨不得。」[1]

---

① 　以上資料來源於林太乙的《林語堂傳》。

發明中文打字機的苦與樂 / 面臨
傾家蕩產的絕境

發明中文打字機的苦與樂

　　雄心是生活的動力，也是一切災難的淵源。在 20 世紀 40 年代中後期，對林語堂個人和家庭生活影響最大的，還是來自因發明中文打字機的宏圖而產生的衝擊波。

　　林語堂和中國現代文學史上的一些著名作家一樣，並不是讀不了數理化才被迫去讀文科的。他自幼熱衷於發明創造。小學裡學到虹吸管的原理後，他花了幾個月時間思考改良水井的吸水管設備，想使井水自動流到園內。青年時代，在去廈門的途中，他又對輪船上的蒸汽機著了迷。後來在中學物理課上看見了一幅活塞引擎圖，興趣濃厚，很想當物理教員。

　　林語堂說：「初入聖約翰時，我註冊入文科而不入理科，那完全是一種偶然。」還說，「如果等我到了五十歲那一年……我忽然投入美國麻省工學院裡當學生，也不足為奇。」這後一句話倒不是林語堂故作驚人之語。因為，五十歲那年，他雖然沒有成為工學院的大學生，卻專心去研製中文打字機了。

　　林語堂的一生與中文打字機有不解之緣。早在 1916 年，他就對中文打字機及中文檢字問題產生了興趣，後來，他在上海買了《機械手冊》，進行自學。他把各種型號的外文打字機買來，拆拆弄弄，到處擺放著拆散的打字機零件，「有不為齋」快變成了打字機修理廠。

　　發明中文打字機，幹嗎要去擺弄外文打字機？這是因為現有的中文打字機需要大盤大盤的鉛字，十分麻煩，林語堂想設計一架類似外文打字機的新機器。從 1916 年起，經過 30 多年斷斷續續的研究，他發明了「上下形檢字法」，取字之左旁最高筆形及右旁最低筆形為原則。放棄筆順，只看幾何學的高低。根據這個「上下形檢字法」，他發明了一鍵盤，用窗格顯示首末筆的辦法，在電腦問世之前，可以說是了不起的發明創造。

　　林語堂說：「一點癡性，人人都有，或癡於一個女人，或癡於太空學，或癡於釣魚。癡表示對一件事的專一，癡使人廢寢忘食。人必有癡，而後有成。」林語堂自

1946 年林語堂在紐約寓所

己則癡於打字機。40 年代中期，林語堂已在國外出版了七八本暢銷書，到 1946 年已累積了十幾萬美元的財產，他認為在經濟上已具備了研製中文打字機的財力。所以他沒有求助甚麼基金會的資助 —— 以他當年在美國的聲望，如果提出一項有關中文打字機的發明計劃，是會得到某些基金會的資助的。但是，「癡」於打字機的林語堂，竟然沒有認真地估計成本，也沒有設想一下可能遇到的各種問題，就像著了魔似的，每天清晨起床，坐在書房的皮椅子上，抽煙斗，畫圖，排字，把鍵盤改了又改。他決心發明一部操作簡單、人人可用的中文打字機。

他的發明構思是新穎而獨特的，但難度卻極大。樣機的零件都需要人工製造，在高度機械化的美國工業社會，手工製造的費用特別昂貴。但已經開了頭，並已投入大量的精力和財力，就不得不硬著頭皮繼續投資，否則就會半途而廢。付出的時間和人力也是無法計算的，他親自到唐人街請人排字鑄模。在紐約郊外找到一家極小的機器工廠製造零件，並請一位意大利籍的工程師協助解決機械方面的問題。越接近成功，碰到的難題越多，經濟支出也越大。這架打字機像一個永遠填不滿的無底洞，一聲不響地吞噬了林語堂的十萬美元。

林語堂不得不向華爾希 —— 賽珍珠的丈夫 —— 借錢。從《吾國吾民》開始，林語堂的暢銷書幾乎都是交給賽珍珠夫婦經營的約翰‧黛公司出版的。這家出版社靠林語堂的書發了不少財，何況從私交上說，賽珍珠夫婦又是林語堂的朋友。所以，林語堂以為請華爾希預支給他幾萬美元，應該是不成問題的。豈知這位多年的老朋友竟然不顧林語堂為約翰‧黛公司立下的汗馬功勞，拒絕預支稿酬。幸虧古董商盧芹齋先生借了一大筆錢，又向銀行貸款，中文打字機的原型才艱難問世。

這架打字機高九英吋、寬十四英吋、深十八英吋，備字七千個。每字只打三鍵。字模是鑄在六根有六面的滾軸上。打字機即將完成時，1946 年 4 月 17 日，林語堂通過律師向美國專利局申請專利。專利書長達八萬多字，附有三十九幅藍圖。歷時六年半，到 1952 年 10 月 14 日，這項專利申請才獲得批准。

提出專利申請後，林語堂就多方接洽，宣傳和推銷他的發明，希望能有一家實力雄厚的打字機製造公司生產他所發明的中文打字機。

　　1947 年 5 月 22 日，是林語堂全家難忘的一天。一個凝聚著林語堂全部心血的寵兒 —— 中文打字機，在這一天誕生了。上午 11 時，林語堂夫婦和二女兒林太乙從工廠把打字機取回家裡。林語堂深情地撫摸著這個寶貝疙瘩，它花費了林語堂十二萬美元和多年的心血……

　　林語堂讓二女兒試機，他隨便撿起一張報紙，要林太乙照打，不管打得快慢，能打出字來，就是成功。林太乙就像打英文打字機時所謂 hunt and peck（尋到鍵鈕就打），字打出來了！發明成功了！

　　由於方塊字的特殊性，使當時的中文打字機顯得非常複雜和不方便。比如，流行數十年之久的商務印書館的中文打字機，有個容納常用字的字盤，而別的字則按照使用次數的多寡放在另外的幾個字盤裡，需要用時再由打字員找出來放進常用字盤。使用這樣的打字機，打字員必須要經過幾個月的專門訓練，其速度與手工書寫差不多。而林語堂發明的打字機，以六十四鍵取代了龐大的字盤，每個字只按三鍵，每分鐘可打五十字，不需要經過複雜訓練，任何人在獲得指導後都可以進行操作。這架打字機的誕生，在漢字世界裡，是一項革命性的創舉，林語堂對它抱著很高的企望。

　　雷明頓打字機公司對林語堂的發明有一定的興趣，消息傳來，全家歡呼。林語堂把打字機小心翼翼地裝在一個木箱裡，木箱外面再包著油布，不顧外面正下著傾盆大雨，喚了出租汽車趕到雷明頓打字機公司在曼哈頓的辦事處，因為雷明頓公司正在等著看這架打字機的示範表演呢。

　　十幾位高級職員坐在長方形的會客廳裡。打字機放在客廳一端的小桌上，二女兒林太乙坐在打字機前面。林語堂簡單地介紹了這項發明的重要意義，闡明了打字機的操作原理。然後，指示林太乙作示範操作。

　　整個客廳呈現出一派靜穆的氣氛，那些好奇的美國人以審視的目光注視著林太乙的一舉一動。「咔嚓」一聲，林太乙按了鍵，可是打字機竟毫無反應；再按一鍵，還是沒有反應，又按鍵，仍然沒有反應。打字機公司的專家們已經發現問題，有的人開始竊竊私語。林語堂感到情況不妙，心想：也許是女兒太緊張了，操作失

常。他趕緊走到打字機旁，親自試打。會客廳裡靜悄悄的，只有林語堂按鍵鈕的聲音……頭一天晚上在家裡試打的時候，還是打得很順利的，偏偏在這節骨眼上出了毛病，林語堂的心像掉進了冰窟窿。

經過幾分鐘的擺弄，打字機仍然不動，林語堂只得尷尬地向大家道歉。然後一聲不吭地把這架使他當眾出醜的打字機裝入木箱，包在濕漉漉的油布裡，狼狽地離開了雷明頓公司的辦事處。

林語堂以巨大的心理承受力應付著眼下的突然變故。回家的路上，他一言不發，大雨打在計程車的車窗上，林語堂的心被不安攪動著……第二天召開記者招待會的通知已經發出，原先是想把今天在雷明頓公司示範表演的消息及時通報新聞媒介，以便造成轟動效應。可是現在第一次公開試機失敗了，明天難道把這出師不利的消息告訴新聞界？取消原來的議程吧，也總得向人家解釋清楚原因……

回到家裡，林語堂有了主意：當務之急是設法排除打字機的故障！他二話不說，先給那位意大利工程師打電話。工程師立即趕來，只用一把螺絲刀，不到幾分鐘就把打字機修理好了 —— 原來是一點微不足道的小毛病。林語堂鬆了一口氣，但給雷明頓公司所留下的印象已經無法挽回了，現在所能做的是把以後的事情做好，盡力恢復中文打字機的形象。

次日，記者招待會順利召開，他把自己的發明取名為「明快打字機」。他驕傲地指著打字機對記者說：「這是我送給中國人的禮物！」

各大報以顯著版面刊登了林語堂發明中文打字機的消息。林語堂把自己在紐約曼哈頓區的私宅向公眾一連開放三天，歡迎各界人士來參觀和試驗他的新發明。

中國駐聯合國軍事代表團團長何應欽，參觀了中文打字機之後致函林語堂說：「明快打字機是第一部無需記得字位或字碼，甚至無需看鍵盤即可打字的打字機。這特色僅僅是該打字機許多明顯的特色之一，但只憑這個鍵盤，明快打字機已經比其他所有中文打字機高明。本人誠摯向所有用漢字書寫的人推薦。」

著名的語言學家趙元任寫信對林語堂說：「語堂兄，日前在府上得用你的打字機打字，我非常興奮。只要打兩鍵便看見同類上下形的八個字在窗格出現，再選打所

要打的字，這是個了不起的發明。還有個好處是這鍵盤不用學便可打。我認為這就是我們所需要的打字機了。」

正在美國訪問的南京政府的外交部長王世傑，目睹了明快打字機的表演後，說：「我對這部打字機的簡易打法非常驚奇。這不但是中文打字機的改良，而且是極有價值的發明。」

諸如此類的讚揚之詞，舉不勝舉。

唐人街的華僑，旅美的華人和中國留學生們，紛紛奔走相告，湧向八十一街十二樓裡的林宅。把正在操作明快打字機的林太乙團團圍住，爭先恐後地把要求打的字寫在紙片上遞給林太乙……

正當鮮花、賀電、賀信和參觀、祝賀人群像潮水般地湧向林宅時，林語堂也接到了一封意想不到的掛號信，說「明快打字機」不是林語堂發明的，這封信的作者就是那個意大利籍工程師，他從新聞媒介那裡了解到「明快打字機」的轟動效應，以為有利可圖，就來與林語堂爭奪發明權了。他說自己是打字機的發明者，他要與林語堂打官司。這個意大利籍工程師連一個中文字都不認識，卻要竊取中文打字機的發明成果，林語堂感到駭然，只得找律師來應付他。

其實，明快打字機並不像工程師想像的那樣可以賺大錢，因為樣機雖已研製成功，但要獲利，必須得把發明成果投入商品生產領域。林語堂與許多公司聯繫，但由於中國又燃起了內戰的烽火，精明的商人們不得不考慮今後的商品市場問題，他們不願對一項銷售市場不穩定的商品大量投產。所以，竟沒有一個資本家願意接受這項新發明。負債累累的林語堂感到很失望，廖翠鳳則常常傷心得哭起來。結婚二十多年，廖女士總是與丈夫同甘共苦，在打字機製造過程中，她眼看多年的外匯儲蓄逐漸減少，以致借債，焦慮萬分。但她還把希望寄託在發明成功後所得到的補償上。現在，樣機試製成功了，可是卻無人肯投產，許多打算都落空了，廖翠鳳知道他們已為打字機而傾家蕩產，她怎能不傷心呢！

但是，林語堂卻沒有後悔。因為發明中文打字機過程中所遇到的困難，是奮鬥

者在前進途中的挫折。智慧對於人的作用，就是要竭盡全力地達到自己所企望的目標。對於中文打字機，林語堂只有智者的反思，而沒有反悔歉氣。

不走運的發明家默默地吞噬著破產的苦果，林語堂不得不為當初的莽撞而付出代價。

一天，林語堂和林太乙坐在一輛計程汽車裡，林語堂一面玩弄著一個紙型鍵盤，一面得意地對女兒說：「我這個打字機的發明，主要在利用上下形檢字法的鍵盤，其他機械上的問題是不難解決的。」

「那麼，你假使只把漢字照上下形檢字法分類，弄個紙型鍵盤，像你手裡拿的一樣，不就可以向人推銷嗎？」太乙戰戰兢兢地問，「當時有沒有製造模型的必要？」

林語堂朝女兒看了一眼，太乙的話，觸到了他的痛處，他輕聲地說：「也許不造模型也可以推銷。但是我忍不住，我一定要造一部打字機，使我可以真正的打字。我當然沒想到要花那麼多錢。」

「明快打字機」試驗成功的消息像一個巨大的衝擊波，越過寬闊的太平洋，波及遙遠的中國大地。上海灘的許多報紙都刊登了中文打字機發明成功的新聞，而一些好事者則又編織出不少神話式的「傳聞」，到處流傳著林語堂又發大財的消息。還是胡適出來說了「公道話」，叫那些人不要胡說八道，林語堂已經為打字機弄得傾家蕩產……[1]

---

① 　本章的部分資料來源於林太乙的《林語堂傳》。

林語堂和蘇東坡

他最偏愛的作品：《蘇東坡傳》/蘇東坡是他的精神榜樣

　　1947 年，林語堂準備離美赴歐前兩天，真正感受到了經濟破產對自己生活的嚴重威脅。

　　去法國，是為了出任聯合國教科文組織美術文學組主任一職。那一年，中國駐聯合國教科文組織代表陳源在事先徵得林語堂的同意後，提名林語堂為教科文組織美術文學組主任。

　　一向以「吃草或素食」自居、不願做官的林語堂，在債務的重壓下，看上了教科文組織優厚的高薪，十分樂意地接受了陳源的提議，決定帶著夫人和三女兒林相如去巴黎任職。他賣掉了紐約的公寓和傢具，償還了部分債務。林語堂有數千本必須隨身攜帶的參考書，每次遷居，它們都是最沉重的負擔。雖然林語堂已經自己設計了一種木箱，旅途中裝書，到達目的地後，打開來便是書架。但要帶著二十多隻這樣的木箱作跨國旅行，也是相當費事的，廖女士一聽說遷居，就馬上想到這些叫人頭痛的書箱。頭痛歸頭痛，整理行李時又不得不小心伺候好這些書籍，因為它們都是林語堂的寶貝。

　　出發前的準備工作大致就緒，還有兩天就要啟程了，林語堂突然收到美國稅務局的一封信，通知他必須要繳清積欠的個人所得稅三萬多美元，才能獲准離開美國！真是晴天霹靂！

　　「我的天呀！」林語堂看完信，拍著額頭大聲叫道。

　　幸虧盧芹齋先生的借款和《蘇東坡傳》的部分版稅及時到手，才算為林語堂解了圍。

　　《蘇東坡傳》是林語堂最偏愛的一本英文著作。一般作家都垂青自己的成名作，而林語堂最喜愛的，倒不是暢銷西方的《生活的藝術》，也不是後來榮獲諾貝爾文學獎提名的《京華煙雲》，而是人物傳記《蘇東坡傳》。林語堂偏愛《蘇東坡傳》，是因為他偏愛蘇東坡的才氣和憫人諷己的「幽默」。

　　《蘇東坡傳》開筆於 1945 年。雖然，林語堂在《蘇東坡傳》的原序中聲稱，他寫這本書並沒有甚麼特別理由，只是以此為樂而已。但實際上，《蘇東坡傳》從醞釀到脫稿，歷時一二十年之久，是嘔心瀝血之作。早在 1936 年，林語堂舉家遷美時，他變賣了上海家中絕大部分的動產和不動產，卻不顧行囊的沉重和旅途的遙遠，把有關蘇東坡的參考資料、珍本古籍，全部帶到美國，總計有十三類一百多種材料。書籍，特別是有關蘇東坡的書籍，在林語堂的行李中佔有相當的比重。可見，林語堂早就把《蘇東坡傳》列入了他的寫作計劃。

　　林語堂厚愛蘇東坡的原因在於：他不僅從蘇東坡的著作中汲取了精神營養，而且從蘇東坡身上看到了自己的身影。於是《蘇東坡傳》中的蘇東坡，多少有點現代化了，因為這是一個經過林語堂藝術加工的蘇東坡。

　　因此，《蘇東坡傳》也許並不是研究蘇東坡的最重要的史料，但卻是研究林語堂內心世界的難得的材料。

　　林語堂說，蘇東坡是個秉性難改的樂天派，是悲天憫人的道德家，是黎民百姓的好朋友，是散文作家，是新派畫家，是偉大的書法家，是釀酒的實驗者，是工程師，是假道學的反對派，是瑜伽術的修煉者，是佛教徒，是士大夫，是皇帝的秘書，是飲酒成癖者，是心腸慈悲的法官，是政治上的堅持己見者，是月下的漫步者，是詩人，是生性詼諧愛開玩笑的人。一提到蘇東坡，在中國總會引起大家親切敬佩的微笑，也許這話最能概括蘇東坡的一切了。

　　林語堂認為，蘇東坡使其他詩人「不能望其項背的」是他的人品：他幾乎是一個多才多藝的天才，有高度智力和天真爛漫的赤子之心。由於這些品質匯聚一身，所以蘇東坡成了天地間難得的鳳毛麟角。

　　林語堂說他之所以喜歡讀蘇東坡的作品，是因為蘇東坡的作品中流露出作家的本性，亦莊亦諧，莫不真篤而誠懇，完全發乎內心。蘇東坡的寫作除去自得其樂外，別無理由，字字皆自真純的心肺間流出。

　　林語堂被蘇東坡的魔力所傾倒，這魔力不是巫師的法術，而是天才的智慧之光。林語堂覺得蘇東坡身上有一股「道德的力量，非人力所能扼制，這股力量，由

他呱呱落地開始，即強而有力在他身上運行，直到死亡封閉上他的嘴，打斷了他的談笑才停止。他揮動如椽之筆，如同兒戲一般。他能狂妄怪癖，也能莊重嚴肅，能輕鬆玩笑，也能鄭重莊嚴，從他的筆端，我們能聽到人類情感之弦的振動，有喜悅、有愉快、有夢幻的覺醒、有順從的忍受。……總之，我們所得的印象是，他的一生是載歌載舞，探得其樂，憂患來臨，一笑置之。」林語堂認為蘇東坡的這種魔力曾使無數中國的讀書人所傾倒、所愛慕，他的《蘇東坡傳》就是盡力描寫蘇東坡的這種「魔力」。

因此，在林語堂筆下的蘇東坡，是一個具有「魔力」的人，這「魔力」，多半是林語堂賦予蘇東坡的。《蘇東坡傳》中的傳主，融合了佛、道、儒各家的哲理，是一個被林語堂所理想化了的人物。歷史上的蘇東坡是否真的到此境界，這已經是次要的了，重要的是，從《蘇東坡傳》裡的蘇東坡折射出 20 世紀 40 年代的林語堂的精神世界。

就書論書，無論從文學價值還是史學價值方面來看，近三十萬字的《蘇東坡傳》都是相當出色的。不僅對資料有翔實的考證，對是非善惡有透徹的判斷，而且剪裁提煉非常得當。既體現了學者的系統的治學方法，又有哲學家的思想高度和文學家的藝術技巧。作品超越了枯燥的史料堆砌，而富有濃鬱的生活氣息和動人的藝術魅力。可以毫不誇張地說，《蘇東坡傳》是林語堂在學術上和藝術上成熟的標誌。難怪林語堂本人和他的「知己」們都非常推崇這本書。

日後，如果蘇東坡研究也能形成「蘇學」的話，那麼，林語堂是當之無愧的「蘇學」家。他不但掌握了蘇東坡本人的大量史料，編寫了《蘇東坡年譜》，研究了《南行集》《錢塘集》《超然集》《黃樓集》《毗陵集》《蘭台集》《海外集》等蘇東坡詩文的早期版本，而且還對蘇東坡的家庭和家族的情況做了考證。因此，書中那些精彩情節，雖然未必字字有來歷，但確是熔鑄了林語堂對蘇東坡的獨特認識和理解，至少也可以算是林語堂在蘇東坡研究中的一家之言。

不知道九百年前的蘇東坡是不是真有如此的幽默風趣，但書中的蘇東坡，倒是

真夠得上幽默大師了。傳中寫東坡少年時，由四川來到汴京考科舉，考題是《刑賞忠厚之至論》。東坡才氣橫溢，想取功名，心情迫切，膽大包天，偽造史料，竟然在試卷內寫道：「當堯之時，皋陶為士，將殺人，皋陶曰殺之三，堯曰宥之三。故天下畏皋陶執法之堅，而樂堯用刑之寬。」這段故事完全是蘇東坡杜撰的。蘇東坡以這一段杜撰的情節，突出了賢君在罰罪之時惻然有哀憐之心，以免無辜受戮。考官們都是博學鴻儒，對蘇東坡的才學異常讚賞。讀到這段妙文，雖然誰也記不清出於何典，但誰也不敢說沒有見過這個典故，免得失了「博學鴻儒」的身份。在考官們的這種心態的掩蓋下，這段杜撰的文字，經過宋朝第一流學問家們集體審議後，居然弄假成真，混了過去。於是，1057 年 4 月 14 日，東坡以第二名的成績考中了進士。後來，考官梅聖俞私下問東坡：

　　「堯和皋陶這段話見於何書？我一時想不起在何處讀過。」

　　年輕的蘇東坡承認：「是我所杜撰。」

　　梅聖俞大驚道：「你所杜撰！」

　　東坡回答說：「帝堯之聖德，此言亦意料中事耳。」

　　林語堂十分賞識蘇東坡偽託堯典取得進士的膽量，林語堂認為這是東坡的刁皮處，亦是他才氣過人之處。林語堂在書中渲染了東坡的這種幽默性格。林語堂敬重他的人格，因為他「其大處為國為民，忠貞不渝，至大至剛之氣，足為天下師」。林語堂喜愛東坡的性格，認為「其可愛處，偏在他的刁皮」[①]

　　常人以為東坡的不大規矩之處，正是林語堂所偏愛的。林語堂寫到東坡在元祐時當了主考官。那時闈考考官看卷子，全留在禁中，與外間隔絕二三十天。秦少游等考官忙著看卷子，而主考官蘇東坡卻覺得無聊，跑來跑去，頑皮作謔，弄得別人無法凝神閱卷，而林語堂覺得這正是東坡可愛的地方。

　　《蘇東坡傳》寫出了東坡性格的複雜性和矛盾性，林語堂說：

---

① 　林語堂：《閒話說東坡》。

　　東坡是一個複雜的人，多面，不易了解。他是一個哲學家，可不是一個清教徒。他是一個儒教的道學家，可同時也是一個酒徒。他了解生活，高估生活的價值，因此，他要浪擲光陰在醇酒婦人中去消耗它。他是一位讚美自然的詩人，因此用著真正了解自然的眼光看人生；一個緊靠著自然生活的人，在四季的轉移、風雪的變化、山水的圍繞中接受自然的熏陶，決不再會歪曲他對人生的觀察。

　　人生難得真知己，林語堂一生只找到了一位「真知己」，他就是蘇東坡。

　　《蘇東坡傳》的英文原題是 *The Gay Genius*，直譯原意是「快活天才」。歷史上的東坡確是「天才」，但其一生坎坷，未必「快活」。「快活天才」一語，與其說是對蘇東坡的總結，還不如說是林語堂的自我總結。因為，林語堂倒的確是一個幸運兒，生活道路基本上一帆風順，即使有煩惱或挫折，也是成功途中的一些插曲。而蘇東坡則一生顛沛流離，沒有幾天安穩的好日子。雖有「快活」，也是苦中作樂。兩人的生活經歷，順逆懸殊。可是林語堂在寫作過程中，發掘並擴大了蘇東坡性格中的幽默素質，把傳主當成了古代的「幽默大師」，強調了東坡苦中作樂的那一面，所以，東坡變成了「快活天才」。

　　東坡在順境中的生活確實是「快活」的，林語堂敘述了東坡被貶到黃州之前的「快活」生活。他朝氣蓬勃，又不諳人情世故，他坦白率真，有話就說，不計後果。林語堂用中國傳統文化中的一個「氣」字來形容年輕有為的東坡，憑著孟子的所謂浩然之氣這股道義動力，克盡做人應盡的責任，保持不屈不撓的奮鬥精神。疾惡如仇是東坡可貴的地方，卻也因此而闖禍。書中的東坡曾對弟弟子由說：「我自知，經常說話不計輕重得罪人。但我感到不對時，好像吃東西發現了一隻蒼蠅，不把它倒出來，永遠於心不安的。」

　　嚴酷的現實，使發揚踔厲的東坡逐漸沉著而成熟起來。林語堂把貶遣黃州當作蘇東坡的一個轉折點來寫。蘇東坡窮到非自耕不能度的困境……再度挫折貶遣惠州，最後流放到海南島。林語堂剖析了東坡之所以能在逆境中保持心理平衡的原因：因為東坡深通易理、洞悟生死的宗教修養，使其獲得了精神上的寄託。

　　蘇東坡日記裡有一段自述海南島生活困境的記載，很容易被人忽視，可是林語堂卻以此為透視點，發掘了「快活天才」的內在張力。這段日記說，東坡住在一所漏雨的小屋裡，「食無肉，病無藥，居無室，出無友，冬無取暖，夏無飲泉，生活所需全都欠缺，所可自慰者，還沒有發現瘧疾。」面對這種逆境，林語堂筆下的東坡，坦然處之，反而對朋友說：「我還保持這個肉身，把它交給造化，讓造化隨著永生的循環，由命運決其進止。因此，任何遭遇我處之泰然，不必為我擔憂。」

　　林語堂寫到蘇東坡受到飢餓的威脅時，竟有心情在日記中寫一則「吞日光療飢」的小故事以自嘲。書中寫道：「在洛陽有一人一天跌進一個山洞，好久不得出，飢餓難忍。天明時，日光從岩縫中射入，見許多蛇和蛙在搶著把日光吞下去。他飢餓著了慌，也學樣吞日光，不料奇效，不餓了。此人出洞後，永遠不想吃東西了！」這簡直是現代的「黑色幽默」故事。

　　林語堂分析，東坡之所以能徹悟人生，不計困苦超然物外，這是因為他從小深悟儒家養生之道，中年時又從弟弟子由處學到了道家的靜坐，再加上平素跟一些佛教高僧過從甚密，尤其晚年流放惠州與海南島時，常得到吳德古的訪問照顧，受其感化至深。因此，林語堂的結論是：東坡晚年的人生觀是在儒家思想的基礎上融合了道家和佛學的東西，三者糅合在一起的結晶體。

　　在評價東坡的文藝成就時，林語堂說蘇東坡是一位多面的天才，多變而幽默，具有一顆巨大智慧與無邪的赤子之心。他的自然與真誠表現在詩文裡，像春禽秋蟲配合著自然的旋律在鳴奏樂章；又像嶺上啼猿，天邊鶴唳，在大自然中歌唱自己活躍的生機。他的作品給人的感應像美女，像名花，其美妙，可以意會，難作言傳。他的最動人處也就是關心他的人最擔心處：因為他疾惡如仇，該說該寫，無所顧忌，所以每每招災惹禍，沒有人能阻止他。在他的筆端，可以聽到人類悲歡離合的樂章。林語堂認為，東坡的一生就在這歌唱中愉快地生活著，即使悲慘壓迫而來，他也以微笑迎之。

　　「過得快樂，無所畏懼，像一陣清風度過了一生」，「享受人生的每一刻時光」。這就是林語堂描寫的「快活天才」的「快活」生活。林語堂說，蘇東坡在氣質上，「是

道地的中國人的氣質。從佛教的否定人生，儒家的正視人生，道家的簡化人生，這位詩人在心靈識見中產生了他的混合的人生觀。……他盡情享受人生。這就是這位曠古奇才樂天派的奧秘的一面。」

這也是「幽默大師」林語堂自己的「奧秘的一面」。因為，林語堂給在蘇東坡蓋棺論定的時候，無意中道出了他的生活價值觀。「盡力工作，盡情作樂」是林氏的信條，這信條，多少反映了東坡對林語堂的一些影響。

即使用「偏愛」一詞也無法概括林語堂對東坡的感情，東坡的一切，都能引起林語堂特殊的興趣。他饒有興味地考證了蘇東坡的家譜，證明東坡有姐姐，但沒有妹妹。從而否定了民間廣為流傳的蘇小妹嫁秦少游的故事。他還對東坡的婚戀史做了全面的調查，發現東坡有過悲劇性的婚外戀，悲劇的女主人公是東坡的堂妹小二娘。林語堂的説法是有道理的，絕不是望文生義。他説：

> 我讀東坡文集至其《祭亡妹德化君文》，及哭墓一段，恍然覺東坡與其堂妹小二娘有一段發於情止於禮的姻緣。此堂妹係柳仲遠妻，並非東坡親妹。後人附會蘇小妹故事，都因未曾細讀文集，為「妹」字所誤。[1]

林語堂考證，東坡十二歲至十六歲，與他堂妹小二娘，同在眉山，兩小無猜，青梅竹馬，但因為同姓，自然不能結婚。林語堂從東坡詩文中對小二娘的稱讚、愛慕和懷念中，推測這就是東坡的初戀。東坡愛堂妹，看來卻沒有甚麼越軌舉動，後來大家各自婚娶，成為東坡的隱痛。

《蘇東坡傳》出版後，林語堂把自己對這齣愛情悲劇的考證，陸陸續續地發表在一些散文中。在《蘇小妹無其人考》《蘇東坡與其堂妹》《答莊練關於蘇小妹》等文中，他有事實有分析地提出了令人心服的結論：蘇小妹難新郎的民間傳說，純屬虛構。因為傳說中的那位文思敏捷、才學兼優、頭額凸出的蘇小妹，實為子虛烏有的人物。

---

[1]　林語堂：《蘇東坡與其堂妹》。

　　一天午飯後，在地中海海濱城市坎城的「養心閣」別墅裡，林語堂正在花園裡曬太陽。二女兒林太乙突然問他：「人死後還有沒有生命？」

　　林語堂環顧這美麗的花園，處處都是胭脂紅的、紫玫瑰的、銅橙色的、磚紅色的、杜鵑紅色的花朵，蜜蜂在其間嗡嗡作響⋯⋯他肯定地回答：「沒有！你看這花園裡處處都是生命，大自然是大量生產的。有生必有死，那是自然的循環。人與蜂有甚麼分別？」

　　林語堂為了進一步說明自己的意見，引用了一首蘇東坡的詩：「人生到處知何似，應似飛鴻踏雪泥。泥上偶然留指爪，鴻飛那復計東西。」

　　林太乙望著父親雙鬢斑白，目光炯炯的神態，感到時光的流逝已使父親正在變老，不覺一陣淒涼，甚至恐怖，她忍不住問：「人生既然這麼短暫，那麼，活在世界上有甚麼意思？」

　　「我向來認為生命的目的是要真正享受人生。」林語堂在《蘇東坡傳》中就是這樣來解釋東坡的人生觀的。現在他又以同樣的思路來向女兒闡明他對生與死的看法，他說，「我們知道終必一死，終於會像燭光一樣熄滅⋯⋯」雖然如此，他卻仍教育女兒們要珍惜有限的生命，要決心明智地、誠實地生活。談到這些，林語堂又想起了蘇東坡。他說：「蘇東坡逢到悲哀挫折，他總是微笑接受。」

　　林語堂在自己的日常生活中確實時時以九百年前的蘇東坡為榜樣，微笑地接受挫折所帶來的後果。正如莎士比亞所說：「人們在被命運眷寵的時候，勇、怯、強、弱、智、愚、賢、不肖，都看不出甚麼分別來；可是一旦為幸運所拋棄，開始涉歷驚濤駭浪的時候，就好像有一把有力的大扇子，把他們扇開了，柔弱無用的都被扇去，有毅力、有操守的卻會卓立不動。」[①]

　　相比之下，夫人廖女士就顯脆弱一些。在因發明「明快打字機」而負債的嚴峻事實面前，原先十分精明能幹的廖翠鳳竟變得有點嘮叨，成天重複地說：「我們沒有錢了，我們欠人家錢。⋯⋯」

———————————

① 莎士比亞：《特洛伊羅斯與克瑞西達》。

　　也許，正是蘇東坡的精神力量，使這位不走運的發明家這幾年來經受住了破產的打擊，在一連串的波折面前，始終保持了樂觀的態度。

第三十四章

在坎城

在海邊別墅「養心閣」/ 反映華僑
愛國主義精神的《唐人街》/ 把孔
子和老子做比較 / 明快打字機最
後的命運

1947 年夏，為了還債，林語堂接受了聯合國教科文組織的高薪職位，到巴黎任職。

其實，不喜歡做官的林語堂，從 1927 年起，還是斷斷續續地做過幾任官的，與當蔡元培的秘書、擔任中央研究院國際出版物交際處處長的閒職相比，聯合國教科文組織的美術與文學組主任一職是相當辛苦的。每天要準時上下班，工作時講究效率，開會討論問題，通過議案，寫備忘錄，應付人事問題，等等，每天下班回來，都精疲力盡，躺在沙發上，動也不想動。

「明快打字機」折騰得他心力交瘁，而教科文組織的緊張的官場工作，更使他在個性上難以適應。林語堂開始禿頂，人也顯得蒼老和消瘦了。他終於提出辭職，並從巴黎搬到地中海邊風景優美的坎城，再度以寫作為生。

林語堂一家在坎城住在朋友盧芹齋的海邊別墅「養心閣」裡。「養心閣」位於山坡上，面向地中海。盧芹齋的法國夫人為他生了四個女兒，所以，設計「養心閣」時，不僅有盧芹齋夫婦的房間，而且還有四個女兒和女婿及外孫們的住所。但是盧氏成年累月地為事業忙碌，常住巴黎或紐約處理各種業務，女兒們又各有自己的小天地，所以「養心閣」常年閒置在那裡，平時由一對園丁夫婦來照料。

林語堂在盧氏的別墅裡領略了法國南部的美麗風光，一向以「山地的孩子」自詡的林語堂，這時，從地中海的宜人景色中又復歸自然了。

林語堂口含煙斗，在花園的棕櫚樹下，欣賞著異國的海光山色，他的心飛回了阪仔的青山和西溪的沙灘。他自信，他的智慧和道德信仰來自故鄉山水所給予的靈氣，此刻，他把往日對阪仔山水的迷戀移情於這地中海邊的自然景色。他要藉助大自然的力量使自己從破產的打擊中盡快地復蘇過來……

傍晚，他在岸邊觀賞滿載而歸的漁船，分享著漁人的憂樂，或者坐在露天咖啡室喝一杯濃咖啡。這裡的生活費用比紐約便宜得多，有新鮮的魚蝦、蔬菜、水果。

對於經濟拮据的林語堂來説，在這裡租個公寓，倒是個理想的寫作環境。

發明打字機時所欠下的債務，給廖翠鳳造成了巨大的心理負擔，她整天嘮叨著：「沒有錢了。」「欠人家錢怎麼辦？」等等。而林語堂卻沒有從此一蹶不振，他對前途仍充滿信心。當廖翠鳳嘮叨時，他抓住她的手，説：「鳳，我們從頭來過。你別擔心，我這支邊邊講的筆還可以賺兩個錢。」

地中海的山水使他文思如湧，長篇小説《唐人街》就是在坎城開筆的。

早在「七七」事變以後，林語堂就開始構思《唐人街》的某些情節了。那時，旅美華僑的抗日救國熱情，深深地打動了林語堂，他想寫一部反映海外華僑愛國主義精神的小説。

「五四」以來，雖然也有人描寫過中國留學生或華僑旅居海外的生活，如郁達夫的《沉淪》、老舍的《二馬》和許傑的一些小説，但以美國唐人街的華僑勞動者為題

1950 年林語堂和夫人在法國

材的作品，卻並不多見。而三四十年代，在海外的華僑，大多數都是含辛茹苦的體力勞動者。林語堂旅美期間，美國約有七八十萬華僑，其中大多數從事洗衣業、製衣業、飯店業。紐約、華盛頓、舊金山、檀香山、洛杉磯、波士頓、芝加哥等城市都有唐人街。

林語堂的《唐人街》反映了紐約華僑勞動者的生活。主人公湯姆是一個華僑子弟，十三歲隨同母親、妹妹背井離鄉，從廣東新會來到紐約。湯姆的父親是一位旅美三十年的老華僑，在唐人街開了一家小小的手工洗衣店。湯姆到美國後，在學校是一位勤奮好學的學生。回到家裡，又是洗衣店裡的強勞力，過著半工半讀的生活。

小說描寫湯姆在美國經受了種種的生活磨煉，他自覺地保持一個中國人的尊嚴，從容對付美國學生的種族歧視。父親病逝後，洗衣店在母親的主持下逐漸興旺，又擴大經營範圍，開了一家飯店。1937年「七七」事變後，全面抗戰爆發，強烈的民族意識像熊熊的烈火點燃了華僑們的愛國心，唐人街像一鍋煮沸的開水，沸騰起來了。洗衣工人、餐館老闆們都把自己的辛苦錢捐獻出來，支援受難的故國同胞。

湯姆積極參加唐人街華僑的各種民族救亡活動，並結識了中國女學生艾絲。小說描寫了這對青年男女的愛情波折和矛盾心理，但有情人終成眷屬，小說在慶賀湯姆母親六十大壽的歡樂氣氛中以大團圓而告終。

《唐人街》中的華僑勞動者艱苦創業的經歷，在海外華人社會中具有相當的代表性。由於林語堂在旅居紐約期間，經常去唐人街，與華僑有實際的接觸。「七七」事變後，他耳聞目睹華僑的愛國熱情，曾多次撰文報道華僑心向故國的感人事跡。林語堂根據自己的切身體驗，在小說中真實地反映了華僑勤勞、勇敢、刻苦、耐勞的民族傳統，同時也真實地反映了海外遊子的赤子之心。

「兩腳踏東西文化」的林語堂，在《唐人街》裡也形象地描繪了西方文化的現代觀念與中國文化的傳統觀念之間的差異。以湯姆為代表的年輕一代華僑，在西方文化的熏陶下接受了現代觀念。比如，湯姆和他的同輩認為，在經濟尚未獨立的求學期間，自己無力撫養妻子，就不應該結婚成家。在上一代的老華僑看來，這種現代觀念簡直是荒謬絕倫。小說中，以湯姆母親為代表的老一代華僑，仍以中國傳統的

文化觀念來支配自己的生活，拒絕接受美國的生活方式。湯姆的母親曾說，美國的「所有的事情都不對，兒女長大了不肯和年邁的雙親住在一起，孩子不奉養他們的父母，而父母也不要孩子的奉養，這就是為甚麼我們常常可以看到老年人在擔任電梯服務員和洗衣婦的原因了」。她認為「那全是傻事，而且是有罪的」。

　　林語堂在小說中客觀地反映了現實生活中的兩代海外華人之間的代溝。但小說並沒有把兩代人在觀念上的差異描寫成水火不容的矛盾。林語堂讓兩者調和起來，把讀者的思路導向他所設計的中西文化互補的邏輯軌道，在這一點上，《唐人街》是成功的。

　　《唐人街》中寄託了林語堂對理想的婚戀觀的嚮往。熟悉林語堂的人都知道，青年時代，他曾因為不能與心愛的姑娘陳錦端結合，經受了巨大的打擊。那無法逾越的門第觀念的鴻溝，是失戀的主要原因。對此，他一直耿耿於懷。陳錦端成了他畢生不能忘懷的一個隱痛，他把自己對陳錦端的純情珍藏在心靈的神殿之中，他常常會悄悄地去撫摸這塊心靈深處的傷痕。有時，他以作畫自娛，畫的女人總是留著長髮，用一個寬長的夾子夾在背後。有一次，二女兒林太乙忍不住問道：「為甚麼老是畫這樣的髮型？」林語堂並不隱瞞自己的真情，他回答說：「錦端的頭髮是這樣梳的。」在林語堂的小說創作裡，總是喜歡歌頌敢於衝破門第樊籬的青年男女。比如，《風聲鶴唳》《朱門》等小說中主人公，都是這一類人物。可見，那次失戀在他的生活中留下了多麼深刻的烙印，直接影響到他的文學創作的取材和構思。在現實世界中失落的東西，他在藝術世界裡得到了補償。

　　《唐人街》中的湯姆和艾絲也是一對並不門當戶對的戀人。艾絲出身於福建的書香門第，而湯姆則是手工勞動者的兒子。可是，林語堂卻讓這對門戶懸殊的青年男女，經過一番周折之後，完滿地結合了。

　　《唐人街》1948 年由美國紐約約翰・黛公司出版。可惜，由於藝術技巧上的缺陷，無法成為林語堂小說行列中的上乘之作。

　　在坎城住了一段日子以後，林語堂夫婦又曾去瑞士小住過一段時間，但因為瑞士要交納的所得稅奇高，他們不得不又搬回坎城。這時，二女兒林太乙已經結婚，

三女兒林相如在紐約市哥倫比亞大學巴納德書院就讀，林語堂夫婦掛念女兒，於是
又搬回紐約。但原來的公寓和傢具都已出讓，現在只好租了一套公寓，一切從頭
開始。

　　恢復專業作家的生活之後，林語堂就得靠寫作賣文為生了。

　　《唐人街》問世不久，1949 年他又撰寫了《老子的智慧》一書，被列入只出版經
典之作的藍登書屋的「現代叢書」。與他十一年前為同一「叢書」所撰寫的《孔子的
智慧》，七年前由藍登書屋出版的《中國印度之智慧》是姐妹篇。[①]1950 年，約翰·
黛公司又出版了他的《美國的智慧》一書，但是銷路卻並不好。

　　在《老子的智慧》中，林語堂通過孔子和老子的對比，比較出儒道的差別，進而
論述了兩者互補的必要性和互補的前景。

　　《老子的智慧》表明，林語堂對中國古代思想的總體認識，這時已初具輪廓。他
認為，儒道互補形成了中國古代哲學思想人生理想的整體框架。他在《序論》中說，
孔子學說的人生觀是積極的，而道家的人生觀則是消極的。孔子以義為禮教，以順
俗為旨，維護人類之教育與禮法，而道家吶喊重返自然，不信禮法與教育。林語堂
說，儒道兩家的差別，早在公元前一百多年之前就明顯了：官吏尊孔，作家詩人則
宗老莊；然而一旦作家詩人戴上了官帽，卻又走向公開讚賞孔子、暗地研究老莊的
途徑。林語堂說：

　　這兩家最大的異點：儒家崇理性，尚修身；道家卻抱反面的觀點，偏好自然
與直覺。[②]

　　林語堂認為，孔子學說的本質是都市哲學，而道家學說的本質為田野哲學。沒

---

① 《中國印度之智慧》曾被列為美國的大學教科書。
② 林語堂：《老子的智慧·序論》。

有天堂地獄，沒有天神的秩位等級，也沒有創世記式的神話 ── 林語堂認為這是孔子學說中的特點，同時也是弱點 ── 孔學過於崇尚現實而太缺乏空想的成分，而道家則以神奇幻異的世界豐富了中國人的精神世界，填補了儒學所留下的空白。

林語堂認為，如果說孔教是中國古代思想的經典派，那麼道家哲學是中國古代思想的浪漫派。因為道家哲學自始至終是浪漫的：一、道家主張重返自然，因而逃遁現實世界，背叛儒家文化；二、道家主張田野式的生活、文藝，並崇尚原始的淳樸，提倡返璞歸真；三、道家代表奇幻的世界。林語堂說：

中國人曾被稱為實事求是的人民，但也有他的特性的羅曼斯的一面，這一面或許比現實的一面還要深刻，且隨處流露於他們的熱烈的個性，他們的愛好自由，和他們隨遇而安的生活。這一點常使外國旁觀者為之迷惑而不解。照我想來，這是中國人民之不可限量的重要特性。每一個中國人的心頭，常隱藏有內心的浮浪特性和愛好浮浪生活的癖性。①

道教是中國人民的遊戲姿態，而孔教為工作姿態，這是林語堂的歸納。他說，每一個中國人當他成功發達而得意的時候，都是孔教徒，失敗的時候都是道教徒。道家的自然主義是鎮痛劑，撫慰著中國人受傷的靈魂。

後世道教的「長生不老」術，或各種符咒巫術，實際上與老子無涉。林語堂說，老子的學識是政治的放任主義與倫理的自然主義的哲學。理想的政府是清靜無為的政府，自由自在而不受他人干涉地生活。老子把人類文明看作退化的起源，視聖人為最惡劣的腐化分子，「聖人不死，大盜不止。」就是這個意思，正像尼采把蘇格拉底看作歐洲最大的壞蛋。

老子的《道德經》，被林語堂推崇為「全世界文壇上最光輝燦爛的自保的陰謀哲學」。林語堂說，老子覺察了人類智巧的危機，故盡力鼓吹「無知」，以為人類之最

---

① 林語堂：《老子的智慧·序論》。

大福音。老子又以為人類的勞役是徒然的，所以教人以「無為」之道，以節省精力而延壽養生。老子的消極人生觀影響到整個東方文化的色彩。

林語堂始終以儒道對比的角度來闡發他自己對這兩種中國古代哲學思想的認識。他認為許多中國人都在「入世」與「出世」兩種觀念的此起彼伏或矛盾統一中度過一生。明代的袁中郎如此，現在的梁漱溟教授也是這樣的人。

林語堂借《老子的智慧》，發表了他對道家思想和道教的研究心得。林語堂說，後來道教本身的範圍又擴展到醫藥生理學、宇宙學、符咒、巫術、房中術、星相術、天神的秩位政體說，以及美妙的神話。而尤其重要的是，道教貢獻了一種鍛煉養生法，主要方法為深呼吸，所謂吐納丹田之氣，據稱久練成功，可以跨鶴升天而享長生之樂。林語堂說：

　　道教中最緊要而有用之字，要算是一「氣」字，但這氣字未知是空氣之氣，還是噓氣之氣，抑或是代表精神之氣？氣為非可目睹而至易變化的玄妙的東西，它的用途可謂包羅萬象，無往而不適，無往而不通，上自彗星的光芒，下至拳術深呼吸。以至男女交媾，所可怪者交媾乃被當作追求長生過程中精勤磨煉的技術之一，尤多愛擇處女焉。道家學說總而言之是中國人想揭露自然界秘密的一種嘗試。

林語堂常以自己是道家的信徒而自詡。如果僅僅只讀過《老子的智慧》這一本書，那麼，也許就會對他的自白深信不疑。因為，他在《老子的智慧·序論》中又一次重申自己的「宗教信仰」是「道家」。但如果通讀了林語堂的全部著作，就可以發現：當他推崇某一個人，讚揚某一種思想、觀念時，他幾乎都要對被推崇被讚揚的對象傾瀉一連串最高級的形容詞，這是林語堂的文風。例如，在《孔子的智慧》中，林語堂對孔子的學說、為人和儒家精神，也同樣推崇備至。他激讚孔子學說中的人性觀點和人道主義，認為，雖然孔子的封建思想是陳腐的，但他主張個人道德修養的觀點，仍在現代社會生活中有偉大的價值。林語堂在《孔子的智慧·導言》中說：「我認為儒家思想，仍不失為顛撲不破的真理。」

　　只有把握了林語堂的這一獨特的文風，才有可能通過林語堂的著作去研究林語堂的思想。不然的話，讀了他的《孔子的智慧》，會相信他是儒家的信徒；讀了《老子的智慧》，又堅信他是道家的信徒；再讀了《從異教徒到基督教徒》又覺得他是耶穌的信徒。所以，與其從《老子的智慧》中去尋找林語堂是道家信徒的依據，還不如把《老子的智慧》當作測定道家思想在林語堂的文化框架中的方位時的一項參考資料。

　　1951 年，林語堂開始時來運轉。出版了幾本著作之後，欠盧芹齋和銀行的債務已逐漸還清。特別是 9 月 6 日與默根索拉公司的簽約，使發明家異常興奮！

　　三年前，1948 年 5 月 18 日，默根索拉排字機公司為研究製造「明快打字機」的可能性，曾與林語堂簽訂了一個六個月至兩年的合同，在此期間由該公司探索將這項發明投產的可能性，每六個月，公司向林語堂付款五千美元。雖然這個數字與林語堂為發明打字機所耗資的十二萬美元相比還不到一個尾數。但是，林語堂卻有一種絕處逢生的獲救感，因為終於有人要認真考慮他的發明成果了 —— 自己的發明無人問津，那是一個發明者最大的悲哀。

　　1951 年 9 月 6 日，默根索拉公司經過三年多的研究後，決定以二萬五千美元買下「明快打字機」的專利。協議還規定，假如「明快打字機」正式投產，每製造一部打字機，公司還要付給林語堂定價百分之五的版稅。林語堂還保留了打字機鍵盤的文學財產的所有權。

　　「明快打字機」雖好，但由於零件複雜，造價高，成本大，估計投產後每架售價至少一千美元以上。最終默根索拉公司怕賣不出去，只得把那架樣機束之高閣完事。十多年後，林語堂應聘為香港中文大學研究教授，他所主編的《當代漢英詞典》所用的就是「上下形檢字法」。林語堂父女們又惦記起那架「明快打字機」。這時，林太乙已擔任《讀者文摘》中文版總編輯，利用去美國旅行的機會找到了當年在默根索拉公司負責研究這項發明的工程師。林太乙在電話裡說明了想要回「明快打字機」原型的意向。

「啊呀，你來遲了三個月！」那工程師聽了，在電話裡遺憾地叫道，「那部打字機一直放在我的辦公室，放了十九年。三個月前，我們公司從布克林區搬到長島，我的辦公室堆積的東西實在太多了，我把許多東西，連你父親發明的打字機在內，丟出去了。」

林太乙聽了急忙問道：「丟到哪裡去了？」

「丟到垃圾站。」

「會不會有人撿去呢？會不會有人看中那漂亮的木箱，撿去了？」

「可能性不大。」

「我可否在貴公司的告示板貼個廣告，懸賞若干元，以求追回那部打字機？」林太乙還抱著一線希望。

工程師在電話裡笑了。他說：「我想是沒有用的。垃圾車早也把它收去了。」

「明快打字機」的命運不佳，但使用「上下形檢字法」的打字機鍵盤，卻不斷地受到有關方面的重視。後來，萬國商業機器公司和愛特克公司為美國空軍研製華英翻譯機器時，就運用了「明快打字機」的鍵盤。根據合同，默根索拉公司由於允許上述公司使用「明快打字機」的鍵盤，而向林語堂付款一萬美元。[1]

旅歐期間，林語堂有時也到蒙的卡羅的賭場上去碰碰運氣，但他不嗜賭成性，很能適可而止。因為，他不指望由此發財，只是好玩。正像他剛在美國紐約定居時，一度曾熱衷於猜獎的遊戲。猜獎的辦法是湊齊某種牌子的紙煙空殼五十個，然後就解答公司所出的問題，頭獎是十萬美元。林語堂和幾個女兒為猜獎而日夜忙碌。有些知識性的題目很有難度，林語堂不得不去哥倫比亞大學圖書館尋找資料。他不願用自己的名字去猜獎，用了「林語珠小姐」的化名寄出答案。廖翠鳳女士見丈夫像孩子一樣地成了「猜獎迷」，就數落他是著了魔。可是林語堂卻說：「假使別人可以得獎，為甚麼我不能。我也並不在一般人水準之下呀。」不久，猜獎的標準答案公佈了，一查對，林語堂發現自己的答卷有兩個錯誤，十萬美元自然就落空了。

---

[1]　有關中文打字機的資料，來源於林太乙的《林語堂傳》。

第三十五章

塑造理想的女性

《杜十娘》與《朱門》／李香君、芸娘、李清照

　　1950 年，林語堂根據《杜十娘怒沉百寶箱》的故事用英文改寫成《杜十娘》(*Miss Tu*)一書，由倫敦威廉‧海涅曼公司出版。1951 年，約翰‧黛公司出版了林語堂的英文編著《寡婦、尼姑、歌妓》(*Widow，Nun and Courtesan*)一書，書中節譯了老向的《全家莊》、劉鶚的《老殘遊記二集》，再加改寫的《杜十娘》。1952 年，林語堂又在約翰‧黛公司出版了《英譯重編傳奇小説》(*Famous Chinese Short Stories*)，林語堂把二十篇唐代著名的傳奇作品，用英文改寫，但他認為這不是翻譯，而是重新編寫，因為他以現代西洋短篇小説的技巧對原著加工改造，是他的精心結構之作。這些著作出版後銷路很好，使林語堂獲得了可靠的經濟來源。

　　20 世紀 50 年代初，海外的華文報刊很少，林語堂的二女兒林太乙和女婿黎明從毛里求斯回到紐約後，與林語堂商量，大家投資辦一份類似當年《西風》的文藝性月刊，林語堂欣然同意。刊物名為《天風》，由林語堂任社長，具體的編務工作則由林太乙黎明夫婦承擔。1952 年 4 月，創刊之初，聲勢赫赫，大有重振當年論語派雄風的勢頭，許多旅美的文化名人都列名為《天風》的特約撰稿人，如胡適、李金髮、沈有乾、陳受頤、陳香梅、黃文山、熊式一、高克毅、黎東方，以及在港台的徐訏、簡又文、謝冰瑩等，美國女作家賽珍珠也躋身其中，唐德剛、劉厚醇、蕭瑜、蔣彝、楊聯陞等人也經常給《天風》投稿。這個撰稿人的陣營還是頗有實力的。《天風》借了《「中央日報」》在唐人街的辦公室裡的一張寫字檯作為營業點，而大部分編務工作則在林太乙夫婦的家裡完成。在籌備階段裡，黎明和林太乙出力最多，可是出刊前，黎明考入聯合國機構任翻譯，這是個有經濟保障的「金飯碗」，黎明就把主要精力放到這份差事上了，於是《天風》從編輯、校對、發行到包裝等工作，幾乎都落到林太乙一個人頭上了。

　　看見女兒忙得焦頭爛額，《天風》的掛名社長林語堂也坐不住了，只得親自出馬來幫女兒的忙。辦雜誌，林語堂是識途老馬，原先以為只要在編務上做方向性的宏

觀指導，而現在卻要捲起袖子直接幹包裝雜誌、開汽車把雜誌運送到郵局去發行等粗重的體力工作了，但為了《天風》的生存，林語堂毫無怨言地做著力所能及的事。

　　儘管連林語堂也到了第一線，《天風》卻僅僅出了幾期就停刊了。

　　1953 年，林語堂出版了英文寫作的長篇小説《朱門》。林語堂把《京華煙雲》《風聲鶴唳》《朱門》這三部小説合稱為「林語堂的三部曲」。因為三者有著內在的聯繫，都寄託了林氏的文化理想和人生理想。《京華煙雲》和《風聲鶴唳》在故事和人物上還有一定的聯繫，而三十萬言的《朱門》在故事和人物上與前兩部小説沒有任何關係。《朱門》採用直綴的藝術構思方式，以師範學院女生杜柔安和上海《新公報》駐西安記者李飛的戀愛經歷為主要線索，在 20 世紀 30 年代初中國西北部的社會背景中，表現善與惡的衝突、正義與非正義的較量。

　　按照故事情節的發展，《朱門》分為六部分。

　　第一部的標題是《大夫邸》，這個所謂大夫邸是前西安市長杜芳霖和他哥哥杜忠的府第。小説開頭描寫了杜忠的女兒，也就是杜芳霖的侄女杜柔安在西安學生聲援「一‧二八」戰爭的遊行示威中受了輕傷，在現場採訪的記者李飛將她護送到醫院治療。這次邂逅，在兩個青年人的心田裡播下了愛情的種子。第二部《滿洲客》，描寫東北的大鼓藝人崔遏雲來西安獻藝，博得西安聽眾的好評，卻被不懷好意的西安權貴扣押。民間幫會首領方文波殺死衛兵，救出崔遏雲，在杜柔安的掩護下，崔遏雲去蘭州避難。同時，李飛杜柔安雙雙墜入愛河。第三部《三岔驛別莊》，三岔驛是個地名，那兒有杜忠兄弟的別墅。杜忠隱居在三岔驛山上的喇嘛廟，而杜芳霖和他的兒子杜祖仁則在那裡建閘養魚。杜芳霖父子為富不仁，為增加魚產量，在湖口建閘，切斷水源，損害了當地回民的利益，於是發生衝突。這時，杜柔安來三岔驛看望父親，李飛去新疆採訪途中與杜柔安在三岔驛相聚一週。杜忠見過才氣橫溢的李飛後，認可了這對青年的愛情。第四部《玉葉蒙塵》，李飛在蘭州看望了逃亡的崔遏雲，隨後去哈密，被當地軍方扣押。在西安，杜忠、杜芳霖兄弟因在對待湖水建閘等問題上的分歧，矛盾激化，精神受到刺激的杜忠死於突發性的腦溢血。這時，杜柔安已懷著李飛的孩子，想要獨吞家產的杜芳霖，乘機攻擊侄女不守婦道，杜柔安毅然

放棄繼承遺產的權利，去蘭州打聽李飛的下落。第五部《蘭州》，杜柔安當了自食其力的家庭教師，並打聽到李飛被關押在迪化（今烏魯木齊）的監獄裡。通過一個飛行員，杜柔安和李飛取得了聯繫。新年後，杜柔安生下了一個男孩。杜芳霖父子依舊作惡多端，由於他們的告密，大鼓藝人崔遏雲被捕，在押回西安的途中，崔遏雲跳水自盡。第六部《歸來》，杜柔安母子被李飛的母親接回西安李家居住。李飛也逃出監獄，輾轉回到西安與杜柔安團圓，並補辦了婚禮。而杜芳霖因水閘糾紛，釀成民族衝突，遭到憤怒的回民的圍攻，在倉皇逃竄中陷入泥沼而死。小說的結局是善有善報、惡有惡報。除了男女主人公大團圓之外，郎如水與湘華、方文波和春梅等次要人物也都花好月圓，有情人終成眷屬。

《朱門》是一曲真、善、美的頌歌，林語堂歌頌了杜柔安、李飛、崔遏雲、方文波、郎如水、杜忠等人。鞭撻了假、惡、醜，設置了杜芳霖、杜祖仁父子背天逆人不得好死的可恥下場。書中人物不同的結局，表現了林語堂的是非觀和愛憎觀。

林語堂把東方的女性美和西方文化的女性價值觀有機地糅合在一起，塑造了一個體現林氏女性觀和婚戀觀的理想人物杜柔安。

愛情是一種崇高而純潔的感情，用杜柔安的話來說：「愛情會是一件美事。」為追求愛情，作為「朱門」之女的杜柔安敢於衝破一切世俗的羈絆，毫不猶疑地越過了門第的鴻溝，來到「寒門」出身的李飛家。與杜柔安相比，《京華煙雲》中的姚木蘭雖然也是林語堂塑造的理想人物，但是《京華煙雲》的故事情節的規定性，使木蘭始終不必面對門第觀念的嚴峻考驗。杜柔安和姚木蘭都是林語堂藝術世界裡的寵兒，都是被林氏理想化的女性，她們兩個人構成了林語堂女性觀的全貌。她們都出身於「朱門」富戶，受過高等教育，知書達理，純真善良，聰慧練達，有正義感，有愛國心，內心世界和外形容貌都是美麗的。《京華煙雲》突出了姚木蘭在中國傳統家族制度下的複雜的大家庭生活中，處理父女、夫妻、婆媳、妯娌等關係的藝術。在婚姻和愛情的矛盾中，在傳統的家庭觀念和現代意識的個性自由的衝突中，姚木蘭接受了傳統的安排，但在林語堂精心設計的捨身救立夫的驚險劇中，她的強烈的個性意

識也得到了充分的表演。但她的家庭、倫理、婚戀等觀念，基本上都沒有越出傳統的規範，所以她是一夫多妻制的信徒。而《朱門》中的杜柔安，在個性解放意識上，要比姚木蘭激進得多。

在杜柔安的時代，婚姻自主、婦女解放等早已不是驚世駭俗的奇談怪論。然而，理論上的承認，不等於實踐中的行動。多少嚮往婦女解放的女性，常常在只要付諸行動就可以把理想變成現實的節骨眼上，突然猶疑了，失去了可能把握命運的最佳時機，而又重新陷入傳統的泥沼。《朱門》中的杜柔安卻不是這種常見的空想家。她不是一個奢談女性獨立人格的女權主義者，她是一個蔑視門第觀念的實踐者。敢不敢衝破門第的束縛，是林氏理想女性的一個重要標準，杜柔安不愧是按照林氏的婚戀觀塑造出來的一位理想人物。

林語堂說，《朱門》中的人物「純屬虛構」，但小說的歷史背景卻是完全真實的。《朱門》是在民族矛盾、回漢衝突的真實背景下，展開故事情節的，不少真人真事穿插在小說的情節中。例如，率軍移民新疆的左宗棠；1864－1878 年領導回民起義的雅庫布貝格；哈密廢王的首相約耳巴司汗；在南京受審判後，被槍決的新疆省主席金樹仁；後來成為新疆「土皇帝」的盛世才；企圖建立中亞回教帝國的回族將軍馬仲英；等等。《朱門》還描寫了「新疆事變」在 1933 年那一年的情況。

把真實的歷史人物和事件糅合在虛構的人物和情節中，這是《京華煙雲》《風聲鶴唳》《朱門》這三部長篇小說的一個共性特徵。

林語堂所以要把《朱門》和《京華煙雲》《風聲鶴唳》合稱為「林語堂的三部曲」，不僅因為這是他自我感覺最良好的三部小說，而且，也因為這三部小說是最能體現林語堂的東西大融合的文化理想的作品。林語堂把自己的理想、希望和愛憎全部寄植於「三部曲」中的那些理想人物身上了。所以這「三部曲」實際上是林氏的文化觀、人生觀、世界觀的形象說明。

杜柔安、姚木蘭等形象，並不是林語堂憑空想像出來的，而是以林氏所讚賞的一些中國古代婦女為模特兒，加工設計而成的。

林語堂最崇拜的古代婦女是李香君，他把《桃花扇》中李香君痛罵奸賊阮大鋮

的一段唱詞與岳飛的《滿江紅》相提並論。這段唱詞是：

妾的心中事，亂似蓬，幾番要向君王控，拆散夫妻驚魂迸，割開母子鮮血湧，比那流賊還猛。做啞裝聾，罵著不知惶恐。

堂堂列公，半邊南朝，望你崢嶸，出身希貴寵。創業選聲容，後庭花又添幾種。把俺胡撮弄，對寒風雪海冰山，苦陪觴詠。

東林伯仲，俺青樓皆知敬重。乾兒義子從新用，絕不了魏家種。

冰肌雪腸原自同，鐵心石腹何愁凍。

奴家已拼一死。吐不盡鵑血滿胸！吐不盡鵑血滿胸！

林語堂認為，李香君一個弱女子能代表東林黨人罵阮大鋮之類的魏忠賢的黨羽，罵得好，罵得痛快，與岳飛的《滿江紅》一樣，是驚天地、泣鬼神的文字。

林語堂把秦淮名妓李香君推崇為奇女子。20 世紀 30 年代在上海時，他託朋友由楊季眉處購得一幅李香君的畫像，掛在書房裡，從此，這幅李香君畫像成了他的寶貝，不論到哪裡，都帶在身邊。他說能得到此畫，是一生快事。興致所至，還在畫像上題了一首打油詩：

香君一個娘子，血染桃花扇子。氣義照耀千古，羞殺鬚眉男子。

香君一個娘子，性格是個蠻子。懸在齋中壁上，叫我知所觀止。

如今這個天下，誰復是個蠻子？大家朝秦暮楚，成個甚麼樣子？

當今這個天下，都是販子騙子？我思古代美人，不致出甚亂子。

這首打油詩，借古諷今，寓莊於諧，寄寓了林語堂的愛恨好惡。林語堂特別欣賞李香君捨身取義的俠膽忠心。在林氏小說中的那些理想人物身上（如姚木蘭、崔遏雲、杜柔安等），幾乎都可以找到李香君式的俠義性格和俠義行為。

《浮生六記》中的芸娘也是林語堂所崇拜的古代婦女。林語堂認為《浮生六記》

是古今中外文學中最溫柔細膩的閨房之樂的記載，他欣賞芸娘與沈復促膝暢談書畫的場面。他愛芸娘的憨性，一次，芸娘見了一位美麗的歌妓，想暗中替她丈夫撮合娶為側室，後來那歌妓為強者所奪，芸娘因而生了一場大病。《京華煙雲》中的姚木蘭竟也像芸娘一樣，想為丈夫物色小妾。林語堂為《浮生六記》中的芸娘夫婦的那種愛美、愛真的精神和他們的知足常樂、恬淡自適的天性，幾乎感動得如醉如癡。他在《浮生六記》英譯本的序言中曾說：

> 我現在把她的故事翻譯出來，不過是因為這故事應該叫世界知道；一方面以流傳她的芳名，又一方面，因為我在這兩位無猜的夫婦的簡樸生活中，看他們追求美麗，看他們窮困潦倒，遭不如意事的磨折，受奸佞小人的欺負，同時一意求享浮生半日閒的清福，卻又怕遭神明的忌。在故事中，我彷彿看到中國處世哲學的精華在他們夫婦的生平上表現出來……蹭蹬不遂，而仍不改其樂……我們看見她的愛美的天性與這現實的衝突 —— 一種根本的，雖然是出於天真的衝突。

　　20 世紀 30 年代，林語堂曾請在東吳大學讀書的周劭幫他在蘇州郊外的福壽山上尋找芸娘夫婦的墳墓。[①] 林語堂準備要備香花鮮果，供奉跪拜於這兩位清魂之前，可惜，這對平民夫婦的墳墓早已湮沒在野草亂石之中，難以尋覓。林語堂只好放棄了他的祭奠計劃。但芸娘的影子卻總是不斷出現在林語堂的小說作品中，成為他塑造理想女性形象不可缺少的藝術材料。

　　著名的女詩人李清照也是林語堂所賞識的古代婦女。李清照的才華，特別是李清照與其丈夫趙明誠即使典當衣服也要買回碑文，夫妻相對賞碑帖的瀟灑態度，使林語堂羨慕不已。他在對聖約翰大學和光華大學學生介紹自己的讀書經驗時說：

> 我認為最理想的讀書方法，最懂得讀書之樂者，莫如中國第一女詩人李清照

---

① 據周劭先生與筆者談話的錄音整理稿。

及其夫趙明誠。我們想像到他們夫婦典當衣服，買碑文水果，回來夫妻相對展玩
咀嚼的情景，真使我們嚮往不已。你想他們兩人一面剝水果，一面賞碑帖，或者一
面品佳茗，一面校經籍，這是如何的清雅，如何得了讀書的真味。易安居士於《金
石錄·後序》自敘她們夫婦的讀書生活，有一段極逼真極活躍的寫照，她說：「余
性偶強記，每飯罷坐歸來堂烹茶，指堆積書史，言某事在某書某卷第幾葉第幾行，
以中否角勝負，為飲茶先後，中即舉杯大笑，至茶傾覆懷中⋯⋯故雖處憂患困窮，
而志不屈⋯⋯於是几案羅列，枕席枕藉，意會心謀，目往神授，樂在聲色狗馬之
上。⋯⋯」你們能用李清照讀書的方法來讀書，能感到李清照讀書的快樂，你們大
概也就可以讀書成名，可以感覺讀書一事，比巴黎跳舞場的「聲色」，逸園的賽狗，
江灣的賽馬有趣。①

　　林語堂喜歡李清照、芸娘等古代婦女風雅灑脫的性格，所以他筆下的理想女
性，多少都帶有幾分不食人間煙火的貴族氣。

---

① 　林語堂：《讀書的藝術》。

第三十六章

和賽珍珠決裂

林語堂後悔莫及 / 林、賽的政治分歧

1953 年出版的《朱門》，是林語堂交給賽珍珠夫婦的約翰‧黛公司出版的第十三部著作，也是該公司為林語堂出版的最後一本書。因為，此後林語堂和賽珍珠夫婦便絕交了。

二十年前，林氏夫婦和賽氏夫婦的跨國友誼，曾被國際文壇引為佳話。可是，二十年後，竟然情斷義盡。這兩位文化名人的決裂，使旁觀者感到驚訝。而在知情者看來，這是原來被掩蓋著的隱患在適當條件下的必然暴露。

林語堂的知己朋友郁達夫，早就說過：「林語堂生性憨直，渾樸天真……惟其憨直，惟其渾樸，所以容易上人家的當……」[①]

不幸而言中了！林語堂之所以同賽氏夫婦決裂，在林語堂看來，是因為賽氏夫婦讓他上了十九年的當，他忍無可忍了。

矛盾的焦點是版稅。當年，在美國出書，一般來說，出版社提取 10% 的版稅，可是，賽氏夫婦的約翰‧黛公司居然提成 50%，超過別人四倍之多，而且版權還不歸林語堂，而是歸出版社。如此巨大的經濟損失，林語堂竟然在吃虧了十九年後才如夢初醒，也真是「憨直」和「渾樸」得到家啦！

有人說，恐怕正因為這家出版公司是賽珍珠夫婦經營的，才能把林語堂蒙蔽十九年之久。換言之，是林語堂和賽氏夫婦的特殊交情使林語堂竟然會被蒙蔽十九年之久。平心而論，林、賽的友誼的確非同一般，1934 年賽珍珠主動把機遇的彩球拋給林語堂，接下來才會有《吾國吾民》的問世，而該書在美國的巨大反響，也與賽珍珠的大力推薦有關。賽氏在美國公眾還不熟悉林語堂的情況下，親自為《吾國吾民》撰寫序言，給予極高的評價。實際上，等於是賽珍珠以自己的聲譽為林語堂做了信用擔保。《吾國吾民》暢銷後，賽珍珠又邀請林語堂到美國去寫作。1936 年 8

---

① 郁達夫：《現代散文導論（下）》。

月，林氏一家五口，遠涉重洋，到美國後，最先的落腳點就是賽氏在賓州的鄉間住宅。[①] 所以，從這個角度來看，沒有賽珍珠的扶植，也就不會有《吾國吾民》，林語堂也不會去美國寫作。如果不去美國，日後也未必能有《生活的藝術》《京華煙雲》等著作的誕生。

但從另一個角度來看，賽珍珠的球不拋給林語堂又能拋給誰呢？再說，正是林語堂的暢銷書為賽珍珠夫婦的出版公司帶來了豐厚的利潤。從 1935 年到 1953 年間，林語堂成了約翰·黛公司的一棵搖錢樹。

賽珍珠在林語堂身上的感情投資，獲得了意想不到的收益 ── 林語堂多次拒絕了其他出版商高額版稅的誘惑，堅持把那些暢銷書全部交給約翰·黛公司出版，讓賽氏夫婦去賺錢 ── 因為他不是一個忘恩負義的人。

可是，賽珍珠夫婦卻是以西方文化的價值觀念來看待與林語堂的關係的。賽氏夫婦認為，朋友是朋友，賺錢是賺錢，朋友的錢照賺不誤。所以，賽氏夫婦在與林語堂簽訂的那些出版合同中，毫不手軟地「宰」了林語堂。

林語堂雖然在自己的著作中把東西文化取長補短的前景描繪得極其樂觀，而在現實生活中 ── 在簽訂出版合同的時候 ── 這兩種文化觀念卻實在難以調和。林語堂明知吃虧，但認為大家是朋友，不好意思斤斤計較錢財，為了報答賽珍珠的知遇之恩，也就心甘情願地接受了賽珍珠夫婦以美國生活方式所提出的簽約條件。結果，所謂出版合同，成了賽珍珠要怎麼樣就怎麼樣的東西。

如果事情僅僅到此為止，那麼，周瑜和黃蓋扮演完各自的角色，也就相安無事了。誰知，偏偏節外生枝，插進了一個發明打字機的小插曲：作為「發明家」的林語堂，實在不走運，耗盡了多年積蓄的十二萬美元，到了傾家蕩產的地步，一度曾窮到靠借債度日，借錢的第一個目標當然是好朋友賽珍珠。因為，賽女士是林氏全家最親近的美國朋友，不僅賽女士夫婦和林氏夫婦過從甚密，而且連兩家的孩子們也

---

① 有關林、賽友誼的情況，參見拙文《林語堂出國以後》(《文匯月刊》1989 年 7 月號) 和拙文《林語堂和賽珍珠》(《文學報》1989 年 7 月 20 日)。

成了好夥伴。不料，見林語堂張口借錢，賽氏夫婦一反往日殷勤有禮的常態，冷冰冰地接待了這位倒霉的「發明家」。賽氏夫婦前後判若兩人的變化，使林語堂看到了美國社會世態的炎涼和人情的淡薄。

一向以中西文化比較研究而聞名於世的林語堂，直到被「宰」了十八九年之後，才恍然大悟，這也足以證明，林氏雖然在許多著作中侃侃而談東西文化融合的必然性，然而在世俗生活裡，想以中國古代「名士」的瀟灑、風雅態度去感化貨真價實的西方文化價值取向，怎能不吃虧呢？他不得不感慨地說：「過了一二十年才明白，朋友開書局也是為賺錢的，這損失的版稅也就可觀，但是已後悔不及了。」

「後悔不及」的林語堂回想自己過去對錢財的「瀟灑」態度，再對照眼下賽氏夫婦在他患難之際的冷酷無情，不由得勃然大怒 —— 林語堂輕易不發怒，但一怒則大怒而特怒 —— 他委託律師與賽氏夫婦交涉，將所有的著作的版權全部收回，而且毫無妥協的餘地。

賽氏夫婦面對這一「突然襲擊」，非常驚奇，以為林語堂發神經病了，趕緊打電話給林太乙。賽珍珠在電話裡問道：「你的父親是不是瘋了？」於是，這對跨國朋友終於鬧翻了。

友誼上的損失換來了經濟上的收益。林語堂與約翰‧黛公司決裂的消息傳開後，許多出版商都主動來找林語堂簽訂合同，提供的簽約條件自然要比約翰‧黛公司優惠得多。吃一塹長一智，林語堂了解了美國出版界的行情後，就直接與出版公司洽談出版新著的條件，而在美國以外的地方，林語堂則委託英國大經紀公司蔻蒂斯‧布朗（Curtis Brown）代表他與出版商接洽。—— 約翰‧黛公司失掉了一棵搖錢樹。

1954 年，林語堂準備出任南洋大學校長，去新加坡前，他從紐約給住在賓夕法尼亞州的賽珍珠的丈夫華爾希打電報辭行，而賽氏夫婦居然置之不理，這意味著蔑視。從此，雙方情斷義盡。直到二十年後，提起往事，林語堂還耿耿於懷地說：「我看穿了一個美國人。」

如果僅僅看上述現象，那麼，很容易把林、賽的斷交當作是經濟糾紛引爆了感情上的危機。其實，經濟糾葛只是問題的表象，而在這表象下面，隱藏著更深刻的思想原因。

首先，賽珍珠是有能力來資助林語堂的。早在她榮獲諾貝爾文學獎之前，《大地》已為她帶來了四十萬美元的版稅。獲獎以後，賽氏的經濟收入更是扶搖直上。林語堂破產時，賽珍珠已是名副其實的百萬富翁——她死後，留給救濟混血兒的基金就有七百萬美元的遺產。其次，賽珍珠也不是守財奴式的慳吝者。就在冷淡林語堂的同時，賽氏正和許多宗教改革者一起開展多種社會福利事業，為美國兵在日本、朝鮮、越南留下的混血孤兒，設立「賽珍珠基金會」，創辦「兒童之家」，致力於美亞混血孤兒的救濟工作。她本人曾收養過五個美亞混血孤兒。

可是，在救濟工作上慷慨解囊的賽珍珠，為甚麼對有二十年交情的林語堂竟如此失禮呢？主要癥結還在於思想上的分歧。

在 20 世紀 50 年代，賽珍珠與斯諾有過一次意味深長的談話。那天，斯諾去拜訪賽珍珠，她告誡斯諾說：「當前你必須在共產主義中國和自己的祖國之間做出抉擇。」

斯諾說：「我沒有甚麼好選擇的，我是一個新聞記者，只要我活著，新聞就在中國。」言外之意即採訪中國是他的職責。

賽珍珠則說：「我必須選擇自己的國家，現在美國人比中國人更需要我工作。」

這段對話表明，賽氏是以一個美國人的立場來觀察中國和中國人的。而四五十年代的林語堂，早已拋棄了 30 年代時的所謂自由主義的「中間立場」，他懷著對美國對華政策的強烈不滿，尖銳地批評美國政府和中央情報局對華政策的失誤。[1] 換句話說，在中國與美國之間，林氏選擇的是中國，更確切地說，是蔣介石統治下的中國；而賽珍珠選擇的則是美國。林語堂對與他論戰過的所謂「左派仁兄」，抱著對立的情緒，而賽氏則接觸各種不同政治信仰的中國人。

---

[1]　林語堂：《八十自敘》。

賽氏是一位成功的女作家，同時又是一位成功的出版家，憑著勤奮、才智和機遇，她成了百萬富翁。斯諾的前妻海倫·福斯特稱她為「美國奇人」。然而由於她生活在東西方意識形態極端對立的時代，她意識中和事業上的幾個世界，既給她帶來成功、榮譽和歡樂，也招致現實中的各個世界的種種非議。所以，她又是一個悲劇人物，一生孤獨而艱辛。她受到的攻擊、誤解與她所獲得的榮耀幾乎是成正比例的。

早在 1949 年以前，賽氏在對蔣介石政權的評價上，就與林語堂發生了根本分歧。1944 年，林氏的《枕戈待旦》出版後，書中的親蔣立場使美國「自由主義者」，對林氏「突然冷落」，當「何應欽付給了」林語堂「兩萬美金」的説法在美國流傳時，賽珍珠就是流言的散佈者之一。林語堂非常惱火，認為這是一個「中傷的謠言」[①]。林語堂還把傳佈和聽信「謠言」的人統統歸之於「同情共產黨的一派人」[②]，賽珍珠自然也被包括其中。在與約翰·黛公司簽約時頗為「溫良恭儉讓」的林語堂，對這個所謂「謠言」卻很計較，也許這才是林、賽之間的真正的裂痕。

林語堂把賽珍珠也歸入「同情共產黨的一派人」，顯然是對賽氏的誤解。説來話長，還在蔣介石剛上台的時候，賽珍珠曾有過恐共的心理。那是因為 1927 年 3 月 24 日北伐軍佔領南京時，在戰亂中，她家被搶了，她的同事，一個意大利神父被殺了，還有其他僑民遇害。事後，東北軍閥張作霖和北伐軍總司令蔣介石派遣的調查組分別向國內外宣傳説，這次排外行動是蘇聯駐華使館和中國共產黨指使的，不明真相的賽珍珠信以為真。實際上，肇事者是北伐軍中的不良分子，混跡革命的軍閥潰兵和地痞流氓。共產黨的將領曾為平息事端做出努力，但後來在宣傳中卻又強調這次事件是由於帝國主義干涉中國革命引起的，客觀上姑息了革命隊伍中的流氓無產階級意識。經過這次排外事件後，她對蔣介石的南京政權的看法一直處在矛盾之中。當年她住在國民政府的首都南京，目睹一批新貴成了官僚、軍閥，新政府面臨著自身的墮落和各種尖鋭的矛盾。隨著蔣介石政權的陰暗面的日益暴露，賽珍珠對中國共產黨領導下的民主革命鬥爭有了新的認識。1934 年，她在返美定居前夕，和

---

①② 林語堂：《八十自敍》。

美國《亞洲》（*Asia*）雜誌主編理查德‧沃爾什在北平訪問了斯諾夫婦，約請他們做該雜誌的主要撰稿人。此後，在她擔任顧問編輯的該雜誌上，譯載了不少魯迅等中國左翼作家的作品及有關的介紹；選登了斯諾《紅星照耀中國》的片斷《毛澤東傳記》等資料；以巨大篇幅報道了「一二‧九」學生運動。1942年賽珍珠重返中國搜集抗日題材，創作了《龍種》（*Dragon Seed*）和《生路》（*The Promise*），前者暗示抗戰的前途在西北，後者以更明白的語言頌揚了山區遊擊隊的英勇善戰。與林語堂的《枕戈待旦》把抗戰前途寄於重慶當局的思路，有很大的分歧。[1]

不管麥卡錫分子對賽珍珠如何評價，賽珍珠實際上是美國對華政策的忠實辯護者。而賽珍珠所肯定的東西，正是林語堂所竭力反對和攻擊的。比如，林語堂認為蔣政權的失敗，罪魁禍首是美國。[2]

四五十年代，林語堂和賽珍珠在中國問題上的分歧，使他們之間的思想裂痕越來越深，但表面上，特別在社交場合中，彼此仍保持著禮遇，外人不易察覺到他們的內在矛盾。比如，1946年，老舍和曹禺訪美時，賽氏舉辦茶會，招待中國客人，並請美國女劇作家彌萊‧哈爾門和林語堂等人作陪。茶會上，曹禺講到文學應當具有社會意義時說，「社會意義」這個詞在英文中也可以當作「社會主義」「共產主義」的意思。精通英文的林語堂便站起來，對曹禺的說法加以詰難。同時，林語堂又從趣味主義角度介紹他的非功利主義的文學觀，否定了曹禺強調文學的「社會意義」與「社會主義」「共產主義」之間的必然聯繫。

在文藝討論中各執己見，這在西方文壇是司空見慣的。所以，林曹兩人就「你一刀我一槍」地爭論起來了。爭到面紅耳赤時，大家都有點窘態，直到賽珍珠出來和稀泥，爭論才收場。可見，那時，林語堂和賽珍珠雖然已有嚴重的思想分歧，但他們還保持著很好的私誼，所以，當林曹爭論得相持不下時，賽珍珠就出來解圍了。當然，不使招待茶會不歡而散，這也是東道主賽珍珠應盡的責任。

---

[1] 以上有關賽珍珠的資料皆由學友姚錫佩提供，特此致謝。
[2] 詳見林語堂的《八十自敘》。

　　思想分歧是友誼之舟最危險的裂縫，有裂縫的船隻是經不起生活風浪顛簸的。林語堂破產後賽氏夫婦的失禮行為，誘發了林賽矛盾的總爆發。然而，經濟問題僅僅是導火線，存在已久的思想分歧才是地雷和炸藥。總的來說，林語堂是站在親蔣的立場上，一再指摘美國沒有竭盡全力幫助蔣介石反對共產黨，而賽珍珠則站在美國的立場上為美國政策辯護，這是林、賽之間的根本分歧。20 世紀 40 年代以後，林語堂對左翼知識分子的態度，越來越敵視，而賽氏則以自由主義和人道主義的態度同情和支持在當年受迫害的中國左翼知識分子，這種政治思想上的對立，是造成林、賽最終徹底決裂的大前提。

第三十七章

南洋大學校長

南洋大學建校新加坡 / 提出當校
長的條件 / 校長和校董會的衝突 /
談判 / 決裂

1953 年，南洋華僑效法陳嘉庚捐建集美學校、廈門大學的義舉，集資籌建一所培養華僑子弟的大學，這座被命名為南洋大學的高等學府的校址設在新加坡。

新加坡直譯是「獅城」，傳說在十二三世紀的時候，一個印度王子乘船經過這裡，看到岸上有一隻健壯的野獸在奔馳，他問侍臣這是甚麼？侍臣回答說可能是一頭獅子。因此，「獅城」的名稱就在馬來人和印度人之間傳開了，「獅子」就成了新加坡的象徵。儘管事實上這個海島上並不出產獅子，而老虎倒是在長時期裡很猖獗的。

華僑選擇新加坡為南洋大學的校址，不是偶然的。因為，新加坡雖有「世界人種博物館」的譚名，在那裡可以見到各種膚色的人種，但最多的是華人。當今世界上，除中國之外，新加坡是華人人口比例最高的一個國家。新加坡的華族佔全國人口的 75%。早在開埠之前，中國人就在那兒墾殖荒地，在新加坡從荒島變成現代化城市的過程中，華人篳路藍縷，做出了重大的犧牲和卓越的貢獻。馬六甲的古墳群中，有好些華人的墓，墓碑上刻著明代的年號，這大概和三寶太監鄭和多次出洋有些關係吧。所以，無論從歷史還是現實來看，培養南洋華僑子弟的大學設立在華人密度最高的新加坡，是順理成章的。

1953 年 1 月 16 日，新加坡福建會館召集理監事聯席會議，福建會館主席陳六使在會上分析了新、馬華文教育情況及未來華人前途後，提出必須興辦一所華人大學。他表示願竭盡全力，甚至破產也在所不惜，並立即宣佈捐款五百萬元。在世界華人史上，下如此大決心，捐如此巨款，在海外建立一所華人大學，是前所未有的。這消息在新、馬華人社會中引起了前所未有的震動，一時擁護之聲四起，許多華人社團或個人紛紛發表聲明，表示全力支持。在 1953 年 2 月 10 日，馬來亞和新加坡二百九十七個華人主要社團代表推舉陳六使和十二個華人團體共同組織了籌備委員會。2 月 20 日籌備委員會舉行首次會議，決定學校定名為「南洋大學」。「南洋大

學籌備委員會」由陳六使出任主席，新加坡福建會館帶頭捐出五百英畝土地作興建南洋大學校舍之用。接著新、馬各地紛紛成立了「南洋大學籌備委員會分會」籌集建校基金。整個新、馬華人社會掀起了踴躍捐款熱潮，從殷商巨賈至勞動階層，從幾十萬元到小學生節約零用錢，集腋成裘，以促其成。人們爭取捐獻的感人場面，為海外華人辦學歷史所僅見！①

南洋大學籌建工作開始後，成立了以陳六使為主席的南洋大學執行委員會。南洋大學最主要的發起人陳六使是新加坡華人社會的領袖，一位精明能幹的巨富，在橡膠行業有舉足輕重的影響。1950年，他曾主持一個千人大宴，慶祝中華人民共和國成立。陳六使發起籌建南洋大學的目的是為了保存中華民族的文化傳統。1952年2月，他寫信給林語堂說：「假如我們現在不設法保存我們的文化，十年之後，我們就不是中國人了。」從1953年至1969年，陳六使一直擔任南洋大學執行委員會主席，為南大付出了心血。也正因為他擔任了這個職務，使之與林語堂發生了一系列糾紛。

有了執委會主席，還得有具體運作的校長，那麼，由誰來當校長呢？這是執委會首先要考慮的問題。鑒於50年代初新加坡特定的社會政治背景，執委會對南大校長的人選提出了三個條件：一、必須是新加坡當局可以接受的；二、既不能是共產黨員，也不宜是國民黨員；三、必須具有國際聲望而又為南洋人士所崇仰者。這樣，可供選擇的人就很少了。執委會最先向「五四」時期「文學革命」創導者之一的胡適發出邀請，但胡適謝絕了。執委會又向梅貽琦試探，又被婉言謝絕。雖然，胡適和梅貽琦拒絕這一職務有著各自不同的理由，但有一點卻是共同的 —— 他們深知南洋的社會政治環境比較複雜，都不願為此而耗費自己的精力。

在胡適、梅貽琦拒絕之後，有人提出林語堂，執委會即順利通過，並委派連瀛

---

① 上述有關南洋大學的資料，來源於《先驅者的腳印 —— 海外華人教育三百年 1690 – 1990》（陳國華編著），1992年4月版。該書由新加坡詩人槐華先生提供，特此致謝。

洲赴美國徵求林語堂的意見。1953 年 12 月，華聯銀行董事經理連瀛洲到紐約，與林語堂商談。林語堂向連氏表示，南洋大學的創建，事關重大，必須群策群力，備有充分基金及開辦費，務求在師資與設備方面達到世界第一流大學之水準，才不至於誤人子弟。並且要有充足的建校基金，至少要七百萬美元（叻幣二千萬元）。林語堂提出了出任南大校長的幾項條件：

大學行政由他負「完全責任」；

大學要有「極其純正的非政治目標」；

大學教員享有絕對的思想自由；

南大「無論在精神上、物質上都應該成為第一流的大學」。要實現上述目標，到 1954 年底必須籌到三百三十萬美元，到 1955 年底也必須再籌得同樣款項。

經過與連氏的多次接觸，林語堂首肯。1954 年 1 月 9 日，連氏返新前，林語堂寫了一封信，請連氏帶給執委會主席陳六使。信中寫道：

六使先生道席：

奉誦來札，過蒙獎飾，且擬委以南大重任，愈增惶愧。弟何人斯，曷克當此！且老馬伏櫪久矣，大不想吃六山草，此項衷情，屢向瀛洲先生言之。瀛洲先生卻會真誠感人，乃與之作數夕談。弟於吾國文化、僑胞福利、亞洲將來，未嘗不關懷，乃以茲事綦大且繁，不得不詳細考慮，一則任重道遠，恐不稱職，二則凡事創業維艱，築室道旁，三年無成，權不專，信不堅，則事不成；三則南大之辦，非僅關教育，蓋亦寄保存發展吾國文化之願望焉，必有雄厚基金物力，始能貫徹始終，爭得學術界地位，成為亞洲東南第一學府。苟非諸公高瞻遠矚，志在必成，或恐淪為尋常又一大學，橘過江南而為枳，斯不足觀。與瀛洲兄晤談後，深知我公熱誠為我僑胞謀幸福者如此，而深謀遠慮見識過人者又如彼，竊為星洲華僑幸，故已許附驥尾，追隨努力，事有可為，則志在必行。餘容瀛洲兄面詳。

林語堂在信中向陳六使暗示，如要把南洋大學辦成東南亞第一學府，必須要有

雄厚的基金物力。同時，校長要有職有權。這是 1926 年的前車之鑒，那年，林語堂
出任廈門大學文科主任之始，何嘗不是雄心勃勃，想改變廈大文科的面貌，專意從
北京請來了魯迅、沈兼士等知名人士，一時間，名人聯袂而至，學者雲集鷺江。但
因為沒有財權和實權，眼看魯迅等人被理科主任劉樹杞博士逼走，①愛莫能助，最後
連自己也不得不離開廈大，一走了之。鑒於當年的教訓，所以這次林語堂要把話說
到頭裡。林語堂給陳六使的信寫得很婉轉，但言外之意則很清楚，「無權無錢，勢難
辦好」之意透紙而出。

　　陳六使收到林語堂的信後，以董事會的名義同意了林語堂的各項要求，回信表
示：為辦好南洋大學，「如有需要，願犧牲我的全部家產」，同時，立即以身作則，
認捐一百七十萬美元。到 1954 年初，陳六使告訴林語堂，南大建校基金已籌到四百
萬美元。陳六使認為南洋大學決不能低於馬來亞大學的水準，因此，他堅持要給林
語堂一輛起碼與馬來亞大學校長的座車同樣大的轎車，還要讓林語堂單獨住一幢
洋房。

　　1954 年 2 月 13 日，南洋大學執委會召開第三次會議，正式任命林語堂為校長。

　　南大執委會的誠意感動了林語堂。1954 年 5 月 3 日，他正式受聘，出任南洋大
學校長。同月，在新加坡島西端海濱一塊五百英畝的土地上，推土機開始破土，南
洋大學即將誕生。

　　1954 年 10 月 2 日下午 4 點 10 分，林語堂夫婦、林太乙夫婦和三女兒林相如等
人乘機到達新加坡。受到南大執委會主席陳六使、執委高德根、連瀛洲、黃奕歡、
陳錫九等人，以及僑眾代表共二百餘人的熱烈歡迎。

　　在離美赴新加坡之前，記者問林語堂有何感想，躊躇滿志的林語堂又有了幽默
的雅興。他對記者說，因為南洋天氣炎熱，可以不戴領帶，所以他願意去新加坡（原
來，林氏一貫痛恨結領帶，認為領帶束縛脖子，曾斥之為「狗領帶」）。記者立即以
花邊新聞刊出了他的俏皮話。

---

① 　有關魯迅在廈門大學的遭遇，本書採用了魯迅在《兩地書》中的資料和觀點。

「文章可幽默，做事須認真。」這是林氏的座右銘。在接受南大校長一職以後，林語堂確實認認真真地做了不少準備工作。首先，他赴新加坡之前，已與南大執委會簽訂了維護個人權益的合約；擬請一位經驗豐富、曾經建造多所大學的建築師來設計大學的校舍；制定了一個建校的經濟預算；組織一套有效率的工作班子同往新加坡。所以，一下飛機，胸有成竹的林語堂就進入了「校長」角色。

第二天，林語堂在中華總商會召開會議。以南洋大學校長的身份當眾宣佈了辦學的兩大宗旨及八大方針。兩大宗旨是：一、學生必學貫中西，所學能有所用；二、除文、商兩學院外，設理工學院，使人人有一技之長。八大方針是：一、提倡電化教育；二、成人教育；三、設獎學金；四、行導師制；五、創設大學出版部；六、提倡學術研究；七、與英美大學成立交換教授方法；八、男女學生兼收。20 世紀 30 年代，林語堂曾撰文批評現代大學的教育制度，把美國的哥倫比亞等名牌大學的教育弊端暴露無遺。有破必有立，此刻，林語堂既然立意把南洋大學辦成第一流的理想學府，自然要推出自己的治校方針，於是南洋大學就成了他改革現代教育制度的試驗田。

在林氏抵新加坡前後，一個他親自選拔的工作班子也到達了南洋大學。這個由學者、專家組成的班子，人才濟濟，實力雄厚：

文學院院長	熊式一
理學院院長	胡博淵（前國立交通大學校長）
先修班主任	黎東方
圖書館館長	嚴文郁
大學建築師	楊介眉
會計長	林國榮

並由二女兒林太乙出任校長秘書，女婿黎明任行政秘書（相當於副校長的職權）。讓才學兼備的黎明、林太乙夫婦來擔任自己的主要助手，這是林語堂對「做事須認真」的一個生動的註釋：內舉不避親！可惜，不少人不理解林語堂的用心，認為這樣的人事安排是「任人唯親」。而林太乙、黎明夫婦也感到十分勉強，林太乙在

回憶這件事時説：「父親要黎明任行政秘書。創辦大學牽涉到千頭萬緒的事，他要有個他能信任的人。黎明在聯合國任翻譯，那是個穩定的職位，對僑居美國的文科留學生來説，那是非常好的差事了。但是，那也是個沒有多大意思的差事。然而，辭去這個金飯碗，實在需要膽量。我們猶豫不決，父親有點不耐煩了。他説，他請了那麼多位教師他們都去，難道你不去？我們想來想去，好像沒有理由不去，何況黎明是在哥大師範學院念教育的。於是，他毅然辭去聯合國的職位，我們一同去新加坡了。我在南大任校長秘書。」①

　　儘管，林語堂自我感覺良好，但熟悉他性格的人，從一開始就預料，林語堂肯定會碰得頭破血流的，正像要原來吃素的人，改變生活習慣去吃葷，因而引起消化不良，腸胃功能混亂，以致病倒一樣，像林語堂這樣一個既「不懂人情世故」，又頗有名士風度的「書生」，去創辦一座大學，顯然是力不從心的。林語堂居然相信依靠「做事須認真」的信條就可以辦好一所大學，也實在是太天真了。②可見，林語堂並沒有實行他在《吾國吾民》《生活的藝術》等著作中侃侃而談的老莊的處世哲學和人生態度。

　　懷著理想主義宏圖的林語堂，到新加坡不久，便一頭撞到現實的牆壁上了，種種麻煩接踵而至，從生活到工作，似乎樣樣都不順心。飯菜不對口味，不到一星期就換了好幾個廚師，這倒還在其次，最主要的問題是建校的條件，與他在美國時所設想的，差距甚遠。林語堂在美國費盡心機請了有經驗的建築師楊介眉來新加坡幫他設計「第一流」的大學校舍。可是，實際上，大學校舍早已破土動工，因為校董有的是建築公司的老闆，這樣大的工程，豈能讓肥水外流。楊介眉毫無用武之地。林語堂接著發現：「建築地盤的契約有舞弊的事情，開土機也顯然用以做不必要的工程藉以增加利潤。大學董事會也違反對他的諾言，不事先徵詢他對興建校舍的意見，

---

① 　林太乙：《林語堂傳》。

② 　詳見徐訏的《追思林語堂先生》。

徑行批准圖書館的一項極壞的設計，光線固然很差，藏書的地方也極少，而且已經率先開工建造。不獨如此，他們也不事先徵詢工學院院長的意見就開始建造工學院大樓。」①

這時，新馬各界掀起了一個為籌建南洋大學而捐款的熱潮。南洋華人覺得在這塊英國殖民地上有一所以中文為主、發揚中華文化的大學，是一切炎黃子孫的光榮。所以，「有錢出錢，有力出力」的捐款口號，得到了當地華僑的普遍響應，窮苦華僑對南大的一片赤忱，更是令人感動。在新加坡街頭，一度還出現過的士司機和三輪車工友們為南大而義務勞動的動人場面。與此形成鮮明對照的是商人們的捐款越來越少。到 1954 年底，收到捐款只有一百三十萬美元，而且大半來自三輪車工友、理髮師、小販、店員等新加坡的窮人，離原先預期的三百三十萬美元，相差很遠。陳六使本來答應捐一百七十萬美元，現在也只有四十萬美元到位。其他商界領袖，包括華商總會主席，都不肯交付認捐的款項。

與其說捐款數字反映了新加坡社會公眾對南大的態度，還不如說，反映了對林語堂的態度。一方面是南大校董們對林語堂越來越冷淡，有的校董批評林語堂的親台態度，指責林氏寫給他們的信簽署的日期是「民國 × 年」，而不用公元，等等。另一方面，新聞媒介也不斷傳播各種輿論。開始時，一些報紙說他浪費大學的錢，說他是美國特務，甚至說他的英文很蹩腳⋯⋯

一天，有家小報刊登了一個人的照片，並加以說明：「林語堂的兄弟，是一個吸毒的承辦喪葬的人。」林語堂看到後，幽默地微笑道：「面貌倒有點像我。」

林語堂又收到了匿名信，威嚇他辭職，否則要他的命，廖翠鳳嚇得幾乎精神錯亂。為了安全，林語堂接受朋友勸告，從東海濱路的平房搬到國泰大樓裡的一套公寓裡。新加坡當局也派了一名便衣警察來保護他的安全，同時還把緊急呼救的電話號碼抄給了林語堂，要他一發現異常情況立即打電話。那封匿名信攪亂了林家正常的生活秩序，使全家都生活在不安和恐怖之中，他的女兒林太乙甚至還告訴幼兒園

---

① 林太乙：《林語堂傳》。

的老師，規定只有她自己親自來接孩子，不得讓別人把孩子領走。[①]

在這種情況下，書生氣十足的林語堂，仍舊推出了一個建造「第一流大學」的預算案。其中，龐大的預算數字超出了校董會的承受力。所以，在 1955 年 2 月 17 日舉行的南大校董會新加坡執委會上，執委會否決了林語堂的預算方案。而且在會上，執委會主席陳六使批評校長「奢侈」，不少執委都發表了尖酸刻薄的言辭。

執委會的態度使林語堂深感意外。第二天，林語堂即向當地中西各報發表書面聲明：

本人見報載南大新加坡執委會關於本大學之水準及執委會與校長間職權分配之態度，極為詫異。此息若確，則本人及教職員為了創辦第一流大學之一切辛苦努力，將盡歸烏有。本人已以此意告知執委會主席陳君六使，陳君將於明日與本人及教職員作非正式談判，甚願雙方歧見藉此可以獲得解決，又希望藉此最後一次之努力，使星馬學子，可得受高等教育之機會，而不辜負他們求學之熱誠，倘雙方仍不能獲得解決方案，本人自當向社會公佈前後經過，以明真相，特此聲明。

同時，林語堂聘請美籍律師馬紹爾為代表，於 2 月 18 日下午到陳六使的辦事處，說明自己是林語堂的代表律師，希望南大校長和執委會的矛盾能早日解決。陳六使說：「本來就沒有甚麼了不得的事。」

經馬紹爾與陳六使協商決定：19 日雙方在國泰大樓晤談。陳六使、高德根、黃奕歡、林慶年、秘書王世熊等人代表執委會方面出席；另一方的參加者是：林語堂、胡博淵、黎東方、黎明、楊介眉、嚴文郁。律師馬紹爾以調解人的身份參加。

---

① 上述資料根據林太乙的《林語堂傳》。對此，著名的現代文學史家萬平近先生有不同看法，他說：「……林太乙在《林傳》中竟重複其父的舊調，甚且加油加醋，對陳嘉庚、李光前、陳六使諸先生發出不少微詞，就令人難以理解。……林太乙不承認其父的弱點，硬把辦校問題的分歧說成是『政治漩渦』……舉不出令人信服的任何事實。」（詳見《台灣研究集刊》1991 年第 2 期，第 89 頁）

18 日，《南洋商報》上刊出了南大校董會新加坡執委會 17 日會議的情況，並發表攻擊林語堂的文章。這時，林語堂與執委會之間的分歧已完全曝光於新聞媒介。南洋大學還未招生上課，而校董與校長之間已經對立到水火不容的地步，社會輿論譁然。

19 日，晤談如期舉行，雙方劍拔弩張，空氣異常緊張。

林語堂臉色冰冷，指著陳六使說：「你會行棋，我會看棋。」稍停一下，他又說，「我知道你是《南洋商報》的主席，昨天所載是你主使的。」

「我也是商報董事。六使是主席，實際上除了報社有事開會大家才到之外，平時不論主席或董事都不干涉報社的事。」林慶年趕緊插上來為陳六使解圍。

接著，林語堂便指責陳六使背信棄義，用閩南話像連珠炮似的向對方發出了一連串的「我問你」式的責問。責問過後，林語堂拿出一張字條要陳六使簽字承認其中的條件。最後，陳六使嚇得由客廳退到廚房，由廚房經後門溜走。這一天的談判歷時四個半小時，毫無結果。

事後，黎東方站在林語堂的立場上對這一輪談判評論道：「校長的火氣真大，他是要和這批人幹到底。他是個鬥士，是個絕不含糊的英勇鬥士！」

而陳六使在回憶林語堂在連珠炮式的責問後，要他當場簽字時說：「我當時未予一看，也不敢看。我告訴他，我無權代表南大答應任何條件，校長如有意見或條件，宜以書面送達委員會……我生平除在『昭南』時代被日軍拘去受過刑受過辱之外，可說未有如是日之受人當面呵斥侮辱。」

既然林語堂是以這樣的方式來拉開談判序幕的，那麼，所謂談判的效果和結果，也就可想而知了。在三個星期的談判中，執委會方面對林語堂的預算方案提出了各種具體的修改意見，林語堂也做了讓步的姿態，同意把總預算從一百九十萬美元削減到七十萬美元。為了表示解決爭端的誠意，林語堂又同意將設計和建築大學校舍的責任交由一個委員負責。執委會方面提出的條件，他全都無保留地加以接受。而執委會方面，陳六使公開表示，1954 年初他寫信給林語堂，說到 1954 年底要捐足三百三十萬美元，只不過是要使林語堂高興而已，況且信是別人寫的，他只

不過在信上簽個字，不能對之負責，等等。

　　3 月 11 日，林語堂接受了執委會提出的所有條件，問題似乎可以解決了。但南大的校董們突然不加解釋地中止了談判。直到 3 月 19 日，執委會方面的代表來了，鄭重地提出一項新要求，要林語堂提出計劃在 1955 年購買的九萬本圖書的書名和作者的詳細表冊。

　　3 月 21 日，支持執委會的報紙用大號字體的標題登載一項消息，說林語堂提出「一項無法接受的要求，要獨自控制大學的幾百萬元款項」。

　　3 月 25 日，南大新加坡委員會召開第六次會議，選派八人全權代表，與林語堂等人就大學預算案及所提解決方案加以總檢討，並限期兩週內全盤解決問題。

　　3 月 28 日，林語堂與他所舉薦的十一位教職員同時提出辭職。這次辭職聲明一發表，陳六使就宣佈以私人名義捐款十萬美元，支付林語堂等十二人的退職金。

　　徐訏在評論林語堂與南洋大學校董們的糾葛時，說過一段很有意思的話：「語堂如果稍稍了解當時南洋的社會，老實說，要到那裡去做校長，最好先接洽一筆洛克斐勒或福特基金的捐贈才好。這正如做人家媳婦，帶一筆嫁妝才可以使人看得起。語堂熟讀《紅樓夢》，應知鳳姐在大觀園中之地位，也是有『嫁妝』的關係。語堂既然白手而去，自然更應當了解這些僑領對於『大學』，也還是有『投資』的想法。老實說，像陳六使這樣，怎麼會知道甚麼是『大學』，甚麼是第一流大學 —— 這是語堂當時口口聲聲談到的。……當陳六使對語堂的預算不同意時，陳六使如果不先公開批評，私下先同語堂商談，應該可有商討的餘地；現在陳六使先公開發表談話，顯然後面已經有別種原因。語堂不知有否平易地問過陳六使，當時馬上對陳六使發脾氣，實在是非常天真的態度。倘若一言不發，對陳六使笑笑，不同他爭利爭是非，悄然引退，那就是最超脫的幽默態度。……我在這裡，並不想論語堂與當時南大那一幕的是非，我只是想在這件事變中，分析語堂對於客觀現實之不願了解所引起之誤會與損失。我們站在比較了解他的地位，覺得實在是很可惜的事。」[1]

---

① 　徐訏：《追思林語堂先生》。

　　1955 年 4 月 3 日，林語堂一行人接受遣散費，決定總引退。

　　4 月 6 日，八人代表團與林語堂等人辦理發給遣散費手續。隨後，發表南大執委會和林語堂校長的聯合聲明。

　　按合約規定，林語堂辭職後領取了遣散費再加上薪水共計新加坡幣七萬二千二百四十一元五角（當時新加坡幣與人民幣的比值是 1：0.8）。

　　1955 年 4 月 17 日，林語堂一家飛離新加坡時，許多學生和各團體代表去機場歡送，連陳六使也親自到場相送，而新加坡當局則派佩槍的警察到現場保護林氏的安全。離開新加坡後林語堂在錫蘭的科倫坡停留數日，為美國《生活》雜誌撰寫了一篇說明這場「南大預算案」的始末的文章，由於這篇文章有不少不符合事實的地方，所以，剛一發表，就被紐約出版的《中美週刊》刊文予以駁難。

　　在回顧這場轟動一時的「南大預算案」時，林語堂說：

　　我辭職是錯誤，又或是失信於勸我奮鬥到底的自由世界的朋友？我支撐過了五十天、有許多波折、受人誣衊而又毫無希望的談判。事實顯示，除非我完全放棄我的立場，我不能不辭職。套用軍事術語來說，這個陣地已無法守衛，世界上的人顯然都認為陣地上守軍 —— 我和我的同事 —— 可以讓他們犧牲掉。我冷靜地根據常識命令全體撤退。

　　林氏 1954 年 10 月 2 日到新加坡，1955 年 4 月 17 日離開，前後共六個半月，因為當時南洋大學還未開學上課，所以林語堂是在沒有學生的南洋大學當了六個半月的校長，人們謔稱他是南大的「影子校長」。林氏在新加坡的經歷，是這位幸運兒一生中僅有的幾次挫折之一。用美國的方式，以西方的價值觀，去為華僑建立一所旨在保存中華文化的大學，這顯然是新加坡僑領們難以接受的。更重要的是，1949 年 10 月 1 日，五星紅旗從天安門廣場升起後，中國以巨人般的步伐震撼了全世界，牽動了南洋地區廣大華僑的赤子之心。他們為祖國的新貌而歡欣鼓舞，心向北京，成了不可逆轉的心理潮流。而親蔣的林語堂，正是在這樣的時刻來到新加坡，並且，

他又無視南洋華僑的民心所向。因此，林語堂從接受這個使命的第一天起，已經注
定了必然失敗的結局。

　　幾十年過去了，不少南洋華僑至今還對當年的「南大預算案」的風波記憶猶新，
對林氏在新加坡的所作所為，褒貶不一，莫衷一是。也許，評價林語堂在新加坡的
表現，不但得看他已經做過的事，還得看他的目的和衝動；好壞的真正依據，不是
已成事實的行為，卻是未成事實的意向。①

---

① 出任南洋大學校長，對於林語堂來説，是一段重要的經歷，而對於南洋大學來説，初創階段的「林語
堂事件」，也是其校史上難忘的一頁。衝突雙方，各執一詞。這場衝突，曾是當年新加坡華文報紙的
熱點新聞，即使在六十多年後的今天，只要提起「南大糾紛事件」，許多人仍然記憶猶新。1992 年，
筆者在廈門幸會新加坡詩人槐華先生，他對筆者所從事的林語堂研究十分關注。回國後，多次寄來
大量有關林氏與南大糾紛的資料。面對這幾十萬字的珍貴的原始資料，筆者原擬撰寫《林語堂與南
洋大學》的專著，但因近年雜事纏身，暫時難以如願。我認為，在一本全面評價林語堂的人物傳記
中，必須公正客觀地擺出各種史料，以免「以偏概全」。因此，我們不能諱避這樣的事實：由於林太
乙的《林語堂傳》在台灣的出版，書中有關「南大事件」的記敘，在新加坡等地掀起了一場軒然大波。
新加坡傳媒刊出了大量的文字對林太乙著作中有關南洋大學的章節，提出了不同看法，言詞相當激
烈。筆者作為一個忠於歷史的傳記作者，認為，當自己還無法對兩種截然相反的觀點做出明確的判
斷時，決不輕率地採用任何一家之言，我的辦法是：提供資料，讓讀者自己去下結論。本書曾多處
採用林太乙女士所著的《林語堂傳》的資料，現在，為表明「兼聽」的態度，我決定向那些對這椿公
案有興趣的讀者推薦新加坡聯合早報《茶館》版上，從 1992 年 7 月 6 日開始連載的一篇文章：《給歷
史一個正確的交代 —— 反駁一篇傳記對「林語堂與南大糾紛」的歪論》（作者：張曦娜）。文章記錄
了當年南大秘書長潘受先生介紹「林語堂事件」的來龍去脈。由於該文長達數萬字無法全文摘錄，只
能摘其前言中的一段，讀者也可「一葉知秋」：「創立於 1956 年，結束於 1980 年的新加坡南洋大學，
是新加坡第一所以華文為主要教學媒介的大學，也是東南亞華人教育史上空前的一所由千千萬萬華
人，以興辦高等教育、傳承民族文化的熱誠同心協力創立的民辦大學。南洋大學從創立到落成，一
直到成為歷史陳跡，短短二十五年中，走過的是一段風雨飄搖、掙扎求存的坎坷道路。創辦初期，
來自英殖民地政府以及其他的重重阻力，來自建校基金、師資人選等的困難自不在話下，其中一度
令當時廣大愛護南大、支持南大的新、馬、婆各階層人士感到困擾和氣餒，也令南大幾乎胎死腹中
的重大事件，則是轟動遐邇的林語堂事件。
「林語堂與南大的恩恩怨怨，原是一件令廣大華人社會和知識界蒙羞的事，而新馬華人一向本著寬
容的心胸及家醜不外場的態度，力求息事寧人，避免張揚。現在，事隔三十餘年，南大早已成為歷
史名詞；林語堂及不少當事人亦已先後作古，所謂往者已矣，這段不太光彩的陳年舊事的確也無需
重提；但是，我們在不久前，無意間看到台北聯經出版社於 1989 年出版的由林語堂次女林太乙著的
《林語堂傳》之第二十章《南洋大學校長》之後，赫然發覺該文諸多歪曲事實、誣衊南大執委會舊人，
甚至詞鋒所至，污損及新馬所有華人。……」

第三十八章

醫治受傷的心靈

醫治妻女們受傷的心靈／虛構了
一個烏托邦的「奇島」／林氏筆下
的武則天

　　困厄無疑是個很好的老師，它使人認識生活；然而這個老師索取的學費很高，學生從它那裡所得到的時常還抵不上所繳的學費。新加坡的匿名信、南洋大學預算案的風波和最後的全軍撤退……一度像噩夢似的縈繞著林語堂，使他感到氣餒。但幽默的人生態度使他的心理機制很快就恢復了平衡，他在超然一笑之中獲得了解脫。

　　可是，廖翠鳳卻無法像林語堂那樣超然，那樣輕鬆，南洋大學的經歷使她脆弱的心受到了極大的損害。為了撫平妻子在新加坡所受到的驚嚇，林語堂帶著神經衰弱的廖翠鳳，在法國南部風景優美的坎城租了一所普通的公寓，開始了療養生活。

　　其實，在南洋大學的事件中，受打擊最大的是林語堂。他向來是一帆風順的幸運兒，除了那架不走運的「明快打字機」之外，新加坡的遭遇大概也算得上是這位幸運兒一生中少有的重大挫折之一。但是作為一家之主的林語堂，這時已顧不得自己，因為他的妻子和長女，比他更需要得到安慰──長女林如斯剛離婚，悲痛欲絕──醫治妻女們的心靈創傷，自然是一個丈夫和父親義不容辭的家庭責任。

　　在《生活的藝術》裡成功地扮演過人生導師角色的林語堂，既然可以向全人類宣講生活的藝術，現在自然要把《生活的藝術》中的道理實踐在女兒身上，引導她走出誤區，恢復對生活的信念。林語堂對女兒說，你還年輕，不應該把離婚看成天大的悲劇。這個世界假使樣樣照邏輯發展，生活就沒有趣味。人的心思不可理喻，有矛盾，所以可愛。人如果沒有弱點，沒有不可抗拒的情感，沒有不可逆料的意欲，便沒有文學。人容易犯錯誤，所以生命千態萬狀。如果我們都是理性的，則我們會淪為機械人。林語堂還勸林如斯找一份工作，空閒時看看書，可以試譯唐詩。因為林如斯一向喜歡詩，在哥倫比亞大學時跟詩人馬克·凡多倫學過寫詩。

　　享受大自然的美景，忘卻人間的痛苦和煩惱。林語堂把回到大自然當作解脫世俗煩惱的靈丹妙藥，他曾說，人性的束縛，人事的騷擾，都是因為沒有見過或者忘記這海闊天空的世界。要明察人類的渺小，須先看宇宙的壯觀，所以，此時林語堂想用旅遊來醫治妻子和長女的心靈創傷。1955年夏天，他帶著妻子、長女、幼女一行四人，漫遊歐洲，這是一次真正的漫無目的之遊，他們像流浪者一樣，不僅沒有規定旅遊的日程，甚至連預定的目的地也沒有事先規定，他們不需要任何嚮導，完

全是憑著興致所至。他們不為參觀名勝古蹟而趕路，不寫明信片作紀念，連照相機也不帶！因為林語堂一向對那些因忙於攝影留念而忘卻了旅遊的本義——欣賞良辰美景——的「俗人」們，嗤之以鼻。他曾在論著中諷刺在杭州虎跑泉品茶的遊客，故作舉杯飲茶的姿勢讓人照相。他說，虎跑品茶的照片固然好，但影中人為了照相而忘卻了茶味。在林語堂的「生活的藝術」看來，到虎跑，應該是為名泉名茶，而不是為了擺姿勢照相。把時間和精力消耗在拍照、取景、擺姿勢上，必然無暇去欣賞大自然。這種本末倒置的做法，是一般旅遊者的通病。

　　這是一次林語堂式的漫遊，他以自己的「生活的藝術」安排了這次不拘形式的漫遊。這是一次表現林氏個性的漫遊，他早就嚮往能按照自己天性去遊覽世界，遊覽人生。他曾說：

　　如此遊歷，自有價值，因為如果我要遊蕩，我便獨自遊蕩。我可以每日行卅里，或隨意停止，因為我素來喜歡順從自己的本能，所謂任意而行；尤喜自行決定甚麼是善，甚麼是美，甚麼不是。我喜歡自己所發現的好東西，而不願意人家指出來的。①

　　林語堂在奧地利憑弔天才音樂家莫札特之墓，在莫札特的銅像前面，林語堂流下了激動的眼淚。他說：「莫札特的音樂是那麼細膩纏綿，是含淚而笑的。」含淚而笑，這正是林語堂經過新加坡的挫折後漫遊歐洲時的心態。

　　這是一次實踐「生活的藝術」原理的漫遊，林語堂和家人們無拘無束地在歐洲列國漫遊了幾個星期。然後，又各奔東西了：林如斯和林相如回美國，林如斯按照林語堂的規勸擬在美國找一份工作，自食其力；林相如在哈佛大學研究院攻讀生物化學，後來榮獲博士學位；而林語堂夫婦仍留在法國坎城。

　　在這座異邦的小城裡，沒有人認識林語堂，他過著與世無爭的隱居生活，與新

---

① 　林語堂：《自傳》。

加坡的那種緊張的氣氛截然相反，他的神經放鬆了，心得到了休息。林語堂曾說，真正的隱士，不必到深山老林去離群索居，在城市中的隱士才是最偉大的隱士。在坎城，林語堂夫婦過著城中隱士的生活，他在陌生的外國人中間，避免因「名作家」的身份而帶來的社交活動，他卸掉了「知名度」給他的壓力，隨便穿著舒適的便服，與夫人手拉手一起上街買菜，而廖翠鳳還興致勃勃地在陽台上種馬鈴薯。在新加坡時，廖女士每天早晨都害怕看報紙，因為說不定又有罵林語堂的文章不知刊登在哪一張報紙上，而現在，廖女士能與丈夫一道提著菜籃子上菜市，她能在廚房裡做心愛的廈門菜，她心滿意足了，神經衰弱也逐漸痊癒了。

　　林語堂非常歡喜這種自由自在的生活，在這個人們不知道林語堂為何許人的地方，他可以拿下一切人格面具，按照自己的天性生活：有時，他在街上會發出興奮的叫喊，坐在露天咖啡室裡時大聲打呵欠，別人看他，他也不在乎。他覺得人生活在社會上要承受來自各方面的社會性壓力，有物質的、經濟的、精神的和心理的，有形的和無形的。這些社會壓力把許多人擠壓得變了形。所以，他提倡「不羈」精神，認為人要有點膽量，我行我素，能獨抒己見，不隨波逐流。這「不羈」精神是人類最後的希望。

　　坎城成了林語堂精神上的世外桃源，在這世外桃源裡，他恣情肆意，展示自己的心靈姿態與生命律動，他的神思旁騖八極，怡遊萬仞，他對生命的自然形態的愛，被充分釋放出來了。他內心的生命律動這時已衝破了現代文明自設的心理樊籬而在文學創作中得了藝術的實現。這時，他以豐富的想像力，完成了科幻小說《遠景》（又名《奇島》）。1955 年，《遠景》由紐約普蘭蒂斯—霍爾公司（Prentice—Hall，Inc.）出版。

　　《遠景》（*Looking Beyond*）的時代背景是超前的。小說虛構了一個 21 世紀初的烏托邦的故事：公元 2004 年，二十五歲的美國姑娘芭芭拉·梅瑞克和她的未婚夫保羅駕駛著科學考察飛機，由於迷航，迫降於南太平洋上的一個奇異的小島。保羅為保護飛機，在與當地土人搏鬥時，不幸身亡，梅瑞克在昏迷中被救醒。這是一個地圖上找不到的小島，名叫泰諾斯。三十年前，哲學家勞士和億萬富翁阿山諾波樂斯，

帶領了一批以希臘人為主體的歐洲人，遠離戰火紛飛的現實，乘船來到這裡，和平接管了這個小島。他們與島上的土人友好相處，建立了一個帶有原始風尚、沒有戰爭的理想樂園。三十年來，地球上的其他地方已經爆發過第三次、第四次世界大戰，不少城市蕩然無存，許多國家宣告解體，而小島泰諾斯則遺世獨立，安然無恙。當島上發生強姦、兇殺等刑事案件時，「共和國」的居民按古老的民俗，處置得有條不紊。美國女郎芭芭拉·梅瑞克為了適應島上的希臘族的習慣，病癒後把自己的名字改為尤瑞黛，她受到島上居民熱情友好的接待。島上的各種奇風異俗使尤瑞黛感到非常新鮮，小島和平寧靜的環境也使她十分迷戀。在島上的人類學家、哲學家們的啟示下，她適應了泰諾斯的生活規律，並愛上了一個當地青年，毅然放棄了回美國的機會，情願在這大自然的懷抱裡，在這沒有戰爭紛擾的大同世界裡做一個自由的居民。

《遠景》的題材別開生面，故事情節引人入勝，小說所展現的烏托邦樂土，正是林語堂的理想社會的縮影 —— 古希臘的田園風味和中國老莊的「無為而治」的糅合。奇島，形象地描繪了林語堂心目中人類社會的遠景，這遠景便是中西融合的理想生活。小說形象地說明了林語堂的東西文化融合觀中的許多具體細節。他認為，東方型的人，西方型的人，都不健全，只有按照東西互補的原則所造就的新人，才是健全的。由於現實世界中沒有一塊淨土，無法提供塑造新人所需要的條件，所以，林語堂就以科學幻想的思維邏輯設計了泰諾斯這個烏托邦式的國家，這個國家的生活方式就是林語堂設計的人類所應該有的生活方式。

小說虛構了一個有中國血統的哲學家勞士，他是島國的精神支柱，他從哲學和社會學方面建構了島國存在的理論依據，並在島國的生活實踐中不斷驗證自己的理論的合理性。勞士口若懸河的各種高見，是林語堂本身的哲學觀、人生觀、人類觀、國家觀⋯⋯的傳聲筒。林語堂借勞士之口批評現代文明的弊端。勞士把現代文明的整個問題歸結為「要使人類健全，尋回自我」。要尋回失落的理想，使生活「多一點生趣，多一點詩歌、陽光，以及人類固有的自由和個性」。勞士所宣揚的社會責任，實際上就是林語堂的東西互補的文化理想的一部分 ——「要毅然面對人性，使它發

揮最好的效果」。

《遠景》問世之時，正值世界文壇上孕育著一股反戰思潮。因為第二次世界大戰所造成的經濟上物質上和精神上的嚴重損害，在西方世界造成了難以愈合的心理創傷。可是，浩劫的陰影還沒有過去，世界各地大大小小的各種有限戰爭此起彼伏。所以，從 20 世紀 40 年代末期以來，恐懼戰爭，否定一切戰爭的和平主義思潮瀰漫於世界各地。同時，反戰題材也成為各國作家的創作熱點。《遠景》以小說形式寄寓了林語堂的和平主義理想。

但在世界反戰作品中，《遠景》又是別具一格的。因為，幽默大師林語堂把幽默當作人生的一部分，當作一種人生觀，所以他以幽默的態度來設計沒有戰爭的未來世界。如果說，泰諾斯是一個充塞著各種各樣的「奇人」「奇事」的「奇島」，那麼，以幽默態度來對待生活，是這座「奇島」中的第一等「奇事」。在《生活的藝術》裡，林語堂曾無限地誇大幽默的作用，認為幽默是萬能的，可以防止戰爭，挽救和平。現在，在奇島泰諾斯上，即使是非常嚴重的事也常以幽默的態度來解決。甚至對已被判處死刑的強姦殺人犯，林語堂也為之安排了奇怪的處決辦法 ——「水上格鬥」：

他被判有罪。事實上，大家都渴望見到水中追逐的場面，如果判決不是這樣的話，他們會很失望呢。

追逐開始了。他身邊全是泰諾斯的游泳好手，在小舟裡等他，手上拿著長棍子。有人跳下水去抓他，然後又故意放他走，歐克色斯做困獸之鬥。他潛入水中，游泳逃命。真正的刺激開始了。為了讓娛樂延長，犯人並未被綁住或用鐐銬銬住，大家期望他好好靠自己表現一番。但是，即使是最好的游泳健將，也沒有機會對抗幾十個等在船裡，一見他冒出水面就把他壓回去的人。即使他能逃到大海裡，他也會像外籍兵團的逃亡者逃到了撒哈拉沙漠一樣。現在他的頭冒上來了，游者去追他。他又消失在水面下，他又在別處浮起來。這是一段漫長又惑人的追逐，游泳的人也必須是把好手。當他一出現在伸手可及的地方，他們就毆打他。這是科學化的熟練技巧，先把公牛追得精疲力竭，然後再刺殺它。

　　尤瑞黛深深感到惡心。她聽艾瑪說，泰諾斯人已答應勞士的提議，水中追逐以運動方式舉行，那是大家的要求，不過一等他被捉到，就要把他痛痛快快地淹死。微妙安排的情境，使雙方都很滿意。

　　雖然犯人罪有應得，但並不是所有人都贊成這種以死者的痛苦為娛樂的處決方式，這種原始性的野蠻的遊戲表現了林語堂的復古的夢想。犯人處死後的餘音，實在出人意外。林語堂寫道：

　　……如今歐克色斯已經死了，酒店裡的人開始重新審判，像歷史家所做的無益的死後憶舊。觀眾卻有成見，有人說法官輕易地出賣了歐克色斯的生命，以便和泰諾斯人維持和平。提琴手兼酒店哲人皮耶多，著手研究一個法學上的問題，由於喝醉酒在節日間不犯法，酒醉惹事的人也該被赦免才對。這個討論進行了好多天，沒有誰提出更智慧的看法。

　　可是，歐克色斯的遺孀和兩個孩子已有一番安排。由於歐克色斯對島上和平的貢獻，勞士在議會中提議他的遺孀應受到共和國所給予的榮耀。他建議，應該把一枚雕刻精美、發亮的銅製勳章頒給歐克色斯的妻子，以紀念第一位為共和國殉身的老兵，他子女的教育費也將由公家提供……安德瑞夫王子卻為這個建議感到欣慰。他們花了好幾分鐘來討論新創造的勳位名稱：應該叫「榮譽軍團」級勳章呢？還是「老鷹」級勳章呢？還是「聖尼古拉騎士」勳章？

　　特拉西馬丘士抗議了：「歐克色斯並不是自願為了和平而以身相殉的。」

　　勞士回答說：「戰場上的英雄也不是自願的。」

　　勞士下結論說，由於個人的犧牲，而使居民幸運地避開一場內戰，更由於水上審判的景象，神秘地使大家心裡侵略、毀滅的傾向得到發洩，歐克色斯對國家很有貢獻。為了表揚這位罪犯淹死所帶來的貢獻，在他的死亡被警方驗明之後，身為共和國總統的安德瑞夫王子，就在號角、喇叭齊鳴的典禮中，將勳章別在遺孀克莉門身上。為了進一步表達國家對死者的感激，他的兩個孤兒獲准享有公費

教育。整個典禮給社會帶來令人滿意的法律感和秩序感，國家已榮耀了它的英雄。男男女女慢慢地回去工作，泰諾斯島又恢復了往昔的平靜。

《遠景》中還穿插了書中人物關於「赤足之美」、衣著的藝術和裸體問題的討論。林語堂把《生活的藝術》裡的觀點通過小說中的人物之口講了出來。不僅如此，實際上「奇島」中的衣食住行，大多可以在《生活的藝術》裡找到理論上的根據。與林語堂的其他小說相比，《遠景》最完整地寄寓了林語堂東西文化大融合的理想。林氏的理想國家是甚麼樣子？人應該怎樣生活？《遠景》提供了全面的答案。

虛構的科幻小說《遠景》，離奇曲折，但卻並不荒誕，不僅故事情節有充分的歷史根據，而且他以現實的邏輯來預測未來的生活。所以，小說中離奇的情節都有一定的生活基礎。有的科幻小說主要從科技飛越進步的角度來預測未來世界物質文化的繁榮，而林語堂的《遠景》則主要從和平主義、人道主義的哲學角度切入科幻的題材。他把自己對未來的理想整個地移植到小說中，讀者在小說裡可以感覺到林語堂的化身簡直無處不在，奇島泰諾斯的每一個角落裡都有林語堂的影子在遊蕩。

《遠景》反映了林語堂嚮往已久的生活理想：遠離現代文明社會，尋找古樸的世外桃源。早在 1933 年 8 月 18 日的《申報·自由談》上，林語堂就曾撰文說：

假定我能積一點錢，我要跑到太平洋之南的島上，或是鑽入非洲山林中。假使富春樓老六之輩，仍然不能消此浩劫，而歐洲文明全部焚滅了，那時我居在非洲深林的樹上，可以拍胸說：「上帝啊，至少我是誠實的。」[1]

事隔二十多年，林語堂在反戰文學方興未艾的 20 世紀 50 年代又續上了二十多年前的思路，寫出了長篇小說《遠景》——它是林氏的東西文化大融合理想的說明書。《遠景》出版後，獲得了歐美讀者的好評。這時，林語堂又轉向中國古代經典著

---

[1]　林語堂：《讓娘兒們幹一下吧！》。

作的翻譯工作。

　　1957 年由台北世界書局出版的《英譯莊子》是他自己比較滿意的幾本「好書」之一。《英譯莊子》的出版，使林語堂對中國古代文化著作的翻譯形成了一個配套的系列。因為在此之前，1938 年已出版了《孔子的智慧》，向外國人系統地介紹了儒家的學說；1948 年出版的《老子的智慧》和這本《英譯莊子》，則全面地介紹了以老莊為代表的道家思想，從而比較系統地介紹了中國傳統文化思想。再加上他的《中國印度之智慧》（1942 年）、《美國的智慧》（1950 年）等英文著作，形成了兩個平行的系列，構成了林語堂的東西文化思想比較研究的基礎工程。

　　迄今為止，許多歐美人，都是從林語堂的上述著作中了解中國文化的。因此，要把握 20 世紀三四十年代以後的歐美人的中國觀和東西文化比較觀，就不能不首先弄清楚：林語堂當年是如何向外國人介紹中國文化的。

　　1957 年，林語堂的第二部歷史傳記《武則天傳》出版。

　　如果說在《蘇東坡傳》中，林語堂是懷著崇敬的心情來描述這位「快活天才」的一生的，那麼在《武則天傳》中，林語堂對這個古代女強人的感情傾向是憎惡，甚至可以說是非常的憎惡。

　　《武則天傳》不是歷史小說，而是歷史傳記。書中的人物、事件、對白等資料，全部來源於《舊唐史》和《新唐史》。情節皆出於史料，敘述也盡可能客觀、含蓄。但林語堂在撰寫這部歷史傳記時，滲入了他的合理想像。在資料的選擇、集中、概括、剪裁的過程中，也表現了作家的主觀態度。

　　武則天在林語堂筆下，是中國歷史上最浮誇、最自負、最專橫、最聲名狼藉的皇后。林語堂承認武氏是當時最精明強幹的政治家，勝過那些學識淵博的儒臣，勝過歷代的一些有雄心壯志的皇后。但林語堂並不因此而忽視了一個事實，武氏的後半生是一個暴虐的君王，是個淫蕩的女人。他把武氏與漢朝的呂后相比，認為呂后的聰明智慧與劉邦不相上下，是一個精力充沛的婦人，呂后的情人沒有別的長處，只是其勢雄偉，房中術見長而已。呂后因為地位顯貴，才弄得醜事流傳，而武則天

具有「那種原始的掠奪本性，再加以殘忍、聰慧，這卻是呂后所無」。而且武后雖非學者，但究竟讀過「聖賢之書」，可以隨時引經據典，藻飾自己的言談，所以林語堂的結論是「以讀書之頭腦，而役於原始掠奪之本性，自然比起愚蠢村婦之陰險狡詐，更為危險」。

《武則天傳》寫道：「武后的期望堂皇而遠大。此外，只有與雄健的男人或俊美的少年調情放蕩才是她的消遣，她藉此尋求輕鬆愉快。她要行遠大之舉，成非常之功，為空前之事，但是都達到瘋狂的程度，此種情形容後再表。總之，她醉心於權力，醉心於統治，以殺人為快，以施恩為榮。關於她後半生的統治，究竟為功為過，人們將爭辯不已，意見之所以不同，大半繫於觀點之歧異。當時貪污橫行，司法敗壞，官制摧毀無餘，當時學者王公之子竟不入太學讀書，向官方檢舉鄰人和朋友，便是升官發財的捷徑。武后的政治把戲，爭奪權力的把戲，的確玩得很高妙。萬事萬物似乎都協力相助，使她一帆風順，得以威奪人主。高宗軟弱多病，已如屍居餘氣，真是武后的福氣。高宗一向就不是康強雄壯的人，如今是百病叢生，常常頭痛頭暈，心神不寧。……幾乎全無自信，有時鬧一陣子脾氣，有時又固執剛愎。雖然有心盡力於朝政，總覺得一個安靜的時候倒還舒服。在他的中年，他就覺得寂寞淒涼。他的身體本就虛弱，可是以武則天為妻，而沒有中途離異，別的男人還做不到。現在高宗性情恬淡，與人無害，精神在被人轄制之下，在天天吹毛求疵的妻子折磨之下，個性已經漸漸消失。他變得雖然和藹仁厚，不過是愚癡的仁厚罷了。」

林語堂曾宣稱，《武則天傳》中的事實，完全以《舊唐書》與《新唐書》為依據。而實際上，《新唐書》是《舊唐書》的修正本。《舊唐書》更具研究價值，而《新唐書》則以簡潔文雅取勝。但《舊唐書》敘事較為詳盡，直接對白較多，此外，《舊唐書》還包含很多書函奏表、朝廷告示，這是林語堂撰寫《武則天傳》的珍貴的資料來源，這兩部唐史各具特色，其中「列傳」佔了十分之七八，所謂「列傳」就是當時人的傳記。唐史中有關禮儀、音樂、風俗、輿服、外藩、地理、天文、五行、星占等的記載，以及從雙胞胎、四胞胎到三條腿的豬和母雞變公雞等怪事，都為《武則天傳》提供了豐富的歷史生活資料。

　　林語堂主觀上力圖以史家的筆來撰寫《武則天傳》，所以他並不盲目地迎合讀者的獵奇心理。有關武氏早年與瘋和尚的淫穢醜聞、下詔令百花在冬季開放等荒誕傳説，雖然已廣泛流傳於稗官野史，但因新、舊唐書中都無記載，因此，林語堂就將其棄而不取。至於武氏與美少年面首張氏兄弟的縱情放蕩，因已見於正史，所以林語堂就將其寫入了傳記。

　　《武則天傳》的寫法不同於《蘇東坡傳》，後者採用了歷史人物傳記常用的「作者全知」的敘事觀點。而《武則天傳》則借武則天的孫子李守禮的《唐邠王回憶錄》的形式，以「作者參與」的敘事觀點，描述了武則天的一生。林語堂認為這種寫法能產生直接的真實感。

　　邠王李守禮（672 – 741），活了七十歲，目睹了武則天盛極而衰的轉折。武則天是李守禮的祖母，太子旦是他的叔父。但皇室的高貴地位沒有為他的青少年生活帶來歡樂，十二歲到二十七歲，他都被幽禁在宮裡。他親眼看見兩個弟兄被打死，兩個嬸母（太子旦的妻子）被謀殺，還有其他嬸母被折磨而死。但是他終於看見了武則天的下場，在唐朝復辟後，邠王又在唐玄宗統治下過了二十九年富貴尊榮的太平日子。作為一個長壽的歷史見證人，邠王的回憶錄概括了武則天政治生活中的歷次重大事件。

　　當武則天的權勢登峰造極之時，她確信自己是半人半神之身，是彌勒轉世。林語堂寫道：「武則天是一個頑強任性野心極大而又非常聰明的女人。中國歷史上，也可以説世界歷史上，女人從未做過的事，她做出來了。在一般中國人的想像中她晚年的荒淫敗德，使她執政時驚人的才幹黯然失色。在中國歷史上她的地位是無與倫比的，在世界歷史上她當得的地位也足與偉大的邪惡之徒遺臭萬年了。」

　　林語堂又説，武則天這個女人是古今少有，與其他高貴的女人是不易相比的。既不是埃及豔后克麗拉，也不是俄羅斯凱薩琳女皇，她一部分像法國享利二世的皇后凱薩琳・德・美第奇。她有那位英國女皇的精力，有法國皇后的殘忍。她公然蔑視道德家，歷史家不知把她在位的年間的年號怎樣稱呼，也沒有辦法稱呼。因為她是皇帝的情婦，是篡奪帝位的人，是皇后，又是女皇帝，她粉碎傳統，創始改革。

她比歷史上任何一個男人更陰險奸詐。

　　林語堂在撰寫《蘇東坡傳》時，把蘇東坡當作古今中外的理想人物來推崇，整本《蘇東坡傳》都傾注了作者對傳主的深厚的愛。而撰寫《武則天傳》時，林語堂把整個創作過程當作對智能犯罪的一項科學研究。因此，《武則天傳》不可避免地灌注了作者對傳主的深惡痛絕。林語堂在《武則天傳》的原序中，坦率地闡明了自己的創作動機：

　　我寫這本武氏傳，是對智能犯罪做一項研究。她的野心已到瘋狂的程度，但方法則精確可靠，穩紮穩打，她冷靜鎮定，方寸不亂。瘋狂與不瘋狂，到底區別何在呢？誰有資格決定？無論如何，武則天的按部就班對她丈夫皇朝的推翻之所以成功，就是由於她敏銳冷靜的智慧與厚顏無恥膽大包天的野心合而為一的結果。若是她的行動犯罪，她卻時時能使之合理合法。她的狡點，她的機敏圓滑，她的強悍無恥，是無可置疑的。自古以來，似乎是這樣：殺一個人的人是兇手；殺三個，殺六七個，那他生來就是罪犯；若用組織完善的機構殺幾百人，那他是頭腦清晰的真正的兇魁罪首；倘若他殺了千萬百萬，他就為歷史上的英雄，要想謙謝這個頭銜，也終歸無用了。

　　一千多年來，對武則天的評價，歷來眾說紛紜，仁者見仁，智者見智，褒貶之間，天壤之別。林語堂的《武則天傳》，無論在資料的選擇和寫作方式上，都有一定的特色，不失為一家之言。

第三十九章

鄉情：濃得化不開

初訪台灣 / 反對「兩個中國」的陰謀 /《匿名》和《從異教徒到基督教徒》

金聖歎批《西廂記》，列舉「不亦樂乎」三十三事。其中一條是久客還鄉之人，捨舟登陸，行漸近，漸聞本鄉土音算為人生快事之一。久居異域的林語堂也有此同感，在遠離故鄉的時候他是多麼渴望能聽到熟悉的鄉音⋯⋯

林語堂在廈門大學時的學生馬星野，是國民黨當局的高級官員，在與林語堂的接觸中，他深深地感受到林語堂已被濃鬱的鄉愁所牽縈，所以就極力勸林語堂到台灣去看看，因為台灣與林語堂的故鄉閩南隔海相望，許多台灣人的祖先都是閩南的移民。所以，林語堂將會在那裡找到鄉音，體驗到鄉情的。

1958年10月14日上午11時，林語堂夫婦在松山機場下機，歡迎的人群如浪如潮。

從10月14日到11月1日的半個月時間裡，林語堂竟接待了慕名來訪的各界人士近千人。除了文人學者、親朋友好之外，還有不少社會名流和黨政要員。台灣當局的黃少谷、梅貽琦、于右任、張道藩、張厲生、鄭彥棻等人都熱情接待了林語堂夫婦。

10月16日下午5時，蔣介石和宋美齡在士林官邸會見首次訪台的林語堂夫婦，在座的還有馬星野、鄭彥棻、梅貽琦及黃仁霖等人，當時正值「炮轟金門」的高潮時期，可是蔣介石竟然把金門補給之類的軍務大事暫放一邊，與林語堂大談《紅樓夢》的評述問題。

在台北的幾家親戚聯合起來為這位稀客洗塵，林語堂在這裡又嘗到了道地的廈門薄餅，這是由一位小輩親手製作的。在台親屬大多是林、廖兩家的侄甥輩，雖說是親屬，不少人都是第一次見到這位長輩。林語堂見到這群生龍活虎的後輩非常高興，尤其使他興奮的是小輩中竟有兩位作家，她們是侄兒媳婦畢璞和鍾麗珠。

林語堂那滿腔濃得化不開的鄉思給所有人都留下了深刻的印象。見到家中晚輩、同鄉，林語堂一律用閩南語交談。他沉醉在鄉音中了。他說：「回到台灣，就像

回到閩南漳州的老家！」在台灣他感到最愜意的，就是能聽到鄉音。他說：

　　我來台灣，不期然而然聽見鄉音，自是快活。電影戲院，女招待不期然而說出閩南話。坐既定，隔座觀客，又不期然說吾閩土音。既出院，兩三位女子，打扮的是西裝白衣紅裙，在街中走路，又不期然而然，聽她們用閩南話互相揶揄，這又是何世修來的福分。[①]

　　他還認為，這種蘊藏在鄉音中的鄉情和鄉思，不足為外省人道也。

　　林語堂夫婦在台灣觀光期間，受到台灣文化學術界的隆重歡迎。10月24日，他應邀在台灣大學做了《〈紅樓夢〉考證》的學術講演，對後四十回是否是高鶚所續這一「紅學」的熱門話題，發表了自己的意見。同時，在台灣的「中央研究院」院刊《慶祝趙元任先生六十五歲論文集》中，也發表了一篇《平心論高鶚》的長篇論文。

　　在台期間，林語堂向親屬們透露了一個久藏在心頭的宿願：他遲早會離開美國，落葉歸根的。他說，在國外生活幾十年，就像住在高高在上的大廈裡一樣，經常有一種根不能著地的感覺。他希望以後能把台北附近風景秀麗的陽明山麓，作為他回國後的定居處。

　　由於歷史的原因，有人曾認為林語堂是屬於「月亮也是外國好」的崇洋者。事實恰恰相反，林氏旅居歐美數十年，不論著書立說，還是講課演說，處處表現出對民族文化和祖國人民的深情厚誼。要說有甚麼偏頗的話，林語堂的偏頗之處在於他有時會過分美化中國文化中不該美化的東西。「月亮也是中國的好」，這才是林語堂的寫照。

　　林語堂在美國哥倫比亞大學講授「中國文化」課程時，當時的美國青年平常所聽到的，都是關於中國如何愚昧野蠻的報道，現在林語堂博士不僅把中國文化說得

―――――――――

① 　林語堂：《說鄉情》。

光輝燦爛，而且還要以中國文化來補救西方文化精神的危機，使聽課的美國學生
耳目一新。但其中有一位女學生見林博士老是讚揚中國的一切，她沉不住氣了，
舉手發問：「林博士，你好像是說甚麼東西都是你們中國的最好，難道我們美國沒
有一樣東西比得上中國的嗎？」說完後坐下，以為將了林博士一軍，很自信地等待
答覆。林語堂在講台上尋思片刻後，悠然回答：「有的，你們美國的抽水馬桶要比
中國的好。」林博士的妙語引得哄堂大笑。這意外的回答使那位女學生窘得臉紅
到耳根。

　　林語堂長期堅持反對「兩個中國」的立場，在旅美華人中曾被傳為美談：1959
年11月1日，美國參議院外交委員會發表了所謂「康隆報告」，由該委員會主席傅
伯雷諾送參議院討論。這個「康隆報告」由史加拉比諾教授執筆起草，是研究美國對
亞洲的外交政策的。報告中提出了「兩個中國」的謬論，使絕大多數旅美華人大為
震驚，當即由賴景瑚發起，聯絡反對「兩個中國」的同道者們撰文駁斥「康隆報告」。
梁和鈞以兩個月的時間，精心深思，執筆操觚，寫就《康隆報告的分析：亞洲人所
見的謬妄和矛盾》，針對「康隆報告」原文中的謬見，義正詞嚴地逐段駁辯。文章的
英文譯稿初定後，即請林語堂修正核定。

　　林語堂斟酌推敲，十分認真，逐一核定了長達十九頁的英譯文本。定稿後，林
語堂在這份激烈抗議「兩個中國」陰謀的英譯文本上領銜簽名。在林語堂的帶動下，
紐約《華美日報》的九位董事和一些有影響的華人也紛紛簽名，表明華夏子孫共同反
對「兩個中國」的決心。

　　林語堂反對「兩個中國」的立場，是他的民族感情的集中體現。在那段日子裡，
凡有人到紐約去拜訪他，常常會聽到他慷慨激烈地批評「兩個中國」的言論。有一
次，陳紀瀅在紐約訪問林語堂時，看到了林氏對「兩個中國」的憤怒態度，和以尖銳
詞句批評美國的立場，給陳紀瀅留下了深刻印象。後來，陳紀瀅回憶道：

　　他說這段話時，是站著說的，渾身用力，雙拳並舉，兩眼要迸出火星似的。我
真沒想到林氏是這樣快人快語。可惜那一剎那間沒留下鏡頭，否則必是一副動人

的身影。雖然如此，我至今還記得這一幕景象。①

　　這確是令人難忘的一幕。那天下午，林語堂激動地在客廳裡走來走去，他摘下眼鏡，十分生氣地說：「美國的兩個中國觀念是錯誤的，不只『中華民國』反對，就是毛澤東也不贊成，他們不了解東方，更不了解中國人。」

　　林語堂又談到了蔣介石，他說蔣介石有「他媽的」和「去他媽」的勁兒，「如果美國迫他太甚，他會有大發脾氣的一天」②。

　　在肯定林語堂的反對「兩個中國」的立場的同時，也必須指出，林語堂是在視台灣當局為正統政權的前提下，從堅定的親蔣親台立場出發，來反對「兩個中國」陰謀的，與大陸上一般人反對「兩個中國」的立場，不可混為一談。

　　1958 年，倫敦的威廉・漢德門出版社出版了林語堂的政論集《匿名》。1959 年，美國克利夫蘭世界出版公司出版了他系統地論述儒家、佛教、道家和基督教思想的論著《從異教徒到基督教徒》。

　　從青年時代開始，林語堂一直是「人文主義」的信徒。但到 20 世紀 50 年代末，林語堂又從「無宗教信仰」回到了基督教信仰。正像他自己所說：「三十多年來我唯一的宗教乃是人文主義：相信人有了理性的督導已很夠了，而知識方面的進步必然改善世界。可是觀察 20 世紀物質上的進步，和那些不信神的國家所表現出來的行為，我現在深信人文主義是不夠的。人類為著自身的生存，需與一種外在的、比人本身偉大的力量相聯繫。這就是我歸回基督教的理由。我願意回到那由耶穌以簡明方法傳佈出來的上帝之愛和對它的認識中去。」

　　《從異教徒到基督教徒》記錄了林氏數十年來在宗教信仰上的心路歷程。這是一次靈魂探索的旅程，有探險，有疑難，還有迷惘。但林語堂仍稱其為「興奮的旅程」。他認為，重要的不是在這旅程中得到甚麼，正像哥倫布是否曾在美洲登陸，這並不

①②　陳紀瀅：《我所知道的林語堂先生》，刊於《傳記文學》第 31 卷第 6 期。

重要，重要的是哥倫布確實曾去探險，而且歷盡探險途中所有的興奮、焦慮和快樂。如果麥哲倫選擇另一條更長更曲折的路繞過好望角抵達印度，那也無關緊要，重要的是要永遠保持那種始終不渝的探險精神。

林語堂說，《從異教徒到基督教徒》不是自傳，而是一次性靈上充滿震驚與危險的旅程，他以生動的形象比喻這心靈旅程中的感情波瀾：

其中常出現類似雅各在夢中與上帝搏鬥的故事，因為追尋真理極少是種愉快的體驗；常有出現類似令哥倫布船上水手們驚恐的風景，船難及羅盤偏差；也常出現疑惑、躊躇、叛變及渴望返航的威脅。我曾航行在恐怖的地獄之火的雪拉惡礁及法利賽黨、文士，及有組織信仰該亞法派的漩渦。我是終於通過了，但費了不少手腳。

與林語堂的其他著作不一樣，《從異教徒到基督教徒》是為特定的讀者群所撰寫的專著，他公開宣稱：

本書不是為那些沒有時間談論宗教，且永遠不可能加入追尋行列的人而寫，因為本書不會引起他們的興趣。也不是為那些完全滿意於他所了解的，自覺已有可靠的寄託，那些永不會有任何疑慮且自滿自足的基督徒而寫。那些自信在天堂上已有定座的人，我與他們不起共鳴。我只對那些會問「在這次旅行中我們哪裡去？」的人說話。旅客在航程中為求心安，認為必須先看測程儀，並且找出正確的經緯度，我是對這種人說話。

美
食
之
家

「伊壁鳩魯派的信徒」/ 和張大千
的友誼 / 中西美食文化比較

　　1960 年，法蘭克福德國烹飪學會給《中國烹飪秘訣》一書頒發了獎狀。這本書的作者是林語堂夫人廖翠鳳及其三女兒林相如。

　　了解內情的人都説，這張獎狀實際上應該發給林語堂。因為林語堂對美食和食譜有長期研究，耳濡目染，影響到他的妻女。這本《中國烹飪秘訣》不過是「夫唱婦隨」或者説「父唱女隨」的結果罷了。

　　研究飲食文化，這是歷代文人的一個傳統。在文學史上有不少文學家同時也是美食研究家。比如，屈原在《楚辭‧招魂》中記敘了蜜漬雜餅、燉牛筋、叉燒羔羊、清燉甲魚、煮天鵝、燴水鴨、滷雞、酸辣湯、酸梅湯、凍甜酒等菜餚，生動地反映了當時楚國的飲食風味特色。林語堂所崇拜的蘇東坡，對飲食更有研究，曾寫過大量的與飲食有關的詩文，如《老饕賦》《豬肉頌》《酒經》等，他所創造的煮肉法，經過不斷改進，成為現代名菜「東坡肉」，蘇東坡還做得一手好魚羹，在杭州太守任上，他曾親自烹魚羹待客。清代文學家袁枚的《隨園食單》更是對我國烹飪技術經驗的總結，如「一席佳餚，司廚之功居其六，買辦之功居其四」。這確是經驗談。[1] 提倡敞開胸懷享受人生的林語堂，則繼承了美食研究的這一古代文人遺風。

　　林語堂在他的成名作《吾國吾民》中，曾以中華民族悠久的飲食文化而感到自豪。他認為應該認真對待「吃」的問題，公開承認「吃」是人生為數不多的享受之一，應把吃和烹調提高到藝術的境界上。他讚賞中國人領受食物像領受性和生活一樣。所以偉大的戲曲家、詩人李漁和偉大的詩人、學者袁枚都把論述烹飪方法的論著當作自己的文化遺產，驕傲地傳給了後代。

　　林語堂常以自己生來便是一個「伊壁鳩魯派的信徒（享樂主義者）」自詡，他毫不掩飾地説：「吃好味道的東西最能給我以無上的快樂。」可惜幼年家貧，「那時所

---

[1]　有關屈原等文學家的情況，參閱倪祖強《文學家兼是美食家》，《新民晚報》1990 年 3 月 10 日。

謂最好味道的東西只是在館中所賣的一碗素麵而已」①。直到與廖翠鳳結婚後，他對美食的嚮往，才逐步變成了現實。

廖女士出身於鼓浪嶼富商之家，從小受的是嚴格的舊式教育，讓丈夫吃好，這是天經地義的，正是這樣的家教造就了廖翠鳳那一手高超的烹飪技術。她製作的美味可口的廈門菜，使林語堂讚賞不已。林語堂為自己的口福而得意到「忘形」的程度，他竟成了「廖翠鳳迷」。妻子燒菜的時候，他站在一邊觀賞。有時會插嘴說：「看呀！一定要用左手拿鏟子，炒出來的菜才會香。」

廚房是廖翠鳳的天地，她可不喜歡丈夫在那裡指手畫腳。她說：「堂呀，不要站在這裡囉唆，走開吧！」

林語堂乖乖地走開了，而且他還告訴家裡人，吃飯做菜之類的事，大家都要聽從夫人的安排。

林語堂社交的本錢是文章，而廖女士社交的基地是廚房，她愛熱鬧，常請客。一請客就大量買菜，像開大伙似的。她燒出大鍋大鍋的廈門鹵面，作料是豬肉、蝦仁、香菇、金針、菠菜，是用雞湯熬的。她的燜雞尤其拿手，是用姜、蒜頭、蔥把雞塊爆香，再加香菇、金針、木耳、醬油、酒、糖，用文火燜爛。還有廈門菜飯，也很好吃，是將豬肉絲、蝦米、香菇、白菜、菜花、蘿蔔炒香，再加進飯裡燜熟，吃的時候撒胡椒，加黑醋。她的清蒸白菜肥鴨是有名的，鴨子蒸爛了，吃起來又嫩又滑，連骨頭都可以吮，白菜在鴨油裡蒸爛，入口即化。有時全家都去唐人街，一起採購各種中國蔬菜、海鮮和活的家禽。清燉鰻魚、清蒸螃蟹等也是廖女士常做給林語堂吃的廈門名菜。

廈門薄餅是最受大家歡迎的廈門名點了。但要到過年過節，做生日，招待貴賓時，才有機會品嘗到這種佳餚。薄餅又叫春餅，是廈門著名的傳統食品，相傳明代福建同安人蔡復一，總督雲貴湖廣軍務時，整日批閱公文，無暇吃飯。蔡夫人擔心丈夫受餓，累壞了身體，便用面皮包著菜餚，讓蔡公右手執筆左手進餐，方便簡捷。

①　林語堂：《自傳》。

這種吃法，後來流傳開了，便成為薄餅的起源。

　　林語堂和妻女們都愛吃這種薄餅，三女兒林相如在母親的教導下，已經掌握了烙薄餅皮這項煩難的工藝。這薄餅皮是用很薄很軟的麵粉皮做成的。包薄餅的料子有豬肉、豆乾、蝦仁、荷蘭豆、冬筍、香菇，樣樣切絲切粒炒過，再放在鍋裡一起熬。熬的功夫是一項精細的工藝，料子太濕，則包起來薄餅皮會破，太乾沒有汁，也不好吃，太油也不好，要花費幾個小時才能熬得恰到好處。

　　吃的時候，桌上放著扁魚酥、辣椒、甜醬、虎苔、芫荽、花生米，還有剪成小刷子般的蔥段，用來把醬刷在薄餅上。有了薄餅和佐料，還要包捲得法，薄餅才美味可口。包薄餅的時候，先把配料撒在皮上，然後把熱騰騰的料子一調羹一調羹放上去。會包的人包得皮不破，也不漏汁。吃的時候，是用雙手捧著，將薄餅送到嘴邊。一口咬下去，有扁魚的酥脆，花生米的乾爽，芫荽的清涼，虎苔的甘香，中心的料子香噴噴，熱騰騰，各種味道已融合在一起，色、香、味、形一應俱全，吃起來軟中有酥，鹹中有甜，芳香爽口，回味無窮，百吃不厭，實在過癮。林語堂一家認為薄餅是天下最好吃的東西，但只有閩南人才懂得如何欣賞吃薄餅的樂趣，也只有同鄉人在一起，薄餅才會吃出滋味來。

　　林語堂一家把吃薄餅視為愉快的節日，邊吃邊嬉笑，越吃越有趣：嘴巴饞的人會把餡放得過量，包得很臃腫，還沒有吃完皮就破了。用兩張皮包一捲的人功夫不夠，為大家取笑。誰加汁太多，吃起來，汁會從手指縫裡流出來，大家也要笑他。全家包著吃著，比賽誰包得最好，誰包得皮破了，說呀笑呀，胃口倍增！

　　《中國烹飪秘訣》一書的獲獎，大大鼓舞了林語堂一家的美食研究，廚房變成了美食的實驗室，其中三女兒林相如的興趣最濃。那時林相如已在哈佛大學取得了博士學位，在紐約哥倫比亞大學進行生物化學的科研工作。閒來，在父親的指點下，照著袁枚食譜，依葫蘆畫瓢，一一試驗，真是做到理論與實際相結合了。

　　那年，名畫家張大千由巴西路過紐約到歐洲，林語堂設家宴招待。碰巧有朋友在這一天送來一個大鯉魚頭。廖翠鳳做了紅燒魚頭，林相如則以「扁燒青椒」向四川人張大千獻技。席間開了兩瓶台灣花雕，酒味雖有別於紹興的正宗花雕，但畢竟是

中國的酒啊。故國的酒勾起了兩位老友的鄉情。他們回憶起 1943 年冬，林語堂由美國返華，而張大千則從敦煌臨摹壁畫回來，兩人相遇於四川成都，張群為他們接風，座上陪客有沈尹默，大家相談甚歡。時光荏苒，現在又相逢，卻已在異國他鄉⋯⋯

不久，張大千由歐洲歸來，路過紐約，由張大千做東，請林語堂到四海樓吃晚飯。張大千點的菜有鱘鰉大翅，林語堂生平第一次嘗到這種產於南非的魚翅，是稀物。還有一味「川腰花」是張大千發明的菜，另有一樣酒蒸鴨，其味清香可口，有上海「小有天」的風味。

原來，張大千與林語堂一樣，也對飲食文化頗有興趣，在內地時，經常出入名菜館，品嘗名廚的手藝。現在坐在紐約四海樓，心裡卻情牽上海的「小有天」。他對林語堂說：「上海『小有天』進門扶梯上去，迎面就是一幅鄭孝胥的對聯：『道道非常道，天天小有天』，甚雅雋。」

林語堂機智地說：「且說話，莫流涎，須知紐約別有天。」

兩位文化名人，又兼是美食家，難得相聚在異邦，邊吃邊談，雅趣非常。

熱衷於飲食文化，無可非議，但若過分挑剔，就容易引起別人的反感。1954 年，林語堂出任南洋大學校長時，飛抵新加坡不到一個星期，就調換了好幾個廚師。他的理由是：吃不好，人生還有甚麼意義？弄得接待他的人無所適從。反對他的報紙，刊出了這一消息。這些，後來都成了攻擊他「奢侈」的具體材料。

其實，日常生活中，林語堂倒並不是一個饕餮客，因為他居家時，所最愛享用的美食，也不過是烤牛肉而已。對飲食的挑剔，那是成名和「暴富」以後的事。

林語堂在自己的論著中曾以大量篇幅從理論上探討美食的必要性，而且還從中西美食文化比較研究的角度，發表自己的宏論高見。他說：

中國的烹飪有兩點有別於西方：其一，我們吃東西是吃它的組織肌理，它給我們牙齒的鬆脆或富有彈性的感覺，以及它的色、香、味。李笠翁自稱為『蟹奴』，因為蟹集色、香、味三者於一身。所謂『組織肌理』的意思，很少有人領會；但是

我們應該知道，竹筍之所以深受人們青睞，是因為嫩竹能給我們牙齒以一種細微的抵抗。品鑒竹筍也許是辨別滋味的最好一例。它不油膩，有一種神出鬼沒難以捉摸的品質。不過，更重要的是，如果竹筍和肉煮在一起，會使肉味更加香濃，豬肉尤其如此，另一方面，它本身也會吸收肉的香味。這是中國烹飪有別於西方的第二點，即味道的調和。整個中國烹飪法，就是仰仗著各種品味的調和藝術。雖然中國人承認許多食物（像鮮魚）就得靠其本身的原汁烹煮，但總的來講，他們在將各種品味調和起來這方面，遠比西方人做得多。例如，如果你沒有吃過白菜煮雞，雞味滲進白菜裡，白菜味鑽進雞肉中，你不會知道白菜的美味。根據這個味道混合的原則，可以烹調出許多精美可口的混合菜餚來。像芹菜，可以生吃，也可以單炒。然而，如果中國人在西方人的宴會上看到菠菜、胡蘿蔔之類也被分別烹煮，而且與豬肉或燒鵝放在同一個盤子裡，他們未免會嘲笑這些野蠻人。①

在英文撰寫的《生活的藝術》一書中，林語堂談論飲食的篇幅就更多了。在《説肚子》一節裡，他開門見山地認為：「凡是動物便有這麼一個叫作肚子的無底洞，這無底洞曾影響了我們整個的文明。」他暢談美食的必要性，直言「飲食是人生中難得的樂趣之一」。飲食是人的本性。

他讚美中國人把食品和藥物相結合的藥療食物，總結出美食哲學的三要素：「新鮮、可口和火候適宜。」「中國最貴重的食品，本身都同樣具有三種物質，即無色、無臭和無味，如魚翅、燕窩和銀耳都屬於這一類。這三種食品都是含膠質的東西，都是無色、無臭、無味。其所以成佳餚，全在用好湯去配合。」林語堂特別欣賞李漁的《閒情偶寄》中對飲食的研究。在《生活的藝術》和其他論著中，只要一談到飲食問題，他必定要調動自己知識庫裡有關中西飲食文化方面的全部信息，引經據典，旁徵博引，引申發揮，十分內行。

精通美食理論的林語堂本身的食慾也很好，消化力很強。他最喜歡吃烤牛肉，

---

① 林語堂：《吾國吾民》。

他的原則是：不和自己的肚子過意不去，餓了就吃，直到真正飽了為止，決不故作文雅的推辭。有時，半夜裡，感到飢餓，他也會到飯廳去吃東西。

生病時，比平時吃得還多，甚至吃雙倍的東西。他說，他的病要吃才會好。

有一次，他給廖翠鳳寫信時，風趣地誇張自己驚人的消化力，他說：「我的肚子裡，除了橡皮以外，甚麼也能消化的。」

1969 年，廖翠鳳和林相如母女又合著了一本《中國食譜》（ *Chinese Gastronomy* ），在美國出版。林語堂親自為《中國食譜》撰寫序言，林語堂激讚三女兒是一位天生的烹飪專家，對於飲食之道有強大無比的記憶力。他回憶有一次在法國南部某飯店吃了一頓晚餐，許多年以後，林相如還能記得那次所吃各道菜所用的材料和它們的味道。林語堂還告訴讀者，《食譜》上所介紹的菜餚烹法，都由作者先做過幾番實驗，把所有的用料用量仔細地調整好，又將操作程序仔細推敲，然後再寫出來的。差不多有兩年功夫，林家的廚房成了研究美食的實驗室。林語堂在無意中也變成了一個參加者，不過他的工作很輕鬆愉快 —— 具體地說，品嘗美味，就是他的「工作」。

第四十一章

盡力工作，盡情作樂 / 一個旅行愛
好者 / 釣魚的樂趣

盡力工作，盡情作樂

　　關於林語堂的個性，人們常常可以聽到一些相互矛盾的説法。比如，有人讚賞
林語堂的精彩演説和他的熱情好客；但也有人在文章中説他是一個不喜歡社交、不
愛賓客、不愛演説的人，把他描繪成一個深居簡出的孤獨者。事實上，這些説法都
不夠全面。林語堂曾説：

　　生活的智慧在於逐漸澄清濾除那些不重要的雜質，而保留最重要的部分——
享受家庭、生活文化與自然的樂趣。[①]

以享受人生為樂趣的林語堂，不可能是一個自我封閉的人。他的社交生活、精神生
活都是開放的。但是他又是一位善於支配時間，並把生活作息安排得極有規律的人。
　　林氏以寫作為生，為提高寫作的效率，必須合理地使用時間，避免浪費。因此，
他的日常生活是有高度節奏感的。該會客時會客，該演説時演説，該社交時社交，
該寫作時寫作，該旅遊時旅遊……他把一切都計劃得有條有理。所以他討厭意外的
來訪者，討厭不著邊際的閒談，因為一切無聊的應酬，都是對正常生活秩序的粗暴
破壞。
　　「文章可幽默，做事須認真。」這是林語堂的信條。可見他自己並不完全按照文
章中的幽默去「做事」的。當年，在《無所不談合集·新春試筆》裡，他曾以幽默的
態度宣傳閒適的生活方式：

　　點卯下班之餘，飯後無聊之標，揖讓既畢，長夜漫漫，何以遣此。忽逢舊友不
約而來，排闥而入，不衫不履，亦不揖讓，亦不寒暄，由是飲茶敘舊，隨興所之，

————————————

[①]　林語堂：《生活的藝術》。

所謂或晤言一室之內，或因寄所託，放浪形骸之外，雖言無法度，談無題目，所言必自己的話，所發必自己衷情。夜半各回家去，明晨齒頰猶香。

　　這種風雅的夜生活，僅是他文章裡的「可幽默」的態度，在現實生活中「可說是絕無僅有之事」[1]。除了預先約定的宴敘之外，林語堂在紐約是不大串門子的。在文章裡幽默得很的林語堂，在生活中卻認真得很。但當胡適在普林斯頓大學任東方圖書館館長兩年任期滿後，住在紐約東邊小公寓時，林語堂夫婦倒是常去拜訪他的。胡適和林語堂已有五十多年的交情。1919–1923年，林語堂留美時，因廖翠鳳兩次住院開刀而在經濟上陷入困境時，胡適曾掏腰包為林語堂匯款兩千美元，正是胡適的雪中送炭，解了林氏夫婦的燃眉之急。幾十年來，他倆的友誼非同一般，兩人每次一見面，就談笑風生，都是「不可救藥的樂觀者」。

　　長年旅居美國，使林語堂習慣了美國工業社會高頻率快節奏的生活方式，他要擠出一切時間來為生存而拚搏。西方的生活方式在潛移默化中影響了林語堂的待人接物。比如，有事情用電話聯繫，非見面不行的，就事先約定時間。林語堂不願充當不速之客去攪擾別人，同時也不歡迎不速之客去攪擾他。

　　做事嚴肅認真，講究效率，不等於整天像機器人一樣過著乾巴巴的枯燥無味的生活。林語堂的生活，有規律有節奏，有張也有弛。在工作與遊樂之間，存在著一種和諧，把兩者巧妙地結合起來，生活的藝術就在其中了。他非常喜歡張潮《幽夢影》裡的一句格言：「能閒人之所忙，然後能忙人之所閒。」用他自己的話來說：「盡力工作，盡情作樂。」

　　旅居歐美時，林語堂為自己規定每年出版一部作品，只要新的作品問世，他就給自己放一個月或兩個月的假，外出旅行。

　　林語堂是一個旅行愛好者。他的足跡幾乎踏遍西歐各國的遊覽勝地，他很懂得

---

[1]　詳見徐訏《追思林語堂先生》。

在旅行中尋找樂趣，所以他不贊成讓照相機沖淡了對旅行的享受。他說：「在巴黎、倫敦和台灣的橫貫公路，我曾看到許多旅行的人，他們把時間和注意力幾乎完全消耗在取景攝影上，以致沒有閒空去細看周圍的景物。」

林語堂每年一次或數次的旅遊，就是為了享受大自然。在他的感覺中，大自然包括了一切聲音、顏色、式樣、精神和氣氛。大自然本身永遠是一個療養院，即使不能治癒病患，至少也能治療機械文明所造成的人類的自大狂症。他曾對人說，當今世界有多少人懂得利用閒暇，真正享受大自然？

林語堂討厭某些現代旅遊業把享受大自然的樂趣變成了商業性盈利的實業。讓遊覽者坐著遊覽車去參觀名勝古蹟時，被迫聆聽導遊先生或小姐們職業性地背誦如流的導遊詞，是最煞風景的。有一次，他在美國，看見一位修女帶著一群小學生旅行，當他們參觀一座公墓時，修女拿出一本書來，告訴孩子們：葬在這地下的人的生死年月，結婚的年月，他的太太的姓名，和其他許多不知所云的事情。林語堂在一旁對朋友說：「我敢斷定，這種廢話，必使兒童完全喪失了這次旅行的興趣。」他認為，成年人如果在「導遊」的指引下旅行，豈不也和這群被修女擺佈的小學生一樣。

林語堂覺得，旅遊本來是激發人的觀賞力和幻想力的賞心樂事，如果被「導遊」強迫灌輸了許多信息，預先接受了「導遊」們武斷的結論，那麼就限制了自己與大自然或古人勝跡的心靈溝通。他雖不是職業旅行家，但也積累了豐富的旅遊知識和經驗，並且還有獨特的旅遊理論，可以算得上是一位行家了。

除旅遊外，釣魚也是林語堂在「盡力工作」之後，「盡情作樂」的一項內容。

提倡「生活的藝術」的林語堂，對釣魚也有一套自己的見解。他的高見的要點是：樂在釣而不在魚。

他說，釣魚的人，都喜歡上鈎後會「鬥」的魚，如果一條魚乖乖地被釣，十分馴服，毫不掙扎，就會感到乏味。一邊拉線，一邊與魚鬥，有的魚出水後還會掙脫，這種一拉一鬥，即使一無所得也好，與釣得一條大魚納入竹簍，其樂同樣無窮。林語堂說那滋味和樂趣，都是很難與人描述的，唯有垂竿而釣的人才能體會。

　　林語堂喜愛釣魚，是因為釣魚可以調劑生活的節奏，放鬆一下繃緊了的腦神經。他長年旅居的紐約，地處大西洋之濱，北及長島，南接新澤西州，釣魚的風氣甚盛，設備也好，魚又多，釣魚為樂的人亦不少。

　　有一次，林語堂到長島近郊的 Port Washington 避暑，用手拿個鐵筒，去摸蛤蜊，赤足在海濱沙上，以足趾亂摸。蛤蜊在沙下一二寸，一觸即是，觸到時，用大趾及二趾夾上來，扔入桶中，咕咚一聲，五六十尺以外都可以聽到。林語堂有時也參加當地人名為 dam-bake 的烤蛤蜊的宴會，其樂無窮。

　　長島靠近大洋，由此地出入海的，多半是為捕魚。林語堂在長島北部避暑的那一年，他站在橋上看到螃蟹隨海潮出入洲渚，只用長竿蟹網，入水便得。因為來得太容易，所以在此地吃螃蟹不要錢，林語堂大享口福。

　　長島附近的羊頭塢，是紐約人出海釣魚用的船塢。夏天一到，常有三四十條漁船，冬天也有十來條。這些漁船一般船身都有八九十尺長，一切設備俱全，服務周到。午餐總是三明治、漢堡煎牛肉及啤酒、熱咖啡之類，船上釣竿、釣鈎及一切雜具，應有盡有。今天釣甚麼魚，用甚麼餌，釣鈎大小，魚出何處，都由船員幫忙指導。船主掌握魚類的活動規律，到何處去釣，瞭如指掌。所以，林語堂和女兒們，以及船上的那些釣魚手們 —— 不論內行還是外行 —— 只要揮動魚竿，即有收穫，豈不快哉！

　　林語堂去釣魚，每次都是早晨 7 時出發，一到船塢，就見許多船員在岸上為各自的漁船拉生意，每船約載客四五十人。林語堂上到一隻漁船，像其他釣魚客一樣，佔據一個釣位。每逢有人釣到大魚，全船譁然，前呼後應，甚是熱鬧。然後水手跑過來拿長鈎及網，幫釣魚客制服獵物，以免魚出水時，掙扎脫鈎而去。

　　林語堂在紐約二三十年，長島釣魚是他生活中的一大樂趣。成年累月，也積累了不少釣魚的經驗，知道夏季七八月間是捕捉藍魚（blue fish）的最佳時令。藍魚是一種勇猛的魚類，以捕食其他魚為生，每年鯖魚出現時，藍魚就追蹤而來。林語堂不喜歡釣溫馴的魚，比如像海底左目魚之類，一上鈎若無其事就拉上來，林語堂感到乏味。他喜歡藍魚的兇猛，釣藍魚就像人與魚決鬥一樣，上鈎以後，它還一路掙

扎，魚力又猛，非掙得精疲力盡，是不會輕易就範的。即使到了甲板，藍魚仍然活蹦亂跳，不讓人輕易捉住。林語堂十分欣賞藍魚負隅掙扎堅持到最後一刻的搏鬥精神。

藍魚是釣魚者的寵物，每年藍魚旺季時，海面上常有上百條漁船。又因為釣藍魚以夜間為宜，釣者常是通宵戰鬥。林語堂既是藍魚的追逐者，自然也參加通夜釣魚的行列。在夜色蒼茫之下，月明星稀，海面燈火輝煌，另是一番氣象。有一回，已是 9 月初，藍魚逐漸稀少，林語堂與三女兒相如興致勃勃地參加夜漁，他們竟釣到了兩條大魚，一條裝一布袋，長三尺餘，看起來像兩把雨傘，到拂曉 4 點鐘才收竿回家。

林語堂每年夏天出去旅行或避暑之前，總要事先打聽好旅途中有沒有釣魚的機會，如有就及早列入日程。因此，林氏到過的瑞士、奧地利、法國等地，都為林語堂留下了垂釣的回憶。

使林語堂難忘的是阿根廷的巴利洛遮（Bariloche）湖，這是釣鱒魚的勝地。因為地形的變遷，這些鱒魚不能入海，而與鱘魚混種，稱為 Salmentrout。林語堂在美國所見的鱘魚平常只有一二磅，大的三五磅，而巴利洛遮湖一帶卻有一二十磅的鱘魚及二三十磅的鱒魚。當地人告訴林語堂，美國已故總統艾森豪威爾也喜歡來此下鈎。

巴利洛遮湖位於阿根廷與智利交界處，安狄斯大山溝的盡頭。重巒疊嶂，湖山交映。那年，在旅遊指南的引導下，林語堂來到湖上的 Llao-Llao 飯店，倚欄憑眺，碧空寥廓，萬頃琉璃，大有鴻蒙未開的氣象。晨曦初拂，即見千巒爭秀，光怪陸離。層層疊疊的青巒秀峰與湖水的碧綠、陽光的紅暈相輝映，被稱為世界第一風景。

來此之前已做好釣魚準備的林語堂，早知道這裡釣魚與紐約不同，實行「慢行拖釣」方法，為名 Trollihg。林語堂入鄉隨俗，登上慢慢開行的汽船，所用魚鈎呈湯匙形，魚竿插在舷上，任釣絲拖在船後百餘尺以外的水中，隨波浪旋轉，以其閃爍引魚注意，所以不需下餌，插在船舷上的魚竿搖動之時，就是有魚上鈎了。

然而，漁翁之意不在魚，而在於這捕魚時的佳趣。林語堂在船舷上欣賞著一路

流光照碧、宿雁飛落、夕陽斜暉、亂紅無數的景色，忍不住讚歎：「不復知是天上，是人間。」

　　這是 1961 年，林語堂在巴利洛遮湖上湖釣盡興之後，又到了阿根廷首都布宜諾斯艾利斯東約一百五十海里的海濱避暑勝地「銀海」去海釣。林語堂一個人租了一條約六米長的汽船，在煙雨蒙蒙中出發海釣，船中僅林語堂和船夫兩人。船夫問林語堂怕不怕海浪，林語堂壯著膽子説不怕。到目的地停泊以後，兩人開始垂釣。不用釣竿，只是手拉一綑線而已，一線三根鈎，有魚上鈎，或一條，或三條。這樣隨放隨拉，林語堂感到大有應接不暇之勢，連抽煙的工夫都沒有。不到半個小時，艙板上已有一百五十多條魚，大半都是青鬣。返回時，船夫把雨衣雨帽扔給他，叫他蹲在船板底。船夫開足馬達，在風急浪高中滿載而歸。到岸後，撿得兩簍多魚，送給了一家有名氣的海鮮飯店。這是林語堂有生以來收穫最大也是最滿意的一次釣魚。為了讓廖翠鳳與他一起分享收穫的喜悅，他打電話給夫人，請她來飯店共嘗海味。

　　林語堂經常暢言釣魚的樂趣，千萬不要因此而認為他是一個沉溺於釣魚的遊蕩者。因為釣魚只是他休假時、避暑時的餘興節目，在工作的日子裡，他是不會輕易放下寫作計劃的。工作時拚命工作，休息時盡情歡樂，這是林語堂的生活準則。

《紅牡丹》和《賴柏英》

應邀在美國國會圖書館做報告 /
中南美洲六國之行 / 一本「香豔」
小說：《紅牡丹》/ 鄉情和愛情的疊
合：《賴柏英》/《逃向自由城》與
《無所不談》

1961 年 1 月 16 日，林語堂應美國國會圖書館之邀，到華盛頓做了《「五四」以來的中國文學》的講演。

被這座號稱世界上最大的圖書館邀請去演講，這對林語堂是一項殊榮。因為美國國會圖書館以人類知識時間囊和美國國家記憶儲藏庫而聞名於世。比如，1983 年美軍在格林納達登陸時，幾十名新聞記者想通過接線員打電話到該島，可是都不成功。但有一位機智的記者卻接通了，他先打電話到美國國會圖書館，從那裡取得格林納達電話簿上幾個重要的電話號碼，終於接通了電話，獲得了惹人注目的第一手消息。

圖書館位於美國國會大廈對面街上，館內設有八百六十公里的書架，存放的書籍、物品超過八千五百萬件，其中包括書籍兩千萬冊，這裡收藏的地圖、地球儀、新聞影片、錄音、活頁樂譜、政府公文和私人文件，比世界上任何地方的圖書館都要多。國會圖書館也以擁有最老的影片、最早的印刷品和最小的書籍而自豪。每天送到圖書館收發室的新書、定期刊物和錄音帶都有三萬多件，另外還有更多由學者、慈善家、傳教士和其他人士贈送的圖書報刊和文物資料。國會圖書館收藏的資料來自全球各地，藏書中有四百七十多種文字。它的阿拉伯文藏書之多為世界之最，收藏的西藏物品比西藏境內的還要豐富，有關蘇聯革命前的照片也多於蘇聯本身所藏。

林語堂在報告中繼續宣傳自己的文學觀。他認為文學是個人心靈的表達，研究一個時代的文學也就是研究這一時代的精神。他在講演中說：

無論在東方或西方，現代都是一個精神動盪的時代，現代文學和藝術正是這種動盪性的例證。在原子時代和現代藝術之間，有非常密切的關係，還沒有為一般人所認識。藝術家是最先感受舊世界信仰分崩離析的人。非再現性的現代藝

術，不論是「心視派」或是「立體派」，都給人一種物體分裂的感覺，正好表達出人的心靈的分裂。戴理（Dali）的超現實派作品，只是對邏輯的一種抗議。這種趨勢還會繼續下去，難免到一天，任何一張現代畫，將和我們所熟識的人物，一無相似。……現代中國，在五四運動（1919）之後，也經歷了一個動盪的時代。我所要問的是，經過了這四十多年的動盪，究竟有沒有甚麼有價值的東西留下。

　　在評論「五四」以來最傑出的中國現代作家時，林語堂說最好的詩人是徐志摩，最好的短篇小說作家是魯迅、沈從文、馮文炳和徐訏。

　　林語堂最懷念的作家是老舍。他說：「我知道他是個正直君子。他的京片子是十分流利的，他的風格甚為幽默。他的故事富於北平的泥土氣息。我在抗戰時和他在重慶見面，後來又在紐約聚首。我記得他在談政治時的興奮。」

　　在評論具體作家時，林語堂談得最多的是魯迅──《語絲》時代的戰友，《論語》時代的論敵──林語堂高度評價魯迅「五四」以來的戰績，認為魯迅在打倒舊中國方面是個主將，而在 20 世紀 30 年代使中國青年轉向「左傾」，魯迅發揮了重要的作用。林語堂非常熟悉魯迅的文風，他說：「魯迅用諷刺作為利器，把舊中國活活剝皮。他的筆猶如鋒利而塗有毒藥的箭。他自以為是個戰士而不是作家。他一箭中對手時的得意之狀，還歷歷在我眼前（我在北平、廈門、上海，都和他極熟）。魯迅有個敏感銳利的頭腦，而他所處的，又正是個難逃大變的社會。……事實上，他對舊中國是所知太多了，熟習那個社會的世故和為人之道。他曾在日本讀書，但他是浙江紹興人，而紹興師爺那種一字定人生死的刀筆本領，正是他的文章風格的來源。」

　　當然，林語堂也沒有忘記胡適，他突出地強調胡適在「文學革命」中的作用。他說：「『五四』運動的溫床是北京大學，它的代表刊物是《新青年》。說來有趣，運動的第一炮，不是來自北京，而是發起於紐約，那時胡適正在哥倫比亞大學作研究生。他以明淨平和的文筆，提出主張，要以現代白話代替文言，來作為文學的語言。這主張是革命性的，令人吃一大驚。因為從來沒有人這樣想過，而文言在中國是具有

神聖不可侵犯性的。這真是一個大的挑戰和解放。……胡適博士在1918年回到中國時是二十六歲，他受到全國的歡迎。他的舊學根底不差，又受了西方學術研究方法的訓練，所以他滿有資格領導這一革命。」

林語堂的這篇講演坦露了他對中國現代文學的全面評價，其中不乏精當的論斷，可稱一家之言。但是由於林語堂片面突出胡適在「五四」運動中的領導作用，顯然與胡適在當時的實際地位不符合。這裡，林語堂的感情因素損害了歷史評價的客觀性。同時，又由於他立足於「文學是個人心靈的表達」這一基本觀點，這就必然會使他忽略文學與時代的關係。可以這樣說，林語堂是完全站在資產階級的立場上來評價中國新文學運動的。該講稿後來被收入美國國會圖書館出版的《透視俄國、中國、意大利與西班牙最近的文學》一書中。

1961年，在馬星野的安排下，林語堂偕夫人訪問了中南美洲六國。由於中南美洲國家的人民，除巴西講葡萄牙語外，其餘都講西班牙語，而《生活的藝術》等著作的西班牙語譯本早已在這些國家廣為流傳，所以林氏伉儷在中南美洲六國到處受到熱烈的歡迎。有一次在某大學講演時，由於聽眾太多，警察只好將街道封鎖起來。

林語堂應邀在各國發表演講，介紹他的中西文化比較研究的成果。在委內瑞拉講的是《一個不墨守成規的人的聲明》，在哥倫比亞的講題是《使不好的本能發生良好的作用》，在智利的講題是《本能和合乎邏輯的思想》，在秘魯的講題是《陰陽哲學和邪惡問題》，在阿根廷的講題是《中國的文化傳統》，在烏拉圭的講題是《科學和好奇心》等。這些講稿後來都收集在 *The Pleasures of Nonconformist*（《不羈》）一書中，該書由美國克利夫蘭世界出版公司出版。

在巴西的一個集會上，林語堂在講演中插入了一段幽默風趣的話，他說：「世界大同的理想生活，就是住在英國的鄉村，屋子安裝有美國的水電煤氣等管子，有個中國廚子，有個日本太太，再有個法國的情婦。」聽眾們忍俊不禁，當地報紙立即刊出。後來，這幾句話成為廣為傳佈的林語堂幽默妙語之一。

　　1961 年，林語堂還出版了一本講述北京歷史的英文著作《輝煌北京》和小説《紅牡丹》。

　　由美國克利夫蘭世界出版公司出版的長篇小説《紅牡丹》是林語堂的八部小説中「最香豔」的一本。小説通過女主人公牡丹在婚戀生活上的曲折經歷，表現了一個清末的少婦在尋求愛情過程中的大膽追求，細緻地刻畫了情愛世界的奧秘。雖然，小説的時代背景是清末，但書中人物的意識卻是現代的。《紅牡丹》實際上是借古人的衣冠表現了一種適合於現代西方文化觀念的女性意識。作者在書中所表現的價值觀，與西方文化的價值標準十分接近。對愛情的哲理性的剖析，雋永妙語，含義深刻，引人深思。所以，該書在海外十分暢銷，曾多次再版。

　　小説的女主人公牡丹，喪夫以後，在精神與肉體的雙重飢渴中，她曾先後與堂兄孟嘉、婚前舊情人金竹、拳術家傅南濤、詩人安德年等異性接觸，經歷了許多風流韻事，膽裂神摧，遂掃盡鉛華，歸真返璞，隱居小鎮，以教書為業，不料竟被鹽商綁架。堂兄孟嘉，利用自己是朝中翰林的身份，竭盡全力組織營救，由江蘇巡撫派海軍在長江口的一個小島上救出牡丹。這時，歷經波折的牡丹，已厭倦人生，不顧親屬的反對，與出身下層社會的拳師傅南濤結合。

　　牡丹的情愛生活與中國傳統文化的道德觀念相距甚遠，這是因為林語堂把現代西方新潮女性的「性解放」的觀念和行動，寄植於 20 世紀初的一個中國寡婦身上了。所以，每當傳統道德規範和原始性的生理衝動發生矛盾衝突時，女主人公都能毫無困難地越過了道德的樊籬，放任情慾的橫流。《紅牡丹》的譯者張振玉説：「本書寫寡婦牡丹，純係自然主義之寫法，性的衝動，情之需求，皆人性之本能，不當以違背道德而強行壓抑之，本書之主題似乎即在於是。此種見解，今日恐仍難免為社會上一部分人所反對。……《紅牡丹》中作者之寫情寫性，若與中國之舊小説與近五十年來之新文藝小説內之寫情寫性互相比較，皆超越前人。《金瓶梅》之寫性只是乾燥之説明敘述，而《紅牡丹》之寫性則側重在氣氛之烘托與渲染。……林語堂先生之敢於如此運用筆墨，推其緣故，主要原因，本書原係英文著作……與西方道德氣溫或人生觀較為接近之故。書中對愛情之含義頗多雋永妙語，啟人深思，可做『愛

經』讀，若謂有啟聾振聵之功，亦無不可。」

看來，這位譯者基本上把握了作者的寫作意圖。實際上，《紅牡丹》所表現的情愛生活，是借古人的身軀來展示現代人的新潮意識。在家庭方面，林語堂也是借現實的環境來表現他的理想境界。比如，牡丹的朋友白薇夫婦倆在富春江畔的生活，詩情畫意，恩愛伉儷，猶如不食人間煙火的神仙，這是一種比《奇島》中的理想境界還要理想化的生活。

1963 年由美國世界出版公司出版的長篇小說《賴柏英》，林語堂稱之為「自傳小說」，實際上是一部「半自傳體小說」。

法朗士的那句「一切文學作品都是作家的自敘傳」的名言，對中國的新文學家產生了深遠的影響。郁達夫以此為信條，創作出許多動人的作品。郁氏的代表作《沉淪》就是非第一人稱的自敘文學，也可稱為半自傳體小說或半自敘性文學。在這類作品中，作家寫自己感受最深和體驗最深的生活，往往較為真誠、真切，顯得有個性，有很真摯的身世感和漂泊感。林語堂把《賴柏英》視為「自傳小說」，當然自有其理由。因為男主人公「新洛」身上有著不少林語堂自身的生活經歷和身世。林語堂少年時乳名「和樂」，小說中「新洛」的童年生活就是「和樂」早年身世的再現。小說的女主人公賴柏英在現實生活中確有其人，她是林語堂母親的義女的女兒。按說，她是林語堂的晚輩，但由於年齡相仿，兩人自幼青梅竹馬是童年時的一對小夥伴。林語堂在《八十自敘》中曾說：「賴柏英是我的初戀情人。」「成年後……我們自覺是理想的一對……我們相親相愛，她能獻出無私的愛心，不要求回報，但是環境把我們拆開了。結果我到北平，她則嫁給阪仔鄉的商人。」而小說中「新洛」與小說中的賴柏英的關係，有些情節實際上是現實生活中的林語堂和賴柏英初戀生活的翻版。

《賴柏英》雖有林語堂的自傳成分，但又絕不能把它當自傳讀，因為小說中有許多虛構的情節和細節。比如，小說中寫到「新洛」獲得「法學士」學位後到新加坡當律師。同時與幾個女性有過感情上的糾葛：與歐亞混血女郎韓星同居，而叔叔的姨

太太瓊娜又向他示愛，巨富千金吳愛麗小姐因失戀而自殺等情節，以及最後與賴柏英大團圓的結局，等等，都純屬虛構。所以，以自敘體文學的標準來衡量，《賴柏英》只能稱是半自傳體小說。可以參照小說來研究林語堂的思想，特別是他的婦女觀和情愛觀，但必須把它當小說來讀，而不能當自傳來讀。

　　小說一開頭描寫了年輕有為的華僑律師新洛在新加坡陷入了韓星、瓊娜、吳愛麗等三位女性的感情包圍圈中，然而他心裡卻惦念著遠在故鄉的賴柏英——

　　新洛把頭枕靠在床頭板上，眼瞼半閉地凝望著點點密雲和海面，心底無形中浮現另一番景象。在海平面上的雲彩上端，他彷彿看見故鄉村莊裡，十分熟悉的淺藍色「南山」棱線，起伏的山丘，宜爽幽謐的樹林和柏英的小屋。他依稀覺得自己聽到了她的聲音，在那荔枝林裡迴響。他為清晨美麗的時刻歡欣，尤其在這短暫的一刻，他可以讓心神輕易的由現實飄到虛幻的世界。

　　小說描寫新洛十九歲那年回到家鄉，同初戀的心上人賴柏英歡度了一個愉快的假期，離別時，賴柏英送新洛到小溪，兩人依依不捨地告別。這一段描寫，是林語堂切身經歷的藝術再現，所以寫得十分真摯動人。

　　新洛激動地撫摸她的頭髮，盯著她的眼睛，把她的臉托起來。她似乎有點怕，遲疑了一會，然後就聽任他輕飄飄吻在她唇上。她滿面羞紅，一句話也不說。剛才衛士般的理性還戰勝了內在的情感，現在卻柔順異常。這一吻使她動搖，她忽然愁容滿面。

　　「你不高興和我在一起？」他問她。

　　「高興。我真希望能永遠這樣。你、我和我的田莊永遠聚在一塊兒。」

　　「你的田莊，對你就那麼重要？」

　　「是的。不只是田莊，那是我的家庭。你不懂……」

　　完美幸福的一刻已經過去，陰影向他們襲來。

　　回到河灘上，她說：「新洛，我愛你，以後也永遠愛你，但是我想我不可能嫁給你。」

　　他們已經道出彼此的真情，雙方都有新的諒解存在。到達山間的隘口，新洛抬頭一看，太陽映著石坑崎嶇的棱線，頂端有一個大山隘，也就是一個深溝，橫在陡直的峭壁間，很像落牙留下的齒坑。近處則是一片綠紫相雜的山腰，圍繞著他們。

　　柏英坐在草地上穿鞋襪。「你在看甚麼？」她發現他呆呆站著，就問他。

　　「我在想，我們有一天若能攜手共遊那石坑，不知有多好。我看你站在隘口中間，俯視我，召喚我。我會把一切丟開，追隨你，追隨你和群山。」

　　「我在這兒，山也在這兒。」她已經站起來，「你還要甚麼？」她銀鈴般的聲音消失在山隘裡，和鳥叫聲融成一片。

　　那天下午，他們慢慢前進，高興得忘了自己走了多少路。她不再害羞了，大部分時間都把手環在他腰上。有時候他們必須一上一下爬過小山。她的步子沒有慢下來，反而加快了。有時候她上山下山，兩步並作一步走。

　　有一刻，她對他說：「世界上還有比我們這兒更美的山谷嗎？你已擁有這些山，也可以得到我。為甚麼你一定要出國呢？」新洛沒答腔。她又說：「就算你住在漳州，我們也有香蕉、甘蔗、朱欒、桃子和橘子。還有各種魚類和青菜。外國港口有的東西，我們哪一樣沒有呢？」

　　新洛告訴她，在西方世界、外國有很多東西；他一定要上大學去研究，他父親也希望他去。

　　「你看到外國，會學到甚麼？」

　　「我不知道。」

　　「你覺得你會像我們現在一樣快樂？」

　　「我不知道。」

　　她甩甩頭，臉上有傷心的表情。

　　「好吧，那你去吧。我打賭你不會快樂。我想你也不會回到我身邊，因為我那

時一定嫁人了。」

　　她好像要打一仗逼他留在家鄉似的，其實她只是說出自己平凡的意見。因為當時她語氣十分肯定而自信，甚至帶有一點挑戰意味，所以他始終記得那幾句話。

　　夜晚，在一座破廟裡，賴柏英把童貞交給了新洛。賴柏英懷孕後，不得不招了一個老實的農民做丈夫……

　　新洛失去了賴柏英。在寂寞和空虛中突然狂熱地愛上了混血兒韓星。可是韓星是個狂放不羈、水性楊花的女子。狂熱過去後，新洛已不能滿足她的各種慾望，為尋求刺激，她又另覓新歡，跟著一個葡萄牙船長遠走高飛。新洛又一次失戀，他被推到了精神崩潰的邊緣。

　　賴柏英在家鄉也遇到了飛來橫禍：賴柏英的丈夫被過境的敗軍殺害。新寡的賴柏英帶著與新洛所生的孩子逃到新洛母親的身邊。在親屬們的安排下，賴柏英母子來到新加坡，新洛和賴柏英終於實現了大團圓。

　　表面上看，《賴柏英》講述了一個有情人終成眷屬的愛情故事。把它當愛情小說來讀，也未嘗不可。但如果穿透情愛故事的表層，就可以洞察到中西文化碰撞的火花。這是一個不尋常的愛情故事，支配故事情節發生發展的，不是原始性的慾望和衝動，而是林語堂所一再宣揚的「高地人生觀」。作家以「高地人生觀」為文化基點，盡情地向讀者展示自己的情愛觀和道德觀，以及婦女觀。隨著時代文化基點的移動，觀察視角的轉換，不同的讀者可以從《賴柏英》一書裡發現和吸取不同的文化養料。可以把它當文化小說，也可以當情愛小說，還可以當道德小說，而飽蘸著濃鬱的鄉思鄉戀，又使它無愧於鄉情小說。於是，見仁見智，各取所需。

　　《賴柏英》的自敘性質使小說具有真摯的身世感，卻缺乏哲學感上的昇華——在 20 世紀 40 年代以後，林語堂想做而終於沒有做成哲學家——但若與那些完全沒有哲學感的小說相比，在《賴柏英》中還是可以找到作家的哲學思維的軌跡的。

　　人們常說，大作家都是潛在的哲學家、思想家，或者就是哲學家、思想家。雖然林語堂的哲學見解至今未得到人們的認同，但是任何人也不能否認他有非常獨到

的哲學思考。《賴柏英》通過藝術形象把林語堂對社會人生的獨特體驗和觀照明白地告訴了讀者：中西文化取長補短的觀念；以愛和美為支點、以回歸自然為走向的「高地人生觀」。這些都是林語堂自己對社會對人生的體驗，是別人所不可替代和不可重複的。你可以批評它，批判它，卻不能否認這是林語堂在中西文化比較研究中的個人心得，是一種動人的存在，一種富有生命力的存在，它影響了林語堂自己的文化道路，也支配了他小說中的人物的思想和行為。

《賴柏英》中新洛在道德和哲學這兩個文化層次中的自我衝突，正是林語堂本身的「一團矛盾」的折影。在道德層次上，新洛與賴柏英、瓊娜、韓星、吳愛麗的矛盾，超越了情愛觀和道德觀的層面，實質上是中國和外國的兩種不同文化觀在主人公靈魂深處的碰撞，也是兩種哲學選擇的衝突。不管經歷如何曲折，新洛堅定不移地選擇了「高地人生觀」。新洛的選擇，實際上就是林語堂對人生道路進行哲學反思之後的文化選擇，體現了鄉土文化對林語堂的巨大的吸引力。

所以《賴柏英》的出版，破譯了一個長期以來使人迷惑不解的「文化密碼」——那就是為甚麼林語堂對家鄉的「青山」和「山景」有一種異乎尋常的特殊感情。因為，鄉戀鄉思鄉情，幾乎是古今中外一切遊子的共性，但是像林語堂這樣對家鄉山水迷戀到如此癡醉的，卻並不多見。20世紀60年代初，林語堂懷著濃得化不開的鄉愁，站在香港新界落馬洲的山峰上，遙望大陸那邊一片片的田地和薄霧籠罩著的山丘。眯著眼睛看，眼巴巴地看，他多麼希望有一雙千里眼，能穿越眼前的薄霧，一直透視到他出生的故土阪仔。

這時，站在他身邊的女兒林太乙問：「爸爸，阪仔的山是甚麼樣子？」

「青山。有樹木的山。」林語堂回答道，「香港的山好難看，許多都是光禿禿的。」

在林語堂的心目中故土的山水是最美麗的風景，阪仔的一山一水，一草一木，不僅是無可比擬的，而且成了他判斷其他事物的一個標準。他對紐約的「摩天大樓」不以為然，他覺得這些大廈居然以「摩天」自詡，真是少見多怪，因為與阪仔的巍峨高山相比，所謂「摩天大樓」，猶如兒童遊戲的玩具。此刻，他又以阪仔的秀麗青山為參照，覺得眼前香港的那些山，越瞧越難看，他忍不住說：「這些山好像長滿瘡

疤，那是甚麼？」

女兒回答：「那是難民的木屋，使山的表面像蜂窩一樣。」

父女倆登上山峰，在女兒看來，這裡有綠樹有青山，景色宜人。可是林語堂卻直搖頭，覺得這山與他家鄉阪仔的山無法相比。

林語堂指著落馬洲一帶的水域，說：「環繞著阪仔的山是重重疊疊的，我們把阪仔叫作東湖。山中有水，不是水中有山。」

原來，他身在落馬洲，心在阪仔，移花接木，他在尋找那些童年時的記憶，他的心已回到故鄉深奧的山谷……

《賴柏英》的出版，把林語堂長期隱藏在心靈深處的秘密公開「曝光」了，人們才恍然大悟地把小說中所透露出來的初戀生活，與他幾十年來對阪仔山水的癡情聯繫在一起。《賴柏英》中的男主人公新洛的幾段「自白」，是真正的點睛之筆：

「人若在高山裡長大，高山會使他的觀點改變，溶入他的血液之中……它更能壓服一切……」

「換一個說法。假如你生在高山裡，你用高山來衡量一切，你看到一棟摩天樓，就在心裡拿它和你以前見過的山峰來比高，當然摩天樓就顯得荒謬、藐小了。你懂我的意思了嗎？生活中的一切也是如此，像是世上的一切人啦，事業、政治、鈔票啦都一樣。」

「曾經是山裡的孩子，便永遠是山裡的孩子。可以說，人有高地的人生觀和低地的人生觀，兩者永遠合不來的。」

「柏英和我就在高地上長大。那是我的山，也是柏英的山。我想它們並沒有離開我 —— 永遠也不會……」

原來如此 —— 所謂「高地的人生觀」是小說中的男女主人公共同的人生價值取向，也是現實生活中的林語堂與初戀情人的情感交會點和精神上的共區。

原來如此 —— 林語堂癡戀阪仔山水的奧秘是：他以鄉情、鄉思、鄉戀為載體，

寄寓了銘心刻骨的初戀之情。

原來如此──把愛情寄寓於鄉情，愛情和鄉情互為表裡；通過對家鄉山水的癡戀折射了林語堂對賴柏英的思念，於是自然美和愛情美融合為一。

早在20世紀30年代後期，林語堂在《自傳》中表露了他對家鄉山水異乎尋常的愛戀。他說：「如果我有一些健全的觀念和簡樸的思想，那完全是得之於閩南阪仔之秀美的山陵。因為我相信我仍然是用一個簡樸的農家子的眼睛來觀看人生。……如果我會愛真、愛美那就是因為我愛那些青山的緣故了。」這實際上就是後來的「高地人生觀」的雛形。可見，所謂「高地人生觀」是林語堂長期的文化思考和哲學反思的結果，具有一定的哲理內涵和文化內涵，具有精神層次上多重的哲學意蘊。

「高地人生觀」中的哲學見解表明，被一些人稱為缺乏哲學思維的林語堂，借小說中的主人公的思想行為，不僅展示了他作為社會人的自我，而且也展示了他作為自然人的自我，把自我確定為不僅僅是社會的存在，而且是心理生理的存在，揭示了以鄉情鄉思為形式的一切鄉土文化存在的充分根據──哲理層次上的根據。

林語堂藉助「高地人生觀」開掘了他自己在文化上的「根」。這是其他作家所無法代替的獨創，林語堂的獨創。他不僅展示了作為自然人的自我，而且還突出了只有回歸自然，人才能實現自我的價值。林語堂從人類文化的共區上來俯視人生、反省人生、追溯自己的文化「根」，使鄉土文化無限地擴展了它那已經十分寬廣的涵蓋面，在擁抱自然中，他發現了溝通心靈的最佳通道，並由此而進一步發現了多種文化在世界文化範圍內更廣泛的對話、互補、融合……的新關係。

20世紀30年代，林語堂在《自傳》中渲染過阪仔山水對他的神奇魔力；20世紀60年代的《賴柏英》又把故鄉山水的神秘力量具象化為藝術形象，並通過主人公對「高地人生觀」的誇張式的崇拜而表現出來。

在林語堂看來，無論是個人命運的歸宿，還是人類命運的歸宿，都應該是復歸自然。在林氏的心目中，最美的、最高尚的、最純潔的東西都在同一個地方──自然。作為一部自敘體小說，《賴柏英》成功地擁抱了自我，同時又成功地擁抱了自然，在這兩者的有機結合中，林語堂的人生哲學滲透於小說的全部情節和整個作品的文

化氛圍之中，使小說超越個人歷史思考而進入人生哲學思考和文化思考的更高層次。

《賴柏英》中的幾個女性都不是無瑕之璧。然而，她們各自又都有一定的特點和長處，正是這些女性特徵的總和，生動地體現了林語堂的女性觀、道德觀和家庭觀。這些價值觀念與所謂「高地人生觀」構成了林語堂畢生追求的中西融合和互補的文化理想。

林語堂選擇新加坡為小說的背景，是作者縝密構思的結果。因為新加坡以「人種博物館」聞名於世，由於殖民地的歷史和它在海上貿易、海上交通中的特殊地位，在新加坡有來自世界各地的各種民族。不同民族的文化在新加坡匯合、碰撞、交融。多種民族文化並存的洋華混雜的社會環境為林語堂提供了展開小說情節所必需的特殊的文化背景，新洛就是由這種文化背景所造就的一個開放型的中國人，中國傳統文化的特色和西方文化的影響構成了他性格的基調。新洛的傳統的倫理道德觀是可以被以華人為主體的新加坡社會所接受的，而他在與歐亞混血兒韓星交往並同居過程中的開放生活，在殖民地社會中，也是司空見慣的。所以當地社會認同了新洛的生活方式，而這一生活方式在某些方面體現了林語堂所設計的理想的生活模式。

林語堂一度曾擔任過南洋大學校長，旅居新加坡六個半月，熟悉新加坡的風土人情，小說所展示的那一幅幅新加坡的風俗畫和民情圖為作品增色不少。

1964 年，林語堂用英文寫作的長篇小說《逃向自由城》由普拉姆斯出版公司出版。

這是林語堂的最後一本小說，問世以後，爭議極大。台灣新聞媒介對小說給予高度評價，而左翼文化人則認為這是一本反共小說，是對社會主義中國的污衊和歪曲，即使在林氏的朋友中間，對這本小說持批評態度的，也不乏其人。當年論語派中的骨幹分子徐訏就認為：「……《逃向自由城》，則實在是不應該發表的作品，很多在中共大陸耽過的年輕人都笑這本書，他們甚至同我說：『林語堂寫這樣的東西，怎麼會享這樣大名？』」許多批評者都認為，林語堂的這本書缺乏實際的生活體驗，因此無法反映出事件全貌，特別在一些具體情節和細節的安置上，有不少失真之處

和明顯的漏洞。

可是，林語堂自己卻不是這樣看的。他承認情節與人物是杜撰的，但強調素材和背景是真實的。他在小說的《前言》中說：

我要感謝幾位受過高等教育的逃亡者，他們現居香港，不過他們在本書中都沒有名字。與他們多次的晤談，使我對從中國大陸逃亡的情況、路線，沿途的趣事，以及他們所用的技巧和經歷的危險，獲得了第一手的資料。訪談中，最使我意料不到的一點，是他們逃亡途中的喜悅，他們幾乎像朝香客一樣，充滿了希望和夢想，在朝聖的途中自有他們的樂趣，我還親自去過邊界，使這些資料得以添加補充。我到過沙頭角和落馬洲的邊緣地帶，還上過麻雀嶺，遠眺邊界的那一方。

而批評者正好抓住他所說的話，反問道：僅僅憑借「遠眺邊界的那一方」就寫出幾十萬字的小說，怎麼可能真實地反映大陸的情況？林語堂無法正面回答這種反詰。客觀地說，《逃向自由城》無論在思想內容上和藝術表現上都是不可取的。

1964 年秋，馬星野出任台灣的「中央通訊社」社長。同年 11 月中旬，馬星野夫婦和女兒一行三人，自巴拿馬返台，途經紐約，在陳裕清家的宴席上，馬星野又見到了林語堂。師生倆寒暄敘舊後，馬星野向當年的老師提出了一個出乎意外的要求：請林語堂向台灣「中央社」寫專欄。

林語堂含笑不語，唧著煙斗，允予考慮。馬星野回台灣後，又請陳裕清、高克毅、林太乙等人敦促。林語堂終於答應了，馬星野喜出望外。

馬星野從台北寫信到紐約，談到專欄的內容，不受限制，可以無所不談。林語堂即回信說，就以「無所不談」四個字作為專欄的名目。自 1936 年赴美以後，林氏專著英文書籍，中文寫作已擱筆近三十年，現在有機會重操舊業，他不免見獵心喜。在專欄第一篇《新春試筆》中，他說：

承星野兄之好意，囑我撰稿。政治既不足談，惟談文藝思想山川人物罷了。我居國外，凡三十年，不教書，不演講，不應酬，不投刺，惟與文房四寶為老伴，朝於斯，夕於斯，樂此不疲，三十年如一日。星野兄叫我擁重兵，征西域，必謝不敏。叫我揮禿筆，寫我心中所得，以與國內學者共之，則當勉強。

　　從《新春試筆》開始，林語堂的《無所不談》專欄於 1965 年 2 月 10 日，正式發稿，每月四篇。發稿之前，馬星野又請已任《讀者文摘》中文版總編輯的林太乙撰寫《我的父親》一文，介紹林語堂的創作風格。

　　命運之神總是向不把它放在眼裡的人大獻殷勤。《無所不談》專欄亮出旗號之後，海內外報刊紛紛向通訊社訂購。《無所不談》專欄共發表文章一百八十篇。起初是每週一篇，後來，因為林語堂忙於編著《當代漢英詞典》，減為兩週一篇，後又減為每月一篇。1966 年 2 月，《無所不談》一集由台北文星書店出版，收三十九篇，由馬星野作序。序中說：「林先生這幾十篇文字，雖然是每星期陸續寫出的散文，可是一貫地表示出林先生對文學、哲學、宇宙、人生的看法。對於中西文化的評價，對於當代人物之臧否，其中有經緯脈絡可尋。」

　　1967 年 4 月，文星書店又出版《無所不談》二集，收文五十餘篇，卷首有林語堂手跡，題聯：「文章可幽默，做事須認真。」還有林語堂的一篇自序，說：「這些文章，第一部分，是主張『溫情主義』，反對宋明理學。希望大家能明孔孟並非程朱，程朱也並非孔孟。又一部分，是講讀書的旨趣，及正當方法。大部分，是比較輕鬆幽默的文字，這種文字，莊諧並出，台灣還沒有人敢寫。」

　　《無所不談》一二集出版後，供不應求。於是，1974 年 10 月，台灣開明書店又把一二集連同 1968 年所寫的，匯為合集，分類排列或略補注篇題，以求詳備，重新用老五號字排印，這個修訂本就是後來流傳的《無所不談》合集。

　　從合集所收的一百八十篇文字來看，林語堂雖然中文寫作已輟筆三十年之久，然而一旦提筆，依然身手不凡，可謂寶刀不老。同時，「兩腳踏東西文化，一心評宇宙文章」的主旨也仍然不變，幽默風格則更顯得爐火純青，題材也不拘一格。雜談

古今中外，文藝、思想、山水、人物、書評、憶舊等，應有盡有。當然，歷史原因
造成的政治立場也一脈相承地沿襲下來了。不同的是，20世紀30年代時林語堂以
左右開弓的獨立派自居，而《無所不談》裡就少有二三十年代的那種「浮躁凌厲」之
氣了。

　　《無所不談》專欄在台灣引起兩種不同的反響。有人認為，「中央社」以一個權
威性的通訊社名義，應該發一些與國際政治經濟以及時局有關係的文章，而林語堂
的文章總是那一套，沒有甚麼新鮮的東西，太沒有意思了。美籍華人陳香梅女士也
覺得林語堂的文章反映的生活面太狹小，不像外國作家那樣與社會、世界有廣泛的
接觸。特別是一些寓莊於諧或莊諧並出的幽默文字，在台灣竟然得不到讀者共鳴。
比如，林語堂寫了《尼姑思凡英譯》一文後，在台灣引起了一場軒然大波，連佛教界
人士也提出抗議。[①]對於這些非議，林語堂坦然處之。黃肇珩女士曾問他對那些非議
的感想，他答覆得很簡單，也很有趣：「在台灣寫文章真不容易。」接下來又説，「我
不敢輕鬆。」

　　台灣輿論界對《無所不談》的評價可以説是毀譽參半，除了上述的非議之外，輿
論界也有不少人非常欣賞《無所不談》的文筆。比如，香港的一位著名的作家在談及
林語堂的《無所不談》集時也借用了上述批評家的意見，這位香港作家説，讀林語堂
的《無所不談》集，就像讀拜倫的詩一樣，要讀全集。雖然在那集子裡，有許多平淡
無奇的，甚至有故作幽默之處，但從整本《無所不談》集來看，「那裡正閃耀著語堂
先生獨特的風采與色澤。那裡有成熟的思想家的思想，有洞悉人情世態的智慧，有
他天真與固執，坦率與誠懇，以及潛伏在他生命裡的熱與光，更不必説他的博學與
深思。在許多課題前，他始終用他獨特的風格來表達他深厚的、有根據的見解，確
切與健全的主張。」[②]看了全書，猶如走進美麗的山野，其中雖有纖弱的小草，但更

---

① 20世紀90年代初，筆者在北京遇見了當年曾目睹這場軒然大波的白少帆先生，據白先生説，這場風
　波是促進台灣現代意識覺醒的幾次重要事件之一。
② 徐訏：《追思林語堂先生》。

多的是豐碩美麗的花木，可謂燦爛繽紛，琳琅滿目。在肯定林語堂的《無所不談》的藝術價值的同時，我們還必須指出林語堂的反共親蔣立場，使其中極個別文章簡直不能算是散文，而是政治攻擊。

　　林語堂在上海文壇上提倡幽默小品性靈時，曾造成過「轟的一聲，天下無不幽默和小品……」的聲勢，林語堂也因此而獲得了「幽默大師」的稱號。然而，反對的聲浪也始終不絕於耳。想不到在多年後的台灣，林語堂的幽默文字依然引起各種不同的反響。當然，這不是歷史的重複。在不同時代，不同地方，林語堂的幽默小品兩次引起了軒然大波，這倒是一種值得注意的、令人深思的文學現象。

歸去來兮

慶祝七十大壽 / 再訪台灣 / 不能自
已的鄉情

　　1965 年 7 月，林語堂夫婦在紐約提前慶祝他們的七十雙壽。林語堂生於 1895
年，按西洋算法，這一年正好是七十週歲，而廖翠鳳比丈夫小一歲，但按中國算法，
也是七十歲了，所以叫慶賀「雙壽」。

　　那天，賀壽的客人坐滿了好幾桌，都是林氏夫婦的至愛親朋。在香港任《讀者
文摘》中文版總編輯的二女兒林太乙，和丈夫黎明一起，帶著孩子從香港飛抵紐約。
林語堂全家大團圓，大家同聚一堂，舉杯祝賀。林語堂自己不喝酒，卻喜歡看別人
喝酒，也鼓勵別人喝酒，點名叫人對飲划拳。廖翠鳳的酒量不錯，林語堂就在一旁
調兵遣將，鼓勵大家較量較量。一時間，觥籌交錯，熱鬧非凡。

　　祝壽宴會上的歡樂氣氛，使林語堂興致勃勃，詩興大發。有人作了一首《臨江
仙》的詞祝賀他七十華誕。他就依原韻填詞一首致謝：

　　三十年來如一夢，雞鳴而起營營，催人歲月去無聲，倦雲遊子意，萬里憶江城。
　　自是文章千古事，斬除鄙吝還興，亂雲卷盡縠紋平，當空明月在，吟詠寄餘生。

　　趁興，林語堂又填詞《滿江紅》自壽，並答謝張群寄贈的賀壽詩。詞曰：

　　七十古稀，只算得舊時佳話。須記取，岳軍曾說發軔初駕，冷眼數完中外賬，
細心評定文明價。有甚麼了不得留人，難分捨。

　　林語堂旅美二三十年，這時卻表露了對美國毫不留戀的離別之意 ——「有甚麼
了不得留人，難分捨。」—— 而遊子思歸之情躍然紙上。

　　是還鄉年紀應還鄉，歸來吧 —— 看來，林語堂下決心要回歸故土了。

　　1966 年 1 月 26 日下午 2 時半，林語堂夫婦搭乘的飛機在台灣松山機場降落。

　　這是林語堂第二次訪台。因為，有爭議的《無所不談》已在台灣膾炙人口，所以
到機場歡迎的人很多，與八年前（1958 年）的情況相比，可謂盛況空前。

　　馬星野早就預料到這種盛況，所以事先請了黃肇珩女士在林氏訪台四天內，客

1965 年林語堂在紐約

串做他的臨時秘書。

那天，冬陽豔麗，在狂熱的人群中，林語堂不停地和歡迎者握手。在《論語》時代，林語堂曾在幽默小品中調侃過西方「握手」禮儀的不衛生和缺乏美感。現在，他忘情地把手交出去，當年幽默小品上那些話，早已丟到九霄雲外！

突然，他向後轉，悄悄地向剛結識不久的臨時女秘書黃女士發問：「我可以拿下脖子上的花環嗎？」原來，歡迎者所贈送的花環實在太多了，一隻隻疊起來，快要擋住他眼鏡了。黃女士趕緊幫他取下了那些五彩繽紛的花環。

「留一個吧！」黃女士建議。林語堂笑了，笑得那麼純真，那麼樸實。

27 日下午，馬星野在自由之家，舉行歡迎林語堂的酒會，島上的文化界名流，幾乎都到了。

28 日，在馬星野夫婦的陪同下，林語堂夫婦在高雄澄湖官邸見到了蔣介石。

林氏夫婦住在統一飯店，短短四天，訪客無數，使林語堂應接不暇。訪台期間，他收到最多的是名片和書籍。他留下名片，帶走書籍。秘書黃女士面對著成堆的書，感到難於處理，忍不住問：「林先生，您要讀完這兒的每一本書？」

「我不會讀完，我會翻完，找我喜歡讀的。」

「用甚麼標準？」

「沒有一定的標準，但必須合我的口味。」

「甚麼口味呢？」臨時秘書黃女士原是記者，記者的職業習慣，使她凡事都好刨根問底。

林語堂叼起煙斗，思索著如何向黃女士說清楚：甚麼是自己的口味。他說：「沒有冗長的詭論雄辯，沒有滿載冷酷的邏輯，不需要費很長的時間。……」這就是他的口味。在他看來，即使天下所有人都視之為無聊的書，或一般書評家所輕視的書，只要合他的口味，他都會喜歡讀。

林語堂隨手拿起一本封面豔麗的小說，翻了翻，又放回書堆上，他吟起袁中郎的話：「讀不下去的書，讓別人去讀。」

黃女士想，這真是一個坦率和灑脫的讀書人。

在台期間，林語堂參觀了台灣「中央研究院」。遙想三十八年前（1928 年），「中央研究院」剛成立，第一任院長是蔡元培，林語堂應蔡先生之邀出任「中央研究院」國際出版物交換處處長。此時，不僅蔡元培早已作古，當年在亞爾培路上那幢樓房裡辦公的同事也所剩無幾……

林語堂的好友胡適，在 1957 – 1962 年期間曾任台灣「中央研究院」院長。 1962 年 2 月 24 日，在「中央研究院」歡迎新院士的酒會上，胡適因心臟病猝發而辭世。他的寓所被闢為「紀念館」。林語堂參觀了「紀念館」，並在胡適墓前，回憶了一段鮮為人知的往事：五十年前，胡適剛到北京大學任教，積極為北大引進人才，為了把林語堂從清華「挖」到北大，胡適在林語堂赴美留學前，和他達成了一項君子協定：林語堂學成回國後到北大任教，而在他留學期間，北大每月資助他四十美元。 ── 原來，林語堂是清華教員，據清華規定，在校服務三年的教員可以享受獎學金留美。全額獎學金應是每月八十美元，但林語堂只得半額，而林語堂又要帶新婚的妻子赴美，所以經濟是比較拮据的。胡適的建議正中林語堂的下懷。

後來，林語堂在美國因為妻子兩次開刀住院，窮得靠一罐老人牌麥片維持了一個星期的生活，這時他急電胡適要錢。而胡適即以北大名義匯來兩千美元，解救了林語堂的燃眉之急。 1923 年 9 月，林語堂一到北大就去向校長蔣夢麟道謝，衷心感謝北大對他的雪中送炭。

那時，胡適正在南方養病，蔣夢麟對林語堂鄭重其事的道謝感到莫名其妙，直到林語堂說明了來龍去脈，蔣夢麟明白了事情的原委，忍不住哈哈大笑起來，事情才真相大白：原來，北大校方並沒有授權胡適去資助林語堂的生活費，而求賢心切的胡適，為了抓住人才，竟私下和林語堂訂了個君子協定。接到林語堂求援的電報後，胡適沒有去驚動北大校方，而是私人掏腰包，兩次寄錢給林語堂。明白真相後的林語堂，為胡適的友情所感動，並趕快把這筆錢全部還給胡適。這本是一段文壇佳話，奇怪的是，林語堂和胡適卻長期對此緘口不提 ── 現在，胡適已經作古，林語堂忍不住向陪同前往憑弔的人吐露了這段往事，聞者莫不動容。

在鮮花和掌聲中，在讚譽稱頌聲中，林語堂不時想到成功途中的那些辛酸的往

事。他對記者談起五十多年前他從廈門尋源書院畢業後，為了要到上海聖約翰大學
深造，起碼要籌備一百元的旅雜費。可是父親是個窮牧師，月薪二十元，根本無力
負擔。後來，他父親的學生陳子達送來一個藍布包，打開一看，裡面竟是亮晶晶的
一百銀元，林語堂父子的眼睛也亮起來了。他又談起在去上海的路途中，即將出嫁
的二姐美宮從新娘子襖裡掏出四角錢，含淚微笑著說：「我們是窮人家，二姐只有這
四角錢給你。你不要糟蹋上大學的機會。我因為是女的，所以沒有這種福氣。你要
立定決心，做個好人，做個有用的人，好好地用功讀書，因為你必得成名。你從上
海回家時，再來看我。」那時，他覺得自己好像是替二姐上大學似的。二姐的話好
像有千鈞之重，他感到非常難過、內疚，畢生難忘。說到這裡，林語堂又老淚縱橫了。

短短的四天，轉眼過去了。這次訪台，林語堂做出了一個重大決定：落葉歸根，
返回故土。

1966 年 6 月，一個出人意外的消息驚動了台灣文化界，旅美三十年之久的林語
堂要回台北定居了。

林語堂返台之日，正值台灣的「出國熱」方興未艾之時。20 世紀 60 年代，在「出
國熱」「留學熱」浪潮的衝擊下，不少旅美華人都想方設法爭取綠卡，以達到長期定
居美國的目的（中國旅美作家所創作的「留學生文學」中，曾對當年的這種風氣做過
生動而形象的描述）。所以，林語堂離美回台的逆向行動，是在「出國熱」「定居熱」
時風下爆出的一個大冷門。

在紐約，有人勸林語堂一家加入美國籍，也有人勸他們買房子紮根安家。但他
回答說：「許多人勸我們入美國籍，我說這兒不是落根的地方；因此我們寧願年年月
月付房租，不肯去買下一幢房子。」

到台灣後，林語堂對當時一哄而起的「出國熱」頗為感慨，他說：「台灣的青年
人難免會羨慕美國的文明……外國有一句諺語：『隔壁的草地特別綠』，在飯館裡看
到別人點的菜總比自己的好吃，其實也不盡然。」對於那些沒有接受過基本教育就
匆忙出國的青年人，林語堂不以為然。

　　林語堂回台北的消息，在台灣產生了轟動效應，新聞媒介和崇拜者奔走相告，慕名而來的訪問者、求教者，接連不斷。好事者見林語堂放棄了別人求之不得的機會，不去爭取定居美國的良機，當然要揣度林氏「反常」舉動背後的真正意圖。以爭名逐利者度之，林語堂來台北是有所求的，大概想做官。但不久，事實證明林語堂根本不想做官——有一次，蔣介石要給他一個「考試院」副院長的職位，兩人談了好久。出來時，林語堂笑眯眯的。友人說：「恭喜你了，你在哪部門高就？」他笑眯眯地回答：「我辭掉了。我還是個自由人。」對此，褒之者認為：不做官，是林氏清高的表現；而貶之者則認為：林氏在台灣，以客卿的身份得到了蔣氏父子的禮遇。雖不做官，卻享受了只有當權者才能享受到的厚遇，他高興地接受蔣氏父子所給予的各種優惠，說明他是依附蔣政權的，他，並不清高。

　　其實，回歸故土，是林語堂多年來的夙願，隨著年序增長，林語堂的鄉思、鄉戀之情，與日俱增，到了如醉如癡的地步。他一向不滿西方社會高度機械文明的種種弊端，認為台灣雖然也進入了工業社會，但還保留著民族傳統所固有的古風。況且台灣與他的老家閩南一衣帶水，隔海相望，許多台灣人的祖籍都是閩南泉州、漳州一帶的。在台灣，閩南話也是一種通用的社交語言。林語堂回到台灣，聽到閩南話，牽動了鄉情，如同重返故里，渾身舒服，他喜呼：「不亦快哉！」

　　他興奮地說：「我來台灣，不期然而然聽見鄉音，自是快活。電影戲院，女招待不期然而然說出閩南話。坐既定，隔座觀客，又不期然說吾閩土音。既出院，兩三位女子，打扮的是西裝白衣紅裙。在街中走路，又不期然而然，聽他們用閩南話互相挪揄，這又是何世修來的福分。」

　　一天上街，林語堂跨進五金店的門，買了一把錘子，一圈銅絲，和一些可買可不買的銅鐵器物，就是因為店主說一口龍溪話。林語堂聽到真正的故鄉的音調，覺得有特殊的溫情。林語堂和店主一談談到漳州的礆水桃、鮮牛奶，不覺兒時的歡欣喜樂，一齊湧上心頭。後來，他在追憶這件事時，動情地說：「誰無故鄉情，怎麼可以不買點東西空手走出去？於是我們和和氣氣做一段小交易，拿了一大捆東西回家。……」

　　愈到晚年，林語堂的鄉情愈見濃鬱，對故居的苦戀，時時折磨著這顆遊子之心。他說：「少居漳州和阪仔之鄉，高山峻嶺，令人夢寐不忘。凡人幼年所聞歌調，所見景色，所食之味，所嗅花香，類皆沁人心脾，在血脈中循環，每每觸景生情，不能自已。」

　　正是這種「不能自已」的鄉戀，促使林語堂不入美國國籍而回台灣定居。他在自傳體的鄉情小說《賴柏英》中借男主人公（林語堂的化身）之口抒發了自己的鄉戀：「我們的童年的日子，童年時吃的東西，我們常去捉蝦捉小鮫魚，泡泡水使腳清涼一下兒的小河 —— 那些簡單幼稚的事情，雖然你並不常想，可是那些東西，那些事情，總是存在你心坎的深處的，並沒有消失啊。」《來台後二十四快事》真實地記錄了林語堂那濃得化不開的鄉情。

第四十四章

陽明山麓的生活

陽明山麓有一塊「生活的藝術」試
驗田 / 在台北結交的朋友們 / 請黃
女士處理私人信件

水竹之居，吾愛吾廬，

石磷磷亂砌階除。

軒窗隨意，小巧規模。

卻也清幽，也瀟灑，也安舒。

這是林語堂回台灣前介紹給外國人的八首《樂隱詞》之一。這些《樂隱詞》寄託了他嚮往自然鄉居生活的感情。

林語堂回台之後，他醉倒在醇厚的鄉情和親切的鄉音之中，同時也專心致志地構築自己的小天地，重建「有不為齋」。

一開始，他曾以不依傍門戶、不進入政治圈子、不做官為標榜。但後來的事實表明：他僅僅在不做官這一點上，是言行一致的，而在政治上，他並不如自己所宣言的那樣「獨來獨往」，而是與蔣氏父子過從甚密，是台北當局的文化貴賓。而在經濟上，他卻享受了比做官還優惠的生活待遇，比如初到台北時，他以一萬元台幣的月租在陽明山麓五福里租下了一幢白色的花園住宅，有游泳池。此屋位居山腰，難免潮濕。後來，蔣介石夫婦為禮遇林語堂，表示要為他建築一幢房屋，林語堂接受了。

這幢新居在白屋斜對面，一切設計，全出自林語堂的心裁。這新居就是仰德大道二段 141 號。沿著大道有一堵白色的圍牆，中間有一扇紅色的大門。林語堂自行設計時擷取了東方情調與西方韻味 —— 進大門後，踱過精緻的小花園，穿過雕花的鐵門，是一個小院子，周圍有螺旋圓柱，頂著迴廊。這個庭園面積達千餘平方米。樓房建築面積 330 多平方米。右邊是書齋「有不為齋」，左邊是臥室，中間是客廳飯廳，陽台面對綠色的山景。房屋下是斜坡，坡下便是草地，園內可以種菜種花養雞。

乍看是中國傳統的四合院建築，細看之下卻發現二樓頂著那一彎長廊，竟是四根西班牙式的螺旋形白色廊柱。這種融合東方和西方韻味的建築情調，體現了林語堂東西合璧的文化理想。

這座雅致的建築於 1972 年落成後，林語堂進入「世外桃源」的夢境。他在小

院子中叼著煙斗，對著那上種荷花下游金魚的小魚池沉思著，他坐在陽台上望著遠山、林木，心想，如果可以在園裡養一隻鶴，該有多好。

林語堂故居主樓

清晨和黃昏，林語堂總是在院內綠茵草坪上散步，或靜靜地坐在階前的藤椅裡，觀賞著池畔的薜蘿和牆邊盛開的紫藤花。在這個寬敞的庭院中，魚池假山，花木扶疏。雖乏淙淙清流之勝，卻富蒼蒼林園之美。站在屋後的陽台上，七星山在望。青山翠谷，還有那浮動在山谷間的白雲，似乎隨手可掬。晚上，憑欄遠眺，台北市的萬家燈火，踩在腳下，就像是撒滿一地璀璨耀眼的寶石，真是天上人間！到了夜深人靜，幾回蛙鳴，數聲蟲叫，更使人幾疑回到漳州老家的田野間……

就在這林木蒼翠、窗明几淨的山寓中，林語堂每天含著煙斗，嘯傲煙霞，臨風覽月，在煙斗上裊裊升騰著他的靈感。

台灣四面環海，本該是釣魚的勝地，但林語堂到台北八個月沒有去釣過魚。一是沒有時間，二是環境不熟悉，最重要的也許是因為台灣旅遊業，沒有意識到釣魚也是一項有利可圖的旅遊資源，所以沒有像紐約長島的船主那樣，為釣魚者提供種種方便。作為補償，林語堂在游泳池裡養起魚來，他親自跑到中牛墟榮民魚殖場選購了大大小小的魚。他向客人們解釋道：「我喜歡在海邊釣魚，這兒有林泉之幽，就不能兼有海灘垂釣之勝。」

養魚給林語堂帶來了新的樂趣。每天，他親自餵魚。有一天，忽然發現魚身上長白點。立刻坐車下山，為魚求醫，然後，帶回一包食鹽……他告訴朋友，這游泳池真有用，夏天給人游泳，冬天讓魚跳躍，他不出去釣魚，也可以坐在池旁餵魚觀魚。以持竿觀魚代替垂鈎釣魚，「其樂也融融」。

夫人廖翠鳳也很滿意山寓生活。旅美三十年，廖女士是家裡的主要勞動力，雖說有電氣化設備，但操勞家務總是辛苦。更何況林家是美食之家，對「吃」有一定的講究，這就在無形中增加了主婦在廚房中的工作量。剛赴美定居時，廖女士才到不惑之年，精力充沛，尚能應付。三十年過去了，夫人已從壯年漸入老境，對家務常有力不從心之感，但在美國又僱不起傭人。到了台北，家裡僱有傭人，廖女士不必事事躬親。早上有人挑著剛剛從山上砍下來的竹筍來賣，中午殺一隻雞燉湯吃，那是在美國難以嘗到的美味。進城去，可以吃到各種風味小吃，有時夫婦倆坐汽車到日月潭玩玩。日月潭近似杭州西湖，差不多可以一覽而盡。烏山湖可比揚州的瘦西湖，能盡迂迴曲折之妙。

離開了美國的摩天大樓的公寓和城市的喧囂，來到陽明山麓的靜逸的庭園，三十年前《生活的藝術》中的那個遙遠的理想，正在這座中西合璧的庭園裡變成現實。這仰德大道二段 141 號，成了林語堂試驗他的「生活的藝術」的實驗室。

回台灣前，他曾向美國讀者介紹過這樣兩首《樂隱詞》：

短短橫牆，矮矮疏窗，一方兒小小池塘。高低疊障，綠水邊旁。也有些風，有些月，有些涼。

　　懶散無拘，此等何如，倚闌干臨水觀魚。風花雪月，贏得工夫，好烖些香，說些話，讀些書。

　　這種古代田園詩人的理想，現在已被林語堂搬到陽明山麓的庭園之中。他設計著，實踐著……但總覺得還缺少點甚麼。一天，他終於想到原來缺少一隻仙鶴。他對客人說：「我想在園中養一隻鶴，它擺動那雙長腳漫步，會帶活周遭的一切……」

　　旅居國外期間，林語堂遠離了國內文化人的社交圈。剛開始時，他為自己超脫了國內文壇的是是非非可以專心寫作而感到高興。然而時間一長，他不免感到寂寞和孤獨。現在他又回到了既熟悉又陌生的文壇，回到朋友中間來了。

　　在台北，林語堂有許多老朋友，很快地又交上了一些新朋友。經常來往的有黃季陸、羅家倫、吳大猷、劉紹唐、查良釗、蔣復璁、沈剛伯、毛子水、李濟、吳經熊、張大千、錢穆、劉甫琴、沈雲戈、謝冰瑩、阮毅成、錢思亮、何容、黎東方、陳石孚、魏景蒙、葉公超等。比較年輕的朋友有王藍、姚朋（彭歌）、殷張蘭熙、馬驥伸、黃肇珩等。

　　台灣「故宮博物院」院長蔣復璁與林語堂過從甚密，林語堂的大女兒林如斯也在「故宮博物院」工作，林家的傭人都叫他蔣院長。有一天，林語堂在書房裡創作，傭人進來通報：「蔣院長來了。」

　　「請他等一等。」正忙於寫作的林語堂說。隔了一會兒，他走到客廳去會客，一看，原來是行政院院長蔣經國，這位蔣院長事先沒有通知就來了。這樣的「突然襲擊」，以後還有過幾次。

　　林語堂定居台北後，不僅來訪者絡繹不絕，每天接到的來信的數量也相當可觀。這些信件出自各種不同類型的人，有崇拜者的，有求教的，有請託的，有招宴的、有批評的。信的內容也是千奇百怪，包羅萬象。林語堂處理書信也有一套有趣的辦法：他把至親老友的來信，擺在「書函待覆」的夾子裡，延擱好些日子，於是覺得此時沒有回覆的必要，這樣那些信件又都被放進抽屜裡，然後鎖了起來。

　　林語堂怕寫信。旅美之初，由女兒代管來往信件，幫他覆信。女兒一一出嫁後，由夫人負責寫信。可是現在，來信數量猛增，遠遠超過旅美期間，這就不是廖女士所能承擔得了的。於是，他想起了在第二次訪台時充任四天臨時秘書的黃肇珩女士，請她每週抽出兩個半天來幫他處理書信往來。他告訴黃女士，幫他寫回信時，不需要虛詞客套或「戴帽穿靴」，更不必去借鑒「勳右」「道席」之類的尺牘。華麗的四六駢體，言不由衷的客套，公式化的開場白與結尾等，統統可以扔掉，就用白話文寫。只要把事情講清楚，就達到了寫信的目的。他說寫信不是做文章，他討厭在信裡故意「做」文章。

　　一批一批的信，來自世界各地，來自各個階層，有的求題字、寫序、撰文、寫書評；有的求職、求助；有的談今說古，有的註釋古籍；有談譯文，有談聯考；有請改正英文習作，有請指點迷津；有讚美，也有指責，可謂五花八門。面對這高高的信「山」，林語堂封封都讀，而且讀後封封都加批語。——這是他閱信的習慣，看信時用筆在上面畫線，這些或紅或藍或黑的線，有的是提示回信的重點，更多的時候是指出其中的錯誤……然後，黃女士就根據這些批語來處理信件。這些批語，是林語堂幽默性格的自然流露。比如：

　　有一所大學的社團，請他講演，他批：「兩個月無暇，來秋如何？」

　　有位先生，在一封長信裡引用許多成語詩句，林語堂看了頗為生氣，他在信上批語：「不知所云。」又批道：「不通，不發？」再加一個批語：「還是好好寫通順白話為首要。」

　　有家雜誌請他寫自傳或回憶錄，他說：「願意。」又寫：「只因太忙，不能按月撰文，興來則寫為原則。」

　　一位高三的應屆畢業生問他，該讀哪一所大學，他回答：「讀書在人不在學校。」

　　有一次，一百二十多位台灣作家、畫家、詩人和文藝青年在文藝中心的大廳，為林語堂舉行「幽默之夜」的盛會。在會上，幽默大師林語堂妙語連珠，使人噴飯。他以自己姓林為自豪，不僅提到林則徐、林黛玉，而且連美國的林肯也被他拉進了林氏家族。那晚，司馬中原、林海音、楚戈、段彩華、孫如陵、朱橋都有精彩的表演。

林語堂和《紅樓夢》/ 喜愛中國
書畫

他是一個「紅學家」

　　林語堂回台灣定居前後，在《無所不談》專欄上發表了不少有關《紅樓夢》的文章，僅在台灣開明書店出版的《無所不談》合集中，有關《紅樓夢》的專題論文就有十二篇之多。他的「紅學」視野是非常開闊的。

　　林語堂喜歡《紅樓夢》，在台灣也算是一個新聞。因為，20世紀20年代的朋友，知道他是語言學家和散文家；20世紀30年代的朋友，知道他是「幽默大師」；20世紀40年代的朋友知道他擅長英文寫作。想不到他對《紅樓夢》還有不少獨特的見解，這怎麼不是新聞呢！

　　於是，《紅樓夢》成了他與那些慕名的來訪者的重要話題。其實這些來訪者與其說是向林語堂請教《紅樓夢》，還不如說是出於一種好奇心理，掂掂這位幽默大師的「紅學」功底——因為，林語堂畢竟還稱不上是「紅學」權威。然而林語堂卻不管來訪者的動機是甚麼，只要有人提起《紅樓夢》，林語堂必定興趣盎然。

　　有一次，朋友問他《紅樓夢》裡最喜歡哪一個人物？

　　他回答：「最喜歡練達有為的探春。」

　　朋友問：「那麼大觀園裡的男男女女中，最不喜歡誰？」

　　他側過頭來，悄悄地說：「妙玉，一個色情狂的小尼姑！」接著，他又說，「妙玉帶髮修行，塵緣未斷，一個青春俏麗的少女，長伴青燈古佛，不免悵對春花秋月，蘊藏著滿肚子的幽怨，而形成了變態心理。妙玉對寶玉頗有好感，甚至可說有仰慕之情。妙玉好潔成癖，整套的成窯五彩小蓋鍾，因為劉姥姥用過一回，她嫌醃臢，不許再拿進庵內，要把它丟了。但是卻把自己日常用的綠玉斗斟茶與寶玉喝，表明了對寶玉的另眼看待。《紅樓夢》四十一回「賈寶玉品茶櫳翠庵」，寫妙玉與寶玉的談笑，分明有調情之意。」

　　林語堂越說越帶勁，他指出妙玉「欲潔何曾潔，云空未必空」。獨坐禪床，胡思亂想，要不，怎麼會聽見房上兩個貓兒發情、交配時一遞一聲的嘶叫，她就不覺心

跳耳熱，以至神不守舍，走火入魔。

　　林語堂從心理學的角度分析了妙玉的懷春，他說：「這一個風流小尼姑，耐不得寂寞，最後被強徒劫走，不會不從，因為她內心燃燒著一團火，找不到發泄的機會。曹雪芹寫這個俏尼姑思凡，由老道婆的話，由惜春的慨歎，由『外面那些遊頭浪子造作的許多謠言』，刻畫入微，曲而能達。《紅樓夢》的文學價值，也就在這些地方。」

　　他很讚賞曹雪芹對劉姥姥的生動描寫，他說：「劉姥姥的言語舉止雖然粗俗，但卻保持著純樸天真的村婦本色。曹雪芹寫劉姥姥也最成功。『劉姥姥進大觀園』成為一句流傳最廣的諺語，證明了劉姥姥所給予人們的深刻印象。」[1]

　　曹雪芹筆下的男男女女，是林語堂藝術世界裡的常客。林語堂在向外國人介紹中國人的性格時，曾把《紅樓夢》作為參照系。他以誇張的語言說：「欲探測一個中國人的脾氣，其最容易的方法，莫如問他喜歡黛玉還是寶釵，假如他歡喜黛玉，那他是一個理想主義者，假使他贊成寶釵，那他是一個現實主義者。有的歡喜晴雯，那他也許是未來的大作家，有的歡喜史湘雲，他應該同樣愛好李白的詩。」[2]

　　1967 年 5 月 4 日，台灣的中國文藝協會請林語堂作專題演講，他以《〈紅樓夢〉的新發現》為題，大講《紅樓夢》。他強調了史湘雲在書中的地位，他還把自己所收藏的許多種不同版本的《紅樓夢》放在文藝協會的堡壘廳裡陳列展出。對於林語堂的這次演講，有的聽眾覺得他在台下與人談天時，其幽默風趣與胡適不相上下；但一上台，卻不似胡適富有吸引力。

　　林語堂不同意胡適關於《紅樓夢》後四十回的考證和結論，他根據程乙本考證推斷：後四十回是曹雪芹的殘稿並經作者修訂補寫而成。他還認為《紅樓夢》是「想像文學」。他說：《紅樓夢》「是中國文學史上最偉大的一部創作，也是想像文學頂尖最高峰。我想應與托爾斯泰的《戰爭與和平》同列為世界十大小說之一。」不論這些觀點是否站得住腳，但這確是他自己的心得，同時也顯示過林語堂「國學」修養的功力。

---

[1]　以上資料詳見羊汝德的《林語堂北山樂隱圖》。
[2]　林語堂：《吾國吾民》。

　　當然，林語堂的觀點僅僅是紅學界的一家之言，《平心論高鶚》中的見解曾引起過紅學者們的爭辯。

　　林語堂對中國國畫和書法有精當的研究。

　　1967 年，林語堂編譯並附導言的《中國畫論》，由美國普拉姆出版公司出版。在《無所不談》專欄裡，又刊出了他的《談中西畫法之交流》等文。這些都是他多年來對中國傳統國畫藝術研究的結晶。

　　他在《中國畫論》中向外國人介紹了中國國畫的演變。他對西洋畫也有相當的鑒賞力。在《談中西畫法之交流》中，他認為中西畫法互相影響是必然的，應該各自發揮神韻或形態之所長，對那種「白被單上補上一塊女人三角褲」的西洋現代畫，十分討厭。他揶揄有些現代畫就「像一盤炒雞蛋，或像北平東興樓的木稚肉」。

　　對抽象畫，林語堂並不一概而論地加以反對。他認為中國的書法，便是一種抽象畫，當代的中國畫家應該好好借鑒。

　　林語堂論畫，不隨時俗，堅持己見，他毫不掩飾自己對著名畫家畢卡索的反感。他以幽默諷刺的筆觸挖苦了人們所崇拜的畢卡索。他說：

　　有一個故事，話說巴黎有兩位男人。一日甲對乙說：「你要恭喜我。我昨天交到一位美如天仙似的女朋友。」

　　「真的？你可以介紹給我看嗎？」

　　「當然。」

　　「甚麼時候？禮拜六中午，就在這咖啡館好不好？」

　　「我準時必到，沒有問題。」

　　星期六中午，甲乙又到咖啡館等那天仙似的女人。

　　「你真愛她？」

　　「真的。你看見了就同意。」

　　不久，有一位漂亮女人經過。打扮得非常入時。乙心裡狂跳，問是她嗎？甲

說不是。又一會兒，來了一位中年女人，衣服素淡，但是走來風韻猶存。乙又問，甲又說不是。又一會兒，來了一個鄉下女子，自是小家碧玉，不施朱粉，天真爛漫，向他們微笑。乙準以為這就是了。甲又說不是。乙有點失望。正在他望眼欲穿的時候，走來一個腿如竹筒，彎鼻眯目的婦人，脖子下垂，肩背朝天，眼如白癡，欣欣向他們走來。甲就馬上起立，向乙介紹。

「這位就是我跟你講過的美人。」

乙呆了一會，不勝駭異。心裡稱怪，臉上卻不肯表情。

「怎麼？她不是非常美嗎？你不喜歡嗎？」

乙只好搖搖頭。於是甲對乙說：「那末，可知你也不喜歡畢加索了。」

我曾見《「中央日報」‧副刊》發表吳稚暉嘲謔抽象畫的打油詩：「遠看一朵花，近看是烏鴉。原來是山水，哎啊我的媽。」

我們可以作一轉註，詠抽象派的女人肖像：「遠看似香腸，近看蛋花湯。原來是太太，哎啊我的娘！」[①]

這個故事，對藝術大師畢卡索實在是大不敬，但又十分幽默風趣，不同於淺薄的謾罵，或大批判文章。林語堂的繪畫藝術觀在台灣引起現代畫家的強烈反響。

林語堂在20世紀40年代撰寫的《蘇東坡傳》最全面地闡明了林語堂的繪畫觀，書中第二十章「國畫」，簡直就是一篇深入淺出的畫論。他在書中借蘇東坡的繪畫，暢談了自己多年來對中國國畫的研究心得，巧妙地和盤托出了自己的書法繪畫觀。

林語堂說，蘇東坡天才橫溢，神完氣足，在中國藝術上，尤其是表現中國筆墨歡愉的情趣上，他能獨創一派，這是不足為奇的。蘇東坡最重要的消遣，是他的「戲墨」之作，因為他的創造性的藝術衝動，非此不足以得到自由發揮。蘇東坡不僅創造了他有名的墨竹，也創造了中國的文人畫。他和年輕藝術家米芾共同創造了以後在中國最富有特性與代表風格的中國畫。中國繪畫的南派重視一氣呵成快速運筆的

---

① 林語堂：《雜談奧國》。

節奏感，這一派誠然是在唐朝吳道子和王維的筆下所建立，與北派李思訓之金碧朱紅工筆細描是顯然有別的。可是在宋朝，印象派的文人畫終於奠定了基礎。這一派，重點在於氣韻的生動與藝術家堅強的主觀性，其中含有的藝術原理與技巧對現代藝術自有其重要意義。

　　林語堂認為：「由蘇東坡、米芾、黃庭堅所保存下來的藝術批評之中，我們能看出文人畫在蘇東坡生活裡的起源，真是一件幸事。這幾位文人都是詩人、書法家、畫家。我們首先必須弄清楚的是，在中國是書畫同源的。在技巧，在工具材料，在批評的精神與原理上，都是如此。……書法為中國繪畫提供技巧與美的原理，詩則提供畫的精神與氣韻情調，以及對大自然的聲色氣味泛神性的喜悅。」

　　書畫論是林語堂的藝術觀中的一個組成部分，他的藝術觀也是不落窠臼別具一格的。他說，藝術上所有的問題，都是節奏的問題，不管是繪畫、雕刻、音樂，美是運動，每種藝術形式都有隱含的節奏。甚至在建築上也如此，一個哥特式的教堂向高處仰望，一座橋樑橫跨，一個監獄沉思。從美學上看，甚至可以論人品而說「猛衝」「疾掃」「狂暴」，這都是節奏概念。在中國藝術裡，節奏的基本概念是由書法確立的。中國的批評家愛慕書法時，他不欣賞靜態的比例與對稱，而是在頭腦裡隨著書法家走，從一個字的開始到結尾，再一直到一張紙的末端，彷彿他在觀賞紙上的舞蹈一般。因此探索這種抽象畫的路子，自然不同於西洋抽象畫，其基本的理論是「美是運動」（「美感便是律動感」）。

　　林語堂不僅以現代西方的藝術論，找出了中國傳統藝術中的印象派作品，而且他還從哲學高度總結了中國的國畫藝術。他說，所有繪畫都是一種哲學不自覺的反映，中國畫不知不覺中表示出天人合一與生命運行的和諧，而人不啻滄海之一粟，浮光掠影而已。由此觀之，所謂中國的印象派繪畫，不論是一竿修竹、一堆盤根，或深山煙雨，或江上雪景，都是愛好自然的表現。畫家與畫中景物之完全融合的道理，解釋得最為清楚的莫如蘇東坡在朋友家牆壁上自題竹石的那首詩：

　　空腸得酒芒角出，肝肺槎牙生竹石。

森然欲作不可回，吐向君家雪色壁。

　　林語堂的書畫藝術見解，是他自己的藝術實踐的經驗體會。所以不是紙上談兵式的學院經典，而是理論與實踐相結合的行家話，使人讀來饒有興味。有人對他《自傳》中的自謙之詞信以為真，只當他僅能用鋼筆寫外文，不會寫毛筆字，這是天大的誤會。林語堂寫得一手形神皆備的毛筆字。他欣賞鄭孝胥的書法，因此，有人說他的字是「鄭體」。實際上，林氏的書法頗有功力，他把節奏、軸心、線條、體型、配合、對比、平衡、均勻等現代美術技巧運用到書法藝術中，所以他的書法是自成一家的。

　　林語堂喜愛國畫，客廳裡掛著宋美齡女士所繪贈的墨蘭，清逸脫俗。陽明山麓的「有不為齋」的牆壁上，掛著國畫大師張大千與幽默大師林語堂的合影。林語堂與張大千有數十年的交情，在台灣也過從甚密。「頂天立地，獨來獨往」八個字，就是林語堂贈與張大千的對聯。《無所不談》專欄上曾發表過《記大千話敦煌》《與大千先生無所不談》等文，記敘了他對大千的推崇和他們之間歷久長新的友誼。

　　客廳裡還掛著一幅徐悲鴻的馬，是複製品。他說，他曾試著畫些花鳥、山水，但是他發現只愛馬。1974 年 7 月，林語堂畫了一幅馬送給黃肇珩女士，畫面是七匹水墨馬，或立、或臥，疏疏落落，瀟瀟灑灑。20 世紀 30 年代末，他在美國寫《生活的藝術》時，曾以捏泥馬來消除他寫作的疲倦；20 世紀 70 年代，他則以畫馬來排遣老年的寂寞。

　　林語堂還珍藏著一匹唐三彩馬，後來贈給了台灣的「故宮博物院」，現在還站在「故宮」的展覽櫥中。

第四十六章

「金玉緣」/ 個性截然不同的一對
夫婦 / 陰陽互補的美滿婚姻

「金玉緣」

　　1969 年 8 月 9 日，陽明山麓林宅的客廳裡，一對喜燭高燃。林語堂夫婦正在歡慶他們結婚五十週年的「金玉緣」。

　　原先他們想悄悄地迎接這第五十個「蜜月」，因為他們認為「蜜月」是屬於兩個人的事，所以不必興師動眾地邀請客人來參加。可是天下沒有不透風的牆，馬星野夫婦、黃肇珩夫婦等好友們都特意趕來慶祝，結果他們還是被至愛親朋們包圍了。

　　為紀念同甘共苦的五十年，林語堂把這金婚紀念日命名為「金玉緣」，還把一枚別緻的金質胸針獻給廖翠鳳。胸針上鑄有「金玉緣」三個字，還刻了 James Whitcomb Riley 的那首詩：*An Old Sweetheart*（《老情人》）。林語堂把這首詩意譯為：

> 同心相牽掛，一縷情依依。歲月如梭逝，銀絲鬢已稀。
> 幽冥倘異路，仙府應淒淒。若欲開口笑，除非相見時。

　　林語堂與廖翠鳳的婚姻是由父母做主的。媒人陳天恩醫師是陳錦端的父親，陳醫師知道林語堂已傾心於自己的女兒陳錦端，他反對這門婚事，為棒打鴛鴦，就為廖悅發的二小姐廖翠鳳做媒。林語堂得知無法與心上人陳錦端結婚，哭得死去活來。後來，雖然和廖翠鳳訂婚，但他並不愛她，所以訂婚四年後才肯與之完婚。可是林語堂的大姐了解廖翠鳳，大姐預言林廖聯姻的前景將非常美滿，她斷言廖二小姐將來必然是個極賢惠的妻子。大姐的預言已經兌現了，他倆在互敬互愛中度過了半個世紀。他們是先結婚後戀愛，愛情由結婚才開始的。

　　宴席上，廖女士回憶，母親對她提起這門親事時，提醒她：「林家沒有錢，但是玉堂這個青年人很有前途。」而她坦然地回答：「沒有錢不要緊。」她又回憶起在哈佛大學讀書時，她因患盲腸炎開刀住院，花完了所有的錢，但她無論如何不肯向廖家要錢。

「她有骨氣。」林語堂在一旁讚賞地説。

來客中有人請教他們半世紀「金玉緣」的秘訣。夫婦倆搶著説，秘訣是兩個字：「給」與「受」。在過去的一萬八千多天裡，他們互相之間盡量在「給」，而不計較於「受」。

知父母者莫如子女，女兒們常説：「天下再沒有像爸爸媽媽那麼不相同的。」她們對父母的性格差別體會得最深刻也最細緻，差別就是矛盾。以「一團矛盾」自詡的林語堂，覺得夫婦個性上的差異不一定是壞事。人們常以天生的一對來形容恩愛夫妻，在實際生活中，性格太相似的夫妻，未必是幸福的。而性格不同的夫妻若能相互容忍，陰陽互補，倒會成為幸福的伴侶。林語堂對人説，廖翠鳳屬水，水包容萬物，惠及人群；而他自己屬金，喜歡衝刺磨礪。他説：「我年輕時頑皮、樂觀、不耐煩、不肯受羈束，甚至現在，我還是討厭領帶、腰帶、鞋帶。翠鳳則剛剛相反，她是正正經經、規規矩矩的。我想我們很相稱，相配得很好，她為我付出許多犧牲。我們是結了婚之後才開始相愛的。」他説：

妻是外向的，我卻是內向的，我好比一個氣球，她就是沉重的墜頭兒。我們就這麼互相恭維，氣球無墜頭兒而亂飄，會招致災禍。她做事井井有條，鄭重其事，衣裳穿著整齊，一切規規矩矩。吃飯時，她總揀切得周正的肉塊吃，如雞胸或雞腿，她避免吃雞肫雞肝兒。我總是愛吃翅膀兒、雞肫、雞脖子，凡是講究吃的人愛吃的東西，我都喜歡吃。我是沒有一刻安靜，遇事樂觀，對人生是採取遊戲人間的態度。一切約束限制的東西我都恨，諸如領帶、褲腰帶、鞋帶兒。[1]

林語堂和廖翠鳳在個性、嗜好、生活習慣上的「矛盾」，遠遠不止上述這些。比如，林語堂最喜歡吃烤牛肉，百吃不厭，而廖女士喜歡吃魚，不管甚麼魚，她都吃

---

[1] 林語堂：《八十自敘》。

得津津有味。全家都知道她愛吃魚，有時家人不喜歡吃的魚，便全由她一人包辦。

　　林語堂自詡有驚人的消化力。有一次，他在旅途中寫信對妻子說：「我的肚子裡，除了橡皮以外，甚麼也能消化的。」林語堂覺得肚子吃不飽就無法工作，所以即使是半夜，他如果覺得餓，也會起來吃東西。有一天晚上，他餓了，就煎了五個雞蛋，還吃了兩片脆餅。早晨，廖女士發現飯廳裡狼藉不堪，林語堂無可奈何地承認：「昨天夜裡我覺得飢餓，我一直想了十多分鐘，不知道起來的好，還是不起來的好。我又覺得很慚愧，僅僅為了吃東西，睡了還要起來。不過我若不吃一些東西，讓肚子空空的，那末，我便不能入睡了。」有時，他一邊吃一邊裝出一副可憐的樣子，開著玩笑說：「可憐我吧，我現在已覺得好些了，但仍舊有點餓哩！」在自己家的廚房裡，林語堂可以隨心所欲地餓了就吃，但到別人家裡去做客時，情況就不一樣了，社交上的禮節，使他有所約束。他最恨 8 點以後的晚宴，因為這種遲開的晚宴，常常使他等得飢腸轆轆。作為對策，林語堂就在家裡先把肚子填飽，然後才去出席這一類以社交為目的的宴會。

　　而廖女士則與之相反。因為怕「胖」，所以從少女時便注意節食減肥，規定每星期進食的限量。然而，越是怕發「胖」的人，越是「胖」；而越「胖」，又越怕人家說她「胖」。結婚時，林語堂的父親林至誠牧師對轎夫說，迎娶新娘時應挑選一頂比較高大、結實的轎子，因為新娘很胖。這話傳到廖家，把廖二小姐氣昏了。但她也不得不承認事實，於是在結婚前幾天拚命減肥 —— 萬一真把轎子壓坍了，那可是特大的笑料啊！

　　一個餓了必須吃，另一個刻意節食減肥，表面上看，正好一對矛盾，然而他們卻相安無事，不但從未因此發生衝突，反而相處得十分融洽。

　　出身於山鄉窮牧師家庭的林語堂，和出身於鼓浪嶼富商之家的廖翠鳳，在不同的生存環境裡養成了他們不同的生活習慣。比如廖女士在刷過牙以後絕對不吃東西，她始終如一地遵守自幼養成的這個習慣。而林語堂則常常吃了東西忘記刷牙，殘存著山村「野孩子」的本色。他們互相間不強求對方改變自己的習慣，各行其是，但又都力圖使女兒承襲自己的生活習慣。因此，有時他們會同時對女兒們發出互相

矛盾的指示，讓孩子們無所適從。

有一天，二女兒太乙（亞娜）正要睡覺。廖翠鳳說：「亞娜，刷牙一定要用牙膏，牙齒刷得清潔些。」

這樣，一場有趣的爭辯便開始了。

林語堂反對道：「亞娜，牙膏是沒有用的，只要拿一杯水漱漱口好！牙刷也不必用。」

廖女士說：「語堂，我不贊成，你應該讓孩子用牙刷和牙膏。亞娜，你別相信父親的話，現在去吧！」

「香，」這是林語堂對妻子的愛稱，「你不知道科學家已經證明不應當用牙膏嗎？」

妻子說她知道這種意見，但她仍主張刷牙至少要用些精鹽。丈夫聽了笑著說：「瞧，我明天要去牙醫那裡，讓他檢驗一下我的牙齒，以後的五年中，我只用清水漱口。滿五年時，我再到牙醫那裡去檢驗，看看我的牙齒有沒有變壞。」

林語堂是一位煙不離口的「老槍」，廖女士不禁止丈夫吸煙，但也不想掩蓋吸煙的弊端。現在她針對吸煙對牙齒的損害，指出：「看你的牙齒，被煙薰得又黃又黑的。」

丈夫回答：「可以請牙醫除去污垢。」妻子知道無法改變丈夫的嗜好，所以不再與之爭辯，而把重點放在「爭奪」下一代上。她堅持女兒要照她的意思去做。她說：「亞娜，時間不早啦，快用牙膏牙刷去刷牙吧！晚安！」

林語堂也不再阻攔女兒按母親的指示去做。亞娜終於用牙膏刷了牙，林語堂顯然有些失望。一場爭辯結束，廖女士的家庭秩序，戰勝了林博士的「自由主義」。當然，他第二天並沒有去牙醫那裡檢查。

家庭這部機器的操縱者是廖女士。在她所操縱的家庭機器中，林語堂是一個特殊的部件。

妻子尊重丈夫的個人愛好，從不強迫丈夫改變自己的嗜好。所以天性酷愛自由自在的林語堂，從未感到家庭對他的束縛。「寬嚴結合」是廖女士家政的一項「政

策」。「嚴」的主要對象是三個女兒，而林語堂則享受著「寬」的待遇（當然，所謂「嚴」，也是相對於林語堂所享受的「寬」而言的）。林語堂是一位有各種嗜好的文人，他嗜好之多，大概不會亞於他的「一團矛盾」。要不是廖女士「寬嚴結合」的治家方針，他的那「一團」嗜好也難以保存。

　　林語堂説：「人生必有癡，必有偏好癖嗜。沒有癖嗜的人，大半靠不住。而且就變為索然無味的不知趣的一個人了。」① 可見，如果沒有了這「一團」癖嗜，林語堂也就不成其為林語堂了。

　　他喜歡洗澡、散步、抽煙斗、釣魚，愛讀書。他説讀書是文明生活中人所共識的一種樂趣，他激讚詩人黃山谷的話：「三日不讀書，便覺語言無味，面目可憎。」他認為，一個人並不是為了要使心智得到進步而讀書。因為讀書時，如懷著這個念頭，那麼讀書的一切樂趣便完全喪失。他認為凡是以勉強的態度去讀書的人，都是不懂得讀書藝術的人，更談不上讀書是娛樂，等等。上述這些都是一般的嗜好，不足為怪。林語堂的特別之處是他有一些與眾不同的癖嗜，比如，他癡於當發明家。他費了多年心血，拆掉了不知多少架各種型號的打字機，而且還用掉十二萬美元的外匯儲蓄，製造了一架無法正式投產的中文打字機。這是一般人所不為的，唯有林語堂才會不顧一切埋頭於這種無利可圖的發明事業，這就是典型的「林語堂式的癖嗜」。如果沒有妻子的支持、理解和容忍，這位倒霉的發明家恐怕難以堅持到底。所以説，在容忍丈夫的癖嗜方面，廖翠鳳真是一位溫順得罕見的賢妻。

　　對腳的偏愛，這是林語堂又一特殊的癖好，而正是這一癖好的特殊性生動地表現了他的幽默個性。他認為，「生活中最奢侈的享受之一」就是不穿鞋子。在北京當大學教授時，他喜歡穿著襪子在系辦公室的地毯上行走。他覺得「人的雙腳，即因為上帝為了叫人行走而造成它們，所以是完美的。對於它們，不能再有甚麼改良，而穿鞋是一種人類退化的形態。湯瑪斯・渥爾夫曾在《望鄉》一書中親切地寫道，天

---

① 　林語堂：《論趣》。

使腳趾翹起，因為他生來就是如此。」[1] 他每次散步回來，總要洗一回腳，還常常很風趣地誇耀自己的腳是世界上最乾淨的腳。他對女兒們說：

> 我的腳世界上最清潔，有誰的腳，能夠像我一樣的清潔？羅斯福、希特拉、墨索里尼，誰都比不上我！我不相信他們能像我一樣，每天要洗三四次腳。[2]

廖女士是有名的賢內助，大概是夫唱婦隨吧，她也認為：「美的基礎，就在腳上。」照此邏輯推論下去，愛美者首先應該愛自己的腳。也許是廖女士的美學觀念養成了林語堂一天洗三四回腳的習慣。當然，逆定理同樣成立，正因為林語堂特別偏愛自己的腳，廖女士才說：「美的基礎，就在腳上。」

在家庭生活裡，廖女士常常把丈夫當作一個大孩子看待。大女兒林如斯（阿苔）在回憶童年生活時說：「母親也把父親當作她的大兒子看待，她常把牛奶悄悄地倒在父親的杯子裡，要父親不注意時喝下去。父親有時把牛奶倒還給她，有時卻聽了她的話，喝下去。」

在事業上，林語堂以一個「探險的孩子」自喻。而在家庭生活中，他卻像一個調皮的大孩子，和女兒們打打鬧鬧，做遊戲，和妻子開玩笑。有時他故意說自己的錢包不見了，來嚇唬妻子，當妻子信以為真，十分緊張時，他就突然宣佈錢包找到了。丈夫為他成功的玩笑而高興得笑出來，而妻子發現自己受騙後，對丈夫說：「頑皮的孩子，想來愚弄我嗎？」[3]

童心未泯的林語堂曾說：「人生必有癡，而後有成。癡各不同，或癡於財，或癡於祿，或癡於情，或癡於漁，各行其是，皆無不可。」世人沒有誰能比廖翠鳳更理解林語堂的「癡」。誇張地說，廖女士把丈夫的「癡」當作他的最寶貴的精神財產而精

---

① 林語堂：《從異教徒到基督教徒》。
②③ 林如斯等：《吾家》。

心保護。實際上，林語堂的「癡」是他的文藝個性和美學風格的一個有機組成部分，如果抹殺了這些「癡」，那麼他的藝術個性的特殊性也就被磨平了。

比如說，林語堂為沈復夫婦和李香君流淚，是一種癡，為李香君懸像題詩也是一種癡。

沈復的《浮生六記》，曾被林語堂譽為古今中外文學作品中最溫柔細膩的閨房之樂的記錄。沈復和他的夫人陳芸的那種愛美、愛真的精神和他們身上所體現的那種中國傳統文化的知足常樂、恬淡自適的天性，幾乎使林語堂感動得如醉如癡。以提倡性靈而聞名的林語堂，他最崇拜的古代婦女是《浮生六記》中的陳芸和《桃花扇》中的李香君。陳、李兩人是他心目中的真善美的化身。

說廖翠鳳把林語堂「當作她的大兒子看待」這句話如果是指她在生活上對丈夫的關心照顧，倒也不過分，但如果以為林家是廖翠鳳說了算的，那可就犯了「以部分代替全體」的毛病。因為，林語堂夫婦關係的實質還是「夫唱婦隨」。廖翠鳳的原則是，在沒有危險、不損害健康的範圍內，她給予林語堂以充分的自由，以利於他的個性發展。「廖家的女人有一種憨勁，生命力極強……廖家的女人善於跟蹤，這是她們的長處。」[①] 廖女士跟了林語堂五十年，一步也沒有放鬆過，她繼承了廖家女人的傳統。

林語堂認為一個人必須既有嚴肅的一面，也有輕鬆的一面，「盡力工作，盡情作樂」就是這個意思。所以，每逢完成了大部頭著作以後，他常會帶家人外出旅遊。他主張在閒暇時可以選擇任何娛樂，一個原則：只要是自己所喜歡的。而凡是丈夫所喜歡的任何娛樂，妻子幾乎都積極響應並盡量作陪助興。林語堂喜歡旅遊，廖女士是旅伴；林語堂愛好釣魚，廖女士也常常奉陪，所以在地中海邊的漁船上就留下了夫婦倆釣魚時的合影。

愛是一座萬能的橋樑，它能跨過冰封雪凍的江河，超越停滯不前的空間，即使關山阻塞，迢迢千里，即使雲遮霧障，天寒地凍，愛也能使丈夫和妻子手攜手跨進

---

① 林太乙：《林語堂傳》。

陽光普照的天地。因為有了愛，所以，林廖的婚姻是幸福美滿的婚姻，林語堂是幸運的。雖然不是廖翠鳳造就了林語堂的性格，但至少她精心保護了丈夫的天性。在精神上，她尊敬他，崇拜他；在家庭生活裡，她遷就他，並向他奉獻了妻愛和母愛合鑄而成的深情。

「愛情的藝術」是「生活的藝術」中的一顆燦爛的明珠。講究「生活的藝術」的林語堂，對「愛情的藝術」自然也有其與眾不同的高見。他和廖翠鳳都是善於駕馭婚姻之舟的舵手，無論遇到甚麼驚濤巨浪，他們都能勝似閒庭信步，從容對待。

慶祝金婚五十週年的聚會，氣氛熱烈，林語堂廖翠鳳像新婚夫婦那樣，在宴席上表演了互點香煙等婚禮上常見的餘興節目。賀客們像鬧新房似的要他們坦白戀愛經過，而林語堂也高興地道出了他對自己婚姻的獨特體會。他說：「婚姻猶如一艘雕刻的船，看你怎樣去欣賞它，又怎樣去駕駛它。」

賀客黃肇珩女士問他們，沒有兒子是不是感到遺憾？林夫人爽快地回答：「我的確感到遺憾。」而林語堂卻一點兒也不在乎，因為他覺得自己的三個女兒比許多人家的兒子有出息。

還在大陸時，上海的社交界就認為林語堂的成功有廖翠鳳不少心血，所以廖女士在「家政」方面的業績，早已名聲在外。現在有的女客就乘機向廖女士悄悄地請教「治家」的秘訣。廖女士笑了，她用貌似平淡無奇的家常話做出了深含哲理的回答。她說：「不要在朋友的面前訴說自己丈夫的不是；不要養成當面罵自己丈夫的壞習慣；不要自己以為聰明；不要平時說大話，臨到困難時又袖手旁觀。」

而林語堂最欣賞廖翠鳳能與他同甘共苦這一點。他說：「婚姻生活，如渡大海，風波是一定有的。婚姻是叫兩個個性不同的人去共過一種生活。女人的美不是在臉孔上，是在心靈上。等到你失敗了，而她還鼓勵你，你遭誣陷了，而她還相信你，那時她是真正美的。你看她教養督責兒女，看到她的犧牲、溫柔、諒解、操持、忍耐，那時，你要稱她為安琪兒，是可以的。」

林語堂夫婦在幸福的回憶中，在親朋好友們的祝賀中，愉快地度過了金婚五十週年這難忘的一天。

第四十七章

活躍於國際文壇

在國際大學校長大會上暢談東西
文化的調和／林語堂與國際筆會
的歷史淵源／國際筆會第三十七
屆大會上的《論東西文化的幽默》

　　1968 年 6 月 18 日至 20 日，國際大學校長協會第二屆大會在南朝鮮漢城 ① 舉行。五十多個國家的二百多位大學校長暨學術文化界人士出席了大會。林語堂也應邀參加了大會，並做了《趨向於全人類的共同遺產》的演講。

　　林語堂的演講著重分析了東西文化的差異及兩者調和的途徑。他指出東方文化與西方文化最基本的差異有下列幾點：

　　一、中國人的思考以直覺的洞察力及對實體的全面反應為優先，西方人以分析的邏輯思考為優先。西方人多執著於抽象的、分析的思維方式，甚至認為非經過邏輯推演或非經過科學方法證實的，不能算是真知識。直覺或直覺的觀察力在西洋邏輯系統中是沒有地位的。西洋邏輯常將事物逐段分析研究，因而有時只見片斷現象而忽視了整體。中國人的直覺觀察力是一種明敏的了解方式，大部分憑藉以往的經驗，亦可稱為經驗主義，對事物易作全面的、整體的了解和估量。西方哲學特別著重探討知識，尤其是自笛卡兒（1596 – 1650）之後，哲學方法普遍偏向於科學實證，在這種趨勢之中，往往有時只見樹木而未見森林，甚至只見枝葉而未見樹木。由於忽視了全景的觀察，對於精神方面的許多真理，例如常常談到的信仰、希望、博愛等，又如愛國情操、精神不朽、良辰美景等，便很難得到圓滿的解釋。東方哲學除了研討知識之外，對人生的探究也佔很大的比重。東方人認為宇宙的奧妙，人生的美好，不是用三段論法的邏輯所能推演出來的。

　　二、中國人以感覺作為現實體不可分的一部分；對於事物的看法，不像西洋人專說理由，而多兼顧感覺，有時且將感覺置於理由之上。西方哲學家常假定事物是靜止不動的，並將之分割為若干部分，以便於實驗或求證。中國哲學認為事物是變動的，經常都在或快或慢的變化中，而初次感覺或自然感受所得的印象至為重要。

---

①　漢城：2005 年正式更名為首爾。

這種感覺狀態，很難像物質一樣將它分解開來研究，只可做些比喻。例如兩軍作戰，西方人的觀點較重視兵力、裝備、補給等因素，中國人除了這些之外，還重視軍隊的士氣。又如醫療，在西方特別重視病人體溫的升降，在中國則還要注意病人的感覺如何。

三、中國哲學的「道」相當於西洋哲學的「真理」，但含義比「真理」廣闊些。西洋的「真理」，僅是指到達正當生活的途徑；而中國所謂「道」，平易近人，是指人人應該走，且是人人可能走的途徑；是日常生活的一部分。孔子謂「道」不可須臾離開人生，可以離開人生的，便不是「道」；但西方所謂「真理」，縱使離開了人生，依然稱為「真理」。

林語堂的報告中，不僅提到了東方文化在歷史上對西方文化的影響及東方文化受西方文化衝擊的情況，而且他還描繪了東西融合的遠景。對於未來，林語堂認為，如果東方民族能對科學真理及政治民主養成更敏銳的觀察和反應，西方哲學能跳出學究式的理論圈子而重返於人性社會及生活範疇，則東西文化更易於融合。這種融合的文化，將大有助於人類建立和平、合理生活方式的社會。這是林語堂為如何調和東西文化所開出的一張藥方，也是他多年來潛心研究東西文化融合的心血和結晶。但是，林語堂對人類未來的預言或設計，顯然是與馬克思主義相悖的。

1969 年，林語堂繼羅家倫之後，被推選為國際筆會台灣分會的會長。

國際筆會是當今世界上最大的全球性的作家組織，也是聯合國教科文組織所承認的唯一的一個國際作家組織。在世界各地設八十多個筆會中心，擁有一萬餘名會員。這個世界性的作家協會是由英國女作家道森‧司各特發起的，1921 年 10 月成立於倫敦。1923 年春，倫敦總會聘請世界各國二十位著名作家為國際筆會名譽會員，其中有英國的哈代，愛爾蘭的葉芝，法國的羅曼‧羅蘭和法朗士，比利時的梅特林克，丹麥的勃蘭兌斯，蘇聯的高爾基，印度的泰戈爾和中國的梁啟超等。這二十人囊括了當時世界文壇上最傑出的代表。梁啟超的受聘，開始了中國作家與國際筆會的聯繫。

　　國際筆會中國分會的正式成立並開展活動，是在 1930 年 5 月 12 日。以蔡元培、胡適、葉恭綽、楊杏佛、謝壽康、徐志摩、林語堂、邵洵美、鄭振鐸、郭有守、唐腴廬、戈公振等人為發起人，在上海華安大廈召開了成立中國筆會的籌備會議。會上由胡適説明發起經過，通過中國筆會會章，會址暫設上海亞爾培路二○三號。5 月 13 日，上海《申報》以《筆會發起人會》的標題發佈了這條消息。可見，林語堂是國際筆會中國分會的發起人之一。

　　又經過半年的籌備，到 1930 年 11 月 16 日，中國筆會在上海正式成立。有人説，當時推舉蔡元培為「會長」，林語堂為「執行秘書」，邵洵美為「會計」。其實，這一説法不確。因為，在成立大會上，選舉蔡元培、葉恭綽、徐志摩、鄭振鐸、邵洵美、戈公振、郭有守七人為理事，「又互選蔡孑民君為理事長，戈公振君為書記，邵簡（洵）美君為會計。」[1] 根據這一原始資料記載，林語堂沒有選入理事會，筆會沒有設「執行秘書」一職，林語堂也沒有在筆會任職。後來，林語堂曾擔任過中國筆會的理事一職，但那是 1935 年的事了。而從 1933 年 2 月 17 日，在上海接待蕭伯納之後，中國筆會的會務工作實際上停頓了兩年之久，直到 1935 年，英國作家 H.C. 威爾斯接替高爾斯華綏出任國際筆會會長，倫敦總部函詢中國筆會活動情況，中國筆會才在 1935 年 3 月 22 日召開會員大會，改選理事會。原來理事除蔡元培、邵洵美繼續連任之外，全部由新理事所代替，林語堂就是在這次改選後，參加了理事會。新的理事會由十一人組成，除林語堂外，其餘十位是：蔡元培、邵洵美、曾虛白、宋春舫、弗立茨夫人、柯柏成、傅東華、黎照寰、李青崖、全增嘏。從兩屆理事會的成分來看，當初中國筆會的中堅力量是新月派、論語派、真善美社和文學研究會。新的理事會「推定蔡元培為會長，弗立茨夫人為英文書記，曾虛白為中文書記，宋春舫為會計。」[2] 改選後的理事會也沒有設「執行秘書」一職，由此可見，關於林語堂曾任「執行秘書」的説法有誤。

---

[1]　《筆會之成立》，1930 年 11 月 19 日《時事新報》。

[2]　1935 年 3 月 23 日《申報》。

　　林語堂是中國筆會的骨幹分子，他不僅積極參加了 1933 年 2 月 17 日以筆會名義組織的歡迎英國幽默大師蕭伯納來滬的「迎蕭」活動，而且，還在 1939 年 5 月 9日在美國舉行的國際筆會第十七屆大會上，代表中國筆會發言譴責德國法西斯蔑視人類、剝奪人民的權利，呼籲維護人類的自由。

　　大概到 1947 年以後，中國筆會就不再以組織的名義參加世界筆會的活動了。直到十年以後的 1957 年，國際筆會準備在東京召開第二十九屆大會時，經陳源提議，台灣作家才重建了筆會組織，推舉張道藩為會長，恢復了與國際筆會的聯繫。

　　林語堂繼蔡元培、張道藩、羅家倫之後任筆會會長，不是偶然的。因為當時胡適已去世多年，林語堂就成了台灣文壇的當然領袖。

　　1969 年 9 月，國際筆會第三十六屆大會在法國南部海濱城市蒙敦（Monton）召開，在台灣的林語堂、馬星野，在倫敦的陳源和在巴黎的蘇秀法女士參加了大會。

　　1970 年，第三十七屆國際筆會在南朝鮮漢城舉行。其中心議題之一是幽默（這可是林語堂的拿手戲）。美國小說家厄普戴克（John Updike）的講題是《小說中的幽默》，法國批評家梅雅（Tony Mayer）的講題是《論機智與幽默的區別》，南朝鮮詩人李殷相的講題是《東方幽默的特性》。這些外國作家有的把幽默分類來分析，有的從世界名著中找幽默的例子，也有些人從本國的文學作品或民族藝術中去找幽默。雖然這些探索都是有益的，而且都有相當的學術水平，但結果使得大會的氣氛變得學術性有餘，而文藝性不足，會場上缺少了最重要的東西：幽默。

　　林語堂，中國 20 世紀 30 年代的「幽默大師」，終於發言了。他以《論東西文化的幽默》為題，向世界各國的文化精英們暢談了自己對幽默的認識 —— 這裡凝結了他五十年來探索幽默藝術的心得。

　　從二三十年代開始，林語堂就在幽默文化的藝苑裡辛勤耕耘，經過半個世紀的慘淡經營，終於建立起自己的幽默系統。而在國際筆會三十七屆大會上的講演，集中地體現了林氏在幽默研究中的最高成就，這是融合中西古今的林氏幽默觀的最後的定型產品。

　　對幽默問題鍥而不捨地追求終生的，在中國除林語堂之外，沒有第二人。在中

國現代文化史和文學史裡，只要涉及幽默這個命題，不管是贊成或反對他的人，都無法迴避他的存在。

林語堂不僅把西方的幽默移植到了中國，而且還敢於到歐美各國「班門弄斧」，大談幽默。甚至，還居然跑到世界文壇精英的薈萃之地國際筆會上，以《論東西文化的幽默》為題，向來自世界各地的作家代表們宣講他的幽默觀。林語堂的膽子真不小，因為這座會議廳裡坐著不少當今世界的第一流幽默作家哩。

「幽默大師」談幽默，自然不同凡響，林語堂的發言與前面發言的那些外國作家形成了一種鮮明的對比，即林語堂是以幽默的態度來討論幽默藝術的，而不是板起面孔做學術報告。他開宗明義指出：所有的動物都會哭，唯有人會笑，幽默乃是人類心靈發展的花朵，它是心靈的放縱或者放縱的心靈。當文明發展到了相當程度，人才會為著他自己的或是別人所犯的錯誤而發笑，幽默於是產生。他認為，人間最美的笑容，乃是帶著幽默的理解之微笑，也就是中國人之所謂「相視莫逆」而來的「會心的微笑」。

林語堂講得最精彩的一段話，卻是原講稿中所沒有的，他說：「幽默是一種精神，你不能用手指出一本書或一篇文章中的某幾行，說這就是幽默。幽默是指不出但你可以體會得到的。」他引述了釋迦牟尼、耶穌、孔子、孟子、老子、莊子，還有維多利亞女王的遺言、蘇格拉底的悍妻和林肯的太太等幽默現象，生動活潑，吸引了在座的聽眾。

在三十七屆國際筆會期間，林語堂與諾貝爾文學獎得主川端康成坐在一起時，兩人總是交頭接耳，竊竊私語，似乎已建立了深厚的友誼。他們都是亞洲文壇的明星，但他們的個性卻迥然不同，川端康成如一杯加了冰的杜松子酒，冷澈，甘冽。林語堂則像一壺微溫的陳年花雕，平易，醇厚。從亞洲第三屆作家大會到第三十七屆國際筆會，這兩位風格各異的作家已結成了深厚的超國界的友誼。

第四十八章

五十年前的夙願

主編漢英字典／陽明山麓的「有不
為齋」／煙斗是他生命的一部分／
寫作是一項艱苦的腦力勞動／林
語堂的孔子觀

　　林語堂早年為自己設計的一幅幅理想的藍圖，不斷地為他提供了成功的機遇。定居台灣後，林語堂就著手編一部簡明的字典，他認為《康熙字典》的部首編排零亂，與現代人的需要相離太遠。林語堂説：「五十年前我就反對它！」

　　事實也正是這樣，半個世紀之前，林語堂已立志要做一番他自喻為「自有其樂，尋發真理，如牛羊在山坡上遨遊覓食」的編字典工作。20世紀30年代時，他便請三哥林憾廬和張海戈編一部像《牛津簡明字典》的中文詞典。初稿編成後，由於中日戰爭，文稿毀於兵火，六十冊的稿子，只剩下林語堂帶到美國的十三冊。

　　1965年底，林氏夫婦到香港探親時，與香港中文大學校長李卓敏談到他的抱負——編纂一部適應現代需要的漢英詞典。林語堂的計劃，得到了中文大學的贊助。1967年春，林語堂受聘為中文大學的研究教授，主持詞典的編纂工作。在台北，有一個編寫小組，承擔資料的收集、查核、抄寫等工作。

　　雖説中文大學贊助詞典的編纂工作，但實際上中文大學的預算中並沒有為林語堂提供編詞典的經費。所以就只有尋求校外熱心人士的慷慨解囊。功夫不負有心人，林語堂的計劃終於獲得太古輪船有限公司、利希慎置業有限公司和星采報業有限公司各十萬元港幣的捐贈。原計劃三年完成，但因工作量太大，後來不得不延期為五年。其後，金山輪船公司和《讀者文摘》也加以贊助。

　　詞典編纂小組的辦公地點在台北市雙城街，工作人員有馬驥伸、黃肇珩，他們擔任收集資料、查核工作，後來增加了陳石孚。此外有秘書、抄寫陳守荊和施佩英。

　　林語堂擬出詞典的編輯體例概念，然後交給馬驥伸、黃肇珩，要他們從實施的角度仔細研究，提出意見，幫助他完成正式的設計。

　　詞典的檢字方法是根據林語堂發明的「明快打字機」所用的「上下形檢字法」修訂而成，並採用他當年參與制訂的「改良羅馬字拼音」法。在體例方面，他深受《牛津簡明字典》和汪怡《國語辭典》的影響。

最初的六個月，大體都花在體例問題上。林語堂有明顯的戀舊傾向，他對自己早年創意的許多概念，有著濃烈的情感，非常希望能在這詞典中一一展現出來。而馬驥伸等工作人員則從實際出發，根據近年來詞彙及使用方式等的演變提出一些異議。這就給林語堂出了一個題目：他必須在感情與理智之間做出抉擇，他不憚煩瑣，一再提出修正意見，經過討論，甚至是辯論，最後決定了「大樣」。詞典正式編纂過程中，林語堂尊重助手們的勞動，採取分層負責的辦法。由馬驥伸等工作人員自訂進度，自覺執行。在定期交稿的限期之前，他從不探詢工作進程。

編輯小組開始試稿，工作人員幫林語堂選擇中文單字和詞句，加以註釋，寫在單張的稿紙上面，並依國語注音符號的次序排列起來。然後把稿子交給林語堂，由他審定再譯成英文，稿紙的右邊留有空白，以備他起筆之用。每天七八個，甚至十一二個小時，林語堂都在書桌前伏案工作，寫出每個字和每個詞句的英文意義。

凡發現草稿中有疑問，他絕不輕易放過，反覆問明出處、用法。偶爾觸發靈感，想到佳妙詞語，立刻給助手撥電話，詢問是否已經採錄。譯到得心應手，他會將紙片交司機立即送到雙城街，讓大家共賞。所有中英文原稿，他自始至終都一一過目，修改，並且一校再校。

淵博的語言學知識和文字學的功力，使他主編的詞典頗具特色。當年他曾是中國有名的語言學專家，對中國文字學和音韻學的研究，很有心得。留學時，在德國萊比錫大學主攻語言學，回國後，20世紀20年代，他在北京的《新青年》《晨報副刊》等報刊上發表過主張漢字改革和有關語言學方面的文章。早在參加「語絲」社之前，林語堂已經是國內知名的語言學家。他撰寫的《國語羅馬字拼音與科學方法》《古有複輔音說》等文章，在語言學界有相當的影響。1925年9月，錢玄同、趙元任成立「七人會」，林語堂就是「七人會」的成員之一。「七人會」者，含有「竹林七賢」的寓意，集中國語言學界的精華，其餘幾位是劉半農、黎錦熙、汪怡和周辨明。「七人會」的宗旨是探索文字改革的途徑，推廣國語羅馬字。後來，林語堂在上海編寫的英文教科書之所以能風靡全國，除了各種外部原因之外，以質量取勝，是林氏英文教材能暢銷全國的重要原因。因為他把淵博的語言學知識用之於英文教科書編寫

的實踐活動，這是他的《開明英文讀本》《開明英文文法》比其他編者棋高一著之處。

　　抱著「歸隱林下」的目的來台灣定居的林語堂，實際上並沒有沉湎於遊山玩水之中，他的歸隱生活的主要內容還是寫作，先是為《無所不談》專欄，後來是為編輯漢英詞典。

　　不明真相的人總把幽默大師的生活想像得很輕鬆。其實，他的寫作生活是不輕鬆的。

　　在台灣，他經常清晨 5 點鐘開始工作，有時連續寫十多個小時，當他放下筆來，點燃煙斗時，才發現時間的流逝。他說：「有了興趣，你是不會去計算鐘頭的。」

　　上海憶定盤路四十三號（A）的書房叫「有不為齋」，現在在陽明山麓的書房仍叫「有不為齋」。書齋中鋪著紅色的地毯，擺著黑色的沙發。兩邊都是落地書架，架上堆滿了各種線裝和洋裝書，約四千餘冊。林語堂回台北時，從美國運回二十隻裝着書籍的大箱，裡面有中文、英文、法文、西班牙文、意大利文，還有希伯來文等書籍。林語堂嗜書如命，在他眼裡，書比金銀財寶更珍貴 —— 正像三十年前，林語堂搬上「胡佛總統號」的那幾隻大箱裡，也沒有裝甚麼中國的古董或文物，而是裝滿了有關宋代大文豪蘇東坡的一百多種研究資料。沒有這部分資料，就不可能寫出《蘇東坡傳》。到台北新居不久，林語堂的書架上又增加了許多中文藏書，其中最引人注目的是《四部叢刊》和《四部備要》。

　　書齋的佈置，最能表現齋主的性格和愛好。凡是到台北「有不為齋」做過客的人，都知道林語堂不僅愛書，也愛國畫。書齋裡掛著一幀墨竹。林語堂認為，竹之美在其纖瘦，畫竹只需三兩根，這幅畫就體現了他的這一美學觀點。林氏晚年，常以字畫自娛自樂，這幅墨竹是他晚年的作品。① 沉浸在靜謐幽雅氛圍裡的「有不為齋」，是筆耕的理想園地。書齋的角落裡安置著一張寫字檯，桌面上放著筆、稿紙、放大

---

① 原先，有人認為這幅墨竹是鄭板橋真跡。1994 年 10 月筆者應邀赴台北參加「紀念林語堂誕辰百週年學術研討會」時，到陽明山參觀林氏故居，實地驗證，此畫出自林語堂手筆。

鏡、茶壺茶杯和書籍資料。許多文人的工作台常常淹沒在堆積如山的書籍、信件和稿紙之中，可是林語堂的寫字檯卻整潔有序，乾淨得一塵不染。桌上放著必備的煙灰缸，還經常擺著一碟花生米，幾塊糖或幾片牛肉乾，咖啡也是必備品。一切都很有條理，參考書籍用完後順手送回原處，所有的信件分類放進顏色不同的「卷宗」。

煙斗是與林語堂形影不離的生活伴侶，是沉思的工具，在社交場合又是表現個性的道具。談起煙斗和抽煙，林語堂有一整套理論。20 世紀 30 年代的幽默雜誌上，他曾以風趣的筆調大談吸煙和戒煙種種。 20 世紀 60 年代到台北定居後，他又把「黃昏時候，工作完，飯罷，即吃西瓜，一人坐在陽台上，獨自乘涼，口啣煙斗，若吃煙，若不吃煙。……若有所思，若無所思」的散逸灑脫境界，列入《來台後二十四快事》中的第五件「快事」。

煙斗幾乎成了他的生活態度的一種標誌。除了睡覺，林語堂的煙斗可以說是終日不離手，他與客人說話時，總是帶著煙斗，他習慣用左手拿著，大部分時間，他只是拿著，遇到思考時，他話停下來，叼起煙斗，漸漸地滿室飄散起尼古丁。一件事，一個問題，或是一席話，就隨著煙圈繞轉，一旦停滯，他拿下煙斗說：「我們下次再談吧！」

他喜歡燃起煙斗，聽人家談話，不管對方是年長、年輕或是小孩，不管是男是女，不管談的是國家大事、哲學思想或是街談巷議，他都興趣盎然，專注地傾聽，一臉的真摯。可笑時，他往往是第一個笑；激動時，他揮起煙斗彎彎的一端，或上或下，或前或後，直到它又回到他的嘴裡。

有人說，煙斗，能引出哲學家的智慧，也能使愚拙者緘默；它能產生一種沉思的、富有創意的、無虛飾的樂天風格。林語堂曾說：

──我最欣賞抽煙斗的人，他們似乎比較真誠、親切、坦率，也比較善於談話。最重要的，我覺得他喜歡我正如我喜歡他一樣。

──聚在營火前，叼根煙斗，坐在啤酒桶上，彼此交換意見，談天說地，心

靈交流，這是從古到今人類最大樂事之一。

　　——下班後，脫掉硬領襯衫，舒服愜意地躺在地毯上抽煙斗，這一來，才像個人。

　　煙斗，對林語堂來說，已經成為他的生理機制的一個有機的組成部分。他說：「我不知道如果沒有煙斗我會怎麼樣……我想我會無法定下心來做事，也無法思考。」

　　侄媳婦鍾麗珠是台灣的女作家，有一次，他們談到抽煙與寫作的關係。林語堂幽默地說：「有時候，當我翻閱自己的舊作，甚至可以從字裡行間，嗅出在哪一篇、哪一段裡所含的尼古丁最多！」

　　在他的吸煙史裡，曾有過戒煙三個星期的小插曲。那三個星期簡直是一場心靈搏鬥，最後，終於抵不過良心的鞭策而又重新拿起煙斗。他說，這才是「正道」。

　　他曾向黃肇珩女士興致勃勃地介紹抽煙的好處，找來許多可支持的論點，然後慫恿黃女士勸丈夫抽煙斗。

　　「為甚麼？」黃肇珩問。

　　「如果他要和你爭吵時，你把煙斗塞進他的嘴裡。」

　　不料黃女士模仿「幽默大師」的語調反詰道：「如果他用煙斗圓圓的一端敲我的頭呢？」[1]

　　「幽默大師」哈哈大笑，很欣賞這位女弟子的機智。

　　享受了半個世紀煙斗樂趣的林語堂，認為抽煙斗的人都是快樂的。叼著煙斗沉思，是人生的一大享受。可是，由於健康的原因在去世前二十個月，他遵照醫囑，不得不戀戀不捨地與煙斗分手了。

　　寫作是一項艱苦的腦力勞動。林語堂過了古稀之年，仍然辛勤筆耕，他不以為

---

① 　黃肇珩：《煙斗、字典、馬》，《傳記文學》第 32 卷第 1 期。

林語堂的煙斗

苦，反而引以為樂。他說：「寫東西的時候，也是我最快活的時候；欲使心情安靜，還是寫文章。」

有一次，來訪者向林語堂請教英文和中文創作在文字表達上的不同，林語堂叼起煙斗，悠然地說：「英文用字很巧妙，真可以達到『生花妙筆』的境界，英文可以語大語小，能表現完全的口語化。因此，往往感人深，一些看起來很平常的語句，卻能永遠留在人的心底。」

林語堂的手稿，英文部分，是清一色的硬皮筆記本，他說，這種本子容易攜帶，也不易散落。他常帶著硬皮筆記本在飛機上、火車上寫下他的生活和哲學，或塑造人物，虛構情節。《生活的藝術》《蘇東坡傳》這兩部書稿，是由林語堂口述，秘書記錄，整理後成書的。而他的大多數手稿都是手寫的，一行行密密的英文草書寫在

筆記本右邊的那一面，空出左邊的一整面的空間，留給修改補充時用。要修改的字
句，通常用深色的顏色筆塗去，然後在塗去的地方依次編上號碼，在左邊那一面空
白的地方，按號碼寫上修訂後的內容。所以，林語堂的手稿整潔、清楚，容易排印
和校對。在撰寫《無所不談》專欄的中文文章時，林語堂使用的是沒有格子的暗行稿
紙，因為長時間的英文寫作，已使他不習慣於用有格子的中文稿紙寫作了。

　　客人們問起中文寫作，林語堂就嘲笑他十歲那年，老師的一個作文題目《鐵路
救國論》。他說，六十多年後的今天，想不到學校的作文還是跳不出這一類利國利
民的文章體裁和文以載道的傳統觀念。他不滿地說：

　　這真要命！……我們從小念《史記》《左傳》就有「做文章」這個觀念，彷彿一
篇讀起來可誦可歌，可以一唱三歎，才叫文章。「作文」這兩個字，就害人不淺，
大家因為要「作」「文」，因此以為需要特別技術，文字必須有別於說話，自自然然
的國語似乎不夠表達意思，常常要掉文舞墨，堆砌詞藻。

　　林語堂痛恨這種痼疾，但他也很坦白地說：「我自己在中文寫作時也犯了這
毛病。」

　　「清順自然」，林語堂認為這四個字是中文寫作的要領，他對有志於寫作的來訪
者說：「提筆時，先拋開『做文章』這個觀念，好好的，規規矩矩的用自然的國語，
表達自己。白話是活的言語，它的生命是我們天天不斷運用的說出來的，所以非常
有力量。」

　　他還說，他特別佩服《紅樓夢》，因為這是一部第一流的白話小說。林語堂的結
論是「再沒有寫白話比《紅樓夢》好的人。」①

　　慕名而來的拜訪者們，常常會問及林語堂到台灣後的打算。林語堂則用他的
七十自壽詞中的句子作答：「從此是，無牽掛，不逾矩，文章瀉。是還鄉年紀應還

━━━━━━━━━━━━━━

① 　上述資料引自黃肇珩的《林語堂和他的一綑矛盾》。

鄉啊！」

　　天馬行空，我行我素，這是他所選擇的生活方式。

　　他還以幽默的口吻說，如果讓他去當市長，「今天上台，必定也在今天下台。」

　　他說：「我不能忍受小政客的那副尊容，在一個機構裡，這種人，我是無法與他們鬥下去！我一定先開溜。」

　　「文章瀉」——說明林語堂決定以寫作為業。他對來訪者說，在美國三十年，雖然平均每年寫一部書，但都是英文的。今後要專寫些中文的作品，並計劃編詞典。陽明山麓的寧靜環境，是寫作的理想場所。

　　有的客人知道林語堂熱衷於發明中文打字機，並對中文的印刷排字也有過研究，所以特地告訴他，現在台灣的《聯合報》已經使用中文自動排鑄機，以代替舊式的人工排字鑄字的方法，還整理出兩千三百多個「常用字」。

　　林語堂聽後，感到非常快慰，他說自己對華文打字機及華文檢字的問題，曾有過五十年的思考，並為之傾家蕩產。他又談到整理漢字應刪除重複、繁蕪、不通、不經濟、不合理、不需要及不適宜於今日的字。擬訂「常用字」，是整理漢字的一條途徑，但還要顧到文字的「雅」和「便」。

　　來訪的羊汝德回答道：《聯合報》整理常用字的時候，這些都注意到了。林語堂聽了，摸著沒有鬍鬚的下巴，連聲稱讚道：「好，好……」[1]

　　剛到台灣時，林語堂成了新聞人物，頻繁的應酬使他應接不暇，文化單位、學校也常請他去演講，有的大學還想請他去執教。他那「歸隱林下」的寫作計劃大有夭折的危險。林語堂不得不想出對策，他對外界聲稱，自己現在有「三怕」：怕教書、怕演講、更怕煩瑣的應酬。

　　「三怕」的聲明流傳開去以後，果然生效。社交活動有所減少，但仍不能杜絕，當然也不可能、也不應該杜絕。因為，社會交往是現代生活的一個必要組成部分，所以有些應酬，實在推不掉也只能勉為其難。以此心情去交際，自然很容易鬧笑話。

———————————————

[1]　以上資料引自羊汝德的《林語堂北山樂隱圖》。

有一次，他勉強去參加台北某校的畢業典禮。會場上的發言者，似乎都想乘機炫耀自己的口才，一個接一個，都發表冗長的演説。林語堂坐在那裡實在等得不耐煩了，輪到他發言時已經 11 點半。針對前面那些口若懸河的演講者，林語堂站起來説：

「紳士的講演，應當是像女人的裙子，越短越好。」

大家聽了，先是一愣，然後哄堂大笑。第二天，台北各報都刊登了這條消息，新聞媒介評論道：幽默大師名不虛傳。其實這是林語堂在被迫應酬的情況下，一時興之所至，脱口而出的笑話。

台灣學術界有不少研究孔子的學者，可是林語堂卻不怕別人説他湊熱鬧，從 1966 年以來，在《無所不談》專欄中，發表了《論孔子的幽默》《再論孔子近情》《孟子説才志氣欲》等以孔孟為題目的文章，而且在《論中外的國民性》《論東西思想法之不同》等中西文化比較研究的文章裡，也暢談了自己對儒家學説的認識。

林語堂最反感漢宋儒家對孔子的歪曲。他説，到了程、朱諸宋儒的手中，孔子的面目就被改動了。以道學面孔論孔子，必失孔子原來的面目。他批評宋儒的邏輯：彷彿説，常人所為，聖人必不敢為。殊不知宋儒所不敢為，孔子偏偏敢為。如：孺悲欲見孔子，孔子假託病不見，或使門房告訴來客説不在家，這也就夠了。何以在孺悲猶在門口之時，故意取瑟而歌，使之聞之，這不是太惡作劇嗎？林語堂説：「這就是活潑潑的孔丘。但這一節，道學家就難於解釋。」

林語堂一針見血地指出，孔子經漢宋儒家的「拔高」和「神化」，就變成失去人性的超人和聖人，成了敬而遠之的偶像。而林語堂始終以還孔子本來面目為己任，凡屬論及孔子之處，他都力圖恢復孔子的血肉之軀，展現出孔子豐富多彩的感情世界，把孔子從九天之上接回人間。

「近情」是林語堂「抒情哲學」的落腳點，在林語堂的思想體系中佔有特殊的地位。在向外國人介紹「抒情哲學」的專著《生活的藝術》一書中，他以「近情」一節壓軸作為中國文化精神的理想境界，極力推崇。在林語堂看來，「近情精神乃是中國文明的精華和它的最好的方面」。「近情精神實是人類文化之最高的合理的理想，而近

情的人實就是最高型的有教養的人」。所以林語堂的結論是：「近情精神是中國所能貢獻給西方的一件最好的物事。」在林氏的論著裡，「近情」是他對歷史人物的最高評價。在中國文化史上，誰有資格接受這種最高的獎賞呢？林語堂說，是孔子。他說：「孔子最近人情的，他是恭而安，威而不猛，並不是道貌岸然，冷酷拒人於千里之外。」①

　　林語堂在自己的論著裡，塑造了一個林語堂式的孔子。幾十年來，他不斷以研究心得來豐富這個孔子形象。他向外國人介紹中國文化時，孔子和儒家是作為中國文化的一個重要方面推出的。旅居美國期間，出版了英文的《孔子的智慧》，被列入美國「現代叢書」。他以獨特的孔子觀向西方讀者介紹了孔子的思想，不少西方人都是讀了林語堂的論著才知道孔子的。所以說，林語堂的孔子觀影響過整整一代外國讀者。

　　在一般人的印象裡，孔子是個一本正經的老夫子。但是在幽默大師林語堂的筆下，孔子也成了一位可愛的幽默大師。古今中外，論述孔子的論著汗牛充棟，但以幽默角度切入孔子的個性，林語堂是第一個。

　　在林語堂的文章中，孔子是一位樂天派的老先生，有許多軼聞趣事，待人和藹可親，又詼諧風趣，還經常和弟子們開玩笑，對門人全無架子，但有時也十分粗野，還要罵人。總之是一個很有人情味的讀書人。

　　林語堂說，只有從幽默方面去看孔子，才能真正領略孔子的性格美。孔子是一個懷才不遇的人，懷才不遇卻不慷慨悲歌，這就是孔子的幽默。他說，他愛孔子，但不愛成功時年少氣盛殺少正卯的那個孔子，而是愛失敗時很有幽默感的那個孔子，愛不願做匏瓜繫而不食的那個孔子。林語堂甚至誇張地說：

　　吾嘗細讀《論語》精讀《論語》而咀嚼之，覺得聖人無一句話不幽默。②

---

① 　林語堂：《生活的藝術》。
② 　林語堂：《思孔子》。

把孔子說成無一句話不幽默，這顯然是誇張。

孔子的一段精彩表演，使林語堂佩服得五體投地。有一次，孔子與門人相失於路上。後來有人在東門找到孔子，說他的相貌，並說他像一條「喪家犬」。孔子聽罷，說：「別的我不知道，至於像一條喪家狗，倒有點像。」——林語堂對此拍案叫好，他不止一次地在論著中說，此情此景中的孔子「才是真正的孔子」，一個十分幽默的孔子。

林語堂曾很感慨地說，古今中外，凡是偉大的人格，都容易被小人所誤解。以孔子為例，林語堂認為，甚麼溫良恭儉讓，是後人強加在孔子頭上的東西，他逐條駁斥道：

貌似陽虎，何嘗溫？

一方墮費，一方欲往見以費叛的公山弗擾，又騙蒲人不適衛而出圍，出圍後適衛而主張伐蒲，何嘗良？

不見孺悲便罷，又何必取瑟而歌，與人難堪，何嘗恭？

狐貉之厚以居，甚麼也不食，何嘗儉？

不肯賣車葬顏回，何嘗讓？①

林語堂的孔子觀的出發點是：現在人們所見到的孔子，早已被後人歪曲得面目全非了。若肯摘掉有色眼鏡去重讀《論語》，一個真正的孔子就會躍然紙上。

發掘出長期被後人所忽視的孔子個性中的某些方面（比如：幽默），糾正了以往研究中的偏頗，這是林語堂對孔子研究的特殊貢獻。然而，在林語堂眼裡，孔子居然變成了「無一句話不幽默」的幽默大師，這大概是矯枉過正所引起的逆反效應。

---

① 林語堂：《有不為齋隨筆 · 再談蕭伯納》。

第四十九章

悲劇發生在幽默之家

中風的「初期徵兆」/ 長女自盡 /
廖翠鳳患了恐怖症 /《念如斯》

　　林語堂為編纂《當代漢英詞典》嘔心瀝血。當初他推崇日本學者諸橋轍次所編的《大漢和辭典》，是以三十年時間完成的浩大工程，現在，幾乎是同樣大的工程，他卻約定以三年時間完成，並答允親自主理編譯工作，而實際上他的助手只有三四個人。

　　詞典如期交出了定稿，而林語堂的健康卻在這超負荷的壓力下受到了損害。在詞典快要編好的關鍵時刻，林語堂日夜趕工，廢寢忘食，寫到最後幾頁，連字都看不清楚了。早上起來，廖翠鳳注意到他的臉漲得通紅，嘴巴有點歪，立刻送到醫院檢查。醫生說這是「中風的初期徵兆」，要他徹底休息兩個月。

　　林語堂坐在病床上，談笑如故，看上去似乎一切如常，但醫生說，幸虧及時到醫院裡來，住幾天便可以回家。但如果發現講話不清楚，或動作不協調，比如不能把茶杯放回茶托上，便需立刻送回醫院。

　　幸好只是中風的「初期徵兆」，而不是真正的中風，他那思維敏捷的頭腦沒有受到損壞。他出院了，自我感覺良好，大家勸他不要再拚命工作。他說不會的，不再像以前那樣連續工作十幾小時了。

　　出院後兩個月，詞典工程勝利結束，書架上堆滿了詞典的稿子，香港中文大學就要派人把稿子裝箱運到香港排印。林語堂如釋重負，計劃帶妻子去歐洲旅行。然而，天有不測風雲，一樁飛來橫禍徹底打亂了林語堂夫婦晚年生活的節奏——他的大女兒林如斯自殺了！

　　讀過金蘭文化出版社印行的《京華煙雲》的讀者，都會熟悉林如斯這個名字。因為在中譯本的《京華煙雲》的正文之前，有她為該書所寫的評論文章。這篇文情並茂的書評，顯示出她的文學才能，真是有其父必有其女啊！然而，事實上，作為大女兒，她沒有對林語堂的文學事業有過更多的幫助。因為，從二十二歲私奔逃婚

開始，她人生的悲劇就拉開了帷幕，同時也給林語堂帶來難以擺脫的精神壓力和痛苦。而 1971 年她懸樑自盡，給了林語堂致命的打擊，使林語堂夫婦處於精神崩潰的邊緣。

　　林如斯是一個很有才華的人，林家獨特的家庭環境和林語堂畢生所追求的中西文化融合觀，使林如斯自幼獲得了多種文化營養。她既具有西方文化的個性解放精神，又深受中國文化意識的熏陶。二十多年前她不顧父母的面子和社會輿論，在訂婚前一天與人私奔。她的愛情是純潔的而且是理想化了的，她把愛情看成是至高無上的，因此，一旦失落，便痛不欲生，整個生活大廈隨之坍塌。20 世紀 50 年代初，林如斯與狄克交涉離婚時，依照美國法律，按說她可以名正言順地得到一筆贍養費。如果林如斯能拿出當年私奔時的勇氣，以西方的價值觀念來對付狄克，她就應該理直氣壯地請律師為她去爭取應得的經濟權益。可惜這時的林如斯卻突然以東方婦女的傳統意識來處理自己的離婚案件。她不想與使她厭惡的人再有任何來往，只想盡快與狄克一刀兩斷，而且清高的她，恥於在經濟上與之討價還價，寧可不要分文贍養費，而以經濟上的損失換取精神上的慰藉。

　　在版稅問題上吃過啞巴虧的林語堂，對林如斯的離婚採取了比較現實的態度。他勸女兒冷靜地想一想：跟狄克爭贍養費當然是不愉快的，但是人要生活，不能沒有錢，所以為了今後的生活，還是應該去爭贍養費的。

　　涉世未深的女兒，堅持己見，沒有聽從林語堂的勸告。婚姻破裂給她帶來的打擊太沉重了，她無暇顧及以後的生活，更沒有想到錢。離婚，彷彿抽掉了林如斯的精神支柱，她垮了，整個人軟綿綿的，從此再也沒有振作起來。

　　1962 年，林語堂夫婦訪問中南美洲六國之前，林如斯病了，住院治療，林語堂幾乎因此而放棄出訪中南美洲的計劃。臨行前，林語堂夫婦與女兒依依不捨地告別：

　　「爸爸媽媽要去中南美，你會好好地照顧自己嗎？」

　　「當然會的。你們放心去好了。」

　　「要是有甚麼事，你找妹妹好了。」

　　「妹妹在波士頓。」

「要不然我不去了。堂呀，你一個人去。」

「你們儘管去好了。我不會有事的。」

「你一個人住要小心，不認得的人不要開門讓他進來。」

「我知道，我知道。」

「你錢夠不夠用？」

「夠了，夠了。」

「凡事要看得開，不要再傷心了。」

「我不會的。我自從出院之後好像變了個人，好像從前的拼圖玩具少了一塊，現在拾到了，完整了。」

「你要好好的工作，不要胡思亂想，知道嗎？你根本沒有甚麼事，身體好，又聰明，年齡也不大，可以有很好的前途，只要你用頭腦想清楚。」

「我對不起你們，每家都有一本難念的經。」

「快別那麼說，我們回來之後你搬回家住。」

「我不是小孩子，我會照顧自己的。」

　　── 真是：可憐天下父母心！

　　林如斯患了嚴重的精神憂鬱症。這種病是神經官能性的毛病，由於腦部的構造損壞所致。情緒時好時壞，好的時候，像正常人一樣。林如斯在一家出版公司工作，情緒好時還在工作之餘試譯唐詩。情緒壞的時候就跌入了個人悲哀的小天地，無論林語堂夫婦怎樣勸解都沒有用。她搬到紐約林語堂所住的公寓大樓，住在父母的隔壁。為了照顧這個可憐的女兒，林語堂把牆壁打通，女兒的病使林語堂感到了很大的精神壓力。有一次林語堂和二女兒林太乙同遊香港落馬洲，他忍不住小聲對太乙說：「我把你媽媽照顧得快快樂樂，可你姐姐在慢慢地摧毀她。」實際上，林語堂比廖翠鳳忍受著更多的精神折磨。因為外人會說，幽默大師的家庭生活並不幽默，不然，女兒怎樣會得精神憂鬱症呢？

　　林語堂回台北定居後不久，林如斯也到台灣的「故宮博物院」工作。最初，她擔任博物院蔣復璁院長的英文秘書，繼又主編該院出版的英文《故宮展覽通訊》，並且

編譯了《唐詩選譯》，交給台灣「中華書局」印行。

　　林如斯不肯住進陽明山麓的父母家裡，獨自住在「故宮博物院」的職工宿舍，心情很不好，有時呈現恐懼焦慮的症狀。有時她會與現實完全脫節，好像迷失了自我。她也極力想克制自己，不願意表現出反常的行為，可是並不完全成功。

　　林語堂夫婦都為女兒的精神官能症擔憂，但生性樂觀的林語堂一直抱著積極的態度，認為只要鼓勵她，用愛去醫治她心靈的創傷，她一定會好起來的。而廖翠鳳卻被女兒的異常表現折磨得無所適從，她對林語堂說：

　　「我們生了三個女兒，同樣照顧，為甚麼就是她有問題？是不是她小時候我做錯了甚麼事，使她這樣？」

　　「不，鳳，你不能怪自己。」丈夫安慰妻子道。

　　「她是我頭一胎，我多麼疼她。她小時候真乖，多聽話，又聰明，像個大人一樣，幫助我做家務，照顧妹妹。多乖、多聽話。」

　　「她會好起來的。愛她，照顧她，不要批評她，她會好起來的。她根本沒有事。」

　　林語堂是家庭的慈父，他以自己的生活哲學來開導女兒。但是他的生活哲學雖然影響過許多素不相識的讀者的生活觀，但實踐於大女兒身上時，卻是失敗的。儘管如此，林語堂仍沒有灰心，他極力重新喚起女兒對生活的信念。一天，他對女兒說：

　　「你不要一直想自己，想想別的，培養個人興趣。人生快事莫如趣，那也就是好奇心。你對甚麼最感興趣，就去研究，去做。趣是有益身心的。」

　　廖翠鳳在一旁插嘴道：「堂呀，你不要跟她講大道理了，她聽不進去。我的骨肉，我的心肝，你不要這樣子好不好？吃一片鎮靜劑吧，吃了就會好一點。你知道你爸媽都是七十幾歲的人了，你要學會照顧自己，自食其力。我們是沒有甚麼儲蓄的，你爸爸的工作是絞腦汁，那是非常辛苦的工作，會疲倦的，你不要使他煩惱。」

　　「鳳，你不要跟她講這些，我很好，一點也不疲倦。」

　　「不，我要她明白。我們上了人家的當，我們存在『互惠基金』的錢不值分文了。那互惠基金的主持人因為舞弊被抓起來了，成千上萬的人上了當，包括你爸媽。」

「喔？」林如斯可是第一次聽到這個消息。她對母親的話，表示驚訝。因為她知道父母原打算是用這筆互惠基金來養老的，現在受騙上當，使父母蒙受了巨大的經濟損失，林如斯很難過。

廖翠鳳還繼續説下去：「這件事轟動全美，在報紙上已經登了許久……」

林語堂打斷了妻子的話，他説：「鳳，你不要跟她講這些。」

「我要講，我要她明白，你爸很辛苦絞腦汁賺來的錢不見了。賺錢是不容易的。你不要使他憂愁，聽見沒有？」

女兒的不幸像夢魘一樣纏著林語堂……不可挽回的災難終於發生了——1971年，林語堂因中風的「初期徵兆」住院又出院後的兩個月，一天中午，蔣復璁請林語堂在「故宮」吃飯，有人跑來説，工人去打掃林如斯的房間時，發現她吊在窗簾桿上，抱下來時已經斷氣，而桌子上的茶還是溫的，可見是剛上吊不久，再早一點發現就好了。

林語堂在這巨大的悲劇面前幾乎是精神崩潰了！林太乙曾以沉痛的心情回憶和描述了她和黎明、林相如等三人趕到台北所見到的第一印象：

……走進家裡時，父親撲到我身上大哭起來。母親撲在妹妹身上也大哭起來。頓時我覺得，我們和父母親對調了位置，在此以前，是他們扶持我們，現在，我們要扶持他們了。那「坦率、誠懇、樂觀、風趣，懷著一瓣未泯的童心，現實主義的理想家；滿腔熱情的達觀者」變成一個空殼子，姐姐掏去了他的心靈。那時父親是七十六歲，母親比他小一歲。

我們把兩老送進醫院，他們哭哭啼啼地對彼此説：「我們不要再哭了，我們不哭了。」

姐姐留了遺書給父母説：「對不起，我實在活不下去了，我的心力耗盡了。我非常愛你們。」[1]

---

[1]　本章有關林如斯和林家的資料，來源於林太乙的《林語堂傳》。

　　林語堂夫婦在台灣的幾位晚輩親戚幫忙料理了林如斯的後事。出殯之後，林太乙、林相如兩姐妹把林語堂夫婦接到香港去住。在飛機場領行李處，廖翠鳳突然暈倒，癱在二女兒的懷中。家人嚇得魂飛魄散，機場的人圍過來，叫了救護車。醒過來後就被送到三女兒家。

　　沉重的打擊使廖翠鳳變成了另外一個人，她沉默寡言，吃得很少，心灰意冷，常常反覆說：「我活著幹甚麼？我活著幹甚麼？」

　　一夜之間，林語堂也老了許多。他雖然勉強擺出笑容，但他的心碎了。

　　其實全家人的心都碎了。大家都不能接受林如斯自盡的事實。連林太乙也問父親：「人生甚麼意思？」

　　「活著要快樂。」林語堂簡單地說。他沒有再往下說，因為眼前殘酷的事實和他理想中的生活相距甚遠，生活的支柱在動搖。

　　林語堂和女兒們帶廖翠鳳去看醫生。醫生告訴她，她為大女兒已經盡到了母親的責任，沒有理由自悔自責，只有接受事實。那位醫生久仰林語堂的大名，接著就和林語堂談論起他的作品來。

　　女兒們想方設法來減輕父母的悲痛。小女兒駕車帶林語堂夫婦到處去散心。在淺水灣吃飯的時候，林語堂心不在焉，拿茶杯的手亂晃，茶水從杯子裡溢出來，濺濕了上衣。一向注意儀容的廖女士，擺開雙腿，神情冷漠地坐著……這時，淺水灣的陽光在林語堂眼裡也變得暗淡無光了。

　　緊張的詞典校對工作開始了。林語堂回到台北陽明山麓，投入了繁重的校對工作。眼睛看不清了，他用一座有電燈的放大鏡校對。而廖翠鳳因為愛女的死動搖了生活信念，正像二女兒所說：「她沒有眼淚了。她變成一股精神，時時刻刻提防橫禍再度降臨。她像一頭貓頭鷹，睜大眼睛注意父親每一個動作。她面色灰白，縮緊雙唇，話很少。」廖翠鳳患了恐怖症。她失眠，憂慮，對甚麼都不感興趣，林語堂只好再帶她到香港找女兒去。但即使住在香港的三女兒家裡，廖翠鳳也感到恐懼，只要有人按門鈴，她都害怕，連送信的郵差她都不讓進門。二女兒的孩子去探望外公外婆，林語堂說，就在這裡吃午飯吧，廖翠鳳趕緊說：「不要！家裡沒

有東西給他們吃！」

　　第二天晚上，女兒們帶林語堂夫婦到鏞記飯店吃燒鵝。飯後林語堂突然大口吐血，大家趕緊把他送進瑪麗醫院。經診斷，醫生説是由於身心過度疲勞引起十二指腸脱垂。出院之後，醫生要他在家裡休養。因為失血過多，有突發心臟病的危險。妻子和女兒們要他臥床休息，不讓他起床。女兒們燉牛肉湯、雞湯給他進補。兩個星期過去了，他的精神開始復原。

　　養病期間，林語堂態度溫和，關心女兒的生活，竭力不要麻煩別人。他悄悄地對妻子説：「女兒各有自己的事要做，我們不要搞亂她們的生活。」

　　他身在病床，心想著外面的世界。有一次，他對妻子説：「中共進了聯合國。世界在變，我們要設法適應。」

　　他恢復過來了，原先的那個林語堂又回來了。原先的那個廖翠鳳卻是一去不返了。她神情冷漠，面部毫無表情。她不再講國語或英文，從此只講廈門話。她好像變成了父親廖悦發的化身，她以父親的那種標準衡量一切 —— 與林語堂共同生活半世紀中所獲得的社會人格，因愛女之死而毀於一旦。她對林語堂的一舉一動抱著懷疑的態度，好像她自己現在仍然是廖家的人。

　　有一位老友來訪，因為此人是富商，廖翠鳳拒絕接見。她説：「我們沒有錢，沒有面子見人。」

　　二女兒林太乙、女婿黎明夫婦住在羅便臣道，離林語堂夫婦所住的小女兒家乾德道很近。林語堂夫婦到二女兒家時，廖翠鳳總是正襟危坐，態度客氣，因為按廖悦發的觀念，嫁出去的女兒像潑出去的水，現在是丈母娘到女婿家做客，所以她禮節周到，吃過飯告辭時，她總客氣地對林太乙夫婦道謝：「多謝。」母女之間往日的親情，消失得無影無蹤。

　　廖翠鳳的情況稍有好轉，林語堂就帶她回台北。但一離開小女兒相如，廖翠鳳又焦慮起來，只有與小女兒住在一起，她才感到安全。可是林語堂不喜歡把自己關在香港狹小的公寓裡，住久了精神就不好，他留戀陽明山麓秀麗的風景、美妙的自然環境和熟悉的「有不為齋」。他的心是接近大自然的，所以不習慣香港的都市生

活，再說台北還有許多朋友哩。於是，一個要住香港，一個要住陽明山，他們只好來回往返在台、港之間，後來，住在香港的日子比住在台北的時候多。

　　1972 年 10 月，被林語堂認為是他寫作生涯的巔峰之作的《林語堂當代漢英詞典》由香港中文大學出版，這部書花費了他五年的時間。詞典的印刷和發行的費用由恆生銀行有限公司借支。中文大學校長李卓敏在序中說：「沒有一部詞典敢誇稱是十全十美的，這一部自不能例外，但我們深信它將是迄今為止最完美的漢英詞典。」

　　詞典的成功，使林語堂從失女之痛中得到一些解脫，他為愛女寫了一首悼亡詩《念如斯》：

> 東方西子，飲盡歐風美雨，不忘故鄉情獨思歸去。
> 關心桑梓，莫說癡兒語，改妝易服效力疆場三寒暑。
> 塵緣淡，惜花變作摧花人，亂紅拋落飛泥絮。
> 離人淚，猶可拭，心頭事，忘不得。
> 往事堪哀強歡笑，彩筆新題斷腸句。
> 夜茫茫何處是歸宿，不如化作孤鴻飛去。

　　總之，長女的悲劇幾乎摧毀了他的精神支柱，直接影響了他的健康。

在台港兩地歡慶八十大壽／總結
一生的《八十自敘》

「一團矛盾」

1975 年 9 月，第四十屆國際筆會在維也納召開。台灣筆會會長林語堂當選為本屆國際筆會總會的副會長。這是一個榮譽職位，在亞洲作家中只有印度的光詩南、日本的川端康成擔任過總會的副會長，林語堂是亞洲作家中榮膺此職位的第三人。

七十年前，福建漳州龍溪阪仔村的一個幼童，曾天真地對父親說：「我要寫一本書，在全世界都聞名……」七十年後，這位幼童的預言實現了。林語堂的《京華煙雲》在這次大會上被推舉為諾貝爾文學獎的候選作品。

這一年，林語堂八十歲，他已步履蹣跚，記憶遲鈍，走路要用手杖，健康狀況每況愈下。10 月 10 日，林語堂八十大壽，朋友們在香港利園酒店為他祝壽。來賓除了中文大學的許多教授和利榮森、利國偉等，還有 20 世紀 30 年代上海論語派的老「戰友」簡又文、徐訏，以及張國興等老友。

10 月 12 日，林語堂夫婦在小女兒的陪同下回到台北，台北文化界的十個文藝、學術、新聞團體在大陸餐廳舉行盛大的聯合茶會，慶祝林語堂的八十華誕。

1975 年，美國圖書館學家安德生（Arthur James Anderson）所編的《林語堂英文著作及翻譯作品編目》出版。他在前言裡說：

東方和西方的智慧聚於他（林語堂）一身，我們只要稍微誦讀他的著述，就會覺得如在一位講求情理的才智之士之前親受教益。他有自信、有禮、能容忍、寬大、友善、熱情而又明慧。他的筆調和風格像古時的人文主義者描述人生的每一方面都深刻機敏、優美雍容，而且由於顧到大體，所以在估評局部事物時能恰如其分。最足以描繪他的形容詞是：有教養。他是最令人讚佩，最罕見的人 —— 一位有教養的人的典型。

客觀地說，把林語堂說成是「最令人讚佩，最罕見的人」實在是過譽之詞。

同年 5 月，安德生編纂的《林語堂精摘》(*Lin Yu tang: The Best of an Old Friend*) 出版。林語堂在為這本書所寫的序中説：

我喜歡中國以前一位作家說過的話：「古人沒有被迫說話，但他們心血來潮時，要說甚麼就說甚麼；有時談論重大的事件，有時抒發自己的感想。說完話，就走。」我也是這樣。我的筆寫出我胸中的話。我的話說完了，我就要告辭。

林語堂在向世界「告辭」了，他顯然已有死亡的預感，他變得多愁善感，時常流淚：遇到風和日麗的氣候，他流淚；聽見山上鳥聲，他掉淚 —— 世界太美了，他怎麼捨得離開！

然而，誰也無法抗拒生老病死的自然法則，林語堂也明白，自然韻律有一道法則，由童年、青年到衰老和死亡，一直支配我們的身體。但他盡量想使優雅的老化含有一份美感，他要在告別這世界之前回顧和總結一下自己八十年來的心路歷程，他寫下了《八十自敘》(美亞出版公司 1975 年出版)。

林語堂在論語時代的摯友徐訏，在肯定林語堂在中國現代文學史上地位的同時，不得不承認林語堂在文學史中也許是「最難寫的一章」。徐訏真不愧是林語堂的「知己」，一語道出了林語堂為文學史的研究者們所出的難題。著作等身的林語堂以自己的存在為文學史家們出了一道非常難答的試題，也許這道試題要使幾代「考生」們感到困惑。

誰也不必企望有甚麼捷徑可以輕易地獲取這個答案。可是林語堂總算明白無誤地告訴「考生」們，這個試題之所以難以解答，原因就在於：林語堂本身就是「一團矛盾」，一團連自己也理不清的矛盾，外人要去清理出頭緒，自然更不容易。

《八十自敘》是林語堂在耄耋之年追憶往事，用與讀者閒談的口氣，信筆揮灑，用英文寫下的這份簡要的自傳。

《八十自敘》計十三章，譯成中文約五萬字左右。開卷第一章叫「一團矛盾」，這「一團矛盾」四個字真是畫龍點睛，非常準確地把握了自己的思想性格的特殊性。能

以「一團矛盾」來概括自己的一生，證明林語堂是一個有自知之明的人。

《八十自敘》與那些自我吹噓的自傳截然不同，林語堂沒有擺出一副居高臨下的面孔來炫耀自己的「豐功偉績」，而是坦白地把自己的弱點和矛盾，公佈於世。第一章「一團矛盾」的開頭，林語堂用閒談的筆調說出了開卷之言：

> 有一次，幾個朋友問他：「林語堂，你是誰？」他回答說：「我也不知道他是誰，只有上帝知道。」又有一次，他說：「我只是一團矛盾而已，但是我以自我矛盾為樂。」

「以自我矛盾為樂」，這不是林語堂譁眾取寵故作的驚人之語，而是林語堂深思熟慮後的自我評價。早在剛回台北定居時，林語堂就對作家黃肇珩承認自己是「一綑矛盾」。那天，他坐在舒適的沙發裡，對著客人，毫不隱諱地列舉著自己的性格矛盾，那是一幅生動的自我寫照。他說：

> 他自認為自己是異教徒，心裡卻是基督教徒。
> 他獻身文學，一直以沒有進理學院為一大錯誤，他心近科學。
> 他愛中國人，但批評中國人比誰都誠實、坦白。
> 他崇拜西方，可是蔑視西方教育心理學家。
> 他是現實主義的理想家，也是滿懷熱情的達觀者、冷靜的觀察家。
> 喜歡出奇制勝飄逸的文章、富有幻想力的作家，也喜歡論世文章，具有實用主義常識的作者。
> 對文學、村姑、地質、原子、音樂、電子、電動刮鬍刀、科學小零件都有興趣。
> 他用泥巴做模型，在玻璃片上用蠟塑風景畫、人像畫。
> 喜歡雨中散步，能游泳三碼……

以自我矛盾為樂的林語堂，平時曾多次與朋友笑談自己的矛盾，在寫文章時更

不諱言自我矛盾，所以《八十自敘》以「一團矛盾」開卷就不奇怪了。其實林語堂的「一團矛盾」是 20 世紀以來中西文化碰撞中所迸發出來的思想火花。

因為，對於任何一個「五四」時代的中國知識分子來說，那場聲勢浩大的中西文化大碰撞，不可能不觸發其內心衝突的波瀾。矛盾、徘徊、選擇、揚棄……甚至復歸，正是那一代人的典型心態。

其實，在當年的新文化和新文學陣營中，內心懷著「一團矛盾」的，何止林語堂一人，只不過是林語堂比較敢於坦露自己的內心秘密而已。

由於林語堂是以全方位的開放型的姿態來接納古今中外的文化思想的，所以他的文化構成必然是多層次的。一方面是中國傳統文化的遺傳複製功能的慣性，另一方面則是外來文化因素的新質所形成的擺脫慣性的強大離心力；一方面是中國文化的優質，另一方面是西方文化的弊端；再加上認識過程中的深化；等等，這些都是造成林語堂的一系列「矛盾」的原因。

林語堂是一個坦率的人，即便如此，由於認識上的原因，他也沒有在《八十自敘》中把自己在文化藝術觀方面的主要矛盾全部羅列出來。

比如，林語堂的幽默觀與他在幽默文學上的創作實踐是脫節的。他一方面在理論上主張淡化幽默的社會內容，他說，大概世事看得超脫的人，觀覽萬象，總覺得人生太滑稽，不覺失聲而笑。幽默不過這麼一回事而已。他把幽默看成是冷靜超遠的「旁觀者」，對現實矛盾淡然處之，不會怒，只會笑，常於笑中帶淚，淚中帶笑。——可是，如果讀一讀林語堂的幽默文章，就會發現幽默大師的許多幽默靈感，都取材於現實生活的矛盾衝突。他在楊銓被暗殺後不到四個月，就撰寫了《論政治病》一文，辛辣地諷刺了官場生活的黑暗面。而在第二次世界大戰正式爆發前，他還以開玩笑的口吻說，要以幽默來挽救和平。「用幽默來改造世界」一語，幾乎成了林語堂的口頭禪。林語堂無限誇大幽默的社會功能，這顯然與他的非功利主義的藝術觀是相抵觸的。從心理學的角度來說，這就是積極情感意識和消極情感意識的矛盾交織。

又如，「閒適說」，這也是林語堂藝術觀中的一個支撐點。他一方面提倡「閒適

筆調」，要求作者先有深遠之心境，帶一點我佛慈悲的念頭，然後文章火氣就不會盛……他在《論小品文筆調》裡說，「閒適筆調」亦稱「閒談體」「娓語體」，筆墨極輕鬆，真情易於吐露，或者談得暢快忘形，出辭乖戾。在《論幽默》中又談到「閒適格調」應使讀者有淡然之味，「使你於一段之中，指不出哪一句使你發笑，只是讀下去心靈啟悟，胸懷舒適而已。」可是，另一方面在創作實踐上，林語堂自己的文章，有時也「火氣」很大，並不自然清淡，而是有如烈火熊熊，濃煙滾滾，像《遊杭再記》《我不敢遊杭》《作人與作文》《今文八弊》《方巾氣研究》等都是很有火藥味的文章。

又如，林語堂主張要區別幽默和諷刺，常有貶低諷刺和抬高幽默的傾向。但實際上，林語堂自己的文章裡又何嘗把幽默和諷刺分開了。他的《薩天師語錄》正是幽默和諷刺有機結合的典範。再看他的《涵養》中的一段：

中國式的陶養，越養越柔，到了優柔寡斷地步，已經德高望重了。雖然儒家學說，並非如此，然在歷史上，卻是如此的結果。因為「涵養」兩字，含義注重忍辱負重，和平達觀，不露鋒芒，喜怒不形於色，不輕易得罪人，不吃眼前虧，聰明的計算等。所以中國沒受教育的人如危崖、如峭壁、如蒼松、如古柏、如餓狼、如鷹隼、如雄馬、如箭豬、如荊棘、如銼刀、如李逵、如武松、如潑婦、如一切不應對付的東西。受過教養的人如麵條、如湯團、如肥豬、如家禽、如馴羊、如蝸牛、如西湖風景、如雨花台石、如繡球、如風輪、如柳絮、如棉花、如陽萎、如懸疣、如譚延闓、如黎元洪、如好好先生、如一切圓滑的東西。

上述這段文字裡，林語堂能分得清哪兒是幽默，哪兒是諷刺嗎？

又如，在 20 世紀 30 年代，林語堂經常標榜不左不右的中間立場，宣稱不談政治，似乎超脫得很。可是只要翻開他的論著，與政治有關的文章比比皆是。除了《論政治病》外，《談言論自由》《如何救國示威》《誦經卻倭寇》《等因抵抗歌》《國事亟矣》《夢影》等都與社會政治有關。在《梳、篦、剃、剝及其他》一文中，林語堂簡直是破口大罵起來，他說：「中國之官，只是讀書土匪。中國文化之潰滅，及讀聖賢書之

人可殺，已充分暴露。」

　　又如，林語堂時而以老莊之徒自詡，宣傳「出世」，時而以孔孟的中庸主義自命。而實際上正像唐弢所說：

　　　　從林語堂身上找不出一點中庸主義的東西。他有正義感，比一切文人更強烈的正義感：他敢於公開稱頌孫夫人宋慶齡，敢於加入民權保障同盟，敢於到法西斯德國駐滬領事館提抗議書，敢於讓《論語》出「蕭伯納專號」，敢於寫《中國何以沒有民治》《等因抵抗歌》等文章，難道這是中庸主義嗎？當然不是。①

　　唐弢先生評價了林語堂在前期並不中庸的政治態度，而在後期，林語堂也不是一個中庸主義者，他在《抗戰遊記》《逃向自由城》等作品中的親蔣立場實在也是很堅定的，所以我十分欣賞唐弢先生的結論：「從林語堂身上找不出一點中庸主義的東西。」

　　又如：林語堂在理論上宣揚「出世」而實踐上不忘「入世」，他對現實的態度，時而「出世」，時而「入世」。這種「出世」與「入世」相互交替的生活態度，在文藝上則表現為理論與實踐的脫節。但這也不是絕對的，因為林語堂也有理論與實踐一致的時候。比如他以輕鬆的筆調寫了不少閒適小品，像《論西裝》《怎樣用牙刷》《論握手》《中國究有臭蟲否？》等，這些文章所描寫和敘述的都是「微乎其微，去經世文章遠矣」的東西。但總的來說，在林語堂創作的各個發展階段中，文藝理論與創作實踐的矛盾是共時性的現象，而兩者的統一卻是歷時性的。

　　林語堂身上的眾多「矛盾」，正是中西文化碰撞過程中的正常感應。矛盾的多寡，與碰撞空間的寬闊度，碰撞的力度，以及時間的長度都是成正比的。

　　為甚麼不是在別人身上，而偏偏在林語堂身上有那麼多的矛盾呢？答案是顯而易見的。因為，「兩腳踏東西文化，一心評宇宙文章」的信條，在理論和實踐兩方面

---

① 唐弢：《林語堂論》。

都為林語堂造成了優勢，他的思想庫和信息庫為中西文化比較研究提供了廣泛的場所，也為多種文化的融合，找到了理想的接合部。對此，同時代其他作家只能望塵莫及。他那眾多的矛盾就是中西文化碰撞過程中所迸發出來的星星火花，正是這星星火花鑄煉了他的東西互補的文化觀。

所以他從不掩蓋自己的矛盾，反而宣稱，「我以自我矛盾為樂」，並撰文著書，把這些「矛盾」當作他融合中西文化的碩果，公開地告白於世。

從時代意義上來說，林語堂的「一團矛盾」忠實地記錄了中國一部分知識分子在其覺醒過程中的艱巨性、複雜性和曲折性，是一代知識分子所特有的心路歷程。因此，這「一團矛盾」，不僅僅是屬於林語堂個人的，它同時也是屬於時代的。

林語堂曾在《吾國吾民》中分析了中國現代青年在東西文化碰撞中的各種矛盾心理：「在他的胸膛中，隱藏著一種或不止乎一種頑強的苦悶的掙扎。在他的理想之中國與現實之中國，二者之間有一種矛盾。在他的原始的祖系自尊心理與一時的傾慕外族心理，二者之間尤有更有力之矛盾。他的靈魂給效忠於兩極端的矛盾所撕碎了。一端效忠於古老中國，半出於浪漫的熱情，半為自私；另一端則效忠於開明的智慧，此智慧渴望社會的革新，欲將一切老朽、腐敗、污穢、乾癟的事物，做一次無情地掃蕩。有時矛盾起於羞恥心理與自尊心之間，則此種矛盾更為重要，蓋此矛盾介乎單純的家族效忠心與事物現狀的嚴重羞恥性……有時他的祖系自尊心理佔了優勢，則甚危險。有時則他的羞恥本能佔了優勢，而真切的革新願望與膚淺的摩登崇拜，又只隔著一線之差。要避免此等矛盾，確非是輕易之工作。」林氏認為，這些矛盾心理使中國知識分子難以客觀地評價中國文化。

對於中國知識分子在歷史的惰性面前所表現出來的心理弱點，林語堂的分析基本是正確的。然而如果讓知識分子單獨來承擔歷史的責任，則顯然是不會公正的。因為幾千年的歷史發展鑄成了民族文化所特有的凝聚力、消融力和回歸力。儘管中國傳統社會「封閉的平衡系統」曾遭受到外來文化一次又一次的猛烈衝擊，但歷史的奇跡（也許這正是歷史的悲劇）是：這個系統以特有的「超穩定」的彈性，使每次沖浪過去之後，深層結構中的文化內核都被倖免地保存下來。不少曾熱衷於引進異

域文化的中國先進分子，在這樣的歷史和現實面前，往往不知所措，終於不得不（或主動地或被迫地）以重返傳統作為擺脫矛盾的途徑。20 世紀 30 年代初，教育和文化界的復古風，「新生活運動」的興起，戴季陶建議興修孔孟陵墓並制定奉祀官條例，上海十教授提倡「本位文化」説，等等，這些返回傳統的傾向，正是上述社會心理的折光。

在復歸傳統的浪潮面前，林語堂沒有以簡單的復歸來解決自己思想上那一大堆難以解決的矛盾。可貴的是，他旗幟鮮明地出來表態：「『中學為體西學為用』近日又得政府要人在日內瓦提倡，與南京某中委之『忠孝仁愛信義和平』論，同為復古思潮之表現。」

在《吾國吾民》一書裡，林語堂對於「發掘出了西方文化的優美與榮華，但他還是要回返到東方」的中國人，頗有微詞。因為林語堂是從東西互補的角度來看待中西文化的融合的，而完全的「回返」，則違背了「互補」和「融合」的精神。

如果把林語堂的「一團矛盾」置於上述的時代背景中來認識，就不會因為他身上存在如此多的「矛盾」而感到驚訝。雖然表面上看來林語堂的「矛盾」不僅數量多，而且門類雜，形形色色，五花八門。其實頭緒還是清晰的，除了屬於性格、愛好、氣質、習俗等方面的一大堆不成其為矛盾的「矛盾」之外，林語堂的所謂「一團矛盾」，大致上有下述三種情況：

一、「矛盾」是思想混亂的表現，比如對一些政治問題的見解，常常如此。

二、因為林語堂是東西文化撞擊中所造就出來的一個特殊人物，他一生都漫步在東西文化的接合部上。有時他用西方文化價值標準來過濾中國的傳統文化，有時又用中國文化的價值標準來過濾西方文化，徘徊於西方文化本位和東方文化本位之間，難以做出取此捨彼的斷然選擇。

三、所謂「矛盾」體現了林語堂認識事物的一個過程。因為他的藝術觀、文學觀等，是在不斷地發展變化中逐漸形成的。因此，有時他對某個問題的前後矛盾的認識，正顯示了他的藝術思想矛盾發展的運動軌跡。比如，從 20 世紀 20 年代到 70 年代，林語堂的幽默觀就是在矛盾運動中完善起來的。

總而言之，敢於和樂於在矛盾中探索藝術創造的真諦，這就是林語堂之所以成為林語堂的奧秘所在。

雖然從自傳的角度來看，《八十自敘》不是一部完整的個人歷史，但它還是概括了林語堂一生的主要經歷。《八十自敘》是林語堂繼《四十自敘》《自傳》之後，為後世留下的又一份自傳，在概述林語堂生活歷程方面算是最詳細的一部。但他的二女兒林太乙卻認為，「《八十自敘》中有許多事實上的錯誤。這篇文章是用英文寫的，文法拼法也有許多錯誤」。

有人說，每一個人都是一個月亮，他有一個陰暗面，從來不讓任何人看見，這是他的忌諱之處。又有人說，「各人的生性裡都有一種一旦公開說了出來，就必然會遭到反感的東西。」[1] 而林氏的《八十自敘》，偏偏以「一團矛盾」的形式，過分坦率地公佈了自己的另一面。因此，對於讀慣了為賢者諱為尊者隱的傳記作品的讀者，這大概可以算得上是一部犯忌的自傳。

---

① 歌德：《歌德的格言和感想集》。

第五十一章

發生在聖誕節前夕的事 / 念念不
忘六十年前的戀人陳錦端 / 在最
後的日子裡

在最後的日子裡

1975 年 12 月，聖誕節前夕，林語堂寓居在香港的小女兒家裡。

一天，二女兒林太乙帶他到永安公司去購物。那裡擠滿了採購聖誕節禮品的大人小孩。商店裡洋溢著一片喜氣洋洋的景象，這節日的氣氛感染了熱愛生命的林語堂。他目睹各式各樣的節日裝飾品，耳聞聖誕頌歌，感到這世界太美麗了，而想到自己逐漸衰老，無限感傷。他突然在櫃台上抓起一串假珍珠項鏈，泣不成聲……

店員小姐自然不知道這位像小孩子一樣哭泣的老翁就是大名鼎鼎的林語堂，更不理解這位消瘦的老翁為甚麼會在這樣的場合哭泣起來。店員感到莫名其妙，誤以為他精神不正常，因此以不禮貌的神氣好奇地看著他。

在一旁的林太乙被店員的無禮態度所激怒，她想對那無知的店員說，你要是讀過他的書，知道他多麼熱愛生命，才會知道他為甚麼要掉眼淚。讓他抓起一個個裝飾品，對著這些東西流淚吧。

聖誕節過後，林語堂的體力愈加衰弱，已經無法用自己的雙腳行動，不得不坐上輪椅。他一天比一天瘦下去，每次傷風或患痛風之後，就失去身體一部分的功能。女兒們請中醫來給他調理，費子彬中醫開了方子，女兒們到余仁生藥鋪去抓藥回來煎給他吃，但也不見成效。

後來，他連睡袍上的腰帶也不會打結了。女兒們就教他怎麼打結，而他像幼童一樣耐心地學。

有時，半夜，他從床上掉到地下，衰弱得爬不起來了，就靜靜地躺在地上，等到天亮。小女兒看見老父在地上睡了一夜，心痛地說：「爸，你怎麼不喊我？」

林語堂安詳地回答：「你白天要工作，我不想吵你。」

女兒聽了把眼淚嚥進肚子裡。

即使在輪椅上，有時也坐不穩，為了防止他從輪椅上跌下來，不得不用繩子把他綑縛在椅上，像個囚犯似的。這時他對女兒說：「我真羨慕你，想去哪裡就去哪

裡。」因為他自己已經失去了行動的自由。

　　時間正像一個趨炎附勢的主人，對於一個臨去的客人，不過和他略微握握手；對於一個新來的客人，卻伸開了雙臂，飛也似的過去抱住他。歡迎是永遠含笑的，告別總是帶著歎息。林語堂的身體在不可抗拒的自然法則的支配下，幾乎喪失了活動的能力，但他的心卻仍然是年輕的。因為，對他來說，衰老的只是物質，而不是精神。——一天，六十年前曾與之相戀過的陳錦端女士的嫂子陳希慶太太到香港乾德道去拜訪林語堂。八十歲的林語堂仍念念不忘六十年前的戀人。他問起陳錦端女士的情況，聽說她還住在廈門，高興得像個小夥子似的，對陳希慶太太說：

　　「你告訴她，我要去看她！」

　　廖翠鳳女士急忙插言阻止道：「語堂，你不要發瘋，你不會走路，怎麼還想去廈門？」

　　廖女士當然是為丈夫的身體著想，不知道她是否意識到，陳錦端是林語堂情感世界中的一座聖殿，永遠在他的心靈深處佔據著一個不可替代的位置。

　　只有當生命被清楚地看到是在慢慢死亡時，生命才是生命。林語堂已經清晰地聽到了死神臨近的足音。愈是在這最後的時刻，他愈是留戀生活，留戀愛情。他嚮往青春，回憶童年，懷念故土。他把自己的生命的火炬傳給了下一代。他說：

　　我們的孩子長大了。她們有她們的前途，要過她們自己的日子，在無常的世間獨立面對各種多變的情況。

　　我回顧一生，覺得此生無論是成是敗，我都有權休息，悠哉遊哉過日子，享受兒孫繞膝的快樂，享受人生的最高福佑的天倫之樂。

　　晚年，林語堂把「天倫之樂」譽之為人生的最高福佑。他有一個外孫女、一個外孫，他一律以「孫兒」相稱；他晚年最大的樂趣莫過於含飴弄孫。他說：「我和孫

兒沒有玩甚麼遊戲，也不玩甚麼玩具。我喜歡和他們一塊倒在床上，又說又笑，有時一高興就來個兩腳朝天。」

十多年前，兩個外孫在美國紐約居住時，林語堂也住在紐約，他常常開著汽車把外孫接到自己家裡，他忘記了年齡的距離，和外孫們做著各種幼童所喜愛的遊戲，他把自己和兩個外孫稱為「我們三個小孩」，在玩耍各種遊戲時，林語堂和兩個外孫自稱一黨，而把廖女士稱為「大人」，是另外一黨。他還認真地把自己幼年時的像片和兩個外孫的相片拼在一起，印曬出一張人工製造的「我們三個小孩」的相片。「三個小孩」還常常故意嬉弄「大人」，當廖女士出去買菜時，「三個小孩」把他們的三雙鞋放在飯桌上，而三個人都躲進藏衣室。當廖女士回來只見飯桌上的鞋子而不見人影，驚訝地喊：

「這是怎麼回事？」

沒有回答。「三個小孩」在藏衣室裡得意地咯咯笑。

廖女士又問，仍沒有回答。

最後，「三個小孩」忍不住了，突然從藏衣室裡破門而出，撲到廖翠鳳身上，兩外孫高興地大叫大笑。林語堂也像小外孫一樣高興地大叫大笑，他為自己所編導的兒童喜劇而得意洋洋。

「堂呀！你怎麼教孩子胡鬧？」廖女士假裝生丈夫的氣，其實她心裡是高興的，因為這樣的遊戲也使她年輕了幾十年。

他痛苦地品嘗著今昔的對比，當年和外孫們遊戲時，他生龍活虎，活蹦亂跳，而此刻，他喪失了生活自理的能力，真像小孩一樣，坐在輪椅上被人推來推去。他已經無法與心愛的外孫們做「我們三個小孩」的遊戲了。他已經與心愛的煙斗訣別了，而這煙斗曾是他生命的一部分……往昔的成敗榮辱，像電影似的不斷地出現在他的信息銀屏上。他清醒地等待著那最後一刻的來臨。──他是痛苦的，因為他熱愛這世界，他不願離開自己所愛的人和所愛的生活。但除了對生命的留戀和對死亡的恐懼之外，林語堂還有他自己的生死觀。他說：

　　我覺得自己很福氣，能活到這一把歲數。和我同一代的許多傑出人物都已作古。無論一般人的說法如何，能活到八九十歲的人可謂少之又少。胡適、梅貽琦、蔣夢麟和顧孟餘都去世了。斯大林、希特拉、邱吉爾和戴高樂亦然。那又怎麼呢？我只能盡量保養，讓自己至少再活十年。生命，這個寶貴的生命太美了，我們恨不得長生不老。但是冷靜地說，我們的生命就像風中的殘燭，隨時可以熄滅。生死造成平等，貧富貴賤都沒有差別。

　　正如林語堂自己所意識到的那樣，宇宙的法則對任何人都是平等的，在林語堂面前並沒有出現「長生不老」的奇跡，相反，意料之中的事情終於發生了！1976年3月22日，二女兒林太乙正準備去《讀者文摘》編輯部上班，電話鈴聲響了，是她妹妹林相如打來的，電話筒裡聲音急促而不安：「你快點來。爸在吐血，我已經叫了救護車要送他到瑪麗醫院。」

　　林太乙急忙趕到乾德道，姐妹倆陪著救護車一起到醫院。檢查結果是胃出血。

　　3月23日，為了進一步了解胃出血的情況，醫生把探針從食管插入林語堂的胃裡，這簡直是活受罪。林語堂被折騰了好幾個小時，心情很壞。幸好有女兒們在醫院陪伴他，不斷地安慰他。

　　3月26日，林語堂突然轉為肺炎，心臟病突發，被送入加強醫護部。呼吸困難，不得不戴上氧氣罩，在戴氧氣罩時，他的神態很清楚，看見從外面匆匆趕來的二女兒時，他還親切地叫了女兒一聲，這是他留給世界的最後一個聲音。

　　病房的門經常開啟，許多醫生進進出出，緊張地搶救，七八個穿著白掛子的醫護人員圍著病床忙碌。林語堂的眼睛上貼著膠布，四五根管插在他的雙臂上和身上。他在和死神做最後的搏鬥。

　　病房外，兩個女兒、二女婿黎明、廖翠鳳和服侍他的女傭人等五六位家屬坐在那裡焦急地等待著裡面的消息。

　　然而，傳出來的都是壞消息：

　　——在打強心針；

—— 腎功能失靈；

—— 腦部已經死亡，但心臟仍然跳動。

—— 心臟停搏，又起跳了；

—— 心臟第二次停搏……

—— 心臟一連八次停搏後，又起跳，直到第九次停搏後，才永遠停止了跳動。那是 1976 年 3 月 26 日晚上 10 時 10 分。

他赤裸裸地平臥著，身上只蓋著一條被單。他是赤裸裸地出世的，現在又赤裸裸地告別世界了。

3 月 29 日，林語堂的靈柩由妻子、女兒、女婿護送到台北。

蔣經國親自到機場迎靈。

國際筆會台灣分會、「故宮博物院」等八個團體負責治喪事宜。

3 月 29 日下午 4 時半，林語堂生前友好五百餘人在台北新生南路懷思堂為他舉行了追思禮拜。周聯華牧師說，林語堂曾用季節形容他寫作的三個階段 ——「春天是那麼好，可惜太年輕了；夏天是那麼好，只是太驕傲了；只有秋天的確好，它是多彩多姿的。」周牧師認為林語堂的晚年是他人生的秋天，這一時期完成的很多睿智之作也是多姿多彩的。

4 月 1 日上午，在蕭瑟的雨聲中舉行了林語堂安葬儀式。他的遺體安葬在陽明山的家園裡，面對他所深愛的重巒疊翠。

本來按照當局的規定，在風景優美的陽明山住宅區是不准修造墓園的，但由於許多文藝界人士向當局建議，並由馬星野奔走交涉，終於獲准破例將林語堂的墓修在後花園。一抔黃土，一束素菊，覆上了棗紅的棺木。一代文化名人、幽默大師林語堂，就長眠在他的故土上。

他是以一種不憂不懼的恬淡心情離開人世的。他實現了自己的願望：「讓我和草木為友，土壤相親，我便已覺得心滿意足。」

林語堂逝世的消息在海內外引起強烈的反應。

　　3 月 27 日出版的《紐約時報》，詳載林語堂的生平事跡和他對中西文化學術界的卓越貢獻，並以三欄篇幅刊登他的半身照片。《紐約時報》對中國人如此鄭重報道，創刊以來只有兩次：一次是 1975 年 4 月蔣介石逝世，第二次就是林語堂逝世。該報說：「他向西方人士解釋他的同胞和國家的風俗，嚮往，恐懼和思想的成就，沒有人能比得上。」

　　美國《聖路易郵報》在 4 月 2 日的特寫中說：「林語堂這位精力充沛的飽學之士在上星期五逝世後，使寫訃聞的報人極感困擾。訃聞須描寫一個人的性格，列敘他的成就，論述他的工作，從而綜合歸納，稱他為哪一門的專家。但是，林語堂不只是某一門類的重要人物，他在很多方面都獲有優越的成就，實在無法一一羅列。」

　　華盛頓大學教授吳訥孫說：「林語堂是一位偉大的語言學家、優良的學者、富於創造力和想像力的作家。不寧唯是，他是一位通人，擇善固執，終於成為蓋世的天才。要說哪一項造詣是他最大的成就，就已經錯了。他向西方和中國人證明，一個人可以超越專家這個稱謂的局限而成為一個通才。」

　　上面是外國人對他的評論，那麼，中國人對他的評價又是怎樣呢？台灣新聞媒介在以顯著的版面登載他逝世的消息及有關生平事跡文章的同時，一些有影響的報紙還發表了社論。台灣《中國時報》的社論說：「林氏可能是近百年來受西方文化熏染極深而對國際宣揚中國傳統文化貢獻最大的一位作家與學人。其《吾國吾民》及《生活的藝術》以各種文字的版本風行於世，若干淺識的西方人知有林語堂而後知有中國，知有中國而後知有中國的燦爛文化。尤可貴者，其一生沉潛於英語英文，而絕不成為『西化』的俘虜，其重返中國文化的知識勇氣及其接物處世的雍容謙和，皆不失為一典型的中國學者。」

　　《聯合報》的社論寫道：「他一生最大的貢獻，應該是，而且也公認是對中西文化的溝通。因為論將近代西方文化引入我國者，從嚴復和林紓那一代起，固可說代有傳人，甚至人才輩出；但論將我中華文化介紹於西方者，則除了有利瑪竇、湯若望等外國人曾經從事之外，數獻身此道的中國學人，林語堂雖非唯一人，卻是極少數人中最成功的一人。」

　　台北《「中央日報」》以《敬悼平易嚴正、愛國愛人的林語堂先生》為題發表社論道：「我們對語堂先生的懷念與悼惜，當然首先是由於他在文學上的卓越貢獻。先生出生於清末民初、國事蜩螗之際，奮力苦學，卓然成家。英年即享盛名於當世，此後平均每年至少著書一卷，惟其用心之專，致力之勤，乃能以一介書生，憑等身著作，而贏得國際間普遍而久遠的尊敬。許多外國人士對我博大精深的中華文化，仰慕之情雖殷，終難深切體會；論及中國的文學與思想，古代唯知有孔子，現代每每唯知林語堂。林先生曾撰聯自說：『兩腳踏東西文化，一心評宇宙文章』，亦可略見其心胸抱負。林先生的作品雖未必能代表現代中國文學思想之全貌，但其透過文學作品而溝通東西文化、促進國際了解的影響與貢獻，確乎是偉大的，甚至可以說求之當世，唯此一人。……」

　　悼念文章，出於對逝者的尊敬和哀悼，往往會感情因素大於理性的分析，這是此類文字的通例。那些國內外的悼林文章自然也不會不受歷史慣性的影響。因此，持不同意見者認為，上述悼林文章不乏溢美之詞。此說也未嘗沒有一定根據，但有一點卻是肯定的——「若干淺識的西方人知有林語堂而後知有中國……」「他一生最大的貢獻，應該是，而且也公認是對中西文化的溝通」，「透過文學作品而溝通東西文化、促進國際了解……可以說求之當世，唯此一人」，這些評價，還是恰如其分的。姑且不論林語堂是否全面地向外國人介紹了中國文化，但不可否認的事實是，林語堂影響過整整一代外國人的「中國觀」，而且直到今天，他的影響還沒有消失。比如，1989 年 2 月 10 日，美國總統對國會兩院聯席會講演時說，在他準備訪問東亞之際，讀了中國作家林語堂的作品，內心感受良深。布殊說：「林語堂講的是數十年前中國的情形，但他的話今天對我們每一個美國人都仍受用。他說：『今天，我們竟然害怕善良、憐憫和仁慈這些純樸的字眼。』朋友們，我們國家要成功，我們便必須重新領悟這些字的意思。」

　　歌德說，人生一世不就是為了化短暫的事物為永久的嗎？要做到這一步，就須

懂得如何珍視這短暫和永久。[1] 林語堂一生化「短暫」為「永久」的努力，主要體現在他的那些著作之中，這是人類文明寶庫裡的一份「永久」的遺產。

　　死亡，為林語堂「短暫」的塵世生命落了幕，同時又揭起另一個幕，映出了他的「永久」的一面 —— 因為，無論是贊成他的人還是反對他的人，都認可林語堂為人類文化寶庫增添了有價值的思想資料，正是這些思想資料，使林語堂的名字成了中西文化交流史上不可抹殺的一頁。

　　人生的一切變化，一切魅力，一切美都是由光明和陰影構成的。

　　「一團矛盾」的林語堂，同樣也如此。

---

[1]　歌德：《歌德的格言和感想集》。

責任編輯　　潘宏飛
書籍設計　　彭若東
排　　版　　高向明
印　　務　　馮政光

書　　名　　近幽者默：林語堂傳

叢 書 名　　二十世紀中國

作　　者　　施建偉

出　　版　　香港中和出版有限公司
　　　　　　Hong Kong Open Page Publishing Co., Ltd.
　　　　　　香港北角英皇道 499 號北角工業大廈 18 樓
　　　　　　http://www.hkopenpage.com
　　　　　　http://www.facebook.com/hkopenpage
　　　　　　http://weibo.com/hkopenpage

香港發行　　香港聯合書刊物流有限公司
　　　　　　香港新界大埔汀麗路 36 號 3 字樓

印　　刷　　美雅印刷製本有限公司
　　　　　　香港九龍官塘榮業街 6 號海濱工業大廈 4 字樓

版　　次　　2019 年 3 月香港第 1 版第 1 次印刷

規　　格　　16 開 (168mm×230mm) 608 面

國際書號　　ISBN 978-988-8570-33-1
　　　　　　© 2019 Hong Kong Open Page Publishing Co., Ltd.
　　　　　　Published in Hong Kong